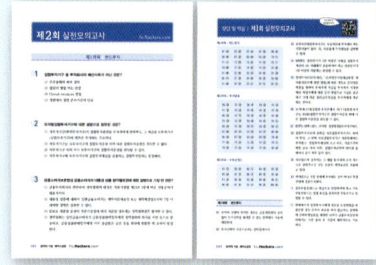

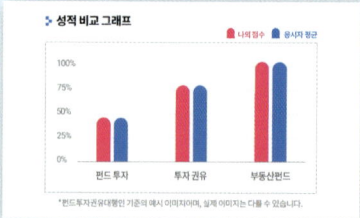

해커스

신용분석사 1부 한권합격

이론+적중문제+모의고사

해커스

이 책의 저자

정윤돈

학력

성균관대학교 경영학과 졸업

경력

현 | 해커스금융 신용분석사 1부 강의
해커스공무원 전임(7, 9급 회계학)
해커스 경영아카데미 재무회계 전임(회계사, 세무사)

전 | KEB하나은행, KB국민은행, 신한은행, IBK기업은행,
부산은행 외부교육 강사

자격증

한국공인회계사

저서

해커스 IFRS 정윤돈 중급회계 1/2
해커스 IFRS 정윤돈 고급회계
해커스 IFRS 정윤돈 재무회계 키 핸드북
해커스 IFRS 정윤돈 객관식 재무회계
해커스 세무사 IFRS 정윤돈 재무회계 1차 FINAL
해커스 IFRS 정윤돈 재무회계연습
해커스 신용분석사 1부 한권합격 이론 + 적중문제 + 모의고사

신용분석사 1부 학습방법,
해커스가 알려드립니다!

"이론을 충분히 학습하고 싶어요. 어떻게 학습해야 하나요?"
"시험에 어떤 내용이 잘 나오나요?"

많은 수험생이 신용분석사 시험에 대해 위와 같은 질문을 합니다.
이론을 충분히 수록하지 않아 내용을 이해하기 힘들고, 시험에 어떤 내용이 잘 나오는지 알기 어려운 시중 교재를 보며 고민했습니다.
본 교재는 최근 출제경향을 철저히 분석하고 대다수의 수험생들이 원하는 것은 무엇인지, 합격자들만의 학습비법은 무엇인지를 끊임없이 연구하여 이 책 한 권에 담았습니다.

「해커스 신용분석사 1부 한권합격 이론+적중문제+모의고사」는

1. **이론을 풍부하게 수록**하여 처음 공부하는 수험생들도 이해하기 쉽도록 구성했습니다. 이를 통해 **암기 위주의 학습이 아닌 이해 위주의 학습**을 할 수 있습니다.

2. **최근 출제경향을 철저히 분석하여 이론과 문제에 출제빈도(★~★★★)를 표시**했습니다. 이를 통해 **어떤 내용이 중요한지 쉽게 파악할 수 있어 보다 효율적이고, 전략적으로 학습**할 수 있습니다.

3. **적중 실전모의고사 4회분을 수록하여 시험에 대한 실전 감각을 극대화**하고, **최종 마무리**를 할 수 있습니다. (온라인 적중모의고사 1회분 추가 학습 가능)

「해커스 신용분석사 1부 한권합격 이론 + 적중문제 + 모의고사」를 통해 신용분석사 시험을 준비하는 수험생 모두 합격의 기쁨을 누리시길 바랍니다.

목차

제1과목 | 회계학 I

제2과목 | 회계학 Ⅱ

[별책부록] 적중 실전모의고사

신용분석사 **학습방법**

01 출제비중 및 출제경향을 확인하고 최적의 학습 방향 설정하기!

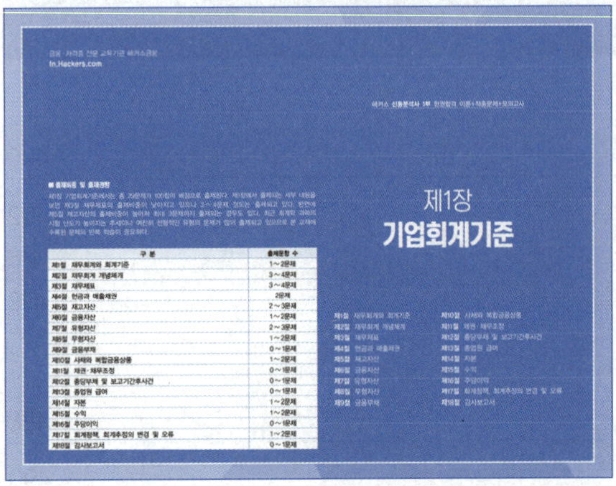

출제비중 및 출제경향

장별로 철저히 분석한 최근 출제경향을 확인하고 이를 통해 효율적인 학습전략을 세울 수 있습니다.

또한 절별 출제문항 수를 통해 어떤 부분이 더욱 중요한지 파악할 수 있어 보다 전략적인 학습이 가능합니다.

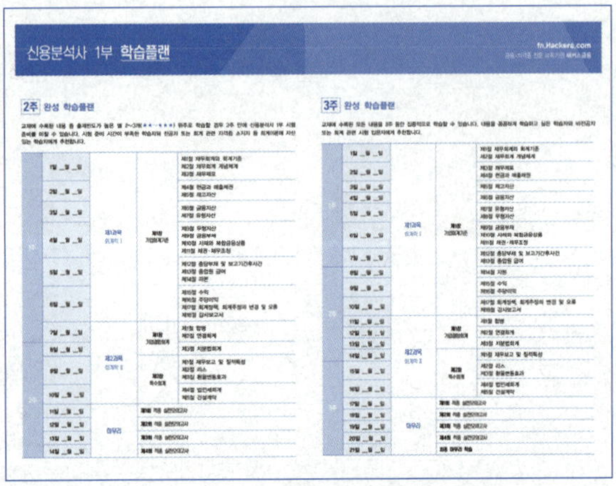

학습플랜

학습자의 상황에 따라 적합한 학습플랜을 선택할 수 있도록 출제빈도가 높은 내용 위주로 학습하는 2주 완성 학습플랜과 교재의 모든 내용을 꼼꼼하게 학습하는 3주 완성 학습플랜을 수록하였습니다. 이론학습부터 문제풀이까지 학습플랜에 따라 차근차근 학습하시면 시험을 확실히 대비할 수 있습니다.

02 시험에 출제될 가능성이 높은 핵심이론을 다양한 요소를 통해 효과적으로 학습하기!

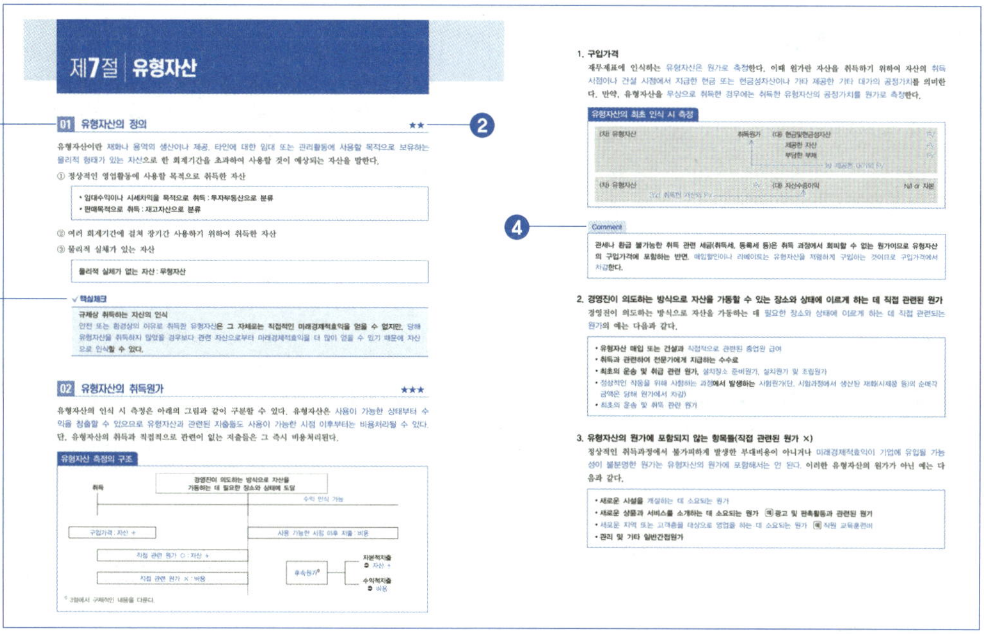

① 핵심이론

시험에 출제될 가능성이 높은 이론을 풍부하게 수록하여 기본서 없이도 쉽게 이해하는 이해 위주의 학습이 가능합니다. 또한 꼭 알아야 하는 내용은 별색으로 표시하여 더욱 꼼꼼한 이론 정리가 가능합니다.

② 출제빈도

최근 출제경향을 철저히 분석해 출제빈도(★~★★★)를 핵심이론에 표시하여 이론의 중요도를 확인하며 전략적으로 학습할 수 있습니다.

③ 핵심체크

시험에 출제될 가능성이 높은 중요한 내용을 별도로 정리하여 한 번 더 짚고 넘어갈 수 있습니다.

④ Comment

이론 중 부연 설명이 필요한 부분의 내용을 추가하여 확실히 이해할 수 있도록 도와줍니다.

03 개념완성문제로 핵심이론을 정리하고, 출제예상문제로 실전 감각 향상시키기!

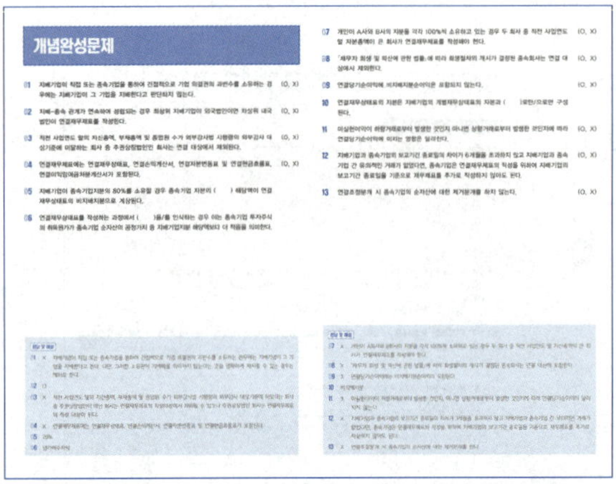
개념완성문제

개념완성문제

앞서 학습한 핵심이론을 O/X 문제와 빈칸 문제를 통해 한 번 더 정리할 수 있어 체계적인 개념 학습이 가능합니다.

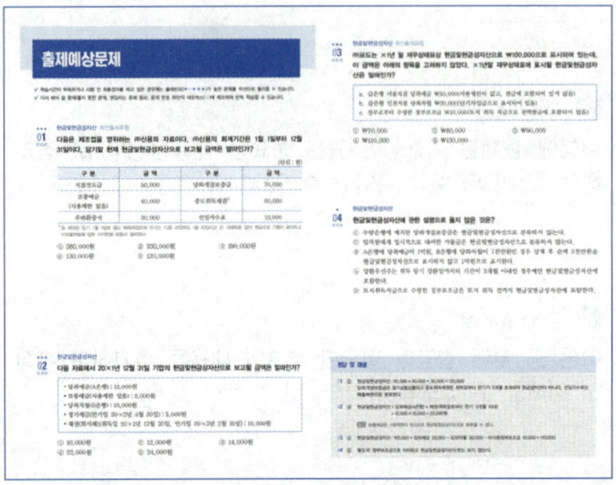
출제예상문제

출제예상문제

시험에 출제될 가능성이 높은 문제를 출제포인트별로 정리하였습니다. 이론 학습 후 관련 문제를 바로 연계하여 학습하거나 문제풀이 후 관련 이론을 바로 보충학습할 수 있으며, 문제마다 출제빈도(★~★★★)와 체크박스(□)를 표시하여 중요한 문제 위주로 반복 학습하여 실전 감각을 향상시킬 수 있습니다.

또한 '최신출제유형' 문제를 통해 최신 출제경향이 반영된 고난도 문제를 풀어볼 수 있고, 모든 문제에 명확하고 상세한 해설을 제공하여 누구나 쉽게 이해할 수 있으며, '오답체크'를 통해 틀린 보기에 대한 내용은 확실히 짚고 넘어갈 수 있습니다.

04 최근 출제경향을 철저히 반영한 4회분의 적중 실전모의고사로 최종 마무리하기!

적중 실전모의고사

실제 시험과 동일한 구성 및 난이도의 적중 실전모의고사 4회분과 OMR 답안지를 수록하여 시험 전 최종 마무리를 할 수 있습니다. 이를 통해 자신의 실력을 정확하게 확인하고 실전 감각을 극대화할 수 있습니다.

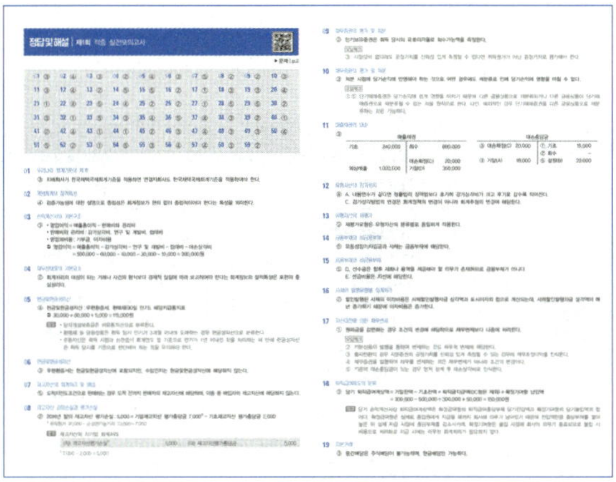

정답 및 해설

상단에 있는 '바로 채점 및 성적 분석 서비스' QR코드를 이용하여 자신의 실력을 점검하고, 상세한 해설과 '오답체크'로 빈틈없이 시험에 철저히 대비할 수 있습니다.

신용분석사 자격시험 안내

신용분석사(CCA : Certified Credit Analyst)란?

금융기관의 여신 관련 부서에서 기업에 대한 회계 및 비회계자료 분석을 통하여 종합적인 신용상황을 판단하고 신용등급을 결정하는 등 기업신용 평가업무를 담당하는 금융전문가입니다.

시험 관련 세부사항

<table>
<tr><td>시험주관처</td><td colspan="3">한국금융연수원</td></tr>
<tr><td>원서접수처</td><td>한국금융연수원 홈페이지(www.kbi.or.kr)</td><td>응시자격</td><td>제한 없음</td></tr>
<tr><td>시험시간</td><td>총 300분(1부 120분, 2부 180분)</td><td>문제형식</td><td>객관식 5지선다형</td></tr>
<tr><td>합격기준</td><td colspan="3">다음 각 호의 요건을 모두 충족한 경우
1. 시험과목별로 40점 미만(100점 만점 기준)이 없어야 하고
2. 1부 평균, 2부 평균이 각각 60점(100점 만점 기준) 이상이어야 함
* 평균은 총 득점을 총 배점으로 나눈 백분율임
** 1부 또는 2부 시험만 합격요건을 갖춘 경우는 부분합격자로 인정</td></tr>
<tr><td>검정시험 일부 면제</td><td colspan="3">1. 2002년 2월 8일 이전에 한국금융연수원 신용분석 집합연수과정을 수료한 자는 1부 시험 면제
2. 공인회계사(CPA) 자격을 가진 자는 1부 시험 면제
3. 검정시험 결과 1부 시험 또는 2부 시험만을 합격한 자는 부분 합격일로부터 바로 다음에 연속되어 실시하는 3회(년수 제한 2년)의 검정시험에 한하여 1부 시험 합격자는 1부 시험을, 2부 시험 합격자는 2부 시험을 면제
* 다만, 2부 시험만 합격한 자가 합격 이후 2. 사유 발생 시 1부 시험 면제를 인정하지 않음</td></tr>
</table>

시험과목 및 문항 수, 배점

<table>
<tr><th>구 분</th><th>시험시간</th><th>시험과목</th><th>세부내용</th><th>문항 수</th><th>배 점</th></tr>
<tr><td rowspan="4">1부</td><td rowspan="3">1교시 : 120분
(09:00 ~ 11:00)</td><td>회계학 I</td><td>기업회계기준</td><td>29</td><td>100</td></tr>
<tr><td rowspan="2">회계학 II</td><td>기업결합회계</td><td>15</td><td>50</td></tr>
<tr><td>특수회계</td><td>15</td><td>50</td></tr>
<tr><td colspan="3">소 계</td><td>59</td><td>200</td></tr>
<tr><td rowspan="5">2부</td><td rowspan="3">2교시 : 90분
(11:20 ~ 12:50)</td><td rowspan="3">신용분석</td><td>재무분석</td><td>21</td><td>70</td></tr>
<tr><td>현금흐름분석</td><td>25</td><td>80</td></tr>
<tr><td>시장환경분석</td><td>16</td><td>50</td></tr>
<tr><td>3교시 : 90분
(14:00 ~ 15:30)</td><td>종합신용평가</td><td>신용평가 종합사례</td><td>29</td><td>100</td></tr>
<tr><td colspan="3">소 계</td><td>91</td><td>300</td></tr>
<tr><td colspan="4">합 계</td><td>150</td><td>500</td></tr>
</table>

신용분석사 학습자가 가장 궁금해하는 질문 BEST 4

Q. 기본서 없이 본 교재만으로도 시험에 대비할 수 있나요?

A. **네, 본 교재만으로도 시험에 대비할 수 있습니다.**
본 교재는 기본서 없이도 시험에 대비할 수 있도록 핵심이론을 풍부하게 수록하였고 이론을 확실히 정리할 수 있도록 개념완성문제와 출제예상문제를 수록하였습니다. 또한 시험 전 최종 마무리 점검이 가능한 4회분의 적중 실전모의고사까지 문제도 풍부하게 수록하여 본 교재만으로도 신용분석사 시험에 철저히 대비하실 수 있습니다.

Q. 신용분석사 자격증을 독학으로 취득할 수 있을까요?

A. **네, 누구나 독학으로 자격증 취득이 가능합니다.**
본 교재를 통하여 시험에 출제될 가능성이 높은 핵심이론을 정리하고 다양한 문제를 통해 실전 감각을 기른다면, 독학으로도 충분히 자격증 취득이 가능합니다. 다만, 내용을 조금 더 쉽고 자세히 학습하기를 희망하는 경우 본 교재에 해당하는 동영상강의(fn.Hackers.com)를 함께 수강하면 더 효율적으로 학습할 수 있습니다.

Q. 신용분석사 시험에 합격하기 위해서는 얼마 동안 공부해야 하나요?

A. **1부와 2부를 합하여 6주 정도 공부하면 누구나 합격할 수 있습니다.**
내용을 충분히 이해하고 풍부한 문제를 통해 실전 감각을 키운다면 누구나 단기간에 자격증을 취득하는 것이 가능합니다. 본 교재는 최근 출제경향을 철저히 분석하여 시험에 출제될 가능성이 높은 핵심이론을 풍부하게 수록하고 이론별로 출제빈도(★~★★★)를 표시하여 단기간에 전략적으로 학습이 가능하므로 6주 만에 충분히 시험 대비가 가능합니다.

Q. 1부 회계학은 어떻게 준비해야 하나요?

A. **본 교재에 수록된 계산문제를 반복 학습하여 정형화된 계산문제에서 고득점을 해야 합니다.**
1부 회계학은 이론을 묻는 문제와 계산문제가 4 : 6 정도의 비율로 출제되고 있으며, 이론을 묻는 문제의 난도는 높아지고 있는 반면, 계산문제는 정형화된 문제의 출제비중이 높아지고 있는 추세입니다. 따라서 정형화된 계산문제를 정확히 풀이하여 고득점을 하는 것이 중요하며, 본 교재에 수록되어 있는 계산문제를 반복해서 연습하신다면 1부 시험에 확실히 대비할 수 있습니다.

신용분석사 1부 학습플랜

2주 완성 학습플랜

교재에 수록된 내용 중 출제빈도가 높은 별 2~3개(★★~★★★) 위주로 학습할 경우 2주 만에 신용분석사 1부 시험 준비를 마칠 수 있습니다. 시험 준비 시간이 부족한 학습자와 전공자 또는 회계 관련 자격증 소지자 등 회계이론에 자신 있는 학습자에게 추천합니다.

1주	1일 __월 __일	**제1과목** 회계학 I	**제1장** 기업회계기준	제1절 재무회계와 회계기준 제2절 재무회계 개념체계 제3절 재무제표
	2일 __월 __일			제4절 현금과 매출채권 제5절 재고자산
	3일 __월 __일			제6절 금융자산 제7절 유형자산
	4일 __월 __일			제8절 무형자산 제9절 금융부채 제10절 사채와 복합금융상품 제11절 채권·채무조정
	5일 __월 __일			제12절 충당부채 및 보고기간후사건 제13절 종업원 급여 제14절 자본
	6일 __월 __일			제15절 수익 제16절 주당이익 제17절 회계정책, 회계추정의 변경 및 오류 제18절 감사보고서
	7일 __월 __일	**제2과목** 회계학 II	**제1장** 기업결합회계	제1절 합병 제2절 연결회계
2주	8일 __월 __일			제3절 지분법회계
	9일 __월 __일		**제2장** 특수회계	제1절 재무보고 및 질적특성 제2절 리스 제3절 환율변동효과
	10일 __월 __일			제4절 법인세회계 제5절 건설계약
	11일 __월 __일	**마무리**	**제1회** 적중 실전모의고사	
	12일 __월 __일		**제2회** 적중 실전모의고사	
	13일 __월 __일		**제3회** 적중 실전모의고사	
	14일 __월 __일		**제4회** 적중 실전모의고사	

3주 완성 학습플랜

교재에 수록된 모든 내용을 3주 동안 집중적으로 학습할 수 있습니다. 내용을 꼼꼼하게 학습하고 싶은 학습자와 비전공자 또는 회계 관련 시험 입문자에게 추천합니다.

1주	1일 _월 _일	**제1과목** 회계학 I	**제1장** 기업회계기준	제1절 재무회계와 회계기준 제2절 재무회계 개념체계
	2일 _월 _일			제3절 재무제표 제4절 현금과 매출채권
	3일 _월 _일			제5절 재고자산
	4일 _월 _일			제6절 금융자산
	5일 _월 _일			제7절 유형자산 제8절 무형자산
	6일 _월 _일			제9절 금융부채 제10절 사채와 복합금융상품 제11절 채권·채무조정
	7일 _월 _일			제12절 충당부채 및 보고기간후사건 제13절 종업원 급여
2주	8일 _월 _일			제14절 자본
	9일 _월 _일			제15절 수익 제16절 주당이익
	10일 _월 _일			제17절 회계정책, 회계추정의 변경 및 오류 제18절 감사보고서
	11일 _월 _일	**제2과목** 회계학 II	**제1장** 기업결합회계	제1절 합병
	12일 _월 _일			제2절 연결회계
	13일 _월 _일			제3절 지분법회계
	14일 _월 _일		**제2장** 특수회계	제1절 재무보고 및 질적특성
3주	15일 _월 _일			제2절 리스 제3절 환율변동효과
	16일 _월 _일			제4절 법인세회계 제5절 건설계약
	17일 _월 _일	**마무리**	**제1회** 적중 실전모의고사	
	18일 _월 _일		**제2회** 적중 실전모의고사	
	19일 _월 _일		**제3회** 적중 실전모의고사	
	20일 _월 _일		**제4회** 적중 실전모의고사	
	21일 _월 _일		**최종 마무리 학습**	

제1과목
제2과목
제1장
기업회계기준
(100점, 29문항)
제1장
기업결합회계
(50점, 15문항)
제2장
특수회계
(50점, 15문항)

제1과목
회계학 I

제1장 기업회계기준

■ 출제비중 및 출제경향

제1장 기업회계기준에서는 총 29문제가 100점의 배점으로 출제된다. 제1장에서 출제되는 세부 내용을 보면 제3절 재무제표의 출제비중이 낮아지고 있으나 3 ~ 4문제 정도는 출제되고 있다. 반면에 제5절 재고자산의 출제비중이 높아져 최대 3문제까지 출제되는 경우도 있다. 최근 회계학 과목의 시험 난도가 높아지는 추세이나 여전히 전형적인 유형의 문제가 많이 출제되고 있으므로 본 교재에 수록된 문제의 반복 학습이 중요하다.

구 분	출제문항 수
제1절 재무회계와 회계기준	1 ~ 2문제
제2절 재무회계 개념체계	3 ~ 4문제
제3절 재무제표	3 ~ 4문제
제4절 현금과 매출채권	2문제
제5절 재고자산	2 ~ 3문제
제6절 금융자산	1 ~ 2문제
제7절 유형자산	2 ~ 3문제
제8절 무형자산	1 ~ 2문제
제9절 금융부채	0 ~ 1문제
제10절 사채와 복합금융상품	1 ~ 2문제
제11절 채권·채무조정	0 ~ 1문제
제12절 충당부채 및 보고기간후사건	0 ~ 1문제
제13절 종업원 급여	0 ~ 1문제
제14절 자본	1 ~ 2문제
제15절 수익	1 ~ 2문제
제16절 주당이익	0 ~ 1문제
제17절 회계정책, 회계추정의 변경 및 오류	1 ~ 2문제
제18절 감사보고서	0 ~ 1문제

제1장
기업회계기준

제1절 재무회계와 회계기준

01 회계의 의의 ★

현재는 회계를 아래와 같이 정의하고 있다.

> 정보이용자의 경제적 의사결정에 도움을 주기 위하여 경제적 실체와 관련된 정보를 식별하고 측정하여 보고하는 과정

이러한 정의로부터 회계가 추구하는 목적이 정보이용자의 의사결정에 유용한 정보를 제공하는 것임을 알 수 있다.

회계의 정의

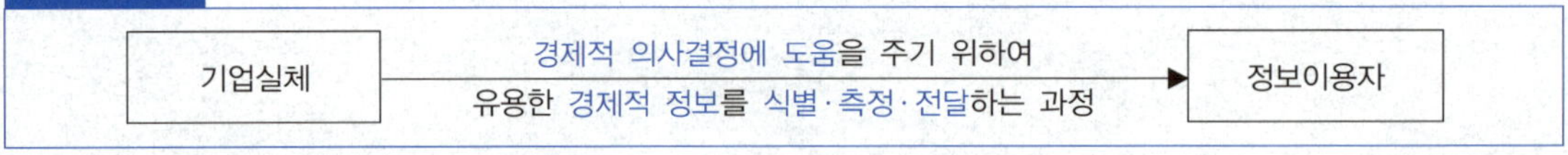

02 회계정보이용자 ★

기업실체와 이해관계가 있는 회계정보이용자는 주주, 투자자, 채권자, 정부와 규제기관, 경영자, 종업원, 일반대중 등으로 매우 다양하다. 이들은 기업실체와 직접적으로 또는 간접적으로 관련된 다양한 의사결정 상황에서 회계정보를 필요로 한다.

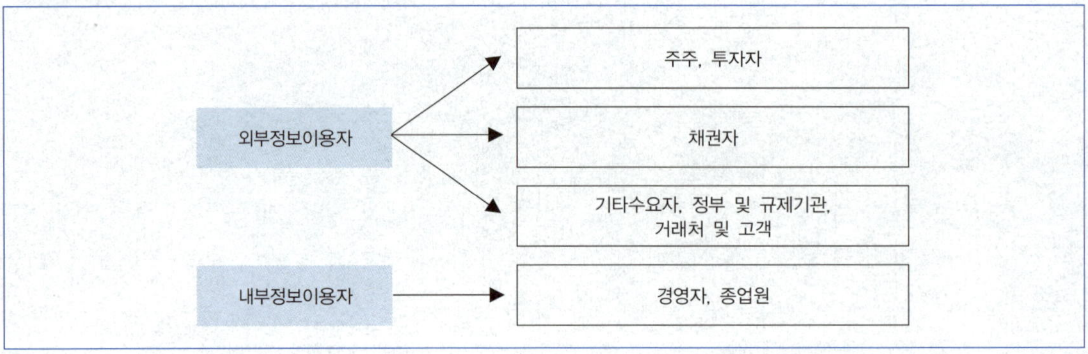

03 회계의 분류 ★

기업의 회계정보이용자는 내부정보이용자와 외부정보이용자로 구분할 수 있으며, 이러한 회계정보이용자 분류에 따라 회계는 재무회계와 관리회계로 구분된다. 여기서 외부정보이용자가 이용하는 회계정보를 재무회계라고 하고 내부정보이용자가 이용하는 회계정보를 관리회계라고 한다.

구 분	재무회계	관리회계
정보이용대상	외부정보이용자	내부정보이용자(= 경영자 등)
필요로 하는 정보	기업의 현금창출능력	기업에 관한 모든 정보
정보의 입수 경로	기업이 제공하는 정보(경영자로부터)	모든 경로
보고수단	재무제표	다양한 수단존재
정보의 작성원칙	필요(= 일반적으로 인정된 회계원칙)	불필요

04 재무제표 ★★

재무회계는 기업의 외부정보이용자들이 합리적인 의사결정을 할 수 있도록 유용한 정보를 제공하는 것이 목적이다. 그러므로 기업은 외부정보이용자들에게 기업에 유입될 미래 순현금유입에 관한 정보를 제공해야 한다. 이러한 재무회계의 목적을 달성하기 위해서는 다양한 회계정보가 필요하고, 이를 위하여 표준화된 일정한 양식이 필요한데 이를 재무제표(Financial Statements)라고 한다. 재무제표는 기업실체의 외부 정보이용자에게 기업실체에 관한 재무적 정보를 전달하는 핵심적 재무보고의 수단이다. 재무보고의 목적을 달성하기 위해서는 다양한 회계정보가 제공되어야 하고, 이를 위해서는 여러 종류의 재무제표가 필요하다. 재무제표는 특정 시점의 상태(저량, Stock)를 나타내는 재무제표와 특정 기간의 변동(유량, Flow)을 나타내는 재무제표로 구분된다.
재무제표의 종류는 다음과 같다.

- 특정 시점의 상태에 관한 재무제표
  - 재무상태표 : 일정 시점에 기업의 경제적 자원(자산)과 보고기업에 대한 청구권(부채 및 자본)에 관한 정보를 제공하는 재무제표
- 특정 기간의 변동에 관한 재무제표
  - 손익계산서 : 일정 기간 동안의 지분참여자에 의한 출현과 관련된 것을 제외한 순자산의 증감에 의하여 발생하는 재무성과에 관한 정보를 제공하는 재무제표
  - 자본변동표 : 일정 시점에 자본의 잔액과 일정 기간 동안 자본의 변동에 관한 정보를 제공하는 재무제표
  - 현금흐름표 : 일정 기간 동안 현금및현금성자산의 창출능력과 현금흐름의 사용 용도를 평가하는 데 유용한 기초를 제공하는 재무제표

재무제표는 주석을 통하여 재무제표 본문에 표시된 정보를 이해하는 데 도움이 되는 추가적 정보나 재무제표 본문에 계상되지 않은 자원, 의무 등에 대한 정보를 함께 제공해야 한다. 주석은 재무제표상 해당 과목 또는 금액에 기호를 붙이고 난외 또는 별지에 동일한 기호를 표시하여 그 내용을 간결하게 기재하는 것을 말한다. 주석은 재무제표와는 별도로 공시하지만 재무제표에 포함된다.

05 재무정보의 공급 ★

다양한 정보이용자(이해관계자)의 수요에 부합되는 재무정보를 공급하게 하는 제도적 장치로 정부의 규제와 자발적인 공시유인이 있고 우리나라는 상법, 자본시장과 금융투자업에 관한 법률, 주식회사의 외부감사에 관한 법률 등으로 재무정보의 공시를 규제하는 제도적 장치를 두고 있다.

06 일반적으로 인정된 회계원칙(GAAP, Generally Accepted Accounting Principles) ★★

기업의 다양한 이해관계자가 필요로 하는 회계정보는 다양하면서도 서로 일치하는 점이 있다. 현실적으로 다양한 정보이용자의 요구를 모두 충족시키는 것이 불가능하므로 일반적으로 많이 요구되는 공통된 정보를 제공해야 한다고 보는 것이 재무회계의 입장이다. 이에 따라 회계정보이용자에게 전달되는 공통된 회계정보를 담고 있는 일반목적 재무제표를 위한 일반적으로 인정된 회계원칙이 필요하게 되었다.

Comment

기업은 정부의 규제 또는 자발적인 결정으로 외부정보이용자에게 회계정보를 제공하는데, 이때 가장 중요한 회계정보는 재무제표이다. 정보이용자는 재무제표를 통해서 기업의 재무상태와 재무성과, 현금흐름 및 자본변동을 한눈에 파악할 수 있다. 그런데 기업이 임의로 재무제표의 내용 및 형식을 정해서 작성·보고한다면 회계정보이용자의 유용성은 감소할 것이다. 그 이유는 하나의 거래에 대해 기업마다 측정한 결과나 보고하는 형식이 다를 수 있어 회계정보이용자가 여러 기업의 재무제표를 비교·분석하는 데 많은 어려움이 있을 수 있기 때문이다. 그러므로 기업이 재무제표를 작성하는 데 있어서 준거해야 할 통일된 지침이 필요하며, 이를 회계기준이라고 한다.

✓핵심체크

회계원칙의 필요성 : 재무제표 작성에 편의, 부정확, 불명확 등의 오류를 최소화하고 기업 간 비교가능성을 높인다.

07 회계원칙제정의 주체 ★★★

회계원칙이 누구에 의하여 제정되는가에 따라 자유시장접근법과 규제접근법으로 나눈다.

1. 자유시장접근법

수요와 공급의 균형에 의하여 제공되는 회계정보가 결정되고 그러한 회계정보를 산출하기 위한 회계원칙이 제정되어야 한다는 견해로 특별한 규제가 필요하지 않다는 입장이다.

2. 규제접근법

회계정보를 공공재로 인식하여 회계원칙을 규제기관에서 제정하여야 한다는 견해이다. 오늘날은 회계정보를 공공재로 인식하고 이에 따라 규제기관이 회계원칙을 제정하는 방법이 더 많은 지지를 얻고 있다.

3. 우리나라 회계원칙제정의 주체

우리나라는 1999년까지 금융감독위원회(현재 금융위원회)가 회계원칙을 제정하여 왔고 현재에도 재정권을 가지고 있으나 2000년 7월 27일부터 회계원칙의 제정업무를 한국회계기준원에 위탁하여, 민간부문에서 제정하는 방식으로 전환되었다.

✓핵심체크

1. 회계원칙제정의 주체에 대하여 자유시장접근법과 규제접근법으로 나뉘고 현재에는 회계정보를 공공재로 인식하고 이에 따라 규제기관이 회계원칙을 제정하는 방법이 더 큰 지지를 받고 있다.
2. 우리나라에서 일반기업회계기준을 제정하는 기관은 한국회계기준원이다.

08 우리나라 회계기준의 체계 ★★★

2011년부터 우리나라는 국제회계기준을 전면 도입하기로 결정하고, 2013년에는 중소기업회계기준이 제정됨에 따라 회계기준이 삼원화되었다. 하나는 상장기업이 강제적으로 적용하여야 하는 한국채택국제회계기준(K-IFRS)이며, 다른 각각은 비상장외부감사 대상기업이 적용할 수 있는 일반기업회계기준과 외부감사 대상이 아닌 비상장중소기업이 적용할 수 있는 중소기업회계기준이다.

구 분		적용되는 회계기준
상장기업(= 모든 상장기업은 외부감사 대상)		한국채택국제회계기준
비상장기업	외부감사 대상○	일반기업회계기준 or 한국채택국제회계기준
	외부감사 대상×	중소기업회계기준 or 일반기업회계기준 or 한국채택국제회계기준

✓핵심체크

1. 기업에 회계기준을 적용할 때 중소기업 여부는 판단 시 고려 대상이 아니다.
2. 금융회사는 상장 여부 관계없이 한국채택국제회계기준을 적용한다.

09 국제회계기준(IFRS)의 특징 ★★★

① 국제회계기준은 재무회계 개념체계의 범위 내에서 재무제표에 포함될 내용을 원칙 위주로 규정하고, 세부적인 인식 및 측정방법은 원칙을 벗어나지 않는 범위 내에서 각국의 재량을 허용하는 방식으로 규정되어 있다. 따라서 회계전문가의 판단을 중요시하며, 다양한 회계처리방법이 수용되어 기업 간 비교가능성이 훼손될 수 있으나 기간별 비교가능성은 강조된다.

② 이전의 회계기준은 자산과 부채의 측정 속성으로 역사적원가를 원칙으로 하였으나 국제회계기준은 공정가치 측정을 기본원칙으로 하고 있다. 그 예로 유형자산의 재평가모형과 투자부동산의 공정가치모형이 전면 도입되었고 '공정가치 측정'의 기준서가 제정되었다.

③ 국제회계기준은 종속회사가 있는 경우에는 경제적 실질에 따라 지배회사와 종속회사의 재무제표를 결합하여 보고하는 연결재무제표를 기본재무제표로 제시하고 있다.

구 분	일반기업회계기준	한국채택국제회계기준
접근방식	규칙 중심	원칙 중심
외부공표F/S	개별F/S	연결F/S
측정기준	역사적원가	공정가치

Comment

회계기준은 회계의 목적에 따라 원칙적인 기준만을 규정하고 전문가적인 판단을 중요시하여 제정되는 원칙 중심의 회계기준과 모든 경제적 사건과 거래에 대한 구체적인 기준을 규정하는 규칙 중심의 회계기준으로 구분할 수 있다. 각 분류에 따른 특징은 아래와 같다.

구 분	원칙주의	규칙주의
비교가능성	낮 음	높 음
전문가의 판단	많 음	최소화

10 외부감사제도 ★★★

기업은 외부감사인과 감사계약을 체결하여 재무제표에 대한 회계감사(Auditing)를 수행하도록 함으로써 재무제표의 신뢰성을 제고시킬 수 있는데 이를 외부감사제도라고 한다. 이러한 외부감사제도는 기업의 경영자가 작성한 재무제표가 일반적으로 인정된 회계원칙에 따라 작성되었는지를 독립적인 전문가가 감사를 수행하고 그에 따른 의견을 표명함으로써 재무제표의 신뢰성을 높이기 위한 제도이다.

외부감사 대상 여부 판단 – 주식회사 등의 외부감사에 관한 법률에 근거

- 상장법인, IPO 신청 주식회사
- 비상장기업 중 직전 사업연도 기준 자산 총액이 500억원 이상 또는 매출액이 500억원(1년 미만의 경우 연 환산) 이상인 회사
- 다음 항목 중 2가지 이상에 해당하는 비상장기업
  - 직전 사업연도 말 자산총액 120억원 이상
  - 직전 사업연도 말 부채총액 70억원 이상
  - 직전 사업연도의 매출액 100억원 이상
  - 직전 사업연도 말의 종업원 수 100명 이상
  - 직전 사업연도 말 사원 수 50명 이상(유한회사인 경우 추가)

개념완성문제

01 재무제표는 재무상태표, 손익계산서, 현금흐름표, 자본변동표로 구성된다. (O, X)

02 우리나라는 자유시장접근법에 의하여 회계원칙을 제정하고 있으며, 「주식회사의 외부감사에 관한 법률」의 직접적인 지배를 받고 있다. (O, X)

03 주권상장법인의 연결자회사가 비상장회사라면 일반기업회계기준과 국제회계기준 중 (　　)을/를 적용하여야 한다.

04 국제회계기준은 (　　) 중심의 회계기준으로 전문가의 판단을 중시하고, 가급적 해석서의 발행을 자제한다.

05 우리나라에서 일반기업회계기준을 제정하는 기관은 (　　)다/이다.

06 우리나라의 회계기준은 한국채택국제회계기준, 일반기업회계기준의 이원화 체제이다. (O, X)

07 오늘날 재무정보는 (　　)로 이해하여 재무정보의 공급에 대해 규제가 필요하다는 것이 일반적인 견해이다.

08 우리나라는 재무정보가 법률에 의해 강제 공시된다. 그러나 여기에는 '법인세법'도 포함되는 것은 아니다. (O, X)

09 상장중소기업은 한국채택국제회계기준과 일반기업회계기준은 적용할 수 있지만 중소기업회계기준을 적용할 수 없다. (O, X)

정답 및 해설

01 X　재무제표에는 주석이 포함된다.

02 X　우리나라는 규제접근법에 의하여 회계원칙을 제정하고 있다.

03 국제회계기준

04 원칙

05 한국회계기준원

06 X　한국채택국제회계기준, 일반기업회계기준, 중소기업회계기준의 삼원화 체제이다.

07 공공재

08 O

09 X　상장기업은 한국채택국제회계기준만 적용 가능하다.

10 자유시장접근법은 회계정보를 공공재로 인식하여 회계원칙을 규제기관에서 제정하여야 한다는 견해이다. (O, X)

11 우리나라는 재무정보가 법률에 의해 강제 공시되며, 여기에 법인세법은 포함되지 않는다. (O, X)

12 상장중소기업은 한국채택국제회계기준과 일반기업회계기준을 적용할 수 있지만 중소기업회계기준은 적용할 수 없다. (O, X)

13 한국채택국제회계기준의 도입으로 회계문제에 대한 정부의 간섭이 증가되어 중립성이 하락되는 효과가 있다. (O, X)

14 한국채택국제회계기준은 원칙 중심의 회계기준이기 때문에 전문가의 판단을 중시하고 가급적 해석서의 발행을 자제한다. (O, X)

15 비상장대기업, 외부감사 대상일 경우 일반기업회계기준은 선택할 수 없다. (O, X)

정답 및 해설

10 X 규제접근법에 대한 설명이다.

11 O 법인세법은 재무제표의 공시와 관련된 법률이 아니다.

12 X 상장기업은 중소기업 여부와 관계없이 한국채택국제회계기준만을 적용할 수 있다.

13 X 한국채택국제회계기준의 도입으로 회계문제에 대한 정부의 간섭이 감소되어 중립성이 유지되는 효과가 있다.

14 O

15 X 비상장, 외부감사 대상일 경우 일반기업회계기준 선택이 가능하다.

출제예상문제

✔ 학습시간이 부족하거나 시험 전 최종정리를 하고 싶은 경우에는 출제빈도(★~★★★)가 높은 문제를 우선으로 풀이할 수 있습니다.
✔ 다시 봐야 할 문제(풀지 못한 문제, 헷갈리는 문제 등)는 문제 번호 하단의 네모박스(□)에 체크하여 반복 학습할 수 있습니다.

★ 회계의 분류

01 □□□ **재무회계에 관한 설명 중 옳지 않은 것은?**

① 재무회계는 재무제표에 초점을 두는 회계로서 재무제표에는 주석도 포함된다.
② 재무회계는 경제내의 한정된 자원이 효율적으로 배분되도록 하는 데 기여한다.
③ 재무회계는 다양한 이해관계자의 형평문제를 결정하는 데 도움을 준다.
④ 재무회계는 투자자와 채권자로부터 재무적 자원을 조달하기 위한 회계는 아니다.
⑤ 재무회계는 경영자의 수탁책임의 보고기능을 한다.

★ 회계의 기능, 일반적으로 인정된 회계원칙

02 □□□ **다음 재무제표의 회계원칙에 대한 설명 중 옳은 것은?**

① 최근 회계정보를 공공재로 인식하고 있는 자유시장접근법에 따라 회계원칙을 제정하는 방법이 더 많은 지지를 받고 있다.
② 우리나라에서는 재무정보의 공시를 강제하고 있지 않다.
③ 일반기업회계기준에서는 재무상태표, 손익계산서, 현금흐름표, 자본변동표 및 사업보고서를 재무제표로 본다.
④ 재무제표는 경영자의 수탁책임에 대한 보고기능을 가지고 있다.
⑤ 우리나라는 한국채택국제회계기준, 일반기업회계기준으로 이원화된 회계기준 체제이다.

정답 및 해설

01 ④ 재무회계는 투자자와 채권자로부터 재무적 자원을 조달하기 위한 회계이다.

02 ④ 재무제표는 경영자의 수탁책임에 대한 보고기능을 가지고 있다.

오답체크

① 최근 회계정보를 공공재로 인식하고 회계원칙을 규제기관에서 제정하는 방법인 규제접근법이 더 많은 지지를 받고 있다.
② 우리나라는 상법, 자본시장과 금융투자업에 관한 법률, 주식회사의 외부감사에 관한 법률에 의해 재무정보의 공시를 강제하고 있다.
③ 일반기업회계기준에서는 재무상태표, 손익계산서, 현금흐름표, 자본변동표와 주석을 재무제표로 본다.
⑤ 우리나라는 한국채택국제회계기준, 일반기업회계기준, 중소기업회계기준으로 삼원화된 회계기준 체제이다.

★

03 □□□

회계의 기능, 일반적으로 인정된 회계원칙

다음 중 재무제표의 회계원칙에 대한 설명 중 옳지 않은 것은?

① 재무제표는 재무상태표, 손익계산서, 현금흐름표, 자본변동표 및 주석으로 구성된다.
② 재무제표는 경영자의 수탁책임보고 및 자원의 효율적 배분 등에 도움을 준다.
③ 우리나라는 규제접근법에 의하여 회계원칙을 제정하고 있으며, 「주식회사 등의 외부감사에 관한 법률」의 직접적인 지배를 받고 있다.
④ 재무회계는 투자자와 채권자로부터 재무적 자원을 조달하는 데 도움을 준다.
⑤ 비상장기업으로 외부감사 대상인 회사는 일반기업회계기준만 적용할 수 있다.

★

04 □□□

우리나라 회계기준의 체계

다음 중 우리나라의 회계기준에 대한 설명으로 옳은 것은?

① 주권상장법인은 한국채택국제회계기준을 2011년부터 의무적으로 적용하고 비상장법인도 이와 동일하게 한국채택국제회계기준을 의무적으로 적용하고 있다.
② 주권상장법인의 연결자회사인 비상장법인은 한국채택국제회계기준을 적용할 수 있다.
③ 한국채택국제회계기준을 사용하는 경우에는 국가 간 재무제표의 비교가능성이 감소하고 국내에 중복으로 상장된 기업의 재무보고비용이 증가하며, 회계문제에 대한 압력집단의 간섭이 증가하여 중립성이 유지될 수 없다는 단점이 있다.
④ 우리나라 회계원칙의 제정업무는 금융위원회의 허가를 받아 설립된 한국회계기준원에 위탁하여 민간부문에서 제정하도록 하고 있다.
⑤ 한국채택국제회계기준은 규칙 중심의 회계기준이기 때문에 전문가적인 판단보다는 다양한 해석서의 발행을 통해 회계원칙 해석의 일관성을 유지하고 있다.

★★★

05 □□□

우리나라 회계기준의 체계 최신출제유형

다음 회사 중 회계기준의 적용이 옳지 않은 것은?

회사명	회사 유형	상장 여부	적용회계기준
A사	중소기업	상장법인	한국채택국제회계기준
B사	대기업	상장법인	한국채택국제회계기준
C사	상장법인인 ㅇㅇ회사의 연결자회사	비상장법인	일반기업회계기준
D사	비중소기업	비상장법인	한국채택국제회계기준
E사	중소기업	비상장법인	일반기업회계기준

① A사　② B사　③ C사　④ D사　⑤ E사

★★ 우리나라 회계기준의 체계

06 재무제표와 우리나라의 일반적으로 인정된 회계원칙에 관한 설명으로 옳지 않은 것은?

① 한국채택국제회계기준을 적용하면 국내외 자본시장에 중복 상장된 기업의 재무보고비용이 낮아진다.
② 우리나라는 규제접근법에 의하여 회계원칙을 제정하고 있으며, 「주식회사 등의 외부감사에 관한 법률」의 직접적 지배를 받고 있다.
③ 재무제표는 재무보고의 핵심적인 수단이며, 주석도 재무제표에 포함된다.
④ 외부감사 대상 비상장중소기업은 일반기업회계기준만을 적용하여야 한다.
⑤ 우리나라에서는 재무제표가 법률에 의해 강제적으로 공시되고 있다.

정답 및 해설

03 ⑤ 비상장기업으로 외부감사 대상인 회사는 한국채택국제회계기준과 일반기업회계기준을 모두 적용할 수 있다.

04 ④ 우리나라 회계원칙의 제정업무는 금융위원회의 허가를 받아 설립된 한국회계기준원에 위탁해 민간부문에서 제정하도록 하고 있다.

오답체크

① 주권상장법인은 한국채택국제회계기준을 2011년부터 의무적으로 적용하고 있으나 비상장법인은 한국채택국제회계기준을 선택적으로 적용할 수 있다.
② 주권상장법인의 연결자회사인 비상장법인은 한국채택국제회계기준을 의무적으로 적용해야 한다.
③ 한국채택국제회계기준을 사용하는 경우에는 국가 간 재무제표의 비교가능성이 증가하고 국내에 중복으로 상장된 기업의 재무보고비용이 감소하며, 회계문제에 대한 압력집단의 간섭이 감소하여 중립성이 유지될 수 있다는 장점이 있다.
⑤ 한국채택국제회계기준은 원칙 중심의 회계기준이기 때문에 되도록 해석서의 발행을 자제하고 있다. 그러나 현재 한국채택국제회계기준에 대한 해석서가 있는 경우가 많다.

05 ③ 지배회사가 한국채택국제회계기준을 적용하면 연결자회사인 C사도 한국채택국제회계기준을 적용해야 한다.

06 ④ 외부감사 대상 비상장중소기업은 한국채택국제회계기준과 일반기업회계기준 중 어느 하나를 선택 적용할 수 있다.

★ 우리나라 회계기준의 체계

07 □□□

우리나라의 회계기준과 재무제표에 대한 설명으로 옳은 것은?

① 재무회계는 투자자와 채권자로부터 재무적 자원을 조달하는 데 실질적인 도움을 주지 못한다.
② 우리나라는 규제접근법에 따라 회계원칙을 제정하고 있으며, 이에 관한 근거 법령인 「주식회사 등의 외부감사에 관한 법률」에 직접적인 지배를 받고 있다. 단, 현재 회계원칙을 제정하는 규제기관이 민간부문(한국회계기준원)에서 제정하는 방식으로 전환되었다.
③ 국제회계기준으로 재무제표를 작성해도 회계문제에 대하여 정부기관 및 기타 이익집단의 간섭에 따른 중립성 감소는 변동되지 않는다.
④ 상장기업도 일반기업회계기준을 적용할 수 있다.
⑤ 재무제표는 기업실체의 재무상태에 관한 정보만을 제공하는 재무보고서이다.

★ 우리나라 회계기준의 체계

08 □□□

다음 중 우리나라의 회계기준에 관한 설명으로 옳은 것은?

① 상장기업의 연결자회사인 비상장중소기업은 한국채택국제회계기준과 일반기업회계기준을 선택하여 적용할 수 있다.
② 한국채택국제회계기준은 원칙 중심이 아닌 규칙 중심의 회계기준으로 전문가적 판단의 중요성을 강조한다.
③ 주권상장법인은 한국채택국제회계기준을 2011년부터 선택적으로 적용할 수 있다.
④ 회계원칙의 제정업무는 금융위원회가 한국회계기준원에 위탁하여 민간부문에서 제정하는 방식을 채택하고 있다.
⑤ 한국채택국제회계기준을 적용하는 경우 국가 간 재무제표의 비교가능성은 하락하고, 기업의 재무보고비용은 증가한다.

★★★ 우리나라 회계기준의 체계

09 □□□

회계원칙이 누구에 의하여 제정되는가에 따라 규제접근법과 자유시장접근법으로 나누어진다. 다음 중 규제접근법에 해당하지 <u>않는</u> 것은?

① 회계원칙을 제정하는 방법 중 더 지지를 받고 있는 접근법이다.
② 회계정보에 대해서 특별한 규제가 필요하지 않다.
③ 회계정보는 대가를 지불하지 않고 혜택을 보는 무임승차자 현상이 존재하는 공공재에 해당한다.
④ 회계정보를 시장에 맡겨두면 제공된 회계정보의 양이나 질이 사회적 최적의 상태에 이르지 못하여 시장실패를 초래한다.
⑤ 회계원칙을 규제기관에서 제정해야 한다.

★★★

10 □□□

우리나라 회계기준의 체계 최신출제유형

기업회계기준의 적용에 대한 옳지 않은 설명을 모두 고른 것은?

A. 외부회계감사대상인 비상장중소기업인 ㈜포도는 한국채택국제회계기준을 적용하였다.
B. 비상장금융회사인 ㈜사과는 일반기업회계기준을 적용하였다.
C. 외부회계감사대상이 아닌 비상장중소기업인 ㈜당근은 일반기업회계기준을 적용하였다.
D. 상장기업의 연결자회사인 비상장중소기업인 ㈜호두는 일반기업회계기준을 적용하였다.

① A
② A, C
③ A, B
④ B, D
⑤ B, C, D

정답 및 해설

07 ② 우리나라는 규제접근법에 따라 회계원칙을 제정하고 있으며, 이에 관한 근거 법령인 「주식회사 등의 외부감사에 관한 법률」에 직접적인 지배를 받고 있다. 단, 현재 회계원칙을 제정하는 규제기관이 민간부문(한국회계기준원)에서 제정하는 방식으로 전환되었다.

오답체크

① 재무회계는 투자자와 채권자로부터 재무적 자원을 조달하기 위한 경제적 의사결정에 실질적인 도움이 되는 유용한 정보를 제공하는 회계이다.
③ 국제회계기준으로 재무제표를 작성하면 회계문제에 대한 정부기관 및 기타 이익집단의 간섭이 감소하여 중립성이 유지될 수 있다.
④ 상장기업은 한국채택국제회계기준만 적용할 수 있으며, 비상장기업만 선택 적용이 가능하다.
⑤ 재무제표는 기업실체의 재무상태(자산, 부채, 자본)와 재무상태 변동에 관한 정보를 제공하는 재무보고서이다.

08 ④ 회계원칙의 제정업무는 금융위원회가 한국회계기준원에 위탁하여 민간부문에서 제정하는 방식을 채택하고 있다.

오답체크

① 상장기업의 연결자회사인 비상장중소기업은 반드시 한국채택국제회계기준만 적용해야 한다.
② 한국채택국제회계기준은 규칙 중심이 아닌 원칙 중심의 회계기준으로 전문가적 판단의 중요성을 강조한다.
③ 주권상장법인은 한국채택국제회계기준을 2011년부터 의무적으로 적용하여야 한다.
⑤ 한국채택국제회계기준을 적용하는 경우 국가 간 재무제표의 비교가능성은 상승하고, 기업의 재무보고비용은 감소한다.

09 ② ②는 자유시장접근법에 대한 설명이다. 나머지 ①③④⑤는 규제접근법에 대한 설명이다.

10 ④ 금융회사와 상장기업의 연결자회사는 상장 여부에 관계없이 한국채택국제회계기준을 적용하여야 한다.

★★★ 우리나라 회계기준의 체계 최신출제유형

11 □□□

다음 중 회계기준의 적용이 적절하지 <u>않은</u> 회사는?

	회 사	상장여부	규 모	회계감사 대상	적용회계기준
①	A	비상장	대기업	감 사	한국채택국제회계기준
②	B	비상장	대기업	감 사	일반기업회계기준
③	C	비상장	중소기업	비감사	중소기업회계기준
④	D	상 장	대기업	감 사	한국채택국제회계기준
⑤	E	상 장	중소기업	감 사	일반기업회계기준

★★★ 우리나라 회계기준의 체계 최신출제유형

12 □□□

우리나라 외부감사법(주식회사 등의 외부감사에 관한 법률)**에서 규정한 외부감사 대상에 속하지 <u>않는</u> 회사는?**

① 주권상장법인
② 직전 사업연도 말의 자산총액이 130억원이고, 종업원 수가 130명인 주식회사
③ 직전 사업연도 말의 매출액이 120억원이고, 부채총액이 80억원인 주식회사
④ 직전 사업연도 말의 자산총액이 100억원, 부채총액은 60억원, 종업원 수가 80명이고 매출액이 90억원인 주식회사
⑤ 직전 사업연도 말의 자산총액이 550억원이고, 매출액이 70억원, 부채총액이 50억원, 종업원 수가 100명인 주식회사

정답 및 해설

11 ⑤ 상장사는 기업규모와 관계없이 한국채택국제회계기준을 의무적으로 적용하여야 한다.

12 ④ 직전 사업연도 말의 자산총액이 120억원 미만, 부채총액이 70억원 미만, 매출액이 100억원 미만, 종업원이 100명 미만 중 3가지를 충족하면 외부감사 대상에서 제외된다.

제2절 재무회계 개념체계

01 개념체계의 의의 ★

재무보고를 위한 개념체계는 외부이용자를 위한 재무제표의 작성과 표시에 있어 기초가 되는 개념을 정립한다.

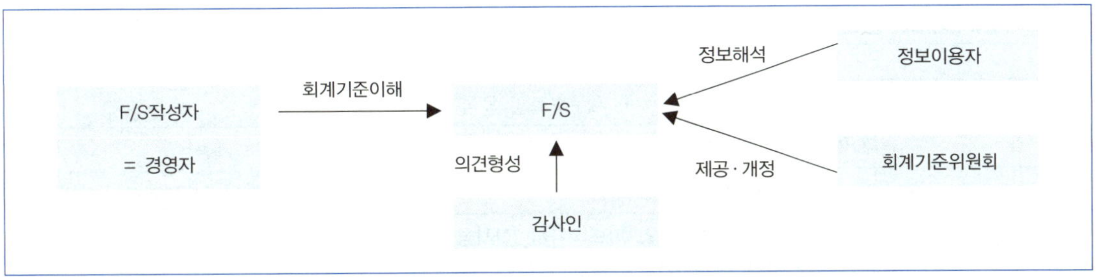

Comment

현재 일반적으로 인정된 회계원칙은 주로 연역적인 방법으로 제정된다. 그러므로 회계목적을 기초로 하여 논리적인 방법으로 회계원칙을 도출하기 위해서는 재무보고의 목적과 이론을 정립할 필요가 있다. 이에 따라 재무보고를 위한 개념체계는 외부이용자를 위한 재무보고의 기초가 되는 개념을 정립하기 위하여 제정되었다.

02 개념체계의 위상 ★★

개념체계는 회계의 근간이 되는 기초개념을 정립하는 것을 목적으로 하므로 그 자체로는 회계기준이 아니다. 따라서 개념체계는 구체적인 회계처리방법이나 공시에 관한 기준을 정하는 것을 목적으로 삼지 않는다. 만약 개념체계와 특정회계기준이 서로 상충할 경우에는 어떠한 경우에도 그 회계기준이 개념체계를 우선한다.

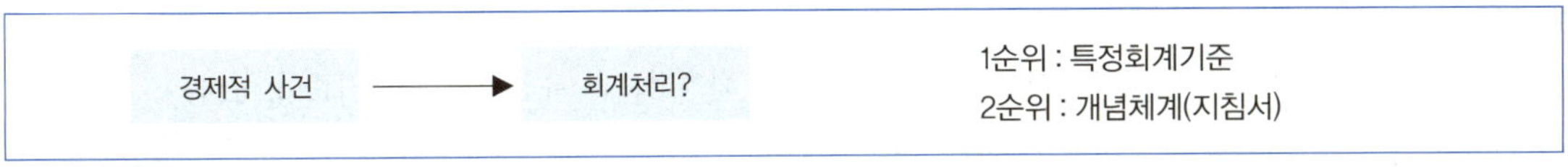

✓ 핵심체크

1. 개념체계는 회계기준의 제정 및 개정에 있어 기본방향과 일관성에 대한 지침을 제공한다.
2. 개념체계는 재무보고의 목적을 명확히 하고 이의 달성에 도움이 되는 기초개념을 제공하는 것을 목표로 한다.

03 개념체계의 적용범위 ★★

우리나라 개념체계는 일반목적의 재무보고에 포괄적으로 적용되며, 영리기업의 재무제표 작성과 공시에 한정되지 않지만 개념체계의 제정에 있어서 비영리조직의 특수성은 고려하지 않는다. 또한 사업설명서나 경영자가 내부보고목적으로 작성하는 보고서 또는 세무보고목적을 위해 작성하는 보고서 등과 같은 특수목적의 보고서는 개념체계의 적용대상은 아니지만, 관련 규정이 허용하는 범위 내에서 개념체계는 특수목적 보고서의 작성에도 적용될 수 있다.

04 개념체계의 전체 구조 ★

<table>
<tr><th colspan="3">1. 재무보고의 목적</th></tr>
<tr><td colspan="3">현재 및 잠재적 투자자, 대여자 및 기타채권자의 의사결정에 유용한 정보 제공</td></tr>
<tr><th colspan="2">2. 재무정보의 질적특성</th><th>5. 재무제표의 요소</th></tr>
<tr><td>주요 특성</td><td>• 목적적합성 : 예측가치와 피드백가치, 적시성
• 신뢰성 : 표현의 충실성, 중립성, 검증가능성</td><td rowspan="2">재무상태표, 자본변동표,
손익계산서, 현금흐름표</td></tr>
<tr><td>2차 특성</td><td>• 비교가능성</td></tr>
<tr><th colspan="3">6. 재무제표요소의 인식, 측정 및 공시</th></tr>
<tr><td colspan="3">• 인식 : 정의에 부합, 경제적효익 발생가능성, 측정속성의 존재, 측정의 신뢰성
• 측정 : 취득원가, 공정가치, 기업특유의 가치, 상각후가액, 순실현가능가치</td></tr>
<tr><th>3. 기본가정</th><th colspan="2">4. 제약요인</th></tr>
<tr><td>기업실체
계속기업
기간별 보고</td><td colspan="2">효익 > 원가
중요성</td></tr>
</table>

05 개념체계의 질적특성 ★★★

1. 의의

회계정보가 유용하기 위해 갖추어야 할 주요 속성으로 회계정보의 유용성의 판단기준이 된다.

✓핵심체크

1. 목적적합성과 신뢰성 모두 만족하지 않고 어느 하나가 완전히 상실된 정보는 유용한 정보가 될 수 없다.
2. 회계정보의 유용성은 질적특성을 갖춘 정보가 이해가능성이 있어야 한다. 그러나 재무제표의 정보가 대부분의 정보이용자에게 경제적 의사결정에 목적적합해야 하므로 일부 정보이용자가 이해하기 곤란하다는 이유로 제외해서는 안 된다.

2. 목적적합성

목적적합성은 의사결정을 함에 있어서 이와 같은 정보가 없는 경우와 비교하여 더욱 유리한 차이를 낼 수 있는 것을 의미한다.

(1) 예측가치와 피드백가치

① 예측가치는 기업실체의 미래 재무상태, 성과, 순현금흐름, 자본변동 등을 예측할 수 있는 능력을 말한다. 정보이용자들이 미래결과를 예측하는 과정에 재무정보가 사용될 수 있다면, 그 재무정보는 예측가치를 가진다. 여기서 유의할 점은 재무정보가 예측가치를 갖기 위해서는 그 자체가 예측치 또는 예상치일 필요는 없다는 것이다.

② 피드백가치는 기업실체의 재무상태, 성과, 순현금흐름, 자본변동에 대한 정보이용자의 당초 기대치 및 예측치를 확인 또는 수정함으로써 정보이용자의 의사결정에 영향을 미칠 수 있는 능력을 말한다. ➲ 과거 평가를 확인하거나 변경시키는 것을 의미함

③ 재무정보의 예측가치와 피드백가치는 상호 연관되어 예측가치를 갖는 정보는 피드백가치도 동시에 갖는 경우가 많다.

(2) 적시성

적시성은 의사결정에 영향을 미칠 수 있도록 의사결정자가 정보를 적시에 이용 가능하게 하는 것을 의미한다. 일반적으로 정보는 오래된 것일수록 유용성이 낮아진다. 그러나 일부 정보는 보고기간 말 후에도 오랫동안 적시성을 잃지 않을 수도 있다. 예를 들어, 일부 정보이용자는 추세를 식별하고 평가할 필요가 있을 수도 있기 때문이다.

✓핵심체크

1. 적시성이 있는 정보가 반드시 목적적합성을 갖지는 않지만, 적시성이 없는 정보는 목적적합성을 상실한다.
2. 적시성이 있는 정보를 위해 신뢰성을 희생하는 경우가 있으므로 둘 사이의 균형을 고려하여야 한다.

3. 신뢰성

정보에 중대한 오류나 편의가 없고 객관적으로 검증 가능하며 나타내고자 하는 바를 충실하게 표현하는 정보를 신뢰성 있는 정보라 한다.

(1) 표현의 충실성

정보가 나타내고자 하거나 나타낼 것이 합리적이라고 기대되는 거래, 그 밖의 사건을 충실하게 표현하여야 한다는 것을 말한다. 표현의 충실성을 확보하기 위해서는 거래나 사건의 형식보다 경제적 실질에 따라 회계처리하여야 한다. 예 금융리스 거래

(2) 중립성

재무정보의 선택이나 표시에 편의(Bias)가 없어야 한다는 것을 의미한다. 중립적 서술은 정보이용자가 재무정보를 유리하거나 불리하게 받아들일 가능성을 높이기 위해 편파적이거나, 편중되거나, 강조되거나, 경시되거나, 그 밖의 방식으로 조작되지 않는다. 불확실한 상황에서 회계정보가 중립성을 갖기 위해서는 추정의 신중성을 확보하여야 한다.

✔핵심체크

1. 신중성: 불확실한 상황에서 자산·수익이 과대계상되지 않고 부채·비용이 과소계상되지 않도록 추정에 신중을 기하는 것이다.
2. 보수주의: 불확실한 상황에서 가능한 한 자산·수익이 과소계상되고 부채·비용이 과대계상되는 것이다.
3. 신중성과 보수주의는 구별된다.

(3) 검증가능성

동일한 경제적 사건이나 거래에 대하여 동일한 측정방법을 적용할 경우 다수의 독립적인 측정자가 유사한 결론에 도달할 수 있어야 하는 것을 의미한다. 그러나 검증가능성이 크다고 표현의 충실성을 보장하거나 목적적합성이 높다는 것을 의미하지는 않는다.

4. 비교가능성

① 비교가능성은 정보이용자가 항목 간의 유사점과 차이점을 식별하고 이해할 수 있게 하는 질적특성이다. 목적적합하고 충실하게 표현된 회계정보는 비교가능성이 클 때 유용성이 더욱 보강된다.

② 동일한 항목에 대해 동일한 방법을 적용하는 것을 의미하는 일관성은 비교가능성과 관련되지만 동일한 것은 아니다. 비교가능성이라는 목표를 달성하게 해주는 수단이라고 볼 수 있다.

③ 비교가능성이 통일성을 뜻하는 것은 아니다. 정보가 비교가능하기 위해서는 비슷한 것은 비슷하게 보이고 다른 것은 다르게 보여야 한다.

㉍ 목적적합성과 신뢰성을 높일 수 있는 대체적 방법이 있음에도 비교가능성의 저하를 이유로 회계기준의 개정이나 회계정책의 변경이 이루어지지 않는 것은 적절하지 않음

④ 비교가능성은 다른 질적특성과 달리 하나의 항목에 관련된 것이 아니다. 비교하려면 최소한 두 항목이 필요하다.

⑤ 하나의 경제적 현상을 충실하게 표현하는 데 여러 방법이 있을 수 있으나 동일한 경제적 현상에 대해 대체적인 회계처리방법을 허용하면 비교가능성이 감소한다.

기간 간	×2	×1
	××	××
기업 간	삼성전자	인 텔
	××	××

* 최소 두 항목의 비교대상 필요
* 일관성(수단) → 비교가능성(목표) ≠ 통일성

✔핵심체크

1. 질적특성 간의 상충관계는 목적적합성과 신뢰성 간에 발생할 수 있다. 이러한 상충이 발생할 때 질적특성 간의 상대적 중요성을 기준으로 판단하여야 한다.
2. 유형자산의 역사적원가 평가는 검증가능성이 커져 신뢰성이 제고되나 목적적합성은 저하될 수 있다.
3. 시장성이 없는 유가증권의 역사적원가 평가는 검증가능성이 커져 신뢰성은 제고되나 목적적합성이 저하될 수 있다.
4. 정보를 적시에 제공하기 위해 거래나 사건의 모든 내용이 확정되기 전에 보고하는 경우, 목적적합성은 향상되나 신뢰성은 저하될 수 있다.
5. 기업실체의 재무상태에 중요한 영향을 미칠 것으로 예상되는 진행 중인 손해배상소송에 대한 정보는 목적적합성이 있는 정보일 수 있다. 그러나, 소송결과를 확실히 예측할 수 없는 상황에서 손해배상청구액을 재무제표에 인식하는 것은 신뢰성을 저하할 수 있다.

06 제약요인 ★

1. 효익과 비용 간의 균형

원가는 재무정보로 제공될 수 있는 정보에 대한 포괄적인 제약요인이다. 즉, 원가는 재무정보 제공에 있어서 우선적으로 고려할 사항을 말한다. 정보이용에 따른 혜택이 정보제공에 소요되는 원가를 초과해야만 정보가 경제적 재화로서의 가치가 있는 것이다.

2. 중요성

회계정보가 누락되거나 잘못 기재된 경우 정보이용자의 의사결정에 영향을 미치면 정보로서의 중요성을 갖는다. 중요성은 재무제표의 표시와 관련된 임계치나 판단기준으로서 회계항목을 재무제표에 구분하여 표시하기 위한 요건으로 본다. 따라서 중요성은 기업마다 다를 수 있기 때문에 기업고유 중요성이라고 하며, 인식을 위한 최소 요건이다.

✓핵심체크

중요성은 회계항목이 정보로 제공되기 위한 최소한의 요건으로 재무제표에 표시되는 항목에는 중요성이 고려되어야 한다. 그러므로 목적적합성과 신뢰성을 갖춘 모든 항목이 반드시 재무제표에 표시되는 것은 아니다.

07 재무제표의 기본가정 ★

1. 기업실체

기업을 소유주와 독립적으로 존재하는 회계단위로 보고 이 회계단위를 기준으로 경제활동에 대한 재무정보를 측정·보고하는 것을 의미한다. 기업실체 개념은 법적실체와는 구별되는 개념이다.

2. 계속기업

재무제표는 일반적으로 기업이 계속기업이며 예상 가능한 기간 동안 영업을 계속할 것이라는 가정하에 작성된다. 즉, 기업실체는 그 경영활동을 청산하거나 중대하게 축소할 의도가 없을 뿐 아니라 청산이 요구되는 상황도 없다고 가정한다. 기업이 경영활동을 청산하거나 중요하게 축소할 의도나 필요성이 있다면 재무제표는 계속기업을 가정한 기준과 다른 기준을 적용하여 작성하는 것이 타당할 수 있으며 이때 적용한 기준은 별도로 공시하여야 한다.

3. 기간별 보고

기업실체의 존속기간을 일정한 기간 단위로 분할하여 각 기간별로 재무제표를 작성·보고하는 것을 의미한다. 적시성 있는 정보를 제공하기 위해 기간별 보고를 도입할 필요가 있다.

08 발생주의 ★★★

1. 현금기준과 발생기준의 비교

① 현금이 유입되거나 유출되는 시점에서 자산, 부채, 수익 및 비용을 인식하는 것을 현금기준이라고 한다. 현금기준에 따라 재무제표를 작성하면 재무상태 및 성과를 적정하게 보고하기 어렵다. 그 이유는 현금기준을 적용하면 결산일 현재 비용이 발생하였더라도 현금을 지급하지 않는 한 비용을 인식하지 않으며, 결산일 현재 수익이 발생하였더라도 현금을 수령하지 않는 한 수익으로 인식하지 않기 때문이다.

② 현금기준에 따라 장부기록을 하면 당기 중에 현금의 입금 및 출금의 결과는 정확하게 보고할 수 있으나, 당기말 현재 재무상태 및 당기의 재무성과를 적절하게 보고하지 못하는 한계가 있다. 회계에서는 현금의 입금 및 출금과 관계없이 재무상태의 변동을 가져오는 거래가 발생한 시점에 이를 인식하도록 하는데, 이를 발생기준(발생주의)이라고 한다.

✓핵심체크

1. 현금기준 : 현금의 유입이나 유출 시점에 재무제표 요소의 변동을 인식
2. 발생기준 : 현금의 유입이나 유출과 관계없이 재무제표 요소의 변동이 발생했을 때 인식

Comment

재무제표를 통해 미래 현금흐름의 예측이 가능하기 위해서는 재무제표가 발생기준에 따라 작성되어야 한다. 발생기준에 따라 장부기록을 해야 기업의 재무상태와 성과를 적절하게 보고할 수 있고, 회계정보이용자가 기업의 미래 현금흐름을 예측하는 데 유용할 수 있다.

2. 결산수정분개의 의의

기업들은 회계기간 중에 발생기준에 따라 회계처리를 하지만, 경우에 따라서는 현금을 수령하거나 현금을 지급할 때 전체 금액을 수익이나 비용으로 인식하기도 한다. 그러므로 기업이 결산을 하는 과정에서 이를 바로 잡을 필요가 있다.

기업에서 결산을 한다는 것은 당기 중에서 발생한 거래 기록들을 정리하고 재무상태 및 성과를 확정 짓는 것을 의미한다. 기업이 결산을 하는 과정에서 발생기준에 따라 제대로 인식되지 않은 자산, 부채, 수익 및 비용 등을 발견하였다면 발생기준에 따라 인식되어야 할 금액으로 수정하는 분개를 해야 하는데, 이를 결산수정분개(adjusting entries)라고 한다.

결산수정분개의 의의

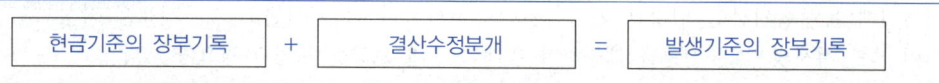

현금기준의 장부기록 + 결산수정분개 = 발생기준의 장부기록

결산수정분개가 반영되지 않은 시산표를 수정전시산표라고 하며, 결산수정분개를 반영한 시산표를 수정후시산표라고 한다. 아래의 그림과 같이 특정 회계연도의 재무상태표와 포괄손익계산서는 결산수정분개가 반영된 수정후시산표로부터 도출된다.

수정전시산표로부터 재무제표의 도출

수정전시산표 + 결산수정분개 ➲ 수정후시산표 ➲ 재무상태표, 포괄손익계산서

3. 발생에 대한 결산수정분개

결산수정분개는 크게 발생(accruals)과 이연(deferrals)에 대한 수정분개를 구분할 수 있다. 당기 중에 수익 또는 비용이 이미 발생하였으나 결산일까지 현금의 유입 또는 유출이 없어서 아무런 회계처리도 하지 않았다면, 발생한 수익 또는 비용을 인식하는 결산수정분개가 필요하다. 이를 발생에 대한 결산수정분개라고 한다.

(1) 미수수익

① 회계기간 중에 수익은 이미 발생하였으나 결산일까지 현금을 수령하지 않았기 때문에 아무런 회계처리를 하지 않았다면, 발생한 수익을 인식해야 한다. 이때 수익의 상대계정으로 미수수익을 인식한다. 미수수익은 자산 계정인데, 미래에 현금 등 경제적 자원을 수취할 권리이므로 자산의 정의에 부합한다.

② 결산수정분개는 다음과 같으며, 대변의 수익 계정은 수익의 내용에 따라 적합한 계정(예 이자수익, 임대수익, 수수료수익 등)을 사용하면 된다. 미수수익은 자산 계정이므로 다음 연도로 이월되는데, 다음 연도에 미수수익을 현금으로 수취할 때 다음과 같이 현금을 증가시키고 미수수익을 감소시키는 분개를 한다.

〈결산수정분개〉

(차) 미수수익	××	(대) ○○수익	××

〈다음 연도에 현금 수령 시〉

(차) 현금	××	(대) 미수수익	××

Comment

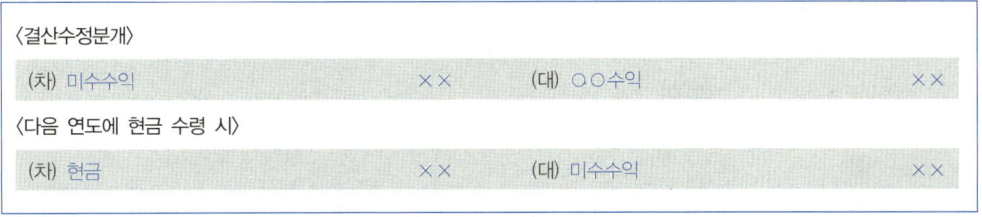

발생기준에 따라 회계처리하면 수익거래가 발생했을 때 수익을 인식하는 것이지, 현금을 수취할 때 수익을 인식하는 것이 아님을 알 수 있다.

예제 1

갑회사는 20×1년 7월 1일 은행에 1년 만기 정기예금에 현금 ₩1,000,000을 예치하였으며, 이자는 연 10% 이자율로 20×2년 6월 30일에 수령하기로 하였다. 갑회사가 결산일인 20×1년 12월 31일에 해야 할 결산수정분개 및 20×2년 6월 30일에 이자 수령 시 해야 할 회계처리를 하시오.

풀이

(1) 수정전시산표

수정전시산표

(2) 결산수정분개

〈20×1년 12월 31일〉

(차) 미수수익[1]	50,000	(대) 이자수익	50,000

[1] 1,000,000 × 10% × 6/12 = 50,000

〈20×2년 6월 30일〉

(차) 현금	100,000	(대) 미수수익	50,000
		이자수익	50,000

(3) 수정후시산표

수정후시산표

미수수익	50,000	이자수익	50,000

(4) 재무제표

재무상태표

미수수익	50,000		

포괄손익계산서

이자수익	50,000

(2) 미지급비용

① 회계기간 중에 비용은 발생하였으나 결산일까지 현금을 지급하지 않았기 때문에 아무런 회계처리를 하지 않았다면, 발생한 비용을 인식해야 한다. 이때 비용의 상대계정으로 미지급비용을 인식한다. 미지급비용은 부채 계정인데, 미래에 현금 등 경제적 자원을 이전해야 하는 의무이므로 부채의 정의에 부합한다.

② 결산수정분개는 다음과 같으며, 차변의 비용 계정은 비용의 내용에 따라 적합한 계정(예 이자비용, 보험료, 임차료 등)을 사용한다.

③ 미지급비용은 부채 계정이므로 다음 연도로 이월되는데, 다음 연도에 미지급비용을 현금으로 지급할 때 다음과 같이 현금과 미지급비용을 감소시키는 분개를 한다.

〈결산수정분개〉

(차) ○○비용	××	(대) 미지급비용	××

〈다음 연도에 현금 지급 시〉

(차) 미지급비용	××	(대) 현금	××

Comment

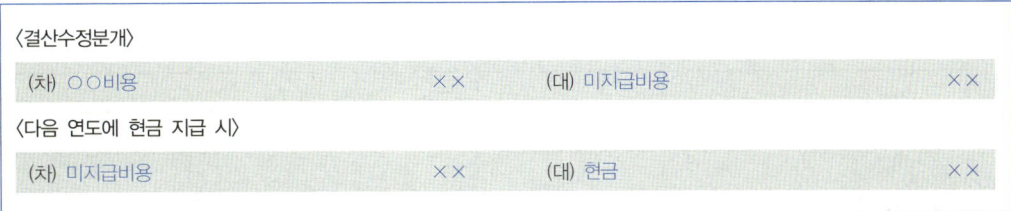

발생기준에 따라 회계처리하면 비용거래가 발생했을 때 비용을 인식하는 것이지, 현금을 지급할 때 비용을 인식하는 것이 아님을 알 수 있다.

예제 2

갑회사는 20×1년 7월 1일 은행으로부터 ₩1,000,000을 차입하였다. 이자는 연 10% 이자율로 20×2년 6월 30일에 수령하기로 하였다. 갑회사가 결산일인 20×1년 12월 31일에 해야 할 결산수정분개 및 20×2년 6월 30일에 이자 지급 시 해야 할 회계처리를 하시오.

풀이

(1) 수정전시산표

수정전시산표

(2) 결산수정분개

〈20×1년 12월 31일〉

(차) 이자비용	50,000	(대) 미지급비용[1]	50,000

[1] 1,000,000 × 10% × 6/12 = 50,000

〈20×2년 6월 30일〉

(차) 미지급비용	50,000	(대) 현금	100,000
이자비용	50,000		

(3) 수정후시산표

수정후시산표

이자비용	50,000	미지급비용	50,000

(4) 재무제표

재무상태표

		미지급비용	50,000

포괄손익계산서

이자비용	(50,000)

4. 이연에 대한 결산수정분개

결산수정분개는 크게 발생(accruals)과 이연(deferrals)에 대한 수정분개를 구분할 수 있다. 회계기간 중에 현금을 수취하거나 지급하면서 수익이나 비용을 인식했는데, 수취하거나 지급한 현금만큼 수익이나 비용이 발생하지 않은 경우 결산수정분개가 필요하다. 이를 이연에 대한 결산수정분개라고 한다. 이연이란 당기의 현금 유출액 중 차기의 수익 또는 비용에 해당되는 금액을 미래로 넘겨서 차기에 수익 또는 비용을 인식하는 것을 의미한다.

Comment

기업이 회계기간 중에 현금을 수취하거나 지급하면서 수익이나 비용 대신 부채 또는 자산을 인식했을 수도 있다. 따라서 기업이 회계기간 중에 어떻게 회계처리했는지에 따라 이연에 대한 결산수정분개가 달라지므로 결산수정분개보다 다소 복잡하다.

(1) 선급비용

선급비용과 관련된 결산수정분개는 기중에 현금을 지급할 때 모두 비용으로 인식한 경우와 모두 자산(선급비용)으로 인식한 경우에 따라 다르다. 그에 대한 회계처리는 다음과 같다.

기중 현금 지급 시 회계처리	결산수정분개	다음 연도
모두 비용으로 인식	다음 연도에 귀속될 비용만큼 당기 중에 인식했던 비용을 줄이고, 자산을 인식	전기 이월된 선급비용을 기간 경과에 따라 비용으로 대체
모두 자산으로 인식	비용을 전혀 인식하지 않았으므로 당기에 귀속될 비용만큼 비용을 인식하고, 당기 중에 자산으로 인식했던 선급비용을 그만큼 감소	

① 기중 현금 지급 시 모두 비용으로 인식

〈기중 현금 지급 시〉

(차) 비용	××	(대) 현금	××

〈결산수정분개〉

(차) 선급비용	당기 미귀속분	(대) 비용	당기 미귀속분

② 기중 현금 지급 시 모두 자산으로 인식

〈기중 현금 지급 시〉

(차) 선급비용	××	(대) 현금	××

〈결산수정분개〉

(차) 비용	당기 귀속분	(대) 선급비용	당기 귀속분

Comment

대체한다는 것은 한 계정에서 다른 계정으로 바꾼다는 것을 의미한다. 선급비용을 비용으로 대체하면 자산(선급비용)이 감소하고 그만큼 비용이 증가한다.

예제 3

갑회사는 20×1년 7월 1일 건물에 대한 1년분 화재보험료 ₩200,000을 현금 지급하였다. 갑회사가 20×1년 7월 1일 현금 지출 시 전액 비용처리한 경우와 전액 자산처리한 경우로 나누어 결산일인 20×1년 12월 31일에 해야 할 결산수정분개 회계처리를 하시오.

풀이

1. 전액 비용처리한 경우

(1) 기중 현금 지급 시

(차) 화재보험료	200,000	(대) 현금	200,000

(2) 수정전시산표

수정전시산표

화재보험료	200,000		

(3) 결산수정분개

(차) 선급비용[1]	100,000	(대) 화재보험료	100,000

[1] 200,000 × 6/12 = 100,000

(4) 수정후시산표

수정후시산표

화재보험료	100,000		
선급비용	100,000		

(5) 재무제표

재무상태표

선급비용	100,000		

포괄손익계산서

화재보험료	(100,000)

2. 전액 자산처리한 경우

(1) 기중 현금 지급 시

(차) 선급비용	200,000	(대) 현금	200,000

(2) 수정전시산표

수정전시산표

선급비용	200,000		

(3) 결산수정분개

(차) 화재보험료[1]	100,000	(대) 선급비용	100,000

[1] 200,000 × 6/12 = 100,000

(4) 수정후시산표

수정후시산표

화재보험료	100,000		
선급비용	100,000		

(5) 재무제표

재무상태표

선급비용	100,000		

포괄손익계산서

화재보험료	(100,000)

(2) 선수수익

선수수익과 관련된 결산수정분개는 기중에 현금을 수령할 때 모두 수익으로 인식한 경우와 모두 부채(선수수익)로 인식한 경우에 따라 다르다. 그에 대한 회계처리는 다음과 같다.

기중 현금 지급 시 회계처리	결산수정분개	다음 연도
모두 수익으로 인식	다음 연도에 귀속될 수익만큼 당기 중에 인식했던 수익을 줄이고, 부채를 인식	전기 이월된 선수수익을 기간 경과에 따라 수익으로 대체
모두 부채로 인식	수익을 전혀 인식하지 않았으므로 당기에 귀속될 수익만큼 수익을 인식하고, 당기 중에 부채로 인식했던 선수수익을 그만큼 감소	

① 기중 현금 수령 시 모두 수익으로 인식

〈기중 현금 수령 시〉

(차) 현금	××	(대) ○○수익	××

〈결산수정분개〉

(차) ○○수익	당기 미귀속분	(대) 선수수익	당기 미귀속분

② 기중 현금 수령 시 모두 부채로 인식

〈기중 현금 수령 시〉

(차) 현금	××	(대) 선수수익	××

〈결산수정분개〉

(차) 선수수익	당기 귀속분	(대) ○○수익	당기 귀속분

Comment

대변의 선수수익 계정을 수익의 유형에 따라 선수임대료, 선수이자, 선수수수료 등의 계정으로 분개할 수도 있으나, 보다 일반적인 계정인 선수수익을 사용한다.

예제 4

갑회사는 20×1년 7월 1일 회사 소유의 건물을 을에게 1년간 임대해주기로 하였다. 갑회사는 1년분 임대료 ₩200,000을 20×1년 7월 1일에 현금으로 수령하였다. 갑회사가 20×1년 7월 1일 현금 수령 시 전액 수익으로 처리한 경우와 전액 부채로 처리한 경우로 나누어 결산일인 20×1년 12월 31일에 해야 할 결산 수정분개 회계처리를 하시오.

풀이

1. 전액 수익처리한 경우

(1) 기중 현금 수령 시

(차) 현금	200,000	(대) 임대료수익	200,000

(2) 수정전시산표

수정전시산표

		임대료수익	200,000

(3) 결산수정분개

(차) 임대료수익[1]	100,000	(대) 선수수익	100,000

[1] 200,000 × 6/12 = 100,000

(4) 수정후시산표

수정후시산표

		선수수익	100,000
		임대료수익	100,000

(5) 재무제표

재무상태표

		선수수익	100,000

포괄손익계산서

임대료수익	100,000

2. 전액 부채로 처리한 경우

(1) 기중 현금 수령 시

(차) 현금	200,000	(대) 선수수익	200,000

(2) 수정전시산표

수정전시산표

		선수수익	200,000

(3) 결산수정분개

(차) 선수수익[1]	100,000	(대) 임대료수익	100,000

[1] 200,000 × 6/12 = 100,000

(4) 수정후시산표

수정후시산표

		선수수익	100,000
		임대료수익	100,000

(5) 재무제표

재무상태표

		선수수익	100,000

포괄손익계산서

임대료수익	100,000

개념완성문제

01 개념체계와 특정회계기준이 서로 상충할 경우에는 개념체계가 회계기준을 우선한다. (O, X)

02 사업설명서나 경영자가 내부목적으로 작성하는 보고서 또는 세무보고목적을 위해 작성하는 보고서 등과 같은 특수목적의 보고서는 개념체계의 적용대상이 아니지만, 관련 규정이 허용하는 범위 내에서 개념체계는 특수목적 보고서의 작성에도 적용될 수 있다. (O, X)

03 재무제표정보가 대다수 이용자의 경제적 의사결정에 목적적합하여 재무제표에 포함되어야 하는 경우 단지 그 정보가 일부 이용자에게 이해하기 곤란하다는 이유로 제외되어서는 안 된다. (O, X)

04 목적적합성과 신뢰성 모두에 관련되는 개념은 (　　)다/이다.

05 유형자산을 역사적원가와 공정가치 중 어떠한 평가방법으로 측정하고자 할 때 질적특성 간에 발생하는 상충관계는 (　　)와/과 신뢰성이다.

06 목적적합성과 신뢰성을 갖춘 모든 항목이 반드시 재무제표에 표시되어야 한다. (O, X)

07 불확실한 상황에서 가능한 자산과 수익이 과소계상되고, 부채와 비용이 과대계상되도록 회계처리하면 추정의 신중성이 확보된다. (O, X)

08 어떤 항목의 성격 및 크기가 정보이용자의 의사결정에 영향을 미칠 정도로 중요한 것이 아니라면 해당 항목은 재무제표에 별도로 인식할 필요가 없다. (O, X)

정답 및 해설

01 X 개념체계와 특정회계기준이 서로 상충할 경우에는 어떠한 경우에도 그 회계기준이 개념체계를 우선한다.

02 O

03 O

04 중요성

05 목적적합성

06 X 중요성은 회계항목이 정보로 제공되기 위한 최소한의 요건으로 재무제표에 표시되는 항목에는 중요성이 고려되어야 한다. 그러므로 목적적합성과 신뢰성을 갖춘 모든 항목이 반드시 재무제표에 표시되는 것은 아니다.

07 X 해당 설명은 보수주의에 대한 설명으로 보수주의는 신중성과 다르다.

08 O

출제예상문제

✔ 학습시간이 부족하거나 시험 전 최종정리를 하고 싶은 경우에는 출제빈도(★~★★★)가 높은 문제를 우선으로 풀이할 수 있습니다.
✔ 다시 봐야 할 문제(풀지 못한 문제, 헷갈리는 문제 등)는 문제 번호 하단의 네모박스(□)에 체크하여 반복 학습할 수 있습니다.

★
01 □□□

개념체계의 질적특성

회계정보가 신뢰성을 갖기 위해서는 기업실체의 경제적 자원과 의무, 그리고 이들의 변동을 초래하는 거래나 사건을 충실하게 표현하여야 한다. 즉, '(A)를 확보하기 위해서는 회계처리 대상이 되는 거래나 사건의 형식보다는 그 경제적 실질에 따라 회계처리하고 보고하여야 한다'는 것이다. 여기서 (A)에 해당하는 회계정보의 질적특성은 무엇인가?

① 목적적합성　② 표현의 충실성　③ 검증가능성
④ 중립성　⑤ 비교가능성

★★★
02 □□□

개념체계의 질적특성

재무제표 작성에 있어서 거래 또는 사건의 측정에 내재한 불확실성으로 인하여 회계추정을 해야 하는 경우가 빈번하게 발생한다. 불확실한 상황에서 회계정보가 (A)를 갖기 위해서는 (B)가 확보되어야 하는데, 여기서 (A)와 (B)에 해당하는 회계정보의 질적특성은 각각 무엇인가?

	(A)	(B)		(A)	(B)
①	중립성	신중성	②	목적적합성	검증가능성
③	적시성	신뢰성	④	중립성	표현의 충실성
⑤	신뢰성	적시성			

★
03 □□□

개념체계의 질적특성

우리나라 재무회계 개념체계에 대한 설명으로 옳은 것은?

① 재무회계 개념체계는 재무제표 이용자가 재무제표를 해석하는 데 도움이 되는 재무제표 작성의 기본가정과 기본개념을 제시하고 있지는 않다.
② 사업보고서 및 기타 특수목적의 보고서에도 개념체계가 적용된다.
③ 재무상태표, 손익계산서, 재무상태 변동에 관한 보고서만을 유용한 정보의 제공수단으로 보고 있다.
④ 회계기준의 제정 및 개정에 있어 기본방향과 일관성 있는 지침을 제공하지는 않는다.
⑤ 개념체계가 회계기준과 상충하는 경우에는 회계기준이 우선한다.

★★★ 개념체계의 질적특성

04 □□□

회계정보 제공에 대한 추가적 제약요인으로 회계항목의 성격 및 크기의 (A)가 고려되어야 한다. 목적적합성과 신뢰성이 있는 정보는 재무제표를 통해 정보이용자에게 제공되어야 한다. 그러나 재무제표에 표시되는 항목에도 (A)가 고려되어야 하므로, 목적적합성과 신뢰성을 갖춘 모든 항목이 반드시 재무제표에 표시되는 것은 아니다. 회계정보의 질적특성 중 (A)에 해당하는 것은 무엇인가?

① 신중성 ② 표현의 충실성 ③ 검증가능성
④ 중요성 ⑤ 비교가능성

정답 및 해설

01 ② 표현의 충실성을 확보하기 위해서는 회계처리 대상이 되는 거래나 사건의 형식보다는 그 경제적 실질에 따라 회계처리하고 보고하여야 한다.

02 ① 불확실한 상황에서 회계정보가 중립성(A)을 갖기 위해서는 신중성(B)이 확보되어야 한다.

참고 신중성이란 불확실한 상황에서 자산과 수익이 과대계상되지 않고 부채와 비용이 과소계상되지 않도록 추정에 신중을 기하는 것을 의미하는데, 이를 보수주의로 해석하기도 한다.

03 ⑤ 개념체계가 회계기준과 상충하는 경우에는 회계기준이 우선한다.

오답체크

① 재무회계 개념체계는 재무제표 이용자가 회계기준에 의해 작성된 재무제표를 해석하는 데 도움이 되는 재무제표 작성의 기본가정 및 기본개념을 제시하고 있다.
② 기타 특수목적의 보고서에는 개념체계가 적용되지 않는다.
③ 재무상태표, 손익계산서, 재무상태 변동에 관한 보고서(현금흐름표, 자본변동표), 주석을 유용한 정보의 제공수단으로 보고 있다.
④ 회계기준의 제정 및 개정에 있어 기본방향과 일관성 있는 지침을 제공한다.

04 ④ 목적적합성 및 신뢰성과 관련된 회계정보의 질적특성은 중요성이다.

★★★ 개념체계의 질적특성

05 ☐☐☐

유형자산을 역사적원가와 공정가치 중 하나로 측정하고자 할 때, 재무제표 정보의 질적특성 간 상충관계가 발생할 수 있다. 이 경우 상충하는 질적특성은 각각 무엇인가?

① 목적적합성과 표현의 충실성
② 중요성과 신뢰성
③ 목적적합성과 신뢰성
④ 검증가능성과 비교가능성
⑤ 중립성과 예측가능성

★★★ 개념체계의 질적특성

06 ☐☐☐

다음 자료 중 개념체계에서 다루지 않는 것은 모두 몇 개인가?

A. 재무보고의 목적
B. 청산기업의 가정
C. 발생주의
D. 재무제표
E. 회계정보의 질적특성
F. 현금주의
G. 인식과 측정

① 0개 ② 1개 ③ 2개 ④ 3개 ⑤ 4개

★★ 개념체계의 질적특성

07 ☐☐☐

회계정보의 질적특성에 대한 설명으로 옳은 것은?

① 적시성 있는 정보를 제공하기 위해서 정보의 적시성이 신뢰성보다 앞선다.
② 목적적합성과 신뢰성을 갖춘 모든 항목이 재무제표에 반드시 표시되어야 한다.
③ 비교가능성으로 인해 목적적합성과 신뢰성을 제고할 수 있는 회계정책의 선택에 제약이 생길 수도 있다.
④ 신중성은 불확실한 상황에서 자산, 수익이 과대계상되지 않고 부채, 비용이 과소계상되지 않도록 추정에 신중을 기하는 것을 말한다.
⑤ 매출채권에 대해 대손충당금을 과소계상하는 것은 표현의 충실성을 훼손하지 않는다.

★★

08 □□□

개념체계의 질적특성

당해 연도의 이익이 부족하여 재고자산의 평가방법을 평균법에서 선입선출법으로 변경하는 경우 저하되는 질적특성은 무엇인가?

① 신뢰성
② 목적적합성
③ 일관성 또는 계속성
④ 기업 간 비교가능성
⑤ 계속기업

정답 및 해설

05 ③ 유형자산을 역사적원가로 측정하면 검증가능성이 커져 측정의 신뢰성은 높아지지만, 목적적합성은 저하될 수 있다. 즉, 정보를 적시에 제공하기 위해서 거래나 사건의 모든 내용이 확정되기 전에 보고하는 경우에는 목적적합성이 향상되지만, 신뢰성은 저하될 수 있다.

06 ③ B. 개념체계에서는 청산기업의 가정이 아닌 계속기업의 가정을 기본가정으로 하고 있다.
F. 개념체계에서는 현금주의를 다루지 않는다.

07 ④ 신중성이란 불확실한 상황에서 자산과 수익이 과대계상되지 않고 부채와 비용이 과소계상되지 않도록 추정에 신중을 기하는 것이다.

오답체크

① 적시성 있는 정보를 제공하기 위해서는 정보의 적시성과 신뢰성 간의 균형을 고려해야 한다.
② 재무제표에 표시되는 항목은 중요성을 고려하여야 하므로 목적적합성과 신뢰성을 갖춘 모든 항목이 재무제표에 반드시 표시될 필요는 없다.
③ 비교가능성으로 인해 목적적합성과 신뢰성을 제고할 수 있는 회계정책의 선택에 방해가 되어서는 안 된다.
⑤ 매출채권에 대해 대손충당금을 과소계상하는 것은 표현의 충실성을 훼손한다.

08 ③ 기업의 회계정책의 변경은 일관성 또는 계속성을 위반하는 것이다.

★★ 개념체계의 질적특성

09 □□□

재무제표의 기본가정에 대한 설명으로 옳은 것은?

① 기업실체의 가정에서 개별기업은 하나의 독립된 회계단위로서 재무제표를 작성하는 기업실체에 해당하므로 기업실체 개념은 법적실체와 동일한 개념이다.
② 기업실체의 가정은 기업을 소유자와는 독립적으로 존재하는 회계단위로 간주하고 이 회계단위의 관점에서 그 경제활동에 대한 재무정보를 측정·보고하는 것을 말한다.
③ 기업실체에 대한 중요성이 있는 정보 수요를 충족시키기 위해 기간별 보고의 가정이 필요하다.
④ 계속기업의 가정은 기업이 자산을 공정가치로 평가할 수 있는 근거가 된다.
⑤ 기간별 보고의 가정은 현금주의 회계의 근거가 된다.

★★ 개념체계의 질적특성

10 □□□

우리나라 재무회계의 개념체계에 대한 설명으로 옳은 것은?

① 재무보고의 목적을 명확히 하고 이의 달성에 유용한 기초개념을 제공하는 것을 목적으로 하지는 않는다.
② 회계기준의 제정 및 개정에 있어 기본방향과 일관성 있는 지침을 제공하지 못한다.
③ 사업설명서 및 기타 특수목적의 보고서도 개념체계가 적용된다.
④ 개념체계가 회계기준과 상충되는 경우에는 개념체계가 우선한다.
⑤ 재무상태표, 손익계산서, 재무상태변동에 관한 보고서, 주석을 유용한 정보의 제공수단으로 보고 있다.

★ 개념체계의 질적특성

11 □□□

목적적합성과 신뢰성 모두와 연관되는 것은?

① 적시성　　② 표현의 충실성　　③ 중립성
④ 검증가능성　　⑤ 중요성

★★★ 개념체계의 질적특성

12 재무정보의 질적특성에 관한 설명으로 옳은 것은?

□□□

① 적시성 있는 정보를 제공하기 위해서는 정보의 적시성이 신뢰성보다 우선되어야 한다.
② 재무제표에 표시되는 항목은 중요성을 고려하여야 하므로 목적적합성과 신뢰성을 갖춘 모든 항목이 재무제표에 반드시 표시되는 것은 아니다.
③ 비교가능성으로 인해 목적적합성과 신뢰성을 제고할 수 있는 회계정책의 선택에 장애가 될 수 있다.
④ 보수주의는 불확실한 상황에서 자산과 수익이 과대계상되지 않고 부채와 비용은 과소계상되지 않도록 추정에 신중을 기하는 것을 말한다.
⑤ 매출채권에 대해 대손충당금을 과소계상하는 경우 표현의 충실성이 강조된다.

정답 및 해설

09 ② 기업실체의 가정은 기업을 소유자와는 독립적으로 존재하는 회계단위로 간주하고, 이 회계단위 관점에서 그 경제활동에 대한 재무정보를 측정·보고하는 것이다.

오답체크

① 기업실체의 가정에서 개별기업은 하나의 독립된 회계단위로서 재무제표를 작성하는 기업실체에 해당하지만 기업실체 개념은 법적실체와는 구별되는 개념이다.
③ 기간별 보고의 가정은 기업실체에 대한 적시성이 있는 정보 수요를 충족시키기 위해 필요하다.
④ 계속기업의 가정은 기업이 자산을 역사적원가로 평가할 수 있는 근거가 된다.
⑤ 기간별 보고의 가정은 미지급비용, 선급비용 등과 같은 발생계정이나 이연계정을 계상할 수 있는 발생주의 회계의 근거가 된다.

10 ⑤ 재무상태표, 손익계산서, 재무상태변동에 관한 보고서, 주석을 유용한 정보의 제공수단으로 보고 있다.

오답체크

① 재무보고의 목적을 명확히 하고 이의 달성에 유용한 기초개념을 제공하는 것을 목적으로 한다.
② 회계기준의 제정 및 개정에 있어 기본방향과 일관성 있는 지침을 제공한다.
③ 사업설명서 및 기타 특수목적의 보고서는 개념체계가 적용되지 않는다.
④ 개념체계가 회계기준과 상충되는 경우에는 회계기준이 우선한다.

11 ⑤ 중요성은 목적적합성과 신뢰성의 제약요인이다.

12 ② 재무제표에 표시되는 항목은 중요성을 고려하여야 하므로 목적적합성과 신뢰성을 갖춘 모든 항목이 재무제표에 반드시 표시되는 것은 아니다.

오답체크

① 적시성 있는 정보를 제공하기 위해서는 정보의 적시성과 신뢰성 간의 균형을 고려하여야 한다.
③ 비교가능성으로 인해 목적적합성과 신뢰성을 제고할 수 있는 회계정책의 선택에 장애가 되어서는 안 된다.
④ 불확실한 상황에서 자산과 수익이 과대계상되지 않고 부채와 비용은 과소계상되지 않도록 추정에 신중을 기하는 것은 신중성에 대한 설명이다.
⑤ 매출채권에 대해 대손충당금을 과소계상하는 경우 표현의 충실성이 훼손된다.

★★
개념체계의 질적특성

13 □□□ **일반기업회계기준에서 재무회계를 위한 개념체계에서 표현의 충실성에 대한 설명으로 옳은 것은?**

① 특정 거래나 사건을 충실히 표현하기 위해 필요한 중요한 정보라도 누락이 가능하다.
② 사실상 회수가 불가능한 매출채권이 회수 가능한 것처럼 재무상태표에 표시되더라도 이 매출채권의 측정치는 표현의 충실성을 만족한 정보가 된다.
③ 표현의 충실성을 확보하기 위해서는 회계처리 대상이 되는 거래나 사건의 형식에 따라 회계처리하고 보고하여야 한다.
④ 어떤 기업실체가 지배종속관계에 있는 다른 기업실체에 거액의 매출을 한 경우 이와 같은 거래 내용이 공시되지 않더라도 표현의 충실성이 있는 정보일 수 있다.
⑤ 리스의 법적 형식은 임차계약이지만 리스이용자가 리스자산에서 창출되는 경제적효익의 대부분을 누리고 리스자산과 관련된 위험을 부담하는 경우라면 경제적 실질의 관점에서 자산과 부채의 정의를 충족하므로 리스이용자는 리스거래 관련 자산과 부채를 인식하여야 한다.

★★
개념체계의 질적특성

14 □□□ **다음 중 비교가능성에 대한 설명으로 옳지 않은 것은?**

① 회계정보의 목적적합성과 신뢰성을 높일 수 있는 대체적인 방법이 있음에도 불구하고 비교가능성의 저하를 이유로 회계기준의 개정이나 회계정책의 변경이 이루어지지 않는 것은 적절하지 않다.
② 목적적합성과 신뢰성을 갖춘 정보가 기업실체 간에 비교 가능하거나 기간별 비교가 가능할 경우 회계정보의 유용성이 제고될 수 있다.
③ 기업실체의 재무상태, 경영성과, 현금흐름 및 자본변동의 추세분석과 기업실체 간의 상대적 평가를 위하여 회계정보는 기간별 비교가 가능해야 하고 기업실체 간의 비교가능성도 있어야 한다.
④ 발전된 기업회계기준의 도입은 비교가능성을 저하하므로 가급적 기업회계기준의 개정은 최소한으로 이루어져야 한다.
⑤ 일반적으로 인정된 회계원칙에 따라 재무제표를 작성하면 회계정보의 기업실체 간 비교가능성이 높아진다. 또한 당해 연도와 과거 연도를 비교하는 방식으로 재무제표를 작성하면 해당 기간의 회계정보에 대한 비교가 가능해진다.

★★★ 개념체계의 질적특성

15 □□□ **일반기업회계기준에서 재무회계를 위한 개념체계에 따를 경우 재무정보의 질적특성에 대한 설명으로 옳은 것은?**

① 검증가능성이란 동일한 경제적 사건이나 거래에 대하여 동일한 측정방법을 적용할 경우 다수의 독립적인 측정자가 유사한 결론에 도달할 수 있어야 함을 의미한다. 그러므로 검증가능성이 높다는 것이 표현의 충실성을 보장하거나 목적적합성이 높다는 것을 의미한다.

② 재무정보의 질적특성은 회계기준제정기구가 회계기준을 제정 또는 개정할 때 대체적 회계방법들을 비교·평가할 수 있는 판단기준이 되지만, 재무정보이용자가 기업실체에서 사용한 회계처리방법의 적절성 여부를 평가할 때 판단기준을 제공하지는 않는다.

③ 피드백가치란 제공되는 재무정보가 기업실체의 재무상태 등에 대한 정보이용자의 당초 기대치를 확인 또는 수정할 수 있도록 의사결정에 영향을 미칠 수 있는 능력을 의미한다. 그러나 대부분의 재무정보는 예측가치와 피드백가치를 동시에 갖고 있지는 않다.

④ 표현의 충실성을 확보하기 위해서는 회계처리 대상이 되는 거래 및 사건의 형식보다는 그 경제적 실질에 따라 회계처리하고 보고하여야 하는데, 이는 거래나 사건의 경제적 실질은 법적 형식 또는 외관상의 형식과 항상 일치하는 것은 아니기 때문이다.

⑤ 적시성이 있는 정보라 하여 반드시 목적적합성을 갖는 것은 아니므로, 적시에 제공되지 않는 정보도 목적적합성을 갖게 된다.

정답 및 해설

13 ⑤ ① 특정 거래나 사건을 충실히 표현하기 위해 필요한 중요한 정보는 누락되어서는 안 된다.
② 사실상 회수가 불가능한 매출채권이 회수 가능한 것처럼 재무상태표에 표시된다면 이 매출채권의 측정치는 표현의 충실성을 상실한 정보가 된다.
③ 표현의 충실성을 확보하기 위해서는 회계처리 대상이 되는 거래나 사건의 형식보다 그 경제적 실질에 따라 회계처리하고 보고하여야 한다.
④ 어떤 기업실체가 지배종속관계에 있는 다른 기업실체에 거액의 매출을 한 경우 이와 같은 거래 내용이 공시되지 않는다면 표현의 충실성이 상실된 정보일 수 있다.

14 ④ 기업회계기준의 개정은 적시에 반영되어야 한다.

15 ④ ① 검증가능성이란 동일한 경제적 사건이나 거래에 대하여 동일한 측정방법을 적용할 경우 다수의 독립적인 측정자가 유사한 결론에 도달할 수 있어야 함을 의미한다. 그러나 검증가능성이 높다는 것이 표현의 충실성을 보장하거나 목적적합성이 높다는 것을 의미하는 것은 아니다.
② 재무정보의 질적특성은 회계기준제정기구가 회계기준을 제정 또는 개정할 때 대체적 회계방법들을 비교·평가할 수 있는 판단기준이 되며, 재무정보이용자가 기업실체에서 사용한 회계처리방법의 적절성 여부를 평가할 때 판단기준을 제공하기도 한다.
③ 피드백가치란 제공되는 재무정보가 기업실체의 재무상태 등에 대한 정보이용자의 당초 기대치를 확인 또는 수정할 수 있도록 의사결정에 영향을 미칠 수 있는 능력을 의미한다. 또한 대부분의 재무정보는 예측가치와 피드백가치를 동시에 갖고 있는 경우가 많다.
⑤ 적시성이 있는 정보라 하여 반드시 목적적합성을 갖는 것은 아니나, 적시에 제공되지 않는 정보는 목적적합성을 상실하게 된다.

★★★ 개념체계의 질적특성

16 □□□

다음 중 일반기업회계기준에 위배되지 않으면서 보수주의 회계처리의 효과가 나타나는 것을 고른 것은?

> A. 경상개발비를 연구비로 처리하지 아니하고 비용으로 처리하였다.
> B. 신규 취득한 기계장치의 감가상각방법을 정액법 대신 이중체감법으로 처리하였다.
> C. 인플레이션 상황에서 재고자산을 선입선출법으로 평가하였다.
> D. 양도인에게 제거요건을 충족하지 아니한 거래를 매출채권에서 제거하였다.

① A ② A, B ③ B ④ C, D ⑤ D

★★★ 발생주의

17 □□□

A주식회사는 제조업을 영위하는 법인이다. 당기에 제조활동을 위한 차량운반구를 구입하면서 대금은 2년 후에 지급하기로 하였다. 당기에 부채 계정으로 계상될 계정과목은 무엇인가?

① 장기미지급금 ② 장기성매입채무 ③ 장기예수금
④ 선급금 ⑤ 외상매입금

★★★ 개념체계 재무제표의 요소

18 □□□

기업특유가치에 관한 설명으로 옳지 않은 것은 몇 개인가?

> A. 자산의 기업특유가치는 사용가치라고 한다.
> B. 계약상현금흐름으로 지급하는 부채의 기업특유가치는 현행유출가치와 같다.
> C. 매입채무와 미지급비용은 재무상태표에 부채의 사용가치로 표시된다.
> D. 매출채권은 재무상태표에 자산의 순실현가능가치로 표시된다.
> E. 자산의 기업특유가치는 사용가치와 동일한 의미로 사용되기도 한다.

① 1개 ② 2개 ③ 3개 ④ 4개 ⑤ 5개

★★★ 19 □□□

개념체계 재무제표의 요소

재무정보의 질적특성과 자산과 부채의 측정속성에 대해 옳지 않은 것을 고르시오.

A. 기업특유가치와 공정가치는 현재 시점의 가치라는 공통점이 있다. B. 금융자산의 상각후가액은 역사적이자율을 적용하여 측정한 현재가치이다. C. 목적적합성을 높일 수 있는 대체적 방법이 있음에도 불구하고 비교가능성의 저하를 이유로 회계정책의 변경을 하지 않는 것은 적절한 회계처리이다. D. 불확실한 상황에서 가능한 한 자산, 수익이 과소계상되고 부채, 비용이 과대계상되도록 회계처리하는 것은 보수주의에 따른 회계처리로서 신중성과 다른 개념이다.

① A ② B ③ C ④ D ⑤ B, D

★★★ 20 □□□

개념체계 재무제표의 요소

다음 중 옳지 않은 것은?

① 자본변동표의 기본요소에는 소유주의 투자와 소유주에 대한 분배가 있으며, 포괄이익이 포함된다.
② 재무상태표, 손익계산서 및 자본변동표, 현금흐름표는 발생기준에 따라 작성된다.
③ 재무제표의 기본가정으로는 기업실체, 계속기업 및 기간별 보고가 있다.
④ 현금흐름표상 투자활동 현금흐름은 미래 영업현금흐름을 창출한 자원의 확보와 처분에 관련된 현금흐름에 대한 정보를 제공한다.
⑤ 손익계산서의 기본요소에는 포괄이익, 수익, 비용, 차익, 차손이 있다.

정답 및 해설

16 ③ B는 보수주의 회계처리 효과가 나타난다.

오답체크

A. 연구비와 경상개발비는 항상 비용으로 처리하여야 하므로 기업회계기준에 따라 처리한 경우에는 보수주의 효과가 나타나지 않는다.
C. 선입선출법이 아닌 후입선출법을 사용하여야 보수주의 효과가 나타난다.
D. 제거요건을 충족하지 아니한 거래는 매출채권에서 제거할 수 없으므로 일반기업회계기준에 위배된다.

17 ①

구입 시	(차) 차량운반구	××	(대) 장기미지급금	××
매기말	(차) 이자비용	××	(대) 장기미지급금	××
2년 후 대금 지급	(차) 장기미지급금 이자비용	×× ××	(대) 현금	××

18 ① C. 매입채무와 미지급비용은 재무상태표에 부채의 이행가치로 표시된다.

19 ③ C. 목적적합성을 높일 수 있는 대체적 방법이 있음에도 불구하고 비교가능성의 저하를 이유로 회계정책의 변경을 하지 않는 것은 적절하지 않은 회계처리이다.

20 ② 재무상태표, 손익계산서 및 자본변동표는 발생기준에 따라 작성된다.

★
발생주의

21 □□□

다음 자료에서 설명하는 부채의 계정과목 명칭은 무엇인가?

> 정상적인 영업활동과정에서 미래에 재화나 용역을 제공하기로 하고 대가의 전부 또는 일부를 미리 수령하는 것으로서 계약의 이행을 보증하는 역할을 한다.

① 선수금　② 미지급금　③ 사채할인발행차금
④ 매입채무　⑤ 단기차입금

★★★
발생주의

22 □□□

제조업을 영위하는 A사는 정상적인 영업과정에서 판매를 목적으로 상품을 구매하고 대금은 2년 후에 지급하기로 하였다. 장부에 이를 무엇으로 기재하여야 하는가?

① 매출채권　② 장기미지급금　③ 장기부채
④ 미지급금　⑤ 장기성매입채무

★★★
발생주의

23 □□□

B사의 다음 거래에서 20×1년 재무제표에 공시되지 <u>않는</u> 계정과목은 무엇인가?

> 가. 20×1년 7월 1일 대금을 지급하기 위해 금융기관에서 1억원을 차입하고 원금과 이자는 20×3년 6월 31일 일괄 상환하기로 하였다.
> 나. 20×1년 7월 1일 원재료를 원활히 확보하기 위해 거래처에 선지급으로 1억원을 지급하고 물품은 20×2년 2월 5일 수령하기로 하였다.
> 다. 20×1년 10월 1일 A사에 1억원을 빌려주고 20×2년 3월 1일 원금과 이자를 일괄 수령하기로 하였다.

① 이자비용　② 미수수익　③ 미수금
④ 선급금　⑤ 장기차입금

★★★

24 □□□

발생주의 최신출제유형

다음은 A사의 거래 내용에 대한 자료이다. 일반기업회계기준에 따른 회계처리를 할 경우, 자료에 있는 거래와 관련하여 20×1년 12월 31일 현재 재무상태표 또는 동일로 종료되는 회계기간의 손익계산서에 표시되지 <u>않는</u> 계정과목은 무엇인가?

> 가. 20×1년 4월 2일 A사는 상품 100,000원을 외상으로 구입하였으며 20×2년 5월 30일에 외상대금을 지급할 예정이다.
> 나. 20×1년 7월 1일 A사는 은행에서 200,000원을 차입하였으며 이자 12%를 포함한 원리금 상환일은 20×3년 6월 30일이다.
> 다. 20×1년 9월 1일 A사는 관리직 사무비품 120,000원을 외상으로 구입하여 사용 중이며 20×2년 2월 5일에 외상대금을 지급할 예정이다.

① 감가상각비 ② 단기차입금 ③ 미지급이자비용
④ 미지급금 ⑤ 매입채무

정답 및 해설

21 ① 선수금은 정상적인 영업활동과정에서 미래에 재화나 용역을 제공하기로 하고 대가의 전부 또는 일부를 미리 수령하는 것이다.

대가 수령 시	(차) 현금	××	(대) 선수금	××
계약 이행 시	(차) 선수금	××	(대) 수익	××

22 ⑤ 정상적인 영업과정에서 판매를 목적으로 재고자산을 구입하고 대금을 2년 후에 지급하는 경우에는 장부에 장기성매입채무로 기재한다.

구입 시	(차) 상품	××	(대) 장기성매입채무	××

23 ③ 가.

20×1년 7월 1일	(차) 현금	1억원	(대) 장기차입금	1억원
20×1년 12월 31일	(차) 이자비용	××	(대) 미지급이자	××

나.

20×1년 7월 1일	(차) 선급금	1억원	(대) 현금	1억원
20×1년 12월 31일	회계처리 없음			

다.

20×1년 10월 1일	(차) 단기대여금	1억원	(대) 현금	1억원
20×1년 12월 31일	(차) 미수수익	××	(대) 이자수익	××

24 ② 가.

20×1년 4월 2일	(차) 상품	100,000	(대) 장기성매입채무	100,000

나.

20×1년 7월 1일	(차) 현금	200,000	(대) 장기차입금	200,000
20×1년 12월 31일	(차) 이자비용	××	(대) 미지급이자비용	××

다.

20×1년 9월 1일	(차) 비품	120,000	(대) 미지급금	120,000
20×1년 12월 31일	(차) 감가상각비	××	(대) 감가상각누계액	××

★★★ 발생주의

25 □□□

다음은 창고임대업을 영위하는 ㈜한국의 20×1년 결산 관련 자료이다.

계 정	내 용
보험료	• 기초선급보험료 잔액 ₩3,000 • 7월 1일에 보험을 갱신하고 1년분 보험료 ₩12,000을 현금으로 지급하고 자산으로 회계처리함
임대료	• 기초선수임대료 잔액 ₩3,000 • 4월 1일에 임대차계약을 갱신하고 1년분 임대료 ₩24,000을 현금으로 수령하고 수익으로 회계처리함

보험료와 임대료가 20×1년도 세전이익에 미치는 영향은? (단, 보험료와 임대료 이외의 다른 계정은 고려하지 않으며, 기간은 월할 계산한다)

① ₩12,000 ② ₩15,000 ③ ₩18,000
④ ₩21,000 ⑤ ₩22,000

★★★ 발생주의 최신출제유형

26 □□□

㈜신용의 기말시점과 기초시점에 재고자산에 대한 선수금의 장부금액은 다음과 같다.

구 분	기 초	기 말
선수금	₩50,000	₩20,000

당해 사업연도에 ㈜신용이 고객에게 추가로 수령한 현금은 ₩100,000이다. 다음 중 옳은 것은?

① ㈜신용이 당해 매출로 인식할 금액은 ₩100,000이다.
② ㈜신용이 당해 매출로 인식할 금액은 ₩130,000이다.
③ ㈜신용이 당해 영업외수익으로 인식할 금액은 ₩100,000이다.
④ ㈜신용이 당해 영업외수익으로 인식할 금액은 ₩130,000이다.
⑤ ㈜신용이 당해 수익으로 인식할 금액은 없다.

★★★ 발생주의

27 □□□

㈜한국은 2015년 3월 1일에 건물 임대 시 1년분 임대료 ₩360,000을 현금으로 수취하고 임대수익으로 처리하였으나 기말에 수정분개를 누락하였다. 그 결과 2015년도 재무제표에 미치는 영향으로 옳은 것은?

① 자산총계 ₩60,000 과대계상
② 자본총계 ₩60,000 과소계상
③ 부채총계 ₩60,000 과소계상
④ 비용총계 ₩60,000 과대계상
⑤ 수익총계 ₩60,000 과소계상

★★★ **28** □□□

발생주의 최신출제유형

㈜포도는 손익계산서를 현금주의에 의하여 작성하였는데 이를 발생주의로 전환하고자 한다. 현금기준에 의한 매출액은 ₩1,000,000, 매출채권 기초잔액은 ₩200,000, 기말잔액은 ₩100,000이다. 발생기준에 의한 매출액은 얼마인가?

① ₩700,000
② ₩800,000
③ ₩900,000
④ ₩1,100,000
⑤ ₩1,300,000

정답 및 해설

25 ① 20×1년도 세전이익에 미치는 영향 : 12,000 = 가산 항목 21,000 − 차감 항목 9,000

• 가산 항목 : 21,000 ➲ 임대료 : 21,000 = 기초 3,000 + 가산 수정 18,000

* 수익 증가분 : 18,000 = 24,000 × 9/12

선수임대료

감소	21,000	기초	3,000
기말	6,000	증가	24,000

• 차감 항목 : 9,000 ➲ 보험료 : 9,000 = 기초 3,000 + 가산 수정 6,000

* 비용 증가분 : 6,000 = 12,000 × 6/12

선급보험료

기초	3,000	감소	9,000
증가	12,000	기말	6,000

26 ② 재고자산과 관련한 선수금이므로 매출로 인식해야 한다. 당해 매출로 인식할 금액은 ₩130,000이다.

• 선수금의 T계정

선수금

매출	130,000	기초	50,000
기말	20,000	현금수령	100,000

27 ③ 누락사항이 재무제표에 미치는 영향 : 부채총계 60,000 과소계상

참고 회계처리의 비교와 기말수정분개

• 회사의 회계처리

(차) 현금	360,000	(대) 임대수익	360,000

• 기말수정분개

(차) 임대수익	60,000	(대) 선수수익	60,000

28 ③

(차) 현금	1,000,000	(대) 매출채권 감소	100,000
		매출(역산)	900,000

★★★

29 □□□

발생주의 최신출제유형

㈜한국은 지금까지 현금기준에 의해 손익계산서를 작성하여 왔는데, 앞으로는 발생기준에 의해 작성하고자 한다. 현금기준에 의한 20×1년의 수익은 ₩500,000이다. 20×1년의 기초 매출채권은 ₩30,000, 기말 매출채권은 ₩60,000, 기말 선수수익은 ₩20,000, 기초 선수수익은 ₩0인 경우 발생기준에 의한 20×1년의 수익은?

① ₩490,000 ② ₩500,000 ③ ₩510,000
④ ₩520,000 ⑤ ₩530,000

★★★

30 □□□

발생주의 최신출제유형

㈜한국의 20×1년도 미수이자와 선수임대료의 기초 잔액과 기말 잔액은 다음과 같다. 당기 중 현금으로 수령한 이자는 ₩7,000이고 임대료로 인식한 수익은 ₩10,000이다. ㈜한국의 이자수익과 임대수익에 대한 설명으로 옳지 <u>않은</u> 것은?

구 분	기초 잔액	기말 잔액
미수이자	₩2,000	₩3,200
선수임대료	₩4,000	₩3,500

① 수익으로 인식된 이자수익은 ₩8,200이다.
② 현금으로 수령한 임대료는 ₩9,500이다.
③ 이자와 임대료로 인한 수익의 증가액은 ₩17,700이다.
④ 이자와 임대료로 인한 현금의 증가액은 ₩16,500이다.
⑤ 미수이자는 당기에 ₩1,200 증가하였다.

★★★

31 □□□

발생주의 최신출제유형

㈜한국의 2014년도 포괄손익계산서에 임차료와 이자비용은 각각 ₩150,000과 ₩100,000으로 보고되었고, 재무상태표 잔액은 다음과 같다. ㈜한국이 2014년도에 현금으로 지출한 임차료와 이자비용은?

	2014년 초	2014년 말
선급임차료	–	₩15,000
미지급이자	₩40,000	–

	임차료	이자비용
①	₩135,000	₩60,000
②	₩135,000	₩100,000
③	₩165,000	₩100,000
④	₩165,000	₩140,000
⑤	₩166,000	₩141,000

★★★ **32** □□□

발생주의 최신출제유형

㈜한국의 2015년 기초와 기말 재무상태표에는 선급보험료가 각각 ₩24,000과 ₩30,000이 계상되어 있다. 포괄손익계산서에 보험료가 ₩80,000으로 계상되어 있다고 할 경우, 2015년에 현금으로 지급한 보험료는?

① ₩56,000　　② ₩74,000　　③ ₩80,000
④ ₩86,000　　⑤ ₩88,000

정답 및 해설

29 ③ 발생기준에 의한 20×1년의 수익: 510,000

(차) 현금(현금기준의 수익)	500,000	(대) 선수수익(증가)[2]	20,000
매출채권(증가)[1]	30,000	수익(발생기준의 수익)[3]	510,000

[1] 매출채권: 60,000 − 30,000 = 30,000
[2] 선수수익: 20,000 − 0 = 20,000
[3] 수익: (500,000 + 30,000) − 20,000 = 510,000

30 ③ • 미수이자 관련 회계처리

(차) 미수이자	1,200	(대) 이자수익	8,200
현금	7,000		

• 선수임대료 관련 회계처리

(차) 선수임대료	500	(대) 임대료수익	10,000
현금	9,500		

이자와 임대료로 인한 수익 증가액은 8,200 + 10,000 = 18,200

31 ④ • 기초와 기말 계정과목의 증감을 통한 회계처리
• 임차료 현금 지급액

(차) 선수임대료	15,000	(대) 현금	165,000
임차료	150,000		

• 이자비용 현금 지급액

(차) 미지급이자	40,000	(대) 현금	140,000
이자비용	100,000		

32 ④

(차) 선급보험료	6,000	(대) 현금	86,000
보험료	80,000		

제3절 | 재무제표

01 재무상태표의 기본요소 ★

재무상태표란 기업실체의 특정 시점에서의 재무상태를 나타내는 정태적 재무제표이다. 재무상태표의 구성은 경제적 자원(자산), 그 경제적 자원에 대한 의무(부채) 및 소유주지분(자본)에 관한 정보를 제공한다.

자산의 정의 (경제적 자원)	① 과거사건의 결과, ② 경제적효익의 창출, ③ 현재 기대되는 자원
부채의 정의 (자원에 대한 청구권)	① 과거사건의 결과, ② 미래자원의 유출이나 사용, ③ 현재 부담하고 있는 의무
자본의 정의 (자원에 대한 청구권)	= 자산 – 부채 순자산 : 주주와의 거래 + 손익거래(당기손익 N/I + 기타포괄손익 OCI)

1. 자산의 정의

구 분	필수적 여부	비 고
과거사건의 결과	○	미래에 발생할 것으로 예상되는 거래나 사건 자체만으로 자산이 창출되지는 않는다. 예 자산을 구입하고자 하는 의도
현금지출 여부	×	일반적으로 지출의 발생과 자산의 취득은 밀접하게 관련되어 있으나 양자가 반드시 일치하는 것은 아니다.
법적통제(법률적 권리)	×	많은 종류의 자산은 소유권 등 법률적 권리와 관련되어 있지만 소유권이 자산의 존재를 판단함에 필수적인 것은 아니다.
미래경제적효익의 통제	○	특정한 기업만이 그 효익을 누릴 수 있어야 그 기업의 자산으로 분류된다.
물리적 실체	×	자산의 존재를 판단하기 위해서 물리적 형태가 필수적인 것은 아니다.

2. 부채의 정의

구 분	필수적 여부	비 고
과거사건의 결과	○	부채는 과거의 거래나 그 밖의 사건에서 발생한다.
법적의무	×	부채의 본질적 특성은 기업이 현재의무를 갖고 있다는 것인데, 여기서 의무란 법적인 의무만을 명시하는 것이 아니다.
현재의무(≠단순약속)	○	단순약속은 현재의 의무가 아니다.
정확한 측정	×	현재의무를 수반하며 부채의 정의를 충족한다면 금액을 추정해야 하더라도 부채로 인식한다.
미래경제적효익의 유출	○	기업이 거래상대방의 요구에 따라 현재의무를 이행하기 위해서는 일반적으로 미래경제적효익이 내재한 자원을 희생하게 된다.

* 현재의 의무와 미래의 약속은 구별되어야 한다. 미래에 특정 자산을 취득하겠다는 경영진의 의사결정 그 자체만으로는 현재의무가 발생하지 않는다. 의무는 일반적으로 그 자산이 인도되는 때 또는 기업이 자산획득을 위한 취소불능약정을 체결하는 때 발생한다.
* 기업이 거래상대방의 요구에 따라 현재의무를 이행하기 위해서는 일반적으로 미래경제적효익을 갖는 자원을 희생하게 된다. 현재의무는 다양한 방법으로 이행될 수 있는데 채권자의 권리포기나 권리상실 등 다른 방법에 의해 그 의무가 소멸하기도 한다.
* 일부 부채는 상당한 정도의 추정을 해야만 측정이 가능할 수 있다. 이러한 부채는 충당부채라고도 한다. 또한 추정에 의한 측정이 있다고 해도 재무제표의 신뢰성이 하락하는 것은 아니다. ➲ 부채의 나머지 정의를 충족한다면 금액을 추정해야 하더라도 부채이다.

3. 자본의 정의

자본은 기업의 자산에서 모든 부채를 차감한 후의 잔여지분으로 정의된다. 재무상태표에 표시되는 자본의 금액은 자산과 부채 금액의 측정에 따라 결정된다. 일반적으로 자본총액은 그 기업이 발행한 주식의 시가총액, 또는 순자산을 나누어서 처분하거나 계속기업을 전제로 처분할 때 받을 수 있는 총액과 우연한 경우에만 일치한다.

✓핵심체크

1. 특정 항목이 자산, 부채 또는 자본의 정의를 충족하는지 판단 시에 법률적 형식이 아닌 거래의 실질과 경제적 현실을 고려한다.
2. 오답 유형
   ① 일반적으로 지출의 발생과 자산의 취득은 밀접하게 관련되어 있다. 따라서 무상으로 증여받은 자산은 자산의 정의를 충족할 수 없다. (×)
   ② 소유권은 자산의 존재를 판단함에 있어 필수적이다. (×)

02 재무상태표 요소의 인식과 측정 ★★★

인식은 재무제표 요소의 정의에 부합하고 인식기준을 충족하는 항목을 재무상태표나 포괄손익계산서에 반영하는 과정을 말한다.

1. 자산과 부채의 인식

(1) 자산의 인식

자산의 정의를 충족(①)하고 미래경제적효익이 기업에 유입될 가능성이 매우 높고(②), 해당 항목의 원가 또는 가치를 신뢰성 있게 측정(③)할 수 있어야 한다. 지출이 발생하였으나 당해 회계기간 후에 관련된 경제적효익이 기업에 유입될 가능성이 높지 않다고 판단되는 경우에는 재무상태표에 자산으로 인식하지 않는다. 대신 그러한 거래는 포괄손익계산서에 비용으로 인식한다.

(2) 부채의 인식

부채의 정의를 충족(①)하고, 현재의무의 이행에 따라 경제적효익이 내재한 자원의 유출가능성이 매우 높고(②), 결제될 금액을 신뢰성 있게 측정(③)할 수 있어야 한다. 미이행된 계약상의 의무는 일반적으로 재무제표에 부채로 인식하지 않는다. 그러나 그러한 의무도 때로는 부채의 정의에 부합할 수 있으며 특정한 상황에서 인식기준이 충족된다면 재무제표에 인식될 수 있다.

2. 자산과 부채의 측정

측정이란 기업이 소유하는 자산과 부채에 화폐가치를 부여하는 과정을 말한다.

(1) 측정 속성의 구분

① 취득원가(또는 역사적원가)와 역사적 현금수취액

자산의 취득원가는 자산을 취득하였을 때 그 대가로 지급한 현금, 현금등가액 또는 기타 지급수단의 공정가치를 말하며 역사적원가와 동일한 의미이다. 부채의 역사적 현금수취액은 그 부채를 부담하는 대가로 수취한 현금 또는 현금등가액이다.

② 공정가치

공정가치는 독립된 당사자 간의 현행거래에서 자산이 매각 또는 구입되거나 부채가 결제 또는 이전될 수 있는 교환가치이다. 자산의 매각과 부채의 결제 또는 이전에 관한 공정가치는 현행유출가치라고 하며, 자산의 경우 수취될 수 있는 현금 또는 현금등가액, 그리고 부채의 경우 결제 또는 이전에 소요될 현금 또는 현금등가액으로 측정된다.

③ 기업특유가치

자산의 기업특유가치는 기업실체가 자산을 사용함에 따라 당해 기업실체의 입장에서 인식되는 현재가치를 말하며, 사용가치라고도 한다. 부채의 기업특유가치는 기업실체가 그 의무를 이행하는 데 예상되는 자원 유출의 현재가치를 의미한다.

④ 상각후가액

금융자산 취득 또는 금융부채 발생 시점의 그 유입가격과 당해 자산 또는 부채로부터 발생하는 미래명목현금흐름의 현재가치가 일치되게 하는 할인율인 유효이자율을 측정하고, 이 유효이자율을 이용하여 당해 자산 또는 부채에 대한 현재의 가액으로 측정한 것을 상각후가액이라고 한다. 상각후가액의 측정에서 사용되는 이자율은 현재의 시장이자율이 아닌 역사적이자율이다.

⑤ 순실현가능가치와 이행가치

자산의 순실현가능가치는 정상적인 기업활동과정에서 미래에 당해 자산이 현금 또는 현금등가액으로 전환될 때 수취할 것으로 예상되는 금액에서 전환에 직접 소요될 비용을 차감한 가액으로 정의되며 유출가치의 개념이다. 부채의 이행가치는 미래에 그 의무의 이행으로 지급될 현금 또는 현금등가액에서 그러한 지급에 소요될 비용을 가산한 가액을 말한다. 순실현가능가치와 이행가치는 현재 시점의 가치로 환산되지 않은 금액이다.

✓핵심체크

1. 기업특유의 가치는 자산의 계속적 사용으로부터, 또는 자산을 처분함에 따라 발생할 것으로 기대되는 현금흐름의 현재가치를 말한다. (사용가치의 현재가치와 순실현가능가치가 기업특유가치에 해당)
2. 상각후원가는 유효이자율을 이용하여 당해 자산이나 부채에 대한 현재의 금액을 측정하는 것을 말한다. 이때, 상각후원가의 측정에 사용되는 이자율은 현재의 시장이자율이 아닌 역사적이자율이다.
3. 자본은 평가의 대상이 아니므로 측정하지 않는다.
4. 일반적으로 취득 시점에는 자산의 취득원가와 공정가치가 동일하다. 그러나 취득 시점 후에는 양자가 달라질 수 있으며, 또한 취득원가는 사용가치와 동일하지 않다.

(2) 측정속성의 선택

자산과 부채를 측정함에 있어 특정 측정속성을 선택하는 경우 목적적합성과 신뢰성의 관점에서 판단하여야 회계정보의 유용성이 달성될 수 있다.

구 분	측정속성
선급비용	취득원가
매출채권	순실현가능가치
선수수익	역사적 현금수취액
매입채무와 미지급비용	이행가치
재고자산	취득원가(저가법이 적용되는 경우 제외)
유형자산, 무형자산	취득원가
판매보증충당부채	공정가치 또는 기업특유가치

✓ **핵심체크**

영업활동에 사용되는 유형자산 등 비유동자산의 경우는 취득원가에 기초하여 측정된다. 취득원가에 의한 측정은 검증가능성이 높다는 이점이 있으나, 공정가치 또는 사용가치로 측정하는 경우와 비교하여 상당한 차이가 있을 수 있으며, 이로 인해 목적적합성과 표현의 충실성이 낮아질 가능성이 있다.

03 손익계산서 요소의 정의 ★

1. 수익의 정의

수익은 자산의 유입이나 증가 또는 부채의 감소에 따라 자본의 증가를 초래하는 특정 회계기간 동안에 발생한 경제적효익의 증가로서 지분참여자에 의한 출연과 관련된 것은 제외한다. ➲ 자본거래를 제외한 순자산이 증가하는 거래는 수익이다.

2. 비용의 정의

비용은 자산의 유출이나 소멸 또는 부채의 증가에 따라 자본의 감소를 초래하는 특정 회계기간 동안에 발생한 경제적효익의 감소로서, 지분참여자에 대한 분배와 관련된 것은 제외한다. ➲ 자본거래를 제외한 순자산이 감소하는 거래가 비용이다.

3. 차익과 차손의 정의

구 분		정 의
광의의 수익 광의의 비용	수익, 비용	정상영업활동의 거래로 지속적으로 발생하면 총액으로 측정 (반복적, 경상적)
	차익, 차손	정상영업활동 및 기타의 거래로 일시적으로 발생하면 순액으로 측정 (비반복적, 경상적)

04 손익계산서 요소의 인식 ★★

1. 수익의 인식

수익인식 원칙 : 실현주의	① 가득기준(의무이행) : 수익은 가득과정이 완료되어야 인식이 가능하다.
	② 실현기준(권리의 측정) : 수익은 실현되었거나 실현 가능해야 인식이 가능하다.

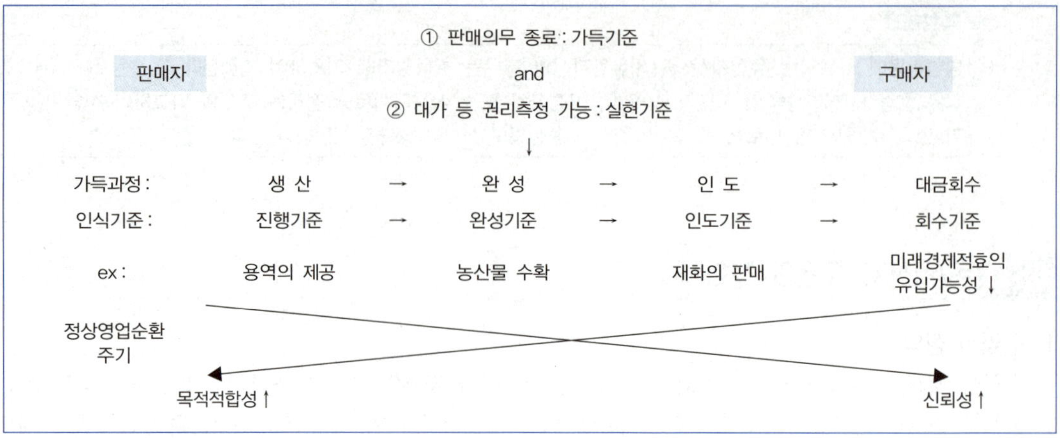

2. 비용의 인식

비용은 수익을 획득하는 과정에서 사용 또는 소비된 재화·용역의 원가이므로 비용은 관련 수익이 인식될 때 인식하여야 재무성과가 올바르게 측정된다. 비용을 수익에 대응해서 인식하는 것을 수익·비용의 대응이라고 한다.

수익에 직접 대응	특정수익항목의 가득과 직접 관련된 경우 ⓔ 매출원가
체계적·합리적 배분	수익과의 관련성이 단지 포괄적으로 또는 간접적으로만 결정될 수 있는 경우 ⓔ 감가상각비
즉시인식비용	미래경제적효익이 기대되지 않는 지출 또는 자산으로 인식되기 위한 조건을 원래 충족하지 못하거나 더이상 충족하지 못하는 경우 ⓔ 광고비

05 재무제표 작성과 표시의 일반원칙 ★★★

1. 계속기업

경영진은 재무제표를 작성할 때 계속기업으로서의 존속가능성을 평가해야 한다. 경영진이 기업을 청산하거나, 경영활동을 중단할 의도를 가지고 있지 않거나, 청산 또는 경영활동의 중단 외에 다른 현실적인 대안이 없는 경우가 아니면 계속기업을 전제로 재무제표를 작성한다.

2. 재무제표의 작성책임과 공정한 표시

일반기업회계기준에 따라 적정하게 작성된 재무제표는 공정하게 표시된 재무제표로 본다. 재무제표가 일반기업회계기준에 따라 작성된 경우에는 그러한 사실을 주석에 기재하여야 한다. 단, 재무제표가 일반기업회계기준의 요구사항을 모두 충족한 경우가 아니라면 일반기업회계기준에 따라 작성되었다고 기재하여서는 안 된다.

3. 재무제표 항목의 구분과 통합표시

중요한 항목은 재무제표의 본문이나 주석에 그 내용을 가장 잘 나타낼 수 있도록 구분하여 표시하며, 중요하지 않은 항목은 성격이나 기능이 유사한 항목과 통합하여 표시할 수 있다.

4. 비교재무제표의 작성

재무제표의 기간별 비교가능성을 제고하기 위하여 전기 재무제표의 모든 계량정보를 당기와 비교하는 형식으로 표시한다.

5. 재무제표 항목의 표시와 분류의 계속성

6. 재무제표의 보고양식

06 재무상태표의 한계 ★★★

① 재무상태표는 역사적원가에 의하여 자산과 부채를 평가하므로 현행가치를 반영하지 못한다.
② 재무상태표의 측정치 중 상당부분에 주관적인 추정이 개입된다.
③ 상당한 가치가 있는 비계량적 정보가 포함되지 않는다.
④ 부채의 성격을 갖는 항목이 재무상태표에 포함되지 않는 부외금융현상이 나타날 수 있다.

07 재무상태표의 유동항목 구분 ★★★

재무상태표는 자산, 부채, 자본으로 구성되며, 자산과 부채는 유동성이 큰 항목부터 배열하는 것을 원칙으로 한다.

재무상태표

××회사　　20×1년 12월 31일 현재　　(단위 : 원)

자산		부채	
Ⅰ. 유동자산		Ⅰ. 유동부채	××
당좌자산	××	Ⅱ. 비유동부채	××
재고자산	××	부채총계	××
Ⅱ. 비유동자산		자본	
투자자산	××	Ⅰ. 자본금	××
유형자산	××	Ⅱ. 자본잉여금	××
무형자산	××	Ⅲ. 자본조정	××
기타비유동자산	××	Ⅳ. 기타포괄손익누계액	××
		Ⅴ. 이익잉여금	××
		자본총계	××
자산총계	××	부채와 자본총계	××

1. 자산의 유동항목과 비유동항목

보고기간 후 12개월 이내 또는 정상영업주기 이내에 실현될 것으로 예상하는 자산은 유동자산으로 분류하며, 그 밖의 모든 자산은 비유동자산으로 분류한다. 유동자산으로 분류하는 자산의 예는 다음과 같다.

- 기업의 정상영업주기 내에 실현될 것으로 예상하거나, 정상영업주기 내에 판매하거나 소비할 의도가 있다.
- 주로 단기매매 목적으로 보유하고 있다.
- 보고기간 후 12개월 이내에 실현될 것으로 예상된다.
- 현금이나 현금성자산으로서 교환이나 부채상환 목적으로 사용의 제한이 없다.

✓핵심체크

1. 정상영업주기는 영업활동을 위한 자산의 취득 시점부터 그 자산이 현금이나 현금성자산으로 실현되는 시점까지 소요되는 기간이다.
2. 기업의 정상영업주기가 명확하게 식별되지 않은 경우 그 주기는 12개월인 것으로 가정한다.
3. 자산과 부채는 유동성이 큰 항목부터 배열하는 것을 원칙으로 한다.

2. 부채의 유동항목과 비유동항목

보고기간 후 12개월 이내 또는 정상영업주기 이내에 결제될 것으로 예상하는 부채는 유동부채로 분류하며, 그 밖의 모든 부채는 비유동부채로 분류한다. 유동부채로 분류하는 부채의 예는 다음과 같다.

- 기업의 정상영업주기 내에 결제될 것으로 예상한다.
- 주로 단기매매 목적으로 보유하고 있다.
- 보고기간 후 12개월 이내에 결제하기로 되어 있다.
- 보고기간 후 12개월 이상 부채의 결제를 연기할 수 있는 무조건의 권리를 가지고 있지 않다. 계약상대방의 선택에 따라, 지분상품의 발행을 결제할 수 있는 부채의 조건은 그 분류에 영향을 미치지 아니한다.

비유동부채 분류

- 장기성 채무

원래의 결제기간이 12개월을 초과하는 경우 또는 보고기간 후 재무제표 발행승인일 전에 장기로 차환하는 약정이나 지급기일을 장기로 재조정하는 약정이 체결된 경우에도 금융부채가 보고기간 후 12개월 이내에 결제일이 도래하면 이를 유동부채로 분류한다.

〈Case 1〉

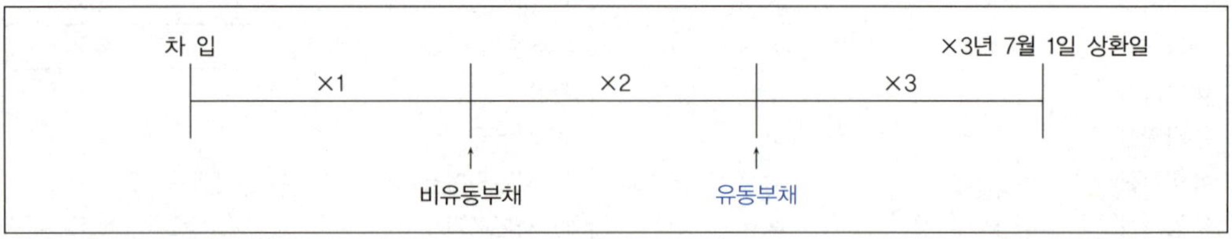

〈Case 2〉

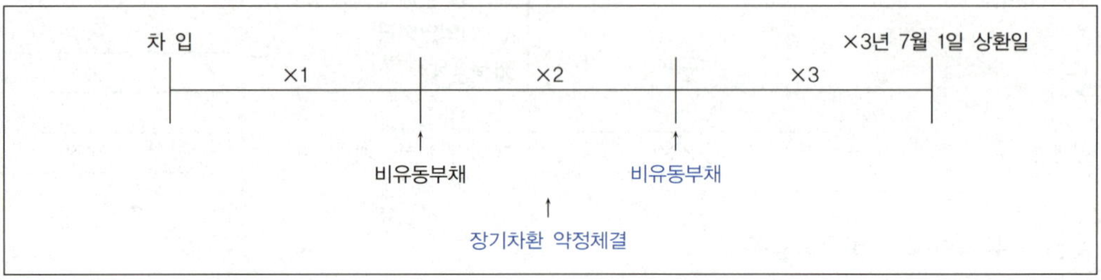

〈Case 3〉

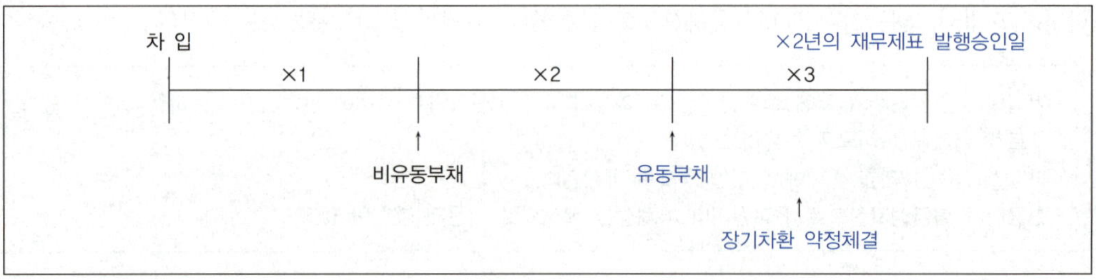

- 만기 연장 가능한 단기성채무
  기업이 기존의 대출계약조건에 따라 보고기간 후 적어도 12개월 이상 부채를 차환하거나 연장할 것으로 기대하고 있고, 그런 재량권이 있다면 보고기간 후 12개월 이내에 만기가 도래한다고 하더라도 비유동부채로 분류한다. 그러나 기업에게 부채의 차환이나 연장에 대한 재량권이 없다면, 차환가능성을 고려하지 않고 유동부채로 분류한다.

  〈Case 1〉

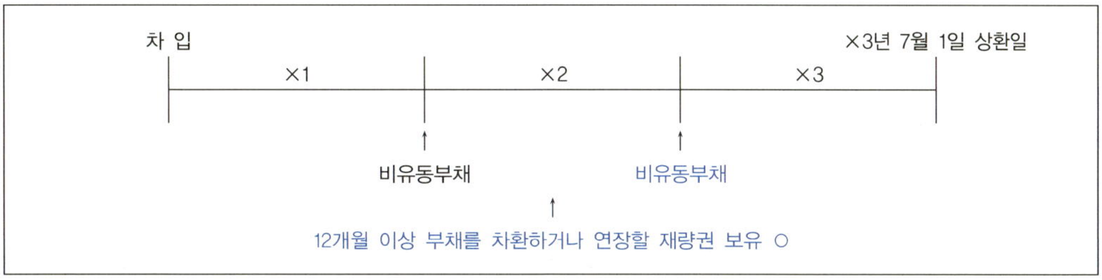

  〈Case 2〉

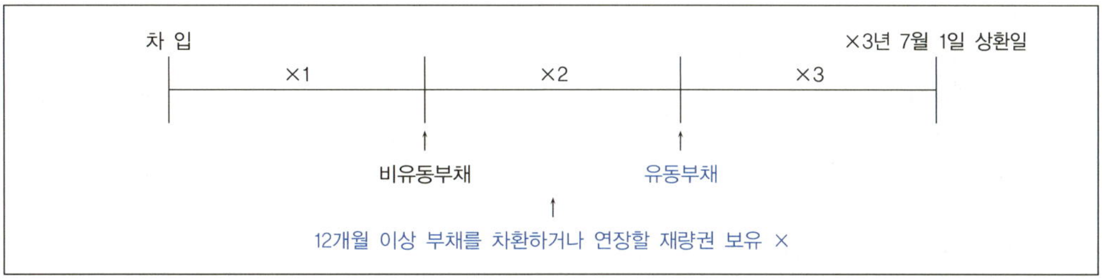

- 즉시 상환 요구가 가능한 약정위반 장기성채무
  보고기간 말 이전에 장기차입약정을 위반했을 때 대여자가 즉시 상환을 요구할 수 있는 채무라 하더라도, 채권자가 보고기간 말 이전에 보고기간 후 적어도 12개월 이상의 유예기간을 주는 데 합의하여 그 유예기간 내에 기업이 위반사항을 해소할 수 있고, 또 그 유예기간 동안에는 채권자가 즉시 상환을 요구할 수 없다면 그 부채는 비유동부채로 분류한다. 그러나 보고기간 후 재무제표 발행승인일 전에 채권자가 약정위반을 이유로 상환을 요구하지 않기로 합의한 경우에는 그대로 유동부채로 분류한다.

  〈Case 1〉

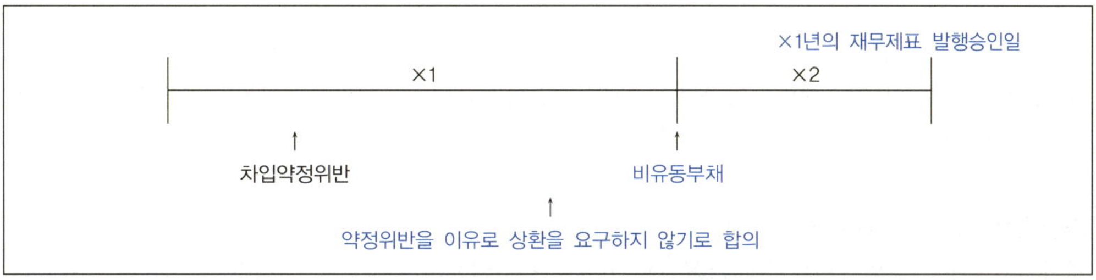

  〈Case 2〉

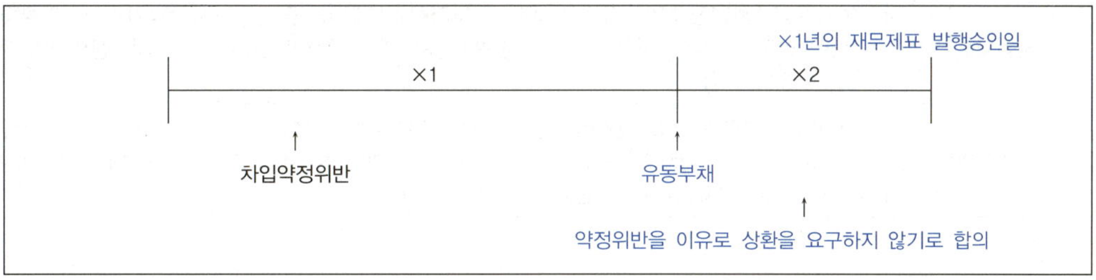

08 손익계산서의 한계 ★★

① 회계이익이 진실한 이익이 아닐 수도 있다. 예 심리적 이익 등의 무시
② 원가배분, 대손의 추정에서 작성자의 주관이 개입될 가능성이 크다.
③ 회계이익이 대체적 회계처리방법에 의해 영향을 받는다. ➲ 이익의 질에 문제를 보임
④ 수익은 현행가격, 비용은 역사적원가로 측정되어 이익이 과대계상되는 경향이 있다.

09 손익계산서의 기본구조 ★★★

손익계산서

××회사 20×1년 1월 1일 ~ 20×1년 12월 31일 (단위 : 원)

I.	매출액	××
II.	매출원가	××
III.	매출총이익(I – II)	××
IV.	판매비와관리비	××
V.	영업이익(III – IV)	××
VI.	영업외수익	××
VII.	영업외비용	××
VIII.	법인세비용차감전계속영업이익(V + VI – VII)	××
IX.	계속영업법인세비용	××
X.	계속영업이익(VIII – IX)	××
XI.	중단영업손익	××
XII.	당기순이익(X + XI)	××
XIII.	기타포괄이익	××
XIV.	총포괄이익(XII + XIII)	××

1. 판매비와 관리비 항목

급여, 퇴직급여, 복리후생비, 임차료, 접대비, 감가상각비, 무형자산상각비, 세금과공과, 광고선전비, 연구비, 경상개발비, 대손상각비 ➲ 영업과정에서 반복적으로 발생하는 비용

2. 영업외수익과 영업외비용

영업외수익과 영업외비용은 영업과정에서 반복적으로 발생하는 손익이 아니다.

영업외수익	이자수익, 배당금수익, 임대료, 단기투자자산처분이익, 단기투자자산평가이익, 외환차익, 외환환산이익, 지분법이익, 장기투자증권손상차손환입, 유형자산처분이익, 사채상환이익, 전기오류수정이익 등
영업외비용	이자비용, 기타의 대손상각비, 단기투자자산처분손실, 단기투자자산평가손실, 재고자산감모손실(비정상), 외환차손, 외화환산손실, 기부금, 지분법손실, 장기투자증권손상차손, 유형자산처분손실, 사채상환손실, 전기오류수정손실 등

10 자본유지개념 ★★★

자본유지개념에서는 이익은 해당 기간 동안 소유주에게 배분하거나 소유주가 출연한 부분을 제외하고 기말 순자산의 재무적 측정금액이 기초순자산의 재무적 측정금액(화폐자본)을 초과하는 경우에만 발생한다.

자본유지개념에서 이익

기말화폐자본 – 기초화폐자본, 특정한 측정기준의 적용 요구하지 않음

1. 화폐자본유지

화폐자본유지개념하에서 이익은 기말순자산의 화폐가액이 기초순자산의 화폐가액을 초과하는 금액에 당기 중 소유주에게 배분된 금액을 가산하고 소유주로부터 납입된 금액을 차감하여 측정된다.

① 이익 : 기말순자산 화폐가액 – 기초순자산 화폐가액
② 자산측정방법 : 제한 없음
③ 가격변동효과 : 이익에 포함
④ 계산구조

B/S

현금 ①	기말현금	자본금 ②	기초현금
		당기순이익 ③	대차차액

2. 실물자본유지

실물자본유지개념하에서 이익은 기초실물생산능력을 초과하는 기말실물생산능력에서 당기 중 소유자와의 거래결과를 가감한 금액으로 측정된다.

① 이익 : 기말실물생산능력 – 기초실물생산능력
② 자산측정방법 : 현행원가
③ 가격변동효과 : 자본항목
④ 계산구조

B/S

현금 ①	기말현금	자본금 ②	기초현금
		자본유지 ③	기말가격 × 기초현금/기초가격 – 기초현금
		당기순이익 ④	대차차액

예제 1

㈜도도는 20×1년 초에 현금 ₩100을 출자하여 설립되었으며, 20×1년 영업과 관련된 자료는 다음과 같다.

- 설립 시 재고자산 1단위를 단위당 ₩100에 매입하였으며, 20×1년 말에 재고자산 1단위를 ₩150에 판매하였다.
- 20×1년 말 재고자산의 1단위의 현행원가는 ₩140이다.

화폐자본유지개념 및 실물자본유지개념에 따라 유지해야 할 자본과 이익을 측정하시오.

풀이

B/S

현금	150	기초자본금	100
		자본유지조정	
		이익	

화폐자본유지	실물자본유지
100	100
-	40[1]
50	10

[1] 140 - 100 = ₩40

11 자본변동표 ★★★

1. 의의

자본변동표는 자본의 크기와 그 변동에 관한 정보를 제공하는 재무보고서로서, 자본을 구성하고 있는 자본금, 자본잉여금, 자본조정, 기타포괄손익누계액, 이익잉여금(또는 결손금)의 변동에 대한 포괄적인 정보를 제공한다.

2. 유용성

자본변동표는 재무제표 간의 연계성을 제고시켜서 재무제표 간의 관계에 대한 이해를 도와준다. 또한 자본변동표는 손익계산서를 거치지 않고 재무상태표의 자본에 직접 가감되는 매도가능증권평가손익과 같은 미실현손익에 대한 정보를 제공함으로써 포괄적인 경영성과에 대한 정보를 제공한다.

3. 기본구조

(1) 자본금의 변동

자본금의 변동은 유상증자(감자), 무상증자(감자)와 주식배당 등에 의하여 발생하며, 자본금은 보통주자본금과 우선주자본금으로 구분하여 표시한다.

(2) 자본잉여금의 변동

자본잉여금의 변동은 유상증자(감자), 무상증자(감자), 결손금처리 등에 의하여 발생하며, 주식발행초과금과 기타자본잉여금으로 구분하여 표시한다.

(3) 자본조정의 변동

자본조정의 변동은 자기주식은 구분하여 표시하고 기타자본조정은 통합하여 표시한다.

(4) **기타포괄손익누계액의 변동**

기타포괄손익누계액의 변동은 매도가능증권평가손익, 해외사업환산손익, 현금흐름위험회피 파생상품 평가손익은 구분하여 표시하고 그 밖의 항목은 그 금액이 중요한 경우에는 적절히 구분하여 표시할 수 있다.

(5) **이익잉여금의 변동**

이익잉여금의 변동은 회계정책의 변경으로 인한 누적효과, 중대한 전기오류수정손익, 연차배당(당기 중 주총에서 승인된 배당금액으로 현금과 주식배당으로 구분기재)과 기타 전기말미처분이익잉여금의 처분, 중간배당, 당기손익, 기타의 원인으로 당기에 발생한 이익잉여금의 변동으로 하되, 그 금액이 중요한 경우에는 적절히 구분하여 표시한다.

12 현금흐름표 ★★★

1. 의의

현금흐름표는 기업의 현금흐름을 나타내는 표로서 현금의 변동내역을 명확하게 보고하기 위하여 당해 회계기간에 속하는 현금의 유입과 유출내용을 적정하게 표시하여야 한다.

2. 현금흐름표의 기본구조

(1) **영업활동**

영업활동이란 일반적으로 제품의 생산과 상품 및 용역의 구매, 판매활동을 말한다.

영업활동으로 인한 현금유입	제품 등의 판매(매출채권의 회수 포함), 이자수익, 배당수익, 기타투자활동과 재무활동에 속하지 않는 거래에서 발생하는 현금유입
영업활동으로 인한 현금유출	원재료, 상품 등의 구입(매입채무 결제 포함), 기타 상품과 용역의 공급자와 종업원에 대한 현금지출, 법인세(토지 등 양도소득에 대한 법인세 제외)의 지급, 이자비용, 기타 투자활동과 재무활동에 속하지 아니하는 거래에서 발생된 현금유출

(2) **투자활동**

투자활동이란 현금의 대여와 회수활동, 유가증권, 투자자산, 유형자산 및 무형자산의 취득과 처분활동 등을 말한다.

투자활동으로 인한 현금유입	대여금의 현금회수, 단기투자자산/유가증권/투자자산/유형자산/무형자산 처분
투자활동으로 인한 현금유출	현금의 대여, 단기투자자산/유가증권/투자자산/유형자산/무형자산 취득

(3) **재무활동**

재무활동이란 현금의 차입 및 상환활동, 신주발행이나 배당금의 지급활동 등과 같이 부채 및 자본계정에 영향을 미치는 거래를 말한다.

재무활동으로 인한 현금유입	단기차입금/장기차입금 차입, 어음/사채의 발행, 주식의 발행
재무활동으로 인한 현금유출	배당금의 지급, 유상감자, 자기주식의 취득, 차입금의 상환, 자산의 취득에 따른 부채의 지급

13 중단사업 ★★★

1. 의의

기업이 어떤 사업부문을 포기 또는 처분하는 경우가 발생하는데 이러한 사업부문을 중단사업이라고 한다. 그러므로 일반기업회계기준은 중단된 사업부문을 별도로 보고하도록 규정하고 있다.

2. 중단사업손익

중단사업손익은 해당 회계기간에 중단사업으로부터 발생한 영업손익과 영업외손익으로서, 사업중단직접비용과 중단사업자산손상차손을 포함한다.

(1) 사업중단직접비용

사업중단에 대한 최초공시사건이 일어나면 사업중단과 직접적으로 관련하여 발생할 것으로 예상되는 사업중단직접비용을 중단사업손익에 포함하고 충당부채로 인식한다.

(2) 중단사업자산손상차손

사업중단계획을 승인하고 발표하는 경우에는 일반적으로 중단사업에 속하는 자산에 손상차손이 새로 발생 또는 추가되거나 드문 경우 과거에 인식하였던 손상차손의 회복이 수반된다.

(3) 재무제표상 표시와 공시

중단사업손익은 손익계산서에 법인세효과를 차감한 금액으로 보고한다. 또한 중단사업으로 보고된 사업중단계획을 철회한 경우에는 전년도의 사업중단직접비용 및 중단사업자산손상차손을 제외한 중단사업손익을 계속사업의 손익으로 재분류한다.

14 중소기업 회계처리특례 ★★★

1. 적용대상

① 외부감사법 적용대상 기업 중 중소기업기본법에 의한 중소기업

② 중소기업특례를 적용할 수 없는 기업

증권신고서 제출법인, 사업보고서 제출대상법인, 금융회사, 연결실체에 중소기업이 아닌 기업이 포함된 경우의 지배기업

2. 중소기업특례의 내용

현재가치평가	• 장기연불조건의 매매거래 및 장기금전대차거래에서 발생하는 채권채무의 현재가치평가를 하지 않을 수 있다. ➲ 명목가액평가
수익인식 및 토지, 건물 등의 처분	• 1년 이내 용역매출 및 건설형 공사계약 : 완성기준 적용 가능 • 1년 이상의 할부 매출, 토지 등 장기할부조건 처분 : 회수기일 도래기준 가능
유형·무형자산의 내용연수, 잔존가치	• 내용연수 및 잔존가치는 법인세법의 규정을 따를 수 있다.
주식기준보상거래	• 주식결제형 : 별도의 회계처리를 아니할 수 있다.
시장성 없는 지분증권	• 취득원가로 평가한다. 단, 손상차손은 인식한다.
지분법적용 투자주식	• 유의적인 영향력을 행사할 수 있는 지분증권에 대해 지분법을 적용하지 아니할 수 있다. 다만, 연결재무제표 작성 대상의 범위에 해당하는 종속회사는 지분법을 적용한다.

주석공시	• 중단된 사업부문의 정보는 주석으로 기재하지 아니할 수 있다.
법인세회계	• 법인세비용은 법인세법 등의 법령에 의하여 납부하여야 할 금액으로 할 수 있다. 이연법인세를 적용하지 아니할 수 있다.
파생상품	• 정형화된 시장에서 거래되지 않아 시가가 없는 파생상품에 대하여는 계약 시점 후 평가에 관한 회계처리를 아니할 수 있다.

15 중간재무제표 ★★★

1. 의의

중간재무보고는 한 회계기간을 몇 개의 기간으로 나누어서 하는 재무보고를 말한다. 적시성과 재무제표 작성 비용의 관점에서 또한 이미 보고된 정보와의 중복을 방지하기 위하여 중간재무보고서에는 연차재무제표에 비하여 적은 정보를 공시할 수 있다.

중간재무보고서는 최소한 다음의 구성요소를 포함하여야 한다.

① 요약 재무상태표
② 요약된 하나 또는 그 이상의 포괄손익계산서
③ 요약 자본변동표
④ 요약 현금흐름표
⑤ 선별적 주석

✓핵심체크

1. 중간기간은 한 회계기간보다 짧은 회계기간을 말하며, 3개월 단위의 중간기간을 분기, 6개월 단위의 중간기간을 반기라고 한다. 상장기업의 경우 최소한 반기기준으로 중간재무보고를 하고, 중간기간 종료 후 60일 이내에 중간재무보고를 하도록 권장한다.
2. 중간재무보고서는 직전의 전체 연차재무제표를 갱신하는 정보를 제공하기 위하여 작성한 것으로 본다. 따라서 중간재무보고서는 새로운 활동, 사건과 환경에 중점을 두며 이미 보고된 정보를 반복하지 않는다.

2. 형식과 내용

직전 연차재무보고서를 연결기준으로 작성하였다면 중간재무보고서도 연결기준으로 작성해야 한다. 지배기업의 별도재무제표는 직전 연차연결재무제표와 일관되거나 비교 가능한 재무제표가 아니다. 연차재무보고서에 연결재무제표 외에 추가로 지배기업의 별도재무제표가 포함되어 있더라도 중간재무보고서에 지배기업의 별도재무제표를 포함하는 것을 요구하거나 금지하지 않는다.

✓핵심체크

1. 중간재무보고서의 이용자는 해당 기업의 직전 연차재무보고서도 이용할 수 있을 것이다. 따라서 직전 연차재무보고서에 이미 보고된 정보에 대한 갱신사항이 상대적으로 경미하다면 중간재무보고서에 주석으로 보고할 필요는 없다.
2. 직전 연차보고기간 말 후에 발생한 사건이나 거래가 재무상태와 경영성과의 변동을 이해하는 데 유의적인 경우에 중간재무보고서는 직전 연차보고기간의 재무제표에 포함된 관련 정보에 대하여 설명하고 갱신하여야 한다.
3. 중간재무보고서를 작성할 때 인식, 측정, 분류 및 공시와 관련된 중요성의 판단은 해당 중간기간의 재무자료에 근거하여 이루어져야 한다. 중요성을 평가하는 과정에서 중간기간의 측정은 연차재무자료의 측정보다 추정에 의존하는 정도가 크다는 점을 고려하여야 한다.

3. 중간재무제표가 제시되어야 하는 기간

중간재무보고서는 중간기간 또는 누적기간을 대상으로 작성하는 재무보고서이다. 이때 누적기간은 회계기간 개시일부터 당해 중간기간의 종료일까지의 기간이다.

① 당해 중간보고기간 말과 직전 연차보고기간 말을 비교하는 형식으로 작성한 재무상태표
② 당해 중간기간과 당해 회계연도 누적기간을 직전 회계연도의 동일기간과 비교하는 형식으로 작성한 포괄손익계산서
③ 당해 회계연도 누적기간을 직전 회계연도의 동일기간과 비교하는 형식으로 작성한 자본변동표
④ 당해 회계연도 누적기간을 직전 회계연도의 동일기간과 비교하는 형식으로 작성한 현금흐름표

[12월 말 결산법인의 반기재무보고 – 분기별로 중간재무보고서를 발표하는 기업]

구 분	당 기	전 기
재무상태표	20×1년 6월 30일 현재	20×0년 12월 31일 현재
포괄손익계산서	20×1년 4월 1일 ~ 20×1년 6월 30일 20×1년 1월 1일 ~ 20×1년 6월 30일	20×0년 4월 1일 ~ 20×0년 6월 30일 20×0년 1월 1일 ~ 20×0년 6월 30일
자본변동표, 현금흐름표	20×1년 1월 1일 ~ 20×1년 6월 30일	20×0년 1월 1일 ~ 20×0년 6월 30일

* 반기별로 중간재무보고서를 발표하는 기업의 경우에는 반기재무보고서 중 포괄손익계산서에 직전 3개월(4월 1일 ~ 6월 30일)의 중간기간을 표시하지 않는다.

4. 연차재무제표 공시

특정 중간기간에 보고된 추정금액이 최종 중간기간에 중요하게 변동하였지만 최종 중간기간에 대하여 별도의 재무보고를 하지 않는 경우, 추정의 변동 성격과 금액을 해당 회계연도의 연차재무제표에 주석으로 공시하여야 한다.

5. 인식과 측정

(1) 연차기준과 동일한 회계정책

중간재무제표는 연차재무제표에 적용하는 회계정책과 동일한 회계정책을 적용하여 작성한다. 연차재무제표의 결과는 보고 빈도(연차보고, 반기보고, 분기보고)에 따라 달라지지 않아야 한다. 이러한 목적을 달성하기 위하여 중간재무보고를 위한 측정은 당해 회계연도 누적기간을 기준으로 하여야 한다. 이는 중간기간이 회계연도의 부분이라는 사실을 인정하고 있는 것이다.

(2) 계절적, 주기적 또는 일시적인 수익

계절적, 주기적 또는 일시적으로 발생하는 수익은 연차보고기간 말에 예측하여 인식하거나 이연하는 것이 적절하지 않은 경우에는 중간보고기간 말에도 예측하여 인식하거나 이연하여서는 안 된다.

(3) 연중 고르지 않게 발생하는 원가

연중 고르지 않게 발생하는 원가는 연차보고기간 말에 미리 비용으로 예측하여 인식하거나 이연하는 것이 타당한 방법으로 인정되는 경우에 한하여 중간재무보고서에서도 동일하게 처리된다.

(4) 추정치의 사용

중간재무보고서 작성을 위한 측정절차는 측정결과가 신뢰성 있으며, 기업의 재무상태와 경영성과를 이해하는 데 적합한 모든 중요한 재무정보가 적절히 공시되었다는 것을 보장할 수 있도록 설계한다. 연차기준과 중간기준의 측정 모두 합리적인 추정에 근거하지만 일반적으로 중간기준의 측정은 연차기준의 측정보다 추정을 더 많이 사용한다.

(5) 회계추정의 변경

중간기간 중에 회계추정의 변경이 있을 때는 누적중간기간을 기준으로 계산한 회계변경의 효과를 회계추정의 변경이 있었던 중간기간에 모두 반영한다.

개념완성문제

01 일반적으로 지출의 발생과 자산의 취득은 밀접하게 관련되어 있다. 따라서 무상으로 증여 받은 자산은 자산의 정의를 충족할 수 없다. (O, X)

02 매입채무와 미지급비용은 (　　)에 의해 측정된다.

03 감가상각비는 수익에 비용을 직접 대응시키는 가장 대표적인 사례이다. (O, X)

04 보고기간 종료일부터 1년 이내 상환하여야 할 채무이지만 재무제표 종료일과 재무제표가 사실상 확정된 날 사이에 재무제표 종료일로부터 1년을 초과하여 상환하기로 합의하면 (　　)로/으로 분류한다.

05 장기차입약정을 위반하여 채권자가 즉시 상환을 요구할 수 있는 채무는 보고기간 종료일과 재무제표가 사실상 확정된 날 사이에 상환을 요구하지 않기로 합의하면 (　　)로/으로 분류한다.

06 재무상태표는 현재 시장에서 평가되는 회사의 자산과 부채 가치를 정확히 나타낸다. (O, X)

07 중소기업 회계처리특례를 적용하면 감가상각을 하지 않을 수 있다. (O, X)

08 중단사업이 있는 경우에는 법인세효과를 별도로 표기한다. (O, X)

정답 및 해설

01 X 자산의 정의에 현금지출 여부는 필수적이지 않다.
02 이행가치
03 X 감가상각비는 비용을 수익에 체계적, 합리적으로 배분하는 가장 대표적인 사례이다.
04 유동부채
05 유동부채
06 X 재무상태표는 역사적원가에 의하여 자산과 부채를 평가하므로 현행가치를 반영하지 못한다.
07 X 법인세법의 규정에 의하여 감가상각을 할 수 있지만 감가상각을 하지 않는 것은 아니다.
08 X 중단사업이 있는 경우에는 법인세효과 차감 후 중단사업손익은 당기순손익에 반영한다.

09 중간재무제표를 작성할 때 재무상태표는 중간보고기간 말과 직전 중간보고기간 말을 비교하는 형식으로 작성한다. (O, X)

10 현행의 회계기준은 화폐자본유지개념에 근거하고 있으나, 포괄이익에 관련된 측정은 실물자본유지개념에 근거한 것이다. (O, X)

정답 및 해설

09 X 중간재무제표를 작성할 때 재무상태표는 중간보고기간 말과 직전 연차보고기간 말을 비교하는 형식으로 작성한다.

10 X 현행의 회계기준은 화폐자본유지개념에 근거하고 있으며, 포괄이익에 관련된 측정도 명목자본유지개념에 근거한 것이다.

출제예상문제

✔ 학습시간이 부족하거나 시험 전 최종정리를 하고 싶은 경우에는 출제빈도(★~★★★)가 높은 문제를 우선으로 풀이할 수 있습니다.
✔ 다시 봐야 할 문제(풀지 못한 문제, 헷갈리는 문제 등)는 문제 번호 하단의 네모박스(□)에 체크하여 반복 학습할 수 있습니다.

★
재무제표 요소의 인식과 측정

01 □□□

다음 중 자산 또는 부채와 그 측정속성에 관한 대응으로 옳은 것은?

	자산 또는 부채	측정속성
①	선급비용	상각후원가
②	만기보유증권	상각후원가
③	매출채권	취득원가
④	매입채무, 미지급비용	기업특유가치
⑤	선수수익	기업특유가치

★
재무제표 요소의 인식과 측정

02 □□□

다음 중 측정속성에 대한 설명으로 옳지 않은 것은?

① 상각후가액의 측정에 사용되는 이자율은 현재의 시장이자율이다.
② 선급비용은 취득원가에 의해 측정된다.
③ 자산의 취득원가와 역사적원가는 동일한 의미이다.
④ 자산의 매각과 부채의 결제 또는 이전에 관한 공정가치는 현행유출가치이다.
⑤ 자산의 구입에 관한 공정가치는 현행원가이다.

★★

재무제표 요소의 인식과 측정

03 (A)와 (B)는 재무제표의 기본요소에 관한 정의이다. 다음 중 (A)와 (B)의 명칭으로 옳은 것은?

> • (A) : 기업실체의 경영활동과 관련된 재화의 판매 또는 용역의 제공 등에 대한 대가로 발생하는 자산의 유입 또는 부채의 감소
> • (B) : 과거의 거래나 사건의 결과로서 경제적효익을 창출할 것으로 기대되는 현재 기업이 보유하고 있는 자원

	(A)	(B)
①	포괄이익	자 산
②	비 용	부 채
③	수 익	자 산
④	기타포괄이익	부 채
⑤	수 익	자 본

정답 및 해설

01 ② 자산 또는 부채와 그 측정속성의 대응이 옳은 것은 '만기보유증권 – 상각후원가'이다.

오답체크

① 선급비용 – 취득원가
③ 매출채권 – 순실현가능가치
④ 매입채무, 미지급비용 – 이행가치
⑤ 선수수익 – 역사적 현금수취액

02 ① 상각후가액의 측정에 사용되는 이자율은 역사적이자율이다.

03 ③ • 수익 : 기업실체의 경영활동과 관련된 재화의 판매 또는 용역의 제공 등에 대한 대가로 발생하는 자산의 유입 또는 부채의 감소
• 자산 : 과거의 거래나 사건의 결과로서 경제적효익을 창출할 것으로 기대되는 현재 기업이 보유하고 있는 자원

★★ 재무제표 요소의 인식과 측정

04 □□□

다음 중 재무제표 기본요소의 인식에 관한 설명으로 옳은 것은?

① 자산은 당해 항목에 내재한 미래의 경제적효익이 기업실체에 유입될 가능성이 높고 그 금액을 신뢰성 있게 측정할 수 있을 때 인식한다.
② 부채는 기업실체가 현재의 의무를 미래에 이행할 때 경제적효익이 유출될 가능성이 매우 높고 그 금액을 신뢰성 있게 측정할 수 있을 때 인식한다.
③ 자본은 경제적효익이 유입됨으로써 자산이 증가하거나 부채가 감소하고 그 금액을 신뢰성 있게 측정할 수 있을 때 인식한다.
④ 수익은 실현주의에 따라 실현기준 또는 가득기준 중 하나가 충족되면 인식한다.
⑤ 비용은 경제적효익이 사용 또는 유출됨으로써 자산이 증가하거나 부채가 감소하고 그 금액을 신뢰성 있게 측정할 수 있을 때 인식한다.

★★★ 재무제표 요소의 인식과 측정

05 □□□

다음은 제조업을 영위하는 ㈜신용의 재무자료이다. ㈜신용의 회계기간은 1월 1일부터 12월 31일까지이다. 다음 금액 중 영업외비용에 포함될 금액은 모두 얼마인가?

(단위 : 원)

계정과목	금 액	계정과목	금 액
대손상각비[1]	300,000	급 여	500,000
재고자산 감모손실[2]	100,000	재고자산 평가손실[4]	400,000
전기오류수정손실[3]	200,000	기부금	50,000

[1] 매출채권 관련 대손상각비이다.
[2] 비정상감모손실이다.
[3] 재무제표의 신뢰성을 손상시키는 중요한 오류에 해당한다.
[4] 비정상평가손실이다.

① ₩650,000 ② ₩350,000 ③ ₩250,000
④ ₩150,000 ⑤ ₩100,000

★★★ 재무제표 요소의 인식과 측정

06 □□□

다음 중 측정속성에 대한 설명으로 옳은 것은?

① 정상적 기업활동과정에서 미래에 당해 자산이 현금 등으로 전환될 때 수취할 것으로 예상되는 금액에서 그러한 전환에 소요될 비용을 차감한 금액을 순실현가능가치라고 하며, 이는 유입가치에 해당한다.
② 상각후원가의 측정에 사용되는 이자율은 역사적이자율이다.
③ 취득원가와 역사적원가는 서로 동일한 의미의 측정속성은 아니다.
④ 자산의 구입 시 자산의 공정가치는 역사적원가에 해당한다.
⑤ 매출채권은 취득원가에 의해 측정한다.

★★★

07 재무제표 요소의 인식과 측정

□□□

다음 중 기업특유가치에 관한 설명으로 옳지 않은 것은 모두 몇 개인가?

A. 매입채무와 미지급비용은 재무상태표에 부채의 기업특유가치로 표시된다.
B. 매출채권은 재무상태표에 자산의 기업특유가치로 표시된다.
C. 자산의 기업특유가치는 순실현가능가치와 동일한 의미로 사용되기도 한다.
D. 자산의 기업특유가치는 사용가치이다.
E. 계약상 현금으로 지급하는 부채의 기업특유가치는 현행유출가치이다.

① 1개 ② 2개 ③ 3개
④ 4개 ⑤ 5개

정답 및 해설

04 ② 부채는 기업실체가 현재의 의무를 미래에 이행할 때 경제적효익이 유출될 가능성이 매우 높고 그 금액을 신뢰성 있게 측정할 수 있을 때 인식한다.

오답체크

① 자산은 당해 항목에 내재한 미래의 경제적효익이 기업실체에 유입될 가능성이 매우 높고 그 금액을 신뢰성 있게 측정할 수 있을 때 인식한다.
③ 자본은 별도의 인식요건을 필요로 하지 않는다.
④ 수익은 실현기준과 가득기준을 모두 충족하는 경우에만 실현주의에 따라 인식한다.
⑤ 비용은 경제적효익이 사용 또는 유출됨으로써 자산이 감소하거나 부채가 증가하고 그 금액을 신뢰성 있게 측정할 수 있을 때 인식한다.

05 ④
- 대손상각비는 매출채권과 관련되므로 영업손익에 포함된다.
- 재고자산 비정상감모손실은 영업외비용이다.
- 중요한 오류에 대한 전기오류수정손실은 당기손익이 아닌 이익잉여금으로 처리한다.
- 재고자산 평가손실은 정상과 비정상을 구분하지 않고 매출원가에 포함하여 영업손익처리한다.
- 기부금은 영업외비용이다.

06 ② 상각후원가의 측정에 사용되는 이자율은 역사적이자율이다.

오답체크

① 정상적 기업활동과정에서 미래에 당해 자산이 현금 등으로 전환될 때 수취할 것으로 예상되는 금액에서 그러한 전환에 소요될 비용을 차감한 금액을 순실현가능가치라고 하며, 이는 유출가치에 해당한다.
③ 취득원가와 역사적원가는 서로 동일한 의미의 측정속성이다.
④ 자산의 구입 시 자산의 공정가치는 현행원가에 해당한다.
⑤ 매출채권은 순실현가능가치에 의해 측정한다.

07 ③ A. 매입채무와 미지급비용은 재무상태표에 부채의 이행가치로 표시된다.
B. 매출채권은 재무상태표에 자산의 순실현가능가치로 표시된다.
C. 자산의 기업특유가치는 사용가치와 동일한 의미로 사용되기도 한다.

참고 부채의 기업특유가치는 현행유출가치와 동일하다.

★★

08 □□□

재무제표 요소의 인식과 측정

다음 중 재무제표 작성과 표시의 일반원칙 중 옳지 않은 것은?

① 계속기업으로서의 존속능력에 유의적인 의문이 제기될 수 있는 사건이나 상황과 관련된 중요한 불확실성을 알게 된 경우, 경영진은 그러한 불확실성을 공시하여야 한다.
② 재무제표가 일반기업회계기준에 따라 작성된 경우에는 그러한 사실을 주석으로 기재하여야 한다.
③ 중요하지 않은 항목은 성격이나 기능이 유사한 항목이더라도 통합하여 표시할 수 없다.
④ 재무제표 항목의 표시나 분류방법이 변경된 경우에는 당기와 비교하기 위하여 전기의 항목을 재분류하고, 재분류 항목의 내용, 금액 및 재분류가 필요한 이유를 주석으로 기재한다.
⑤ 재무제표는 재무상태표, 손익계산서, 현금흐름표, 자본변동표 및 주석으로 구분하여 작성한다.

★★

09 □□□

재무제표 요소의 인식과 측정

다음 중 재무제표의 작성과 표시의 일반원칙 중 기간별 비교가능성을 제고시키기 위한 원칙은 모두 몇 개인가?

A. 계속기업	B. 비교재무제표의 작성
C. 회계정책의 결정	D. 재무제표 항목의 구분과 통합표시
E. 재무제표 항목 표시, 분류의 계속성	F. 재무제표의 공정한 표시

① 1개 ② 2개 ③ 3개 ④ 4개 ⑤ 5개

★★★

10 □□□

재무상태표의 유동항목 구분

다음 중 자산, 부채, 자본에 대한 설명으로 옳은 것은?

① 정상적인 영업주기 내에 판매되거나 사용되는 재고자산과 회수되는 매출채권 등은 보고기간 종료일로부터 1년 이내에 실현되지 않는다면 비유동자산으로 분류된다.
② 부채는 1년을 기준으로 유동부채와 비유동부채로 분류된다.
③ 부채의 액면금액은 확정되어 있어 부채의 측정에 추정을 요하는 경우는 없다.
④ 보고기간 종료일로부터 1년 이내에 상환하여야 하는 채무는 보고기간 종료일과 재무제표가 사실상 확정된 날 사이에 보고기간 종료일로부터 1년을 초과하여 상환하기로 합의하였다면 비유동부채로 분류한다.
⑤ 장기차입금으로 계상하여 결산기를 한 번 이상 거친 경우에는 차후 그 지급기일이 보고기간 종료일로부터 1년 이내에 도래하더라도 장기차입금 계정으로 기입한다.

★

재무상태표의 유동항목 구분

11 재무상태표에 대한 설명으로 옳은 것은?

□□□

① 재무상태표는 일정 기간 동안 현재 기업이 보유하고 있는 경제적 자원인 자산과 경제적 의무인 부채, 자본에 대한 정보를 제공하는 재무보고서이다.

② 재무상태표는 자산, 부채, 자본으로 구성되며, 자산과 부채는 유동성이 작은 항목부터 배열하는 것이 원칙이다.

③ 비교식 재무상태표를 통해서 기중 차입한 금액을 정확하게 파악할 수 있다.

④ 재무상태표의 자산과 부채는 유용한 정보를 제공하기 위하여 원칙적으로 유동항목과 비유동항목으로 구분하여 표시한다.

⑤ 재무상태표의 장점 중 하나는 사실상 부채의 부외금융현상을 막을 수 있다는 것이다.

정답 및 해설

08 ③ 중요하지 않은 항목은 성격이나 기능이 유사한 항목과 통합하여 표시할 수 있다.

09 ② 비교가능성을 제고시키기 위한 원칙은 비교재무제표의 작성과 재무제표 항목 표시, 분류의 계속성이다.

10 ② 부채는 1년을 기준으로 유동부채와 비유동부채로 분류된다.

오답체크

① 정상적인 영업주기 내에 판매되거나 사용되는 재고자산과 회수되는 매출채권 등은 보고기간 종료일로부터 1년 이내에 실현되지 않더라도 유동자산으로 분류된다.
③ 충당부채와 같이 금액을 추정하여 측정하는 부채도 있다.
④ 보고기간 종료일로부터 1년 이내에 상환하여야 하는 채무는 보고기간 종료일과 재무제표가 사실상 확정된 날 사이에 보고기간 종료일로부터 1년을 초과하여 상환하기로 합의하였더라도 유동부채로 분류한다.
⑤ 장기차입금으로 계상하여 결산기를 한 번 이상 거친 경우에는 차후 그 지급기일이 보고기간 종료일로부터 1년 이내에 도래하면 유동성장기부채(또는 유동성장기차입금) 계정으로 기입한다.

11 ④ 재무상태표의 자산과 부채는 유용한 정보를 제공하기 위하여 원칙적으로 유동항목과 비유동항목으로 구분해 표시한다.

오답체크

① 재무상태표는 일정 시점에 현재 기업이 보유하고 있는 경제적 자원인 자산, 경제적 의무인 부채, 자본에 대한 정보를 제공하는 재무보고서이다.
② 재무상태표는 자산, 부채, 자본으로 구성되며, 자산과 부채는 유동성이 큰 항목부터 배열하는 것이 원칙이다.
③ 비교식 재무상태표를 통해서는 기중 차입한 금액을 정확하게 파악할 수 없다.
⑤ 재무상태표의 한계 중 하나로 사실상 부채의 성격을 갖는 항목이 재무상태표에 포함되지 않은 부외금융현상을 들 수 있다.

★★
재무상태표의 유동항목 구분

12 다음 중 재무상태표에 대한 설명으로 옳은 것은?

□□□

① 재무상태표의 자산과 부채는 유동·비유동항목으로 구분하여 표시할 수 있다.
② 자산의 구성비율은 기업의 투자의사결정을 보여주고 부채와 자본의 구성비율은 자본구조, 즉 기업의 자본조달에 관한 의사결정을 보여준다.
③ 재무상태표는 일정 기간 동안 기업이 보유하고 있는 경제적 자원인 자산과 경제적 의무인 부채, 그리고 자본에 대한 정보를 제공하는 재무보고서이다.
④ 장기차입금이 보고기말 시점에 상환일이 1년 이내로 남게 된다면 유동성장기차입금으로 대체하고 비유동부채로 분류한다.
⑤ 단기차입금과 유동성장기차입금은 비유동부채이다.

★★★
재무상태표의 유동항목 구분

13 재무상태표에 관한 설명으로 옳지 않은 것은?

□□□

① 자산은 보고기간종료일부터 1년을 기준으로 유동자산과 비유동자산으로 분류한다.
② 자산과 부채는 유동성이 큰 항목부터 배열하는 것을 원칙으로 한다.
③ 장기차입약정을 위반하여 채권자가 즉시 상환을 요구할 수 있는 채무는 보고기간종료일과 재무제표가 사실상 확정된 날 사이에 상환을 요구하지 않기로 합의하였으면 비유동부채로 분류한다.
④ 보고기간종료일부터 1년 이내에 실현되지 않더라도 정상적인 영업주기 내에 회수되는 매출채권은 유동자산으로 분류한다.
⑤ 보고기간종료일부터 1년 이내 상환하여야 할 채무이지만 보고기간 종료일과 재무제표가 사실상 확정된 날 사이에 보고기간 종료일부터 1년을 초과하여 상환하기로 합의하면 유동부채로 분류한다.

★★
재무상태표의 유동항목 구분

14 재무상태표에 관한 설명으로 옳지 않은 것은?

□□□

① 자본잉여금은 주주와의 거래에서 발생하여 자본을 증가시키는 잉여금이다.
② 자산과 부채는 상계하여 표시하지 않는 것이 원칙이다.
③ 매출채권에 대한 대손충당금은 직접 가감하여 표시할 수 없다.
④ 이익잉여금은 법정적립금, 임의적립금 및 미처분이익잉여금으로 구분하여 표시한다.
⑤ 보통주자본금과 우선주자본금은 구분하여 표시한다.

★★ 손익계산서의 기본구조

15 손익계산서에 대한 설명 중 옳은 것은?

① 손익계산서는 기업의 미래현금흐름과 수익창출능력 등 예측에 유용한 정보는 제공하지 않는다.

② 손익계산서상의 당기순이익과 포괄이익은 항상 일치한다.

③ 비용의 인식에는 직접대응, 간접대응, 체계적·합리적 배분 등이 있는데 이 중 감가상각비는 직접대응에 의한 비용인식의 예에 해당한다.

④ 매입할인은 영업외비용으로 회계처리한다.

⑤ 차익이란 기업실체의 주요 경영활동을 제외한 부수적인 거래나 사건으로서 소유자의 투자가 아닌 거래나 사건의 결과로 발생하는 순자산이 증가되는 거래를 의미한다.

정답 및 해설

12 ② 자산의 구성비율은 기업의 투자의사결정을 보여주고 부채와 자본의 구성비율은 자본구조, 즉 기업의 자본조달에 관한 의사결정을 보여준다.

오답체크

① 재무상태표의 자산과 부채는 원칙적으로 유동·비유동항목을 구분하여 표시하여야 한다.
③ 재무상태표는 일정 시점 현재 기업이 보유하고 있는 경제적 자원인 자산과 경제적 의무인 부채, 그리고 자본에 대한 정보를 제공하는 재무보고서이다.
④ 장기차입금이 보고기말 시점에 상환일이 1년 이내로 남게 된다면 유동성장기차입금으로 대체하고 유동부채로 분류한다.
⑤ 단기차입금과 유동성장기차입금은 유동부채이다.

13 ③ 장기차입약정을 위반하여 채권자가 즉시 상환을 요구할 수 있는 채무는 보고기간종료일과 재무제표가 사실상 확정된 날 사이에 상환을 요구하지 않기로 합의하더라도 유동부채로 분류한다.

14 ③ 매출채권에 대한 대손충당금은 직접 가감하여 표시할 수 있으며, 이 경우 가감한 금액을 주석으로 기재한다.

15 ⑤ 차익은 기업실체의 주요 경영활동을 제외한 부수적인 거래나 사건으로, 소유자의 투자가 아닌 거래나 사건의 결과로 발생하는 순자산이 증가되는 거래를 의미한다.

오답체크

① 손익계산서는 일정 기간 동안 기업의 경영성과에 대한 정보를 제공하는 재무보고서로, 당해 회계기간의 경영성과를 나타낼 뿐만 아니라 기업의 미래현금흐름과 수익창출능력 등 예측에 유용한 정보를 제공한다.
② 손익계산서상의 포괄이익은 당기순손익과 기타포괄손익의 합계로 당기순손익과 일반적으로 일치하지 않는다.
③ 비용의 인식에는 직접대응, 간접대응, 체계적·합리적 배분 등이 있는데 이 중 감가상각비는 체계적·합리적 배분에 의한 비용인식의 예에 해당한다.
④ 매입할인은 매입의 차감계정으로 회계처리한다.

★★ 손익계산서의 기본구조

16 □□□

A사는 제조업을 영위하고 있는 법인이다. 손익계산서에 영업외비용으로 분류되지 않는 항목은 무엇인가?

① 사채상환손실
② 유가증권에 대한 손상차손
③ 기부금
④ 정상적으로 발생하는 재고자산 감모손실
⑤ 지분법손실

★★★ 손익계산서의 기본구조 최신출제유형

17 □□□

다음 자료 중 판관비에 포함될 금액은 얼마인가?

(단위 : 원)

계정과목	금 액	계정과목	금 액
이자비용	50,000	세금과공과	50,000
유형자산처분손실	20,000	기타의 대손상각비	70,000
매도가능증권처분손실	100,000	기부금	400,000
퇴직급여	40,000	접대비	200,000

① 290,000원 ② 340,000원 ③ 400,000원
④ 420,000원 ⑤ 500,000원

★★★ 손익계산서의 기본구조 최신출제유형

18 □□□

다음은 제조업을 영위하는 A사의 재무자료이다. 영업외비용에 포함될 금액은 모두 얼마인가?

(단위 : 원)

계정과목	금 액	계정과목	금 액
세금과공과	40,000	대손상각비	20,000
재고자산 평가손실	10,000	재고자산 감모손실	50,000
기부금	30,000	재고자산 감모손실 (비정상적인 발생)	10,000

① 20,000원 ② 30,000원 ③ 40,000원
④ 50,000원 ⑤ 60,000원

★

19

□□□

손익계산서의 기본구조

다음 중 손익계산서에 대한 설명으로 옳은 것은?

① 매출액은 업종별이나 부문별로 구분하여 표시할 수 없다.

② 매출원가의 산출과정은 손익계산서 본문에는 표시할 수 없고 주석으로 기재한다.

③ 영업외비용에는 중단사업손익이 포함되지 않고, 중단사업부가 있는 경우 중단사업손익은 손익계산서에 별도로 표시한다.

④ 당기순손익에 기타포괄손익을 가감하여 산출한 포괄손익의 내용을 포괄손익계산서 본문에 표시한다.

⑤ 당기순손익은 세후계속사업손익만 표시하고 중단사업손익은 당기순손익과 별도로 표기한다.

정답 및 해설

16 ④ 정상적으로 발생하는 재고자산 감모손실은 매출원가에 포함되어 영업비용에 포함된다.

참고 영업외비용에는 이자비용, 기타의 대손상각비, 단기투자자산처분손실, 단기투자자산평가손실, 유가증권손상차손, 재고자산 감모손실(비정상적으로 발생한 것), 외환차손, 외화환산손실, 기부금, 지분법손실, 유형자산처분손실, 사채상환손실, 전기오류수정손실 등이 있다.

17 ① 자료에서 판관비에 포함될 내용은 '세금과공과, 퇴직급여, 접대비'이다. 따라서 '50,000 + 40,000 + 200,000'이므로 290,000원이다.

참고 판매비와 관리비(판관비)에는 급여, 퇴직급여, 복리후생비, 임차료, 접대비, 감가상각비, 무형자산상각비, 세금과공과, 광고선전비, 연구비, 경상개발비, 대손상각비 등이 있다.

용어 알아두기

지분법손실 : 피투자회사의 순손실에 대한 투자회사의 지분으로, 취득 시점에 피투자회사의 장부금액과 취득원가의 차액을 상각한 금액에서 투자회사의 내부거래에 따른 손실

18 ③ A사의 재무자료 중 영업외비용에 포함될 내용은 '기부금, 재고자산 감모손실(비정상적인 발생)'이다. 따라서 '30,000 + 10,000'이므로 40,000원이다.

19 ③ 영업외비용에는 중단사업손익이 포함되지 않고, 중단사업부가 있는 경우 중단사업손익은 손익계산서에 별도로 표시한다.

오답체크

① 매출액은 업종별이나 부문별로 구분하여 표시할 수 있다.
② 매출원가의 산출과정은 손익계산서 본문에 표시하거나 주석으로 기재한다.
④ 당기순손익에 기타포괄손익을 가감하여 산출한 포괄손익의 내용을 주석으로 기재한다.
⑤ 당기순손익은 세후계속사업손익에 중단사업손익을 가감하여 산출한다.

★★★

20

□□□

손익계산서의 기본구조 최신출제유형

손익계산서를 거치지 않고 직접 자본변동표에 반영되는 항목이 아닌 것은 몇 개인가?

a. 토지재평가손실
b. 해외사업환산이익
c. 매도가능증권평가손실
d. 회계정책변경누적효과
e. 전기오류수정이익(중대한 오류에 해당)

① 1개 ② 2개 ③ 3개 ④ 4개 ⑤ 5개

★★★

21

□□□

손익계산서의 기본구조 최신출제유형

다음 설명 중 옳지 않은 것을 모두 고르면?

a. 자본변동표에는 손익계산서에 반영되지 않는 기타 자본거래로 인한 자본변동이 반영된다.
b. 재무상태표에는 주주와의 거래로 인한 자본의 증감변동이 반영된다.
c. 손익계산서에는 주주와의 거래를 포함한 자본의 증감변동이 일부 또는 전부 반영된다.

① a ② b ③ c ④ b, c ⑤ a, b, c

★★

22

□□□

자본변동표

다음 중 자본변동표의 특징으로 옳지 않은 것은?

① 자본변동표는 자본을 구성하고 있는 자본금, 자본잉여금, 자본조정, 기타포괄손익누계액의 변동에 대한 포괄적인 정보를 제공한다.
② 자본변동표는 재무제표 간의 연계성을 제고시켜서 재무제표 간의 관계에 대한 이해를 도와준다.
③ 자본금의 변동은 유상증자, 무상증자와 주식배당 등에 의하여 발생하며, 자본금은 보통주자본금과 우선주자본금으로 구분하여 표시한다.
④ 자본조정의 변동은 자기주식을 구분하여 표시하고 기타자본조정은 통합하여 표시할 수 있다.
⑤ 자본변동표는 손익계산서를 거치지 않고 재무상태표의 자본에 직접 가감되는 매도가능증권평가손익과 같은 미실현손익에 대한 정보를 제공함으로써 포괄적인 경영성과에 대한 정보를 제공한다.

★★★ 자본변동표

23 손익계산서를 거치지 않고 직접 자본변동표에 반영되는 항목은 모두 몇 개인가?

A. 건물재평가손실
B. 매도가능증권평가손실
C. 해외사업환산손실
D. 회계변경누적효과
E. 중대한 전기오류수정이익

① 1개 ② 2개 ③ 3개 ④ 4개 ⑤ 5개

★★ 자본변동표

24 재무제표에 관한 설명으로 옳지 않은 것은 모두 몇 개인가?

A. 재무상태표는 유동성, 재무탄력성 투자 및 재무활동에 관한 정보를 제공한다.
B. 손익계산서는 기업의 경영성과와 미래 현금흐름에 관한 정보를 제공한다.
C. 당기순이익에는 매도가능증권평가이익과 같은 미실현이익이 반영된다.
D. 당기순손익에 기타포괄손익을 가감하여 산출한 포괄손익 내용은 손익계산서 본문에 기재한다.
E. 매도가능증권평가이익은 손익계산서를 거쳐서 자본변동표에 반영된다.

① 1개 ② 2개 ③ 3개 ④ 4개 ⑤ 5개

정답 및 해설

20 ① 토지재평가손실만 손익계산서의 당기손익에 반영되어 자본변동표에 반영된다.

21 ③ 손익계산서에는 주주와의 거래를 제외한 자본의 증감변동이 일부 또는 전부 반영된다.

22 ① 자본변동표는 자본을 구성하고 있는 자본금, 자본잉여금, 자본조정, 기타포괄손익누계액, 이익잉여금의 변동에 대한 포괄적인 정보를 제공한다.

23 ④ A. 건물재평가손실은 당기손익에 직접 반영된다.

24 ③ C. 당기순이익에는 매도가능증권평가이익과 같은 미실현이익이 반영되지 않는다.
D. 당기순손익에 기타포괄손익을 가감하여 산출한 포괄손익의 내용은 주석에 기재한다.
E. 매도가능증권평가이익은 손익계산서를 거치지 않고 자본변동표에 반영된다.

★★★ **주석** 최신출제유형

25 □□□

주석기재에 관한 설명으로 옳지 <u>않은</u> 것은?

① 재무제표 금액에 영향을 미치는 회계정책에 대한 경영자의 판단 근거는 주석으로 기재한다.
② 미래에 관한 중요한 가정과 측정상 불확실성에 대한 기타 정보는 주석으로 기재한다.
③ 회계정책을 공시할 때 재무제표를 작성하는 데 사용한 측정속성을 포함하여야 한다.
④ 일반기업회계기준에 준거하여 재무제표를 작성하였다는 사실을 기재하지 않는다.
⑤ 중요한 회계정책이지만 회계처리 금액이 중요하지 않는 경우에도 회계정책은 주석으로 기재해야 한다.

★★ **중간재무제표**

26 □□□

다음 중 중간재무제표에 대한 설명으로 옳지 <u>않은</u> 것은?

① 재무상태표는 중간보고기간 말과 직전 연차보고기간 말을 비교하는 형식으로 작성하는 반면, 손익계산서는 중간기간과 누적중간기간을 직전 회계연도의 동일기간과 비교하는 형식으로 작성한다.
② 최종 중간기간의 재무제표는 별도로 작성하지 않을 수 있다.
③ 중간기간 중에 회계추정의 변경이 있을 때는 누적중간기간을 기준으로 계산한 회계변경의 효과를 회계추정의 변경이 있었던 중간기간에 모두 반영한다.
④ 계절적, 주기적 또는 일시적으로 발생하는 수익이라 할지라도 다른 중간기간 중에 미리 인식하거나 이연할 수 있다.
⑤ 연중 고르게 발생하지 않는 지출은 연차재무제표를 작성할 때 미리 비용으로 인식하거나 이연하는 것이 타당한 방법으로 인정되는 경우에 한하여 중간재무제표에서도 동일하게 처리한다.

★★ **중간재무제표**

27 □□□

다음 중 중간재무제표에 대한 설명으로 옳은 것은?

① 재무상태표와 손익계산서는 중간보고기간 말과 직전 연차보고기간 말을 비교하는 형식으로 작성한다.
② 최종 중간기간의 재무제표도 별도로 작성하여야 한다.
③ 연말상여금의 지급이 법적 혹은 실질적 의무(과거의 관행상 기업이 연말상여금 지급 이외 다른 현실적 대안이 없을 경우)이고 금액을 신뢰성 있게 추정할 수 있는 경우에는 연말지급 이전의 중간기간에서 해당 금액을 인식할 수 없다.
④ 중간재무제표에 이익잉여금처분계산서는 포함되지 아니한다.
⑤ 교육훈련비, 기부금, 연구개발비 등 연중 고르게 발생하지 않는 비용 지출은 연중 고르게 이연하여 인식한다.

★★★
28
□□□

중소기업 회계처리특례 최신출제유형

다음 중 비상장중소기업이 적용할 수 있는 회계처리로 <u>틀린</u> 것은 모두 몇 개인가?

A. 재무제표상 장기할부매출채권을 현재가치로 표시한다.
B. 1년 이내에 완료되는 단기건설형 공사계약을 진행기준에 의해 수익을 인식한다.
C. 손익계산서상 법인세비용을 법인세법 등의 법령에 의해 납부할 금액으로 표시한다.
D. 1년 이상의 장기할부대출에 대해 할부금 회수기일이 도래한 날에 수익을 인식한다.
E. 법인세를 절세할 목적으로 감가상각비를 재무제표에 인식하지 아니한다.
F. 유의적인 영향력을 행사할 수 있는 지분증권은 지분법을 적용하지 아니한다.
G. 시장성 없는 지분증권에 대한 손상차손을 인식하지 않는다.

① 1개　② 2개　③ 3개　④ 4개　⑤ 5개

★
29
□□□

중소기업 회계처리특례

외부회계감사 대상 중소기업이 발생주의에 의하지 않고 회계처리할 수 있는 항목은 무엇인가?

① 감가상각비　② 이자비용　③ 대손상각비
④ 법인세비용　⑤ 외화환산손익

정답 및 해설

25 ④ 일반기업회계기준에 준거하여 재무제표를 작성하였다는 사실을 명기한다.

26 ④ 계절적, 주기적 또는 일시적으로 발생하는 수익은 다른 중간기간 중에 미리 인식하거나 이연하지 않는다.

27 ④ 중간재무제표는 재무상태표, 손익계산서, 현금흐름표, 자본변동표 및 주석 등이 포함되나 이익잉여금처분계산서는 중간재무제표에 포함되지 아니한다.

오답체크
① 손익계산서는 중간기간과 누적중간기간을 직전 회계연도의 동일기간과 비교하는 형식으로 작성한다.
② 중간재무제표의 작성 목적이 회계정보의 적시성 제고요구에 따른 것이므로 최종 중간기간의 재무제표는 별도로 작성하지 아니할 수 있다.
③ 연말상여금의 지급이 법적 혹은 실질적 의무(과거의 관행상 기업이 연말상여금 지급 이외 다른 현실적 대안이 없을 경우)이고 그 금액을 신뢰성 있게 추정할 수 있는 경우에는 연말지급 이전의 해당 중간기간에서 상여금을 안분하여 인식 가능하다.
⑤ 중간재무제표는 중간기간을 독립된 회계기간으로 간주하기 때문에 교육훈련비, 기부금, 연구개발비등 연중 고르게 발생하지 않는 비용은 지출이 확정된 중간기간에 인식하는 것이 타당하다.

28 ④ 'C, D, F'는 비상장중소기업이 적용할 수 있는 회계처리에 해당한다.

오답체크
A. 재무제표상 장기할부매출채권을 현재가치가 아닌 명목금액으로 표시한다.
B. 1년 이내에 완료되는 단기건설형 공사계약을 공사완성기준에 의해 수익을 인식한다.
E. 비상장중소기업 회계처리특례도 감가상각비를 재무제표에 인식하여야 한다.
G. 중소기업의 경우에도 시장성 없는 지분증권에 대한 손상차손의 인식을 수행하여야 한다.

29 ② 중소기업 회계처리특례에서는 장기연불조건의 매매거래 및 장기금전대차거래 등에서 발생하는 채권·채무는 현재가치평가를 하지 않을 수 있다. 그러므로 장기연불조건의 매매거래에서 발생하는 이자비용 역시 발생주의에 따라 처리하지 않을 수 있다.

★★★ 중소기업 회계처리특례

30 □□□

다음 중 중소기업 회계처리특례에서 규정하고 있는 내용으로 옳지 않은 것은?

① 유형자산과 무형자산의 내용연수 및 잔존가치의 결정은 법인세법 등의 규정에 따를 수 있다.
② 장기연불조건의 매매거래 및 장기금전대차거래 등에서 발생하는 채권, 채무는 현재가치평가를 하지 않을 수 있다.
③ 법인세비용은 법인세법 등의 법령에 의하여 납부하여야 할 금액으로 할 수 있다.
④ 주식결제형 주식기준보상거래가 있는 경우에는 부여한 지분상품이 실제로 행사되거나 발행되기까지는 별도의 회계처리를 아니할 수 있다.
⑤ 유의적인 영향력을 행사할 수 있는 지분증권과 연결재무제표 작성대상의 범위에 해당하는 종속기업에 대하여 지분법을 적용하지 않을 수 있다.

★★★ 중소기업 회계처리특례

31 □□□

중소기업 회계처리특례가 적용될 수 있는 기업에 해당하는 것은?

① 외부감사 대상 중소기업
② 코스닥 상장법인
③ 증권신고서 제출법인
④ 일반기업회계기준 재무제표의 작성과 표시 Ⅱ(금융업)에서 정의하는 금융회사
⑤ 사업보고서 제출대상법인

★★★ 중소기업회계처리특례 최신출제유형

32 □□□

외부감사대상 비상장중소기업(중소기업 회계처리특례 적용 기업)**인 ㈜포도의 회계처리 중 옳지 않은 것을 모두 고르면?**

a. 건물 감가상각비에 대한 회계처리를 내용연수 20년(법인세법상 내용연수 10년, 합리적 추정치 20년)을 적용하였다.
b. 손익계산서의 법인세비용을 500,000원(법인세법상 납부액 500,000원, 발생주의에 따른 금액 700,000원)으로 보고하였다.
c. 장기할부조건으로 판매한 제품의 당기 매출액을 할부금 회수기일 도래금액인 200,000원(명목금액 200,000원, 현재가치 180,000원)으로 인식하였다.

① a　② b　③ c　④ b, c　⑤ a, b, c

★★ 자본유지

33 손익계산서의 기본요소에 대한 설명으로 옳지 않은 것은?

① 비용은 기업실체의 경영활동의 결과로서 발생하였거나 발생할 현금유출액을 나타내며, 경영활동의 종류와 당해 비용이 인식되는 방법에 따라 매출원가, 급여, 감가상각비, 이자비용, 임차비용 등과 같이 다양하게 구분될 수 있다.

② 핸드폰 제조회사의 경우 핸드폰 판매는 주요 경영활동으로 매출과 매출원가로 기록되지만, 여타 제조회사의 경우 핸드폰의 처분은 부수적인 활동에 속하므로 차익 또는 차손을 발생시키는 거래이다.

③ 수익은 기업실체의 경영활동의 결과로서 발생하였거나 발생할 현금유입액을 나타내며, 경영활동의 종류와 당해 수익이 인식되는 방법에 따라 매출액, 이자수익, 배당금수익 및 임대수익 등과 같이 다양하게 구분될 수 있다.

④ 화폐자본유지개념하에서는 소유주와의 거래를 제외하고 회계기간 말의 실물생산능력이 회계기간 초의 실물생산능력을 초과할 때 그 초과액을 투자이익으로 측정한다.

⑤ 매도가능증권평가차손익, 해외사업환산차손익 등이 당기순이익에 반영되지 않고 누적기타포괄이익(손실)의 항목으로 자본에 표시되는 경우 포괄이익과 당기순이익은 일치하지 않는다.

정답 및 해설

30 ⑤ 유의적인 영향력을 행사할 수 있는 지분증권에 대하여는 지분법을 적용하지 않을 수 있다. 그러나 연결재무제표 작성 대상의 범위에 해당하는 종속기업은 지분법을 적용한다.

31 ① 외부감사 대상 중소기업에는 중소기업 회계처리특례를 적용할 수 있다.

참고 중소기업특례를 적용할 수 없는 기업
- 상장기업, 증권신고서 제출법인, 사업보고서 제출대상법인
- 일반기업회계기준 재무제표의 작성과 표시 II(금융업)에서 정의하는 금융회사
- 일반기업회계기준 연결재무제표에서 정의하는 연결실체에 중소기업이 아닌 기업이 포함된 경우의 지배기업

32 ① 중소기업회계처리특례를 적용하여 내용연수는 법인세법상 내용연수인 10년으로 수행한다.

33 ④ 해당 서술은 실물자본유지개념에 대한 설명이다.

★★ 자본유지

34 □□□

다음 중 자본과 자본유지의 개념에 대한 설명으로 옳지 않은 것은?

① 자본을 실물생산능력으로 정의한 실물자본유지개념하에서 이익은 해당 기간 중 실물생산능력의 증가를 의미한다.

② 자본유지개념은 이익이 측정되는 준거기준을 제공함으로써 자본개념과 이익개념의 연결고리를 제공한다.

③ 재무자본유지개념을 사용하기 위해서는 역사적원가기준에 따라 측정해야 한다. 그러나 실물자본유지개념은 특정한 측정기준의 적용을 요구하지 않는다.

④ 재무자본유지개념이 불변구매력 단위로 정의된다면 이익은 해당 기간 중 투자된 구매력의 증가를 의미하게 된다.

⑤ 자본을 명목화폐 단위로 정의한 재무자본유지개념하에서 이익은 해당 기간 중 명목자본의 증가액을 의미한다.

★★★ 중단사업

35 □□□

손익계산서에 관한 설명으로 옳지 않은 것은?

① 중단사업손익이 없을 경우에는 손익계산서에 중단사업손익을 표시하지 않는다.

② 중단사업손익에는 중단사업 영업손익, 사업중단직접비용, 중단사업자산손상차손이 포함된다.

③ 매출원가의 산출과정은 손익계산서 본문에 표시하거나 주석으로 기재한다.

④ 매출액은 업종별이나 부문별로 구분하여 표시할 수 있다.

⑤ 영업외비용은 기업의 주된 영업활동이 아닌 활동으로부터 발생한 비용과 차손으로 중단사업손익에 해당하는 것을 포함한다.

★★★
36 □□□

중단사업

중단사업의 회계처리에 대한 설명으로 옳은 것은?

① 최초공시사건일이 속하는 회계기간의 재무제표에 비교 표시되는 과거기간의 재무제표는 수정하지 않는다.

② 사업중단계획을 철회한 경우 전년도의 사업중단직접비용 및 중단사업자산손상차손을 제외한 중단사업손익을 계속사업의 손익으로 재분류한다.

③ 사업중단계획을 철회한 경우 전년도의 사업중단직접비용과 중단사업자산손상차손도 계속사업의 손익으로 재분류한다.

④ 중단사업손익은 손익계산서에 법인세효과를 제외한 금액으로 보고하고 법인세효과는 주기한다.

⑤ 중단사업손익에는 중단사업손익, 사업중단직접비용이 포함된다.

정답 및 해설

34 ③ 재무자본유지개념은 특정 측정기준의 적용을 요구하고 있지 않다. 실물자본유지개념은 현행원가를 기준으로 측정하고 있다.

35 ⑤ 중단사업손익에는 영업외비용은 포함되지 않는다.

36 ② 사업중단계획을 철회한 경우 전년도의 사업중단직접비용 및 중단사업자산손상차손을 제외한 중단사업손익을 계속사업의 손익으로 재분류한다.

오답체크

① 최초공시사건일이 속하는 회계기간의 재무제표에 비교 표시되는 과거기간의 재무제표는 중단사업에서 발생한 손익을 중단사업손익으로 구분하여 보고한다.

③ 사업중단계획을 철회한 경우 전년도의 사업중단직접비용과 중단사업자산손상차손은 계속해서 중단사업손익으로 보고하고, 철회하기로 한 기간에 환입하여 중단사업손익으로 보고한다.

④ 중단사업손익은 손익계산서에 법인세효과를 차감한 금액으로 보고하고 법인세효과는 주기한다.

⑤ 중단사업손익에는 중단사업손익, 사업중단직접비용 및 중단사업자산손상차손이 포함된다.

제4절 현금과 매출채권

01 현금및현금성자산 ★★★

1. 현금의 정의

현금은 유동성이 가장 높으며 교환의 매개수단 중에서 가장 대표적인 자산이다. 회계적인 측면에서 현금이란 통화뿐만 아니라 통화와 언제든지 교환할 수 있는 통화대용증권까지 포함되며, 보유현금뿐만 아니라 요구불예금도 포함하는 개념이다.

2. 현금성자산의 정의

현금성자산이란 유동성이 매우 높은 단기투자자산으로 확정된 금액의 현금으로 전환이 용이하고 가치변동의 위험이 경미한 자산이다. 이때 단기란 일반적으로 3개월 이내를 의미하므로 투자자산은 취득일로부터 만기일 또는 상환일이 3개월 이내인 경우에만 현금성자산으로 분류된다.

현금성자산의 예시

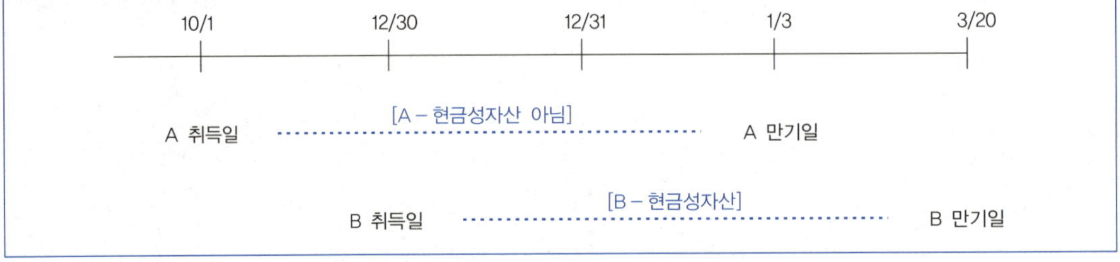

3. 현금및현금성자산의 분류

<table>
<tr><td>통 화</td><td>지폐와 동전</td><td rowspan="3">➲ 현금 분류 시 주의할 항목
• 선일자수표 : 수취채권으로 분류
• 우표, 수입인지 : 선급비용으로 분류
• 당좌차월과 당좌예금 : 상계 불가(동일 은행 가능)
• 당좌개설보증금 : 비유동자산으로 분류
• 교환, 상환 목적 사용이 제한된 요구불예금
: 현금및현금성자산으로 분류 불가하나 사용 제한 기간에 따라 유동자산/비유동자산 분류</td></tr>
<tr><td>통화대용
증권</td><td>타인발행당좌수표, 자기앞수표,
송금수표, 우편환증서,
만기가 된 공·사채이자표,
배당금지급통지표, 국세환급통지서 등</td></tr>
<tr><td>요구불예금</td><td>당좌예금, 보통예금 등</td></tr>
<tr><td>현금성자산</td><td>유동성이 매우 높은 단기투자자산으로
확정된 금액의 현금 전환이 용이하고
가치변동의 위험이 중요하지 않은 자산
(투자자산은 취득일로부터 만기일
또는 상환일이 3개월 이내)</td><td>➲ 정기예금·정기적금·환매채·양도성예금증서 등
• 취득일로부터 3개월 이내 만기 : 현금성자산
• 보고기간 말부터 1년 이내 만기 : 유동자산
• 보고기간 말부터 1년 이후 만기 : 비유동자산
➲ 상환일이 정해져 있고 취득일부터 상환일까지의 기간이 3개월 이내인 우선주 : 현금성자산</td></tr>
</table>

예제 1

다음은 ㈜현주의 20×1년 결산자료의 일부이다. 부도수표는 B은행에 입금한 수표에서 발생한 것이며, 당좌예금 잔액은 두 은행 모두 정확한 잔액이다. 또한 지점전도금은 영업활동자금으로 보낸 것이다. ㈜현주가 재무상태표에 표시할 현금및현금성자산의 금액은 얼마인가?

(단위 : 원)

(1) 통화	700,000	(2) 차입금담보제공예금	200,000
(3) B은행 당좌예금	55,000	(4) 만기도래 국채이자표	135,000
(5) 차용증서	30,000	(6) 타인발행약속어음	300,000
(7) 선일자수표	27,000	(8) 타인발행당좌수표	180,000
(9) 우편환증서	38,000	(10) 수입인지	20,000
(11) 부도수표	34,000	(12) 국세환급통지표	400,000
(13) 국채(만기 1년)	50,000	(14) 배당금지급통지표	120,000
(15) 직원급여가불증	100,000	(16) 지점전도금	140,000
(17) A은행 당좌차월	30,000	(18) 당좌개설보증금	22,000
(19) 여행자수표	100,000	(20) 자기앞수표	500,000

풀이

현금성자산 = (1) + (3) + (4) + (8) + (9) + (12) + (14) + (16) + (19) + (20) = 2,368,000원

- (2) : 사용이 제한된 예금은 현금및현금성자산으로 분류될 수 없음
- (5), (6), (7), (11), (15) : 대여금 및 수취채권으로 분류
- (10) : 선급비용으로 분류
- (13) : 단기금융자산으로 분류
- (17) : 차입금으로 분류
- (18) : 장기금융자산으로 분류

02 매출채권의 의의 및 측정 ★

1. 수취채권의 정의

수취채권은 기업이 재화나 용역을 고객에게 제공하고 그 대가를 미래에 수취하기로 한 채권을 통칭한다. 수취채권은 외상매출금이나 받을어음과 같은 매출채권과 단기대여금이나 미수금과 같은 비매출채권으로 구분된다.

2. 매출채권의 최초 측정

매출채권은 최초 인식 시 공정가치(제공하거나 수취한 대가의 공정가치)로 측정한다. 다만, 최초 인식 이후 공정가치로 측정하고 공정가치의 변동을 당기손익으로 인식하는 당기손익 인식지정항목이 아닌 경우 당해 매출채권의 취득과 직접 관련되는 거래원가는 최초 인식하는 공정가치에 가산한다.

3. 매출채권의 에누리, 할인

① 매출에누리는 재고자산을 구매자에게 판매한 후에 규격의 상이, 파손, 결함 등의 정도가 심하여 가격을 깎아주는 것을 말한다.

② 매출할인은 외상매출금의 회수를 촉진하기 위하여 제공되는 할인으로 구매자가 정해진 기간 내에 외상대금을 지불하면 일정 금액을 외상판매대금에서 할인해 주고 그 기간이 경과한 후에는 할인의 혜택 없이 전액을 회수하는 것을 말한다.

03 매출채권의 대손 ★★★

1. 수취채권의 대손

대손이란 기업이 미래에 현금을 요구할 수 있는 권리인 수취채권(매출채권, 미수금 등)의 명목금액 중 회수되지 않은 금액을 말한다. 그러므로 대손처리된 수취채권은 기업이 보유하고 있는 수취채권 중 거래처의 파산, 채무자의 지급능력 저하 등 여러 이유로 회수가 불가능한 채권을 말한다.

2. 대손의 회계처리

(1) 충당금설정법

매출채권

차변	대변
기초	회수
	대손확정(C)
외상매출	기말(D)

대손충당금

차변	대변
③ 대손확정(C)	① 기초
	② 손상채권의 회수
④ 기말(A) D × 손실률	⑤ 설정·환입(N/I)(B)

B/S

차변	대변
매출채권 D	
(대손충당금)(A)	
BV	

I/S

차변	대변
④ 설정·(환입)(N/I)(B)	

➲ 기말 B/S상 매출채권 BV : 기말매출채권(D) − 기말대손충당금(A = D × 손실률)

➲ N/I 영향 : 기초대손충당금 − 대손확정 + 채권회수 − 기말대손충당금

(2) 대손충당금의 설정 및 대손확정

충당금설정법은 보고기간 말 매출채권의 기대신용손실을 추정하여 대손상각비로 인식하고, 이를 대손충당금으로 설정하는 방법이다. 대손충당금은 자산의 차감계정으로 재무제표상 매출채권에서 차감하는 형식으로 표시된다.

차기에 매출채권에서 대손이 확정되면 매출채권을 감소시키고 대손충당금과 상계하고, 대손충당금보다 대손이 더 많이 확정되면 추가로 대손상각비로 처리하며, 대손충당금보다 대손이 더 적게 확정되면 차기 대손충당금을 설정할 때 이를 반영한다.

3. 회계처리 정리

(1) 대손충당금의 설정 및 대손확정

충당금설정법은 보고기간 말 매출채권의 대손율을 추정하여 대손상각비로 인식하고, 이를 대손충당금으로 설정하는 방법이다. 대손충당금은 자산의 차감계정으로 재무제표상 매출채권에서 차감하는 형식으로 표시된다.

차기에 매출채권에서 대손이 확정되면 매출채권을 감소시키고 대손충당금과 상계하고, 대손충당금보다 대손이 더 많이 확정되면 추가로 대손상각비로 처리한다. 대손충당금보다 대손이 더 적게 확정되면 차기 대손충당금을 설정할 때 이를 반영한다.

B/S

매출채권	××	
(대손충당금)	(매출채권 BV × 설정률)	
	BV	

[보고기간 말]

(차) 대손상각비	××	(대) 대손충당금	××

[대손확정 시]

(차) 대손충당금	BV	(대) 매출채권	대손확정액
대손상각비	대차차액		

✓ **핵심체크**

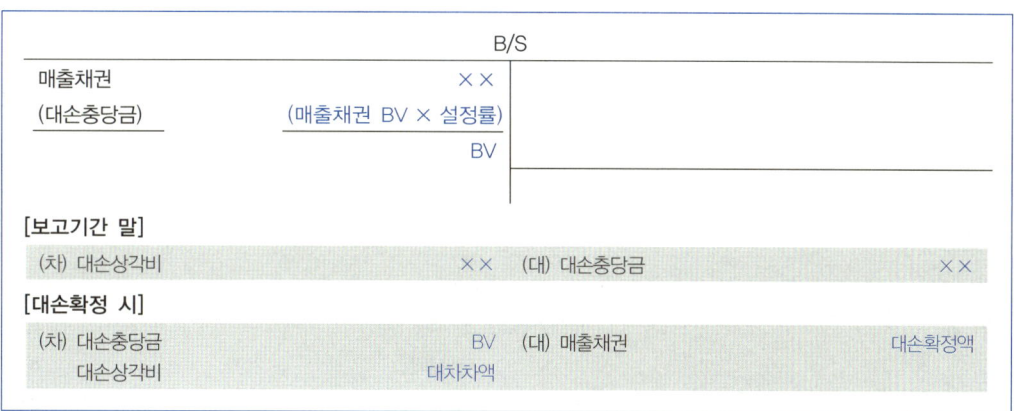

충당금설정법은 직접상각법과 비교하여 아래와 같은 장점 때문에 IFRS는 대손의 회계처리를 충당금설정법을 사용한다.

1. 합리적인 수익·비용 대응이 가능하다.
2. 매출채권의 재무상태표 금액을 회수 가능한 금액으로 평가하여 더욱 유용한 정보를 제공한다.

(2) 대손충당금의 환입

보고기간 말 매출채권에 대한 기대신용손실을 추정한 후, 수정 전 대손충당금과 비교하여 차액을 대손상각비와 대손충당금으로 처리한다.

[기말기대신용손실(④) > 대손충당금 잔액(① + ② - ③]

(차) 대손상각비	××	(대) 대손충당금	××

[기말기대신용손실(④) < 대손충당금 잔액(① + ② - ③)]

(차) 대손충당금	××	(대) 대손충당금환입	××

대손충당금

당기 대손확정	③	기초대손충당금	①
		손상채권의 회수	②
기말대손	④ 기말매출채권 × 설정률	대손상각비(대손충당금환입)	대차차액

(3) 대손상각채권의 회수

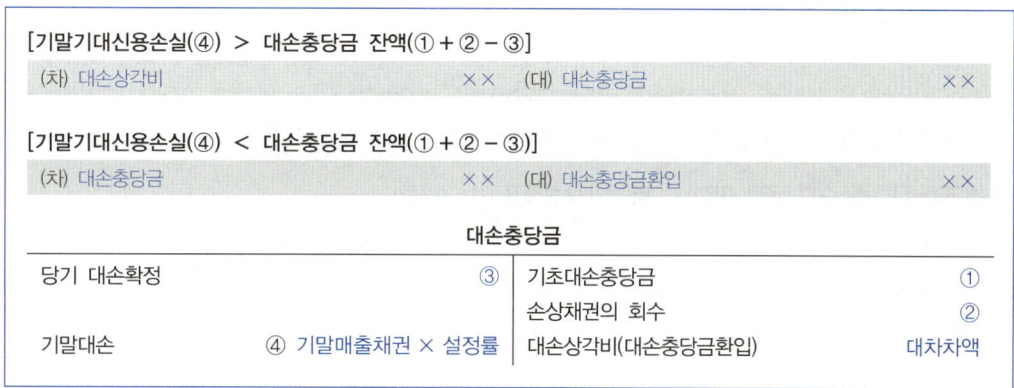

대손상각채권을 회수하는 경우 아래와 같이 회계처리한다.

(차) 현금	××	(대) 대손충당금	××

예제 2

12월 말 결산법인인 A회사의 20×1년 12월 31일 현재 재무상태표에 보고된 대손충당금 차감 전 매출채권은 ₩10,000,000이며, 이에 대한 대손충당금은 ₩400,000이다.

(1) 20×2년 외상매출액은 ₩17,000,000이며 20×2년 6월의 대손확정액은 ₩500,000이다. 20×2년 9월에 20×1년 대손으로 확정하였던 매출채권 ₩400,000을 현금으로 회수하였다.
(2) 20×2년 10월에 매출채권 ₩7,100,000을 현금으로 회수하였다. 20×2년 12월 말 대손이 100%로 예상되는 채권의 금액은 ₩200,000이다.
(3) A회사는 20×2년 말 대손충당금 잔액을 ₩960,000으로 추정하였다.

위의 자료를 이용하여 A사가 20×2년도 포괄손익계산서에 인식할 매출채권의 대손상각비는 얼마인가?

풀이

매출채권

기 초	10,000,000	회 수	7,100,000
		대손확정	700,000
외상매출	17,000,000	기 말	대차차액 19,200,000

대손충당금

당기 대손확정	③ 700,000	기초대손충당금	① 400,000
		손상채권의 회수	② 400,000
기말대손	④ 960,000	대손상각비(대손충당금환입)	대차차액 860,000

04 매출채권의 양도와 제거 ★★

1. 매출채권의 양도와 제거

매출채권의 양도란 매출채권의 보유자가 거래상대방에게 매출채권의 현금흐름에 대한 권리를 이전하는 것이고, 매출채권의 제거는 재무상태표에서 매출채권을 삭제하는 것을 말한다. 그러므로 양도 자체만으로 제거할 수 있는 것은 아니고 제거요건을 충족하는 양도의 경우에만 제거된다.

[양도(현금흐름 수취 권리 이전) ≠ 제거(재무상태표에서 삭제)]

제거 O	(차) 현금	××	(대) 매출채권	××
제거 ×	(차) 현금	××	(대) 차입금	××

참고 제거조건이 충족된 양도의 경우에만 금융자산을 재무상태표에서 삭제한다.

2. 매출채권의 제거

다음 요건을 모두 충족하는 경우에는 매출채권을 제거한다.

① 양도인은 매출채권 양도 후 당해 매출채권에 대한 권리를 행사할 수 없어야 한다.

② 양수인은 양수한 매출채권을 처분할 자유로운 권리를 가지고 있어야 한다.

③ 양도인은 매출채권 양도 후에 효율적인 통제권을 행사할 수 없어야 한다.

05 받을어음의 할인 ★★

어음의 할인이란 거래처로부터 받을어음을 만기일 전에 금융기관에 이전하고 조기에 현금을 수령하는 것이다.

어음상의 채권은 확정채권이므로 외상매출금의 팩토링과는 달리 매출할인 등의 금액을 유보할 필요가 없다. 따라서 어음할인으로 인한 현금수령액은 어음의 만기가치에서 할인료를 차감한 잔액이 된다.

받을어음의 할인 전체구조

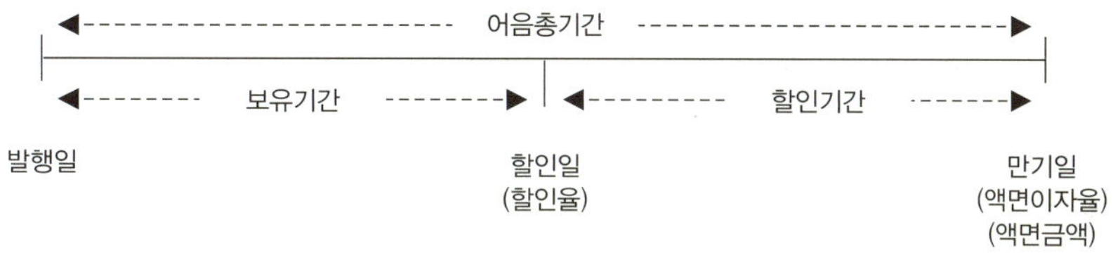

[1단계] 만기금액(a) = 액면금액 + 액면금액 × 액면R × 어음총기간/12

[2단계] 할인액(b) = 만기금액(a) × 할인율 × 할인기간/12

[3단계] 현금수령액(c) = 만기금액(a) − 할인액(b)

[4단계] 장부금액(d) = 액면금액 + 액면금액 × 액면R × 보유기간/12

[5단계] 매출채권처분손익 = 현금수령액(c) − 장부금액(d)

금융자산의 제거요건을 만족하는 거래인 경우에는 받을어음(매출채권)의 장부금액과 수령한 현금의 차이를 매출채권처분손실로 인식한다. 만약, 제거요건을 충족하지 못한다면 현금수령액을 단기차입금의 차입으로 인식하고, 매출채권처분손실은 이자비용 처리한다.

구 분	제거요건 충족 O	제거요건 충족 ×
할인 시	(차) 현금 (c) (대) 매출채권 (액면) 매출채권처분손실 (c − d) 이자수익 (보유기간이자)	(차) 현금 (c) (대) 단기차입금 (액면) 이자비용 (c − d) 이자수익 (보유기간이자)
만기 시	회계처리 없음	(차) 단기차입금 (대) 매출채권

예제 3

20×1년 6월 1일 ㈜대한은 판매대금으로 만기가 20×1년 9월 30일인 액면금액 ₩1,200,000의 어음을 거래처로부터 수취하였다. ㈜대한은 20×1년 9월 1일 동 어음을 은행에서 할인하였으며, 은행의 할인율은 연 12%였다. 동 어음이 연 10% 이자부어음인 경우로 구분하여 어음할인 시 ㈜대한이 인식할 매출채권 처분손실을 계산하면 각각 얼마인가? (단, 어음할인은 제거조건을 충족하며, 이자는 월할 계산한다)

풀이

[1단계] 만기금액(a) = 액면금액 + 액면금액 × 액면R × 어음총기간/12
= 1,200,000 + 1,200,000 × 10% × 4/12 = ₩1,240,000

[2단계] 할인액(b) = 만기금액(a) × 할인율 × 할인기간/12
= 1,240,000 × 12% × 1/12 = ₩12,400

[3단계] 현금수령액(c) = 만기금액(a) − 할인액(b)
= 1,240,000 − 12,400 = ₩1,227,600

[4단계] 장부금액(d) = 액면금액 + 액면금액 × 액면R × 보유기간/12
= 1,200,000 + 1,200,000 × 10% × 3/12 = ₩1,230,000

[5단계] 매출채권처분손익 = 현금수령액(c) − 장부금액(d)
= 1,227,600 − 1,230,000 = ₩(2,400)

개념완성문제

01 현금및현금성자산은 재무제표일 혹은 보고기간 종료일부터 3개월 이내에 만기가 도래하여야 한다. (O, X)

02 상환우선주는 취득 당시 상환일까지의 기간이 3개월 이내라 하더라도 현금및현금성자산에 포함하지 않는다. (O, X)

03 제거된 매출채권을 회수하는 경우 대손충당금의 증가로 기입한다. (O, X)

04 제거요건을 충족하지 못한 매출채권의 양도거래를 제거요건이 충족된 것으로 보아 매출채권을 재무상태표에서 제거하는 경우 자산과 부채가 모두 과대계상된다. (O, X)

05 매출채권의 양도 후 양수인에게 상환청구권이 없는 경우 양도인은 매출채권을 제거할 수 있다. (O, X)

06 상환우선주(취득일 20×1. 12. 1., 만기일 20×2. 1. 10.) 200,000원은 현금성자산으로 분류할 수 없다. (O, X)

정답 및 해설

01 X 취득일로부터 3개월 이내에 만기가 도래하여야 한다.

02 X 현금성자산에 포함한다.

03 O

04 X 차입금의 인식을 누락하고 매출채권을 제거하였으므로 자산과 부채 모두 과소계상된다.

05 X 상환청구권은 제거요건의 판단기준이 아니다.

06 X 취득일로부터 만기일이 3개월 이내이므로 현금성자산으로 분류한다.

출제예상문제

✔ 학습시간이 부족하거나 시험 전 최종정리를 하고 싶은 경우에는 출제빈도(★~★★★)가 높은 문제를 우선으로 풀이할 수 있습니다.
✔ 다시 봐야 할 문제(풀지 못한 문제, 헷갈리는 문제 등)는 문제 번호 하단의 네모박스(□)에 체크하여 반복 학습할 수 있습니다.

★★★ **01** □□□

현금및현금성자산 최신출제유형

다음은 제조업을 영위하는 ㈜신용의 자료이다. ㈜신용의 회계기간은 1월 1일부터 12월 31일이다. 당기말 현재 현금및현금성자산으로 보고될 금액은 얼마인가?

(단위 : 원)

구 분	금 액	구 분	금 액
지점전도금	50,000	당좌개설보증금	70,000
보통예금 (사용제한 없음)	40,000	중도취득채권[1]	60,000
우편환증서	30,000	선일자수표	10,000

[1] 동 채권은 당기 7월 1일에 중도 취득하였으며 만기는 다음 사업연도 1월 10일이고 큰 거래비용 없이 현금으로 전환이 용이하고, 이자율변동에 따른 가치변동 위험이 경미하다.

① 260,000원 ② 230,000원 ③ 190,000원
④ 130,000원 ⑤ 120,000원

★★★ **02** □□□

현금및현금성자산

다음 자료에서 20×1년 12월 31일 기업의 현금및현금성자산으로 보고될 금액은 얼마인가?

- 당좌예금(A은행) : 12,000원
- 보통예금(사용제한 있음) : 3,000원
- 당좌차월(B은행) : 10,000원
- 정기예금(만기일 20×2년 4월 30일) : 5,000원
- 채권(회사채)(취득일 20×1년 12월 20일, 만기일 20×2년 3월 10일) : 10,000원

① 10,000원 ② 12,000원 ③ 14,000원
④ 22,000원 ⑤ 24,000원

★★★ 현금및현금성자산 최신출제유형

03

㈜포도는 ×1년 말 재무상태표상 현금및현금성자산으로 ₩100,000으로 표시되어 있는데, 이 금액은 아래의 항목을 고려하지 않았다. ×1년말 재무상태표에 표시될 현금및현금성자산은 얼마인가?

a. 갑은행 서울지점 당좌예금 ₩50,000(사용제한이 없고, 현금에 포함되어 있지 않음) b. 갑은행 인천지점 당좌차월 ₩30,000(단기차입금으로 표시되어 있음) c. 정부로부터 수령한 정부보조금 ₩10,000(토지 취득 자금으로 전액현금에 포함되어 있음)

① ₩70,000 ② ₩80,000 ③ ₩90,000
④ ₩110,000 ⑤ ₩130,000

★ 현금및현금성자산

04

현금및현금성자산에 관한 설명으로 옳지 않은 것은?

① 우량은행에 예치한 당좌개설보증금은 현금및현금성자산으로 분류하지 않는다.
② 임직원에게 일시적으로 대여한 가불금은 현금및현금성자산으로 분류하지 않는다.
③ A은행에 당좌예금이 1억원, B은행에 당좌차월이 7천만원인 경우 상계 후 순액 3천만원을 현금및현금성자산으로 표시하지 않고 1억원으로 표시한다.
④ 상환우선주는 취득 당기 상환일까지의 기간이 3개월 이내인 경우에만 현금및현금성자산에 포함한다.
⑤ 토지취득자금으로 수령한 정부보조금은 토지 취득 전까지 현금및현금성자산에 포함한다.

정답 및 해설

01 ⑤ 현금및현금성자산 : 50,000 + 40,000 + 30,000 = 120,000
당좌개설보증금은 장기금융상품이고 중도취득채권은 취득일부터 만기가 3개월 초과되어 현금성자산이 아니다. 선일자수표는 매출채권으로 분류한다.

02 ④ 현금및현금성자산 = 당좌예금(A은행) + 채권(취득일로부터 만기 3개월 이내)
= 12,000 + 10,000 = 22,000원

참고 보통예금은 사용제한이 있으므로 현금및현금성자산으로 분류될 수 없다.

03 ④ 현금및현금성자산 : 100,000 + 당좌예금 50,000 − 당좌차월 30,000 − 미사용정부보조금 10,000 = 110,000

04 ⑤ 별도의 정부보조금으로 처리하고 현금및현금성자산으로는 보지 않는다.

★★★

현금및현금성자산

05 □□□

다음 일반기업회계기준상 현금및현금성자산과 예금분류에 대한 설명 중 옳지 않은 것은?

① 현금성자산은 큰 거래비용 없이 현금으로 전환이 용이하고 이자율변동에 따른 가치변동의 위험이 경미한 금융상품으로서 취득 당시 만기일(또는 상환일)이 3개월 이내인 것을 말한다.

② 선일자수표는 매출채권 등의 수취채권으로 분류한다.

③ 타인발행 당좌수표와 은행발행 자기앞수표 등은 현금및현금성자산에 해당한다.

④ 20×1년 9월 1일에 정기예금 1억원을 가입하고 동 예금의 만기가 20×2년 2월 1일인 경우 20×1년 12월 31일에 공표되는 재무상태표에는 현금및현금성자산으로 분류한다.

⑤ 동일은행의 당좌차월과 당좌예금은 서로 상계한 순액으로 보고한다.

★★★

매출채권의 대손

06 □□□

다음은 A사의 재무제표이다. 제11기 손익계산서에 보고될 대손상각비는 얼마인가? (단, 제11기 매출채권 회수액은 890,000원이다)

〈부분 재무상태표〉

(단위 : 원)

구 분	제11기		제10기	
매출채권	350,000		240,000	
대손충당금	(18,000)	332,000	(15,000)	225,000

〈부분 손익계산서〉

(단위 : 원)

구 분	제11기
외상매출액	1,010,000
대손상각비	?

① 11,000원　② 12,000원　③ 13,000원
④ 14,000원　⑤ 15,000원

★★★

매출채권의 대손

07 □□□

다음은 A사의 당기와 전기의 재무제표의 일부이다. 이 회사의 당기 손익계산서상 대손상각비는 50,000원이고 당기 중 매출채권 회수액은 200,000원이다. 이 경우 당기의 외상매출액은 얼마인가?

(단위 : 원)

과 목	당기말	전기말
매출채권	900,000	600,000
대손충당금	36,000	26,000

① 540,000원　② 560,000원　③ 640,000원
④ 660,000원　⑤ 700,000원

★★★
08
□□□

매출채권의 대손

A사의 손익계산서상 당기매출액(전액외상매출)은 500,000원이다. 매출채권의 기초장부금액은 100,000원, 기말장부금액은 400,000원이고 매출채권 중 당기에 대손확정된 것은 없었다. 현금주의에 의한 당기매출액은 얼마인가?

① 100,000원 ② 200,000원 ③ 300,000원
④ 400,000원 ⑤ 500,000원

★
09
□□□

매출채권의 대손

A사는 현금이 부족하여 매출의 대가로 수취한 받을어음을 은행에 할인하였다. 동 받을어음의 매각조건은 어음대금지급인이 상환을 하지 않을 경우 어음매각자인 회사가 대금을 변제하는 조건이다. 즉, A사는 받을어음을 할인할 때 동 거래는 매출채권의 제거요건을 충족하지 못하였다. 이 경우 동 매각거래에 대한 거래손익은 어떤 계정과목으로 회계처리해야 하는가?

① 매출채권처분손실 ② 상환손실 ③ 이자수익
④ 이자비용 ⑤ 매출원가

정답 및 해설

05 ④ 보고기간 종료일인 20×1년 12월 31일을 기준으로 정기예금의 만기가 1년 이내에 도래하므로 유동자산으로 분류한다.

오답체크

② 선일자수표의 경우 형식은 수표이나, 거래실질은 받을어음과 동일하므로 매출채권으로 분류하는 것이 타당하다.
⑤ 동일은행의 당좌차월과 당좌예금은 서로 상계하고 서로 다른 은행의 당좌차월과 당좌예금은 상계하지 아니한다.

06 ③ 제11기 손익계산서에 보고될 대손상각비는 13,000원이다.

매출채권

기 초	240,000	회 수	890,000
		대손확정	10,000
외상매출	1,010,000	기 말	350,000

대손충당금

대손확정	10,000	기 초	15,000
		회 수	–
기 말	18,000	설 정	13,000

07 ① 단기의 외상매출액 = 540,000원

매출채권

기 초	600,000	회 수	200,000
		대손확정	40,000
외상매출	540,000	기 말	900,000

대손충당금

대손확정	40,000	기 초	26,000
		회 수	–
기 말	36,000	설 정	50,000

08 ② 기초장부금액 + 외상매출 = 매출채권 회수(A) + 대손확정 + 기말장부금액
100,000 + 500,000 = (A) + 0 + 400,000
➲ 매출채권 회수금액(A) = 현금주의에 의한 당기매출액 = 200,000원

09 ④ 동 받을어음 할인매출채권의 제거요건을 충족하지 못하였으므로 매각거래에 대한 거래손익은 매출채권처분손실이 아닌 이자비용으로 처리하여야 하고, 동 매출채권을 장부에서 제거하지 않기 때문에 매각대금은 차입금으로 기재하여야 한다.

★ 매출채권의 대손

10 □□□

당기말 현재 A사의 매출채권 기말잔액은 400,000원, 기말매출채권의 순실현가능가치가 340,000원, 매출채권 중 당기에 회수된 것이 380,000원, 대손충당금 기초잔액이 46,000원, 당기 중 12,000원이 대손처리된 경우 당기말 대손상각의 회계처리로 옳은 것은?

① (차) 대손상각비 34,000 (대) 대손충당금 34,000
② (차) 대손상각비 26,000 (대) 대손충당금 26,000
③ (차) 대손상각비 12,000 (대) 대손충당금 12,000
④ (차) 대손상각비 26,000 (대) 매출채권 26,000
⑤ (차) 대손충당금 12,000 (대) 매출채권 12,000

★★ 매출채권의 대손 최신출제유형

11 □□□

㈜한국의 20×8년 대손충당금의 기초잔액은 30원이고 20×8년 12월 31일에 매출채권 계정을 연령별로 채무불이행률을 검사하여 다음의 연령분석표를 작성하였다.

결제일 경과기간	매출채권	채무불이행률
미경과	90,000원	1%
1일 ~ 30일	18,000원	2%
31일 ~ 60일	9,000원	5%
61일 ~ 90일	6,000원	15%
91일 이상	4,000원	30%

20×9년 1월 10일에 거래처인 ㈜부도의 파산으로 인해 매출채권 4,500원의 회수 불능이 확정되었다. ㈜한국이 20×9년 1월 10일 인식할 대손상각비는?

① 630원 ② 660원 ③ 690원 ④ 720원 ⑤ 820원

★★ 매출채권의 대손

12 □□□

㈜한국의 현금주의에 의한 당기매출액은 10,000원이다. 기초매출채권 잔액이 5,000원이고 기말매출채권 잔액이 3,000원인 경우, ㈜한국의 발생주의에 의한 당기매출액은?

① 5,000원 ② 8,000원 ③ 10,000원
④ 12,000원 ⑤ 13,000원

★★ **매출채권의 대손** 최신출제유형

13 □□□ ㈜한국은 회수불능채권에 대하여 대손충당금을 설정하고 있으며 기말매출채권 잔액의 1%가 회수 불가능할 것으로 추정하고 있다. 다음 자료를 이용하여 계산한 ㈜한국이 20×2년 손익계산서에 인식할 대손상각비는?

• 매출채권, 대손충당금 장부상 자료

(단위 : 원)

구 분	20×1년 말	20×2년 말
매출채권	900,000	1,000,000
대손충당금	9,000	?

• 20×2년 중 매출채권 대손 및 회수 거래
- 1월 10일 : ㈜대한의 매출채권 5,000원이 회수 불가능한 것으로 판명
- 3월 10일 : ㈜민국의 매출채권 2,000원이 회수 불가능한 것으로 판명
- 6월 10일 : 1월 10일에 대손처리되었던 ㈜대한의 매출채권 1,500원 회수

① 1,000원 ② 6,500원 ③ 8,000원
④ 10,000원 ⑤ 12,000원

정답 및 해설

10 ② 대손충당금 T계정
기초 46,000 + 당기설정액 = 대손확정 12,000 + 기말 (400,000 − 340,000)
➲ 당기설정액 = 26,000원

11 ③ 20×9년 초의 대손충당금 = (90,000 × 1%) + (18,000 × 2%) + (9,000 × 5%) + (6,000 × 15%) + (4,000 × 30%) = 3,810원
➲ 20×9년 1월 10일의 대손상각비 = 손상 확정 4,500 − 대손충당금 3,810 = 690원

참고 연령분석법 적용

구 분	총장부금액		손실률		손실 예상액
미경과	90,000	×	1%	=	900
1일 ~ 30일	18,000	×	2%	=	360
31일 ~ 60일	9,000	×	5%	=	450
61일 ~ 90일	6,000	×	15%	=	900
91일 이상	4,000	×	30%	=	1,200
	127,000				3,810

12 ②

발생주의 당기순이익	X = 8,000
매출채권 감소	2,000
현금주의 당기순이익	10,000

13 ② • 기초대손충당금 + 대손처리된 채권 회수 + 대손상각비 = 대손확정 + 기말대손충당금
• 9,000 + 1,500 + 대손상각비 = (5,000 + 2,000) + (1,000,000 × 1%)
➲ 대손상각비 = 6,500원

★★

매출채권의 대손 최신출제유형

14 □□□

㈜한국은 회수불능채권에 대하여 대손충당금을 설정하고 있다. 다음 자료를 이용하여 계산한 20×2년에 매출과 대손상각비로 인식할 금액은 얼마인가? (단, 회사는 외상거래만 존재한다)

• 매출채권, 대손충당금 장부상 자료

(단위 : 원)

구 분	20×1년 말	20×2년 말
매출채권	900,000	1,000,000
대손충당금	10,000	?

• 20×2년 중 매출채권 대손 및 회수 거래
 - 1월 10일 : ㈜대한의 매출채권 5,000원이 회수 불가능한 것으로 판명
 - 6월 10일 : 1월 10일에 대손처리되었던 ㈜대한의 매출채권 2,000원 회수
 - 9월 10일 : 당기 매출채권 중 500,000원 회수

• 20×2년 말 매출채권 기말 잔액 중 850,000원이 회수 가능할 것으로 예상하였다.

	매출	대손상각비
①	1,000,000원	150,000원
②	500,000원	143,000원
③	500,000원	145,000원
④	605,000원	143,000원
⑤	605,000원	145,000원

★★

매출채권의 의의 및 측정·매출채권의 양도와 제거·받을어음의 할인

15 □□□

다음 중 일반기업회계기준상 매출채권에 대한 설명으로 옳은 것은?

① 매출채권은 일반적 상거래에서 발생한 외상매출금만을 말한다.
② 매출할인은 외상매출금의 회수를 촉진하기 위하여 제공되는 할인으로 구매자가 정해진 기간 내에 외상대금을 지불할 시 일정액을 할인하는 것이므로 영업외비용으로 처리한다.
③ 매출에누리는 구매자에게 판매한 후에 규격의 상이, 파손, 결함 발견 시 가격을 할인해 주는 것으로 영업외비용으로 처리한다.
④ 매출채권은 공정가치를 평가하는 것이 원칙으로 단기성 매출채권도 공정가치로 측정해서 보고한다.
⑤ 회수가 불가능한 매출채권은 대손충당금과 상계하고 대손충당금이 부족한 경우에는 그 부족액을 대손상각비로 처리한다.

★★★ 매출채권의 회계처리 최신출제유형

16 □□□ **일반기업회계기준상 매출채권의 회계처리에 대한 설명으로 옳지 않은 것은?**

① 직접차감법에 의해 대손을 인식하는 경우 매출채권이 과다 표시된다.
② 매출채권의 양도 시 상환청구권이 없는 경우 제거요건을 충족한 것으로 회계처리한다.
③ 매출할인은 실제 발생시에 인식하는 총액법으로 회계처리한다.
④ 장기매매거래로 발생한 매출채권은 현재가치로 재무상태표에 표시된다.
⑤ 매출채권에 대한 대손상각비는 판매비와 관리비로 회계처리한다.

★★★ 매출채권의 회계처리 최신출제유형

17 □□□ **매출채권의 회계처리에 대한 설명으로 옳지 않은 것을 모두 고르면?**

a. 판매 이후 매출할인이 발생한 경우 손익계산서의 매출액은 매출할인을 차감하지 아니한 총매출액으로 표시한다.
b. 장기할부조건의 매매거래에서 발생하는 매출채권은 그 현재가치를 공정가치로 본다.
c. 매출채권은 기업의 주된 상거래인 재화 또는 용역의 공급으로 발생한 외상매출금과 받을어음을 의미한다.

① a ② b ③ c ④ b, c ⑤ a, b, c

정답 및 해설

14 ④ • 매출채권 T계정
기초 900,000 + 외상매출 = 매출채권 회수 500,000 + 대손확정 5,000 + 기말 1,000,000
➲ 외상매출 : 605,000
• 대손충당금
기초 10,000 + 대손확정채권 회수 2,000 + 대손상각비 = 대손확정 5,000 + 기말 (1,000,000 − 850,000)
➲ 대손상각비 : 143,000

15 ⑤ 회수가 불가능한 매출채권은 대손충당금과 상계하고, 대손충당금이 부족한 경우 그 부족액을 대손상각비로 처리한다.

오답체크

① 매출채권은 일반적 상거래에서 발생한 외상매출금과 받을어음을 말한다.
② 매출할인은 외상매출금의 회수를 촉진하기 위해 제공되는 할인으로 구매자가 정해진 기간 내에 외상대금을 지불할 때 일정액을 할인하는 것이므로 매출에 대한 차감 항목이다.
③ 매출에누리는 구매자에게 판매한 후에 규격의 상이, 파손, 결함 발견 시 가격을 할인해 주는 것으로, 매출에 대한 차감 항목이다.
④ 매출채권은 순실현가능가치로 측정한다.

16 ② 상환청구권의 유무는 매출채권의 제거요건을 충족하지 않는다.

17 ① 판매 이후 매출할인이 발생한 경우 손익계산서의 매출액은 매출할인을 차감하여 순매출액으로 표시한다.

★★★ 매출채권의 의의 및 측정·매출채권의 양도와 제거·받을어음의 할인

18 □□□ **다음 중 매출채권의 제거요건으로 옳은 것은 모두 몇 개인가?**

A. 양도인은 매출채권 양도 후 당해 매출채권에 대한 권리를 행사할 수 없어야 한다.
B. 양도인은 매출채권 양도 후에 효율적인 통제권을 행사할 수 없어야 한다.
C. 양수인은 양수한 매출채권을 처분할 자유로운 권리를 갖고 있어야 한다.
D. 양수인에게 상환청구권이 있어야 한다.
E. 양수인에게 상환청구권이 없어야 한다.

① 1개 ② 2개 ③ 3개 ④ 4개 ⑤ 5개

★★★ 매출채권의 의의 및 측정·매출채권의 양도와 제거·받을어음의 할인

19 □□□ **A사는 거래처에 상품을 판매하고 액면 200,000원**(6개월 만기, 연 10%)**의 어음을 수령하였다. A사는 동 어음을 3개월 보유하다가 자금수요에 충당하기 위하여 B은행에 연 12%로 할인하였다. 제거요건을 충족한 경우 매출채권 처분손익은 얼마인가?**

① 0원 ② 500원 ③ 1,000원
④ 1,300원 ⑤ 1,680원

★★★ 매출채권의 의의 및 측정·매출채권의 양도와 제거·받을어음의 할인 최신출제유형

20 □□□ **A사는 당기 중 매출채권 100,000원을 은행에 90,000원에 양도하고 다음과 같이 회계처리 하였다.**

(단위 : 원)

(차) 현금	90,000	(대) 매출채권	100,000
매출채권처분손실	10,000		

그러나 동 거래는 매출채권의 제거요건을 충족하지 못한 거래이다. 이러한 회계처리가 당기 재무상태표와 손익계산서에 미친 영향은?

	자산에 미치는 영향	부채에 미치는 영향	손익에 미치는 영향
①	과대계상	과대계상	과대계상
②	과대계상	과소계상	영향 없음
③	과소계상	과소계상	과소계상
④	과소계상	과소계상	영향 없음
⑤	과소계상	영향 없음	과소계상

★★★ **21** □□□

매출채권의 의의 및 측정·매출채권의 양도와 제거·받을어음의 할인 최신출제유형

A사는 당기 중 매출채권 100,000원을 은행에 90,000원에 양도하고 다음과 같이 회계처리하였다.

(단위 : 원)

(차) 현금	90,000	(대) 매출채권	100,000
매출채권처분손실	10,000		

A사가 매출채권에 대해서 위와 같이 회계처리를 할 수 있는 경우는 모두 몇 개인가?

A. 양도인은 매출채권 양도 후 당해 매출채권에 대한 권리를 행사할 수 없어야 한다.
B. 양도인은 매출채권 양도 후에 효율적인 통제권을 행사할 수 없어야 한다.
C. 양수인은 양수한 매출채권을 처분할 자유로운 권리를 갖고 있어야 한다.
D. 양수인에게 상환청구권이 있어야 한다.
E. 양수인에게 상환청구권이 없어야 한다.

① 1개 ② 2개 ③ 3개 ④ 4개 ⑤ 5개

정답 및 해설

18 ③ 매출채권을 양도할 경우, 다음의 요건을 모두 충족하는 경우에는 양도자가 매출채권에 대한 통제권을 이전한 것으로 보아 매각거래로 제거한다.
A. 양도인은 매출채권 양도 후 당해 매출채권에 대한 권리를 행사할 수 없어야 한다.
B. 양도인은 매출채권 양도 후에 효율적인 통제권을 행사할 수 없어야 한다.
C. 양수인은 양수한 매출채권을 처분할 자유로운 권리를 갖고 있어야 한다.

19 ④
- 만기 현금수령액 $= 200{,}000 + 200{,}000 \times 10\% \times \frac{6}{12} = 210{,}000$원
- 할인액 $= 210{,}000 \times 12\% \times \frac{3}{12} = 6{,}300$원
- 매출채권 할인 시 현금수령액 = 만기 현금수령액 − 할인액 = 210,000 − 6,300 = 203,700원
- 3개월 보유 시 매출채권 장부금액 $= 200{,}000 + 200{,}000 \times 10\% \times \frac{3}{12} = 205{,}000$원

➲ 매출채권 처분손실 = 매출채권 할인 시 현금수령액 − 3개월 보유 시 매출채권 장부금액
= 203,700 − 205,000 = (1,300)원

20 ④ 매출채권의 제거요건을 충족하지 못하였으므로 매출채권을 제거하지 못하고 아래와 같이 회계처리되어야 한다.

(차) 현금	90,000	(대) 차입금	100,000
이자비용	10,000		

그러므로 자산은 과소계상되었고 부채도 과소계상되었다. 또한 매출채권처분손실은 인식되지 않으나 이자비용이 인식되어야 해서 손익에는 영향이 없다.

21 ③ 해당 회계처리는 매출채권의 제거요건을 충족할 때 할 수 있는 회계처리이다. 다음의 요건을 모두 충족하는 경우에는 양도자가 매출채권에 대한 통제권을 이전한 것으로 보아 매각거래로 제거한다.
A. 양도인은 매출채권 양도 후 당해 매출채권에 대한 권리를 행사할 수 없어야 한다.
B. 양도인은 매출채권 양도 후에 효율적인 통제권을 행사할 수 없어야 한다.
C. 양수인은 양수한 매출채권을 처분할 자유로운 권리를 갖고 있어야 한다.

제5절 재고자산

01 재고자산의 회계처리 및 매입 ★

1. 재고자산의 의의

정상적인 영업과정에서 판매를 위하여 보유(상품, 제품)하거나 생산과정에 있는 자산(재공품, 반제품) 및 생산 또는 서비스 제공과정에 투입될 원재료나 소모품의 형태로 존재하는 자산을 말한다.

2. 재고자산의 F/S효과 및 회계처리

B/S

재고자산(b)	매입채무
매출채권	

I/S

매출원가(a)	매출(②)
기타비용	

재고자산

판매가능	기초	매출원가(a)
상품원가	당기매입(①)	기말재고(b)

회계처리(기말 – 매출원가)					수식(매출원가)
① (차) 매출원가	××	(대) 기초재고	××		기초재고 + 당기매입 – 기말재고↑ = 매출원가↓
② (차) 매출원가	××	(대) 당기매입	××		➲ 판매가능상품원가가 변동이 없는 경우
③ (차) 기말재고	××	(대) 매출원가	××		

3. 재고자산의 취득원가

재고자산의 취득원가는 매입가격에 정상적인 취득과정에서 불가피하게 발생한 부대비용을 가산한 금액이다. 이에 따라 재고자산의 취득원가는 매입원가, 전환원가 및 재고자산을 현재의 장소에 현재의 상태로 이르게 하는 데 발생한 기타원가 모두를 포함하도록 규정하고 있다.

> 재고자산의 취득원가 = 매입원가 + 전환원가 + 기타원가

Comment

> 기타원가는 재고자산을 현재의 장소에 현재의 상태로 이르게 하는 데 발생한 범위 내에서만 취득원가에 포함된다. 예를 들어, 특정 고객을 위한 비제조 간접원가 또는 제품 디자인원가는 재고자산의 원가에 포함하는 것이 적절할 수 있다.

재고자산의 취득원가에 포함할 수 없으며 발생기간의 비용으로 인식하여야 하는 원가의 예는 다음과 같다.

- 재료원가, 노무원가 및 기타 제조원가 중 비정상적으로 낭비된 부분
- 후속 생산단계에 투입하기 전에 보관이 필요한 경우 이외의 보관원가
- 재고자산을 현재의 장소에 현재의 상태로 이르게 하는 데 기여하지 않은 관리간접원가
- 판매원가

(1) 상품매매기업

상품매매기업이 보유하는 재고자산의 매입원가는 매입가격에 수입관세와 제세금, 매입운임, 하역료, 완제품, 원재료 및 용역의 취득과정에 직접 관련된 기타원가를 가산한 금액이다. 매입할인, 리베이트 및 기타 유사한 항목은 매입원가를 결정할 때 차감하며, 과세당국으로부터 추후 환급받을 수 있는 수입관세나 제세금(부가가치세 등)은 매입원가에서 제외한다.

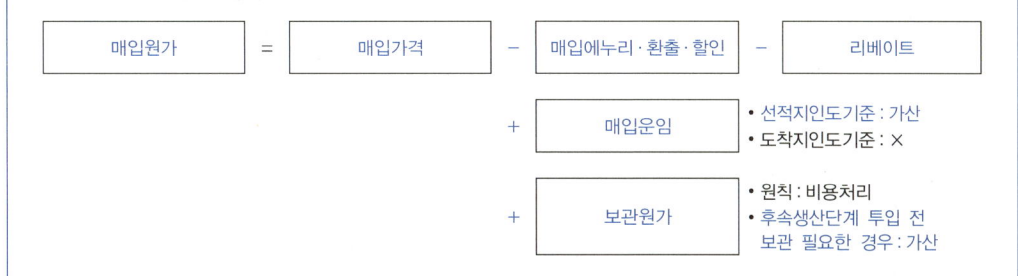

상품매매기업의 재고자산 매입원가

매입원가 = 매입가격 − 매입에누리·환출·할인 − 리베이트
+ 매입운임
- 선적지인도기준 : 가산
- 도착지인도기준 : ×

+ 보관원가
- 원칙 : 비용처리
- 후속생산단계 투입 전 보관 필요한 경우 : 가산

① 매입운임

매입운임은 재고자산을 통상적인 영업 과정에서 취득 시 불가피하게 발생한 지출을 말하고 매입원가에 포함되므로 재고자산의 취득원가에 포함시켜야 한다. 매입운임은 FOB 선적지인도기준과 FOB 도착지인도기준에 따라 매입운임의 부담자가 달라지고 각각의 회계처리도 달라진다.

FOB 선적지인도기준과 FOB 도착지인도기준의 회계처리와 취득원가 가산(차감)

구 분	회계처리	취득원가에 가산(차감)
FOB 선적지인도기준	구매자가 자산의 취득원가에 포함	가 산
FOB 도착지인도기준	판매자의 판매비(비용)로 인식	해당사항 없음

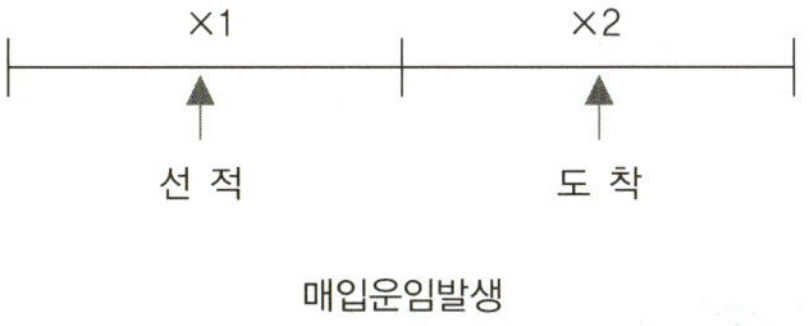

인도조건별 구매자 20×1년 회계처리
- 선적지인도기준 : (차) 매입 ×× (대) 매입채무 ××
- 도착지인도기준 : 회계처리 없음

Comment

FOB 선적지인도기준은 재고자산에 대한 통제권이 선적 시점에 이전되기 때문에 구매자가 운임을 부담한다. 그러나 FOB 도착지인도기준은 재고자산에 대한 통제권이 도착 시점에 이전되기 때문에 판매자가 운임을 부담한다.
운반비용은 취득이나 생산과정에 수반되어 발생한 경우에만 재고자산의 매입원가에 포함시키고, 그렇지 않은 경우(예 재고자산의 매입이나 생산 완료 후 단순한 위치 이동에 드는 운반비용의 경우)에는 당기비용으로 인식한다.

② 매입에누리와 환출

매입에누리는 매입한 재고자산을 대량으로 구매하거나 상품의 결함 혹은 파손으로 인하여 판매자가 가격을 할인해주는 것이다. 매입환출은 매입한 상품의 결함 혹은 파손으로 인하여 반품하는 것을 말한다. 따라서 매입이 취소된 것으로 보기 때문에 매입에누리와 환출은 재고자산의 취득원가에서 차감하여야 한다.

A사가 B사로부터 상품 ₩100,000을 외상으로 매입하였으며, 상품의 결함 혹은 파손으로 인하여 매입에누리 ₩3,000이 발생하였다. 각 시점별 회계처리를 나타내면 다음과 같다.

• 상품의 외상 매입 시

(차) 매입	100,000	(대) 매입채무	100,000

• 매입에누리와 환출 발생 시

(차) 매입채무	3,000	(대) 매입(에누리)	3,000

• 매입채무 지급 시

(차) 매입채무	97,000	(대) 현금	97,000

③ 매입할인, 리베이트

매입할인이란 매입자가 매입채무를 조기에 지급하여 가격을 할인해주는 것을 말하고 리베이트란 매입가격의 일부를 다시 돌려받는 것을 말한다. 매입할인과 리베이트 및 기타 유사한 항목은 매입원가를 결정할 때 차감한다. 그 이유는 매입할인이나 리베이트는 수익창출과정에서 발생한 순자산 증가(즉, 수익)가 아니라 당초 그 금액만큼 매입원가가 적게 소요된 것이나 다름없기 때문이다.

A사가 B사로부터 상품 ₩100,000을 외상으로 매입하였으며, 매입할인 ₩3,000이 발생하였다. 각 시점별 회계처리를 나타내면 다음과 같다.

• 상품의 외상 매입 시

(차) 매입	100,000	(대) 매입채무	100,000

• 매입할인 발생 시

(차) 매입채무	100,000	(대) 현금	97,000
		매입(할인)	3,000

• 만약, 매입할인이 아닌 리베이트로 ₩2,000을 수령한 경우

(차) 현금	2,000	(대) 매입(리베이트)	2,000

매입에누리·환출, 매입할인, 리베이트의 회계처리와 취득원가 가산(차감)

구 분	회계처리		취득원가에 가산(차감)
매입에누리와 환출	(차) 매입채무	(대) 매입(에누리·환출)	차 감
매입할인	(차) 매입채무	(대) 현금 매입(할인)	차 감
리베이트	(차) 현금	(대) 매입(리베이트)	차 감

④ 보관원가

후속생산단계에 투입하기 전에 보관이 필요한 경우의 보관원가는 취득원가에 포함된다. 따라서 일반적으로 상품 또는 제품의 보관비용은 당기비용으로 처리하지만, 원재료의 보관비용은 자산의 취득원가로 처리한다.

보관원가의 회계처리와 취득원가 가산(차감)

구 분	회계처리		취득원가에 가산(차감)
상품 또는 제품	(차) 보관비용	(대) 현금	당기비용 처리
원재료	(차) 매입	(대) 현금	가 산

02 재고자산에 포함될 항목 ★★★

12/31 회사장부상 재고	≠ →	1/2 기말실사 실제창고재고	≠ →	12/31 B/S 재고
계속기록법	(−) 감모손실	실지재고조사법	(−) 평가손실 (±) 차이조정	

구분(판단순서)	1st My 재고?	→	2nd In 창고	→	기말 B/S 재고 가산·차감
유형 ①	○	→	○	→	조정사항 없음
유형 ②	×	→	×	→	조정사항 없음
유형 ③	○	→	×	→	기말재고 가산
유형 ④	×	→	○	→	기말재고 차감

Comment

기업의 창고에는 존재하지 않지만 통제권을 기업이 가지고 있을 때에는 창고실사재고에 해당 항목을 가산하여 기말재고자산을 산정하고, 기업의 창고에는 존재하지만 통제권을 기업이 가지고 있지 않다면 창고실사재고에서 해당 항목을 차감하여 기말재고자산을 산정하여야 한다.

1. 미착품

미착상품이란 상품을 주문하였으나 운송 중에 있어 아직 도착하지 않은 상품을 말한다. 이 경우 상품에 대한 법적 소유권의 이전 여부는 선적지인도조건, 도착지인도기준과 같은 매매계약조건에 따라 결정된다.

구 분		×1년 말 – 선적하여 이동 중	×1년 기말재고자산 조정 회계처리	
선적지 인도조건	구매자	매입 ○(회계처리함), 재고 +	(차) 기말재고	(대) 매출원가
	판매자	판매 ○	회계처리 없음	
도착지 인도조건	구매자	매입 ×	회계처리 없음	
	판매자	판매 ×, 재고 +	(차) 기말재고	(대) 매출원가

구분(운송 중)	1st My 재고?	→	2nd In 창고	→	기말 B/S 재고 가산·차감
선적지인도조건 – 구매자	○	→	×	→	기말재고 가산
선적지인도조건 – 판매자	×	→	×	→	조정사항 없음
도착지인도조건 – 구매자	×	→	×	→	조정사항 없음
도착지인도조건 – 판매자	○	→	×	→	기말재고 가산

Comment

FOB 선적지인도조건으로 재고자산을 판매한 경우 판매자가 선적하는 시점에 재고자산의 통제권이 매입자에게 이전된다. 따라서 판매자는 선적 시점에 매출을 인식하며, 매입자도 선적 시점에 재고자산 매입을 인식한다. 그러나 FOB 도착지인도조건으로 재고자산을 판매하는 경우 재고자산이 목적지에 도착하여야 재고자산의 통제권이 매입자에게 이전된다. 따라서 목적지에 도착하기 전까지 판매자는 매출을 인식하지 않으며 매입자도 매입을 인식하지 않는다.

2. 시송품

시용판매란 주문을 받지 않고 상품 등을 고객에게 인도하여 고객이 그 상품을 사용해보고 매입하겠다는 의사표시를 함으로써 판매가 성립되는 판매로, 시용판매한 상품을 시송품이라고 한다. 고객이 매입의사표시를 한 시점에 수익을 인식하고 매입의사표시가 없으면 시송품은 창고에 없다 하여도 기말재고자산에 포함한다.

구 분	1st My 재고?	→	2nd In 창고	→	기말 B/S 재고 가산·차감
시송품(고객 매입의사표시×)	○	→	×	→	기말재고 가산
시송품(고객 매입의사표시○)	×	→	×	→	조정사항 없음

3. 적송품

적송품이란 위탁자가 수탁자에게 판매를 위탁하기 위해 보낸 상품을 말한다. 수탁자가 아직 판매하지 못한 미판매분은 기말 현재 위탁자의 창고에 존재하지 않아도 재고자산에 가산한다. 더하여 위탁자가 수탁 시점에 매출 관련 회계처리를 수행하였으면 미판매분만큼 매출을 취소해야 한다.

수탁자 미판매분 재고	(차) 기말재고	××	(대) 매출원가	××
	(차) 매출	××	(대) 매출채권	××

구 분	1st My 재고?	→	2nd In 창고	→	기말 B/S 재고 가산·차감
적송품(수탁자 미판매분)	○	→	×	→	기말재고 가산
적송품(수탁자 판매분)	×	→	×	→	조정사항 없음

4. 저당상품

저당상품이란 금융기관 등으로부터 자금을 차입하고 그 담보로 제공된 상품을 말한다. 저당권이 실행되어 소유권이 이전되기 전에는 담보제공자의 재고자산에 포함해야 하며, 담보제공자는 관련 내용을 주석으로 공시한다.

구 분	1st My 재고?	→	2nd In 창고	→	기말 B/S 재고 가산·차감
저당상품	○	→	○	→	고려사항 없음

5. 재구매조건부 상품

상품을 판매하면서 추후 당해 상품을 재구매하는 조건부로 판매하는 계약을 체결하는 경우가 있는데 이 경우 차입거래로 본다. 그러므로 재고자산을 제외해서는 안 된다.

구 분	1st My 재고?	→	2nd In 창고	→	기말 B/S 재고 가산·차감
재구매조건부 상품	O	→	×	→	기말재고 가산

6. 할부판매

할부판매란 상품 등을 고객에게 인도하고 대금은 미래에 분할하여 회수하기로 한 판매를 말한다. 할부판매는 상품 등을 인도한 시점에 수익으로 인식하도록 규정하고 있으므로 판매 시점에 판매자의 재고자산에서 차감하여야 한다.

구 분	1st My 재고?	→	2nd In 창고	→	기말 B/S 재고 가산·차감
할부판매	×	→	×	→	조정사항 없음

Comment

할부판매는 판매자가 고객에게 자산에 대한 통제권을 이전하는 시점에 수익을 인식한다. 추후에 대금의 회수가능성이 불확실해지는 경우 이미 인식한 수익금액을 조정하지 않고 대금의 회수 불가능한 부분이나 더이상 회수가능성이 높다고 볼 수 없는 부분을 별도의 비용(대손상각비)으로 인식한다.

추후 회수가능성 ↓	(차) 대손상각비	회수 불가능한 부분	(대) 대손충당금	××

7. 반품조건부 상품

반품률이 높은 상품의 판매에 있어서는 반품률의 합리적 추정가능성 여부에 의하여 재고자산 포함 여부를 결정한다. 반품률을 합리적으로 추정 가능한 경우에는 상품 인도 시에 반품률을 적절히 반영하여 판매된 것으로 보아 판매자의 재고자산에서 제외한다. 그러나 반품률을 합리적으로 추정할 수 없을 경우에는 판매자의 재고자산에 포함한다.

구 분	1st My 재고?	→	2nd In 창고	→	기말 B/S 재고 가산·차감
반품가능성 추정 가능	×	→	×	→	조정사항 없음
반품가능성 추정 불가	O	→	×	→	가 산

8. 특별주문상품

구매자의 특별 주문을 받아 미리 예약금을 수령하고 생산이 완료된 시점에서 이전하기로 약정한 상품으로 인도되기 전까지는 판매자의 재고자산에 포함한다.

9. 미인도청구판매

구매자에게 소유권이 이전되었으나, 구매자의 요청에 따라 미인도된(판매자가 보관 중) 재고자산은 판매자의 재고자산에서 제외한다.

03 재고자산의 원가흐름 가정 ★★★

1. 재고자산의 원가배분

상품매매기업의 경우 판매 가능한 재고자산은 기초재고자산에 당기 매입액을 합산한 금액으로 구성된다. 이때 판매 가능한 재고자산 중 기중 판매된 부분에 해당하는 금액은 당기비용으로 인식되며, 보고기간 말까지 판매되지 않은 부분에 해당하는 금액은 기말 재무상태표의 재고자산으로 보고되는데 이러한 과정을 재고자산의 원가배분이라고 한다.

재고자산의 원가배분

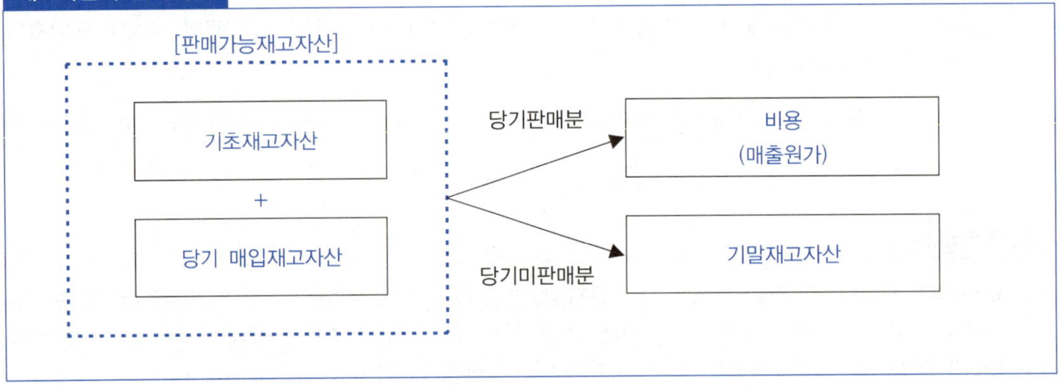

2. 재고자산의 수량결정방법

재고자산은 그 특성상 상품의 입고와 출고가 빈번하고 그 금액이 크기 때문에 매출원가와 기말재고로 인식할 금액을 결정하는 문제는 매우 중요하다. 따라서 재고자산 회계의 초점은 기초재고자산과 당기 매입재고자산의 합(= 판매가능재고자산)을 비용과 자산으로 적절하게 배분하는 데 있다.

재고자산 회계의 핵심

> 기초재고자산 + 당기매입재고자산 = 매출원가 + 기말재고자산
>
> 위 등식에서 알 수 있듯이 등식 우변의 매출원가를 먼저 확정지으면 기말재고자산을 간접적으로 알 수 있으며, 기말재고자산을 먼저 확정지으면 매출원가를 간접적으로 알 수 있다. 어느 금액을 먼저 확정하는지는 재고자산의 수량 기록법에 따라 다르다. 기말재고자산을 과대평가하면 그만큼 매출원가가 과소계상되어 당기순이익을 증가시킬 수 있고, 기말재고자산을 과소평가하면 그만큼 매출원가가 과대계상되어 당기순이익을 감소시킬 수 있다. 그러므로 재고자산 회계의 핵심은 기말재고자산을 얼마나 적정하게 인식하는가에 있다.

(1) 계속기록법

계속기록법은 상품의 입고와 출고 시마다 상품계정과 매출원가계정에 계속적으로 기록하는 방법이다. 즉, 당기 판매가능수량에서 당기에 실제로 판매된 수량을 차감하여 기말재고수량을 역산하는 방법이다.

> 기초재고수량 + 당기매입수량 − ① 당기판매수량(기록) = ② 기말재고수량(역산)

계속기록법을 적용하면 언제든지 특정 기간의 매출원가와 특정 시점의 재고자산 잔액을 파악할 수 있는 장점이 있다. 계속기록법의 회계처리를 요약하면 다음과 같다.

[계속기록법의 회계처리]

매 입	(차) 재고자산	××	(대) 매입채무	××
판 매	(차) 매출채권	××	(대) 매출	××
	(차) 매출원가	실제 판매분	(대) 재고자산	××
결 산				
– 매출원가	회계처리 없음			

Comment

계속기록법을 적용하면 재고자산을 판매할 때마다 보유 재고자산을 매출원가로 대체하기 때문에 재고자산 장부에는 기중의 증가, 감소 금액이 계속 기록된다. 따라서 특정 시점 현재 장부에 계상되어 있는 재고자산의 금액이 곧 그 시점의 재고자산 잔액이 되어 기말에 재고자산의 잔액을 구하기 위하여 별도의 회계처리를 수행할 필요가 없는 장점이 있다. 그러나 도난, 분실 등의 사유로 감모수량이 발생한다면 재고자산의 장부상 수량과 실제 수량 간에 차이가 발생할 수 있다. 따라서 재고자산의 감모여부를 파악하지 않고 장부상 재고자산을 재무상태표의 기말재고자산으로 결정하면 재고자산이 과대계상될 수 있다.

(2) 실지재고조사법

실지재고조사법은 상품의 입고 시에는 매입계정에 기록하고 출고 시에는 매출원가를 계속적으로 기록하지 않고, 결산일 현재 실사(= 재고자산의 수량을 일일이 세는 것)를 통하여 기말재고수량을 파악하여 한 번에 매출원가를 기록하는 방법이다. 즉, 당기판매가능수량에서 기말실사를 통한 실제 수량을 차감하여 당기판매수량을 역산하는 방법이다.

> 기초재고수량 + 당기매입수량 – ① 기말재고수량(실사) = ② 당기판매수량(역산)

실지재고조사법을 사용하면 장부기록이 간편해지고 실제 존재하는 재고가 기말재고금액으로 계상되는 장점이 있다. 실지재고조사법의 회계처리를 요약하면 다음과 같다.

[실지재고조사법의 회계처리]

매 입	(차) 매입[1]	××	(대) 매입채무	××
판 매	(차) 매출채권	××	(대) 매출	××
결 산				
– 매출원가	(차) 매출원가	대차차액	(대) 기초재고	1st
	기말재고	3rd 실제 존재하는 재고	매입[1]	2nd

[1] 매입계정을 자산으로 보아야 한다는 주장과 비용으로 보아야 한다는 주장도 있지만 핵심은 임시계정으로 기말에 모두 사라진다는 것이다.

Comment

실지재고조사법을 사용하면 재고자산을 판매할 때마다 매출원가를 기록해야 하는 계속기록법의 번거로움을 피할 수 있다. 그러나 재고자산에 대하여 실사를 하지 않는 한 특정 시점 현재 재고자산의 잔액과 매출원가를 파악할 수 없고, 당기판매수량에 도난이나 파손으로 발생한 감모수량이 포함되는 문제점이 있다.

3. 원가흐름의 가정(단위원가 결정방법)

(1) 재고자산의 원가 배분에 수량과 단가의 고려

재고자산의 판매가능재고자산을 결산일 현재 판매된 매출원가와 판매되지 않고 기업이 보유하는 기말재고자산의 원가로 배분하는 것을 원가의 배분이라고 한다. 재고자산의 원가배분을 하기 위해서는 판매된 부분과 판매되지 않고 보유하는 부분의 수량(Q)과 단가(P)를 결정하여야 한다.

재고자산의 원가배분 시 고려사항

재고자산			
기초재고	Q × P	매출원가	Q × P
당기매입	Q × P	기말재고	Q × P

➲ 원가흐름의 가정

- Q : 계속기록법, 실지재고조사법, 혼합법
  회사장부수량 ≠ 실제창고수량
- P : 선입선출법, 평균법, 개별법, 후입선출법
  ↳ 원가흐름의 가정

(2) 단위원가 결정(원가흐름의 가정)

당기 중에 재고자산을 여러 차례 매입할 경우 매입 시점마다 재고자산의 단위당 취득원가가 동일하다면 판매된 재고자산의 취득원가(= 매출원가)는 쉽게 파악할 수 있다. 그러나 재고자산의 단위당 취득원가가 매입 시점마다 상이하다면 얼마에 취득했든 재고자산이 판매되었는지 파악하는 것은 쉽지 않다. 따라서 재고자산의 실물흐름과 관계없이 원가흐름에 대한 가정을 선택하여야 한다.

원가흐름에 대한 가정의 필요성

재고자산				
기초재고	1개 @100	매출원가	2개 판매	← 단위당 취득원가 적용?
매입(4/1)	1개 @120			
매입(6/1)	1개 @160	기말재고	1개 보유	← 단위당 취득원가 적용?

Comment

위의 예에서 판매되는 재고자산의 당초 취득원가를 식별하는 것이 어려운 경우 기업이 자의적으로 매출원가를 결정할 여지가 있다. 만약 기업이 당기순이익을 증가시키고자 한다면 매출원가를 적게 인식하기 위하여 ₩100과 ₩110에 취득한 재고자산이 판매되었다고 주장할 수 있다. 또한 당기순이익을 감소시키고자 한다면 매출원가를 많이 인식하기 위하여 ₩120과 ₩110에 취득한 재고자산이 판매되었다고 주장할 것이다.

(3) 단위원가 결정방법

재고자산을 매입하는 시점이 여러 번인 경우 판매된 매출원가와 판매되지 않은 기말재고자산에 단가를 어떻게 적용하느냐에 따라 기말재고자산, 매출원가, 당기순이익, 법인세지급액에 영향을 미치게 된다. 이 경우 원가흐름의 가정 개별법, 선입선출법, 후입선출법, 평균법의 단위원가 결정방법과 각각의 장·단점은 아래와 같다.

✓핵심체크

1. 원가흐름의 가정에 따라 다양한 단위원가 결정방법을 사용하여도 수량을 결정하는 계속기록법과 실지재고조사법이 결합되어 사용된다.
2. 성격과 용도 면에서 유사한 재고자산에는 동일한 단위원가 결정방법을 적용하여야 하며, 성격이나 용도 면에서 차이가 있는 재고자산에는 서로 다른 단위원가 결정방법을 적용할 수 있다.
3. 재고자산의 지역별 위치나 과세방식이 다르다는 이유만으로 동일한 재고자산에 다른 단가결정방법을 적용할 수 없다.

① 개별법

개별법은 식별되는 재고자산별로 특정한 원가를 부과하는 방법이다.

구 분	장 점	단 점
개별법	① 원가흐름과 실제물량흐름이 일치하므로 이론상 가장 이상적인 방법 ② 실제원가와 실제수익이 대응되어 수익·비용 대응이 이상적임	① 재고자산의 종류와 수량이 많고 거래가 빈번한 경우에는 실무적용이 어려움 ② 동일한 상품의 구입단가가 다른 경우 의도적인 이익조작이 가능함

✔ **핵심체크**

1. 통상적으로 상호 교환될 수 없는 재고자산항목의 원가와 특정 프로젝트별로 생산되고 분리되는 재화 또는 용역의 원가는 개별법을 사용하여 결정한다. 개별법이 적용되지 않는 재고자산의 단위원가는 선입선출법이나 가중평균법을 사용하여 결정한다.
2. 통상적으로 상호 교환 가능한 대량의 재고자산 항목에 개별법을 적용하는 것은 적절하지 않다. 이 경우 기말재고로 남아있는 항목을 선택하는 방식을 이용하여 손익을 자의적으로 조정할 수 있기 때문이다.

② 선입선출법

선입선출법은 먼저 매입 또는 생산한 재고자산이 먼저 판매되고 결과적으로 기말에 재고로 남아 있는 항목은 가장 최근에 매입 또는 생산된 항목이라고 가정한다. 선입선출법은 실물흐름과 원가흐름이 대체로 일치하는 방법으로서 부패하기 쉽거나 진부화 속도가 빠른 재고자산에 적용하는 것이 적절하다.

선입선출법의 원가배분

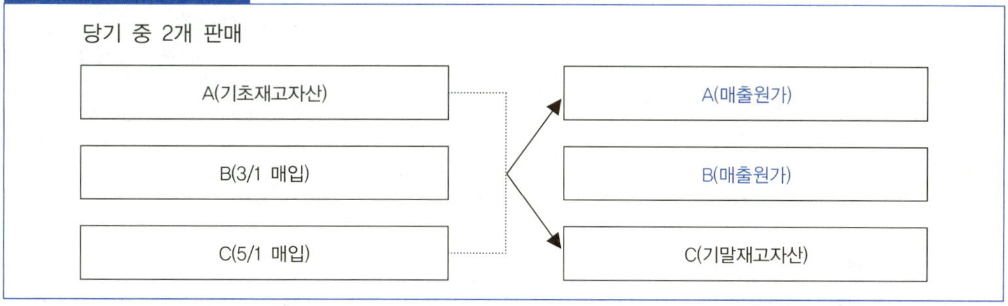

구 분	장 점	단 점
선입선출법	① 일반적인 물량흐름과 원가흐름의 가정이 일치함 ② 기말재고는 최근에 구입한 상품의 원가가 되므로 재무상태표상 재고자산금액은 현행원가에 가까움	① 물가상승 시 현재수익에 과거원가가 대응되므로 높은 이익을 계상하게 되어 실물자본유지를 어렵게 함 ② 현행수익에 과거원가를 대응시키므로 대응원칙에 충실하지 못함

③ 후입선출법

후입선출법은 가장 최근에 매입 또는 생산한 재고항목이 가장 먼저 판매된다고 원가흐름을 가정하는 방법이다. 그러나 후입선출법을 적용하면 재무상태표의 재고자산은 최근의 원가수준과 거의 관련없는 금액으로 표시될 뿐만 아니라 재고자산이 과거의 낮은 취득원가로 계상되어 있을 때 의도적으로 당해 재고자산이 매출원가로 대체되도록 함으로써 이익조정의 수단으로 이용될 수 있다.

후입선출법의 원가배분

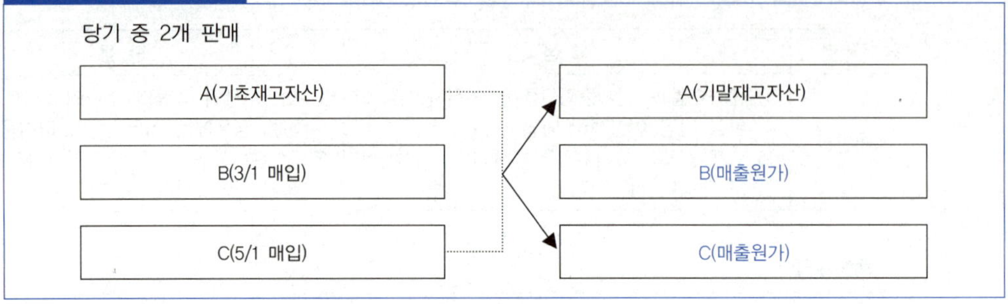

Comment

재고자산을 후입선출법으로 평가하는 경우 기업이 기말재고자산으로 보유하고 있는 재고자산이 과거에 구입한 재고자산이 되는 것은 아니다. 기업이 기말에 보유하고 있는 재고자산은 모두 최신 재고자산들이다. 다만, 후입선출법에서는 최신상품들에 적용하는 단가를 과거의 가격으로 한다는 것일 뿐이다.

[물가의 지속적 상승 + 기말재고수량 > 기초재고수량인 경우]

구 분	장 점	단 점
후입선출법 (IFRS 인정 ×)	① 다른 방법에 비하여 현재의 수익에 현재의 원가가 대응되므로 수익·비용대응이 적절히 이루어짐 ② 물가상승 시 기말재고수량이 기초재고수량과 같거나 증가하는 한 다른 방법보다 이익을 적게 계상하므로 법인세이연효과가 있음	① 재고자산금액은 오래 전에 구입한 원가로 구성되어 있기 때문에 공정가치를 표시하지 못함 ② 일반적인 물량흐름과 원가흐름에 가정이 일치하지 않음 ③ 물가상승 시 재고자산의 수량이 감소하게 되면 오래된 재고가 매출원가로 계상되어 이익을 과대계상하게 되므로 과다한 법인세 및 배당을 부담하는 현상이 발생할 수 있음(LIFO청산)

✓ 핵심체크

1. 후입선출청산(LIFO청산)은 물가상승 시 특정 회계기간의 판매량이 급증하여 기말재고수량이 감소하면 오래된 재고의 원가가 매출원가를 구성하여 이익을 과대계상하게 되는 것을 말한다. 이로 인하여 그 동안 적게 계상한 이익을 한꺼번에 모두 인식하여 과다한 법인세를 납부하게 된다.
2. 물가상승 시 후입선출청산을 회피하기 위해 불필요한 재고를 매입하거나, 이익을 증가시키기 위해 기말재고를 고갈시킴으로써 후입선출청산을 유도할 수 있어 불건전한 구매관습을 통해 당기순이익을 조작할 수 있다.

④ 가중평균법

가중평균법은 기초재고자산과 회계기간 중에 매입 또는 생산된 재고자산의 원가를 가중평균하여 단위원가를 결정하는 방법이다.

가중평균법의 원가배분

당기 중 2개 판매

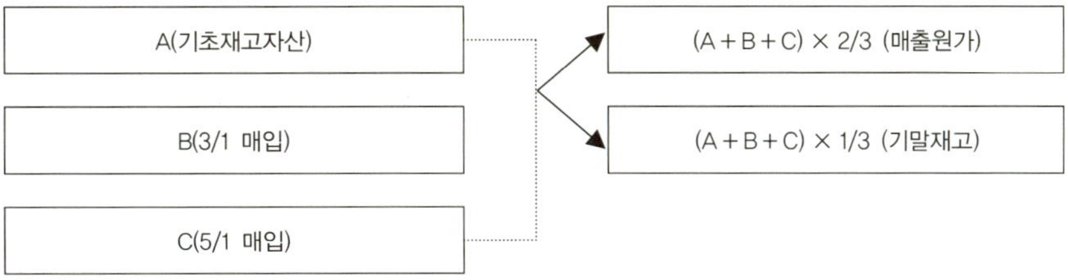

가중평균법을 적용할 경우, 기업이 실지재고조사법에 따라 장부기록을 한다면 월별 또는 분기별, 연말에 총평균법을 적용하겠지만, 계속기록법에 따라 장부기록을 한다면 판매할 때마다 재고자산의 단위당 취득원가를 파악하여 매출원가로 인식해야 하므로 이동평균법을 적용해야 할 것이다.

Comment

실지재고조사법하에서 가중평균법(총평균법)은 한 회계기간의 판매가능재고자산 총액을 총판매가능수량으로 나누어 평균 단위원가를 산출한다. 이에 반해, 계속기록법하에서 가중평균법(이동평균법)은 매입할 때마다 매입 당시까지 재고자산의 취득원가(직전 매입 시 이동평균법으로 평가한 금액)와 새로 구입한 재고자산의 매입금액을 가산하고 이를 판매수량으로 나누어 평균 단위원가를 산출한다.

✓핵심체크

계속기록법과 실지재고조사법에 따른 가중평균법 계산

일 자	적 요	수 량	단 가
기 초	기초재고	100개	₩A/개
3/1	매 입	200개	₩B/개
5/1	매 출	(200)개	
7/1	매 입	200개	₩C/개
9/1	매 출	(100)개	

➲ 실지재고조사법하의 가중평균법(총평균법) : 기말에 한 번만 평균단위원가 계산

① 평균단가 : (100개 × A + 200개 × B + 200개 × C)/500개 = 평균단위원가 총평균법

② 매출원가 : 300개 × 평균단위원가 총평균법

* 총평균법은 매출 후 매입분도 매출원가 계상 시 고려된다.

➲ 계속기록법하의 가중평균법(이동평균법) : 매출이 발생할 때마다 평균단위원가 재계산

① 평균단가

- 5/1 매출분 : (100개 × A + 200개 × B)/300개 = 평균단위원가 5/1분
- 9/1 매출분 : (100개 × 평균단가 5/1분 + 200개 × C)/300개 = 평균단위원가 9/1분

② 매출원가 : 200개 × 평균단위원가 5/1분 + 100개 × 평균단위원가 9/1분

구 분	장 점	단 점
가중평균법	① 실무적으로 적용하기 편리하며 객관적이라 이익조작의 가능성이 작음 ② 실제의 물량흐름을 개별 항목별로 파악하는 것은 현실적으로 불가능하므로 평균원가의 사용이 보다 적절할 수 있음	① 수익과 비용의 적절한 대응이 어려움 ② 기초재고자산의 원가가 평균단가에 합산되어 기말재고자산의 금액에 영향을 미칠 수 있음

예제 1

다음은 A사의 20×1년 재고자산거래와 관련된 자료이다.

일 자	거 래	수 량	단 가
기 초	기초재고	10개	₩100
2월	매 입	10개	₩120
5월	매 출	(10개)	?
8월	매 입	10개	₩140
기 말	기말재고	20개	

다음의 각 방법에 따라 A사가 20×1년에 포괄손익계산서에 인식할 매출원가와 20×1년 말에 재무상태표에 인식할 재고자산을 구하시오.

1. 계속기록법 - 개별법(단, 2월 매입분이 판매된 것으로 가정한다)
2. 실지재고조사법 - 개별법(단, 2월 매입분이 판매된 것으로 가정한다)
3. 계속기록법 - 선입선출법
4. 실지재고조사법 - 선입선출법
5. 계속기록법 - 평균법
6. 실지재고조사법 - 평균법
7. 계속기록법 - 후입선출법
8. 실지재고조사법 - 후입선출법

풀이

구 분	매출원가	기말재고
개별법(2월분 판매)		
계속기록법	1,200 = @120 × 10개	2,400 = 3,600[3] − 1,200
실지재고조사법	1,200 = 3,600 − 2,400	2,400 = @120 × 20개
선입선출법		
계속기록법	1,000 = @100 × 10개	2,600 = 3,600 − 1,000
실지재고조사법	1,000 = 3,600 − 2,600	2,600 = @120 × 10개 + @140 × 10개

평균법		
계속기록법(이동평균법)	1,100 = @110[1] × 10개	2,500 = 3,600 − 1,100
실지재고조사법(총평균법)	1,200 = 3,600 − 2,400	2,400 = @120[2] × 20개
후입선출법		
계속기록법	1,200 = @120 × 10개	2,400 = 3,600 − 1,200
실지재고조사법	1,400 = 3,600 − 2,200	2,200 = @100 × 10개 + @120 × 10개

[1] (@100 × 10개 + @120 × 10개)/20개 = @110
[2] (@100 × 10개 + @120 × 10개 + @140 × 10개)/30개 = @120
[3] @100×10개 + @120×10개 + @140×10개 = 3,600

Comment

개별법과 선입선출법은 계속기록법과 실지재고조사법 사용 시 결과가 일치하지만 후입선출법과 평균법은 계속기록법과 실지재고조사법 사용 시 결과가 일치하지 않는다.

(4) 원가흐름의 가정별 비교

위의 예제를 보듯이 물가가 지속적으로 상승하고 기말재고수량이 기초재고수량보다 많은 경우 재고자산 원가흐름의 가정별로 당기순이익의 크기는 일정한 관계를 갖게 된다. 그 관계를 정리하면 아래와 같다.

[원가흐름의 가정별 재무제표 효과 분석 : 물가의 지속적 상승 및 재고수량 증가 가정]

구분		비교
기말재고자산		선입선출법 > 이동평균법 > 총평균법 > 후입선출법
매출원가		선입선출법 < 이동평균법 < 총평균법 < 후입선출법
당기순이익		선입선출법 > 이동평균법 > 총평균법 > 후입선출법
법인세비용 (과세소득이 있는 경우)		선입선출법 > 이동평균법 > 총평균법 > 후입선출법
현금흐름	법인세효과 ×	선입선출법 = 이동평균법 = 총평균법 = 후입선출법
	법인세효과 O	선입선출법 < 이동평균법 < 총평균법 < 후입선출법

선입선출법의 경우에는 최근에 높은 가격으로 매입한 재고자산부터 기말재고자산 장부금액을 구성하는 것으로 가정하는 반면, 가중평균법에서는 기초재고자산과 당기매입재고자산의 평균단위원가를 기말재고자산 장부금액으로 결정하기 때문에 선입선출법의 기말재고자산 장부금액이 가중평균법의 기말재고자산 장부금액보다 더 많다. 그 결과 매출원가는 선입선출법이 가중평균법보다 더 적으며, 법인세부담액과 당기순이익은 선입선출법이 가중평균법보다 더 많다. 후입선출법은 이 반대의 경우를 적용하여 판단하면 된다.

✓핵심체크

1. 법인세가 있는 경우 법인세는 당기순이익에 비례하므로 당기순이익의 크기를 비교한 순서와 동일하며, 법인세가 클수록 기업의 현금흐름이 나빠지므로 현금흐름의 크기는 당기순이익의 크기 순서의 반대가 된다.
2. 법인세가 없다고 가정하면 현금흐름의 크기는 재고자산 원가흐름의 가정에 관계없이 동일한 금액이다. 각 방법별로 판매가능상품원가를 매출원가와 기말재고로 배분하는 가정의 차이만 있을 뿐이지 실제 현금흐름(매출, 매입)과 원가배분과는 무관하다. 그러므로 법인세를 고려하지 않으면 현금흐름은 모두 동일하다.

I/S

매출원가	매출

재고자산

판매가능 상품원가	기초 당기매입(①)	매출원가(a) 기말재고(b)

04 재고자산 감모손실과 평가손실 ★★★

1. 재고자산의 T계정 구성항목 파악

재고자산

차변	대변		
기초	당기판매		➲ 매출원가
매입	정상감모	① − 1	➲ 매출원가
	평가손실	②	➲ 매출원가
	비정상감모	① − 2	➲ 영업외비용 처리
	기말재고	③	➲ B/S상 기말재고

2. 감모손실과 평가손실, 기말 B/S상 재고자산 계산

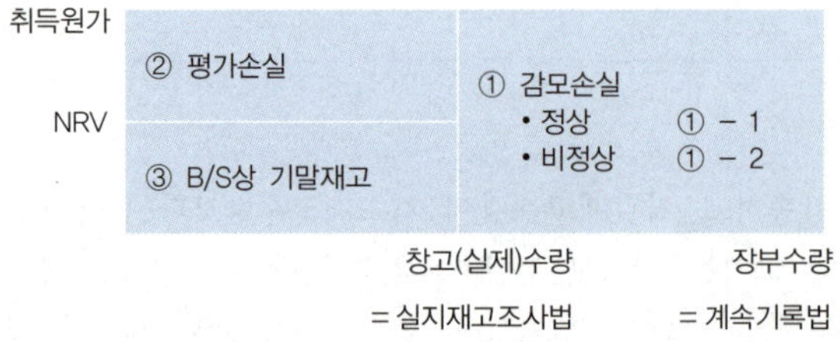

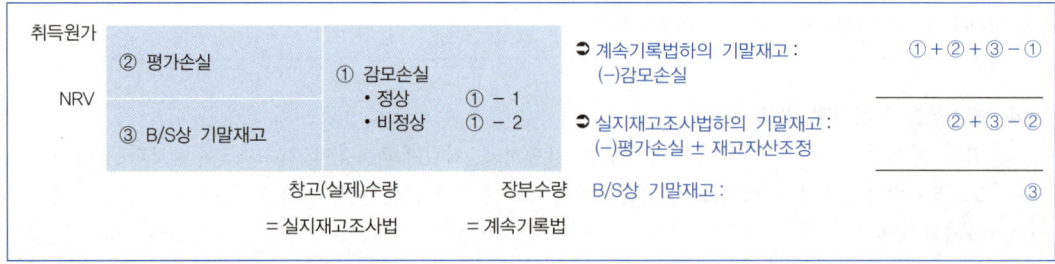

➲ 계속기록법하의 기말재고 : ① + ② + ③ − ①
(−)감모손실

➲ 실지재고조사법하의 기말재고 : ② + ③ − ②
(−)평가손실 ± 재고자산조정

B/S상 기말재고 : ③

재고자산 T계정을 이용한 풀이 Tool

재고자산

차변		대변	
기초재고	순액(= 기초취득가 − 기초평가충당금)	당기판매	대차차액
		정상감모	(장부 − 실제수량) × 취득가 × 정상감모비율
		평가손실	실제수량 × (취득가 − NRV)
		비정상감모	(장부 − 실제수량) × 취득가 × 비정상감모비율
당기매입	문제 제시	기말재고	실제수량 × Min[NRV, 취득원가]

➲ 매출원가 : 기초재고 + 당기매입 − 기말재고(③) − 비정상감모손실(① − 2)

05 재고자산 저가법 ★★

1. 재고자산의 평가

재고자산의 회계처리는 취득원가에 기초하여 매출원가와 기말재고자산을 결정하는 과정을 중시하고 있다. 그러나 재고자산의 취득원가보다 순실현가능가치(Net Realizable Value)가 낮음에도 불구하고 재무상태표에 재고자산을 취득원가로 보고한다면 재고자산 금액이 과대표시되는 문제가 발생한다. 그러므로 재고자산은 취득원가와 순실현가능가치 중 낮은 금액으로 측정하여야 하는데 이를 저가법이라고 한다.

저가법은 재고자산의 원가를 회수하기 어려운 다음의 경우에 적용한다.

- 물리적으로 손상된 경우
- 완전히 또는 부분적으로 진부화된 경우
- 판매가격이 하락한 경우
- 완성하거나 판매하는 데 필요한 원가가 상승한 경우

Comment

재고자산의 순실현가능가치가 취득원가보다 낮은 경우에도 재고자산을 취득원가로 보고하면, 미래현금유입액에 대한 정보이용자의 예측을 오도할 수 있다. 그러므로 재고자산의 장부금액은 순실현가능가치와 취득원가 중 낮은 금액으로 표시되어야 한다. 이는 저가법은 재고자산의 장부금액이 판매(제품, 상품)나 사용(원재료)으로부터 실현될 것으로 기대되는 금액을 초과해서는 안 된다는 견해와 일치한다.

2. 재고자산의 재무상태표 표시

재고자산의 순실현가능가치가 장부금액 이하로 하락하여 발생한 평가손실은 발생한 기간에 비용으로 인식한다. 비용으로 인식한 평가손실은 재고자산 평가충당금의 과목으로 하여 재고자산의 차감계정으로 표시한다.

재고자산의 재무제표 표시

- 저가법에 의한 기말재고자산 장부금액 = Min[취득원가, 순실현가능가치]
- 저가법에 의한 기말 재무상태표상 재고자산 평가충당금(②) = 실제수량 × (취득원가 − NRV)

B/S

재고자산	② + ③	
재고자산 평가충당금	(②)	
BV	③	

3. 재고자산의 저가법 회계처리

재고자산을 순실현가능가치로 측정한 이후에는 매 보고기간에 순실현가능가치를 재평가한다. 재고자산의 감액을 초래했던 사유가 해소되거나 경제상황의 변동으로 순실현가능가치가 상승한 명백한 증거가 있는 경우에는 최초의 장부금액을 초과하지 않는 범위 내에서 평가손실을 환입한다. 순실현가능가치의 상승으로 인한 재고자산 평가손실의 환입은 환입이 발생한 기간의 비용으로 인식된 재고자산의 금액의 차감액으로 인식한다.

저가법에 의한 재고자산 평가

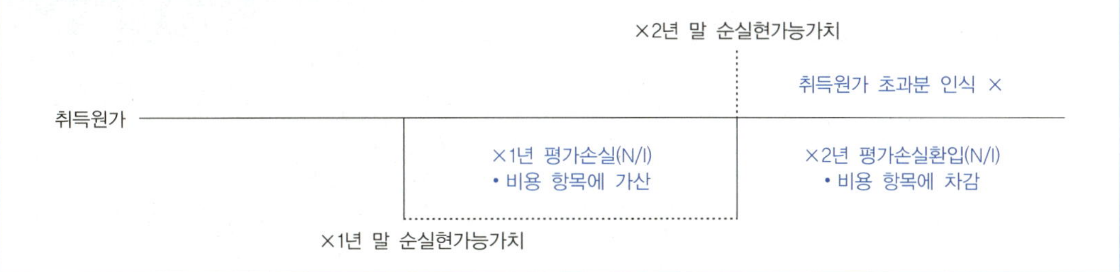

[저가법의 회계처리]

• 기말재고자산평가충당금 > 기초재고자산평가충당금

(차) 재고자산 평가손실(비용)	××	(대) 재고자산평가충당금	××

• 기말재고자산평가충당금 < 기초재고자산평가충당금

(차) 재고자산평가충당금	××	(대) 재고자산 평가손실환입(비용의 차감)	××

Comment

만약 재고자산의 취득원가를 초과하여 재고자산 평가손실환입을 인식하면 이는 재고자산에 대해서 공정가치법을 적용하는 결과가 된다. 재고자산은 통상적인 영업과정에서 판매나 생산을 위해서 보유하는 자산이지, 공정가치 변동에 따른 시세차익을 얻고자 보유하는 자산이 아니다. 그러므로 재고자산의 공정가치 증가에 따른 보유이익을 재고자산을 판매하기 전에 인식하는 것보다 재고자산을 판매한 회계기간의 매출총이익에 포함하여 보고하는 것이 정보이용자에게 더 유용한 정보를 제공할 것이다. 이러한 이유로 재고자산 최초의 장부금액을 초과하지 않는 범위 내에서 재고자산 평가손실환입을 인식하는 것이다.

예제 2

A사는 20×1년 말 현재 보유 중인 재고자산의 취득원가는 100원이다. 아래의 각 물음별 상황에 따라 A사가 20×1년과 20×2년에 재고자산의 평가와 관련하여 수행할 회계처리를 보이시오. (단, 20×2년에 A사는 재고자산을 추가 구매하거나 판매하지 않았다)

1. 20×1년 말 현재 보유 중인 재고자산의 순실현가능가치는 70원이고 20×2년 말 현재 보유 중인 재고자산의 순실현가능가치는 50원이다.
2. 20×1년 말 현재 보유 중인 재고자산의 순실현가능가치는 70원이고 20×2년 말 현재 보유 중인 재고자산의 순실현가능가치는 90원이다.
3. 20×1년 말 현재 보유 중인 재고자산의 순실현가능가치는 70원이고 20×2년 말 현재 보유 중인 재고자산의 순실현가능가치는 120원이다.

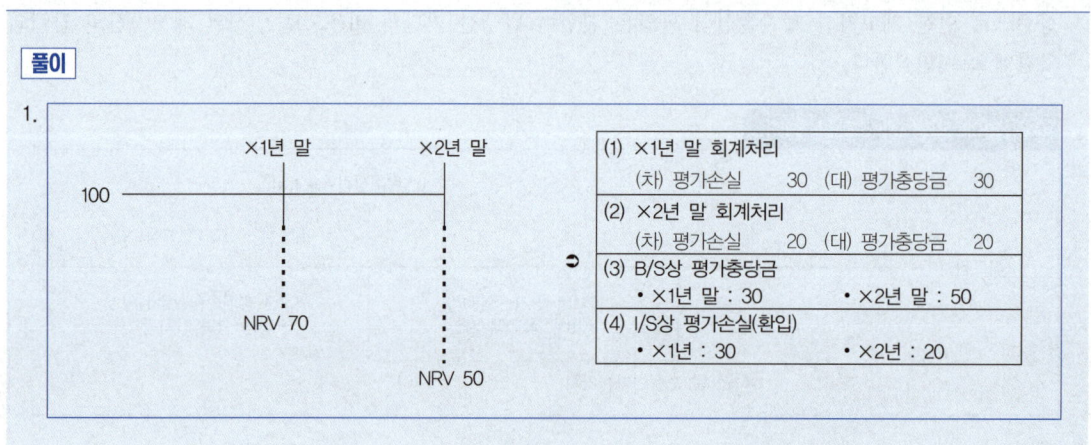

풀이

1.

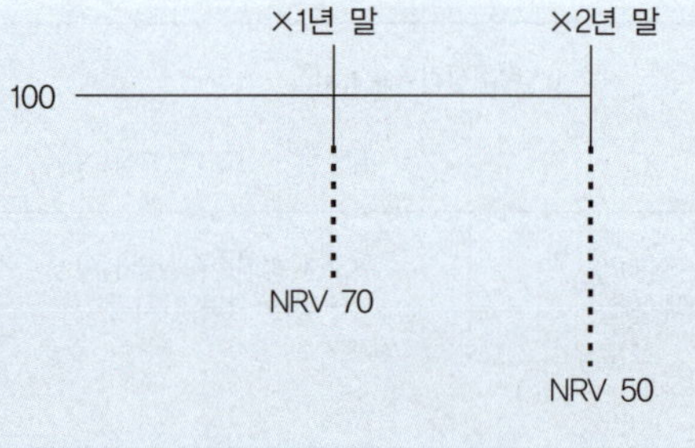

➲

(1) ×1년 말 회계처리
(차) 평가손실 30 (대) 평가충당금 30

(2) ×2년 말 회계처리
(차) 평가손실 20 (대) 평가충당금 20

(3) B/S상 평가충당금
• ×1년 말 : 30 • ×2년 말 : 50

(4) I/S상 평가손실(환입)
• ×1년 : 30 • ×2년 : 20

2.

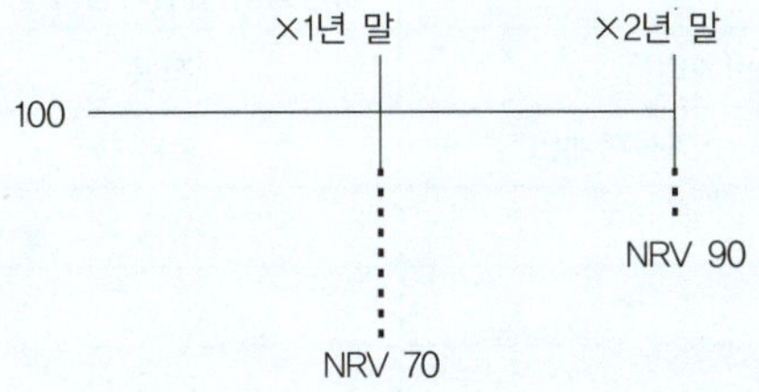

(1) ×1년 말 회계처리
(차) 평가손실 30 (대) 평가충당금 30

(2) ×2년 말 회계처리
(차) 평가충당금 20 (대) 평가손실환입 20

(3) B/S상 평가충당금
• ×1년 말 : 30 • ×2년 말 : 10

(4) I/S상 평가손실(환입)
• ×1년 : 30 • ×2년 : (20)

3.

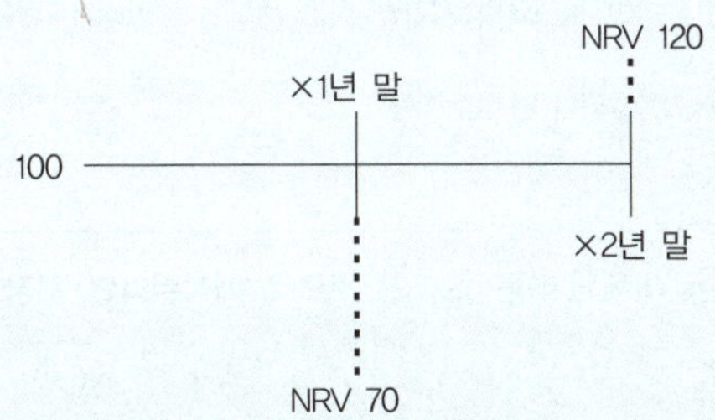

(1) ×1년 말 회계처리
(차) 평가손실 30 (대) 평가충당금 30

(2) ×2년 말 회계처리
(차) 평가충당금 30 (대) 평가손실환입 30

(3) B/S상 평가충당금
• ×1년 말 : 30 • ×2년 말 : 0

(4) I/S상 평가손실(환입)
• ×1년 : 30 • ×2년 : (30)

4. 순실현가능가치

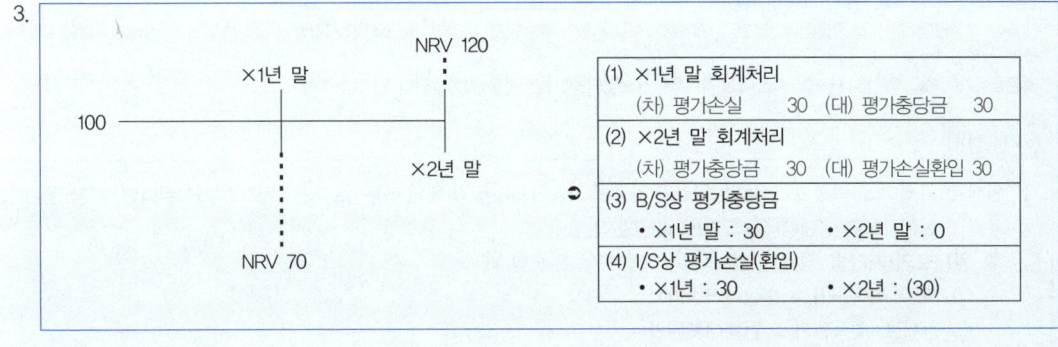

순실현가능가치는 통상적인 영업과정에서 재고자산의 판매를 통해 실현할 것으로 기대하는 순매각금액을 말한다. 그러므로 순실현가능가치는 통상적인 영업과정의 예상판매가격에서 예상되는 추가 완성원가와 판매비용을 차감한 금액으로 측정된다.

Comment

공정가치는 측정일에 시장참여자 사이의 정상거래에서 자산을 매도할 때 받거나 부채를 이전할 때 지급하게 될 가격을 말한다. 순실현가능가치는 기업특유가치이지만, 공정가치는 그렇지 않으므로 재고자산의 순실현가능가치는 순공정가치와 일치하지 않을 수도 있다.

재고자산을 저가법으로 평가하는 경우 순실현가능가치는 재고자산의 보유목적을 고려하여 아래의 표와 같이 추정한다.

구 분	순실현가능가치의 추정
확정판매계약 또는 용역계약을 이행하기 위하여 보유하는 재고자산	계약에 기초하여 추정
보유하고 있는 재고자산의 수량이 확정판매계약의 이행에 필요한 수량을 초과하는 경우	초과 수량의 순실현가능가치는 일반 판매가격에 기초하여 추정

완성될 제품이 원가 이상으로 판매될 것으로 예상되는 경우에는 그 생산에 투입하기 위해 보유하는 원재료 및 기타 소모품을 감액하지 아니한다. 그러나 원재료 가격이 하락하여 제품의 원가가 순실현가능가치를 초과할 것으로 예상된다면 해당 원재료를 순실현가능가치로 감액한다. 이 경우 원재료의 현행대체원가는 순실현가능가치에 대한 최선의 측정치가 될 수 있다.

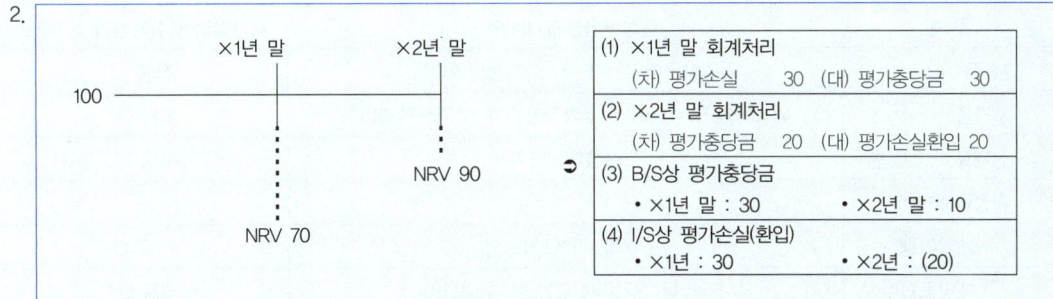

[재고자산의 순실현가능가치와 저가법 적용 여부]

구 분	순실현가능가치(NRV)	저가법적용(취득원가 > NRV)
제 품	예상판매가(≠ FV) − 예상판매비용	적용 ○
재공품	예상판매가(≠ FV) − 추가가공원가 − 예상판매비용	적용 ○[3]
원재료	현행대체원가	원칙 : 적용 ×, 예외[1]
확정판매계약		
• 계약이행	계약가격에 기초함	적용 ○
• 계약초과수량	일반판매가격에 기초한 추정가액	적용 ○[2]

[1] 원재료의 경우 완성될 제품이 원가 이상으로 판매되지 못하면(취득원가 > NRV) 저가법 적용 ○

[2] 제품이 확정판매계약으로 이행되는 부분과 계약초과수량분으로 나누어져 있다면 원재료의 저가법 적용 여부는 계약초과수량을 기초로 하여 산정한다.

[3] 재공품은 완성될 제품의 저가법 적용대상 여부와 관계없이 저가법 적용대상이 되면 저가법 적용

Comment

1. 원재료 가격이 하락하고 제품의 원가가 순실현가능가치(현행대체원가)를 초과할 것으로 예상된다면 해당 원재료를 순실현가능가치(현행대체원가)로 감액한다.
   ➲ 원재료의 저가법 적용 조건 : ①과 ②가 모두 만족할 때
   ① 제품 : 취득원가 > 순실현가능가치
   ② 원재료 : 취득원가 > 현행대체원가
2. 순실현가능가치를 추정할 때에는 재고자산으로부터 실현 가능한 금액에 대하여 추정일 현재 사용 가능한 가장 신뢰성 있는 증거에 기초하여야 한다. 또한 보고기간 후 사건이 보고기간 말 존재하는 상황에 대하여 확인하여 주는 경우에는 그 사건과 직접 관련된 가격이나 원가의 변동을 고려하여 추정하여야 한다.

예제 3

20×2년 초에 영업을 개시한 A회사의 20×2년 말 기말재고자산 평가와 관련된 자료는 아래와 같다. 20×2년에 계상될 재고자산 평가손실은 얼마인가?

(단위 : 원)

구 분	취득원가	현행대체원가	예상판매가 − 추가비용
제 품	24,000	22,000	26,000
재공품	18,000	19,000	16,000
원재료	15,000	12,000	10,000

풀이

1. 제품 : 0원 (24,000 < 26,000으로 순실현가능가치가 취득원가보다 크므로 저가법 적용대상 아님)
2. 재공품 : (2,000)원 (18,000 > 16,000으로 순실현가능가치가 취득원가보다 작으므로 저가법 적용대상임)
3. 원재료 : 0원 (현행대체원가가 취득원가보다 작지만 제품의 순실현가능가치가 취득원가보다 높으므로 원재료의 평가손실 계상하지 않음)

if) 20×2년 재고자산 기말가액은 얼마인가? ➲ 24,000 + 16,000 + 15,000 = 55,000

06 매출총이익률법 ★

매출총이익률법이란 과거의 매출총이익률을 이용하여 판매가능상품원가를 매출원가와 기말재고에 배분하는 방법이다. 매출총이익률법은 화재 등의 재난으로 인해 재고자산에 대한 기록을 이용할 수 없거나 실지재고조사를 하지 않고 중간결산을 하는 경우 등과 같이 회사의 필요에 의해 사용한다.

재고자산		
기초 ① 매입(순)	④ 매출원가 ⑤ 기말	← ③ 매출(순)
② 판매가능상품원가		

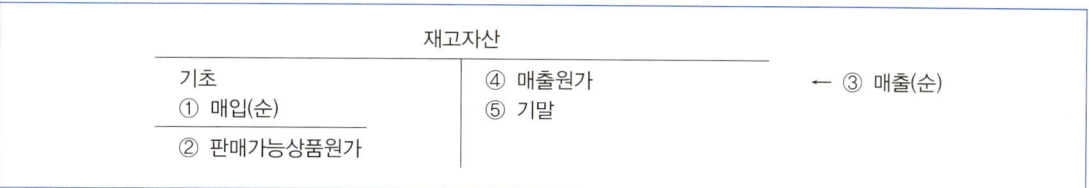

① 당기매입(순) : 총매입 − 매입에누리/환출/할인 + 매입운임 등 = 현금매입 ± 외상매입
② 판매가능상품원가 : 기초 + 매입
③ 매출(순) : 총매출 − 매출에누리/환입/할인 = 현금 매출 ± 외상매출
④ 매출원가
- ➲ 매출총이익률(a) : 매출 × (1 − a) = 매출원가
- ➲ 원가가산율(= 매출원가 대비 매출총이익률)(b) : 매출/(1 + b) = 매출원가

⑤ 기말재고 : 판매가능상품원가(②) − 매출원가(④)

07 소매재고법 ★

소매재고법은 판매가를 기준으로 평가한 기말재고자산에 구입원가, 판매가 및 판매가변동액에 근거하여 산정한 원가율을 적용하여 기말재고자산의 원가를 결정하는 방법으로 매출가격환원법이라고도 한다.
소매재고법은 실제원가가 아닌 추정에 의한 원가결정방법이므로 평가한 결과가 실제 원가와 유사한 경우에 편의상 사용할 수 있다. 따라서 소매재고법은 이익률이 유사하고 품종 변화가 심한 다품종 상품을 취급하는 유통업에서 실무적으로 다른 원가측정방법을 사용할 수 없는 경우에 흔히 사용한다.

소매재고법의 계산구조

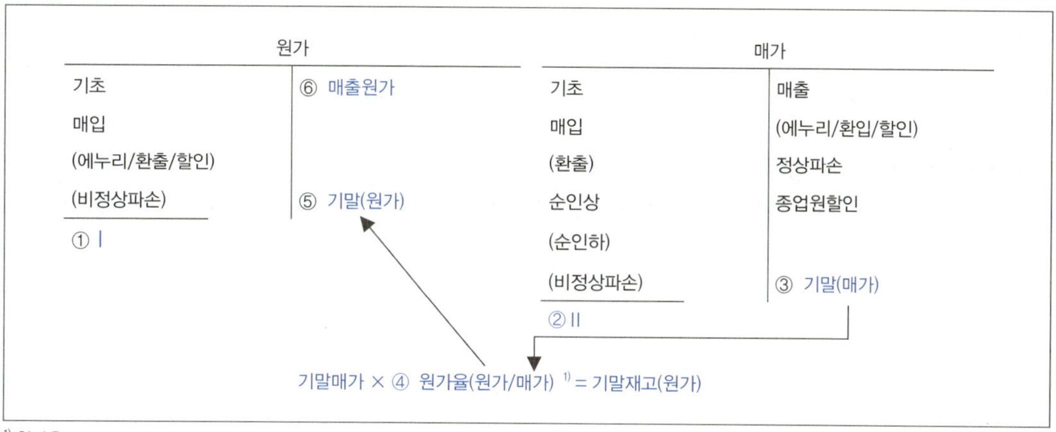

1) 원가율
- 가중평균법 : I / II
- 선입선출법 : (I − 기초재고(원가)) / (II − 기초재고(매가))
- 전통적소매재고법(저가법·평균) : I / (II + 순인하)
- 선입선출법하의 저가법 : (I − 기초재고(원가)) / (II − 기초재고(매가) + 순인하)

1. 매입운임, 매입환출, 매입에누리 및 매입할인

각 항목은 매입에 가산 또는 차감항목이다. 다만, 매입환출의 경우에는 환출을 하면 상품자체가 반품이 되므로 원가와 매가 모두에서 차감해야 한다. (매입환출은 매가 자료가 있을 때만 고려한다)

2. 순인상액과 순인하액

순인상액(가격인상 - 가격인상취소)과 순인하액(가격인하 - 가격인하취소)은 최초에 정한 판매가격보다 더 높거나 낮은 가격으로 조정된 판매가격을 말한다. 매가기준 매출액과 기말재고에 반영하면 되고 매가의 변동이므로 원가에는 고려하지 않는다.

3. 비정상파손

비정상파손은 비정상적으로 발생한 파손, 감손, 도난 등을 말하는 것으로 정상적인 영업활동과 무관하므로 기타비용(영업외비용)으로 처리한다. 그러므로 비정상파손은 원가와 매가에서 차감한다.

4. 종업원할인과 정상파손

종업원할인이나 정상파손은 정상적인 영업활동에서 발생한 것으로 매출원가로 처리해야 한다. 이 금액을 조정하지 않으면 기말재고 매가가 과대평가되므로 기말재고 매가를 적정하게 평가하기 위해서 종업원할인과 정상파손은 기말재고자산과 별도로 구분하여 표시한다. 다만, 원가에서는 매출원가에 고려되므로 별도로 고려할 필요가 없다.

5. 원가율

(1) 가중평균소매재고법

가중평균소매재고법은 기초재고와 당기매입분이 평균적으로 판매된다고 가정하므로 원가율은 기초재고자산과 당기매입, 순인상액, 순인하액을 모두 포함하여 계산한다.

(2) 선입선출소매재고법

선입선출소매재고법은 먼저 구입한 재고자산이 먼저 판매된다고 가정하므로 가중평균소매재고법의 원가율에서 기초재고자산을 고려하지 않는다.

(3) 저가기준가중평균소매재고법(전통적소매재고법)

저가기준가중평균소매재고법은 기말재고자산을 가능한 낮게 표시하기 위하여 가중평균소매재고법의 원가율에서 순인하액을 원가율 분모에서 제외시켜 원가율을 낮게 계상하는 방법이다.

(4) 저가기준선입선출소매재고법

저가기준선입선출소매재고법은 가중평균소매재고법의 원가율에서 기초재고자산을 고려하지 않고 순인하액도 분모에서 제외시키는 방법이다.

예제 4

여의마트는 재고자산평가의 원가배분방법으로 소매재고법을 사용하고 있다. 20×2년의 재고자산과 관련된 자료는 다음과 같다.

구 분	원 가	매 가
기초재고	₩5,700	₩10,000
총매입액	₩88,600	₩132,900
매입환출	₩1,900	₩1,200
총매출액		₩81,000
매출에누리 등		₩8,000
순인상액		₩600
순인하액		₩8,000
종업원할인		₩1,000
정상파손	₩940	₩1,450
비정상파손	₩2,700	₩4,300

여의마트가 아래의 원가흐름 가정을 적용하는 경우 다음 표의 각 번호에 해당하는 금액은 얼마인가? (단, 소수점 첫째 자리에서 반올림한다)

구 분	기말재고(원가)	매출원가
가중평균소매재고법	①	②
선입선출소매재고법	③	④
전통적소매재고법	⑤	⑥
저가기준 선입선출소매재고법	⑦	⑧

풀이

상품(원가)

차변	금액	대변	금액
기초	5,700	매출원가	
매입	88,600		
매입환출	(1,900)		
비정상파손	(2,700)	기말재고	
합계 : I	89,700		

상품(매가)

차변	금액	대변	금액
기초	10,000	매출액	81,000
매입	132,900	정상파손	1,450
매입환출	(1,200)	종업원할인	1,000
순인상	600	매출에누리 등	(8,000)
순인하	(8,000)		
비정상파손	(4,300)	기말재고	54,550
합계 : II	130,000		

1. 가중평균법
   (1) 원가율 : I/II = 69%
   (2) 기말재고(원가) : 54,550 × 69% = 37,640
   (3) 매출원가 : 89,700 − 37,640 = 52,060
2. 선입선출법
   (1) 원가율 : (I − 5,700)/(II − 10,000) = 70%
   (2) 기말재고(원가) : 54,550 × 70% = 38,185
   (3) 매출원가 : 89,700 − 38,185 = 51,515
3. 전통적소매재고법
   (1) 원가율 : I/(II + 8,000) = 65%
   (2) 기말재고(원가) : 54,550 × 65% = 35,458
   (3) 매출원가 : 89,700 − 35,458 = 54,242
4. 저가기준선입선출법
   (1) 원가율 : (I − 5,700)/(II − 10,000 + 8,000) = 66%
   (2) 기말재고(원가) : 54,550 × 66% = 36,003
   (3) 매출원가 : 89,700 − 36,003 = 53,697

개념완성문제

01 저당상품은 저당권이 실행되기 전에도 담보제공자의 재고자산에서 제외한다. (O, X)

02 반품조건부 상품의 판매에서 반품률을 합리적으로 추정할 수 있는 경우에도 판매자의 재고자산에서 제외하지 않는다. (O, X)

03 (　　　)은/는 출고분을 기입하지 않으므로 장부상 재고를 파악할 수 없다.

04 물가상승 시에 후입선출법은 선입선출법에 비해 현금흐름이 나빠진다. (O, X)

05 저가법은 종목별기준을 원칙으로 하고 조별기준과 총액기준을 예외적으로 인정한다. (O, X)

06 시가의 회복으로 발생한 재고자산평가손실환입은 매출원가의 (　　　)로/으로 처리한다.

07 표준원가법은 그 평가결과가 실제 원가와 유사한 경우에는 편의상 이를 사용할 수 있다. (O, X)

08 금액상 중요하지 않은 부산물은 순실현가능가치로 측정할 수 있다. (O, X)

09 유통업의 경우에는 원가율 추정치에 의해 재고자산을 평가할 수 있다. (O, X)

10 당기에 기말재고자산이 과다계상되면 매출원가는 과소계상되고, 이로 인해 차기에 매출원가는 과다계상되는 결과를 초래한다. (O, X)

11 완성품의 취득원가라는 측면에서 유통업의 매입원가와 제조업의 당기제품제조원가는 같은 의미이다. (O, X)

정답 및 해설

01 X　저당권이 실행되기 전까지는 담보제공자의 재고자산으로 본다.

02 X　반품률을 합리적으로 추정할 수 있는 경우에는 판매자의 재고자산에 포함하지 않는다.

03 실지재고조사법

04 X　후입선출법은 이익이 선입선출법에 비해 적게 잡혀 법인세부담이 줄어들므로 현금흐름이 선입선출법보다 양호해진다.

05 X　총액기준은 인정하지 않는다.

06 차감계정

07 O

08 O

09 O

10 O

11 O

출제예상문제

✔ 학습시간이 부족하거나 시험 전 최종정리를 하고 싶은 경우에는 출제빈도(★~★★★)가 높은 문제를 우선으로 풀이할 수 있습니다.
✔ 다시 봐야 할 문제(풀지 못한 문제, 헷갈리는 문제 등)는 문제 번호 하단의 네모박스(□)에 체크하여 반복 학습할 수 있습니다.

★
재고자산에 포함될 항목

01 □□□
재고자산의 회계처리에 관한 설명으로 옳은 것은?

① 도착지인도조건으로 매입한 미착상품은 구매자의 재고자산에 포함한다.
② 저당상품은 저당권이 실행되기 전에도 담보제공자의 재고자산에서 제외한다.
③ 적송품은 수탁자가 제3자에게 판매하기 전까지는 수탁자의 재고자산에 포함한다.
④ 반품조건부 상품의 판매에서 재고자산의 포함 여부 판단 시 고려해야 할 요인은 반품률의 합리적 추정가능성 여부이다.
⑤ 할부판매의 경우 판매대금의 회수 시점까지 판매자의 재고자산에 포함한다.

★★★
재고자산에 포함될 항목

02 □□□
A사의 20×1년 말 창고에 실제 보관 중인 재고자산은 200,000원이며, 아래의 사항들이 반영되지 않은 금액이다. 아래의 사항들을 반영하여 20×1년 말 A사의 재무상태표에 표기될 정확한 재고자산은 얼마인가?

- 선적지인도조건으로 판매한 미착상품 40,000원이 아직 도착하지 않았다.
- 재구매조건부로 구매한 상품 40,000원이 기말재고에 포함되어 있다.
- 거래처에 장기할부조건으로 판매한 상품 60,000원이 기말재고자산에 포함되어 있지 않으며, 판매대금 중 70%는 회수기일이 경과하였다.

① 160,000원　② 200,000원　③ 240,000원
④ 242,000원　⑤ 270,000원

★★★

03 □□□ 재고자산에 포함될 항목

㈜한국의 20×1년 기초재고자산은 100,000원, 당기매입액은 200,000원이다. ㈜한국은 20×1년 12월 말 결산과정에서 재고자산 실사 결과 기말재고가 110,000원인 것으로 파악되었으며, 다음의 사항은 고려하지 못하였다. 이를 반영한 후 ㈜한국의 20×1년 매출원가는?

- 도착지인도조건으로 매입한 상품 20,000원은 20×1년 12월 31일 현재 운송 중이며, 20×2년 1월 2일 도착 예정이다.
- 20×1년 12월 31일 현재 시용판매를 위하여 고객에게 보낸 상품 40,000원(원가) 가운데 50%에 대하여 고객이 구매의사를 표시하였다.
- 20×1년 12월 31일 현재 ㈜민국에 담보로 제공한 상품 50,000원은 창고에 보관 중이며, 재고자산 실사 시 이를 포함하였다.

① 170,000원 ② 180,000원 ③ 190,000원
④ 220,000원 ⑤ 230,000원

정답 및 해설

01 ④ 반품조건부 상품의 판매에서 재고자산의 포함 여부 판단 시 고려해야 할 요인은 반품률의 합리적 추정가능성 여부이다.

오답체크

① 도착지인도조건으로 매입한 미착상품은 판매자의 재고자산에 포함한다.
② 저당상품은 저당권이 실행되기 전까지는 담보제공자의 재고자산에 포함한다.
③ 적송품은 수탁자가 제3자에게 판매하기 전까지는 위탁자의 재고자산에 포함한다.
⑤ 할부판매의 경우 상품의 판매 시점에 판매자의 재고자산에서 제외한다.

02 ① 20×1년 말 A사의 재무상태표에 표기될 정확한 재고자산은 160,000원이다.

(단위 : 원)

구 분	금 액	비 고
수정 전 재고자산	200,000	-
선적지인도조건 판매	-	선적 시점에 재고자산에서 제외함
재구매조건부 구매	(40,000)	재구매조건부거래는 금융약정거래로 봄
장기할부조건	-	대금회수의 불확실성은 별도의 대손처리함
계	160,000	

03 ① 정확한 기말재고자산 = 110,000 + 40,000 × 50% = 130,000원
➲ 매출원가 = 100,000 + 200,000 − 130,000 = 170,000원

★★ 재고자산에 포함될 항목

04 □□□

A사는 ×1년도에 판매한 상품의 송장가격이 100,000원이며, 매출에누리와 환입은 2,000원, 매출할인은 1,000원, 매출상품의 운임은 1,500원을 부담하였다. 또한 ×1년도에 매입한 상품의 송장가격은 30,000원, 매입에누리와 환출은 1,000원, 매입할인은 500원, 매입운임은 3,000원을 부담하였다. 기초상품재고액이 5,000원 기말상품재고액이 10,000원인 경우 매출총이익은 얼마인가?

① 55,000원 ② 65,500원 ③ 70,000원
④ 70,500원 ⑤ 81,500원

★★★ 재고자산에 포함될 항목 최신출제유형

05 □□□

A사의 부분 재무제표는 아래와 같다. 다음과 같은 오류가 수정되었을 때 정확한 당기 매출총이익은 얼마인가?

〈부분 재무상태표〉

(단위 : 원)

구 분	전 기	당 기
재고자산	400,000	200,000

〈부분 손익계산서〉

(단위 : 원)

구 분	당 기
매출액	8,000,000
매출원가	4,000,000

- 전기 재고자산에는 위탁판매를 위해 발송한 적송품 100,000원(전기말 현재 미판매)이 누락되어 있다.
- 당기 재고자산에는 선적지인도조건으로 매입한 미착상품 200,000원에 대해 매입기록은 하였으나, 재고자산에는 포함되지 않았다.

① 3,900,000원 ② 4,000,000원 ③ 4,100,000원
④ 4,200,000원 ⑤ 4,600,000원

★★ 재고자산에 포함될 항목

06 다음 중 재고자산의 취득원가에 포함하는 항목으로 옳지 않은 것은 모두 몇 개인가?

> A. 매입운임, 하역료 및 보험료 등 취득과정에서 정상적으로 발생한 부대원가
> B. 재료원가, 노무원가 및 기타의 제조원가 중 비정상적으로 낭비된 부분
> C. 추가 생산단계에 투입하기 전에 보관이 필요한 경우 외의 보관비용
> D. 실제조업도가 정상조업도와 유사한 경우 실제조업도에 의한 고정제조간접비배부액
> E. 매입과 관련된 할인, 에누리 및 기타 유사한 항목

① 1개 ② 2개 ③ 3개 ④ 4개 ⑤ 5개

정답 및 해설

04 ④
- 매출 = 100,000 – 2,000 – 1,000 = 97,000원 (매출운임은 판매관리비 처리)
- 매입 = 30,000 – 1,000 – 500 + 3,000 = 31,500원
- 매출원가 = 5,000 + 31,500 – 10,000 = 26,500원

➲ 매출총이익 = 97,000 – 26,500 = 70,500원

05 ③
- 전기 정확한 기말재고자산 = 400,000 + 100,000(위탁판매) = 500,000원
- 당기 정확한 기말재고자산 = 200,000 + 200,000(미착상품) = 400,000원
- 오류수정전 매입 = 기초재고자산 400,000 + 매입 = 매출원가 4,000,000 + 기말재고자산 200,000원
- 매입 = 3,800,000원
- 정확한 매출원가 = 500,000 + 3,800,000 – 400,000 = 3,900,000원

➲ 매출총이익 = 8,000,000 – 3,900,000 = 4,100,000원

06 ③ A와 D만 재고자산의 취득원가에 포함한다.

★★★ **재고자산에 포함될 항목** 최신출제유형

07

A사가 재고자산을 실사한 결과 20×1년 말 현재 창고에 보관 중인 상품의 실사금액은 2,000,000원인 것으로 확인되었다. 재고자산 관련된 추가 자료는 다음과 같다.

- 선적지인도조건으로 구입한 재고자산은 100,000원이며, 결산일 현재 운송 중이다. 회사는 송장이 도착하지 않아 매입 회계처리를 하지 않았다.
- 도착지인도조건으로 판매한 재고자산이 결산일 현재 운송 중이다. 재고자산의 원가는 200,000원이며 회사는 선적 시점에 매출로 수익을 인식하였다.
- 회사는 20×1년 12월 20일에 원가 50,000원의 상품을 판매하고 판매대금을 수수하였다. 고객은 상품에 대한 법적권리가 있으며 통제한다. 하지만 고객은 20×2년 2월 8일에 동 상품을 인도받기를 원하여 회사의 창고에 보관하고 있으며, 실사금액에 포함되었다.
- A사는 20×1년 12월 1일에 원가 800,000원의 재고자산을 현금 1,000,000원에 판매하기로 고객과 계약을 체결하였다. 계약에 따르면 20×2년 3월 31일 이전에 그 자산을 1,050,000원에 다시 살 권리를 A사가 보유하고 있다.

위의 추가 자료를 반영한 후 A사의 20×1년 말 재무상태표에 표시될 기말상품재고액은 얼마인가? (단, 재고자산 감모손실 및 재고자산 평가손실은 없다)

① 2,250,000원 ② 3,050,000원 ③ 3,100,000원
④ 4,050,000원 ⑤ 4,150,000원

★★★ **재고자산의 원가흐름 가정**

08

재고자산의 원가흐름 가정에 대한 설명으로 옳은 것은?

① 인플레이션을 가정하는 경우 당기순이익은 총평균법이 이동평균법보다 크다.
② 인플레이션을 가정하는 경우 선입선출법은 후입선출법보다 세금부담이 작아진다.
③ 인플레이션을 가정하는 경우 후입선출법의 매출원가는 실지재고조사법이 계속기록법보다 작다.
④ 선입선출법에서 매출원가는 계속기록법과 실지재고조사법의 차이가 없다.
⑤ 인플레이션을 가정하는 경우 후입선출법은 선입선출법에 비해 재고자산을 높게 평가한다.

정답 및 해설

07 ② 20×1년 말 재고자산 = 회사 창고상 재고 + 매입미착상품 + 판매미착품 − 미인도청구판매 + 재매입약정
= 2,000,000 + 100,000 + 200,000 − 50,000 + 800,000
= 3,050,000원

* 기업이 제품을 물리적으로 점유하고 있더라도 고객이 제품을 통제할 수 있는 경우에는 제품의 미인도청구판매를 수익으로 인식한다.

08 ④ 선입선출법에서 매출원가는 계속기록법과 실지재고조사법의 차이가 없다.

오답체크

① 인플레이션을 가정하는 경우 당기순이익은 총평균법이 이동평균법보다 작다.
② 인플레이션을 가정하는 경우 선입선출법은 후입선출법보다 세금부담이 커진다.
③ 인플레이션을 가정하는 경우 후입선출법의 매출원가는 실지재고조사법이 계속기록법보다 크다.
⑤ 인플레이션을 가정하는 경우 후입선출법은 선입선출법에 비해 재고자산을 낮게 평가한다.

참고

기말재고자산		선입선출법 > 이동평균법 > 총평균법 > 후입선출법 − 계속 > 후입선출법 − 실지
매출원가		선입선출법 < 이동평균법 < 총평균법 < 후입선출법 − 계속 < 후입선출법 − 실지
당기순이익		선입선출법 > 이동평균법 > 총평균법 > 후입선출법 − 계속 > 후입선출법 − 실지
법인세비용 (과세소득이 있는 경우)		선입선출법 > 이동평균법 > 총평균법 > 후입선출법 − 계속 > 후입선출법 − 실지
현금흐름	법인세효과 ×	선입선출법 = 이동평균법 = 총평균법 = 후입선출법 − 계속 = 후입선출법 − 실지
	법인세효과 O	선입선출법 < 이동평균법 < 총평균법 < 후입선출법 − 계속 < 후입선출법 − 실지

★★★ 재고자산의 흐름 최신출제유형

09 ㈜대한의 2010 회계연도 중 재료구입액은 ₩200,000이고, 직접노무원가와 제조간접원가 발생액이 각각 ₩150,000과 ₩155,000일 경우 다음 자료를 이용하여 당기제품제조원가와 매출원가를 계산하면?

구 분	20×1. 1. 1.	20×1. 12. 31.
재 료	₩100,000	₩80,000
재공품	₩120,000	₩150,000
제 품	₩150,000	₩200,000

	제품제조원가	매출원가
①	₩495,000	₩445,000
②	₩495,000	₩475,000
③	₩505,000	₩445,000
④	₩505,000	₩475,000
⑤	₩510,000	₩480,000

★★★ 재고자산의 원가흐름 가정

10 재고자산의 원가흐름 가정에 대한 설명으로 옳은 것은?

① 계속기록법에서는 판매가 이루어질 때마다 해당 판매에서 발생하는 매출원가를 회계처리하지 않고 기말시점에 회계처리한다.
② 실지재고조사법은 출고분을 기입하지 않으므로 장부상 재고를 파악할 수 없다.
③ 실지재고조사법은 기말에 실제 남아있는 재고금액을 산정하지만 매출원가는 판매 시점에 산정한다.
④ 개별법은 원가흐름과 물량흐름이 일치하는 방법으로 이익조작이 쉽지 않다는 장점이 있다.
⑤ 물가상승 시에 선입선출법은 후입선출법에 비해 현금흐름이 양호하다.

★★★ 재고자산의 원가흐름 가정

11 다음 중 재고자산의 취득원가 및 원가흐름의 가정에 대한 설명으로 옳은 것은?

① 성격이나 용도 면에서 차이가 있는 재고자산에도 서로 다른 단위원가 결정방법을 적용할 수 없다.
② 고정제조간접원가를 배분할 때 실제조업도가 정상조업도보다 높은 경우, 실제조업도에 기초하여 고정제조간접원가를 배분한다.
③ 개별법은 자의적으로 이익조작이 어려운 장점이 있으나, 공통적으로 발생한 매입부대비용을 재고자산별로 정확하게 배분하기 어려운 단점이 있다.
④ 후입선출법은 물가상승 시에 다른 방법에 비해 세금 절약을 할 수 없어서 불리한 현금흐름을 가져온다.
⑤ 물가상승 시에 선입선출법으로 재고자산을 평가하면, 계속기록법과 실지재고조사법 중 어느 방법을 선택하느냐에 따라 평가결과는 달라지지만, 후입선출법으로 평가하는 경우에는 그 결과가 동일하다.

정답 및 해설

09 ① • 제품제조원가 : 기초(원재료 + 재공품) + 매입 + 직접노무원가 + 제조간접원가 − 기말(원재료 + 재공품)
= 100,000 + 120,000 + 200,000 + 150,000 + 155,000 − 80,000 − 150,000 = 495,000

• 매출원가 : 기초(원재료 + 재공품 + 제품) + 매입 + 직접노무원가 + 제조간접원가 − 기말(원재료 + 재공품 + 제품)
= 150,000 + 495,000 − 200,000 = 445,000

참고 제조원가의 T계정 정리

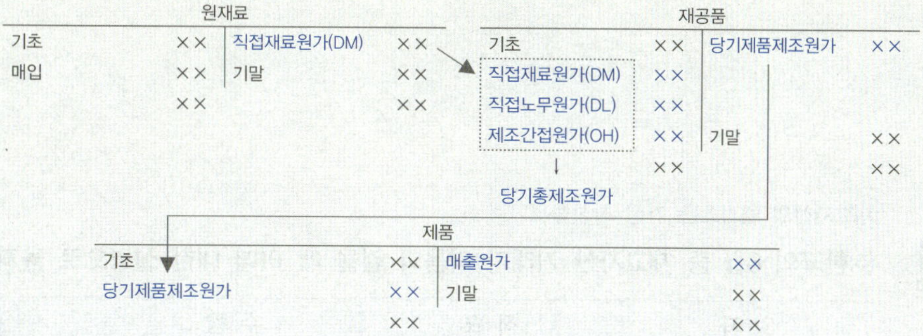

10 ② 실지재고조사법은 출고분을 기입하지 않으므로 장부상 재고를 파악할 수 없다.

오답체크

① 계속기록법에서는 판매가 이루어질 때마다 해당 판매에서 발생하는 매출원가를 회계처리하여야 한다.
③ 실지재고조사법은 기말에 실제 남아있는 재고금액을 산정하므로 매출원가를 기말시점에 산정한다.
④ 개별법은 원가흐름과 물량흐름이 일치하는 방법으로 이익조작이 쉽다는 단점이 있다.
⑤ 물가상승 시에 후입선출법은 선입선출법에 비해 현금흐름이 양호하다.

11 ② 고정제조간접원가를 배분할 때 실제조업도가 정상조업도보다 높은 경우에는 실제조업도에 기초하여 고정제조간접원가를 배부한다.

오답체크

① 성격과 용도 면에서 유사한 재고자산에는 동일한 단위원가 결정방법을 적용하여야 하며, 성격이나 용도 면에서 차이가 있는 재고자산에는 서로 다른 단위원가 결정방법을 적용할 수 있다.
③ 개별법은 자의적으로 이익조작을 할 수 있고, 공통적으로 발생한 매입부대비용을 재고자산별로 정확하게 배분하기 어려운 단점이 있다.
④ 후입선출법은 수익비용의 대응이 적절하며, 물가상승 시에 다른 방법에 비해 세금 절약을 할 수 있어서 유리한 현금흐름을 가져온다.
⑤ 물가상승 시에 후입선출법으로 재고자산을 평가하면, 계속기록법과 실지재고조사법 중 어느 방법을 선택하느냐에 따라 평가결과는 달라지지만, 선입선출법으로 평가하는 경우에는 그 결과가 동일하다.

★★★ 재고자산의 원가흐름 가정

12 ㈜한국은 재고자산에 대해 가중평균법을 적용하고 있으며, 20×6년 상품 거래내역은 다음과 같다. 상품거래와 관련하여 실지재고조사법과 계속기록법을 각각 적용할 경우, 20×6년도 매출원가는? (단, 상품과 관련된 감모손실과 평가손실은 발생하지 않았다)

일 자	적 요	수 량	단 가	금 액
1월 1일	기초재고	100개	8원	800원
3월 4일	매 입	300개	9원	2,700원
6월 20일	매 출	(200개)		
9월 25일	매 입	100개	10원	1,000원
12월 31일	기말재고	300개		

	실지재고조사법	계속기록법
①	1,800원	1,700원
②	1,750원	1,700원
③	1,700원	1,750원
④	1,800원	1,750원
⑤	1,850원	1,800원

★★ 재고자산의 원가흐름 가정 최신출제유형

13 ㈜한국의 6월 중 재고자산 거래가 다음과 같을 때 이에 대한 설명으로 옳지 않은 것은?

일 자	적 요	수 량	단 가
6월 1일	월초 재고	100개	10원
6월 9일	매 입	300개	15원
6월 16일	매 출	200개	25원
6월 20일	매 입	100개	20원
6월 28일	매 출	200개	30원

① ㈜한국이 총평균법을 사용할 경우 매출원가는 6,000원이다.
② ㈜한국이 선입선출법을 사용할 경우 6월 말 재고자산금액은 2,000원이다.
③ 총평균법을 사용할 경우보다 이동평균법을 사용할 경우에 순이익이 더 크다.
④ 계속기록법과 선입선출법을 사용할 경우보다 실지재고조사법과 선입선출법을 사용할 경우 매출원가가 더 크다.
⑤ 법인세효과를 고려하지 않는다면 선입선출법과 이동평균법을 사용할 경우 ㈜한국의 현금흐름은 동일하다.

★★★
14
□□□

재고자산의 원가흐름의 가정 최신출제유형

㈜포도가 ×1년 말에 착오로 기말재고자산을 과대계상한 경우, 그 영향으로 옳지 않은 설명을 모두 고르면? (단, 실지재고조사법을 적용하고 있다)

a. ×1년의 영업이익이 감소한다.
b. ×2년의 영업이익에는 영향이 없다.
c. ×1년의 유동비율은 감소한다.
d. ×2년 말 이익잉여금에는 영향이 없다.

① a ② b ③ c ④ b, c ⑤ a, b, c

정답 및 해설

12 ④ • 총평균법(= 실지재고조사법 & 가중평균법)
- 평균단가 = (800 + 2,700 + 1,000) ÷ (400 + 100)개 = @9
➲ 매출원가 = 판매수량 200개 × 단가 @9 = 1,800

• 이동평균법(= 계속기록법 & 가중평균법)
- 평균단가 = (800 + 2,700) ÷ 400개 = @8.75
➲ 매출원가 = 판매수량 200개 × 단가 @8.75 = 1,750

13 ④ 선입선출법의 경우 계속기록법과 실지재고조사법에 따른 매출원가는 동일하다.

오답체크

① • 판매 수량 = 1차 판매 수량 200개 + 2차 판매 수량 200개 = 400개

• 평균 단위원가(총평균법) = $\frac{1,000 + 4,500 + 2,000}{500}$ = @15
- 기초재고자산 = 기초수량 100개 + 단위당 취득원가 @10 = 1,000원
- 6월 9일(1차 구매분) = 구매 수량 300개 × 단위당 취득원가 @15 = 4,500원
- 6월 20일(2차 구매분) = 구매 수량 100개 × 단위당 취득원가 @20 = 2,000원

➲ 총평균법을 사용할 경우 매출원가 = 판매 수량 400 × 평균 단위원가 @15 = 6,000원

② 선입선출법을 사용할 경우 재고자산금액 = 잔여 수량 100개 × 단위당 취득원가 @20 = 2,000원
③ 단위당 취득원가를 분석하면 인플레이션하의 상황이라는 것을 알 수 있으므로 옳은 지문이다.
⑤ 법인세효과를 고려하지 않는다면 원가흐름의 가정과 관계없이 기업의 현금흐름은 모두 동일하다.

14 ⑤ ×1년 영업이익은 매출원가의 감소로 증가한다.
×2년의 영업이익은 기초재고의 증가로 매출원가가 증가하여 감소한다.
×1년의 유동비율은 재고자산의 증가로 증가한다.
×2년 말 이익잉여금은 ×1년도에 매출원가가 감소하고 ×2년에 같은 금액으로 매출원가가 증가하여 영향이 없다.

★★★

재고자산 감모손실과 평가손실

15 □□□

다음은 도매업을 영위하는 A사의 재고자산과 관련된 자료이다. 이 자료에 의하면 손익계산서상 매출원가는 얼마인가?

- 기초상품재고액 : 6,000,000원
- 당기 중 상품매입액 : 28,000,000원
- 재고자산 평가손실 : 3,000,000원
- 재고자산 감모손실(정상적임) : 2,000,000원
- 재고자산 감모손실(비정상적임) : 4,000,000원
- 기말상품재고액(평가손실과 감모손실 차감 후 금액) : 5,000,000원

① 20,000,000원 ② 23,000,000원 ③ 25,000,000원
④ 27,000,000원 ⑤ 30,000,000원

★★★

재고자산 감모손실과 평가손실

16 □□□

다음은 A사의 재고자산과 관련된 자료이다. 당기 매출원가를 계산하면 얼마인가?

- 기말재고 장부 수량 : 550개
- 기말재고 실제 수량 : 500개
- 기말재고 단위당 취득원가 : 100원
- 기말재고 단위당 순실현가능가치 : 80원
- 재고자산 감모손실은 모두 정상적 감모였음
- 기초재고자산 : 42,000원
- 당기매입액 : 400,000원

① 352,000원 ② 367,000원 ③ 370,000원
④ 377,000원 ⑤ 402,000원

★★★
17
□□□

재고자산 감모손실과 평가손실

다음은 B사의 재고자산과 관련된 자료이다. 당기 매출원가를 계산하면 얼마인가?

- 기말재고 장부 수량 : 600개
- 기말재고 실제 수량 : 500개
- 기말재고 단위당 취득원가 : 100원
- 기말재고 단위당 순실현가능가치 : 80원
- 재고자산 감모손실의 80%가 정상적 감모였음
- 기초재고자산 : 40,000원
- 당기매입액 : 400,000원

① 392,000원　② 398,000원　③ 400,000원
④ 407,000원　⑤ 412,000원

정답 및 해설

15 ③ 매출원가 = 기초상품재고액 + 당기 중 상품매입액 − 재고자산 감모손실(비정상적) − 기말상품재고액
= 6,000,000 + 28,000,000 − 4,000,000 − 5,000,000 = 25,000,000원

재고자산

기초재고	6,000,000	당기판매 정상감모 평가손실	➲ 매출원가 = 25,000,000
		비정상감모	4,000,000
당기매입	28,000,000	기말재고	5,000,000

16 ⑤ 매출원가 = 기초재고자산 + 당기매입액 − 기말상품재고액
= 42,000 + 400,000 − 40,000 = 402,000원

재고자산

기초재고	42,000	당기판매 정상감모 평가손실	➲ 매출원가 = 402,000
		비정상감모	0
당기매입	400,000	기말재고	500개 × Min[100, 80] = 40,000

17 ② 매출원가 = 기초재고자산 + 당기매입액 − 재고자산 감모손실(비정상적) − 기말상품재고액
= 40,000 + 400,000 − 2,000 − 40,000 = 398,000원

재고자산

기초재고	40,000	당기판매 정상감모 평가손실	➲ 매출원가 = 398,000
		비정상감모	(600 − 500)개 × 100 × 20% = 2,000
당기매입	400,000	기말재고	500개 × Min[100, 80] = 40,000

★★
재고자산 감모손실과 평가손실

18 ☐☐☐ ㈜사과의 20×1년도 및 20×2년도 상품 관련 자료는 다음과 같다.

- 20×1년도 기말재고자산 : 4,000,000(단위당 원가 1,000원)
- 20×2년도 매입액 : 11,500,000(단위당 원가 1,250원)
- 20×2년도 매출액 : 15,000,000원

20×2년 말 장부상 상품수량은 4,000개였으나, 실지재고조사 결과 기말수량은 3,500개로 확인되었다. 20×2년 말 현재 보유하고 있는 상품의 예상 판매가격은 단위당 ₩1,500이며, 단위당 ₩300의 판매비용이 예상된다. ㈜사과가 선입선출법을 적용할 때, 20×2년도에 인식할 당기손익은?

① 3,000,000원 이익 ② 3,700,000원 이익 ③ 3,875,000원 이익
④ 4,300,000원 이익 ⑤ 4,500,000원 이익

★★
재고자산 감모손실과 평가손실

19 ☐☐☐ 다음 자료에 의하여 보고기간 말 현재 재무상태표에 공시될 재고자산의 장부금액은 얼마인가?

- 결산조정 전 기말 장부상 재고자산금액 : 1,000,000원
- 결산 시점 평가손실 및 감모손실의 내역
  - 재고자산 평가손실 : 400,000원
  - 정상적인 원가성이 있는 재고 감모손실 : 200,000원
  - 비정상적인 원가성이 없는 재고 감모손실 : 100,000원

① 300,000원 ② 400,000원 ③ 500,000원
④ 600,000원 ⑤ 700,000원

정답 및 해설

18 ② [1st 평균 취득단가]

당기매입분 : @1,250(선입선출법 적용으로 기말재고는 당기매입분으로만 구성)

[2nd 감모손실과 평가손실]

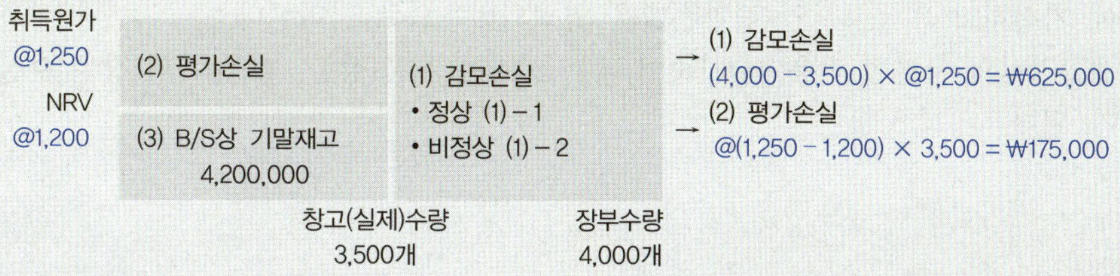

[3rd 당기비용합계]

재고자산

기초재고 순액(= 기초 취득가 – 기초 평가충당금) 4,000,000	당기판매 정상감모 평가손실
	비정상감모
당기매입 11,500,000	기말재고 실제수량 × Min[NRV, 취득원가] 4,200,000

재고자산으로 인한 비용합계 = 기초재고 + 당기매입 – (3) 기말재고
= 4,000,000 + 11,500,000 – 4,200,000 = 11,300,000원

[4th 당기손익에 미치는 영향]

➲ 매출 – 비용합계 = 15,000,000 – 11,300,000 = 3,700,000원

19 ① 기말 재무상태표에 공시될 재고자산 = 1,000,000 – 400,000 – 200,000 – 100,000 = 300,000원

★★ 재고자산 감모손실과 평가손실 최신출제유형

20 □□□

다음은 유통업을 영위하는 ㈜서울의 20×1년 재고자산에 대한 자료이다. ㈜서울은 재고자산의 원가흐름의 가정으로 선입선출법을 적용하며, 저가법으로 평가한다. ㈜서울은 20×1년 말 재고자산의 단위당 순실현가능가치를 80원으로 추정하였고 재고실사를 통해 감모손실 1,000원을 인식하였다. 이때 ㈜서울이 20×1년 재고자산과 관련하여 인식할 평가손실은 얼마인가? (단, 20×1년 초의 재고자산 평가충당금은 200원이다)

일 자	내 역	수 량	단위당 취득원가
1월 1일	기초재고	20개	200원
3월 1일	매 입	20개	100원
4월 1일	매 출	30개	?
5월 1일	매 입	40개	100원

① 1,000원 ② 800원 ③ 600원
④ 400원 ⑤ 200원

★★★ 재고자산 저가법

21 □□□

재고자산의 저가법 평가에 대한 설명으로 옳은 것은?

① 방법별 재고자산의 크기는 종목별기준 평가액 ≥ 조별기준 평가액 ≥ 총액기준 평가액 순이다.
② 재고자산의 저가법 평가는 보수주의 관점과 상충되는 주장이다.
③ 저가법 적용 시 재고항목이 유사한 목적 또는 용도를 갖는 동일한 제품군으로 분류되고 동일한 지역에서 생산·판매되며 그 제품군에 속하는 다른 항목과 구분하여 평가하는 것이 사실상 불가능한 경우에 한하여 예외적으로 총액기준을 허용한다.
④ 재고자산 평가충당금은 재고자산의 차감계정으로 표시하고, 정상적 평가손실은 매출원가에 가산하고 비정상적인 평가손실은 영업외비용으로 처리한다.
⑤ 재고자산의 저가법 적용 시 기준이 되는 시가는 제품(상품, 재공품)의 경우 순실현가능가치가 된다.

★★★ 재고자산 저가법

22 □□□

다음 중 재고자산의 저가법에 대한 설명으로 옳지 <u>않은</u> 것을 모두 고른 것은?

A. 저가법 적용 시 재고자산의 장부금액은 장부금액과 순실현가능가치 중 큰 금액으로 한다.
B. 항목별기준을 원칙으로 하되, 조별기준과 총계기준도 허용한다.
C. 재고자산 평가손실은 매출원가에 가산한다.
D. 재고자산 평가충당금은 재고자산에서 직접 제거하여 표시한다.
E. 재고자산 평가손실이 발생하면 매출원가가 증가하여 매출총이익이 감소한다.

① A ② A, B ③ A, B, D
④ A, B, C ⑤ B, C, D

★★★

23 □□□ **재고자산 저가법** 최신출제유형

다음 중 재고자산평가방법에 대한 설명으로 옳지 않은 것은?

① 시가의 회복으로 발생한 재고자산평가손실환입은 별도의 수익으로 처리한다.
② 저가법을 적용할 경우 종목별기준을 원칙으로 하되, 조별기준도 허용한다.
③ 금액상 중요하지 않은 부산물은 순실현가능가치로 측정할 수 있다.
④ 재고자산평가손실은 정상, 비정상 구분 없이 매출원가로 처리한다.
⑤ 유통업의 경우에는 원가율 추정치에 의해 재고자산을 평가할 수 있다.

정답 및 해설

20 ③
• 기말 장부상 재고자산(평가충당금과 감모손실 차감 전) = (20 + 20 − 30 + 40)개 × @100 = 5,000원
• 감모손실 = (50개 − 실제수량) × @100 = 1,000원
∴ 실제수량 = 40개
• 20×1년 말 재고자산 평가충당금 = 40개 × @(100 − 80) = 800원
➲ 20×1년 재고자산 평가손실 = 800 − 200 = 600

21 ⑤ 재고자산의 저가법 적용 시 기준이 되는 시가는 제품(상품, 재공품)의 경우 순실현가능가치가 된다.

오답체크

① 방법별 재고자산의 크기는 총액기준 평가액 ≥ 조별기준 평가액 ≥ 종목별기준 평가액 순이다.
② 재고자산의 저가법 평가는 보수주의 관점의 주장이다.
③ 저가법 적용 시 재고항목이 유사한 목적 또는 용도를 갖는 동일한 제품군으로 분류되고 동일한 지역에서 생산·판매되며 그 제품군에 속하는 다른 항목과 구분하여 평가하는 것이 사실상 불가능한 경우에 한하여 예외적으로 조별기준을 허용한다.
④ 재고자산 평가충당금은 재고자산의 차감계정으로 표시하고, 정상적 평가손실과 비정상적 평가손실은 구분하지 않는다.

용어 알아두기

보수주의 : 자산과 수익은 과소, 부채와 자본은 최대로 계상하여 순자산을 최대한 적어 보이게 하는 회계원칙

22 ③
A. 저가법 적용 시 재고자산의 장부금액은 장부금액과 순실현가능가치 중 작은 금액으로 한다.
B. 항목별기준을 원칙으로 하되, 조별기준도 허용한다.
D. 재고자산 평가충당금은 재고자산의 차감계정으로 표시한다.

23 ① 시가의 회복으로 발생한 재고자산평가손실환입은 매출원가에서 차감한다.

★★
재고자산 저가법

24 □□□ 20×2년 초에 영업을 개시한 A회사의 20×2년 말 기말재고자산 평가와 관련된 자료는 다음과 같다. 20×2년에 계상될 재고자산 평가손실은 얼마인가?

(단위 : 원)

구 분	취득원가	현행대체원가	예상판매가 – 추가비용
제 품	24,000	22,000	26,000
재공품	18,000	19,000	16,000
원재료	15,000	12,000	10,000

① 0원 ② 1,000원 ③ 2,000원
④ 3,000원 ⑤ 4,000원

★★★
재고자산 저가법 최신출제유형

25 □□□ 각 연도 말 현재 A사의 재고자산 관련 자료이다. 각 연도별 재고자산에 대한 저가법 적용 시 회계처리의 내용으로 옳은 것은?

(단위 : 원)

구 분	×1년 말	×2년 말	×3년 말
취득원가	4,000	3,000	2,500
순실현가능가치	2,500	2,800	2,600

	×1년 말	×2년 말	×3년 말
①	손실 1,500원	손실 200원	이익 100원
②	손실 1,500원	이익 1,300원	이익 200원
③	손실 1,500원	손실 200원	손실 100원
④	손실 1,500원	이익 1,300원	이익 100원
⑤	손실 1,500원	손실 200원	손실 100원

★★
26 □□□

재고자산 저가법 최신출제유형

㈜한국의 20×1년 기말재고 관련 자료는 다음과 같으며 품목별로 저가법을 적용한다.

(단위 : 원)

품 목	수 량	취득원가	예상 판매가격	예상 판매비용
상품 A	2	@5,000	@7,000	@1,500
상품 B	3	@8,000	@9,000	@2,000
상품 C	2	@2,500	@3,000	@1,000

기초상품재고액은 50,000원, 당기 총매입액은 1,000,000원, 매입할인은 50,000원이다. 이때 ㈜한국의 20×1년 포괄손익계산서상 매출원가는?

① 962,000원 ② 964,000원 ③ 965,000원
④ 1,050,000원 ⑤ 1,150,000원

정답 및 해설

24 ③
- 제품 = 0원 (24,000 < 26,000으로 순실현가능가치가 취득원가보다 크므로 저가법 적용대상 아님)
- 재공품 = (2,000)원 (18,000 > 16,000으로 순실현가능가치가 취득원가보다 작으므로 저가법 적용대상임)
- 원재료 = 0원 (현행대체원가가 취득원가보다 작지만 제품의 순실현가능가치가 취득원가보다 크므로 원재료의 평가손실 계상하지 않음)

참고 20×2년 재고자산 기말가액은 얼마인가? ➲ 24,000 + 16,000 + 15,000 = 55,000원

25 ②
- 연도별 재고자산 평가충당금
  - ×1년 말 = 4,000 − 2,500 = 1,500원
  - ×2년 말 = 3,000 − 2,800 = 200원
  - ×3년 말 = 취득원가보다 순실현가능가치가 더 크므로 평가충당금 없음

➲ 평가손실
  - ×1년 말 = 0 − 1,500 = (1,500)원
  - ×2년 말 = 1,500 − 200 = 1,300원
  - ×3년 말 = 200 − 0 = 200원

26 ③
- 판매가능 재고자산 = 기초재고자산 50,000 + 매입(순) 950,000 = 1,000,000원
  - 매입(순) = 매입(총) 1,000,000 − 매입할인 50,000 = 950,000원
- 기말재고자산 = 상품 A 10,000 + 상품 B 21,000 + 상품 C 4,000 = 35,000원
  - 상품 A = 2개 × Min[5,000, (7,000 − 1,500)] = 2개 × @5,000 = 10,000원
  - 상품 B = 3개 × Min[8,000, (9,000 − 2,000)] = 3개 × @7,000 = 21,000원
  - 상품 C = 2개 × Min[2,500, (3,000 − 1,000)] = 2개 × @2,000 = 4,000원

➲ 20×1년 말의 매출원가 = 판매가능 재고자산 1,000,000 − 기말재고자산 35,000 = 965,000원

★★★ 재고자산 저가법

27 □□□

다음 중 재고자산 평가방법에 대한 설명으로 옳은 것은?

① 유통업의 경우에도 원가율 추정치에 의해 재고자산을 평가할 수 없다.
② 재고자산 평가손실은 정상 또는 비정상 여부에 관계없이 매출원가에 가산한다.
③ 시가의 회복으로 발생한 재고자산 평가손실환입은 매출원가에서 가산한다.
④ 저가법을 적용할 경우 부산물은 순실현가능가치로 측정할 수 없다.
⑤ 금액상 중요하지 않은 부산물은 순실현가능가치로 측정할 수 없다.

★★★ 재고자산 저가법

28 □□□

다음은 ㈜하늘의 20×1년 말 현재 이동평균법, 총평균법, 후입선출법(계속기록법)**, 후입선출법**(실지재고조사법)**에 따라 재고자산을 평가한 결과이다. 각 평가금액과 평가방법의 대응으로 옳은 것을 고르시오.** (단, 인플레이션 상황이다)

A. 400,000원	B. 410,000원	C. 420,000원	D. 440,000원

	이동평균법	총평균법	후입선출법 (계속기록법)	후입선출법 (실지재고조사법)
①	D	C	B	A
②	C	D	B	A
③	B	A	C	D
④	A	B	C	D
⑤	A	B	D	C

★★ 재고자산 오류수정 최신출제유형

29 □□□

㈜하늘이 20×1년 말에 기말재고자산을 과대계상하는 오류를 저질렀다. 그 영향으로 옳지 않은 것을 고르시오. (단, 실지재고조사법을 적용한다)

① 20×1년 영업이익이 증가한다.
② 20×2년 영업이익이 감소한다.
③ 20×1년 유동비율이 증가한다.
④ 20×2년 말 이익잉여금이 감소한다.
⑤ 20×1년 매출원가가 감소한다.

★★

30 □□□

매출총이익률법

A사는 당기(20×1. 1. 1. ~ 20×1. 12. 31.) 화재 발생으로 다음의 자료를 제외한 장부 및 증빙이 소실되었다. 화재로 인하여 소실되지 않은 상품은 45,000원으로 조사되었고 A사의 매출총이익이 30%라고 가정하는 경우, 화재로 인하여 발생한 재고자산의 재해손실금액은 얼마인가?

- 기초상품재고액 : 200,000원
- 당기상품총매입액 : 1,900,000원
- 매입에누리 : 100,000원
- 매입운임 : 100,000원
- 당기총매출액 : 2,500,000원
- 매출에누리 : 150,000원
- 매출상품의 운임 : 100,000원

① 150,000원　② 205,000원　③ 410,000원
④ 475,000원　⑤ 505,000원

정답 및 해설

27 ② ① 유통업의 경우에는 원가율 추정치에 의해 재고자산을 평가할 수 있다.
③ 시가의 회복으로 발생한 재고자산 평가손실환입은 매출원가에서 차감한다.
④ 저가법을 적용할 경우 부산물은 순실현가능가치로 측정할 수 있다.
⑤ 금액상 중요하지 않은 부산물은 순실현가능가치로 측정할 수 있다.

28 ① 재고자산은 인플레이션하에서 이동평균법 〉 총평균법 〉 후입선출법(계속기록법) 〉 후입선출법(실지재고조사법) 순이다.

29 ④ 20×2년 말 이익잉여금은 변동하지 않는다.
- 20×1년 : 기말재고자산 과대 ➲ 매출원가 과소 ➲ 영업이익 증가 ➲ 이익잉여금 증가
- 20×2년 : 기초재고자산 과대 ➲ 매출원가 과대 ➲ 영업이익 감소 ➲ 이익잉여금 변동 없음

30 ③ 해당 조건에서 화재로 인해 발생한 재고자산의 재해손실금액은 410,000원이다.

재고자산

기초	200,000	매출원가	1,645,000
매입(순)	1,900,000	기말	455,000

➲ 매출(순) = 2,350,000원

- 판매가능상품원가 = 기초 + 매입(순) = 200,000 + 1,900,000 = 2,100,000원
- 매입(순) = 1,900,000 − 100,000 + 100,000 = 1,900,000원
- 매출(순) = 2,500,000 − 150,000 = 2,350,000원(매출운임은 판관비 처리)
- 매출원가 = 2,350,000 × (1 − 30%) = 1,645,000원

➲ 재해손실금액 = 455,000 − 45,000 = 410,000원

★★
31
□□□

매출총이익률법

도소매기업인 ㈜한국의 20×6년 1월 1일부터 12월 31일까지 영업활동과 관련된 자료가 다음과 같을 때, 20×6년 매출원가는? (단, 모든 매입거래는 외상매입거래이다)

- 기초매입채무 : 43,000원
- 기말매입채무 : 41,000원
- 매입채무 현금상환 : 643,000원
- 기초재고자산 : 30,000원
- 기말재고자산 : 27,000원

① 642,000원 ② 644,000원 ③ 646,000원
④ 647,000원 ⑤ 650,000원

★★★
32
□□□

매출총이익률법 최신출제유형

다음 ㈜한국의 20×1년 자료를 이용하여 계산한 매출총이익과 영업이익을 바르게 연결한 것은?

(단위 : 원)

- 기초상품재고액 : 10,000
- 기말상품재고액 : 12,000
- 당기상품총매입액 : 20,000
- 매입운임 : 2,000
- 매입에누리 : 1,000
- 매입환출 : 600
- 매입할인 : 400
- 당기상품총매출액 : 27,000
- 판매운임 : 2,500
- 매출에누리 : 1,800
- 매출환입 : 1,200
- 매출할인 : 500
- 판매사원 급여 : 1,000

	매출총이익	영업이익
①	5,500원	2,000원
②	5,500원	4,500원
③	8,000원	4,500원
④	8,000원	7,000원
⑤	7,000원	4,000원

★★
33
□□□

재고자산회전율 최신출제유형

다음 자료를 이용할 경우 재고자산회전율은? (단, 재고자산회전율과 매입채무회전율의 분모 계산 시 기초와 기말의 평균값을 이용한다)

- 기초재고자산 : 700,000원
- 기초매입채무 : 340,000원
- 매입채무회전율 : 4회
- 기말재고자산 : 500,000원
- 기말매입채무 : 160,000원

① 4회 ② 3회 ③ 2회 ④ 1회 ⑤ 0회

★★
34
□□□

재고자산회전율 최신출제유형

㈜한국의 매출채권회전율은 8회이고 재고자산회전율은 10회이다. 다음 자료를 이용한 ㈜한국의 매출총이익은? (단, 재고자산회전율은 매출원가를 기준으로 한다)

과 목	기 초	기 말
매출채권	₩10,000	₩20,000
재고자산	₩8,000	₩12,000

① ₩20,000
② ₩16,000
③ ₩13,000
④ ₩12,000
⑤ ₩11,000

정답 및 해설

31 ②

➲ 매입(순) = 외상매입 641,000 + 현금매입 0 = 641,000원

매입채무

지급	643,000	기초	43,000
기말	41,000	외상매입	641,000

• 매출원가 = 판매가능재고자산 671,000 − 기말 27,000 = 644,000원

매입채무

기초	30,000	매출원가	644,000
매입	641,000	기말	27,000

32 ①

• 매입 = 20,000 + 2,000 − 1,000 − 600 − 400 = 20,000원
• 매출원가 = 10,000 + 매입 20,000 − 12,000 = 18,000원
• 매출 = 27,000 − 1,800 − 1,200 − 500 = 23,500원
* 판매운임은 별도의 판매관리비로 처리한다.
➲ 매출총이익 = 23,500 − 18,000 = 5,500원
➲ 영업이익 = 5,500 − 2,500 − 1,000 = 2,000원

33 ③

• 매입채무회전율 × 평균매입채무 = 매입
4회 × 250,000 = 1,000,000
• 재고자산회전율 = 매출원가 1,200,000[1] ÷ 평균재고자산 600,000[2]
[1] 매출원가 = 700,000 + 1,000,000 − 500,000 = 1,200,000원
[2] 평균재고자산 = (700,000 + 500,000) ÷ 2 = 600,000원

34 ①

• 매출채권회전율(8) = 외상매출액(120,000) / 평균매출채권(15,000)
• 재고자산회전율(10) = 매출원가(100,000) / 평균재고자산(10,000)
• 매출총이익(20,000원) = 매출액(120,000) − 매출원가(100,000)

제6절 금융자산

01 금융자산과 금융상품의 의의 ★

금융자산		지분상품 및 금융부채
현 금 금융상품		
① 다른 기업의 지분상품 ② 계약상 권리(채무상품)	← 계약 → ← 계약 →	지분상품 금융부채

1. 금융자산

현금, 소유지분에 대한 증서 및 현금을 수취하거나 유리한 조건으로 금융자산을 교환할 수 있는 계약상의 권리를 말한다.

2. 금융상품

한쪽 거래당사자에게 금융자산을 발생시키면서 다른 거래당사자에게 금융부채나 지분상품을 발생시키는 계약을 말한다.

02 유가증권의 분류 및 평가방법 ★★★

1. 유가증권의 분류

① 채무증권 : 단기매매증권, 매도가능증권, 만기보유증권

② 지분증권 : 단기매매증권, 매도가능증권, 지분법적용 투자주식

2. 유가증권의 정의 및 평가방법

(1) 단기매매증권

단기간 내의 매매차익을 목적으로 취득한 유가증권으로 매도와 매수가 적극적이고 빈번하게 이루어지는 것

① 평가기준 : 공정가치

② 평가손익 처리 : 당기순이익(영업외손익)

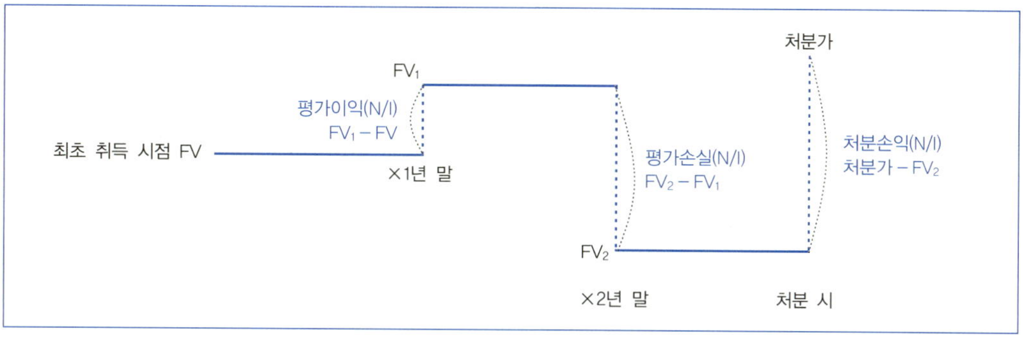

(2) **만기보유증권**

만기가 확정되고 상환금액이 확정되었거나 확정이 가능하며 만기까지 보유할 적극적인 의도와 능력이 있는 경우에 모두 해당하는 채무증권

① 평가기준 : 상각후원가

② 평가손익 처리 : 해당사항 없음

(3) **매도가능증권** : 단기매매증권이나 만기보유증권으로 분류되지 않는 유가증권

① 평가기준 : 공정가치(시장성이 있는 주식, 채권), 취득원가(시장성이 없는 주식)

② 평가손익 처리 : 기타포괄손익(시장성이 있는 주식, 채권), 해당사항 없음(시장성이 없는 주식)

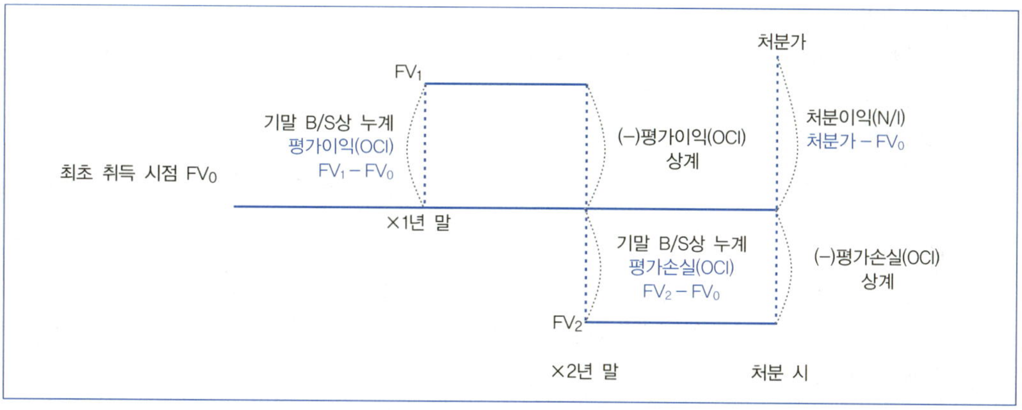

(4) **지분법적용 투자주식** : 피투자회사의 의사결정에 유의적인 영향력을 행사할 수 있는 주식

① 평가기준 : 지분법

② 평가손익 처리 : 당기손익(영업외손익)

03 지분증권의 평가 및 처분, 보유 ★★★

1. 단기매매증권의 취득, 평가, 처분

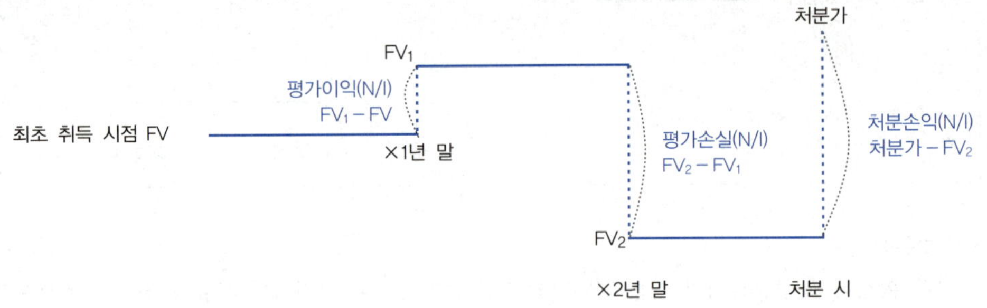

(1) 최초 취득

단기매매증권(지분상품)은 금융상품의 계약당사자가 되는 때에 재무상태표에 인식하며, 최초 인식 시점의 공정가치로 측정한다.

(차) 단기매매증권	최초 인식 시점 FV	(대) 현금	××

(2) 기말 평가

단기매매증권은 보고기간 말의 공정가치로 평가하고 장부금액과의 차액은 금융자산평가손익으로 하여 당기손익으로 처리한다. 이 경우 단기매매증권의 장부금액은 전기 이전에 취득한 경우에는 전기말 공정가치를, 당기에 취득한 경우에는 원가를 말한다.

(차) 단기매매증권	기말 FV – BV	(대) 단기매매증권평가이익	N/I

(3) 처분

단기매매증권을 처분하는 경우 처분금액과 장부금액과의 차액은 금융자산처분손익으로 하여 당기손익으로 인식한다. 이 경우 장부금액은 당기에 취득한 경우에는 취득원가를, 전기 이전에 취득한 경우에는 전기말 공정가치를 말한다.

(차) 현금	처분금액	(대) 단기매매증권	BV
		금융자산처분이익	N/I

✓핵심체크

현재 한국채택국제회계기준은 매도가능증권(지분증권)의 평가이익(OCI)에 대해서 재분류조정을 허용하고 있지 않아 처분 시 거래원가가 없다면 처분손익이 발생하지 않는다. 그러나 일반기업회계기준은 여전히 매도가능증권(지분증권)의 평가이익(OCI)에 대해서 재분류조정을 허용하고 있어 처분 시 처분손익이 발생한다.

2. 매도가능증권의 취득, 평가, 처분

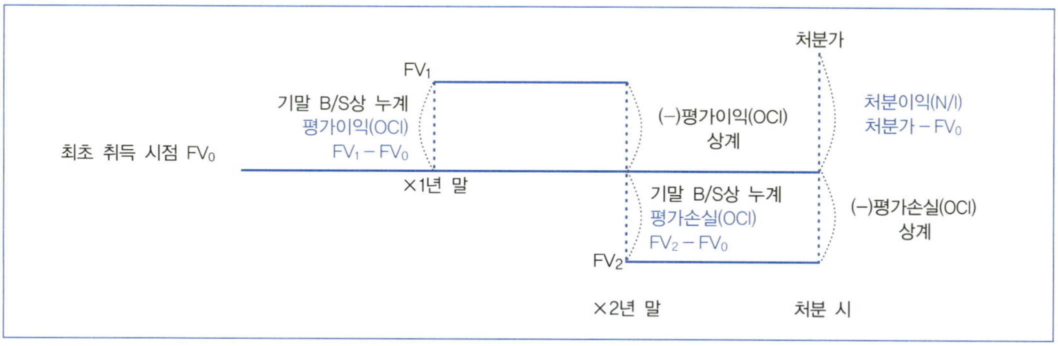

(1) 취득

매도가능증권(지분상품)은 금융상품의 계약당사자가 되는 때에 재무상태표에 인식하며, 최초 인식 시점의 공정가치로 측정한다.

(차) 매도가능증권	최초 인식 시점 FV	(대) 현금	××

(2) 평가

매도가능증권(지분상품)은 보고기간 말의 공정가치로 측정하여 재무상태표에 보고한다. 이때 지분상품의 공정가치와 장부금액의 차액은 매도가능증권평가손익으로 하여 기타포괄손익(OCI)으로 인식한다.

(차) 매도가능증권	기말 FV – BV	(대) 매도가능증권평가이익	OCI

(3) 처분

매도가능증권(지분상품)은 처분하는 경우 처분 시의 공정가치(처분금액)로 먼저 평가하고 동 평가손익은 기타포괄손익으로 처리한다. 기타포괄손익으로 처리한 매도가능증권평가손익 누계액은 당기손익으로 재순환한다. 그러므로 매도가능증권은 처분 시점에 처분가액과 최초 취득원가의 차이를 처분손익으로 하여 당기손익 처리한다.

(차) 현금	처분금액	(대) 매도가능증권	BV
매도가능증권평가이익	BV	처분이익	처분금액 – 최초 취득원가

* IFRS와 다르게 일반기업회계기준은 매도가능증권(지분상품)의 처분손익을 인식한다.

3. 보유에 따른 손익

(1) 현금배당

지분상품의 발행회사는 회계연도 중 획득한 이익을 배당의 형태로 주주들에게 배분한다. 현금배당은 지분상품의 발행회사가 배당을 선언하는 경우 배당수익의 과목으로 하여 당기손익에 반영하고, 동 금액을 미수배당금으로 인식한다. 배당금은 지분상품의 보유기간에 관계없이 수령할 금액 전액을 배당수익으로 인식한다.

[현금배당의 회계처리]

배당기준일	회계처리 없음			
배당선언일	(차) 미수배당금	××	(대) 배당수익	N/I
배당수령일	(차) 현금	××	(대) 미수배당금	××

(2) 무상증자·주식배당

지분상품의 발행회사가 무상증자나 주식배당을 실시하여 신주를 취득하는 경우 투자회사는 자산의 증가로 보지 않는다. 따라서 무상증자나 주식배당으로 취득하는 신주의 취득금액은 당해 무상증자 등의 권리락이 실시되는 시점에서 신주와 구주의 종류에 관계없이 주식수 비례에 따라 구주의 장부금액을 안분하여 산정(주식수 증가로 주당 평균단가 변동)한다.

✓ 핵심체크

1. 동일한 금융자산을 수회에 걸쳐 다른 가격으로 취득한 경우 당해 금융자산의 단위당 원가는 원가흐름의 가정을 사용하여 종목별로 산정하여(일반적으로 이동평균법) 사용한다.
2. 무상증자나 주식배당으로 취득한 지분상품은 기존에 보유하고 있는 지분상품과 동일한 종목으로 분류한다.
   예 무상증자 or 주식배당

일 자	구 분	주식수	×주당 취득원가	=BV
1/1	기초주식	100주	@110	11,000
7/1	무상증자	110주	@100(역산)	11,000

예제 1

12월 말 결산법인인 ㈜현주는 20×1년 초에 설립되었고, 20×1년 7월 1일에 A사 주식을 1,000원에 취득하였다. 각 연도별 ㈜현주가 보유한 A사 주식의 공정가치는 다음과 같다.

(단위 : 원)

20×1년 말	20×2년 말	20×3년 5월 1일
1,200	900	1,300

㈜현주는 동 주식을 20×3년 5월 1일에 1,300원에 전액 처분하였다.

1. 동 금융자산을 ㈜현주가 단기매매증권으로 분류하였을 때 매년도 당기손익에 미치는 영향을 구하시오.
2. 동 금융자산을 ㈜현주가 매도가능증권으로 분류하였을 때 매년도 당기손익과 기타포괄손익에 미치는 영향을 구하시오.

풀이

1.

구 분	20×1년 말	20×2년 말	20×3년 5월 1일
I/S의 당기손익에 미치는 영향	200	(300)	400
I/S의 기타포괄손익에 미치는 영향	–	–	–
I/S의 총포괄손익에 미치는 영향	200	(300)	400

(1) 분석

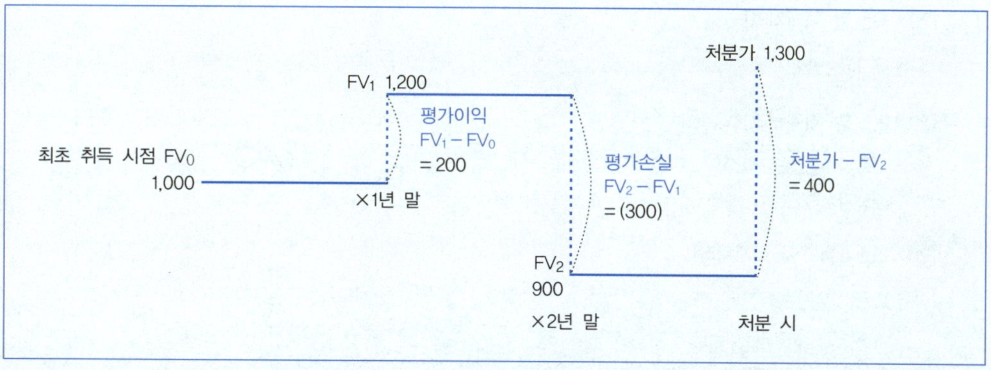

(2) 회계처리

[20×1년 말 회계처리]

(차) 단기매매증권	200	(대) 단기매매증권평가이익	200

[20×2년 말 회계처리]

(차) 단기매매증권평가손실	300	(대) 단기매매증권	300

[20×3년 5월 1일 회계처리]

(차) 현금	1,300	(대) 단기매매증권	900
		단기매매증권처분이익	400

2.

구 분	20×1년 말	20×2년 말	20×3년 5월 1일
I/S의 당기손익에 미치는 영향	−	−	300
I/S의 기타포괄손익에 미치는 영향	200	(300)	100
I/S의 총포괄손익에 미치는 영향	200	(300)	400

(1) 분석

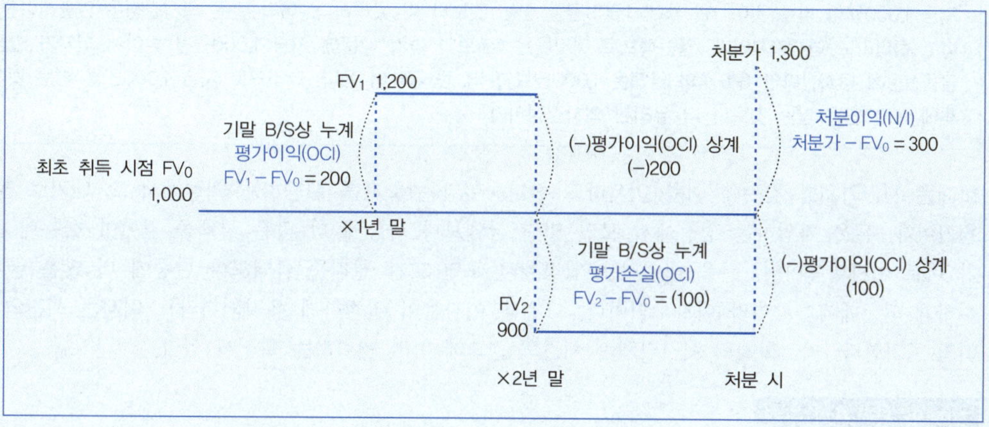

(2) 회계처리

[20×1년 말 회계처리]

(차) 매도가능증권	200	(대) 매도가능증권평가이익	200

[20×2년 말 회계처리]

(차) 매도가능증권평가이익(OCI)	200	(대) 매도가능증권	300
매도가능증권평가손실(OCI)	100		

[20×3년 5월 1일 회계처리]

(차) 현금	1,300	(대) 매도가능증권	900
		매도가능증권평가손실(OCI)	100
		매도가능증권처분이익	300

04 화폐 시간가치의 이해 ★★

1. 화폐의 시간가치

화폐의 가치는 시간의 경과에 따라 달라진다. 동일한 현금이라면 미래의 현금보다 현재의 현금이 더 가치가 있다. 이는 일반적으로 경제적 주체들이 미래의 현금보다 현재의 현금을 선호하기 때문이며, 이러한 선호 현상을 유동성 선호라고 한다.

유동성 선호의 구조

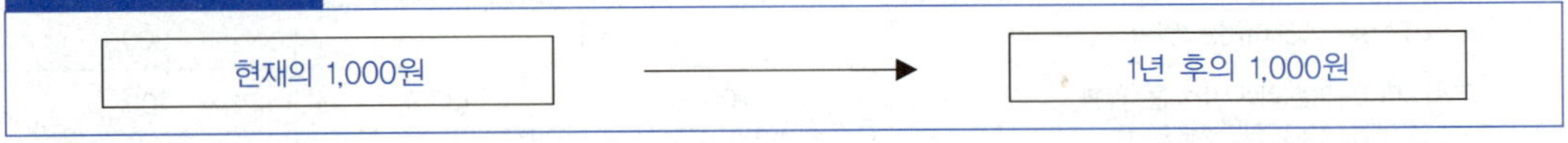

Comment

지금 1,000원을 받는 것이 1년 후에 1,000원을 받는 것보다 더 유리하다. 이와 같은 의사결정은 인플레이션이 없다고 하더라도 마찬가지이다. 일반적으로 이자율은 0%보다 높기 때문에 지금 1,000원을 받아서 이자가 발생하는 금융상품에 투자한다면 1년 후의 금액은 1,000원보다 더 큰 금액이 된다. 그러므로 지금 1,000원을 받는 것이 1년 후에 1,000원을 받는 것보다 더 유리한 의사결정이다.

화폐는 시간가치를 갖는데 이를 이자라고 한다. 이자는 화폐를 사용하는 과정에서 그 대가로 발생하는 원가이다. 돈을 차입하는 입장에서 보면 빌린 금액보다 나중에 더 많은 금액을 갚아야 하는데 그 차이가 바로 이자비용이며, 돈을 대여하는 입장에서 보면 그가 빌려준 금액보다 나중에 더 많은 금액을 회수하게 되는데 그 차이가 이자수익이다. 그런데 이자율이 일정하게 유지되더라도 이자는 시간의 길이에 따라 증가한다. 즉, 화폐의 시간가치는 시간의 경과에 따라 변화하는 특징이 있다.

화폐의 시간가치 구조

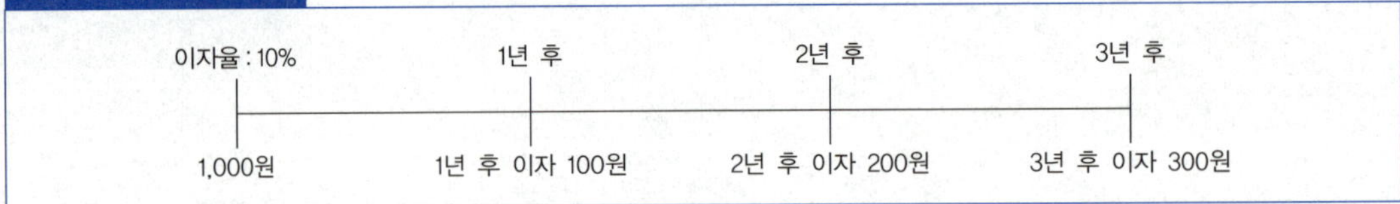

✓핵심체크

현재의 현금을 소비할 수 있는 기회를 미래로 연기하게 되면 적절한 대가를 요구하며, 이를 이자라고 한다. 이때 현재의 현금에 대한 이자의 비율을 이자율, 할인율 또는 수익률이라고 한다. 쉽게 말해 이자율은 현재 1원을 소비할 수 있는 기회를 미래로 연기하면서 요구하는 이자이다.

2. 이자의 계산방법

(1) 이자를 발생시키는 거래

① 원금 : 대여자와 차입자의 관계에서 최초 대출 또는 차입되는 금액으로, 초기 이자발생의 근거가 되는 화폐금액을 말한다.

② 이자계산의 기간 : 대여자에게는 투자 또는 대여기간이 되고, 차입자에게는 차입기간이 된다. 이 기간이 1년을 초과하는 경우 1년 단위로 구분하여 이자를 계산하는 것이 일반적이다.

③ 이자율 : 이자의 계산 대상 금액에 대하여 발생된 이자의 비율을 나타내는 것으로, 계산 대상 금액은 원금만이 해당될 수도 있고 원금과 과거기간에 발생한 이자금액이 함께 포함될 수도 있다.

④ 미래현금흐름 : 최초 거래 발생 이후 원금에 이자가 가산된 금액의 합계액을 말한다.

(2) 단리와 복리를 통한 이자의 계산방법

이자는 시간이 경과함에 따라 계속 발생하며 흔히 이자율이라고 하면 연 이자율을 의미한다. 이자의 발생은 단리와 복리의 형태로 구분할 수 있다. 단리는 매년 동일한 이자가 발생하는 형태이며, 복리는 발생한 이자가 원금과 합쳐져 그 원금과 이자의 합계액에 다시 이자가 발생하는 형태이다. 단리 계산방법의 경우 투자자의 입장에서는 이자계산의 기간별로 투자수익률이 일정하지 않은 점 등 여러 가지 측면에서 불합리한 점이 존재하므로 일반적으로 재무회계에서는 복리를 전제로 하여 이자 계산을 한다.

단리와 복리를 사용한 이자 계산

현재 원금이 1,000원인 금융상품에 투자하였고, 3년 동안 투자할 예정이며, 이자율은 10%를 적용한다고 할 때 단리와 복리를 적용할 경우 이자는 다음과 같이 나타난다.

• 단리 적용

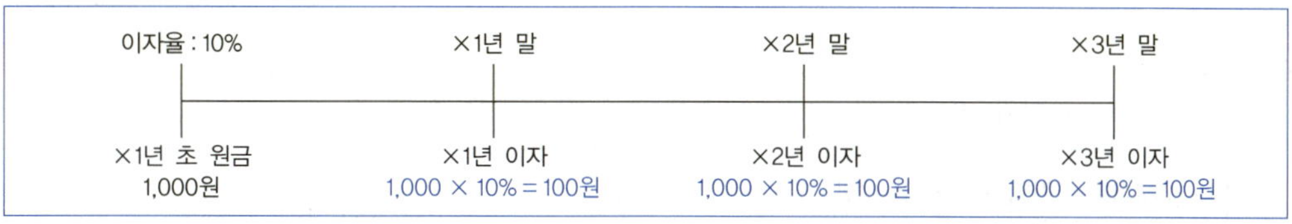

• 복리 적용

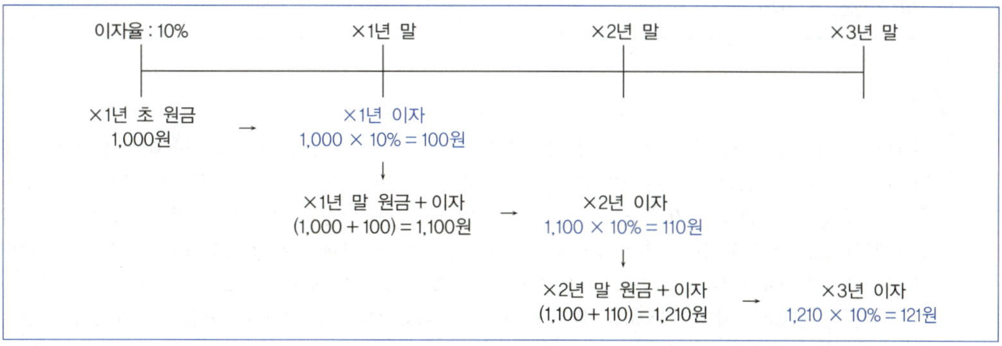

3. 현재가치 및 미래가치의 계산

(1) 단순현금흐름의 현재가치와 미래가치

① 단순현금흐름 : 현재 또는 미래에 단 한 번의 현금흐름이 발생하는 경우를 말한다.

② 미래가치 : 현재에 존재하는 일정한 금액과 등가관계에 있는 미래 특정 시점의 가치를 말하며, 일반적으로는 특정한 금액으로 표시하게 된다.

(예) 현재의 시장이자율이 10%이고 이자는 1년마다 지급하지 않고 만기에 일시 지급하는 조건으로 현재 1,000원을 10% 이자가 발생하는 금융상품에 투자할 경우를 가정하면 현재 시점 1,000원의 1년 후 미래가치는 1,100원이고, 현재 시점 1,000원의 2년 후 미래가치는 1,210원이다.

- 1년 후에 받게 될 원금 + 이자 = 1,000 + 1,000 × 10% or 1,000 × (1 + 10%) = 1,100원
- 2년 후에 받게 될 원금 + 이자 = 1,000 × (1 + 10%) × (1 + 10%) or 1,000 × $(1 + 10\%)^2$ = 1,210원

단순현금흐름의 미래가치 계산

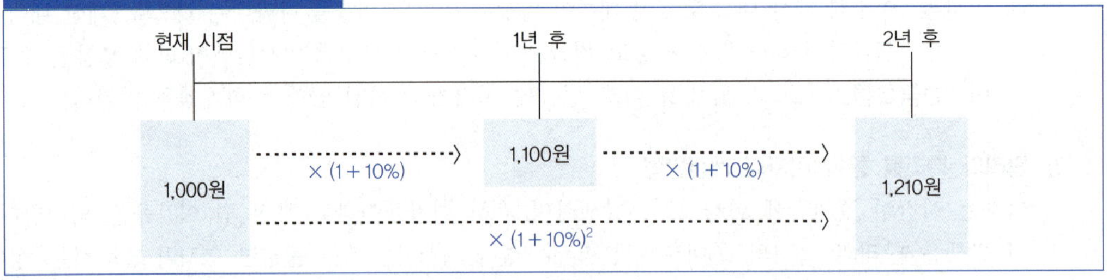

또한 현재 이자율이 10%일 때 1년 후 1,100원의 현재가치는 1,000원이고, 2년 후 1,210원의 현재가치는 1,000원이다.

단순현금흐름의 현재가치 계산

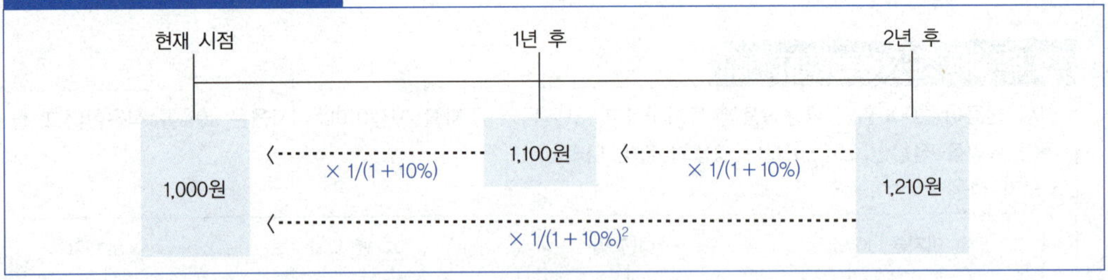

따라서 현재가치와 미래가치는 다음과 같은 식으로 정리할 수 있다.

- 미래가치 = 현재가치 × $(1 + R)^n$
- 현재가치 = 미래가치 ÷ $(1 + R)^n$

(R : 이자율, n : 기간)

Comment

현재의 현금흐름을 미래가치로 전환하기 위해서 현재가치에 $(1 + R)^n$을 곱해야 하거나 미래의 현금흐름을 현재가치로 전환하기 위해서는 미래가치를 $(1 + R)^n$으로 나누어야 한다. 이 경우, 기간이 길지 않다면 $(1 + R)^n$을 직접 곱하거나 나누는 것이 가능하나 기간이 길어지면 이에 대한 계산이 번거로울 수 있어 본서의 부록에 미래가치표와 현재가치표가 제시되어 있으니, 이자를 계산할 때에는 해당 표의 해당 계수를 이용하면 된다. 즉, 본서 현가표 파트에 제시되어 있는 미래가치표와 현재가치표에는 소수로 표시되어 있는 계수가 제시되어 있는데, 현재가치에 미래가치계수를 곱하면 미래가치로 전환되고, 미래현금흐름에 현재가치계수를 곱하면 현재가치로 전환된다.

(2) 연금의 현재가치

연금이란 동일한 금액이 연속적이고 규칙적으로 발생하는 현금흐름의 형태를 의미한다. 단순현금흐름은 오직 한 번 현금흐름이 발생하는 것을 의미하지만 연금은 일정액의 현금흐름이 2번 이상 계속되는 것을 의미한다.

가령, 현재 시장이자율이 10%일 경우, 매년 1,000원씩 2년 동안 유입되는 자산의 현재가치를 계산하면 아래와 같다.

연금의 현재가치 계산

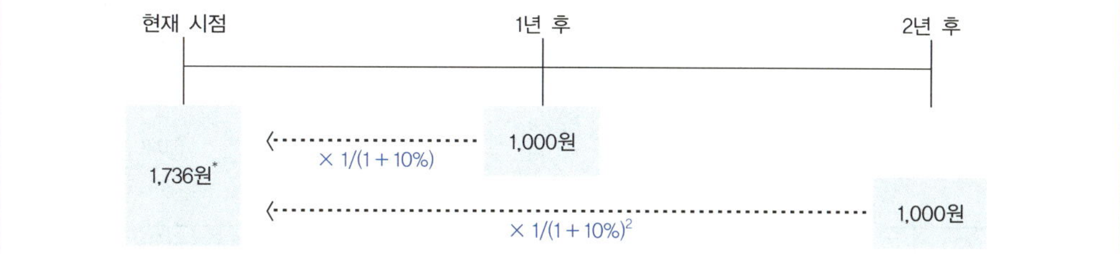

* $1,736 = 1,000 \times 1/(1+10\%) + 1,000 \times 1/(1+10\%)^2$ or $1,000 \times [1/(1+10\%) + 1/(1+10\%)^2]$

위와 같이 연금의 현재가치는 각각 단순현금의 현재가치를 합친 수치이다. 또한 매년의 동일한 현금흐름에 $\left[\frac{1}{(1+10\%)} + \frac{1}{(1+10\%)^2}\right]$만 곱하면 현재가치가 계산되므로, 본서 현가표 파트의 연금의 현재가치표에서 이러한 금액이 미리 계산되어 있는 연금의 현재가치계수를 이용하면 쉽게 계산할 수 있다.

예제 2

각 물음별 현재가치를 계산하시오. (단, 모든 물음에 적용되는 이자율은 연 10%이다)

1. 3년 후 100,000원을 수령하는 금융상품의 현재가치를 구하시오. (3년, 10%, 현재가치계수 0.75)

2. 3년간 매년 말에 100,000원씩 수령하는 금융상품의 현재가치를 구하시오. (3년, 10%, 연금의 현재가치계수 2.48)

3. 3년간 매년 말에 5,000원씩 수령하고 3년 후에 100,000원을 수령하는 금융상품의 현재가치를 구하시오. (3년, 10%, 현재가치계수 0.75, 3년, 10%, 연금의 현재가치계수 2.48)

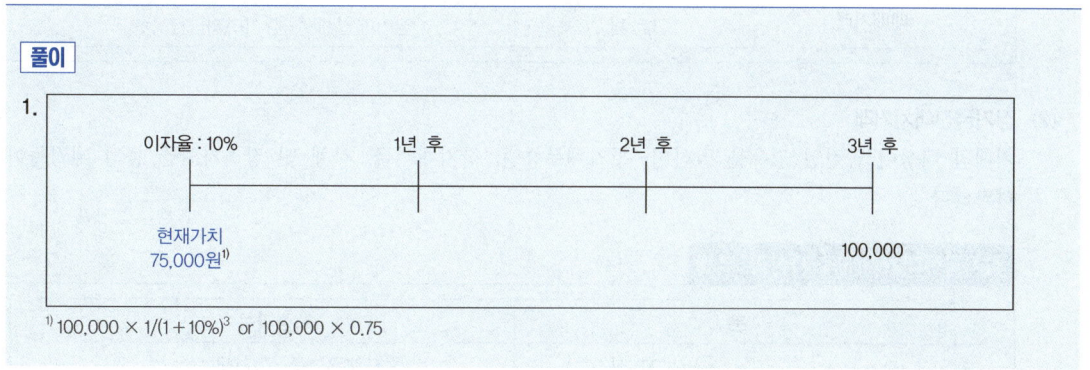

풀이

1.

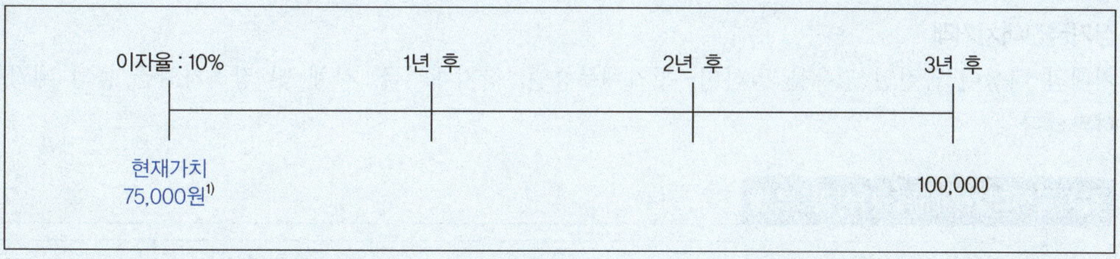

1) $100,000 \times 1/(1+10\%)^3$ or $100,000 \times 0.75$

2.

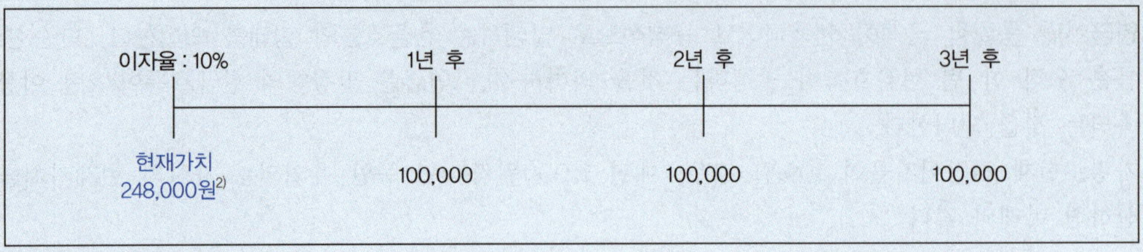

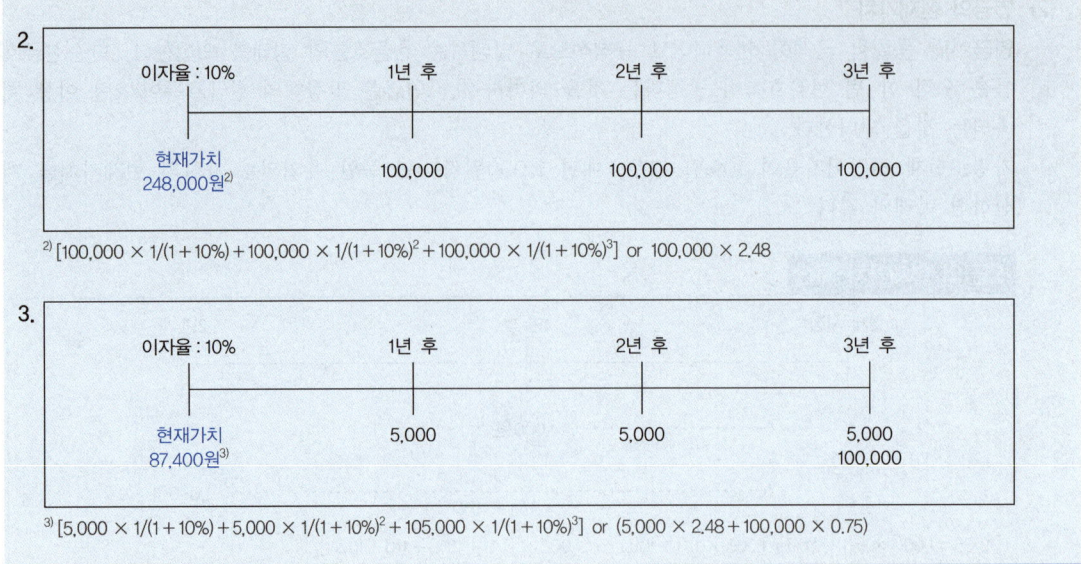

2) $[100,000 \times 1/(1+10\%) + 100,000 \times 1/(1+10\%)^2 + 100,000 \times 1/(1+10\%)^3]$ or $100,000 \times 2.48$

3.

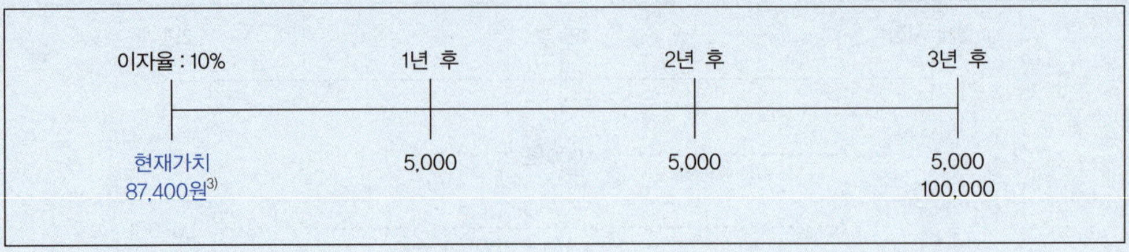

3) $[5,000 \times 1/(1+10\%) + 5,000 \times 1/(1+10\%)^2 + 105,000 \times 1/(1+10\%)^3]$ or $(5,000 \times 2.48 + 100,000 \times 0.75)$

05 현재가치평가의 재무회계 적용 ★★

1. 현재가치평가의 대상

장기성 채권·채무는 장기연불조건의 매매거래나 장기금전대차거래에서 발생하는 채권·채무를 말한다. 장기성 채권·채무는 장기간에 걸쳐서 회수되거나 결제되기 때문에 만기에 수수되는 금액에는 금융요소가 포함되어 있다. 여기서 금융요소는 별도로 구분하여 이자수익이나 이자비용으로 인식하는 것이 타당하며, 이를 위해서 장기성 채권·채무를 적정한 이자율로 할인한 현재가치로 평가하여야 한다.

(1) 장기연불조건의 매매거래

거래의 대상이 재화나 용역인 경우를 말하며, 일반적으로 상거래에서 발생하는 재화의 매매거래, 용역의 수수거래 및 유형자산의 매매거래 등을 포함한다.

장기연불조건의 자산과 부채

구 분		계정과목
장기연불조건의 매매거래	자 산	장기매출채권, 장기미수금 등
	부 채	장기매입채무, 장기미지급금 등

(2) 장기금전대차거래

거래의 대상이 금전인 경우를 말하며, 투자채무증권, 장기대여금, 사채 및 장기차입금 등의 계정들이 나타난다.

장기금전대차거래의 자산과 부채

구 분		계정과목
장기금전대차거래	자 산	투자채무상품, 장기대여금 등
	부 채	사채, 장기차입금 등

✓핵심체크

1. 기업이 고객에게 약속한 재화나 용역을 이전하는 시점과 고객이 그에 대한 대가를 지급하는 시점 간의 기간이 1년 이내일 것이라고 예상한다면 유의적인 금융요소의 영향을 반영하여 약속한 대가를 조정하지 않는 실무적 간편법을 사용할 수 있다.
2. 미래현금흐름의 현재가치는 자산 및 부채의 평가에 모두 적용할 수 있다. 다만, 미래현금흐름의 금액 및 시기를 알 수 있어야만 현재가치평가가 가능하기 때문에 계약 등에 의해서 미래에 수령하거나 지불할 현금의 크기 및 시점을 명확하게 알 수 있는 자산 및 부채가 현재가치평가 대상이 된다.

2. 현재가치 적용의 필요성

현재가치는 미래현금흐름을 적절한 할인율로 할인하여 이자요소를 제거한 금액이다. 이는 일반적으로 해당 재화나 용역의 공정가치와 일치한다.

(예) 토지를 처분하면서 3년 후에 그 구입 대금으로 300,000원을 수령하기로 하였다. 여기에는 현재 토지의 구입 대금을 수령하지 않고 3년 후에 수령하는 대가인 이자가 포함되어 있다. 회사가 토지의 처분 시점에 300,000원을 전액 미수금으로 인식하게 되면 자산이 과대계상됨은 물론이고 3년간의 이자수익까지 처분 시점에 처분이익으로 인식되어 손익의 구분과 손익의 귀속시기가 모두 잘못될 수 있다. 이러한 문제를 극복하기 위해서 현재가치를 적용하는 것이다.

현재가치 적용의 필요성

×1년 초에 외상으로 재화를 판매하였다. 대금은 2년 후에 121원을 수령하기로 하였고, 적용되는 이자율은 10%이다.

일 자	현재가치 적용 X	현재가치 적용 O
×1년 초	(차) 매출채권 121 (대) 매출 121	(차) 매출채권 100 (대) 매출 100
×1년 말	회계처리 없음	(차) 매출채권 10 (대) 이자수익 10
×2년 말	(차) 현금 121 (대) 매출채권 121	(차) 매출채권 11 (대) 이자수익 11 (차) 현금 121 (대) 매출채권 121

➲ 현재가치를 적용하지 않으면 적용하였을 때보다 ×1년 초에 매출채권이 21원 과대계상되고 ×1년에 매출로 121원을 인식하고 ×2년에는 인식할 수익이 없다. 즉, 현재가치를 적용하지 않으면 자산은 과대계상되고 손익의 구분(매출, 이자수익 등)과 손익의 귀속시기가 모두 적절하게 표시되지 못할 수 있다.

3. 현재가치평가를 적용할 때 사용할 이자율

장기성 채권·채무는 최초 인식 시점에 현재가치로 측정해야 하기 때문에 적절한 이자율로 할인한 현재가치로 평가해야 한다. 이러한 현재가치평가 시 적용할 이자율은 당해 거래의 유효이자율이다. 여기서 유효이자율이란 금융상품의 기대존속기간에 예상되는 미래현금흐름의 현재가치를 재화나 용역의 현금결제가격과 일치시키는 이자율을 말하며, 이를 거래의 내재이자율이라고도 한다.

현재가치평가 시 적용할 이자율

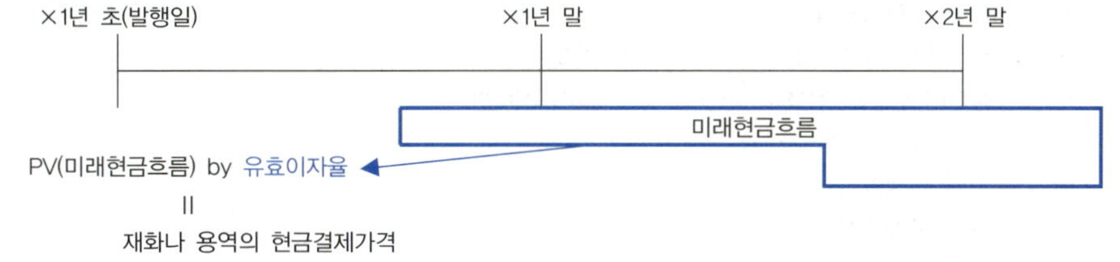

4. 현재가치 측정 시 회계처리

(1) 유효이자율법의 적용

장기성 채권·채무의 명목미래현금흐름 총액과 자산·부채 최초 인식 시 현재가치의 차액은 현금을 수령하거나 지급하는 기간 동안 총이자수익 또는 총이자비용으로 인식한다.

총이자수익(비용)의 구조

총이자수익(비용) = 미래현금흐름의 합계 – 자산·부채의 최초 인식 시 현재가치

장기성 채권·채무의 현재가치 측정에 따른 회계처리의 핵심은 유효이자율법의 적용이다. 유효이자율법이란 장기성 채권·채무의 현재가치를 계산하고 관련 기간에 걸쳐 이자수익이나 이자비용을 배분하는 방법을 말한다. 즉, 현금을 수령하거나 지급하는 기간 동안 발생하는 총이자수익 또는 총이자비용을 유효이자율에 따라 기간에 걸쳐 배분하는 것이 현재가치 측정에 대한 회계처리(유효이자율법의 적용)이다.

(2) 현재가치 측정에 따른 매기 보고기간 말 회계처리

최초 인식할 때 현재가치로 측정한 자산과 부채는 현금을 수령하거나 지급하는 기간 동안 이자수익과 이자비용을 인식한다. 각 회계기간별로 인식할 이자수익과 이자비용은 자산·부채의 기초 장부금액에 유효이자율을 곱하여 계산한다.

이자수익(비용)의 계산

이자수익(비용) = 기초장부금액 × 유효이자율

유효이자율법으로 계산된 유효이자와 표시이자의 차액은 자산·부채의 장부금액에 가감되며, 유효이자와 표시이자의 차액을 상각액이라고 한다. 따라서 특정 시점 자산·부채의 장부금액은 이전 장부금액에 상각액이 가감되고 수수되는 명목금액만큼 차감되어 결정되는데, 이렇게 결정된 장부금액을 상각후원가라고 한다. 즉, 상각액은 해당 자산·부채의 장부금액의 변동액을 의미한다. 또한 유효이자율법으로 회계처리하면 특정 시점의 장부금액이 그 시점부터 남아 있는 미래현금흐름을 유효이자율로 할인한 현재가치가 된다.

유효이자와 표시이자, 상각액의 구조

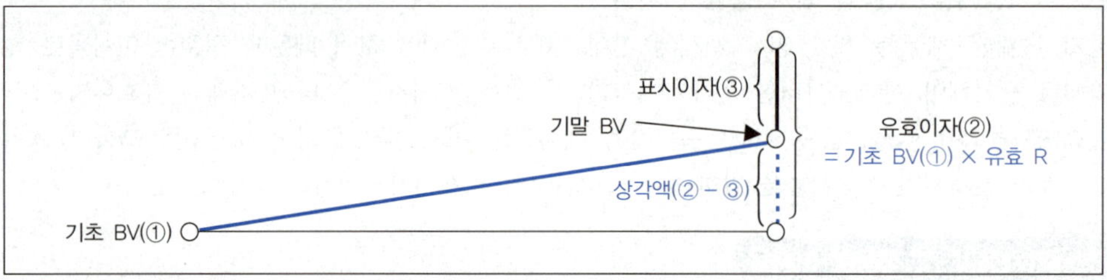

- 기말 장부금액 산정방법
  - 기초 장부금액(①) + 유효이자(②) – 표시이자(③)
  - 기초 장부금액(①) + 유효이자(① × R) – 표시이자(③) = 기초 장부금액(①) × (1 + R) – 표시이자(③)
  - PV(잔여 미래현금흐름) by R
- 매기 상각액 산정방법
  - 유효이자 – 표시이자
  - 기말 장부금액 – 기초 장부금액
  - 전기 상각액 × (1 + R)

06 사채의 현금흐름의 현재가치 적용 ★★

사채의 현금흐름은 매기 일정액의 현금흐름(액면이자)이 있고 만기에 원금에 대한 현금흐름이 있는 유형이다.

예제 3

20×1년 초에 A사는 장부금액 80,000원, 처분 시점의 공정가치 85,460원에 장치를 매각하고 액면금액 100,000원, 액면이자율 연 2%(매년 말 지급), 만기 2년의 어음을 교부받기로 하였다. 동 거래에 적용되는 유효이자율이 연 10%일 때 회계처리를 보이시오. (단, 이자율 10%, 2년 연금현가계수는 1.73이고, 현가계수는 0.82이다)

풀이

1. 사채의 현금흐름 그리기

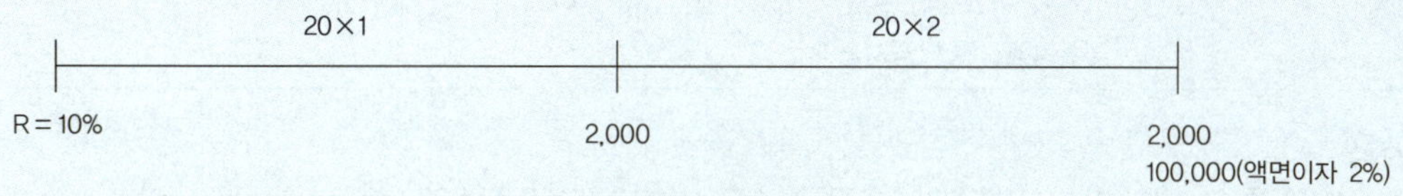

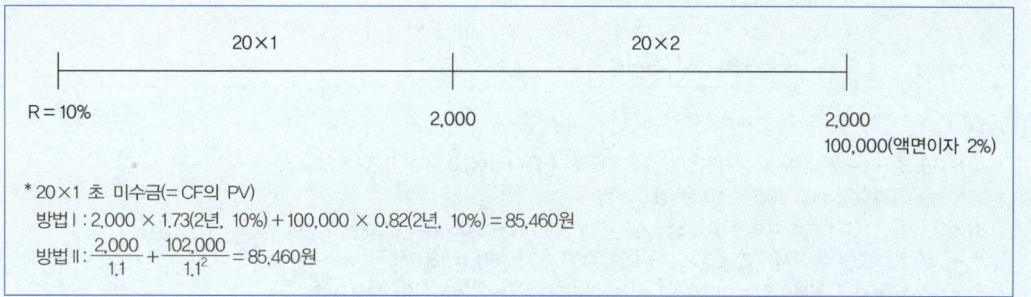

* 20×1 초 미수금(= CF의 PV)

방법 I : 2,000 × 1.73(2년, 10%) + 100,000 × 0.82(2년, 10%) = 85,460원

방법 II : $\frac{2,000}{1.1} + \frac{102,000}{1.1^2}$ = 85,460원

2. 상각표 그리기

일 자	① 기초장부가액	② 유효이자	③ 액면이자	② - ③ 상각액	①′ 기말장부가액	①′의 산정방법
20×1년	85,460	8,546	2,000	6,546	92,006	= ① + ② - ③
20×2년	92,006	9,994	2,000	7,994	100,000	= ① + ① × R - ③
합 계		18,540	4,000	14,540		= ① × (1 + R) - ③

3. 그림

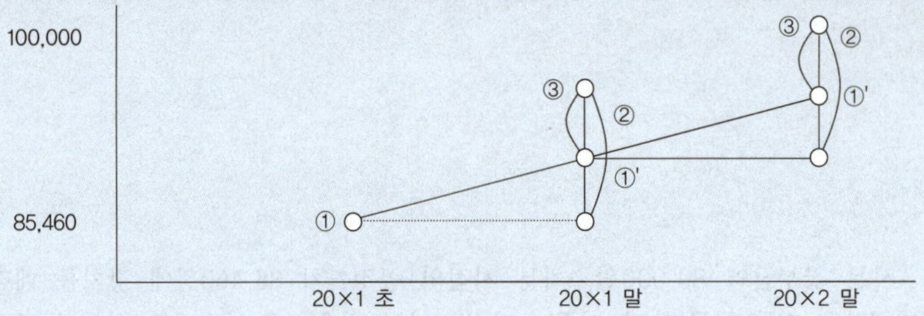

• 필수산식

– 이자수익 = 기초장부금액 × 유효이자율 R

②=① × 유효이자율 R

– 기말장부금액(상각후원가) = 기초장부금액(상각후원가) + 유효이자 – 액면이자

①' = ① + ② – ③

= ① + ① × 유효이자율 R – ③

= ① × (1 + 유효이자율 R) – ③

– 총이자수익 = 유효이자(②) 합계

= 액면이자(③) 합계 + 상각액(② – ③) 합계

= 액면이자 × 연수 + 미수금의 명목가액 – 미수금의 최초 상각후원가

= 총현금수령액 – 총현금지급액

4. 수식

- 20×1년 초 미수금의 최초 상각후원가 = 2,000 × 1.73 + 100,000 × 0.82 = 85,460원
- 20×1년 이자수익 = 85,460 × 10% = 8,546원
- 20×1년 말 장부가액(상각후원가) = 85,460 × (1 + 10%) – 2,000 = 92,006원
- 20×1 ~ 20×2년 총이자 = 2,000 × 2 + (100,000 – 85,460) = 18,540원
- 20×1년 유형자산 처분이익 = 미수금의 최초 상각후원가 – 유형자산의 장부가액

= 85,460 – 80,000 = 5,460원

5. 회계처리(순액)

일 자	판매자			
20×1년 초	(차) 미수금	85,460	(대) 기계장치 처분이익	80,000 5,460
20×1년 말	(차) 현금 미수금	2,000 6,546	(대) 이자수익	8,546
20×2년 말	(차) 현금 미수금	2,000 7,994	(대) 이자수익	9,994
	(차) 현금	100,000	(대) 미수금	100,000

➲ 20×1 N/I영향

- 이자수익 : 85,460 × 10% = 8,546원
- 처분이익 : 85,460 – 80,000 = 5,460원

07 채무증권의 평가 및 처분 ★★★

1. 채무증권의 측정

구 분 (채무상품)	단기매매증권 (단기매매)	매도가능증권	만기보유증권
취득거래원가	당기비용(I/S)	취득원가(B/S) 가산	취득원가(B/S) 가산
기말평가	평가손익 : N/I	평가손익 : OCI	해당사항 없음
유효이자율법	실익이 없어 적용 X	유효이자율법 사용	유효이자율법 사용
처분거래원가	처분가액에서 차감	처분가액에서 차감	처분가액에서 차감
처분손익	처분금액 – 전기말 FV	처분금액 – 상각후원가	처분금액 – 상각후원가
처분부대비용	매각대금 차감	매각대금 차감	매각대금 차감
N/I 영향	이자 + 평가 + 처분(채무상품)	이자 + 처분	이자 + 처분
OCI 영향	–	평가	–
총포괄손익	이자 + 평가 + 처분	이자 + 처분 + 평가	이자 + 처분

2. 단기매매증권의 F/S 효과 분석

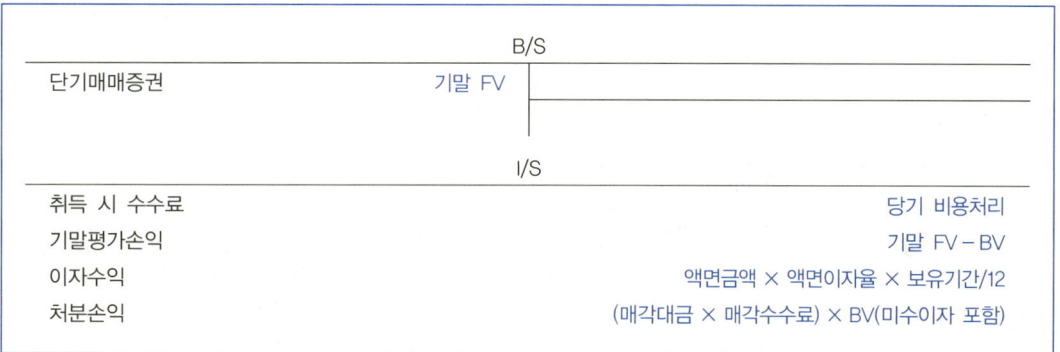

B/S

단기매매증권	기말 FV	

I/S

취득 시 수수료	당기 비용처리
기말평가손익	기말 FV – BV
이자수익	액면금액 × 액면이자율 × 보유기간/12
처분손익	(매각대금 × 매각수수료) × BV(미수이자 포함)

3. 만기보유증권

(1) 기중 취득

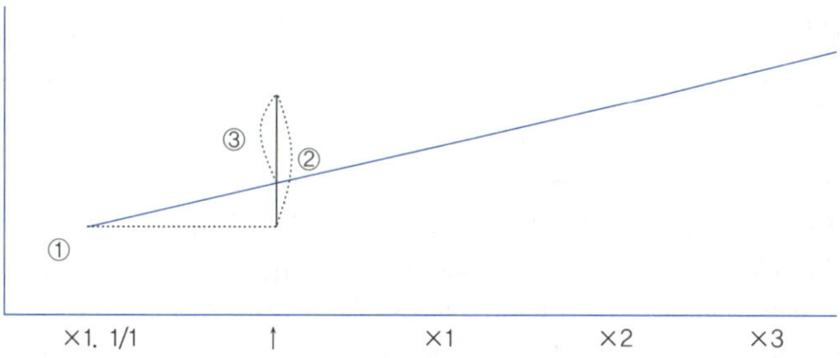

실제 취득일 : 실제 취득일의 이자R 사용

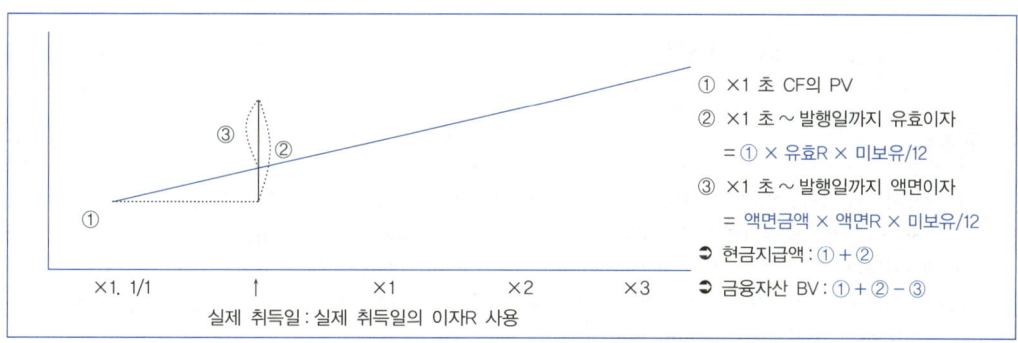

① ×1 초 CF의 PV
② ×1 초 ~ 발행일까지 유효이자
= ① × 유효R × 미보유/12
③ ×1 초 ~ 발행일까지 액면이자
= 액면금액 × 액면R × 미보유/12
➲ 현금지급액 : ① + ②
➲ 금융자산 BV : ① + ② – ③

(2) 금융자산 취득 시 회계처리 및 B/S

(차) 만기보유증권	①+②-③	(대) 현금	①+②

B/S

만기보유증권	①+②-③	
미수이자	③	

(3) 기말금융자산의 회계처리 및 F/S

(차) 만기보유증권	①+②-③	(대) 현금	①+②

B/S

만기보유증권	① × (1+R) - 액면이자 PV(잔여 CF) by 취득 시 R	

I/S

이자수익	기초BV① × R × 보유기간/12

4. 매도가능증권 F/S 분석

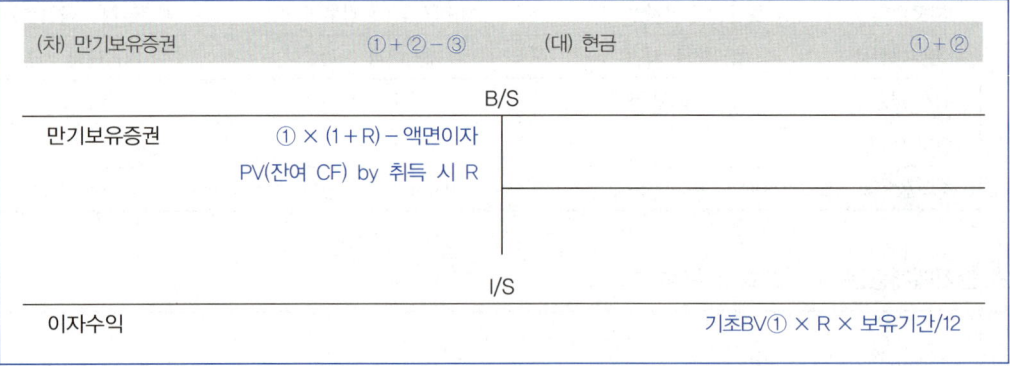

B/S 영향		매도가능증권	• 기말 공정가치(FV)
		매도가능증권평가손익	• 기말 공정가치(FV) - 상각후원가
		상각후원가	• 기말 공정가치(FV) - 기말B/S상 평가손익(OCI) • PV(잔여 CF) by 최초 취득 시 유효이자율
I/S 영향	N/I 영향	취득손익	• 미수이자 + 공정가치 - 현금지급액
		이자수익	• 기초상각후원가 × 취득 시 유효이자율 × 보유기간/12
		처분손익	• (매각대금 - 수수료) - 처분 직전 상각후원가 • (매각대금 - 수수료) - (처분 직전FV - 처분 직전 B/S평가손익)
	OCI 영향	매도가능증권평가손익	• 기말B/S상 평가손익(OCI) - 기초B/S상 평가손익(OCI)

Comment

1. 매도가능증권(채무상품)의 이자수익은 유효이자율법으로 계산하여 당기손익으로 인식한다.
2. 매도가능증권의 장부가액(상각후원가) : PV(미래잔여CF) by 취득 시 유효이자율
3. 매도가능증권의 공정가치(FV) : PV(미래잔여CF) by 기말 시장이자율
4. 매도가능증권(채무상품)과 만기보유증권은 현금흐름과 최초 유효이자율이 동일하다면 당기순이익에 미치는 영향(이자수익, 처분손익)이 완전히 동일하다.
5. 기중 처분의 경우 기초부터 처분 시점까지의 유효이자 및 상각후원가를 계상하여야 하지만 문제에서 당기손익에 미치는 영향을 묻는다면 아래와 같이 간편법으로 계상할 수도 있다.
   ➲ 기중 처분 시 당기순이익에 미치는 영향 : 처분가 - 기초상각후원가

[후속 측정]

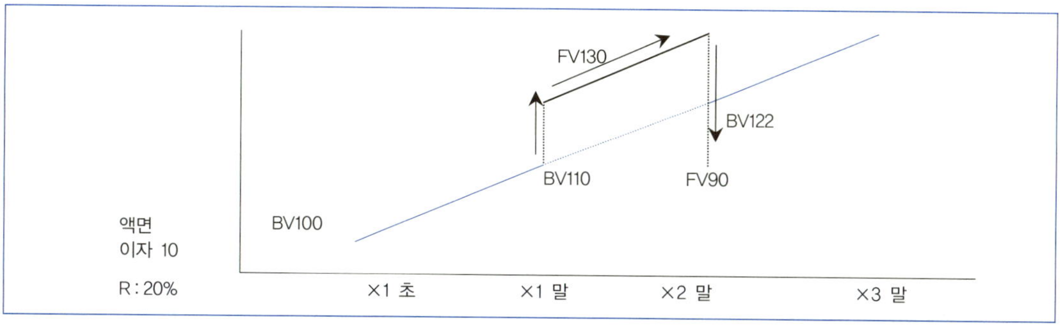

구 분			×1 말	×2 말
B/S	매도가능증권	• 기말 공정가치(FV)	130	90
	상각후원가	• 기말 공정가치 – 기말 평가손익누계 • PV(잔여 CF) by 최초 유효이자율	110	122
	매도가능증권 평가손익누계액(OCI잔액)	• 기말 공정가치(FV) – 상각후원가	20	(32)
I/S	매도가능증권 평가손익(OCI변동액)	• 기말 평가손익누계액 – 기초 평가손익누계액	20	(52)
	이자수익	• 기초상각후원가 × 취득 시 유효이자율	20	22

[제거]

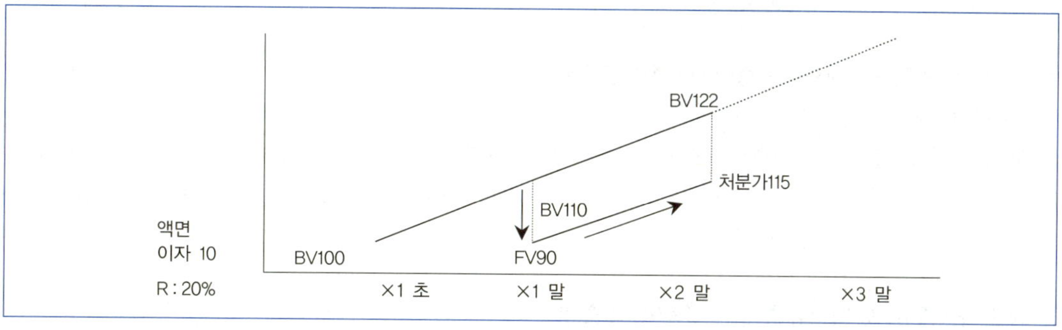

매도가능증권 처분손익	• 처분대가 – 처분 직전 상각후원가 • 처분대가 – (처분 직전 FV – 매도가능금융자산 평가손익)

×1년 초	(차) 매도가능증권	100	(대) 현금	100
×1년 말	(차) 현금 매도가능증권	10 10	(대) 이자수익	20
	(차) 매도가능증권평가손실	20	(대) 매도가능증권	20
×2년 말	(차) 현금 매도가능증권	10 12	(대) 이자수익	22
	(차) 현금 매도가능증권처분손실	115 7	(대) 매도가능증권 매도가능증권평가손실	102 20

×2년 처분 I/S효과	N/I 영향	15
	• 이자수익	22
	• 처분손익	(7)
	OCI 영향	20
	총포괄손익	35

08 금융자산의 재분류 ★★★

기업이 금융자산의 최초 인식 이후 보유목적과 보유능력의 변화에 따라 최초 인식 시 분류했던 계정과목과 다른 계정과목으로 변경할 수 있다.

1. 재분류 시점의 회계처리	재분류 시점의 공정가치(FV)로 회계처리
2. 재분류가 인정되는 경우	재분류 시점 재분류로 인한 당기순익 영향 '0'인 경우

구 분		변경 후		
		단기매매증권	만기보유증권	매도가능증권
변경 전	단기매매증권	–	O	O
	만기보유증권	X	–	O
	매도가능증권	X	O	O

1. 단기매매증권 → 매도가능증권·만기보유증권

① 원칙 : 재분류 불가능

② 예외 : 더이상 단기간 내에 매각할 목적으로 보유하지 않는다면 다른 범주로 분류·변경할 수 있다.

③ 회계처리 : 재분류일의 공정가치로 당해 금융자산을 재분류하여 공정가치와 장부가치의 차이를 당기손익으로 인식한다.

2. 매도가능증권·만기보유증권 → 단기매매증권

다른 금융상품의 항목은 당기손익인식금융자산으로 분류·변경할 수 없다.

3. 만기보유증권 → 매도가능증권

① 원칙 : 재분류 가능

② 회계처리 : 채무상품의 경우 상각후원가로 측정하면 만기보유증권을 매도가능증권으로 분류변경할 때 변경 시점의 공정가치로 측정하며, 당초 장부금액과 공정가치 차이는 기타포괄손익으로 처리한다.

분류 변경일	(차) 매도가능증권	FV	(대) 만기보유증권 매도가능증권평가이익(OCI)	BV FV – BV
변경일 이후	(차) 현금 매도가능증권		(대) 이자수익(N/I) (변경 전 상각후원가 × 유효이자율)	
	(차) 매도가능증권		(대) 매도가능증권평가이익(OCI)	

③ F/S효과 분석

만기 ⇒ 매도	**변경 시점의 매도가능증권평가손익(OCI)**	변경 시점 FV − 변경 시점 상각후원가
	변경일 이후 이자수익	변경 전 상각후원가 × 최초 취득 시 유효이자율
	변경일 이후 B/S상 매도가능증권평가손익	기말FV − 기말 시점 상각후원가

Comment

1. Tainting rule
   당 회계연도 또는 직전 2개 회계연도에 만기보유금융자산 중 경미한 금액 이상을 만기일 전에 매도하였거나 매도가능증권으로 재분류한 사실이 있는 경우에는 금융자산(기존 & 신규)을 만기보유증권으로 분류할 수 없다. (적용 예외 : 만기가 임박한 경우, 원금 대부분 상환한 경우, 통제 불능의 사건 발생한 경우)
2. 만기보유증권에서 매도가능증권으로 분류변경되어도 재분류 후 이자수익이나 재분류 후 처분손익은 당초 만기보유증권이 계상하여야 할 금액과 동일하다. 즉, 변경 이후에도 취득 시 유효이자율에 의한 상각을 계속한다.

4. 매도가능증권 → 만기보유증권

① 원칙 : 재분류 불가능

② 예외 : 아래의 경우 재분류 가능하다.

- 보유 의도나 능력이 변경된 경우
- 공정가치를 신뢰성 있게 측정할 수 없는 경우
- Tainting rule 관련 직전 2개 회계연도가 이미 경과한 경우

③ F/S효과 분석

매도 ⇒ 만기	**변경 시점의 만기보유증권평가손익(OCI)**		변경 시점 FV − 변경 시점 상각후원가
	변경일 이후 이자수익	**① 만기보유증권 이자수익**	변경 시점 FV × 변경 시점 시장이자율
		② 만기보유증권평가손익 상각액	변경일 상각후원가 × 별도의 유효이자율

④ 회계처리

- 분류변경일 이후 만기보유증권평가손익의 회계처리는 만기까지의 잔여기간 동안 유효이자율법을 적용하여 상각한 뒤 각 기간의 이자수익에 반영한다.
- 분류변경일 이후 만기보유증권의 회계처리는 분류변경된 채무상품의 공정가치와 만기액면가액과의 차액은 유효이자율(분류변경일의 현행시장이자율)에 의하여 만기까지의 잔여기간 동안 상각하여 이자수익에 반영한다.

분류변경일	(차) 만기보유증권 매도가능증권평가이익	FV당기 OCI전기	(대) 매도가능증권 만기보유증권평가이익	FV전기 FV − 상각후원가
변경일 이후	(차) 현금 만기보유증권		(대) 이자수익 ①	(변경일 FV × 변경 시 시장이자율)
	(차) 만기보유증권평가이익		(대) 이자수익 ②	(변경일 상각후원가 × 별도의 유효이자율)

⑤ 그림 정리

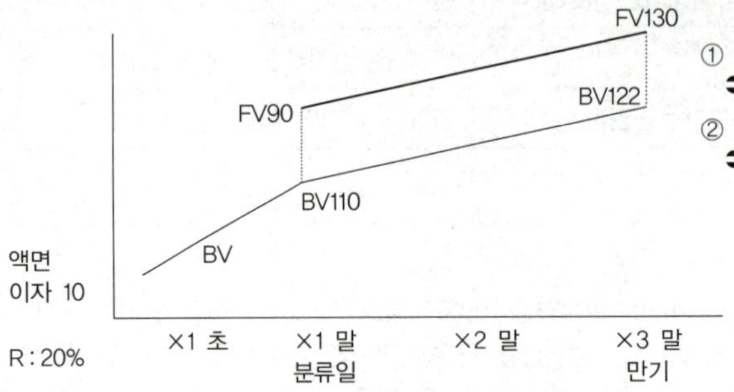

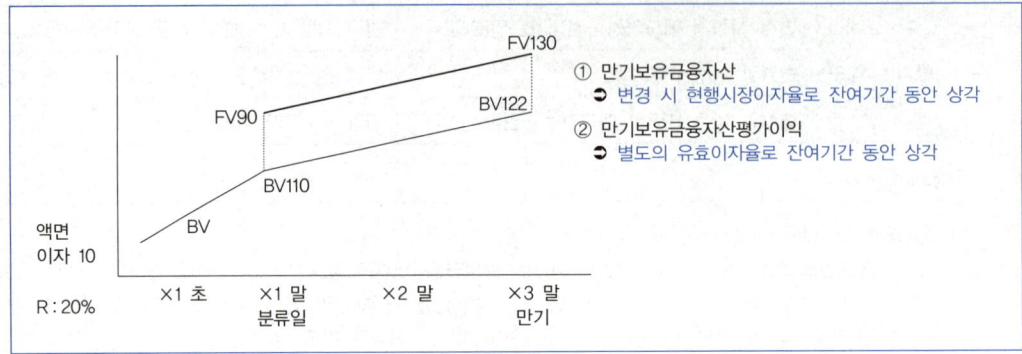

5. 매도가능금융자산(FV 평가 O) → 매도가능금융자산(FV 평가 X)

공정가치로 평가된 매도가능금융자산이 시장성을 상실하여 공정가치를 신뢰성 있게 측정할 수 없는 경우 재분류일 현재의 공정가치를 새로운 취득원가로 하고 그 차액은 매도가능금융자산평가손익으로 계상하여 해당 자산을 처분하는 시점에 당기손익으로 인식한다.

분류 변경일	(차) 매도가능금융자산	재분류일 FV	(대) 매도가능금융자산 매도가능금융자산평가이익	BV FV - BV

6. 매도가능금융자산(FV 평가 X) → 매도가능금융자산(FV 평가 O)

공정가치를 신뢰성 있게 측정할 수 없어 취득원가로 평가된 매도가능금융자산이 공정가치를 신뢰성 있게 측정할 수 있게 된 경우 재분류일의 공정가치과 장부금액과의 차이는 기타포괄손익으로 처리한다.

개념완성문제

01 단기매매증권은 공정가치를 평가기준으로 하고 평가손익은 기타포괄손익으로 처리한다. (O, X)

02 채권의 액면이자율이 시장이자율보다 낮은 경우에는 액면가 이상을 할증하여 취득하게 된다. (O, X)

03 매도가능증권을 처분할 때 매도가능증권평가손익은 여전히 기타포괄손익으로 남겨진다. (O, X)

04 선급비용은 금융자산이다. (O, X)

정답 및 해설

01 X 당기손익으로 처리한다.

02 X 할인하여 취득하게 된다.

03 X 매도가능증권처분손익에 반영되어 당기손익으로 처리된다.

04 X 용역을 제공받을 권리로, 금융자산이 아니다.

출제예상문제

✔ 학습시간이 부족하거나 시험 전 최종정리를 하고 싶은 경우에는 출제빈도(★~★★★)가 높은 문제를 우선으로 풀이할 수 있습니다.
✔ 다시 봐야 할 문제(풀지 못한 문제, 헷갈리는 문제 등)는 문제 번호 하단의 네모박스(□)에 체크하여 반복 학습할 수 있습니다.

★ 유가증권의 분류 및 평가방법

01 □□□ **유가증권의 평가방법과 평가손익의 처리로 옳은 것은?**

구 분	계정과목	평가기준	평가손익의 처리
가	단기매매증권	공정가치	기타포괄손익
나	만기보유증권	공정가치	해당사항 없음
다	매도가능증권(채권)	상각후원가	영업외손익
라	지분법적용 투자주식	지분법	영업외손익
마	매도가능증권(시장성이 있는 주식)	취득원가	해당사항 없음
바	매도가능증권(시장성이 없는 주식)	취득원가	해당사항 없음

① 가, 바 ② 나, 다 ③ 다, 바
④ 라, 바 ⑤ 마, 바

★★ 유가증권의 분류 및 평가방법

02 □□□ **유가증권에 대한 일반기업회계기준상 회계처리와 관련된 설명 중 옳은 것은?**

① 매도가능증권을 처분할 때 매도가능증권평가손익은 매도가능증권처분손익에 반영하지 않는다.
② 자본잉여금과 이익잉여금의 자본전입에 의한 주식배당, 무상증자를 받은 경우에는 영업외수익으로 처리한다.
③ 시장성 없는 주식도 반드시 다른 평가방법에 의해 공정가치로 평가하여야 한다.
④ 지분법을 적용하게 되면 현금배당금의 수령 시 배당금수익을 인식한다.
⑤ 채권의 액면이자율이 시장이자율보다 낮은 경우에는 액면가 이하로 할인하여 취득하게 된다.

★★ 유가증권의 분류 및 평가방법

03 □□□ **다음 중 유가증권의 취득 및 분류에 대한 설명으로 옳은 것은?**

① 지분증권을 취득하면 단기매매증권, 매도가능증권, 만기보유증권, 지분법적용 투자주식 중 하나로 분류하고 채무증권을 취득하면 단기매매증권, 매도가능증권, 만기보유증권 중 하나로 분류한다.
② 투자자는 현금배당과 주식배당을 받는 경우 모두 수익으로 인식한다.
③ 당 회계연도와 직전 2개 회계연도 중 만기보유증권을 만기일 전에 매도하였거나 발행자에게 중도 상환을 한 사실이 있는 경우 보유 중이거나 신규로 취득하는 채무증권에 대해 만기보유증권으로 분류할 수 없다.
④ 할인발행된 채무증권에 대한 이자수익 인식방법으로 유효이자율법을 적용하고, 이를 적용하는 상각액이 매 기간 점차 감소하지만 채무증권의 투자수익률은 매 기간 증가한다.
⑤ 피투자회사의 의결권이 있는 주식의 50% 이상을 보유하고 있는 경우, 명백한 반증이 있는 경우를 제외하고는 유의적인 영향력이 있는 것으로 보아 지분법을 적용한다.

정답 및 해설

01 ④

구 분	계정과목	평가기준	평가손익의 처리
라	지분법적용 투자주식	지분법	영업외손익
바	매도가능증권(시장성이 없는 주식)	취득원가	해당사항 없음

오답체크

구 분	계정과목	평가기준	평가손익의 처리
가	단기매매증권	공정가치	영업외손익
나	만기보유증권	상각후원가	해당사항 없음
다	매도가능증권(채권)	공정가치	기타포괄손익
마	매도가능증권(시장성이 있는 주식)	공정가치	기타포괄손익

용어 알아두기

기타포괄손익: 기업실체가 일정 기간 동안 소유주와의 자본거래를 제외한 모든 거래나 사건에서 인식한 자본의 변동액 중 미실현손익

02 ⑤ 채권의 액면이자율이 시장이자율보다 낮은 경우에는 액면가 이하로 할인하여 취득하게 된다.

오답체크

① 매도가능증권을 처분하면 매도가능증권평가손익이 매도가능증권처분손익에 반영된다.
② 자본잉여금과 이익잉여금의 자본전입에 의한 주식배당, 무상증자를 받은 경우에는 수익으로 인식하지 않고, 회계처리도 수행하지 않는다.
③ 시장성 없는 주식은 취득원가로 평가한다.
④ 지분법을 적용하게 되면 현금배당금의 수령 시 출자금의 반환으로 회계처리한다.

03 ③ 당 회계연도와 직전 2개 회계연도 중 만기보유증권을 만기일 전에 매도하였거나 발행자에게 중도 상환을 한 사실이 있는 경우 보유 중이거나 신규로 취득하는 채무증권에 대해 만기보유증권으로 분류할 수 없다.

오답체크

① 지분증권을 취득하면 단기매매증권, 매도가능증권, 지분법적용 투자주식 중 하나로 분류하고 채무증권을 취득하면 단기매매증권, 매도가능증권, 만기보유증권 중 하나로 분류한다.
② 투자자는 현금배당을 받는 경우 수익으로 인식하지만, 주식배당을 받는 경우 아무런 회계처리를 하지 않는다.
④ 할인발행된 채무증권에 대한 이자수익 인식방법으로 유효이자율법을 적용하고, 이를 적용하는 상각액이 매 기간 점차 증가하지만 채무증권의 투자수익률은 매 기간 일정하다.
⑤ 피투자회사의 의결권이 있는 주식의 20% 이상을 보유하고 있는 경우, 명백한 반증이 있는 경우를 제외하고는 유의적인 영향력이 있는 것으로 보아 지분법을 적용한다.

★★ 유가증권의 분류 및 평가방법

04 일반기업회계기준에 따른 유가증권의 회계처리에 대한 설명으로 옳지 않은 것은?

① 중소기업 회계처리특례에 따르면 시장성이 없는 지분증권에 손상차손누계액이 있는 경우 이를 차감한 금액으로 측정한다.
② 시장성이 없는 주식은 취득원가로 평가한다.
③ 주식배당을 받은 경우는 영업외수익으로 회계처리한다.
④ 지분법을 적용하게 되면 현금배당금 수령 시 수익으로 인식하지 아니하고 출자금의 반환으로 회계처리한다.
⑤ 무상증자는 수익으로 회계처리하지 않는다.

★★★ 유가증권의 분류 및 평가방법 최신출제유형

05 유가증권에 대한 일반기업회계기준상 회계처리에 대한 다음의 설명 중 옳지 않은 것은?

① 매도가능증권을 처분하면 매도가능증권평가손익이 매도가능증권처분손익에 반영된다.
② 자본잉여금과 이익잉여금의 자본전입에 의한 무상주를 수령하거나 주식배당을 받은 경우 수익으로 인식한다.
③ 시장성이 없는 주식은 취득원가로 평가한다.
④ 채권의 액면이자율이 시장이자율보다 낮은 경우에는 액면가 이하로 할인취득하게 된다.
⑤ 지분법을 적용하게 되면 현금배당금의 수령을 배당금수익으로 인식하지 않는다.

★★★ 유가증권의 분류 및 평가방법 최신출제유형

06 지분증권의 회계처리에 관한 설명으로 옳지 않은 것은? (단, 지분법의 적용요건은 충족한다)

① 지분율이 5%인 회사로부터 감자차익의 자본전입에 따른 무상주를 수령하면 투자주식의 장부금액은 불변이다.
② 지분율이 10%인 회사로부터 주식배당을 수령하면 당기순이익에 미친 영향은 없다.
③ 지분율이 20%인 회사로부터 현금배당을 수령하면 지분법적용 투자주식의 장부금액이 증가한다.
④ 지분율이 30%인 회사로부터 주식배당을 수령하면 지분법적용 투자주식의 장부금액은 불변이다.
⑤ 지분율이 25%인 회사로부터 무상주를 수령하더라도 당기순이익에 미친 영향은 없다.

★★★ 지분증권의 평가 및 처분

07 □□□

다음은 A사가 보유한 유가증권의 자료이다. 20×2년 초에 20×1년 말의 공정가치로 단기매매증권과 매도가능증권을 모두 매각 처분하였다면, 유가증권의 매각 처분이 20×2년도 손익에 미치는 영향은 얼마인가?

(단위 : 원)

구 분	취득원가	20×1년 말 공정가치
단기매매증권	2,000,000	1,800,000
매도가능증권	2,000,000	2,200,000

① 당기순이익 100,000원 감소
② 당기순이익 50,000원 증가
③ 당기순이익 200,000원 증가
④ 기타포괄이익 60,000원 증가
⑤ 기타포괄이익 200,000원 증가

정답 및 해설

04 ③ 주식배당은 별도의 회계처리를 하지 않는다. 다만 주식수의 증가에 따라 1주당 주식의 장부금액이 변동하게 된다.

05 ② 자본잉여금과 이익잉여금의 자본전입에 의한 무상주 수령은 투자자 입장에서는 회계처리를 수행하지 않는다.

06 ③ 지분율이 20%인 회사로부터 현금배당을 수령하면 지분법적용 투자주식의 장부금액은 감소한다.

07 ③ 유가증권의 매각 처분에 따라 20×2년도 당기순이익이 200,000원 증가한다.
- 단기매매증권 = 처분손익 없음 = 처분가 − 장부가 = 1,800,000 − 1,800,000 = 0원
- 매도가능증권 = 처분손익 = 처분가 − 취득원가 = 2,200,000 − 2,000,000 = 200,000원
- 기타포괄손익 200,000원 감소(당기손익으로 재분류조정됨)

참고 매도가능증권의 처분 시 회계처리

(차) 현금	2,200,000	(대) 매도가능증권	2,200,000
매도가능증권평가이익	200,000	처분이익	200,000

★★★
지분증권의 평가 및 처분

08 ㈜하늘이 20×1년 말 현재 보유하고 있는 매도가능증권은 다음과 같다. 해당 매도가능증권을 20×2년 중에 400,000원에 모두 처분하는 경우 해당 처분이 20×2년의 기타포괄이익에 미친 영향을 구하시오.

(단위 : 원)

구 분	20×1년 초 취득원가	20×1년 말 현재 공정가치
매도가능증권	300,000	350,000

① 60,000원 증가
② 60,000원 감소
③ 50,000원 증가
④ 50,000원 감소
⑤ 40,000원 감소

★★
지분증권의 평가 및 처분

09 B사는 당기초에 취득원가 120,000원인 A사의 주식(매도가능증권으로 회계처리)을 150,000원에 처분하였다. A사 주식은 전기초에 취득한 것으로 전기말 현재 공정가치는 130,000원이었고 전기말 재무상태표상 자본계정 중 기타포괄손익에 10,000원의 매도가능증권 평가이익이 계상되어 있다. 당기 손익계산서상 매도가능증권처분손익은 얼마인가?

① 손실 5,000원
② 이익 5,000원
③ 손실 30,000원
④ 이익 30,000원
⑤ 이익 35,000원

★★
지분증권의 평가 및 처분

10 다음은 ㈜한국이 보유하고 있는 금융자산에 관한 자료이다. 20×2년 취득 시 A사 주식은 단기매매증권으로, B사와 C사 주식은 매도가능증권으로 분류하였으며, 20×3년 중에 B사 주식을 130,000원에 처분하였다. 동 거래와 관련하여 ㈜한국의 20×3년의 당기손익에 미친 영향은 얼마인가? (단, 매도가능증권은 중대한 영향력을 행사할 수 없다)

(단위 : 원)

종 목	취득원가	20×2년 말 공정가액	20×3년 말 공정가액
A사 주식	100,000	120,000	110,000
B사 주식	90,000	80,000	–
C사 주식	80,000	100,000	120,000
합 계	270,000	300,000	230,000

① 30,000원 ② 40,000원 ③ 50,000원
④ 70,000원 ⑤ 80,000원

★★★
11 □□□

지분증권의 평가 및 처분

다음 자료는 ㈜서울이 보유하는 A주식(단기매매증권으로 분류되어 있음)**에 대한 20×1 회계연도**(20×1. 1. 1. ~ 20×1. 12. 31.) **중에 발생한 거래 내용이다. 이로 인하여 손익계산서에 미치는 영향은 얼마인가?**

- 보유 중인 장부금액 9,600,000원의 A주식 1,000주(액면금액 @5,000원)에 대하여 30%의 배당을 현금으로 수령하였다.
- 상기의 A주식에 대하여 주식배당을 수취하였다. 수취한 주식배당은 보유 중인 A주식의 20%이며, 동 주식에 부여되는 모든 권리는 기존주식에 대한 것과 같다. 또한 무상주 수취일의 A주식 시장가치는 주당 8,000원(액면금액 @5,000원)이다.
- A주식의 1/4을 주당 10,000원에 현금 처분하였다. (단가산정은 평균법을 사용한다)

① 이익 1,900,000원
② 이익 2,100,000원
③ 이익 2,260,000원
④ 이익 2,066,667원
⑤ 이익 2,560,000원

정답 및 해설

08 ④ 20×1년 말에 재무상태표상 기타포괄이익 50,000원 처분 시 재분류조정을 거쳐 0이 되므로 기타포괄이익에 미치는 영향은 50,000원이 감소하게 된다.

09 ④ 매도가능증권처분이익 = 처분대가 – 최초 취득원가 = 150,000 – 120,000 = 30,000원

10 ①
- A주식 평가손실 = 110,000 – 120,000 = (10,000)원 당기순손실
- B주식 처분이익 = 130,000 – 90,000 = 40,000원 당기순이익
- C주식 평가이익 = 120,000 – 100,000 = 20,000원 기타포괄이익

➲ 당기순이익에 미친 영향 = (10,000) + 40,000 = 30,000원

11 ②
- 현금배당금 수익 = 1,000주 × @5,000 × 30% = 1,500,000원
- 주식배당 수령액은 자본총계에 영향이 없어 회계처리하지 아니한다.
  단, 한 주당 장부금액은 수정함 = 9,600,000 ÷ (1,000주 + 200주) = @8,000원
- 처분이익 = 1,200주 × $\frac{1}{4}$ × (@10,000 – @8,000) = 600,000원

➲ 손익계산서에 미치는 영향 = 이익 2,100,000원

★★★ 지분증권의 평가 및 처분

12 ㈜한국의 단기매매증권 거래가 다음과 같은 경우, 20×5년의 법인세비용차감전순손익에 미치는 영향은? (단, 단가산정은 평균법에 의한다)

- 20×4년에 A사 주식 100주(액면금액 주당 5,000원)를 500,000원에 취득하였으며, 20×4년 말 공정가치는 550,000원이다.
- 20×5년 2월에 A사는 현금배당 10%(액면기준)와 주식배당 10%를 동시에 실시하였으며, ㈜한국은 A사로부터 배당금과 주식을 모두 수취하였다.
- 20×5년 10월에 보유 중이던 A사 주식 중 55주를 주당 6,000원에 처분하였다.
- 20×5년 말 A사 주식의 주당 공정가치는 7,000원이다.

① 160,000원 증가 ② 185,000원 증가 ③ 205,000원 증가
④ 215,000원 증가 ⑤ 225,000원 증가

★★★ 지분증권의 평가 및 처분 최신출제유형

13 다음을 고려한 갑회사의 당기순이익에 미치는 영향은?

- 갑회사가 보유 중인 A주식의 장부금액은 40,000,000원(6,000주, 액면금액 @5,000)이며, 현금배당은 10%를 실시했다.
- 갑회사가 보유 중인 B주식(5,000주, 액면금액 @5,000)에 대해서는 주식배당을 10% 실시했으며, 기간 말 주식의 시장가치는 10,000원이다.
- 갑회사가 보유 중인 C주식의 단기매매증권 평가손실은 8,000,000원이다.
- 유동자산으로 표시된 매도가능증권의 평가손실은 15,000,000원이다.
- 지분법을 적용하는 피투자대상 회사 B의 당기이익으로 인식한 지분법이익이 10,000,000원이 있다.

① 당기순손실 7,500,000원
② 당기순이익 10,000,000원
③ 당기순손실 13,000,000원
④ 당기순이익 5,000,000원
⑤ 당기순이익 7,500,000원

★★★ **지분증권의 평가 및 처분** 최신출제유형

14 □□□ **다음은 갑회사의 부분 재무상태표이다. 전기에 투자 목적으로 주식을 취득한 후 보유 중이다. 주식 취득 후 처분은 없었으며, 주가는 계속 상승하고 있다. 아래의 정보를 이용하여 계산한 당기에 취득한 매도가능증권의 금액은?**

〈부분 재무상태표〉

(단위 : 원)

	당기	전기
[자산]		
단기매매증권	1,300,000	1,000,000
매도가능증권	3,500,000	2,000,000
[자본]		
매도가능증권 평가이익	700,000	500,000

① 800,000원 ② 1,300,000원 ③ 1,500,000원
④ 2,500,000원 ⑤ 2,800,000원

정답 및 해설

12 ④

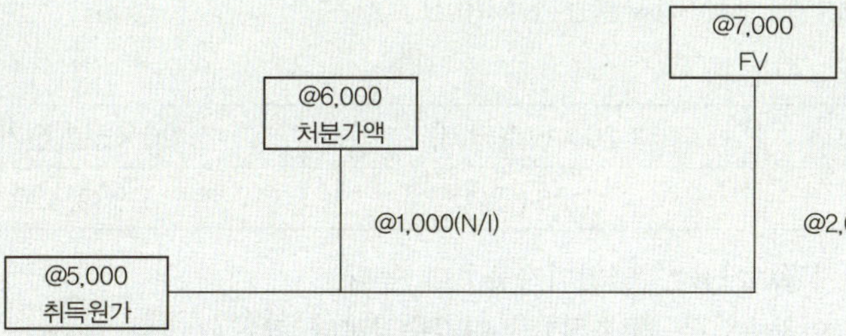

• 현금배당 = 100주 × @5,000 × 10% = 50,000원
• 주식배당 = 영향 없음(주식수와 주당 단가는 변동함)

구 분	주식배당 전	주식배당 후
주식수	100주	100 × (1 + 0.1)주 = 110주
주당 BV	5,500	550,000 ÷ 110주 = 5,000
BV	550,000	550,000

• 처분이익(N/I) = 55주 × @(6,000 − 5,000) = 55,000 이익
• 평가이익(N/I) = (110 − 55)주 × @(7,000 − 5,000) = 110,000 이익
* 주식배당으로 주당 단가는 @5,000으로 변동
➲ ×5년 법인세비용차감전순이익에 미치는 영향 = 현금배당 50,000 + 처분이익 55,000 + 평가이익 110,000
= + 215,000원

13 ④ 주식배당은 회계처리를 하지 않고, 매도가능증권 평가손실은 기타포괄손익에 반영한다. B사 주식은 취득금액과 단기, 매도 여부가 나와 있지 않아 평가손익을 구할 수 없다.
• 현금배당수익(A주식) = 6,000주 × @5,000 × 10% = 3,000,000원
• 단기매매증권 평가손실 = (−)8,000,000원
• 지분법이익 = 10,000,000원
➲ 당기순이익 = 5,000,000원

14 ② 매도가능증권 당기 취득액 = (3,500,000 − 700,000) − (2,000,000 − 500,000) = 1,300,000원

★★★ 채무증권의 평가 및 처분

15 □□□

다음은 A사의 만기보유증권(사채 B의 액면은 2,000,000원, 표시이율은 10%, 이자는 매년 말 후급)**의 표시이다. 20×5년**(제20기) **말 사채 B의 공정가치가 1,830,000원일 때, 만기보유증권이 20×5년 당기순이익에 미치는 영향은 얼마인가?**

(단위 : 원)

구 분	제20기(20×5년)	제19기(20×4년)
만기보유증권	1,974,300	1,932,420

① 당기순이익 54,200원 감소
② 당기순이익 31,880원 증가
③ 당기순이익 135,700원 증가
④ 당기순이익 200,000원 증가
⑤ 당기순이익 241,880원 증가

★★★ 채무증권의 평가 및 처분

16 □□□

다음은 B사가 보유한 회사채(액면금액은 2,000,000원, 액면이자율은 10%, 이자는 매년 말 후급, 만기는 20×7년)**의 재무상태표상 금액이다. 다음 중 회사채에 관한 설명으로 옳지 않은 것은?** (단, 20×6년 말 시장이자율은 8%이다)

(단위 : 원)

구 분	20×6년(당기)	20×5년(전기)
만기보유증권	1,964,300	1,932,420

① 회사채의 취득 당시 시장이자율은 액면이자율보다 높다.
② 회사채의 20×6년의 이자수익은 20×5년의 이자수익보다 크다.
③ 회사채를 매도가능증권으로 분류하였다면 당기순이익이 증가한다.
④ 회사채의 20×6년의 이자수익은 231,880원이다.
⑤ 회사채의 20×6년의 상각액이 20×7년의 상각액보다 작다.

★★★ 채무증권의 평가 및 처분

17 □□□

㈜하늘은 20×1년 7월 1일에 회사채(액면금액 100,000원, 발행일 20×1년 7월 1일, 만기일 20×3년 6월 30일, 액면이자율 5% 매년 6월 30일 후급)**를 91,322원에 취득하고 만기보유증권으로 분류하였다. 유효이자율이 10%인 경우 20×1년 말 현재 재무상태표상 만기보유증권의 장부금액은 얼마인가?**

① 93,388원 ② 94,388원 ③ 95,488원
④ 95,888원 ⑤ 97,488원

★★★ 지분증권과 채무증권 최신출제유형

18 ㈜포도의 유가증권 보유내역은 다음과 같다. 유가증권의 공정가치변동이 ×1년도 손익계산서상 당기순이익에 미치는 영향은 얼마인가? (단, ×1년 중 유가증권의 추가 취득이나 처분은 없다)

구 분	×1년 초		×1년 말	
	취득(상각후)원가	공정가치	취득(상각후)원가	공정가치
단기매매증권(주식)	₩40,000	₩36,000	₩40,000	₩50,000
매도가능증권(주식)	20,000	30,000	20,000	14,000
만기보유증권(채권)	22,000	32,000	26,000	38,000

① 6,000원 감소 ② 2,000원 감소 ③ 4,000원 증가
④ 10,000원 증가 ⑤ 14,000원 증가

정답 및 해설

15 ⑤ 20×5년 당기순이익 = 액면이자 + 상각액 = (2,000,000 × 10%) + (1,974,300 − 1,932,420)
= 200,000 + 41,880 = 241,880원

참고 만기보유증권은 상각후원가로 후속측정하므로 공정가치는 고려하지 않는다.

16 ③ 동일한 채권을 매도가능증권으로 분류하든 만기보유증권으로 분류하든 당기손익에 미치는 영향은 동일하다.

오답체크

① 회사채의 장부금액이 액면금액보다 낮으므로 할인발행에 해당하고 이 경우 취득 당시 시장이자율이 액면이자율보다 높은 것을 의미한다.
② 회사채의 이자수익은 기초 장부금액에 유효이자율을 곱하여 계상된다. 할인발행 시 매기말 회사채의 장부금액은 증가하므로 매년 이자수익도 증가하게 된다.
④ 20×6년 이자수익 = 2,000,000 × 10% + (1,964,300 − 1,932,420) = 231,880원
⑤ 매년 이자수익이 증가하지만 액면이자는 일정하므로 매년 상각액도 증가한다.

17 ①
- 20×1년 7월 1일부터 12월 31일까지 유효이자 : 91,322 × 10% × 6/12 = 4,566
- 20×1년 7월 1일부터 12월 31일까지 액면이자 : 5,000 × 6/12 = 2,500
- 20×1년 12월 31일 만기보유증권의 장부금액 : 91,322 + 4,566 − 2,500 = 93,388

18 ⑤ 단기매매증권만 기말에 공정가치 평가하여 평가손익을 당기손익에 반영한다.
단기매매증권 평가손익: 50,000 − 36,000 = 14,000

★★★ **채무증권의 평가 및 처분** 최신출제유형

19

㈜포도는 유가증권에 다음과 같이 투자하고 있다. 주식 중 D주식을 제외하고는 전부 20×1년에 취득한 상장주식이다. 20×1년과 20×2년의 관련 자료는 다음과 같다.

(단위 : ₩)

구 분	수 량	취득원가	20×1년 말 공정가치	20×2년 말 공정가치
(단기매매증권)				
A주식	100주	1,000,000	1,200,000	1,400,000
B주식	150주	1,800,000	1,900,000	2,100,000
갑사채	50좌	500,000	–	520,000
(기타금융자산)				
C주식	300주	5,000,000	4,700,000	4,400,000
D주식	200주	3,000,000	–	–
을사채	100좌	939,250	948,000	962,000

• 갑사채는 20×2년 초에 액면취득(액면이자율 연 10%, 매년 말 지급)한 것이다.
• 을사채는 만기보유목적으로 액면금액 ₩1,000,000(액면이자율 연 10%, 매년 말 지급)을 20×1년 초에 할인취득한 것이다. 을사채의 만기는 20×4년 말이며, 유효이자율은 연 12%이다.

일반기업회계기준에 의할 경우 상기의 유가증권과 관련하여 20×2년 포괄손익계산서상 법인세차감전순이익에 미치는 영향은 얼마인가?

① ₩432,710 이익 ② ₩632,710 이익 ③ ₩521,335 이익
④ ₩584,235 이익 ⑤ ₩428,135 이익

★★★ **채무증권의 평가 및 처분** 최신출제유형

20

다음은 A기업이 보유하는 B기업 사채(액면금액 1,000,000원, 액면이자율 10%, 이자 지급은 매년 말 후급)**의 표시이며, 일반기업회계기준에 따라 회계처리되었다. 20×2년도 손익계산서에 보고될 이자수익은 얼마인가?** (단, 20×2년 중 B기업 사채의 취득과 처분은 없는 것으로 가정한다)

(단위 : 원)

재무상태표상 금액	20×2년 말(당기)	20×1년 말(전기)
매도가능증권(B기업 사채)	990,000	980,000
평가이익	7,850	13,790

① 98,215원 ② 100,000원 ③ 114,230원
④ 115,940원 ⑤ 117,850원

★★★
21 □□□

채무증권의 평가 및 처분 최신출제유형

㈜대한은 20×1년 1월 1일 액면금액이 1,000,000원(액면이자율 10%, 유효이자율 12%, 매년 말 이자 지급)**이고 만기가 3년인 시장성 있는 사채를 만기보유 목적으로 취득하였다. 20×1년 12월 31일 이 사채의 공정가치는 970,000원이었고 20×2년 1월 1일 974,000원에 처분하였다. 취득 시 만기보유증권으로 분류할 경우 이에 대한 회계처리로 옳지 않은 것은?** (단, 현재가치이자요소는 다음 표를 이용한다)

〈현재가치이자요소〉

기 간	이자율(10%)	이자율(12%)
1년	0.91	0.89
2년	0.83	0.80
3년	0.75	0.71
합 계	2.49	2.40

① 취득 시점에서의 장부금액은 950,000원이다.
② 20×1년에 인식하여야 할 이자수익은 114,000원이다.
③ 20×1년 12월 31일 만기보유증권의 장부금액은 964,000원이다.
④ 20×2년 1월 1일 처분 시 금융자산처분이익은 4,000원이다.
⑤ 매년 인식할 이자수익은 다르다.

정답 및 해설

19 ④

A주식 : 1,400,000 − 1,200,000	=	₩200,000	평가이익
B주식 : 2,100,000 − 1,900,000	=	₩200,000	평가이익
갑사채 : 520,000 − 500,000	=	₩20,000	평가이익
500,000 × 10%	=	₩50,000	이자수익
을사채 : (939,250 + 12,710[1]) × 12%		₩114,235	이자수익
➲ 계		₩584,235	

[1] 939,250 × 12% − 100,000 = 12,710

20 ④

• 20×1년 말 상각후원가 : 980,000 − 13,790 = 966,210
• 20×2년 말 상각후원가 : 990,000 − 7,850 = 982,150
• 20×2년 이자수익 : (982,150 − 966,210) + 1,000,000 × 10% = 115,940

21 ④

20×2년 1월 1일 처분 시 매도가능증권의 처분이익은 10,000원이다.
금융자산처분이익(N/I) = 974,000 − 964,000 = 10,000원

오답체크

① 최초 장부금액 = (1,000,000 × 0.71) + [(1,000,000 × 10%) × 2.4] = 950,000원
② ×1년 이자수익(N/I) = 기초 장부금액 × 유효 R × $\frac{보유기간}{12}$ = 950,000 × 12% × $\frac{12}{12}$ = 114,000원
③ 평가 전 BV = [950,000 × (1 + 0.12)] − (1,000,000 × 10%) = 964,000원

★★ 유가증권의 분류변경

22 □□□

다음 중 유가증권의 분류변경에 대하여 옳지 않은 것은?

① 단기매매증권은 다른 유가증권과목으로 분류변경할 수 없으며, 다른 유가증권과목의 경우에도 단기매매증권으로 분류변경할 수 없다. 다만, 단기매매증권이 시장성을 상실한 경우에는 매도가능증권으로 분류하여야 한다.
② 만기보유증권에서 매도가능증권으로 분류변경되는 경우 분류변경일의 공정가치와 장부금액의 차이금액은 당기손익으로 처리한다.
③ 매도가능증권에서 만기보유증권으로 분류변경되는 경우 미실현보유손익 잔액은 만기까지의 잔여기간에 걸쳐 유효이자율법을 적용하여 상각하고 각 기간의 이자수익에 가감한다.
④ 매도가능증권은 만기보유증권으로 분류변경할 수 있으며 만기보유증권은 매도가능증권으로 분류변경할 수 있다.
⑤ 시장성을 상실한 단기매매증권이 매도가능증권으로 분류되는 경우 분류변경일의 공정가치를 새로운 취득원가로 보고 분류변경일까지의 미실현보유손익은 당기손익으로 인식한다.

★★ 유가증권의 분류변경

23 □□□

다음 중 유가증권의 재분류에 대한 설명으로 옳지 않은 것은?

① 만기보유증권은 매도가능증권으로 재분류할 수 없다.
② 원칙적으로 단기매매증권은 다른 범주로 재분류할 수 없으며, 다른 범주의 유가증권의 경우에도 단기매매증권으로 재분류할 수 없다.
③ 단기매매증권이 시장성을 상실한 경우에는 매도가능증권으로 분류하여야 한다.
④ 매도가능증권은 만기보유증권으로 재분류할 수 있다.
⑤ 유가증권과목의 분류를 변경할 때에는 재분류일 현재의 공정가치로 평가한 후 변경한다.

★★★ **24** □□□

유가증권의 분류변경 최신출제유형

㈜**금융**(회계기간 : 1. 1. ~ 12. 31.)**의 매도가능증권**(채권 A, 액면금액 5,000,000원, 표시이자율 10%, 매년 말 후급)**에 대한 재무상태표의 내용이다. 제35기 초에 채권 A를 만기보유증권으로 분류변경하는 경우 제35기 말 현재 재무상태표에 만기보유증권으로 표시될 금액은?** (단, 채권 A의 유효이자율은 12%이며, 재무상태표는 적절하게 표시된다)

(단위 : 원)

	제34기(전기) 말
[자산]	
매도가능증권(채권 A)	4,900,000
[자본]	
기타포괄손익누계액(채권 A)	68,950

① 4,831,050원　② 4,882,168원　③ 4,910,776원
④ 4,920,824원　⑤ 4,968,950원

정답 및 해설

22 ② 만기보유증권에서 매도가능증권으로 분류변경되는 경우 분류변경일의 공정가치와 장부금액의 차이금액은 기타포괄손익누계액으로 처리한다.

23 ① 만기보유증권과 매도가능증권은 서로 재분류가 가능하다.

24 ③ 만기보유증권으로 표시될 금액 = (4,900,000 − 68,950) × 1.12 − 500,000 = 4,910,776원

★★★ **유가증권의 분류변경** 최신출제유형

25

㈜한국은 ㈜경기가 20×5년 1월 1일에 발행한 사채를 동 일자에 취득하였다. 사채의 액면금액은 ₩10,000,000이며 액면이자율은 연 4%로 매년 말 후급이고 만기상환일은 20×9년 12월 31일이다. 사채발행일 현재 유효이자율은 연 5%이다. ㈜한국은 ㈜경기가 발행한 사채를 만기보유증권으로 구분하여 회계처리하다가 20×7년 1월 1일에 매도가능증권으로 재분류하였다. 20×7년 1월 1일 동 사채의 공정가치가 ₩9,800,000일 경우 인식해야 될 매도가능증권평가손익은 얼마인가? (단, 손상차손은 고려하지 않는다. 현가계수는 아래의 현가계수표를 이용하며, 단수차이로 인해 오차가 있는 경우 가장 근사치를 선택한다)

기 간	5% 단일금액 ₩1의 현재가치	5% 정상연금 ₩1의 현재가치
5	0.7835	4.3294

① ₩104,455 손실 ② ₩13,767 손실 ③ ₩72,647 이익
④ ₩154,860 손실 ⑤ ₩233,200 이익

★★★ **유가증권의 분류변경** 최신출제유형

26

㈜포도는 20×1년 1월 1일에 ㈜한라의 사채(발행일 20×1년 1월 1일) **2매를 ₩1,903,926에 취득하였다. 사채 1매당 액면가액은 ₩1,000,000, 만기는 20×3년 12월 31일, 액면이자율은 10%**(매년 말 이자지급)**이며, 발행 시 유효이자율은 12%이다. ㈜포도는 동 사채를 취득 시부터 만기보유증권으로 분류하여 적절하게 회계처리하였다. 그러나 보유의도 등의 변화로 인하여 더이상 만기보유증권으로 분류하는 것이 적절하지 않아, 20×1년 12월 31일에 사채 1매를 매도가능증권으로 분류변경하고, 나머지 1매는 처분비용 없이 공정가치로 처분하였다. 한편, ㈜포도가 취득한 동 사채의 유효이자율은 20×1년 말 9%로 하락하였다. 위 거래가 ㈜국세의 20×1년도 포괄손익계산서상 당기순이익에 미치는 영향은 얼마인가?** (단, 현가계수는 아래 표를 이용한다. 계산금액은 소수점 첫째 자리에서 반올림하며, 이 경우 단수차이로 인해 약간의 오차가 있으며 가장 근사치를 선택한다)

구 분	단일금액(기말 지급)			정상연금		
	9%	10%	12%	9%	10%	12%
1	0.91743	0.90909	0.89286	0.91743	0.90909	0.89286
2	0.84168	0.82645	0.79719	1.75911	1.73554	1.69005
3	0.77218	0.75131	0.71178	2.53129	2.48685	2.40183

① 증가 ₩151,387 ② 증가 ₩202,774 ③ 증가 ₩228,471
④ 증가 ₩279,863 ⑤ 증가 ₩331,245

정답 및 해설

25 ③ • F/S효과 분석

만기 ⇒ 매도	변경 시점의 매도가능증권평가손익(OCI)	변경 시점 FV – 변경 시점 상각후원가 9,800,000 – 9,727,353 = 72,647
	변경일 이후 이자수익	변경 전 상각후원가 × 최초 취득 시 유효이자율 9,727,353 × 5% = 486,368
	변경일 이후 B/S상 매도가능증권평가손익	기말 FV – 기말 시점 상각후원가

* 20×7년 초 사채의 상각후원가 : $400,000/1.05 + 400,000/1.05^2 + 10,400,000/1.05^3 = 9,727,353$

• 회계처리

분류 변경일	(차) 매도가능증권	FV 9,800,000	(대) 만기보유증권	BV 9,727,353
			매도가능증권평가이익	대차차액 72,647
변경일 이후	(차) 현금	액면이자 400,000	(대) 이자수익	(변경 전 상각후원가 × 유효이자율) 9,727,353 × 5% = 486,368
	매도가능증권	대차차액 86,368		
	(차) 매도가능증권	××	매도가능증권평가이익(OCI)	××

26 ④ • 만기 → 매도 재분류 시 당기손익에 영향을 미치는 항목은 없다.
• 이자수익 : 1,903,926 × 12% = 228,471
• 처분손익 : 1,017,591 – 966,199 = 51,392
  – 처분가액 : 100,000 × 1.75911 + 1,000,000 × 0.84168 = 1,017,591
  – 장부가액 : (1,903,926 × 1.12 – 200,000)/2 = 966,199
• 당기순이익에 영향 : 이자수익 + 처분손익 = 279,863

제7절 유형자산

01 유형자산의 정의 ★★

유형자산이란 재화나 용역의 생산이나 제공, 타인에 대한 임대 또는 관리활동에 사용할 목적으로 보유하는 물리적 형태가 있는 자산으로 한 회계기간을 초과하여 사용할 것이 예상되는 자산을 말한다.

① 정상적인 영업활동에 사용할 목적으로 취득한 자산

> • 임대수익이나 시세차익을 목적으로 취득 : 투자부동산으로 분류
> • 판매목적으로 취득 : 재고자산으로 분류

② 여러 회계기간에 걸쳐 장기간 사용하기 위하여 취득한 자산

③ 물리적 실체가 있는 자산

> 물리적 실체가 없는 자산 : 무형자산

✓핵심체크

> 규제상 취득하는 자산의 인식
> 안전 또는 환경상의 이유로 취득한 유형자산은 그 자체로는 직접적인 미래경제적효익을 얻을 수 없지만, 당해 유형자산을 취득하지 않았을 경우보다 관련 자산으로부터 미래경제적효익을 더 많이 얻을 수 있기 때문에 자산으로 인식할 수 있다.

02 유형자산의 취득원가 ★★★

유형자산의 인식 시 측정은 아래의 그림과 같이 구분할 수 있다. 유형자산은 사용이 가능한 상태부터 수익을 창출할 수 있으므로 유형자산과 관련된 지출들도 사용이 가능한 시점 이후부터는 비용처리될 수 있다. 단, 유형자산의 취득과 직접적으로 관련이 없는 지출들은 그 즉시 비용처리된다.

유형자산 측정의 구조

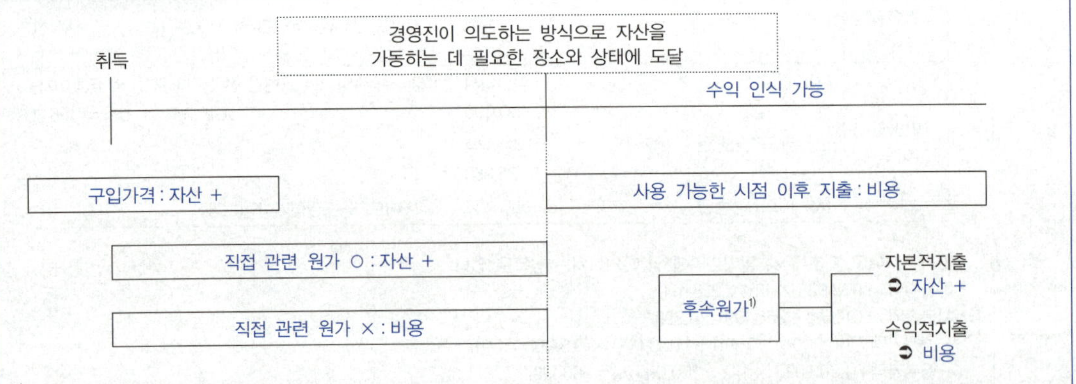

1) 3절에서 구체적인 내용을 다룬다.

1. 구입가격

재무제표에 인식하는 유형자산은 원가로 측정한다. 이때 원가란 자산을 취득하기 위하여 자산의 취득 시점이나 건설 시점에서 지급한 현금 또는 현금성자산이나 기타 제공한 기타 대가의 공정가치를 의미한다. 만약, 유형자산을 무상으로 취득한 경우에는 취득한 유형자산의 공정가치를 원가로 측정한다.

유형자산의 최초 인식 시 측정

(차) 유형자산	취득원가	(대) 현금및현금성자산	FV
		제공한 자산	FV
		부담한 부채	FV
	↑ 1st 제공한 대가의 FV		

(차) 유형자산	FV	(대) 자산수증이익	N/I or 자본
2nd 취득한 자산의 FV →			

Comment

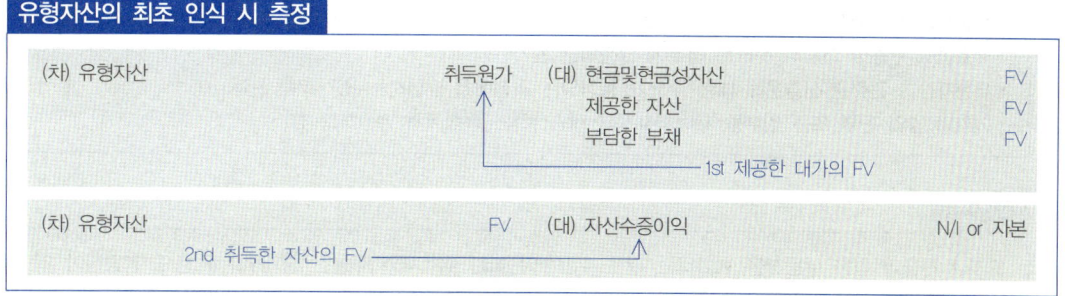

관세나 환급 불가능한 취득 관련 세금(취득세, 등록세 등)은 취득 과정에서 회피할 수 없는 원가이므로 유형자산의 구입가격에 포함하는 반면, 매입할인이나 리베이트는 유형자산을 저렴하게 구입하는 것이므로 구입가격에서 차감한다.

2. 경영진이 의도하는 방식으로 자산을 가동할 수 있는 장소와 상태에 이르게 하는 데 직접 관련된 원가

경영진이 의도하는 방식으로 자산을 가동하는 데 필요한 장소와 상태에 이르게 하는 데 직접 관련되는 원가의 예는 다음과 같다.

- 유형자산 매입 또는 건설과 직접적으로 관련된 종업원 급여
- 취득과 관련하여 전문가에게 지급하는 수수료
- 최초의 운송 및 취급 관련 원가, 설치장소 준비원가, 설치원가 및 조립원가
- 정상적인 작동을 위해 시험하는 과정에서 발생하는 시험원가(단, 시험과정에서 생산된 재화(시제품 등)의 순매각금액은 당해 원가에서 차감)
- 최초의 운송 및 취득 관련 원가

3. 유형자산의 원가에 포함되지 않는 항목들(직접 관련된 원가 ×)

정상적인 취득과정에서 불가피하게 발생한 부대비용이 아니거나 미래경제적효익이 기업에 유입될 가능성이 불분명한 원가는 유형자산의 원가에 포함해서는 안 된다. 이러한 유형자산의 원가가 아닌 예는 다음과 같다.

- 새로운 시설을 개설하는 데 소요되는 원가
- 새로운 상품과 서비스를 소개하는 데 소요되는 원가 (예) 광고 및 판촉활동과 관련된 원가
- 새로운 지역 또는 고객층을 대상으로 영업을 하는 데 소요되는 원가 (예) 직원 교육훈련비
- 관리 및 기타 일반간접원가

4. 경영진이 의도하는 방식으로 자산이 가동될 수 있는 장소와 상태에 이른 후에 발생한 원가

유형자산이 경영진이 의도하는 방식으로 가동될 수 있는 장소와 상태에 이른 후에 발생한 원가는 더 이상 자산으로 인식하지 않는다. 따라서 유형자산을 사용하거나 이전하는 과정에서 발생하는 다음과 같은 원가는 유형자산의 장부금액에 포함하지 않는다.

- 유형자산이 경영진이 의도하는 방식으로 가동될 수 있으나 실제 사용되지 않고 있는 경우 또는 가동수준이 완전조업도 수준에 미치지 못하는 경우에 발생하는 원가
- 유형자산과 관련된 산출물에 대한 수요가 형성되는 과정에서 발생하는 초기 가동손실
- 기업의 영업 전부 또는 일부를 재배치하거나 재편성하는 과정에서 발생하는 원가

Comment

토지나 건물과 같은 부동산을 취득하는 경우 부담해야 하는 취득세와 부동산 중개수수료 등도 경영진이 의도하는 방식으로 자산을 가동하는 데 필요한 장소와 상태에 이르게 하는 데 직접 관련된 원가이므로 당해 토지나 건물의 취득원가에 가산한다. 그러나 취득 이후 보유기간에 부과되는 재산세 등은 이미 취득 과정이 종료된 후에 발생한 것이므로 발생기간의 비용으로 인식한다. 이와 동일하게 유형자산의 취득과정에서 파손이나 화재 등에 대비하기 위하여 보험에 가입하고 부담한 보험료는 유형자산의 장부금액에 포함되나, 취득 이후 기간에 부담한 보험료는 발생기간의 비용으로 인식한다.

✓핵심체크

건설이 시작되기 전에 건설용지를 주차장 용도로 사용함에 따라 수익을 획득할 수 있다. 이러한 부수적인 영업은 유형자산을 경영진이 의도하는 방식으로 가동하는 데 필요한 장소와 상태에 이르게 하기 위해 필요한 활동이 아니므로 그러한 수익과 관련 비용은 당기손익으로 인식하고 각각의 수익과 비용항목을 구분하여 표시한다.

예제 1

㈜한영은 재화의 생산을 위하여 기계장치를 취득하였으며, 관련 자료는 다음과 같다. 동 기계장치의 취득원가는?

(단위 : ₩)

구입가격(매입할인 미반영)	1,000,000
매입할인	15,000
설치장소 준비원가	25,000
정상작동 여부 시험과정에서 발생한 원가	10,000
정상작동 여부 시험과정에서 생산된 시제품 순매각금액	5,000
신제품을 소개하는 데 소요되는 원가	3,000
신제품 영업을 위한 직원 교육훈련비	2,000
기계 구입과 직접적으로 관련되어 발생한 종업원 급여	2,000

풀이

구입가격(매입할인 미반영)	1,000,000
매입할인	(15,000)
설치장소 준비원가	25,000
정상작동 여부 시험과정에서 발생한 원가	10,000
정상작동 여부 시험과정에서 생산된 시제품 순매각금액	(5,000)
신제품을 소개하는 데 소요되는 원가	취득원가에 포함되지 않음
신제품 영업을 위한 직원 교육훈련비	취득원가에 포함되지 않음
기계 구입과 직접적으로 관련되어 발생한 종업원 급여	2,000
합 계	1,017,000

03 일괄구입 ★★★

일괄구입이란 두 종류 이상의 자산을 한 가격에 구입하는 것을 말한다. 그 예로 토지와 건물을 일괄구입하는 것을 들 수 있다. 사용 목적에 따라 일괄구입에 대한 회계처리는 다음과 같이 나뉜다.

1. 토지와 건물의 일괄구입

구 분		취득가액
취득 후 모두 사용		공정가치 비율로 안분
취득 후 기존 건물 철거 후 신축	토 지	일괄 구입원가 + 구건물철거비용 – 작업폐물매각수익 + 토지정지비용 등
	신축건물	신축비용 + 토지 굴착비용 등
기존 건물철거 후 신축		(기존 건물 장부가액 + 철거비용 – 폐물매각수익)을 당기손익 처리

2. 토지의 취득원가

토지의 취득원가(가산항목)	기타원가
취득세 등(재산세 제외)	토지 취득 후 일시 운영수익 : 당기손익 처리
국공채 매입가액 – FV	내부이익 · 비정상원가 : 당기손익 처리
내용연수 영구적 배수 · 조경비용	토지굴착비용 : 건물 취득원가 가산
국가가 유지관리하는 진입도로 포장비	재산세 : 당기손익 처리

3. 추가적 지출의 구분

토지 취득 이후 진입도로 개설, 도로포장, 조경공사 등 추가적 지출	회계처리
회사가 유지보수책임 ×(영구적 지출)	토지 취득원가에 가산(감가상각 ×)
회사가 유지보수책임 ○(반영구적 지출)	구축물로 계상(감가상각 ○)

04 현물출자로 인한 취득 ★★★

현물출자는 유형자산을 취득하는 대가로 기업의 주식을 발행·교부하는 것을 말한다. 현물출자로 유형자산을 취득한 경우에는 유형자산과 주식의 공정가치 중 보다 명확한 것을 취득원가로 한다.

(차) 유형자산	FV	(대) 자본금	××
		주식발행초과금	××

* 원칙 : 유형자산의 공정가치와 주식의 공정가치 중 보다 명확한 금액

05 교환에 의한 취득 ★★★

기업이 현재 소유하고 있는 유형자산과 동종 또는 이종의 유형자산을 교환하는 경우가 있다.

1. 이종자산의 교환인 경우

취득한 자산의 원가는 교환을 위하여 제공한 자산의 공정가치로 측정하는 것이 원칙이나, 취득한 자산의 공정가치가 더 명백한 경우나 교환을 위하여 제공한 자산의 공정가치를 신뢰성 있게 측정할 수 없는 경우에는 교환으로 취득한 자산의 공정가치를 취득원가로 할 수 있다.

(1) 제공한 자산 FV가 보다 명확한 경우

[1st 처분손익]

(차) 유형자산(신규취득자산)	제공한 자산 FV	(대) 유형자산(기존 보유자산)	BV
		처분손익	제공한 자산 FV − BV

[2nd 현금수령액]

(차) 유형자산(신규취득자산)	현금지급액	(대) 현금	××

(2) 취득한 자산 FV가 보다 명확한 경우

[처분손익 & 현금수령액 동시 고려]

(차) 유형자산(신규취득자산)	1st 취득한 자산 FV	(대) 유형자산(기존 보유자산)	2nd BV
		현금	3rd 현금지급액
		처분손익	대차차액

2. 동종자산의 교환인 경우

상업적 실질이 없거나 취득한 자산과 제공한 자산 모두 공정가치를 신뢰성 있게 측정할 수 없는 경우에는 제공한 자산의 장부금액을 취득한 자산의 취득원가로 인식한다. 제공된 유형자산으로부터 수익창출과정이 아직 완료되지 않았기 때문에 교환에 따른 손익을 인식하지 않는다.

[처분손익 & 현금수령액 동시 고려]

(차) 유형자산(신규취득자산)	제공한 자산 BV	(대) 유형자산(기존 보유자산)	BV
(차) 유형자산(신규취득자산)		(대) 현금	현금지급액

예제 2

㈜사나는 차량 A를 ㈜윤돈의 차량 B와 교환하였으며, 추가로 현금 20,000원을 지급하였다. 교환 당시 차량 A와 차량 B의 장부금액 및 공정가치는 다음과 같다.

(단위 : 원)

구 분	차량 A	차량 B
취득원가	500,000	1,000,000
감가상각누계액	200,000	150,000
공정가치	250,000	270,000

1. 동 거래가 이종자산의 교환인 경우 ㈜사나의 차량 취득원가와 유형자산처분손익은 각각 얼마인가?
2. 동 거래가 동종자산의 교환인 경우 ㈜사나의 차량 취득원가와 유형자산처분손익은 각각 얼마인가?

풀이

1. [1st 처분손익]

(차) 유형자산(신규취득자산)	제공한 자산 FV 250,000	(대) 유형자산(기존보유자산)	BV 300,000
처분손실	제공한 자산 FV – BV 50,000		

[2nd 현금수령액]

(차) 유형자산(신규취득자산)	현금지급액 20,000	(대) 현금	20,000

2.

(차) 유형자산(신규취득자산)	제공한 자산 BV 300,000	(대) 유형자산(기존보유자산)	BV 300,000
(차) 유형자산(신규취득자산)	20,000	(대) 현금	20,000

06 유형자산의 감가상각 ★

1. 감가상각의 본질

감가상각이란 당해 자산의 경제적 내용연수 동안 자산의 감가상각대상금액(= 취득원가 – 잔존가치)을 합리적이고 체계적인 방법으로 배분하여 당기비용으로 인식하는 과정을 말한다. 감가상각은 원가의 배분과정이지 자산의 평가과정이 아니다.

Comment

토지를 제외한 유형자산은 회사의 통상적인 영업활동에 사용되면서 미래의 경제적효익이 감소된다. 유형자산의 미래경제적효익의 감소요인으로는 크게 물리적 요인(예 파손, 화재 등)과 경제적 요인(예 진부화)이 있다. 그러나 유형자산의 경제적효익의 감소원인은 다양하고 복합적이므로 회사가 유형자산의 경제적효익의 감소분을 직접 관찰하여 화폐금액으로 측정하기는 어렵다. 대신 유형자산의 취득원가를 합리적이고 체계적인 방법으로 배분하여 당기비용으로 인식하는데, 이를 감가상각이라고 한다.

✓핵심체크

감가상각의 목적은 원가배분이며, 자산의 평가는 아니다. 즉, 감가상각비는 취득원가 중에서 당기에 비용으로 배분된 부분을 의미하고, 재무상태표상 유형자산 장부금액(= 취득원가 - 감가상각누계액)은 취득원가 중에서 아직까지 비용으로 배분되지 않은 부분을 의미할 뿐이지 그 자산의 공정가치가 아니다.

2. 감가상각단위와 감가상각액의 회계처리

(1) 감가상각단위 : 유의적인 일부의 원가

유형자산을 구성하는 일부의 원가가 당해 유형자산의 전체원가와 비교하여 유의적이라면, 해당 유형자산을 감가상각할 때 그 부분은 별도로 구분하여 감가상각한다. 단, 일부의 원가가 당해 유형자산의 전체원가와 비교하여 유의적이지 않더라도 그 부분을 별도로 구분하여 감가상각할 수 있다.

유형자산의 일부를 별도로 구분하여 감가상각하는 경우에는 동일한 유형자산을 구성하고 있는 나머지 부분도 별도로 구분하여 감가상각한다. 나머지 부분은 개별적으로 유의적이지 않은 부분들로 구성된다.

Comment

예를 들어 항공기의 동체와 엔진은 별도로 구분하여 감가상각하는 것이 적절할 수 있다.

(2) 감가상각액의 처리

각 기간의 감가상각액은 당기손익으로 인식한다. 그러나 유형자산에 내재된 미래경제적효익이 다른 자산을 생산하는 데 사용되는 경우도 있는데, 이러한 경우 유형자산의 감가상각액은 해당 자산의 원가의 일부가 된다.

Comment

예를 들어 제품 생산에 사용되는 기계장치의 감가상각비는 제품 제조원가의 일부이므로 발생 시 제품의 장부금액에 포함시키고, 향후 동 제품이 판매될 때 비용(매출원가)으로 인식한다.

감가상각비 발생	(차) 감가상각비	A	(대) 감가상각누계액	A
장부금액에 포함	(차) 재고자산	A	(대) 감가상각비	A
제품 판매	(차) 매출원가	A	(대) 재고자산	A

3. 감가상각의 기본요소

특정 회계연도의 감가상각비를 계산하기 위해서는 다음의 3가지 기본요소가 먼저 결정되어야 한다.

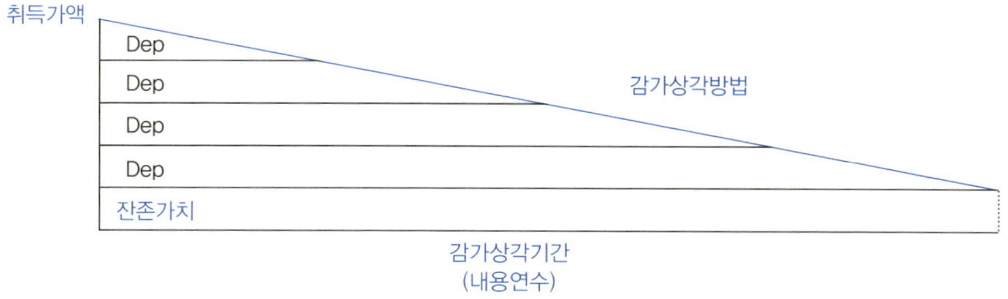

(1) 감가상각대상금액

감가상각대상금액이란 취득원가에서 잔존가치를 차감한 것으로 당해 자산을 수익획득과정에서 이용하는 기간 동안 인식할 총감가상각비를 의미한다. 유형자산의 감가상각대상금액은 내용연수에 걸쳐 체계적인 방법으로 배분된다.

감가상각대상금액(감가상각기준액) = 유형자산의 원가(취득원가) - 잔존가치

잔존가치는 자산이 이미 오래되어 내용연수 종료 시점에 도달하였다는 가정하에 자산의 처분으로부터 현재 획득할 금액에서 추정 처분부대원가를 차감한 금액의 추정치를 말한다. (잔존가치 = 내용연수 종료 시점의 처분금액 - 처분부대원가)

✓핵심체크

1. 잔존가치는 적어도 매 회계연도 말에 재검토하고 재검토의 결과 추정치가 종전의 추정치와 다르다면 그 차이는 회계추정의 변경으로 회계처리한다.
2. 토지와 건물을 동시에 취득하는 경우에도 이들은 분리 가능한 자산이므로 별개의 자산으로 회계처리한다. 건물이 위치한 토지의 가치가 증가하더라도 건물의 감가상각대상금액에는 영향을 미치지 않는다.
3. 유형자산의 잔존가치가 해당 자산의 장부금액과 같거나 큰 금액으로 증가하는 경우에는 자산의 잔존가치가 장부금액보다 작은 금액으로 감소될 때까지 유형자산의 감가상각액은 '0'이 된다. 유형자산의 공정가치가 장부금액을 초과하더라도 잔존가치가 장부금액을 초과하지 않는 한 감가상각액을 계속 인식한다.

(2) 내용연수

유형자산의 감가상각은 자산이 사용 가능한 때부터 시작한다. 유형자산을 매각예정비유동자산으로 분류하거나 재무상태표에서 제거하지 않는 한 내용연수 동안 감가상각하는데, 여기서 내용연수란 기업에서 자산을 사용 가능할 것으로 기대되는 기간 또는 자산에서 얻을 것으로 예상되는 생산량이나 이와 유사한 단위 수량을 말한다. 유형자산의 내용연수는 자산으로부터 기대되는 효용에 따라 결정된다. 내용연수와 관련된 한국채택국제회계기준의 규정은 아래와 같다.

- 유형자산의 감가상각은 자산이 사용 가능한 때부터 시작한다. 즉, 경영진이 의도하는 방식으로 자산을 가동하는 데 필요한 장소와 상태에 이른 때부터 시작한다.
- 유형자산의 내용연수는 자산으로부터 기대되는 효용에 따라 결정되므로 내용연수는 일반적 상황에서의 경제적 내용연수보다 짧을 수 있다. 유사한 자산에 대한 기업의 경험에 비추어 해당 유형자산의 내용연수를 추정해야 한다.
- 유형자산의 미래경제적효익은 주로 사용함으로써 소비하는 것이 일반적이다. 그러나 자산을 사용하지 않더라도 기술적 또는 상업적 진부화와 마모 또는 손상 등의 다른 요인으로 인하여 자산에서 얻을 것으로 예상하였던 경제적효익이 감소될 수 있으므로 자산의 내용연수를 결정할 때에는 다른 요인들을 고려하여야 한다.

✓핵심체크

내용연수는 적어도 매 회계연도 말에 재검토하고 재검토의 결과 추정치가 종전의 추정치와 다르다면 그 차이는 회계추정의 변경으로 회계처리한다.

(3) 감가상각방법

감가상각방법은 감가상각대상금액을 내용연수에 걸쳐 각 회계기간에 배분하는 방법을 말한다. 감가상각방법은 자산의 미래경제적효익이 소비되는 형태를 반영하여 결정하고, 예상 소비형태가 달라지지 않는 한 매 회계기간에 일관성 있게 적용한다.

유형자산의 감가상각방법에는 다음과 같은 방법들이 있다.

- 균등상각법 : 정액법
- 체감상각법 : 연수합계법, 정률법, 이중체감법
- 활동기준법 : 생산량비례법

균등상각법은 매기 일정액의 감가상각비를 인식하는 방법이고, 체감상각법은 내용연수 초반부에는 감가상각비를 많이 인식하고 후반부로 갈수록 감가상각비를 적게 인식하는 방법이다. 또한 활동기준법은 자산을 이용한 활동량에 따라 감가상각비를 인식하는 방법이다.

Comment

유형자산의 감가상각방법은 자산의 미래경제적효익이 소비되는 형태를 반영해야 한다. 예를 들어 기계장치의 감가상각방법은 당해 기계장치의 사용으로부터 산출되는 재화에 근거하여 결정되어야 한다. 그 이유는 기계장치의 경제적효익이 사용에 의해서 소비되며, 그러한 경제적효익의 소비는 산출되는 재화에 의해 주로 결정될 것이기 때문이다. 따라서 특정 기계장치를 사용하여 생산하는 산출물이 매년 일정하다면 정액법을 적용하는 것이 적절할 것이다. 그러나 특정 기계장치를 사용하여 생산하는 산출물이 매년 유의적으로 변동된다면 정액법보다 생산량비례법을 적용하는 것이 더 적절할 수 있다.

유형자산의 사용기간이 경과되면 유지보수비용이 증가하거나 기술적 진부화가 발생하여 정률법을 적용하는 것은 타당하지 않다. 그 이유는 유지보수비용이나 기술적 진부화는 당초에 자산의 내용연수를 결정할 때 고려할 수 있으나, 이러한 요인이 자산의 미래경제적효익의 소비 형태에 영향을 미치는 것은 아니기 때문이다.

✓핵심체크

1. 감가상각방법에 따라 각 회계기간 단위로 배분되는 감가상각액은 다르지만, 내용연수 동안 총감가상각액은 동일하다.
2. 감가상각방법은 적어도 매 회계연도 말에 재검토하고 재검토의 결과 추정치가 종전의 추정치와 다르다면 그 차이는 회계추정의 변경으로 회계처리한다.

4. 감가상각비의 계산

유형자산의 감가상각대상금액을 내용연수 동안 체계적으로 배분하기 위해 다양한 방법을 사용할 수 있다. 이러한 감가상각방법에는 정액법, 체감잔액법과 생산량비례법이 있다. 정액법은 잔존가치가 변동하지 않는다고 가정할 때 자산의 내용연수 동안 매기간 일정액의 감가상각액을 계상하는 방법이고, 체감잔액법은 자산의 내용연수 동안 감가상각액이 매기간 감소하는 방법이다. 또한 생산량비례법은 자산의 예상조업도 또는 예상생산량에 기초하여 감가상각액을 계산하는 방법이다. 정액법과 체감잔액법의 연도별 감가상각비를 비교하면 다음과 같다.

총감가상각비	정액법 = 체감잔액법
내용연수 초기의 감가상각비	정액법 < 체감잔액법
내용연수 후기의 감가상각비	정액법 > 체감잔액법

5. 감가상각방법의 계산구조

감가상각의 각 방법별 계산구조는 다음과 같다.

상각방법	감가상각대상금액 or 기초 장부금액	상각률
정액법	취득원가 − 잔존가치	1/내용연수
연수합계법	취득원가 − 잔존가치	내용연수역순/내용연수합계
생산량비례법	취득원가 − 잔존가치	당기생산량/총생산가능량
정률법	기초장부가액 = 취득원가 − 기초감가상각누계액	별도의 상각률
이중체감법	기초장부가액 = 취득원가 − 기초감가상각누계액	2/내용연수

Comment

체감잔액법의 경우 감가상각대상금액이나 기초 유형자산의 장부금액에 상각률을 곱하여 감가상각비를 매년 계상하고 내용연수가 경과할수록 감가상각비가 감소하여야 한다. 이를 위해서 연수합계법은 감가상각대상금액은 고정이지만 상각률이 매년 감소한다. 이에 반해 이중체감법과 정률법은 상각률이 변동하지 않고 기초 유형자산의 장부금액이 매년 감소한다.

① 정액법, 연수합계법, 생산량비례법 : (취득가 − 잔존가치) × 상각률
　(취득가 − 잔존가치): 고정 / 상각률: (변동, 정액법 제외)

② 이중체감법, 정률법 : 기초 BV(취득가 − 기초누계액) × 상각률
　기초 BV(취득가 − 기초누계액): 변동 / 상각률: 고정

(1) 정액법(가정 : 자산의 가치가 시간의 경과에 따라 감소)

정액법은 잔존가치가 변동하지 않는다고 가정할 때 자산의 내용연수 동안 매기간 일정액의 감가상각액을 계상하는 방법이다.

(2) 정률법(가정 : 진부화)

정률법은 기초의 장부금액(= 취득원가 − 기초감가상각누계액)에 매기 일정한 상각률을 곱하여 계산하는 방법이다. 정률법은 상각률에 잔존가치가 이미 고려되어 있기 때문에 감가상각비 계산 시 잔존가치를 고려하지 않는다.

(3) 이중체감법(가정 : 진부화)

이중체감법은 기초 장부금액(= 취득원가 − 기초감가상각누계액)에 상각률을 곱하여 감가상각비를 계산하는 방법이다. 정률법과 유사하나 상각률은 정액법 상각률의 2배를 곱하여 사용한다.

Comment

이중체감법은 내용연수가 종료되는 회계연도에는 감가상각비를 계산한 이후의 장부금액이 잔존가치와 다르므로 잔존가치를 남겨두기 위하여 기초 장부금액에서 잔존가치를 차감한 금액을 감가상각비로 계상한다.

(4) **연수합계법(가정 : 진부화)**

연수합계법은 감가상각대상금액(= 취득원가 - 잔존가치)에 다른 상각률을 곱하여 매기 감가상각비를 구한다. 상각률의 분모는 내용연수의 합계금액이고 분자는 내용연수의 역순으로 매년 다른 상각률이 계산된다.

✓핵심체크

1. 정액법은 자산의 경제적 유용성이 내용연수 동안 매년 동일하고, 관련된 수선유지비도 매년 동일하다고 가정한다. 일반적으로 내용연수의 후기로 갈수록 수선유지비가 증가하는 현실과 맞지 않는다.
2. 정률법, 이중체감법, 연수합계법을 체감잔액법이라고 하는데 이 체감잔액법은 유형자산과 관련된 비용을 감가상각비와 수선유지비로 볼 때 초기에는 감가상각비가 많이 계상되는 대신 수선유지비가 적게 발생하고, 후기에는 수선유지비가 많이 발생하는 대신 감가상각비가 적게 계상된다. 체감잔액법은 유형자산과 관련된 총비용이 내용연수에 걸쳐 비교적 균등하게 계상됨으로써 유형자산의 경제적 유용성이 내용연수 동안 일정하다고 가정하는 경우 수익·비용의 적절한 대응이 가능하다.

(5) **생산량비례법(가정 : 물리적인 사용)**

생산량비례법은 물리적인 생산량에 비례하여 감가상각을 인식하는 방법이다. 따라서 내용연수는 총예상생산량에 근거하여 결정되며 매기 물리적인 생산량만큼 감가상각비를 인식한다. 그러나 총예상생산량 추정이 불가능하고 당기의 실제 생산량을 계산할 수 없으면 생산량비례법을 적용하지 못하고, 시간의 경과에 따라 가치가 감소하거나 진부화되는 자산에는 적용하지 못하는 단점이 있다.

예제 3

㈜토리는 20×1년 초에 기계장치를 ₩2,000,000에 취득하여 사용을 개시하였다. ㈜토리의 보고기간은 매년 1월 1일부터 12월 31일까지이며, 관련 자료는 다음과 같다.

- 기계장치의 내용연수는 3년, 잔존가치는 ₩200,000으로 추정되며, 총생산단위는 250,000개로 추정된다.
- ㈜토리는 20×1년에 80,000개의 제품을 생산하였으며, 20×2년에는 100,000개의 제품을 생산하였고, 20×3년에는 70,000개의 제품을 생산하였다.

다음의 각 방법에 따라 각 연도별 감가상각비를 계산하시오.

1. 정액법
2. 연수합계법
3. 생산량비례법
4. 정률법(상각률 : 0.536)
5. 이중체감법

풀이

1. 정액법의 감가상각비

연 도	계산근거	감가상각비	감가상각누계액	장부금액
취득 시				2,000,000
20×1년 말	(2,000,000 – 200,000)/3	600,000	600,000	1,400,000
20×2년 말	(2,000,000 – 200,000)/3	600,000	1,200,000	800,000
20×3년 말	(2,000,000 – 200,000)/3	600,000	1,800,000	200,000

2. 연수합계법의 감가상각비

연 도	계산근거	감가상각비	감가상각누계액	장부금액
취득 시				2,000,000
20×1년 말	(2,000,000 – 200,000) × 3/6[1]	900,000	900,000	1,100,000
20×2년 말	(2,000,000 – 200,000) × 2/6	600,000	1,500,000	500,000
20×3년 말	(2,000,000 – 200,000) × 1/6	300,000	1,800,000	200,000

[1] 1+2+3=6

3. 생산량비례법의 감가상각비

연 도	계산근거	감가상각비	감가상각누계액	장부금액
취득 시				2,000,000
20×1년 말	1,800,000 × 80,000/250,000	576,000	576,000	1,424,000
20×2년 말	1,800,000 × 100,000/250,000	720,000	1,296,000	704,000
20×3년 말	1,800,000 × 70,000/250,000	504,000	1,800,000	200,000

4. 정률법의 감가상각비

연 도	계산근거	감가상각비	감가상각누계액	장부금액
취득 시				2,000,000
20×1년 말	2,000,000 × 0.536	1,072,000	1,072,000	928,000
20×2년 말	928,000 × 0.536	497,408	1,569,408	430,592
20×3년 말	430,592 – 200,000	230,592	1,800,000	200,000

5. 이중체감법의 감가상각비

연 도	계산근거	감가상각비	감가상각누계액	장부금액
취득 시				2,000,000
20×1년 말	2,000,000 × 2/3(0.667)	1,334,000	1,334,000	666,000
20×2년 말	666,000 × 2/3(0.667)	444,222	1,778,222	221,778
20×3년 말	221,778 – 200,000	21,778	1,800,000	200,000

6. 회계기간 중 취득한 유형자산의 감가상각비 계산과 월할상각

지금까지의 서술은 감가상각비 계산이 1년을 단위로 한 것이었지만, 일반적으로 유형자산의 구입과 처분은 보고기간의 기초나 기말에 발생하기보다는 기중에 발생한다. 따라서 유형자산을 기중에 취득한 경우에는 1년 치 감가상각비를 모두 인식하는 것보다 취득 시점부터 기말까지의 기간에 대하여만 감가상각비를 인식하는 것이 더 합리적이다. 이를 월할상각이라고 하는데 월할상각이란 1년 단위로 계산한 감가상각비를 보고기간의 월수에 비례하여 배분하는 방법이다.

(1) 기중 취득에 따른 월할상각의 계산방법

① 정액법, 정률법, 이중체감법으로 감가상각을 하는 경우 감가상각대상금액에 해당연도의 상각기간에 따라 월수를 고려하여 감가상각비를 계상한다.

② 연수합계법의 경우 상각률이 매년 변동하므로 구입연도와 그다음 연도부터의 1년 전체 감가상각비를 계상한 후에 월수에 따라 안분 후 감가상각비를 계상한다.

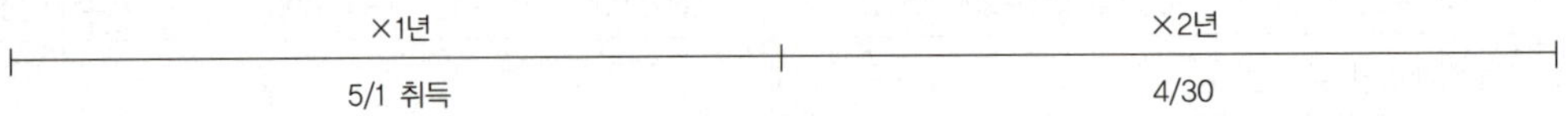

① 각 방법별 ×1년의 감가상각비 계산식(단, 연수합계법은 내용연수 3년 가정)

구 분	×1년 감가상각비 계상
정액법	(취득가액 – 잔존가치)/내용연수 × 8/12
정률법	(취득가액 – 기초감가상각누계액) × 상각률 × 8/12
이중체감법	(취득가액 – 기초감가상각누계액) × 2/내용연수 × 8/12
연수합계법	(취득가액 – 잔존가치) × 3/6 × 8/12

② 각 방법별 ×2년의 감가상각비 계산식(단, 연수합계법은 내용연수 3년 가정)

구 분	×2년 감가상각비 계상
정액법	(취득가액 – 잔존가치)/내용연수
정률법	(취득가액 – 기초감가상각누계액) × 상각률
이중체감법	(취득가액 – 기초감가상각누계액) × 2/내용연수
연수합계법	(취득가액 – 잔존가치) × 3/6 × 4/12 + (취득가액 – 잔존가치) × 2/6 × 8/12

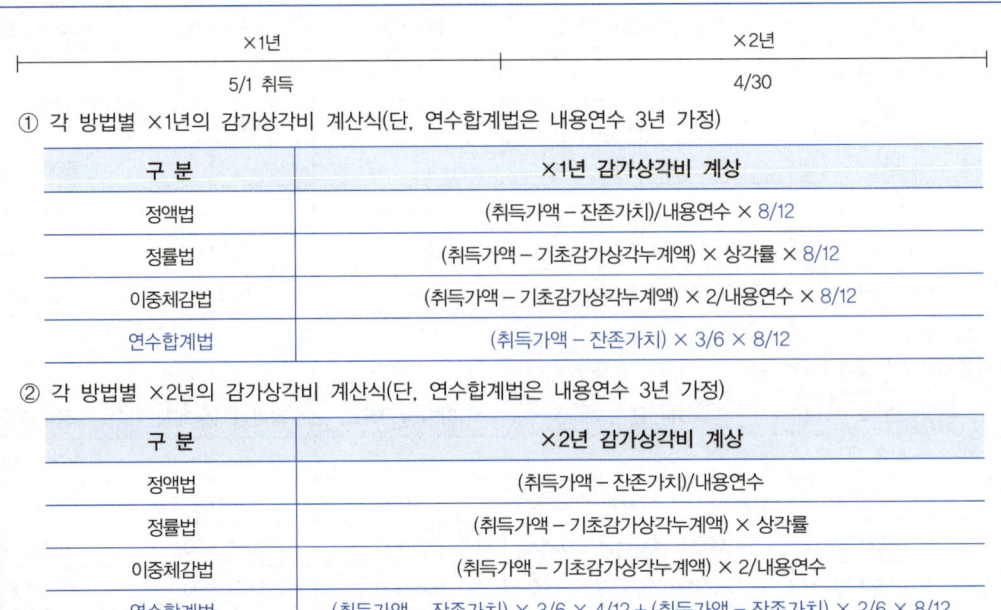

(2) 정률법과 이중체감법의 기중 취득에 따른 월할상각의 계산방법

정률법과 이중체감법은 1년분의 감가상각비를 계산한 후 월수에 비례하여 배분하는 방법을 사용하거나 취득한 이후의 보고기간에는 월수에 비례하지 않고 기초장부금액에 상각률을 곱하여 계산하여도 동일한 금액으로 계산된다. 그러므로 정률법과 이중체감법은 취득한 회계연도에만 월할상각하고 다음 회계연도부터는 일반적인 방법을 적용해도 동일한 결과에 도달한다.

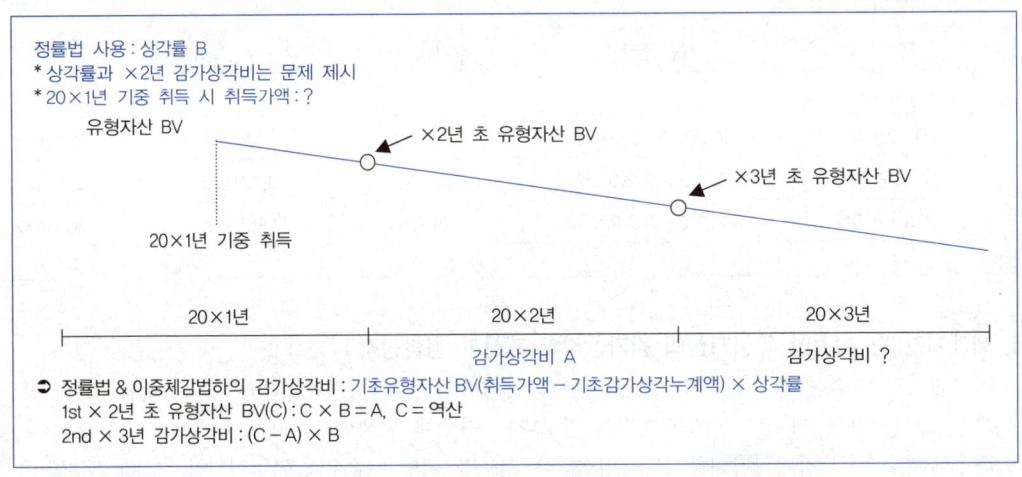

정률법 사용 : 상각률 B
* 상각률과 ×2년 감가상각비는 문제 제시
* 20×1년 기중 취득 시 취득가액 : ?

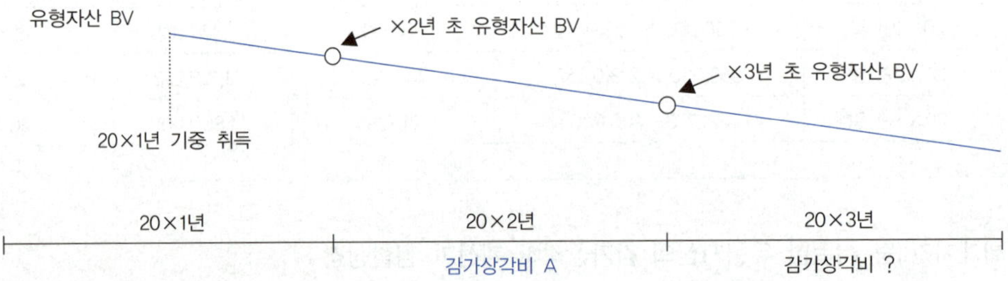

➲ 정률법 & 이중체감법하의 감가상각비 : 기초유형자산 BV(취득가액 – 기초감가상각누계액) × 상각률
1st × 2년 초 유형자산 BV(C) : C × B = A, C = 역산
2nd × 3년 감가상각비 : (C – A) × B

✓ 핵심체크

1. 특별히 언급이 없는 한, 월 단위에 따라 안분하여 상각한다.
2. 이중체감법과 정률법은 기중취득을 하여도 취득 다음 연도의 감가상각대상금액은 기초장부가액(취득원가 - 기초감가상각누계액)이므로 다음 연도에는 별도의 월할상각을 고려할 필요가 없다.

예제 4

㈜도도는 기계장치를 20×1년 5월 1일에 ₩2,000,000 취득하고 사용을 개시하였다. 잔존가치는 ₩200,000, 내용연수 3년으로 감가상각하려고 한다. 다음 물음에 답하시오.

1. 정액법 상각 시 20×1년과 20×2년의 감가상각비를 구하시오.
2. 이중체감법 상각 시 20×1년과 20×2년의 감가상각비를 구하시오.
3. 연수합계법 상각 시 20×1년과 20×2년의 감가상각비를 구하시오.

풀이

1. ① 20×1년 : $\{\frac{(2,000,000 - 200,000)}{3}\} \times \frac{8}{12} = ₩400,000$

   ② 20×2년 : $\frac{(2,000,000 - 200,000)}{3} = ₩600,000$

2. ① 20×1년 : $(2,000,000 - 0) \times \frac{2}{3} \times \frac{8}{12} = ₩888,889$

   ② 20×2년 : $(2,000,000 - 888,889) \times \frac{2}{3} = ₩740,741$

3. ① 20×1년 : $\{(2,000,000 - 200,000) \times \frac{3}{6}\} \times \frac{8}{12} = ₩600,000$

   ② 20×2년 : $300,000 + 400,000 = ₩700,000$

   - $\{(2,000,000 - 200,000) \times \frac{3}{6}\} \times \frac{4}{12} = ₩300,000$
   - $\{(2,000,000 - 200,000) \times \frac{2}{6}\} \times \frac{8}{12} = ₩400,000$

07 정부보조금 등 지원에 의한 취득 ★

자산 취득에 사용될 정부보조금을 정부로부터 수령한 경우에는 관련 자산을 취득하기 전까지 받은 자산 또는 받은 자산을 일시적으로 운용하기 위하여 취득하는 다른 자산의 차감계정으로 회계처리한다.

수 령	(차) 현금	B	(대) 정부보조금	B
취 득	(차) 유형자산	A	(대) 현금	A

B/S		
유형자산	A	
(정부보조금)	(B)	
BV	A – B	

정부보조금 등은 취득원가에서 차감하는 형식으로 표시하고 그 자산의 내용연수에 걸쳐 감가상각비와 상계하며, 해당 유형자산을 처분하는 경우에는 그 잔액을 처분손익에 반영한다.

기 말	(차) 감가상각비	I	(대) 상각누계액	××
	(차) 정부보조금	××	(대) 감가상각비	II
처 분	(차) ① 현금	처분가	(대) ② 유형자산	A
	③ 감가상각누계액	BV	처분손익	대차차액
	④ 정부보조금	BV		

✓ 핵심체크

정부보조 등에 의해 유형자산을 무상 또는 공정가치보다 낮은 대가로 취득한 경우 그 유형자산의 취득원가는 취득일의 공정가치로 한다.

자산차감법의 간편법

A사는 20×1년 초에 정부로부터 설비 구입에 필요한 자금으로 20원을 보조받아 내용연수 5년, 잔존가치가 0원인 기계장치를 100원에 취득하였다. A회사는 기계장치가 사용목적에 적합하지 않아 20×2년 말에 70원에 매각하였다. A회사의 결산일은 매년 12월 31일이며, 감가상각방법은 정액법이다. 동 사례에 대하여 자산차감법을 사용할 때를 도식화하면 아래와 같다.

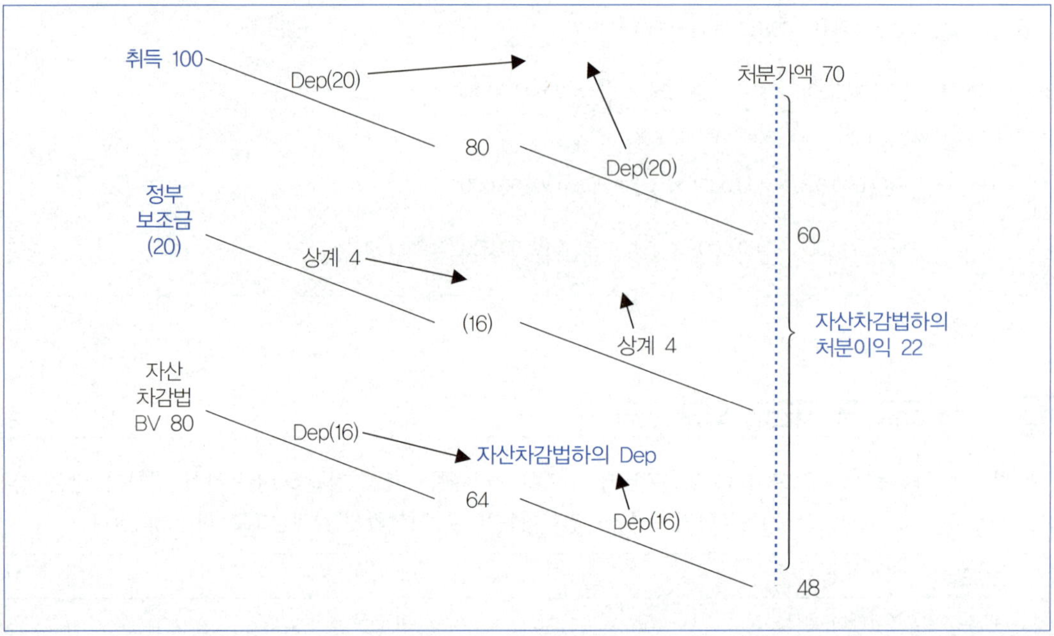

상계되는 정부보조금은 '감가상각비 × $\left[\frac{\text{정부보조금}}{\text{감가상각대상금액(취득가액 – 잔존가치)}}\right]$'이며 매기말 유형자산의 장부가액의 변동을 표로 나타내면 아래와 같이 구성된다.

구 분	×1년 초	상 각	×1년 말
취득가액	100	–	100
상각누계액	–	(20)	(20)
정부보조금	(20)	4	(16)
장부가액	80	(16)	64

- 정부보조금 차감 후 순장부가액(BV) = 취득가액 – 정부보조금
- I/S상 감가상각비 = (정부보조금차감 후 BV – 잔존가치) × 상각률
- I/S상 처분손익 = 처분가액 – (정부보조금차감 후 BV – 상각누계액)

위와 같이 정액법이나 연수합계법을 사용하여 감가상각하는 경우에는 유형자산에서 정부보조금을 차감한 순장부가액을 기준으로 감가상각비와 처분손익을 계산하여도 결론은 동일하다. 그러나 정률법이나 이중체감법을 사용하는 경우에는 동 방법을 사용하여서는 안 된다.

08 복구원가가 발생하는 취득 ★★★

복구원가란 유형자산의 경제적 사용이 종료된 후에 원상회복을 위하여 그 자산을 제거, 해체하거나 부지를 복원하는 데 소요될 것으로 추정되는 비용을 말한다. 유형자산의 최초 인식 시점에 예상되는 자산의 복구원가는 충당부채의 인식요건을 충족한다면 유형자산의 최초 취득원가에 가산한다.

복구원가는 복구충당부채로 인식한다. 복구충당부채는 예상되는 복구원가의 현재가치로 하며, 유효이자율법을 적용하여 기간 경과에 따라 증가시키고 해당 금액은 차입원가(이자비용)로 인식한다.

복구원가의 구조

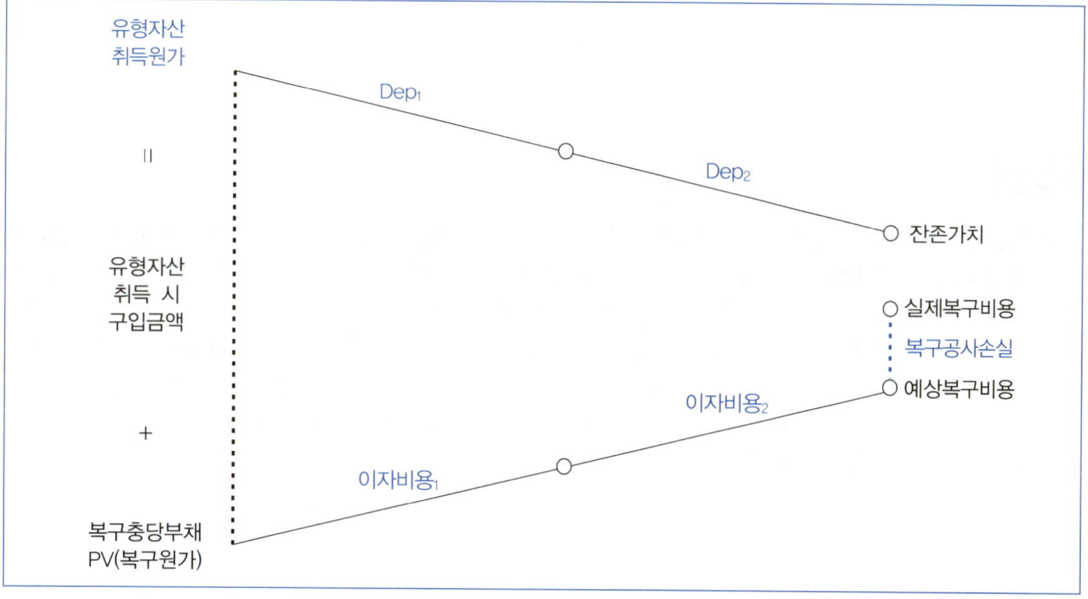

(1) 유형자산 취득 시

유형자산의 취득, 건설, 개발에 따른 내용연수 종료 시점의 복구비용은 적정한 할인율로 할인한 현재가치를 복구충당부채로 계상하고 동 금액을 유형자산의 취득원가에 가산한다.

(차) 유형자산	××	(대) 현금	××
		복구충당부채	PV(복구원가)

B/S

유형자산	×× + PV(복구원가)	복구충당부채	PV(복구원가) at 취득

(2) 내용연수 기간 중의 보고기간 말

내용연수 기간 중의 보고기간 말 기초복구충당부채의 장부금액에 유효이자율법을 적용하여 이자금액을 이자비용(복구충당부채전입액)으로 하여 당기비용으로 인식하고, 동 금액을 복구충당부채의 장부금액에 가산한다. 이때 사용하는 할인율은 복구충당부채를 인식할 때 현재가치평가 시 사용한 할인율을 의미한다. 또한 해당 유형자산이 감가상각대상자산이라면 수익에 공헌한 미래경제적효익의 해당 분을 감가상각한다.

(차) 감가상각비	N/I	(대) 감가상각누계액	××
(차) 이자비용	N/I	(대) 복구충당부채	전입액

B/S

유형자산	×× + PV(복구원가)	복구충당부채	PV(복구원가) at 취득
(감가상각누계액)	(××)		
유형자산 BV	××		

I/S

감가상각비	최초 취득원가에 근거
복구충당부채전입액	기초 PV(복구원가) × R

예제 5

㈜대한은 20×1년 초 해양구조물을 974,607원에 취득하여 20×3년 말까지 사용한다. ㈜대한은 관련 법률에 따라 사용 종료시점에 해양구조물을 철거 및 원상복구하여야 한다. 20×3년 말 철거 및 원상복구시점에 300,000원이 지출될 것으로 예상되는데, 이는 인플레이션과 시장위험프리미엄 등을 고려한 금액이다. ㈜대한의 신용위험 등을 고려하여 산출된 할인율은 10%를 이용하여 20×1년 초의 현재가치는 225,393원이다. ㈜대한은 해양구조물을 정액법(내용연수 3년, 잔존가치 0원)으로 감가상각한다. ㈜대한은 20×5년 말에 이 해양구조물을 철거하였으며, 총 314,000원의 철거 및 원상복구비용이 발생하였다. 이때 ㈜대한이 20×1년부터 20×3년까지 수행할 회계처리를 보이시오.

풀이

1. 최초 취득일(20×1년 초)

(차) 유형자산	1,200,000	(대) 현금	974,607
		복구충당부채	225,393
			PV(복구원가)

B/S

유형자산	1,200,000	복구충당부채	225,393

2. 내용연수 보고기간 말

[20×1년 말]

(차) 감가상각비[1]	N/I 400,000	(대) 감가상각누계액	400,000
(차) 이자비용[2]	N/I 22,539	(대) 복구충당부채	22,539

[1] (1,200,000 − 0)/3 = (400,000)

[2] 225,393 × 10% = 22,539

[20×2년 말]

(차) 감가상각비[3]	N/I 400,000	(대) 감가상각누계액	400,000
(차) 복구충당부채전입액[4]	N/I 24,793	(대) 복구충당부채	24,793

[3] (1,200,000 − 0)/3 = (400,000)

[4] 225,393 × (1 + 10%) × 10% = 24,793

09 자본적지출과 일반수선 및 정기수선 ★★★

1. 수익적지출

유형자산의 인식기준을 충족하지 못하는 일상적인 수선·유지와 관련하여 발생하는 원가는 해당 유형자산의 장부금액에 포함하여 인식하지 않고 발생 시점에 당기손익으로 인식한다. 일상적인 수선·유지과정에서 발생하는 원가는 주로 노무비와 소모품비로 구성되며 사소한 부품원가가 포함될 수 있다. 이러한 지출의 목적은 보통 유형자산의 수선과 유지를 위한 것이며, 일반적으로 이를 수익적지출이라고 한다.

[수익적지출의 회계처리]

인식요건	구 분	비 고
인식기준 ×	(차) 수선유지비 ×× (대) 현금 등 ××	원상회복, 능력유지, 소액지출

2. 자본적지출

후속적으로 발생한 지출이 자산으로부터 발생하는 미래경제적효익이 기업에 유입될 가능성이 높고, 자산의 원가를 신뢰성 있게 측정할 수 있으면 자산의 취득원가에 가산하여 회계처리하는데, 이를 자본적지출이라고 한다.

[자본적지출의 회계처리]

인식요건	구 분	비 고
인식기준 O	(차) 유형자산 ×× (대) 현금 등 ××	내용연수 증가 미래제공서비스의 양 or 질 증가

3. 자본적지출과 감가상각

회계연도 중 유형자산에 자본적지출이 발생한 경우에는 자본적지출이 발생한 시점부터 해당 자산의 잔존내용연수에 걸쳐 감가상각비를 계산한다. 또한 자본적지출로 인하여 내용연수, 잔존가치의 증가가 생긴다면 이는 회계추정의 변경으로 회계처리한다.

자본적지출 발생 시 감가상각비 계산

[기중 자본적지출(7/1) 시 감가상각비 계상]

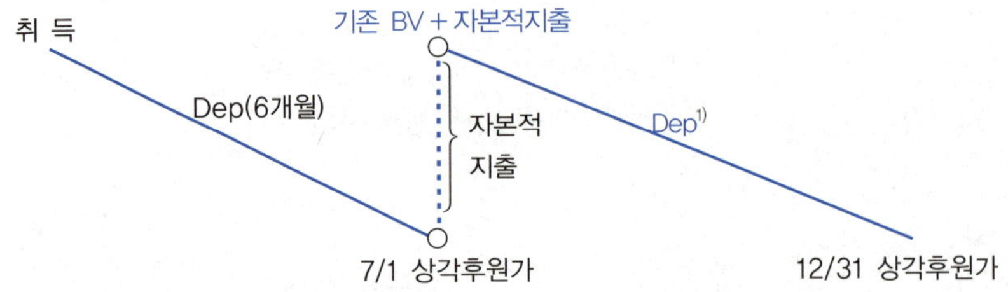

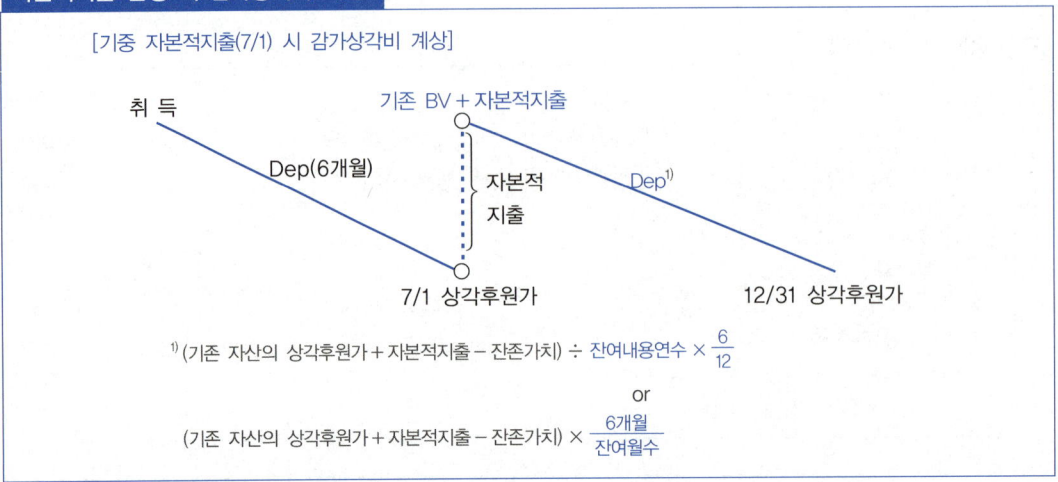

1) (기존 자산의 상각후원가 + 자본적지출 − 잔존가치) ÷ 잔여내용연수 × $\frac{6}{12}$

or

(기존 자산의 상각후원가 + 자본적지출 − 잔존가치) × $\frac{6개월}{잔여월수}$

✓ 핵심체크

자본적지출로 인하여 내용연수나 잔존가치가 변경된 경우에는 지출이 발생한 시점 현재 기존 자산의 장부금액에 자본적지출을 가산한 금액을 새로운 취득원가로 보고 잔존내용연수 동안 감가상각한다.

10 유형자산의 손상차손 ★★★

유형자산은 원칙적으로 역사적원가로 기록하고 공정가치로 평가하지 않지만, 유형자산의 진부화 또는 시장가치의 급격한 하락 등으로 유형자산의 미래경제적효익이 장부금액에 현저하게 미달하는 경우에는 실현된 손실로 보아 손상차손을 인식한다.

1. 손상차손의 인식

매 보고기간 말마다 유형자산의 손상을 시사하는 징후가 있는지를 검토하고, 손상징후가 있으면 유형자산의 회수가능액이 당해 유형자산의 장부금액에 미달하는 경우(감가상각 후 장부금액 > 회수가능액) 장부금액을 회수가능액으로 조정하고 감소금액은 손상차손으로 처리하여 당기손익으로 인식한다.

(차) 감가상각비	××	(대) 감가상각누계액	××
(차) 유형자산손상차손	××	(대) 손상차손누계액	××

B/S		
유형자산	제공한 대가 FV	
(감가상각누계액)	역산	
(손상차손누계액)	손상 전 BV – 회수가능액	
유형자산 BV	회수가능액	

I/S	
감가상각비	(제공한 대가 FV – 잔존가치)/내용연수
손상차손	손상 전 BV – 회수가능액

✓ 핵심체크

1. 손상차손(N/I) = 회수가능액 – 손상 전 장부금액
2. 회수가능액 = Max[순공정가치, 사용가치]

2. 손상차손환입

매 보고기간 말마다 유형자산에 대해 과거에 인식한 손상차손사유가 해소되거나 감소된 것을 시사하는 징후가 있는지 검토하여 손상차손환입의 인식여부를 고려하여야 한다. 손상차손을 인식한 유형자산의 회수가능액이 장부금액을 초과하는 경우에는 손상차손을 인식하지 않았을 경우의 장부금액을 한도로 당기이익(유형자산손상차손환입)으로 처리한다.

➲ 손상차손환입 = Min[손상되지 않았을 경우의 BV, 회수가능액] – 손상 후 BV

예제 6

㈜포도는 ×1년 초 기계장치를 ₩100에 취득하였다. 동 자산의 잔존가치가 ₩0, 내용연수는 5년이고 정액법으로 상각한다. 그러던 중 ×1년 말에 손상사유가 발생하였고 회수가능액은 ₩60이다. ×3년 말에 손상사유가 해소되었고 이때의 회수가능액은 ₩50이다. ×1년 말의 손상차손과 ×3년 말 인식할 손상차손환입을 구하시오.

풀이

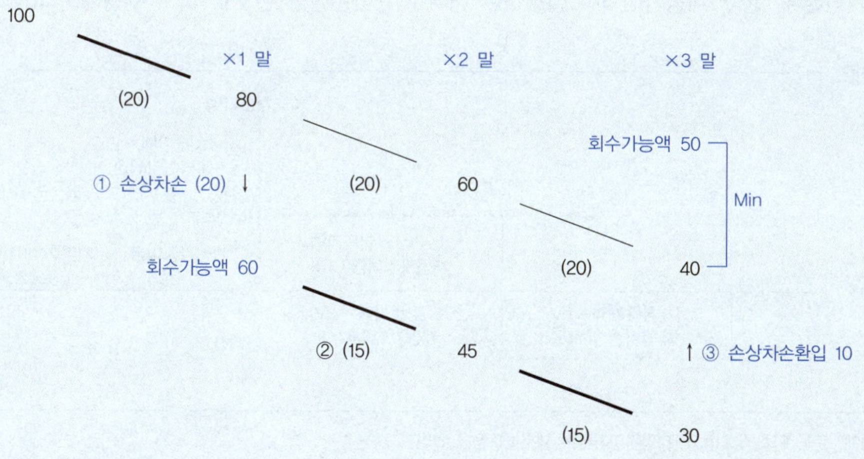

11 유형자산의 증감분석 ★★★

유형자산의 취득원가와 감가상각누계액의 증감분석

유형자산(취득가액)	기 초	+ 취득		+ (처분)	= 기말
− 감가상각누계액	(기초)		+ (Dep)	+ 처분	= (기말)
= 유형자산(장부가액)	기 초	+ 취득	+ (Dep)	+ (처분)	= 기말

12 유형자산의 재평가 ★★★

1. 유형자산 재평가의 의의와 재평가수행

유형자산의 재평가란 공정가치를 신뢰성 있게 측정할 수 있는 유형자산의 경우 재평가일의 공정가치에서 이후의 감가상각누계액과 손상차손누계액을 차감한 금액을 장부금액으로 기록하는 방법을 말한다.

유형자산을 선택적으로 재평가하거나 서로 다른 기준일의 평가금액이 혼재된 재무보고를 방지하기 위하여 동일한 분류 내의 유형자산은 동시에 재평가한다.

구 분	내 용	비 고
재평가시기	주기적으로 재평가	매기말 재평가하지는 않음
재평가범위	동일한 분류 내에는 동시에 재평가	일부만 재평가할 수 없음

2. 재평가회계처리

(1) 재평가잉여금(OCI)

자산의 장부금액보다 재평가 시점의 공정가치가 크면 증가된 금액을 재평가잉여금 계정의 기타포괄손익(OCI)으로 인식하고 기타자본항목(OCI누계)에 가산한다. 향후 재평가잉여금은 재평가손실이 발생하는 경우 재평가잉여금 잔액을 한도로 감소시킨다.

(2) 재평가손실(N/I)

자산의 장부금액보다 재평가 시점의 공정가치가 작다면 감소된 금액을 재평가손실 계정의 당기손실(N/I)로 인식한다. 향후 재평가이익이 발생하는 경우 재평가손실을 한도로 하여 재평가이익(N/I)으로 인식한다.

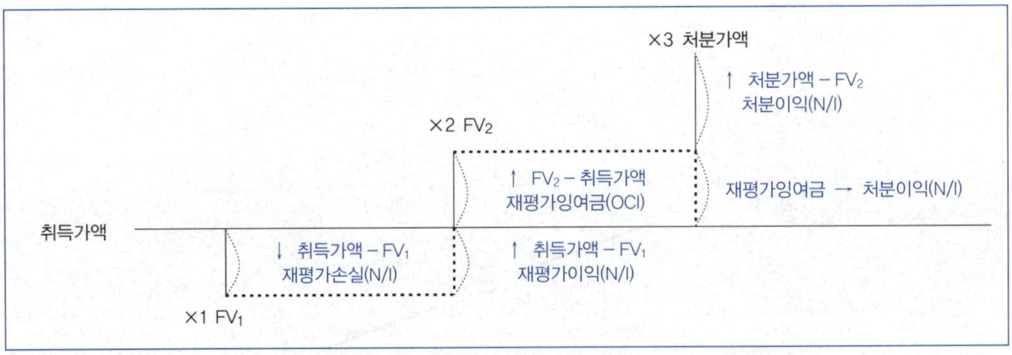

* 일반기업회계기준은 IFRS와 다르게 재평가잉여금의 재분류조정을 인정한다.

예제 7

㈜현주는 20×1년 초에 토지를 ₩100,000에 구입하였다. ㈜현주는 토지에 대하여 재평가모형을 이용하여 회계처리하고 있으며 연도 말 ㈜현주의 토지 매년도 공정가치 현황은 다음과 같다. ㈜현주는 20×3년 7월 1일에 토지를 외부에 매각하였다.

20×1 말	20×2 말	20×3. 6. 30.
₩70,000	₩120,000	₩130,000 처분

각 연도별 손익에 미친 영향을 구하시오.

풀이

손익에 미친 영향

구 분	당기손익(N/I) 영향	기타포괄손익(OCI) 변동	총포괄이익 변동
20×1 말	(30,000)	–	(30,000)
20×2 말	30,000	20,000	50,000
처 분	30,000	–20,000	10,000

분석

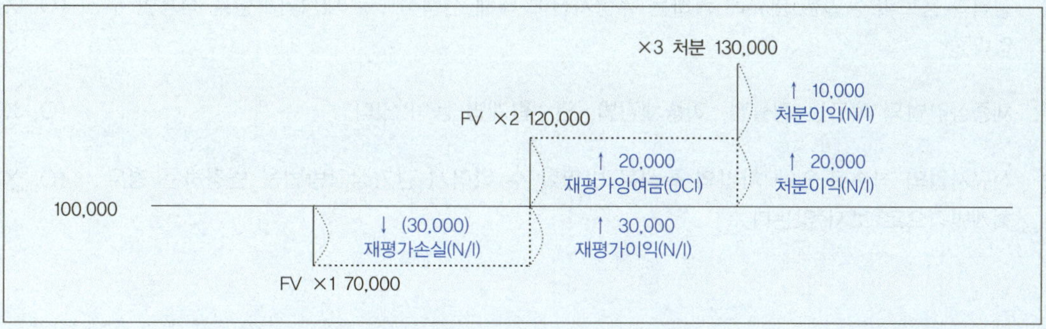

개념완성문제

01 안전 또는 환경상의 이유로 취득한 유형자산은 그 자체로는 직접적인 미래경제적효익을 얻을 수 없어 자산으로 인식할 수 없다. (O, X)

02 건물을 신축하기 위하여 사용 중인 기존 건물을 철거하는 경우 기존 건물의 장부금액과 철거비용은 전액 (　　)에 산입한다.

03 정부보조 등에 의해 유형자산을 무상 또는 공정가치보다 낮은 대가로 취득하는 경우 그 유형자산의 취득원가는 취득일의 (　　)로/으로 한다.

04 이전에 기타포괄이익으로 인식한 재평가이익에 상당하는 재평가손실은 별도로 당기손실로 인식한다. (O, X)

05 유형자산은 순공정가치와 사용가치 중 더 (　　) 금액을 회수가능액으로 하여 손상차손을 인식한다.

06 성격과 용도가 동일한 분류에 속하는 유형자산에 대해 선택적으로 재평가모형을 적용할 수 없다. (O, X)

07 체증상각법의 예로는 정률법, 이중체감법, 연수합계법 등이 있다. (O, X)

08 신규사업의 착수로 인해 사업의 특성을 반영할 수 없어서 감가상각방법을 변경하는 경우 회계변경으로 보지 않는다. (O, X)

정답 및 해설

01 X　안전 또는 환경상의 이유로 취득한 유형자산은 그 자체로는 직접적인 미래경제적효익을 얻을 수 없지만, 당해 유형자산을 취득하지 않았을 경우보다 관련 자산으로부터 미래경제적효익을 더 많이 얻을 수 있기 때문에 자산으로 인식할 수 있다.

02 당기비용

03 공정가치

04 X　이전에 기타포괄이익으로 인식한 재평가이익에 상당하는 재평가손실은 별도로 기타포괄손익으로 인식한다.

05 큰

06 O

07 X　해당 상각방법들은 체감상각법에 포함된다.

08 O

출제예상문제

✓ 학습시간이 부족하거나 시험 전 최종정리를 하고 싶은 경우에는 출제빈도(★~★★★)가 높은 문제를 우선으로 풀이할 수 있습니다.
✓ 다시 봐야 할 문제(풀지 못한 문제, 헷갈리는 문제 등)는 문제 번호 하단의 네모박스(□)에 체크하여 반복 학습할 수 있습니다.

★
01 □□□

유형자산의 정의 및 취득원가

다음 자료에 해당하는 자산은 무엇인가?

- 정상적인 영업활동과정에서 사용되는 자산으로, 투자목적으로 소유하는 자산이 아니다.
- 판매를 목적으로 하는 자산이 아니다.
- 물리적 실체가 있다.
- 1년을 초과하여 사용할 것이 예상되는 자산이다.

① 기계장치 ② 상품 ③ 단기매매증권
④ 무형자산 ⑤ 투자부동산

★★★
02 □□□

유형자산의 정의 및 취득원가

다음 중 유형자산의 취득원가에 대한 설명으로 옳은 것은?

① 토지 취득 후 정부가 유지보수하는 진입로 공사, 상하수도 공사, 조경 공사 등의 지출액은 구축물의 원가로 본다.
② 건물을 신축하기 위하여 사용 중인 기존 건물을 철거하는 경우 기존 건물의 장부금액과 철거비용은 신축 건물의 취득원가에 가산한다.
③ 현물출자로 유형자산을 취득한 경우에는 대가로 발행한 주식의 공정가치를 취득원가로 결정한다.
④ 정부보조 등에 의해 유형자산을 무상 또는 공정가치보다 낮은 대가로 취득하는 경우, 그 유형자산의 취득원가는 취득일의 공정가치로 한다.
⑤ 안전 또는 환경상의 규제 때문에 취득하여야 하는 유형자산은 그 자체로 미래경제적효익이 없으므로 비용처리하고 자산으로 처리할 수 없다.

정답 및 해설

01 ① 해당 자료에서 설명하는 자산은 유형자산으로, 기계장치는 유형자산에 해당된다.

02 ④ 정부보조 등에 의해 유형자산을 무상 또는 공정가치보다 낮은 대가로 취득하는 경우, 그 유형자산의 취득원가는 취득일의 공정가치로 한다.

오답체크

① 토지 취득 후 정부가 유지보수하는 진입로 공사, 상하수도 공사, 조경 공사 등의 지출액은 토지의 원가로 본다.
② 건물을 신축하기 위하여 사용 중인 기존 건물을 철거하는 경우 기존 건물의 장부금액과 철거비용은 비용처리한다.
③ 현물출자로 유형자산을 취득한 경우에는 대가로 발행한 주식과 유형자산의 공정가치 중 보다 분명한 것을 취득원가로 결정한다.
⑤ 안전 또는 환경상의 규제 때문에 취득하여야 하는 유형자산은 그 자체로 미래경제적효익이 없으므로 비용처리하는 것이 원칙이지만, 전체 자산의 미래경제적효익을 증가시키기 때문에 회수가능액의 범위 내에서 자산으로 인식할 수 있다.

★

03 □□□

유형자산의 정의 및 취득원가

다음 중 유형자산의 취득원가에 포함될 수 없는 항목은 무엇인가?

① 복구원가
② 자본화대상 차입원가
③ 설계·조립과 관련하여 전문가에게 지급하는 수수료
④ 건물을 신축하기 위하여 사용 중인 기존 건물 철거 시 철거비용 및 기존 건물의 장부금액
⑤ 유형자산의 취득 시 불가피하게 매입하는 채권의 매입가액과 현재가치와의 차액

★

04 □□□

유형자산의 정의 및 취득원가

다음 중 유형자산의 취득원가에 포함되지 않는 것은 무엇인가?

① 취득세 및 등록세
② 중개수수료 및 설치비
③ 재산세
④ 구입 당시 자본적지출
⑤ 구입 시 등기비 및 제세공과금

★★★

05 □□□

유형자산의 정의 및 취득원가

A사는 업무용 차량 C를 B사의 차량 D와 교환하고 현금 5,000원을 추가로 수령하였다. 교환 당시 차량 C와 차량 D의 장부금액 및 공정가치 현황은 다음과 같으며, 차량 C와 차량 D는 이종자산 간 교환에 해당한다. A사가 교환으로 취득한 차량 D의 취득원가는 얼마인가?

(단위 : 원)

구 분	차량 C	차량 D
취득원가	50,000	40,000
감가상각누계액	20,000	9,000
장부가액	30,000	31,000
공정가치	42,000	45,000

① 30,000원 ② 31,000원 ③ 33,000원
④ 36,000원 ⑤ 37,000원

★★ 유형자산의 정의 및 취득원가

06 ㈜대한은 철강제조공장을 신축하기 위하여 토지를 취득하였는데 이 토지에는 철거 예정인 창고가 있었다. 다음 자료를 고려하여 토지의 취득원가를 계산하면 얼마인가?

- 토지취득가격 : ₩700,000
- 토지취득세 및 등기비용 : ₩50,000
- 토지 중개수수료 : ₩10,000
- 공장신축 전 토지를 임시주차장으로 운영함에 따른 수익 : ₩40,000
- 창고 철거비용 : ₩30,000
- 창고 철거 시 발생한 폐자재 처분 수입 : ₩20,000
- 영구적으로 사용 가능한 하수도 공사비 : ₩15,000
- 토지의 구획정리비용 : ₩10,000

① ₩775,000 ② ₩780,000 ③ ₩795,000
④ ₩815,000 ⑤ ₩835,000

정답 및 해설

03 ④ 기존에 사용하던 건물을 철거하고 신축하는 경우, 기존 건물의 장부금액과 철거비용은 모두 비용처리한다.

용어 알아두기
현물출자 : 자본충실을 목적으로 금전 이외의 재산으로써 하는 출자

04 ③ 재산세는 자산을 본래의 목적에 사용할 수 있도록 준비하는 데 직접 관련되는 지출이 아니므로 비용처리한다.

05 ⑤ 차량 D의 취득원가 = 제공하는 자산의 공정가치 − 추가 현금수령액 = 42,000 − 5,000 = 37,000원

06 ③ 토지 취득원가 = (1) + (2) + (3) + (5) − (6) + (7) + (8) = ₩795,000

★★ 유형자산의 정의 및 취득원가

07 □□□

㈜포도는 20×1년 초에 토지와 토지 위에 정착되어 있는 건물을 일괄하여 40,000,000원에 취득하였다. 20×1년 초 현재 토지와 건물의 공정가치 비율은 3 : 1이었다. 건물의 내용연수는 5년이며, 잔존가치는 없는 것으로 추정하였다. 20×1년 초에 토지와 건물을 취득하면서 건물을 철거하고 새로운 건물을 신축하였다. 건물 철거에 소요된 비용은 1,000,000원이며, 철거 시 수거한 고철 등을 매각하여 200,000원을 수령하였다. 건물 신축과 관련하여 20×1년도에 24,000,000원의 건설비가 발생하였으며, 건물은 20×1년 12월 초에 완공되었다. 신축 건물의 추정내용연수는 20년이며, 잔존가치 없이 정액법으로 감가상각한다. 20×1년 말 건물의 장부금액은 얼마인가?

① 21,900,000원 ② 22,000,000원 ③ 23,900,000원
④ 24,000,000원 ⑤ 24,900,000원

★★★ 유형자산의 정의 및 취득원가

08 □□□

㈜한국은 20×1년 초 ₩720,000에 구축물을 취득(내용연수 5년, 잔존가치 ₩20,000, 정액법 상각)**하였으며, 내용연수 종료 시점에 이를 해체하여 원상복구해야 할 의무가 있다. 20×1년 초 복구비용의 현재가치는 ₩124,180으로 추정되며 이는 충당부채의 요건을 충족한다. 복구비용의 현재가치 계산에 적용한 할인율이 10%일 때 옳지 않은 것은?** (단, 소수점 발생 시 소수점 아래 첫째 자리에서 반올림한다)

① 20×1년 초 구축물의 취득원가는 ₩844,180이다.
② 20×1년 말 복구충당부채전입액(또는 이자비용)은 ₩12,418이다.
③ 20×1년 말 복구충당부채는 ₩136,598이다.
④ 20×1년 말 인식할 비용 총액은 ₩156,418이다.
⑤ 20×1년 말 구축물의 장부금액은 ₩679,344이다.

★★★ 유형자산의 정의 및 취득원가

09 □□□

20×4년 1월 1일 ㈜한국은 당사의 기계장치 X를 ㈜민국의 기계장치 Y와 교환하고, ㈜한국은 ㈜민국으로부터 현금 100,000원을 수령하였다. 각 회사의 기계장치의 장부가액과 공정가치에 대한 정보는 다음과 같다.

(단위 : 원)

구 분	기계장치 X	기계장치 Y
장부가액	400,000원	300,000원
공정가치	700,000원	600,000원

기계장치 X와 기계장치 Y의 교환거래가 이종자산 교환의 경우와 동종자산 교환의 경우 각각에 대하여 ㈜한국이 교환으로 취득한 기계장치 Y의 취득원가를 계산하면?

	이종자산 교환의 경우	동종자산 교환의 경우
①	300,000원	600,000원
②	500,000원	200,000원
③	600,000원	300,000원
④	700,000원	400,000원
⑤	720,000원	420,000원

정답 및 해설

07 ③
- 토지의 취득가액 = 40,000,000 + 1,000,000 − 200,000 = 40,800,000원
- 건물의 취득가액 = 24,000,000원
- 건물의 20×1년 감가상각비 = (24,000,000 − 0) ÷ 20년 × $\frac{1}{12}$ = 100,000원
- 토지의 20×1년 장부금액 = 40,800,0000원
- 건물의 20×1년 장부금액 = 24,000,000 − 100,000 = 23,900,000원

08 ④
- 자산 관련 사항
  - ×1년 취득원가(구축물) = 720,000 + 124,180 = ₩844,180
  - ×1년 Dep = (844,180 − 20,000) × $\frac{1}{5}$ = ₩164,836
  - ×1년 말 BV = 844,180 − 164,836 = ₩679,344
- 복구충당부채 관련 사항
  - ×1년 PV(복구원가) = ₩124,180
  - ×1년 이자비용 = 124,180 × 10% = ₩12,418
  - ×1년 말 BV = 124,180 + 12,418 = ₩136,598

  * 별해 : 124,180 × (1 + 10%) = ₩136,598

09 ③
- 상업적 실질이 있는 경우
  - 교환거래 시 회계처리

(차) 신자산	700,000	(대) 구자산	400,000
		처분이익	300,000
(차) 현금	100,000	(대) 신자산	100,000

- 상업적 실질이 없는 경우
  - 교환거래 시 회계처리

(차) 신자산	400,000	(대) 구자산	400,000
(차) 현금	100,000	(대) 신자산	100,000

★★★ 유형자산의 정의 및 취득원가

10 □□□

㈜한국은 20×1년 10월 1일 ₩100,000의 정부보조금을 받아 ₩1,000,000의 설비자산을 취득(내용연수 5년, 잔존가치 ₩0, 정액법 상각)**하였다. 정부보조금은 설비자산을 6개월 이상 사용한다면 정부에 상환할 의무가 없다. 20×3년 4월 1일 동 자산을 ₩620,000에 처분한다면 이때 처분손익은?** (단, 원가모형을 적용하며 손상차손은 없는 것으로 가정한다)

① 처분손실 ₩10,000　② 처분이익 ₩10,000　③ 처분손실 ₩80,000
④ 처분이익 ₩80,000　⑤ 처분이익 ₩90,000

★★★ 유형자산의 정의 및 취득원가 최신출제유형

11 □□□

다음은 갑회사의 부분 재무상태표이다. 갑회사는 전기말에 본사 건물을 취득하였으며(내용연수 10년, 정액법으로 상각, 잔존가치 0원)**, 정부보조금을 수령하였다. 또한 유형자산과 관련된 회계처리는 올바르게 되었다고 가정한다. 다음을 고려한 당기 본사 건물의 장부금액과 당기 감가상각비 계상액은 얼마인가?** (단, 감가상각은 당기(20기)부터 시작한다고 가정한다)

〈부분 재무상태표〉

(단위 : 원)

	당 기		전 기	
취득원가	1,000,000		1,000,000	
정부보조금	(360,000)		(400,000)	
감가상각누계액	(?)	?	(-)	600,000

	건물의 장부금액	감가상각비
①	540,000원	60,000원
②	540,000원	80,000원
③	540,000원	100,000원
④	560,000원	60,000원
⑤	560,000원	100,000원

★★★

12 □□□

유형자산의 정의 및 취득원가 최신출제유형

다음은 ㈜하늘의 기계장치에 대한 재무상태표의 내용이다. 제30기 중에 정부보조금 수령액과 기계장치 관련 지출과 처분이 없는 경우 제30기의 회계처리에 대한 설명으로 옳은 것은? (단, 기계장치는 제조설비이며, 재무상태표에는 적절하게 표시된다)

〈재무상태표〉

(단위 : 원)

	제30기(당기)		제29기(전기)	
기계장치	5,000,000		5,000,000	
정부보조금	(1,600,000)		(1,800,000)	
감가상각누계액	(1,000,000)	2,400,000	(500,000)	2,700,000

① 감가상각비 300,000원을 제조원가에 반영하였다.
② 감가상각비 300,000원을 판매비와 관리비로 분류하였다.
③ 감가상각비 500,000원을 제조원가에 반영하였다.
④ 감가상각비 500,000원을 판매비와 관리비로 분류하였다.
⑤ 감가상각비 500,000원은 제조원가, 200,000원은 영업외수익으로 분류하였다.

정답 및 해설

10 ①
- ×1년 취득원가(설비) = 1,000,000 − 100,000 = ₩900,000
- ×1년 Dep = (900,000 − 0) × $\frac{1}{5}$ × $\frac{3}{12}$ = ₩45,000
- ×2년 Dep = (900,000 − 0) × $\frac{1}{5}$ = ₩180,000
- ×2년 말 BV = 900,000 − (45,000 + 180,000) = ₩675,000
  - * 별해 : $\frac{(900,000 - 0) \times (60 - 15)}{60}$ = ₩675,000
- ×3년 Dep = (900,000 − 0) × $\frac{1}{5}$ × $\frac{3}{12}$ = ₩45,000
- ×3년 처분 시 BV = 675,000 − 45,000 = ₩630,000
  - * 별해 : $\frac{(900,000 - 0) \times (60 - 18)}{60}$ = ₩630,000

➲ ×3년 처분손실(N/I) = 630,000 − 620,000 = ₩10,000

11 ① 재무상태표의 표기로 갑회사는 자산차감법을 사용한다는 것을 알 수 있다.

➲ 당기말 건물의 장부금액 = 600,000 − $\frac{600,000}{10}$ = 540,000원

➲ 당기 감가상각비 = $\frac{600,000}{10}$ = 60,000원

12 ① 제조설비이므로 제조원가에 반영한다.

➲ 당기 감가상각비 = (1,000,000 − 500,000) − (1,800,000 − 1,600,000) = 300,000원

★★★
13 □□□

유형자산의 정의 및 취득원가 최신출제유형

㈜서울은 20×1년 7월 1일 기계장치를 ₩120,000에 취득(내용연수 4년, 잔존가치 ₩20,000, 연수합계법 상각)**하면서 정부로부터 자산 관련보조금 ₩40,000을 수령하였다. ㈜서울이 수령한 보조금을 기계장치의 장부금액에서 차감하는 방법으로 표시한다면 20×1년 말 재무상태표에 표시될 기계장치의 감가상각누계액와 손익계산서에 계상될 감가상각비는?** (단, 기계장치는 원가법을 적용하고, 손상차손은 없으며, 감가상각비는 월할 계산한다)

	감가상각누계액	감가상각비
①	₩12,000	12,000
②	₩12,000	20,000
③	₩20,000	12,000
④	₩20,000	20,000
⑤	₩30,000	12,000

★★★
14 □□□

유형자산의 증감분석 최신출제유형

㈜포도가 보유 중인 건물에 관련된 정보는 다음과 같다. 당기 중 취득원가 ₩100,000원 감가상각누계액 ₩64,000의 건물을 처분하였다. 당기 중에 증가한 기계의 취득원가는?

구분	기초	기말
장부금액	₩500,000	₩740,000
당기감가상각비	₩56,000	

① ₩100,000 ② ₩240,000 ③ ₩320,000
④ ₩332,000 ⑤ ₩400,000

★★★
15 □□□

유형자산의 증감분석 최신출제유형

㈜포도는 ×1년 당기순이익은 ₩1,000,000이다. 과거에 ₩100,000에 구입한 차량(감가상각누계액 ₩60,000)**을 ×1년 중 ₩50,000에 처분하였다. 이 차량의 처분으로 인한 ㈜포도의 실질현금유입액은?** (단, ×1년 법인세율은 30%이다)

① ₩40,000 ② ₩47,000 ③ ₩46,000
④ ₩52,000 ⑤ ₩60,000

★★★ **유형자산의 증감분석석** 최신출제유형

16 □□□

㈜포도의 건물에 대한 재무제표의 표시는 다음과 같다. 20×2년 7월 1일에 건물을 현금 매각한 경우 건물의 매각으로 인한 현금유입액은? (단, 회계처리는 적절하며 회계기간은 매년 1. 1. ~ 12. 31.이다)

1) 부분 재무상태표

구분	20×2년 말	20×1년 말
건물	0	₩500,000
감가상각누계액	0	(−)200,000

2) 부분손익계산서

구분	20×2년 1월 1일 ~ 20×2년 12월 31일
건물 감가상각비	20,000
건물 처분이익	100,000

① ₩100,000 ② ₩240,000 ③ ₩320,000
④ ₩380,000 ⑤ ₩400,000

정답 및 해설

13 ③ (1) ×1년 취득원가(기계) : 80,000 = 120,000 − 40,000

(2) ×1년 Dep : 12,000 = (80,000 − 20,000) × $\frac{4}{4+3+2+1}$ × 6/12

(3) ×1년 말 감가상각누계액 : (120,000 − 20,000) × $\frac{4}{4+3+2+1}$ × 6/12 = 20,000

14 ④ 기초 500,000 + 취득 − 감가상각비 56,000 − 처분(100,000 − 64,000) = 기말 740,000, 취득 : 332,000

15 ② 1) 처분이익으로 인한 법인세납부액 : [50,000 − (100,000 − 60,000)] × 30% = 3,000
2) 실질현금유입액 : 처분대가 50,000 − 법인세액 3,000 = 47,000

16 ④ 1) 처분 시 장부금액 : 500,000 − 200,000 − 20,000 = 280,000
2) 처분대가 : 280,000 + 100,000 = 380,000
* 별해 : 처분으로 인한 현금유입액 : (500,000 − 200,000) + (100,000 − 20,000) = 380,000

★★★ 유형자산의 손상차손, 유형자산의 증감분석

17 □□□

다음은 제조업을 영위하는 A사(회계기간 1. 1. ~ 12. 31.)가 보유 중인 기계장치에 대한 재무제표상 표시내용이다. 한편, A사의 당기 손익계산서상 감가상각비 계상액은 35,000원, 당기 중 기계장치를 신규로 취득한 금액은 62,000원, 당기 중 기계장치 매각 금액은 47,000원이었다. 손익계산서상 유형자산처분손익은 얼마인가?

〈부분 재무상태표〉

(단위 : 원)

계정과목	20×2년 12월 31일(당기)		20×1년 12월 31일(전기)	
기계장치	100,000	-	70,000	-
감가상각누계액	(30,000)	70,000	(10,000)	60,000

① 18,000원 손실
② 28,000원 손실
③ 15,000원 이익
④ 30,000원 이익
⑤ 48,000원 이익

★★★ 유형자산의 손상차손, 유형자산의 증감분석

18 □□□

A사는 20×1년 초에 기계장치를 100,000원에 취득하였다. 기계장치의 내용연수는 5년, 잔존가치는 0원이고, 정액법으로 감가상각한다. 20×2년 말 현재 동 기계장치의 진부화로 인하여 순공정가치는 40,000원, 사용가치는 45,000원으로 판명되었다. 20×2년에 계상할 기계장치의 손상차손은 얼마인가?

① 15,000원 ② 25,000원 ③ 30,000원
④ 35,000원 ⑤ 40,000원

★★★ 유형자산의 손상차손, 유형자산의 증감분석

19 □□□

다음 중 감가상각에 대한 설명으로 옳은 것은?

① 제조설비의 감가상각비는 제조원가를 구성하지만 연구개발활동에 사용되는 유형자산의 감가상각비는 자산의 인식요건을 충족하는 경우에도 당기비용으로 처리된다.
② 당기 중에 취득한 유형자산의 감가상각은 월 단위로 상각하는 것도 인정되지 않는다.
③ 유형자산의 내용연수 도중에 사용을 중단하고 처분 또는 폐기할 예정인 유형자산은 사용을 중단한 시점의 장부금액으로 표시하고, 감가상각을 하지 않는 대신 투자자산으로 재분류하여 손상차손 발생여부를 매 보고기간 말에 검토한다.
④ 유형자산의 손상차손을 인식하는 경우 당기분 감가상각비를 인식하지 않는다.
⑤ 감가상각방법은 자산의 수익창출 형태를 반영한 합리적인 방법이어야 한다.

★★
20 □□□

유형자산의 손상차손, 유형자산의 증감분석

다음 중 감가상각과 손상에 관한 설명으로 옳지 <u>않은</u> 것은?

① 내용연수는 경제적 내용연수, 물리적 내용연수 및 기업특유의 내용연수로 구분되며 회계상 감가상각비에서의 내용연수는 기업특유의 내용연수를 의미한다.
② 기중 취득한 유형자산의 감가상각 대상기간은 월 단위, 주 단위, 6개월 단위, 연 단위 등 회사가 합리적인 기간 단위를 선택할 수 있다.
③ 손상 이후 손상된 자산의 회수가능액이 장부금액을 초과하는 경우에는 그 자산이 손상되기 전의 장부금액의 감가상각 후 잔액을 한도로 하여 그 초과액을 손상차손환입으로 처리한다.
④ 유형자산의 손상차손 계산 시 회수가능액은 순공정가치와 사용가치 중 적은 금액으로 한다.
⑤ 제조설비의 감가상각비는 제조원가를 구성하지만 연구개발활동에 사용되는 유형자산의 감가상각비는 자산의 인식요건을 충족하는 경우 무형자산의 원가에 포함된다.

정답 및 해설

17 ④ • 기초 + 취득 − 감가상각비 − 당기 처분된 장부금액(A) = 기말
60,000 + 62,000 − 35,000 − (A) = 70,000원
➲ (A) = 17,000원
• 유형자산처분손익 = 당기 중 기계장치 매각 금액 − (A) = 47,000 − 17,000 = 30,000원 이익

18 ① • 20×2년 말 손상 전 장부금액 = 100,000 − (100,000 − 0) × $\frac{2}{5}$ = 60,000원
• 20×2년 회수가능액 = Max[40,000, 45,000] = 45,000원
➲ 20×2년 손상차손 = 20×2년 말 손상 전 장부금액 − 20×2년 회수가능액
= 60,000 − 45,000 = 15,000원

19 ③ 유형자산의 내용연수 도중에 사용을 중단하고 처분 또는 폐기할 예정인 유형자산은 사용을 중단한 시점의 장부금액으로 표시하고, 감가상각을 하지 않는 대신 투자자산으로 재분류하여 손상차손 발생여부를 매 보고기간 말에 검토한다.

오답체크

① 제조설비의 감가상각비는 제조원가를 구성하지만 연구개발활동에 사용되는 유형자산의 감가상각비는 자산의 인식요건을 충족하는 경우 무형자산의 원가에 포함된다.
② 당기 중에 취득한 유형자산의 감가상각은 월 단위로 상각하는 것도 인정한다.
④ 유형자산의 손상차손을 인식하는 경우에도 당기분 감가상각비를 먼저 인식한 후에 손상을 적용한다.
⑤ 감가상각방법은 자산의 경제적효익이 소멸하는 형태를 반영한 합리적인 방법이어야 한다.

20 ④ 유형자산의 손상차손 계산 시 회수가능액은 순공정가치와 사용가치 중 큰 금액으로 한다.

★★★ 유형자산의 손상차손, 유형자산의 증감분석 최신출제유형

21 □□□

A사는 20×1년 7월 1일에 기계장치를 1,500,000원에 취득하였다. 기계장치의 내용연수는 5년, 잔존가치는 없으며, 연수합계법으로 감가상각하고 있다. A사는 20×2년 6월 30일에 동 기계장치를 1,200,000원에 처분하였다면, A사가 인식할 유형자산처분손익은 얼마인가? (단, 감가상각비는 월할 계산한다)

① 50,000원 ② 100,000원 ③ 150,000원
④ 200,000원 ⑤ 250,000원

★★★ 유형자산의 손상차손, 유형자산의 증감분석 최신출제유형

22 □□□

유형자산의 감가상각에 관한 설명으로 옳지 않은 것은 모두 몇 개인가?

A. 감가상각방법의 변경은 회계추정의 변경으로 회계처리한다.
B. 정률법은 초기에 감가상각비가 크고 후기에 갈수록 그 금액이 작아진다.
C. 건물이 위치한 토지의 가치가 상승하는 경우에는 건물 내용연수가 연장된다.
D. 감가상각방법은 회계정책목표에 따라 회사의 재량으로 임의선택할 수 있다.
E. 당기 제품생산량보다 판매수량이 적은 경우 제조설비의 감가상각비를 인식하면 같은 금액 크기의 이익이 감소된다.

① 1개 ② 2개 ③ 3개 ④ 4개 ⑤ 5개

★★★ 유형자산의 손상차손, 유형자산의 증감분석

23 □□□

㈜한국은 20×1년 1월 1일에 기계장치를 ₩450,000에 취득하면서 운송비와 설치비로 ₩50,000을 지출하였다. 이 기계장치는 내용연수 5년, 잔존가치 ₩0으로 정액법을 적용하여 감가상각하고 있다. 20×3년 1월 1일 사용 중이던 동 기계장치의 생산능력을 높이고 사용기간을 연장하기 위해 ₩100,000을 지출하였으며, 일상적인 수선을 위해 ₩5,000을 지출하였다. 지출의 결과로 기계장치의 내용연수는 5년에서 7년으로 연장되었으며 잔존가치는 ₩50,000으로 변경되었다. ㈜한국이 20×3년도에 인식해야 할 감가상각비는? (단, 원가모형을 적용하며 손상차손은 없다)

① ₩50,000 ② ₩60,000 ③ ₩70,000
④ ₩80,000 ⑤ ₩90,000

★★★
24
□□□

유형자산의 손상차손, 유형자산의 증감분석

㈜대한과 ㈜한국은 20×0년 1월 1일에 각각 동일한 기계를 ₩100,000에 취득하였다. 두 회사 모두 기계의 내용연수는 4년이고, 잔존가치는 ₩10,000으로 추정한다. 이 기계의 감가상각을 위하여 ㈜대한은 상각률 40%의 정률법을 적용하고, ㈜한국은 연수합계법을 적용한다면, 두 회사의 20×1년 12월 31일 재무상태표에 보고되는 이 기계에 대한 감가상각누계액의 차이는?

① ₩1,000 ② ₩4,000 ③ ₩5,400
④ ₩6,000 ⑤ ₩6,400

정답 및 해설

21 ④ • 20×2년 6월 30일 기계장치의 장부금액 = 1,500,000 − (1,500,000 − 0) × $\frac{5}{1+2+3+4+5}$ = 1,000,000원
• 처분이익 = 1,200,000 − 1,000,000 = 200,000원

22 ③ C. 건물이 위치한 토지의 가치가 상승하는 경우에도 건물 내용연수는 영향이 없다.
D. 감가상각방법은 미래경제적효익의 소비형태에 따라서만 결정할 수 있다.
E. 당기 제품생산수량보다 판매수량이 적은 경우 제조설비의 감가상각비를 인식하면 해당 금액만큼은 자산에 포함되어 감가상각비가 더 적어지게 된다.

23 ③ • ×1년 취득원가(기계) = 450,000 + 50,000 = ₩500,000
• 정액법 Dep = (500,000 − 0) × $\frac{1}{5}$ = ₩100,000
• ×2년 말 BV = 500,000 − (100,000 × 2) = ₩300,000
• ×3년 초 자본적지출 후 BV = 300,000 + 100,000 = ₩400,000
➲ ×3년 Dep = (400,000 − 50,000) × $\frac{1}{5-2+2}$ = ₩70,000
• ×3년 말 BV = 400,000 − 70,000 = ₩330,000

참고 일상적인 수선유지비 : 당기비용으로 처리

24 ① • 정률법의 경우
- 20×0년 취득원가(기계) = ₩100,000
- 20×0년 Dep = (100,000 − 0) × 0.4 = ₩40,000
- 20×1년 Dep = (100,000 − 40,000) × 0.4 = ₩24,000
- 20×1년 말 BV = 100,000 − 64,000 = ₩36,000

• 연수합계법의 경우
- 20×0년 취득원가(기계) = ₩100,000
- 20×0년 Dep = (100,000 − 10,000) × $\frac{4}{4+3+2+1}$ = ₩36,000
- 20×1년 Dep = (100,000 − 10,000) × $\frac{3}{4+3+2+1}$ = ₩27,000
- 20×1년 말 BV = 100,000 − 63,000 = ₩37,000

➲ 두 방법의 감가상각누계액 차이 = 64,000 − 63,000 = ₩1,000

★★
25 □□□

유형자산의 손상차손, 유형자산의 증감분석

㈜한국은 20×0년 1월 1일에 기계장치를 ₩5,000,000에 매입하였다. 기계장치의 잔존가치는 ₩500,000이고, 내용연수는 5년이다. 매년 12월 31일에 감가상각을 실시하며, 20×2년 12월 31일에 해당 기계를 ₩2,000,000에 매각했다. 해당 기계를 연수합계법으로 감가상각할 때, 매각 시 인식할 유형자산처분손익은?

① 유형자산처분이익 ₩500,000
② 유형자산처분이익 ₩600,000
③ 유형자산처분손실 ₩500,000
④ 유형자산처분손실 ₩600,000
⑤ 유형자산처분손실 ₩700,000

★★
26 □□□

유형자산의 손상차손, 유형자산의 증감분석

㈜한국은 20×1년 7월 1일에 기계설비(내용연수 5년, 잔존가치 ₩2,000)**를 ₩20,000에 취득하면서, '산업시설 및 기계 등의 설치 및 구입'으로 사용 목적이 제한된 상환의무가 없는 정부보조금 ₩7,000을 받았다. 20×3년 12월 31일 당해 기계설비의 장부금액**(순액)**은?** (단, ㈜한국은 당해 기계설비에 대하여 정액법을 사용하여 월할 기준으로 감가상각하며, 정부보조금은 관련된 유형자산의 차감계정으로 표시하는 회계정책을 적용하고 있다)

① ₩7,500　② ₩8,600　③ ₩11,000
④ ₩13,000　⑤ ₩14,000

정답 및 해설

25 ②

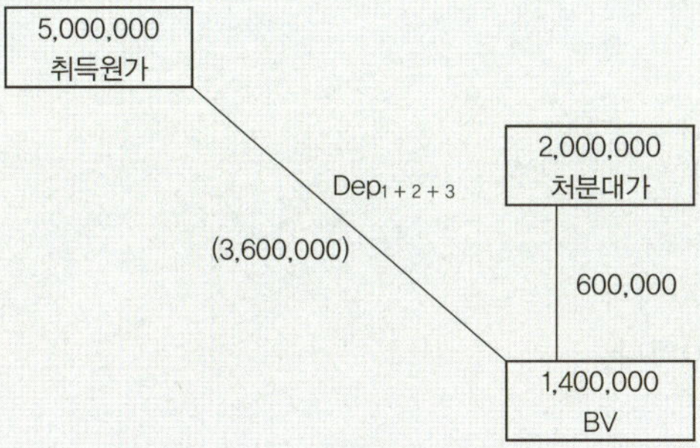

- ×0년 취득원가(기계) = ₩5,000,000
- ×0년 Dep = (5,000,000 − 500,000) × $\frac{5}{5+4+3+2+1}$ = ₩1,500,000
- ×1년 Dep = (5,000,000 − 500,000) × $\frac{4}{5+4+3+2+1}$ = ₩1,200,000
- ×2년 Dep = (5,000,000 − 500,000) × $\frac{3}{5+4+3+2+1}$ = ₩900,000
- ×2년 처분 시 BV = 5,000,000 − 3,600,000 = ₩1,400,000

➲ ×2년 처분이익(N/I) = 2,000,000 − 1,400,000 = ₩600,000

참고 처분 시 회계처리

(차) 현금	2,000,000	(대) 기계(순액)	1,400,000
		처분이익	600,000

26 ①

- ×1년 취득원가(기계) = 20,000 − 7,000 = ₩13,000
- ×1년 Dep = (13,000 − 2,000) × $\frac{1}{5}$ × $\frac{6}{12}$ = ₩1,100
- ×1년 말 BV = 13,000 − 1,100 = ₩11,900
- 정액법 Dep = (13,000 − 2,000) × $\frac{1}{5}$ = ₩2,200

➲ ×3년 말 BV = 11,900 − (2,200 + 2,200) = ₩7,500

* 별해 : 13,000 − {(13,000 − 2,000) × $\frac{6+24}{60}$} = ₩7,500

★★★
27 □□□

유형자산의 손상차손, 유형자산의 증감분석

㈜한국은 20×2년 1월 1일에 기계장치(내용연수는 5년, 잔존가치는 없음)**를 ₩100,000에 취득하였다. ㈜한국은 당해 기계장치에 대하여 원가모형을 적용하고 있으며, 감가상각방법으로 정액법을 사용한다. 20×2년 말 동 기계장치의 회수가능액이 ₩40,000으로 하락하여 손상차손을 인식하였다. 그러나 20×3년 말 동 기계장치의 회수가능액이 ₩70,000으로 회복되었다. 20×3년 말에 인식할 손상차손환입액은?**

① ₩20,000　② ₩30,000　③ ₩40,000
④ ₩50,000　⑤ ₩60,000

★★★
28 □□□

유형자산의 손상차손, 유형자산의 증감분석

㈜사과는 20×1년 초 기계장치를 취득(취득원가 ₩3,600, 잔존가치 ₩0, 내용연수 5년, 정액법 상각)**하고 원가모형을 적용하였다. 20×1년 말 동 기계장치에 손상징후를 검토한 결과, 사용가치와 순공정가치가 각각 ₩1,500, ₩1,600으로 추정되어 손상차손을 인식하였으며, 20×2년 말 회수가능액이 ₩2,200으로 회복되었다. 동 자산에 대한 회계처리 중 옳지 <u>않은</u> 것은?**

① 20×1년도 감가상각비는 ₩720이다.
② 20×1년 말 회수가능액은 ₩1,600이다.
③ 20×1년도 손상차손은 ₩1,280이다.
④ 20×2년도 손상차손환입액은 ₩1,000이다.
⑤ 20×2년 말 손상차손누계액은 ₩320이다.

★★★
29 □□□

유형자산의 손상차손, 유형자산의 증감분석

20×6년 1월 1일 ㈜서울은 산업합리화 정책의 일환으로 설비자금의 일부를 정부에서 지원받았다. 설비의 취득원가는 ₩500,000이고 정부보조금은 ₩200,000으로 설비취득일에 전액 수령하였다. 동설비의 내용연수는 5년, 잔존가액은 ₩20,000이며 정률법(상각률 20%)**으로 감가상각한다. ㈜서울이 동 설비를 20×8년 7월 1일 ₩150,000에 처분하였을 경우 동 거래가 20×8년의 당기손익에 미친 영향은?** (단, 동 설비에 대하여 원가모형을 적용하고 있고, 위의 정부보조금은 상환의무가 없으며 관련자산을 차감하는 방법으로 회계처리한다)

① ₩18,000 이익　② ₩18,000 손실
③ ₩62,000 이익　④ ₩45,000 손실
⑤ ₩45,000 이익

정답 및 해설

27 ②

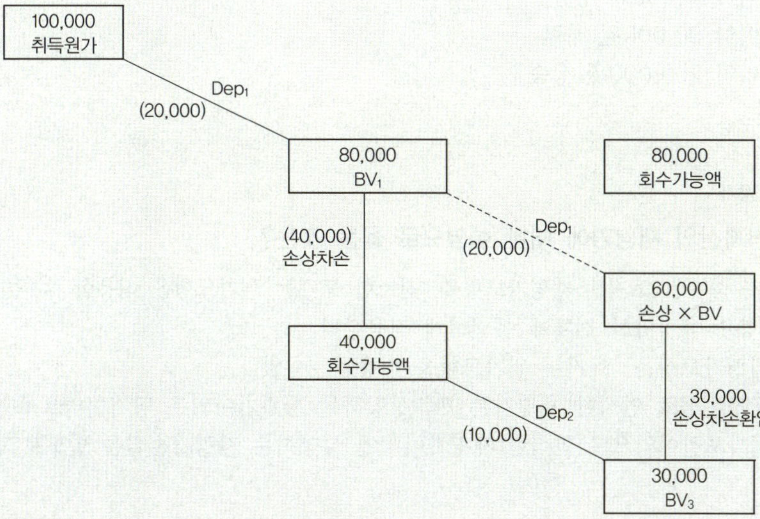

- 정액법 Dep = (100,000 − 0) × $\frac{1}{5}$ = ₩20,000
- ×2년 말 BV = 100,000 − 20,000 = ₩80,000
- ×2년 손상차손(N/I) = 80,000 − 40,000 = ₩40,000
- ×2년 손상 후 BV = 80,000 − 40,000 = ₩40,000
- ×3년 Dep = (40,000 − 0) × $\frac{1}{4}$ = ₩10,000
- ×3년 말 BV = 40,000 − 10,000 = ₩30,000

➲ ×3년 손상차손환입(N/I) = 30,000 − Min[70,000, 60,000] = ₩30,000

- ×3년 환입 후 BV = 30,000 + 30,000 = ₩60,000

28 ④

- 20×1년도 감가상각비 = $\frac{3,600}{5년}$ = ₩720
- 20×1년 말 회수가능액 = Max[1,500, 1,600] = ₩1,600
- 20×1년도 손상차손 = (3,600 − 720) − 1,600 = ₩1,280
- 20×2년도 감가상각비 = $\frac{1,600}{4}$ = ₩400
- 20×2년도 손상차손환입액 = Min[(3,600 − 720 × 2), 2,200] − (1,600 − 400) = ₩960
- 20×2년 말 손상차손누계액 = 1,280 − 960 = ₩320

29 ④

- 20×7년 말 감가상각누계액 = (1) + (2) = ₩180,000
  (1) 20×6년 감가상각비 = (500,000 − 0) × 20% = ₩100,000
  (2) 20×7년 감가상각비 = (500,000 − 100,000) × 20% = ₩80,000
- 20×7년 말 정부보조금 장부금액 = 200,000 − 180,000 × $\frac{200,000}{500,000 - 20,000}$ = ₩125,000
- 20×7년 말 유형자산의 장부금액 = 500,000 − 180,000 − 125,000 = ₩195,000
- 20×8년 당기손익에 미친 영향 = 150,000 − 195,000 = ₩(−)45,000

★★★ 유형자산의 재평가 최신출제유형

30 □□□

다음은 B사가 보유한 유형자산 자료이다. 20×7년 말부터 재평가모형을 적용하기로 하였다. 재평가가 손익에 미치는 영향은?

(단위 : 원)

구 분	20×7년 말 재평가 전 장부금액	20×7년 공정가치	평가손익
토 지	100,000	300,000	200,000
기 계	80,000	40,000	(40,000)

① 당기순이익 30,000원 하락
② 당기순이익 70,000원 상승
③ 당기순이익 200,000원 상승
④ 기타포괄이익 30,000원 하락
⑤ 기타포괄이익 200,000원 상승

★★ 유형자산의 재평가

31 □□□

다음 중 유형자산의 재평가에 대한 설명으로 옳은 것은?

① 공정가치가 증가한 토지는 재평가모형을, 감소한 토지는 원가모형을 적용할 수 있다.
② 재평가모형은 유형자산 전체에 동일하게 적용한다.
③ 건물은 재평가모형을, 토지는 원가모형을 적용할 수 없다.
④ 이전에 당기손실로 인식한 재평가손실에 상당하는 재평가이익은 당기이익으로 인식한다.
⑤ 이전에 기타포괄이익으로 인식한 재평가이익에 상당하는 재평가손실은 별도로 당기손실로 인식한다.

★★★ 유형자산의 재평가

32 □□□

다음은 ㈜봉명이 20×1년 초에 취득한 토지에 관한 자료이다. ㈜봉명은 토지 취득 후에 재평가모형에 의해서 토지에 대한 회계처리를 한다. 토지의 취득원가와 각 회계기간 말 현재 토지의 공정가치는 아래와 같다.

(단위 : 원)

구 분	취득원가	각 회계기간 말 공정가치		
	20×1년 초	20×1년	20×2년	20×3년
토 지	3,000	3,500	3,200	2,900

토지의 재평가와 관련하여 ㈜봉명이 20×3년도에 인식할 당기손실과 포괄손실은 얼마인가?
(단, 법인세효과는 고려하지 않는다)

	당기손실	포괄손실
①	300원	300원
②	0원	300원
③	200원	500원
④	100원	200원
⑤	100원	300원

정답 및 해설

30 ⑤ • 토지 : 재평가잉여금이 200,000원으로 기타포괄이익이 200,000원 상승한다.
• 기계 : 재평가손실 40,000원으로 당기순이익이 40,000원 하락한다.

31 ④ 이전에 당기손실로 인식한 재평가손실에 상당하는 재평가이익은 당기이익으로 인식한다.

오답체크

① 공정가치가 증가한 토지는 재평가모형을, 감소한 토지는 원가모형을 적용할 수 없다.
② 재평가모형은 유형자산의 분류별로 선택하여 적용한다.
③ 건물은 재평가모형을, 토지는 원가모형을 적용할 수 있다.
⑤ 이전에 기타포괄이익으로 인식한 재평가이익에 상당하는 재평가손실은 기타포괄손실로 인식한다.

32 ⑤

B/S ×2년 말

토지	기말 FV 3,200		
		재평가잉여금	기말 FV – 취득원가 3,200 – 3,000 = 200

B/S ×3년 말

토지	기말 FV 2,900		

* 토지의 공정가치가 취득원가보다 낮은 경우, 재평가손실로 기재되어 B/S 재평가잉여금은 없다.

I/S

N/I영향 – 재평가손실	취득원가 – 기말 FV(FV < 취득원가) 3,000 – 2,900 = (100)
OCI영향 – 재평가잉여금 변동액	기말 B/S상 재평가잉여금 – 기초 B/S상 재평가잉여금 0 – 200 = (200) 환입
포괄손익	N/I + OCI변동액 (100) + (200) = (300) 자산의 변동(기말자산 – 기초자산) 2,900 – 3,200 = (300)

★★★ 유형자산의 현금흐름분석

33 □□□ **다음은 ㈜한국의 기계장치 관련 장부금액 자료이다.**

	2014년 기말	2015년 기말
기계장치	₩11,000,000	₩12,500,000
감가상각누계액	(₩4,000,000)	(₩4,500,000)

㈜한국은 2015년 초에 장부금액 ₩1,500,000(취득원가 ₩2,500,000, 감가상각누계액 ₩1,000,000)**인 기계장치를 ₩400,000에 처분하였다. 2015년에 취득한 기계장치의 취득원가와 2015년에 인식한 감가상각비는?** (단, 기계장치에 대해 원가모형을 적용한다)

	취득원가	감가상각비
①	₩3,000,000	₩500,000
②	₩3,000,000	₩1,500,000
③	₩4,000,000	₩1,500,000
④	₩4,000,000	₩2,000,000
⑤	₩4,500,000	₩2,000,000

★★★ 유형자산의 현금흐름분석

34 □□□ **㈜대한은 2010년도 포괄손익계산서상 기계장치와 관련하여 감가상각비 ₩35,000, 처분손실 ₩10,000을 보고하였다. 2010년도 중 취득한 기계장치가 ₩155,000인 경우, 다음 자료를 이용하여 기계장치를 처분하고 수수한 현금액을 계산하면?** (단, 기계장치 처분은 전액 현금으로 이루어지며, 법인세비용은 없는 것으로 가정한다)

	2010년 1월 1일	2010년 12월 31일
기계장치	₩100,000	₩200,000
감가상각누계액	(₩20,000)	(40,000)

① ₩10,000
② ₩20,000
③ ₩30,000
④ ₩40,000
⑤ ₩45,000

정답 및 해설

33 ③ • 취득 기계의 취득원가(역산) : 4,000,000
= 12,500,000 − 11,000,000 + 2,500,000
• 2015년 말의 감가상각비(역산) : 1,500,000
= (−)4,500,000 − (−)4,000,000 − 1,000,000

* 별해 : 유형자산의 현금흐름 − 증감분석법 적용

유형자산(취득원가)	기초 11,000,000	+ 취득 4,000,000		+ (처분) (2,500,000)	= 기말 12,500,000
− 감가상각누계액	(기초) (4,000,000)		+ (Dep) (1,500,000)	+ 처분 1,000,000	= (기말) (4,500,000)
= 유형자산(장부금액)	기초 7,000,000	+ 취득 4,000,000	+ (Dep) (1,500,000)	+ (처분) (1,500,000)	= 기말 8,000,000

참고 유형자산의 현금흐름 − 증감분석법

유형자산(취득원가)	기초	+ 취득		+ (처분)	= 기말
− 감가상각누계액	(기초)		+ (Dep)	+ 처분	= (기말)
= 유형자산(장부금액)	기초	+ 취득	+ (Dep)	+ (처분)	= 기말

34 ③

(차) 기계 증가	100,000	(대) 감가상각누계액 감소	20,000
감가상각비	35,000	현금(취득)	155,000
처분손실	10,000		
현금(역산)	30,000		

제8절 | 무형자산

01 무형자산의 정의 ★★

무형자산이란 물리적 형체가 없지만 식별 가능하고, 기업이 통제하고 있으며, 미래경제적효익을 제공하는 비화폐성자산을 말한다.

1. 원칙	(차) 비용	××	(대) 현금		물리적 실체가 없는 것에 대한 지출
2. 예외	(차) 무형자산	××	(대) 현금		➲ 엄격한 자산인식요건 충족 시

무형자산의 인식요건	정의의 세 가지 조건
① 무형자산의 정의에 부합한다.	식별가능성
② 미래경제적효익이 기업에 유입될 가능성이 매우 높다.	자원에 대한 통제
③ 자산의 취득원가를 신뢰성 있게 측정할 수 있다.	미래경제적효익의 존재

무형자산 정의의 세 가지 조건

식별가능성 (분리가능성 or 계약적·법적기준)	계약적·법적 권리가 이전 가능한지 여부 또는 기업이 기타 권리와 의무에서 분리 가능한지는 고려하지 않는다.
통제(제3자의 접근을 제한)	통제의 일반적인 능력은 법적 권리에서 나오나, 권리의 법적 집행가능성이 통제의 필요조건은 아니다.
미래경제적효익의 존재	미래경제적효익은 제품의 매출, 용역수익, 원가절감 또는 자산의 사용에 따른 기타 효익의 형태로 발생할 수 있다.

02 무형자산의 예시 ★★★

① 산업재산권(특허권, 실용신안권, 의장권, 상표권, 상호권 등)
② 라이선스와 프랜차이즈
③ 저작권
④ 컴퓨터 소프트웨어
⑤ 개발비
⑥ 임차권리금
⑦ 광업권 및 어업권
⑧ 사업결합으로 취득한 영업권

✓핵심체크

비용처리되는 지출 : 연구비, 경상개발비, 광고비, 교육훈련비, 내부적으로 창출한 영업권, 고객충성도, 시장점유율, 고객과의 관계 등

03 내부적으로 창출한 무형자산 ★★

내부적으로 창출한 무형자산이 인식기준을 충족하는지를 평가하기 위해서는 먼저 무형자산의 창출과정을 연구단계와 개발단계로 구분한다. 무형자산을 창출하기 위한 내부 프로젝트를 연구단계와 개발단계로 구분할 수 없는 경우에는 그 프로젝트에서 발생한 지출은 모두 연구단계에서 발생한 것으로 본다.

구 분	상업화결정	사용가능시점		개발비 손상인식	손상차손환입
	×1	×2	×3	×4	×5
단계구분	← 연구단계 →	← 개발단계 →	← 생산단계 →		
연구단계 지출		↑			
① 연구비 • N/I영향	← 비용처리 →	자산인식요건충족	↑		
개발단계 지출			특허권 취득		
① 경상개발비 • N/I영향		〈비용처리〉			
② 개발비 • N/I영향		〈자산처리〉	➲ 개발비 Dep	➲ 개발비 Dep + 손상차손	➲ 개발비 Dep + 손상차손환입
생산단계			자산	➲	➲
① 특허권취득 • N/I영향			특허권 Dep	특허권 Dep	특허권 Dep

1. 연구단계

회계처리 & 예시

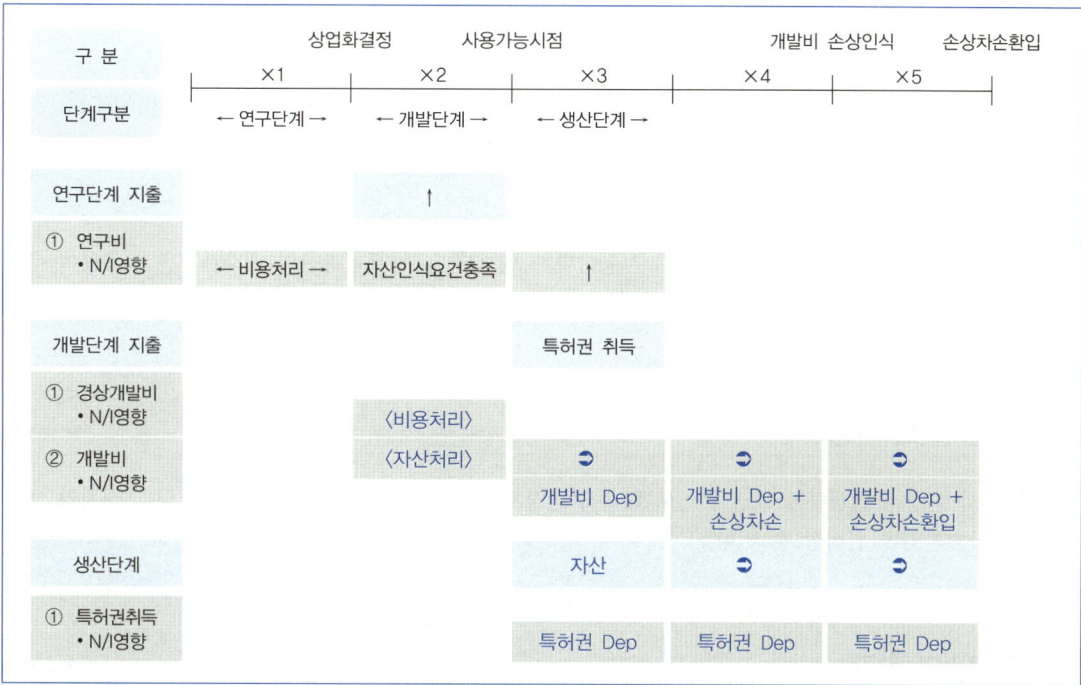

➲ 당기비용처리
① 새로운 지식을 얻고자 하는 활동
② 연구결과나 기타 지식을 탐색, 평가, 최종 선택, 응용하는 활동
③ 재료, 장치, 제품, 공정, 시스템, 용역 등에 대한 여러 가지 대체안을 탐색하는 활동
④ 새롭거나 개선된 재료, 장치, 제품, 공정, 시스템이나 용역에 대한 여러 가지 대체안을 제안, 설계, 평가, 최종 선택하는 활동

2. 개발단계

회계처리 & 예시

➲ 자산인식요건충족 : 개발비(무형자산)
➲ 자산인식요건미충족 : 경상개발비(당기비용처리)
① 생산이나 사용 전의 시제품과 모형을 설계, 제작, 시험하는 활동
② 새로운 기술과 관련된 공구, 금형, 주형 등을 설계하는 활동
③ 상업적 생산 목적으로 실현 가능한 경제적 규모가 아닌 시험공장을 설계, 건설, 가동하는 활동
④ 신규 또는 개선된 재료, 장치, 제품, 공정, 시스템이나 용역에 대하여 최종적으로 선정된 안을 설계, 제작, 시험하는 활동

04 무형자산의 상각 ★★★

1. 상각기간

무형자산의 상각기간은 독점적, 배타적인 권리를 부여하고 있는 관계 법령이나 계약에 정해진 경우를 제외하고는 20년을 초과할 수 없다. 상각은 자산이 사용 가능한 때부터 시작한다.

2. 상각방법

자산의 경제적효익이 소비되는 형태를 반영한 합리적인 방법(정액법, 체감잔액법, 생산량비례법)을 사용한다. 다만 소비되는 형태를 신뢰성 있게 결정할 수 없는 경우에는 정액법을 사용한다.

3. 잔존가치

무형자산의 잔존가치는 유사한 환경에서 사용하다가 매각된 동종 무형자산의 매각가격을 이용하여 추정할 수 있다. 잔존가치를 결정한 후에는 가격이나 가치의 변동에 따라 증감시키지 않는다.

05 무형자산의 손상 ★★★

무형자산에서 손상이 발생하면 발생한 연도에 즉시 손상차손을 인식한다. 추후 회수가능액의 추정치가 변화하면 손상차손환입을 인식할 수 있다.

06 영업권의 상각 ★★★

영업권은 그 내용연수에 걸쳐 정액법으로 상각하되, 내용연수는 미래에 경제적효익이 유입될 것으로 기대되는 기간으로 하며, 20년을 초과하지 못한다. 영업권을 포함한 모든 무형자산에 대해 손상이 발생하면 발생연도에 즉시 손실을 인식하고, 회수가능액이 회복되어 장부금액을 초과하는 경우에도 영업권은 추후에 회복될 수 없다.

07 무형자산의 재평가 ★★★

일반기업회계기준에서는 무형자산을 재평가하지 않는다.

개념완성문제

01 고객과의 관계를 잘 유지하여 확보한 고정고객의 시장점유율, 고정고객, 고객충성도는 무형자산에 포함된다. (O, X)

02 무형자산을 창출하기 위한 내부 프로세스를 연구단계와 개발단계로 구분할 수 없는 경우에는 그 프로젝트 관련 기출은 모두 (   )에서 발생한 것으로 본다.

03 무형자산의 상각기간은 관계 법령이나 계약에 정해진 경우를 제외하고는 (   )년을 초과할 수 없다.

04 무형자산의 상각기간은 독점적, 배타적인 권리를 부여하고 있는 관계 법령이나 계약에 정해진 경우를 제외하고는 20년을 초과할 수 없다. (O, X)

05 무형자산의 상각은 무형자산을 (   ) 시점부터 시작한다.

06 자산이 분리 가능하거나 계약상 권리가 있고 그 권리가 법적 권리로부터 발생한 경우 식별 가능하다고 본다. (O, X)

정답 및 해설

01 X 고객과 관련된 항목들은 비계약적 고객관계의 교환거래를 제외하고는 모두 비용처리한다.

02 연구단계

03 20

04 O

05 사용 가능한

06 X 자산이 분리 가능하거나 계약상 권리 또는 법적 권리로부터 발생한 경우 식별 가능하다고 본다.

출제예상문제

✓ 학습시간이 부족하거나 시험 전 최종정리를 하고 싶은 경우에는 출제빈도(★~★★★)가 높은 문제를 우선으로 풀이할 수 있습니다.
✓ 다시 봐야 할 문제(풀지 못한 문제, 헷갈리는 문제 등)는 문제 번호 하단의 네모박스(□)에 체크하여 반복 학습할 수 있습니다.

★
무형자산의 정의 및 예시

01 □□□
다음 자료 중 무형자산에 해당하는 항목은 모두 몇 개인가?

A. 영업권
B. 개발비
C. 임차권리금
D. 염가매수차익
E. 저작권
F. 경상개발비

① 1개 ② 2개 ③ 3개 ④ 4개 ⑤ 5개

★
무형자산의 정의 및 예시

02 □□□
다음 중 무형자산에 해당하지 않는 것은?

① 실용신안권, 상호권 및 상표권
② 외부로부터 구입한 컴퓨터소프트웨어
③ 임차권리금
④ 사업결합으로 취득한 영업권, 광업권 및 어업권
⑤ 고객과의 관계를 잘 유지함으로써 확보한 고정고객의 시장점유율, 고정고객, 고객충성도

★★★
무형자산의 상각

03 □□□
무형자산의 회계처리에 대한 설명으로 옳지 않은 것은?

① 무형자산을 창출하기 위한 내부 프로세스를 연구단계와 개발단계로 구분할 수 없는 경우 그 프로젝트 관련 지출은 모두 연구단계에서 발생한 것으로 본다.
② 무형자산으로 정의되기 위한 조건은 분리가능성에 대한 통제, 미래경제적효익의 존재이다.
③ 무형자산의 상각기간은 관계 법령이나 계약에 정해진 경우를 제외하고는 20년을 초과할 수 없다.
④ 무형자산에서 손상이 발생하면 손상차손을 인식한다.
⑤ 일반기업회계기준을 적용하는 비상장기업이 보유한 영업권은 20년 이내의 기간에 걸쳐 정액법으로 상각한다.

★★★ 무형자산의 상각

04 무형자산에 대한 설명 중 옳지 않은 것은?

□□□

① 시장점유율, 고정고객, 고객과의 관계 및 고객의 충성도 등은 무형자산이 될 수 없다.

② 무형자산에 대한 인식시점 이후에 취득원가모형이나 재평가모형 중 하나를 선택하여 측정할 수 없다.

③ 영업권을 포함한 모든 무형자산에 대해 손상이 발생하면 발생연도에 즉시 손실을 인식하고, 회수가능액이 회복되어 장부금액을 초과하는 경우 손상되기 전 장부금액의 상각 후 잔액을 한도로 그 초과금액을 손상차손환입으로 회계처리한다.

④ 내부창출영업권은 일정 요건을 충족하더라도 무형자산이 될 수 없다.

⑤ 무형자산의 상각기간은 독점적·배타적인 권리를 부여하고 있는 관계 법령이나 계약에 정해진 경우를 제외하고는 20년을 초과할 수 없다.

정답 및 해설

01 ④ 영업권, 개발비, 임차권리금, 저작권은 무형자산에 해당한다.

오답체크

D. 염가매수차익 : 발생 즉시 당기손익에 반영함
F. 경상개발비 : 비용계정

02 ⑤ 고객과의 관계를 잘 유지함으로써 확보한 고정고객의 시장점유율, 고정고객, 고객충성도 등은 발생 즉시 비용으로 처리한다.

03 ② 무형자산으로 정의되기 위한 조건은 식별가능성, 자원에 대한 통제, 미래경제적효익의 존재이다.

오답체크

① 무형자산을 창출하기 위한 내부 프로세스를 연구단계와 개발단계로 구분할 수 없는 경우 그 프로젝트 관련 지출은 모두 연구단계에서 발생한 것으로 본다.
③ 무형자산의 상각기간은 관계 법령이나 계약에 정해진 경우를 제외하고는 20년을 초과할 수 없다.
④ 무형자산에서 손상이 발생하면 발생연도에 즉시 손상차손을 인식한다.
⑤ 일반기업회계기준을 적용하는 비상장기업이 보유한 영업권은 20년 이내의 기간에 걸쳐 정액법으로 상각한다.

04 ③ 영업권을 포함한 모든 무형자산에 대해 손상이 발생하면 발생연도에 즉시 손실을 인식하고, 회수가능액이 회복되어 장부금액을 초과하는 경우에도 영업권은 추후에 회복될 수 없다.

★★★

무형자산의 상각

05 □□□

다음 중 무형자산에 대한 설명으로 옳은 것은?

① 무형자산의 합리적인 상각방법을 정할 수 없는 경우에는 정률법을 사용한다.
② 자산이 분리 가능하거나 계약상 권리가 있고 그 권리가 법적 권리로부터 발생한 경우 식별 가능하다고 본다.
③ 무형자산의 상각방법은 정액법, 체감잔액법, 생산량비례법이 있다.
④ 무형자산의 공정가치 또는 회수가능액이 증가하면 상각은 공정가치 또는 회수가능액에 기초한다.
⑤ 무형자산의 상각은 사용 가능한 시점부터 시작한다.

★★★

무형자산의 상각

06 □□□

일반기업회계기준상 무형자산에 대한 설명으로 옳지 않은 것은?

① 과년도에 비용으로 처리한 개발비라도 이후 자산성 요건을 충족하는 경우에도 이를 전액 자산으로 처리할 수 없다.
② 상품화된 소프트웨어의 개발비는 무형자산으로 처리한다.
③ 사업결합으로 취득한 무형자산은 그 공정가치의 신뢰성 있는 측정이 가능하여도 영업권으로 인식한다.
④ 무형자산의 식별가능성은 분리가능성 여부와 계약상 또는 법적 권리 여부에 의하여 판단한다.
⑤ 영업권의 회수가능액이 장부금액에 미달하고 그 미달액이 중요한 경우에는 손상차손을 인식하되, 추후 회복할 수 없다.

★★★

무형자산의 상각

07 □□□

일반기업회계기준상 무형자산에 대한 설명으로 옳은 것은?

① 내부창출영업권은 무형자산으로 인식하되, 상각하지 아니한다.
② 시장점유율, 고정고객, 훈련을 통해 습득된 종업원의 기술은 일반적으로 무형자산의 정의를 충족하지 못한다.
③ 일반기업회계기준에 따를 경우 영업권은 상각하지 아니하고 손상회계를 적용한다.
④ 대체안의 응용가능성을 탐색하는 활동은 내부창출무형자산의 인식과정에서 개발단계로 본다.
⑤ 손상차손을 인식한 영업권의 회수가능액이 장부금액을 초과하는 경우에는 손상차손환입을 인식한다.

★★ 무형자산의 상각

08 A사의 순자산 장부금액은 100,000원(공정가치는 200,000원), 연평균순이익은 50,000이고 동종산업의 평균이익률은 연 12%이다. 영업권을 초과이익환원법에 의하여 평가하는 경우 A사의 영업권은 얼마로 평가되는가? (단, 초과이익의 지속기간은 5년, 할인율은 연 8%이며, 8%의 5년 연금현가계수는 4, 10%의 5년 연금현가계수는 3.8이다)

① 84,000원 ② 90,000원 ③ 94,000원
④ 104,000원 ⑤ 106,000원

★★★ 무형자산의 상각

09 무형자산에 대한 다음 설명 중 옳지 않은 것은?

① 연구단계에서 발생된 비용은 무형자산으로 계상하지 않는다.
② 기업이 발행한 주식과 교환하여 취득한 무형자산의 취득원가는 그 주식의 공정가치로 한다.
③ 무형자산과 기타의 자산을 일괄 취득한 경우에는 총취득원가를 무형자산과 기타의 자산의 장부금액에 비례하여 배분한 금액을 각각 무형자산과 기타의 자산의 취득원가로 한다.
④ 정부보조에 의해 무형자산을 무상 또는 공정가치보다 낮은 대가로 취득한 경우 무형자산의 취득원가는 취득일의 공정가치로 한다.
⑤ 특허권을 장기연불매매 조건으로 취득할 경우 특허권의 취득원가는 장기연불매매 조건의 명목금액이 아니라 현금구입상당액이 된다.

정답 및 해설

05 ⑤ 무형자산의 상각은 사용 가능한 시점부터 시작한다.

오답체크
① 무형자산의 합리적인 상각방법을 정할 수 없는 경우에는 정액법을 사용한다.
② 자산이 분리 가능하거나 계약상 권리 또는 법적 권리로부터 발생한 경우 식별 가능하다고 본다.
③ 무형자산의 상각방법에는 정액법, 체감잔액법, 연수합계법, 생산량비례법이 있다.
④ 무형자산의 공정가치 또는 회수가능액이 증가하더라도 상각은 원가에 기초한다.

06 ③ 사업결합으로 취득한 무형자산은 그 공정가치의 신뢰성 있는 측정이 가능하다면 영업권과 구분하여 개별적으로 인식한다.

07 ② ① 내부창출영업권은 무형자산으로 인식하지 않는다.
③ 일반기업회계기준에 따를 경우 영업권은 상각하고 손상회계를 적용한다.
④ 대체안의 응용가능성을 탐색하는 활동은 내부창출무형자산의 인식과정에서 연구단계로 본다.
⑤ 손상차손을 인식한 영업권의 회수가능액이 장부금액을 초과하는 경우에도 손상차손환입을 인식하지 않는다.

08 ④ 초과이익 = 50,000 − 200,000 × 12% = 26,000원
➲ 영업권 = 26,000 × 4 = 104,000원

09 ③ 무형자산과 기타의 자산을 일괄 취득한 경우에는 총취득원가를 무형자산과 기타의 자산의 공정가치에 비례하여 배분한 금액을 각각 무형자산과 기타의 자산의 취득원가로 한다.

★★★ **무형자산의 상각, 손상** 최신출제유형

10

다음은 ㈜포도의 20×1년 말 무형자산 회계처리에 대한 설명이다. 옳지 않은 것을 모두 고르면?

a. 손상차손을 인식했던 특허권의 20×1년 말 회수가능액은 100,000원(장부금액 50,000)으로 회복됨에 따라 50,000원을 환입하고 이를 영업외수익으로 분류하였다. 20×1년 말 특허권의 손상전 장부금액(상각후원가)은 90,000이다.
b. 산업재산권에 대해 손상이 발생하여 상각후장부금액에서 회수가능액(순공정가치와 사용가치 중 큰 금액)을 차감한 금액을 손상차손으로 인식하였다.
c. ㈜하늘과 합병으로 인한 영업권에 대해 정률법으로 상각하고 판매관리비로 처리하였다.

① a　② b　③ c　④ b, c　⑤ a, c

★★★ **무형자산의 상각, 손상** 최신출제유형

11

무형자산 관련 투자지출의 회계처리에 대한 설명으로 옳지 않은 것을 모두 고르면?

a. 개발단계의 지출이 6가지의 자산인식기준을 모두 충족하지 못하면 경상개발비로 처리한다.
b. 내부창출 영업권도 미래경제적효익을 창출할 수 있으면 무형자산으로 인식할 수 있다.
c. 영업권, 산업재산권 및 개발비는 재무상태표에 무형자산으로 분류한다.
d. 무형자산에 대해 손상차손을 인식한 연도에는 무형자산상각을 인식하지 않는다.

① a　② b　③ c　④ b, d　⑤ a, c

정답 및 해설

10 ⑤ a. 손상차손환입액 : min[100,000, 90,000]−50,000 = 40,000
c. 영업권은 정액법으로 상각한다.

11 ④ b. 내부창출 영업권도 미래경제적효익을 창출할 수 있더라도 무형자산으로 인식할 수 없다.
d. 무형자산에 대해 손상차손을 인식한 연도에도 무형자산상각을 인식한다.

제9절 | 금융부채

01 금융부채와 비금융부채 ★★★

금융부채는 현금(또는 금융자산)을 지급하거나 불리한 조건으로 금융자산을 교환해야 하는 계약상의 의무를 말한다. 그러므로 다음 두 가지 특징을 가지고 있어야 금융부채로 분류된다.

① 계약상의 의무
② 현금이나 기타 금융자산으로 결제

✓핵심체크

1. 선수금은 미래에 현금을 지급하는 것이 아니라 용역 또는 재화를 제공해야 하고 선수수익은 미래에 현금을 지급하는 것이 아니라 용역을 제공해야 하는 의무가 발생하므로 금융부채로 분류하지 않는다.
2. 제품보증충당부채의 경우 일반적으로 제품 보증 시 재화 또는 용역의 제공이 예상되므로 금융부채로 분류하지 않는다.
3. 미지급법인세는 계약에 의해서 발생되는 것이 아니므로 금융부채로 분류하지 않는다.

02 금융부채와 비금융부채의 분류 ★★★

구 분	계정과목
금융부채	매입채무, 미지급금, 미지급비용, 사채, 차입금 등
비금융부채	선수금, 선수수익, 제품보증충당부채, 미지급법인세, 선급비용, 퇴직급여충당부채 등

개념완성문제

01 금융부채는 현금(또는 금융자산)을 지급하거나 불리한 조건으로 금융자산을 교환해야 하는 계약상의 의무를 말한다. (O, X)

02 선수금은 금융부채로 분류한다. (O, X)

03 장기차입금은 기간이 경과하여 당기말 현재 상환일이 1년 이내 도래하면 반드시 유동성장기부채로 재분류한다. (O, X)

04 회사가 단기차입금을 누락하여 정보를 제공하면 회사의 단기상환능력은 상대적으로 양호하게 나타난다. (O, X)

05 제조회사가 원재료를 외상으로 매입하면 매입채무나 장기매입채무로 분류한다. (O, X)

06 기계장치를 구입하고 대금은 1년 후 지급할 경우 거래시점에 미지급금 계정을 사용한다. (O, X)

07 당기 중 금융기관에서 10억원을 차입(이자율 10%)하고 원금과 이자는 1년 후 상환할 경우 결산시점에 이자인식하는 부채는 미지급비용이다. (O, X)

08 보고기간 종료일부터 1년 이내에 상환해야 될 부채는 비유동부채로 분류한다. (O, X)

정답 및 해설

01 O

02 X 선수금은 미래에 현금을 지급하는 것이 아니라 용역 또는 재화를 제공해야 하고 선수수익은 미래에 현금을 지급하는 것이 아니라 용역을 제공해야 하는 의무가 발생하므로 금융부채로 분류하지 않는다.

03 O

04 O

05 O

06 O

07 O

08 X 유동부채로 분류한다.

출제예상문제

✔ 학습시간이 부족하거나 시험 전 최종정리를 하고 싶은 경우에는 출제빈도(★~★★★)가 높은 문제를 우선으로 풀이할 수 있습니다.
✔ 다시 봐야 할 문제(풀지 못한 문제, 헷갈리는 문제 등)는 문제 번호 하단의 네모박스(□)에 체크하여 반복 학습할 수 있습니다.

★
01 □□□

금융부채와 비금융부채

다음 중 현금 등의 금융자산으로 결제되는 금융부채는 모두 몇 개인가?

A. 미지급법인세	F. 선수금
B. 선수수익	G. 차입금
C. 퇴직급여충당부채	H. 제품보증충당부채
D. 매입채무	I. 선급비용
E. 수선충당금	

① 1개 ② 2개 ③ 3개
④ 4개 ⑤ 5개

정답 및 해설

01 ② 금융부채의 계정과목은 '매입채무, 미지급금, 미지급비용, 사채, 차입금' 등이다.

오답체크

A. 미지급법인세는 계약에 의해서 발생하는 것이 아니라 법률에 의하여 발생하는 부채이므로 비금융부채로 분류한다.
B. 선수수익은 미래에 현금을 지급하는 것이 아니고 용역을 제공해야 하는 의무가 발생하는 것이므로 금융부채로 분류할 수 없다.
F. 선수금은 미래에 현금을 지급하는 것이 아니라 용역 또는 재화를 제공해야 하므로 금융부채로 분류할 수 없다.
H. 제품보증충당부채는 일반적으로 제품보증 시 재화 또는 용역의 제공이 예상되므로 금융부채로 분류할 수 없다.

용어 알아두기

수선충당금: 건물, 기계, 설비, 선박 등 유형자산의 사용에 따라 발생하는 물리적 사용 능력의 저하를 방지하기 위해 매년 경상적으로 수선을 할 필요가 있을 때 수선에 소요될 금액을 추산하여 각 사업연도에 그 부담액을 충당하기 위해 설정한 금액

★

02 □□□

금융부채와 비금융부채

C건설은 20×1년 7월 1일 A은행으로부터 200,000원을 차입하고 이자(이자율 10%)**와 원금을 20×2년 6월 30일에 일시에 상환하기로 하였다. 이러한 거래가 20×1년 말이 결산일인 C건설의 20×1년 재무제표에 미치는 영향으로 옳지 <u>않은</u> 것은?**

① 자산의 증가금액은 200,000원이다.
② 부채의 증가금액은 210,000원이다.
③ 비용의 발생액은 10,000원이다.
④ 자산과 자본의 증가금액의 합계는 200,000원이다.
⑤ 부채와 자본의 증가금액의 합계는 200,000원이다.

★★

03 □□□

금융부채와 비금융부채

다음은 A사의 ×1년도 거래내역이다. 다음 거래를 통해 재무상태표에 부채로 인식되는 계정으로 올바르게 표시된 것은? (단, 회계기간은 1월 1일부터 12월 31일까지이다)

- 상황1 : ×1년 4월 1일 은행으로부터 10억원을 차입하고 상환일은 1년 4개월 후인 ×2년 7월 31일이다.
- 상황2 : ×1년 10월 1일 기계장치 10억원을 외상으로 구입하고 대금을 ×3년 8월 31일에 지급하기로 하였다.
- 상황3 : ×1년 12월 2일 거래처로 제품을 인도하기로 하고 계약금 1억원을 수령하였다. 해당 재화는 ×2년 1월 10일에 인도할 예정이다.

	상황1	상황2	상황3
①	단기차입금	장기미지급금	선수금
②	단기차입금	미지급금	선수금
③	단기차입금	미지급금	선급금
④	장기차입금	장기미지급금	미지급금
⑤	장기차입금	미지급금	선급금

★★

04 □□□

금융부채와 비금융부채

A사는 ×1년 6월 30일에 은행으로부터 100,000을 차입하였다. 이자는 연 6%이며, 원리금 상환일은 ×2년 6월 29일이다. A사의 회계기간은 매년 1월 1일부터 12월 31일까지이며, 은행의 회계기간은 매년 4월 1일부터 다음연도 3월 31일까지이다. ×1년도 손익계산서에 계상되는 이자비용은 얼마인가?

① 1,000원 ② 1,500원 ③ 2,000원
④ 2,500원 ⑤ 3,000원

★★
05
□□□

금융부채와 비금융부채

A은행은 B사의 여신한도를 늘리는 것을 고려 중이다. B사는 단기 자금을 확보하여 신규 사업에 투자하려고 한다. A은행 입장에서는 B사의 ×1년 말 재무구조를 통해 단기상환능력이 양호하면 추가적인 여신을 제공할 예정이다. 다음 중 여신한도 확대에 영향을 미치지 않는 항목은?

① 매입채무 ② 단기차입금 ③ 선수수익
④ 미지급비용 ⑤ 건물

정답 및 해설

02 ④ 자산과 자본의 증가금액의 합계는 190,000원이다.

20×1년 7월 1일	(차) 현금	200,000	(대) 차입금	200,000
20×1년 12월 31일	(차) 이자비용	10,000	(대) 미지급이자	10,000

03 ①
- 상황1 : ×1년 12월 31일을 기준으로 1년 이내 상환일이 도래하므로 단기차입금이다.
- 상황2 : ×1년 12월 31일을 기준으로 1년 이후에 대금을 지급하므로 장기미지급금이다.
- 상황3 : ×1년 12월 31일을 기준으로 인도일이 1년 이내이므로 유동부채로서 선수금으로 분류한다.

04 ⑤ 이자비용 $= 100,000 \times 6\% \times \frac{6}{12} = 3,000$원

05 ⑤ 건물은 비유동자산으로 단기상환능력과 관련이 없다.

★★★
06 □□□
금융부채와 비금융부채 최신출제유형

다음은 ㈜포도의 20×1년 중 발생한 거래내용이다. 20×1년 말 현재 유동부채로 표시할 금액은 얼마인가? (회계기간은 20×1년 1월 1일부터 20×1년 12월 31일까지이다)

> 1) 20×1년 7월 1일 건물을 구입하고 구입대금은 ₩1,000,000을 무이자부어음(액면금액 ₩1,000,000, 만기일 20×2년 6월 30일)을 발행하여 지급하였다.
> 2) 20×1년 11월 1일 금융기관에서 ₩1,000,000(연 이자율 10%)을 차입하고 20×3년 12월 31일에 원리금을 일시 상환하기로 하였다.

① ₩1,000,000 ② ₩1,025,000 ③ ₩1,050,000
④ ₩1,075,000 ⑤ ₩1,100,000

★★★
07 □□□
금융부채와 비금융부채 최신출제유형

다음은 ㈜포도의 20×1년 차입금의 기초, 기말 장부금액이다.

> 1) 20×1년 기초 차입금 ₩100,000
> 2) 20×1년 기말 차입금 ₩200,000

당기 중에 ㈜포도는 차입금을 ₩300,000 상환하였다. 당기 중에 ㈜포도가 신규로 차입한 차입금은 얼마인가?

① ₩200,000 ② ₩300,000 ③ ₩400,000
④ ₩500,000 ⑤ ₩600,000

정답 및 해설

06 ① 건물 구입대금에 대한 미지급금은 만기가 20×2년 6월 30일이므로 유동부채이고, 금융기관 차입금은 원금과 이자를 모두 만기에 지급하기로 하였으므로 비유동부채이다.

07 ③ 기초 차입금 100,000 + 차입액 − 상환액 300,000 = 기말 차입금 200,000, 신규 차입한 차입금 : 400,000

제10절 사채와 복합금융상품

01 사채의 의의 ★

1. 사채의 의의

사채란 주식회사가 자금을 조달하기 위하여 유가증권을 발행하여 불특정 다수로부터 자금을 차입하는 정형화된 부채를 말하며 회사채라고도 한다. 사채는 발행회사의 입장에서는 상각후원가로 측정하는 가장 대표적인 금융부채이다.

사채의 기본요소는 사채 관련 현금흐름을 나타내는 것으로 다음과 같다.

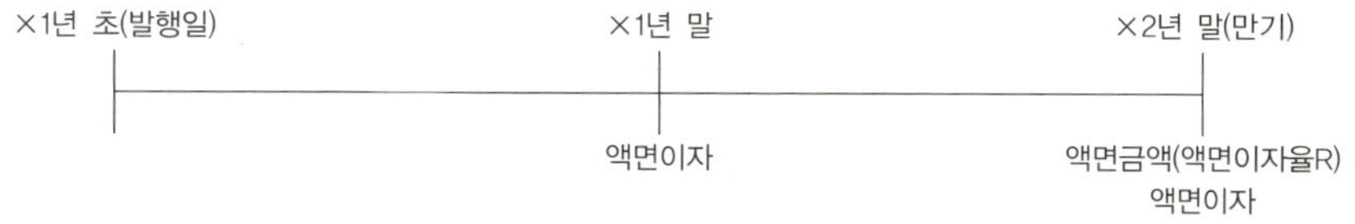

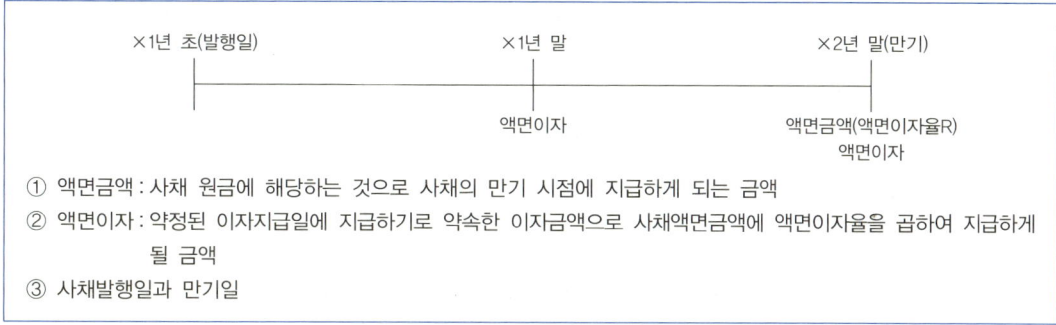

① 액면금액 : 사채 원금에 해당하는 것으로 사채의 만기 시점에 지급하게 되는 금액

② 액면이자 : 약정된 이자지급일에 지급하기로 약속한 이자금액으로 사채액면금액에 액면이자율을 곱하여 지급하게 될 금액

③ 사채발행일과 만기일

2. 사채의 최초 인식

금융부채는 최초 인식 시 공정가치로 측정한다. 사채는 발행 시에 액면금액과 액면이자, 발행일 및 만기, 시장이자율이 결정되어 있으므로 최초 인식 시점의 미래현금유출액을 발행일의 시장이자율을 이용하여 산정한 현재가치가 발행일의 공정가치와 일치한다.

사채 최초 인식일의 공정가치

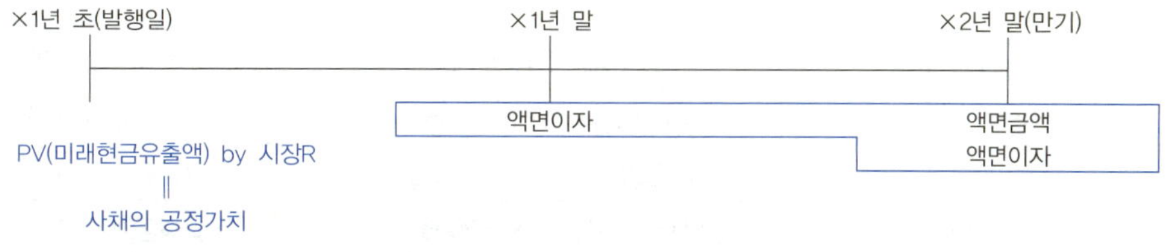

Comment

사채발행일의 시장이자율은 당해 사채에 대하여 투자자들이 요구하는 수익률로 기준금리에 신용위험을 가산하여 결정된다.

시장이자율(채권수익률) = 기준금리(LIBOR 금리 등) + 신용위험(위험프리미엄)

기업들은 자신들의 신용위험을 산정하기 위하여 신용평가기관에 사채의 신용등급평가를 의뢰한다. 각 신용등급에 따라 해당 기업의 신용위험이 다르게 결정된다. 동일한 일자에 동일한 조건의 사채를 발행하는 경우에는 어느 기업이든지 모두 동일한 기준금리를 부담하지만 신용위험이 기업마다 다르므로 시장이자율은 기업에 따라 다르게 결정된다. 따라서 동일한 일자에 동일한 조건으로 사채를 발행하는 경우에도 발행하는 기업의 사채 신용등급에 따라 사채의 발행금액이 다르게 결정된다.

✓핵심체크

사채의 발행금액은 사채의 미래현금흐름을 현재의 시장이자율로 할인한 현재가치금액으로 한다는 것이다. 즉, 사채의 발행금액은 사채의 미래현금흐름에 시장이자율에 해당하는 현재가치계수를 곱한 금액으로 계산된다. 현재가치계수는 이자율이 증가할수록 감소하므로 시장이자율이 증가하면 사채의 발행금액인 현재가치는 감소하게 된다.

02 사채의 발행유형별 회계처리 ★★★

1. 사채의 발행유형

사채의 발행금액은 사채의 미래현금흐름에 시장이자율에 해당하는 현재가치계수를 곱한 금액으로 계산된다. 그러므로 사채 발행가액의 계산과정을 식으로 표현하면 다음과 같다.

사채의 발행가액

- 액면이자/(1 + 시장이자율) + 액면이자/(1 + 시장이자율)^2 + ⋯ + (액면이자 + 액면금액)/(1 + 시장이자율)^n
- 액면이자 × 연금현가계수(사채기간, 시장이자율) + 액면금액 × 현가계수(사채기간, 시장이자율)

* 액면이자 = 액면금액 × 액면이자율

사채의 발행가액은 액면이자율과 시장이자율 간의 관계에 의하여 결정된다. 시장이자율과 액면이자율에 따른 사채의 발행유형은 다음과 같다.

구 분	이자율 간의 관계	액면금액과 발행금액의 관계
액면발행	시장이자율 = 액면이자율	발행금액 = 액면금액
할인발행	시장이자율 > 액면이자율	발행금액 < 액면금액
할증발행	시장이자율 < 액면이자율	발행금액 > 액면금액

① 시장이자율은 사채의 수익률이므로 시장이자율과 액면이자율이 동일한 경우 사채의 미래현금흐름을 시장이자율로 할인한 현재가치는 사채의 액면금액과 일치한다. 이러한 경우를 사채의 액면발행이라고 한다.

② 시장이자율이 액면이자율보다 높은 경우에는 사채의 액면이자율이 시장이자율보다 낮으므로 투자자는 사채상환기간 동안 시장이자율보다 덜 받게 되는 액면이자를 발행일에 덜 지급하려고 한다. 사채의 발행자는 발행일에 시장이자율과 액면이자율의 차액을 시장이자율로 할인한 현재가치에 해당하는 금액을 차감한 잔액만을 수령하게 된다. 그러므로 사채의 발행금액은 액면금액에 미달하게 되며, 이러한 경우를 할인발행이라고 한다. 이때 시장이자율과 액면이자율의 차액을 시장이자율로 할인한 현재가치는 사채할인발행차금이 된다.

③ 시장이자율이 액면이자율보다 낮은 경우에는 발행자는 사채상환기간 동안 시장이자율보다 더 지급하게 되는 액면이자를 발행일에 더 받으려고 한다. 사채의 발행자는 발행일에 시장이자율과 액면이자율의 차액을 시장이자율로 할인한 현재가치에 해당하는 금액을 더 가산한 금액을 수령하게 된다. 따라서 사채의 발행금액은 액면금액을 초과하게 되며, 이러한 경우 할증발행이라고 한다. 이때 시장이자율과 액면이자율의 차액을 시장이자율로 할인한 현재가치는 사채할증발행차금이 된다.

2. 액면발행

사채의 액면이자율과 시장이자율이 같다면 사채는 액면금액으로 발행되고, 이를 액면발행이라고 한다. 사채를 액면발행하게 되면 매기말 인식하는 이자비용은 액면이자와 동일하고 사채의 장부금액은 발행시점에 액면금액으로 발행되어 매기말 변동하지 않는다.

① 액면발행의 구조

② 회계처리

[발행 시]

(차) 현금	발행금액	(대) 사채	액면금액

[매 보고기간 말]

(차) 이자비용	액면이자	(대) 현금	지급액

[만기 상환 시]

(차) 사채	액면금액	(대) 현금	만기 상환액

③ 재무제표 효과

[발행일의 재무상태표 = 매 보고기간 말 재무상태표]

B/S

		사채	액면금액

[매 보고기간 말 포괄손익계산서]

I/S

이자비용	액면금액 × 액면이자율

3. 할인발행

(1) 발행일의 회계처리

사채의 액면이자율이 시장이자율보다 낮다면 사채는 할인금액으로 발행될 것이며, 이를 할인발행이라고 한다. 사채는 일반적으로 정보이용자에게 유용한 정보를 제공하기 위하여 사채 계정을 액면금액으로 기록하며, 액면금액과 발행금액의 차액은 사채할인발행차금 계정으로 처리하는 것이 일반적이다. 사채할인발행차금은 사채의 차감 계정으로 사채에서 차감하는 형식으로 표시한다. 사채에서 사채할인발행차금을 차감한 금액을 사채의 장부금액이라고 한다.

① 할인발행의 구조

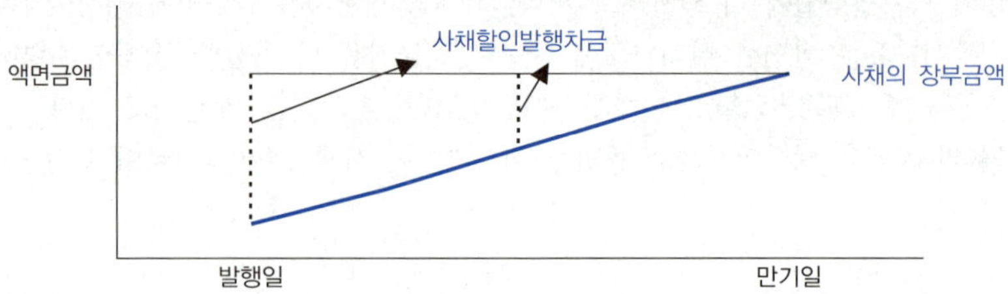

② 회계처리

[발행 시 – 순액법]

(차) 현금	발행금액	(대) 사채	PV(CF) by 시장R

[발행 시 – 총액법]

(차) 현금	발행금액	(대) 사채	액면금액
사채할인발행차금	액면금액 – PV(CF) by 시장R		

③ 발행일의 재무상태표

B/S

	사채	액면금액
	(사채할인발행차금)	(역산)
	사채 장부금액	PV(CF) by 시장R

➲ 매기말 사채할인발행차금의 잔액 = 액면금액 – PV(CF) by 시장R

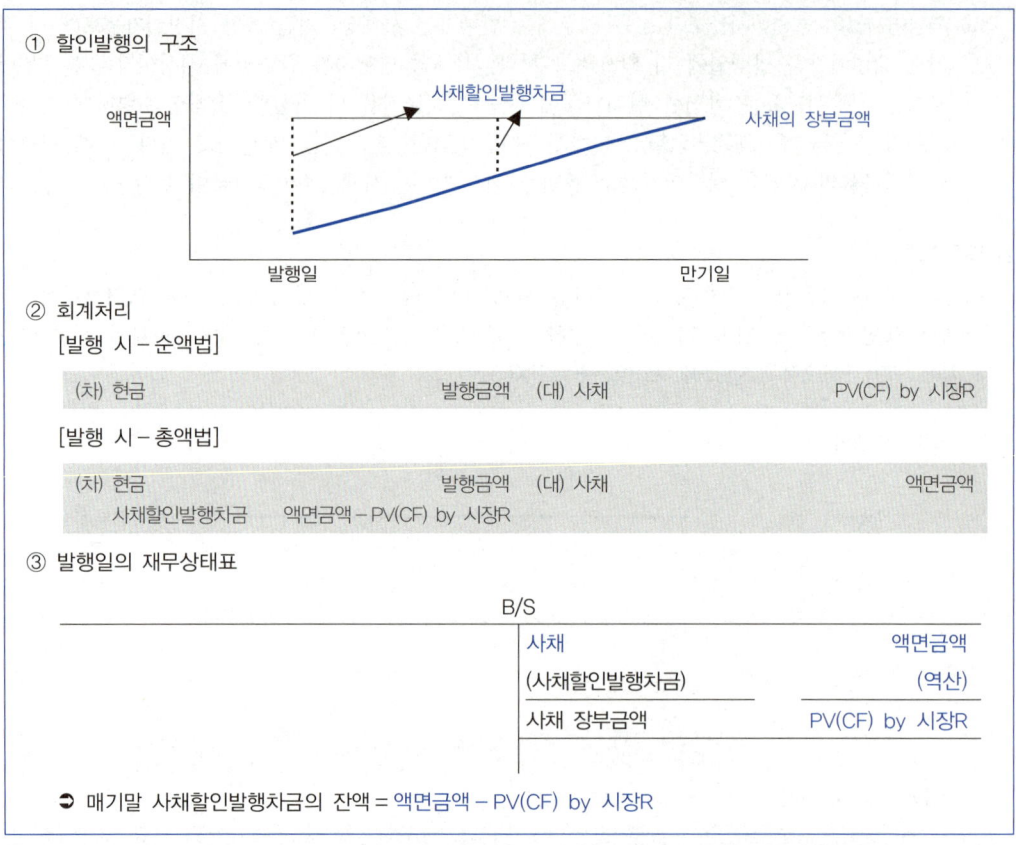

(2) 매 보고기간 말의 회계처리

사채할인발행차금은 액면이자를 시장이자율보다 적게 지급함에 따른 대가를 투자자에게 미리 지급한 금액으로 이자와 동일한 성격이다. 사채할인발행차금은 사채상환기간에 걸쳐 유효이자율법에 따라 상각하여 이자비용에 가산한다.

Comment

유효이자율법은 금융부채의 상각후원가를 계산하고 관련 기간에 이자비용을 당기손익으로 인식하고 배분하는 방법이다. 즉, 유효이자율을 이용하여 유효이자(= 기초장부금액 × 시장이자율(or 유효이자율))를 이자비용으로 인식하고, 유효이자와 액면이자의 차이를 사채의 장부금액에 가감하는 방법이다. 사채할인발행 하에서 유효이자는 매기말 사채의 기초장부금액이 증가하면서 매기 증가하게 된다.

✓ 핵심체크

유효이자율은 금융부채의 기대존속기간에 추정 미래현금지급액의 현재가치를 금융부채의 상각후원가와 정확히 일치시키는 이자율을 말한다. 유효이자율은 거래원가를 차감한 사채의 발행금액과 사채 미래현금흐름의 현재가치를 일치시키는 이자율로 사채발행 시에 거래원가가 없다면 시장이자율과 유효이자율은 동일하다.

유효이자율법에서는 직전 이자지급일의 장부금액에 유효이자율을 곱한 유효이자를 이자비용으로 인식하고, 액면이자와의 차액은 사채할인발행차금 상각액으로 인식한다. 또한 순액법으로 회계처리하는 경우에는 동 금액만큼 사채의 장부금액을 증가시킨다. 그러므로 매 보고기간 말 유효이자율법에 따라 인식한 이자비용에 포함되는 사채할인발행차금의 상각액은 사채의 장부금액 변동액과 일치한다.

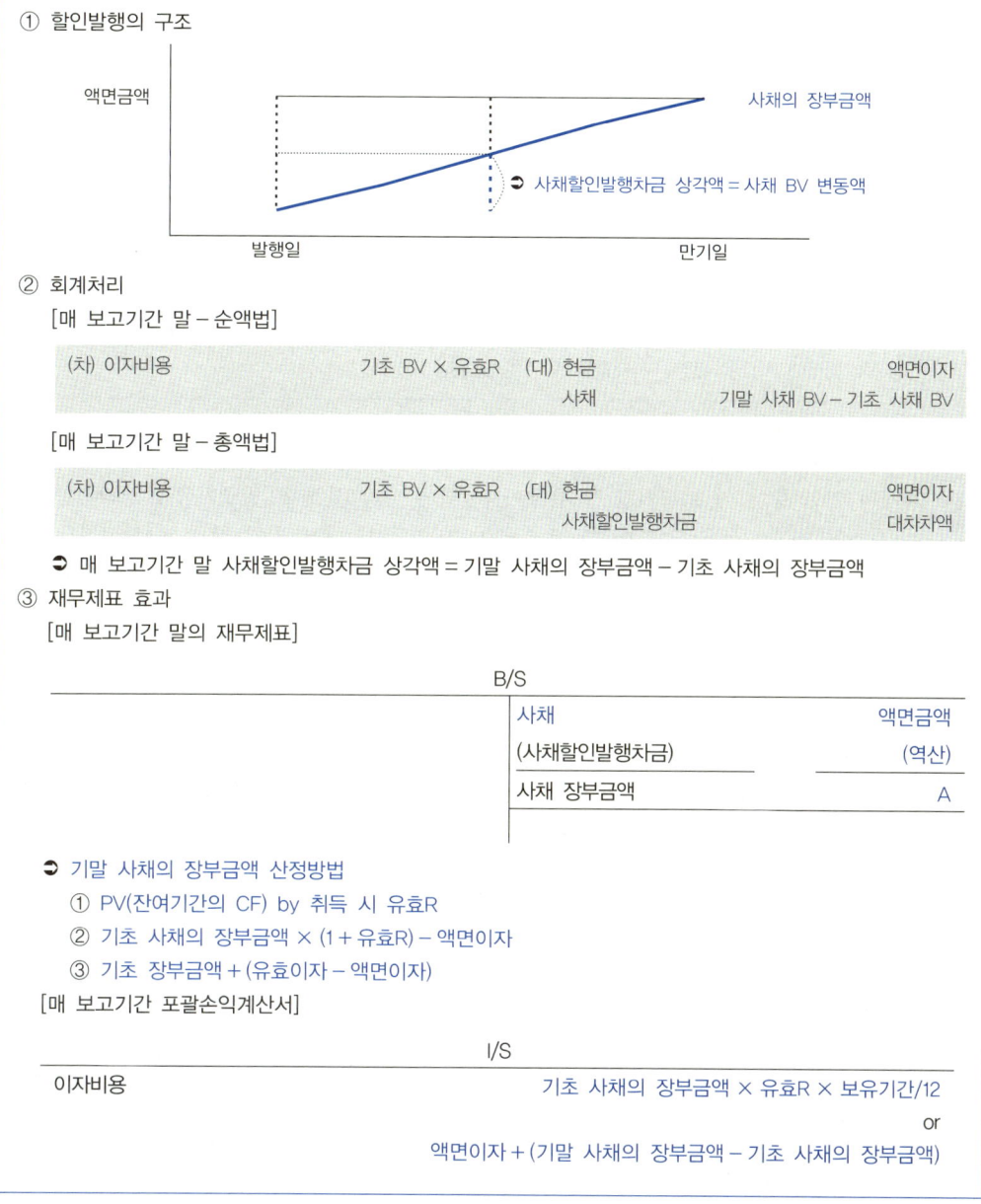

① 할인발행의 구조

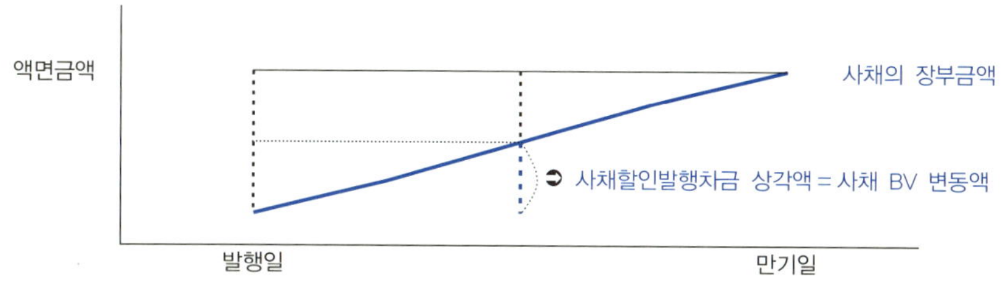

② 회계처리

[매 보고기간 말 – 순액법]

(차) 이자비용	기초 BV × 유효R	(대) 현금	액면이자
		사채	기말 사채 BV – 기초 사채 BV

[매 보고기간 말 – 총액법]

(차) 이자비용	기초 BV × 유효R	(대) 현금	액면이자
		사채할인발행차금	대차차액

➲ 매 보고기간 말 사채할인발행차금 상각액 = 기말 사채의 장부금액 – 기초 사채의 장부금액

③ 재무제표 효과

[매 보고기간 말의 재무제표]

B/S

	사채	액면금액
	(사채할인발행차금)	(역산)
	사채 장부금액	A

➲ 기말 사채의 장부금액 산정방법
① PV(잔여기간의 CF) by 취득 시 유효R
② 기초 사채의 장부금액 × (1 + 유효R) – 액면이자
③ 기초 장부금액 + (유효이자 – 액면이자)

[매 보고기간 포괄손익계산서]

I/S

이자비용	기초 사채의 장부금액 × 유효R × 보유기간/12
	or
	액면이자 + (기말 사채의 장부금액 – 기초 사채의 장부금액)

사채의 상환기간 동안 사채의 발행금액보다 더 지급하는 금액은 성격적으로 모두 이자에 해당하므로 사채의 발행자가 상환기간 동안에 인식할 총이자비용은 액면이자의 합계액과 사채할인발행차금의 합이나 '사채 미래현금흐름의 합계액 – 사채의 발행금액(현재가치)'으로 계산된다.

상환기간 동안 인식할 총이자비용

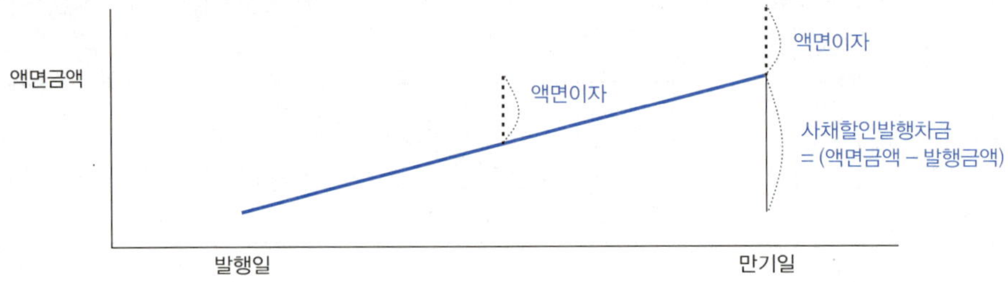

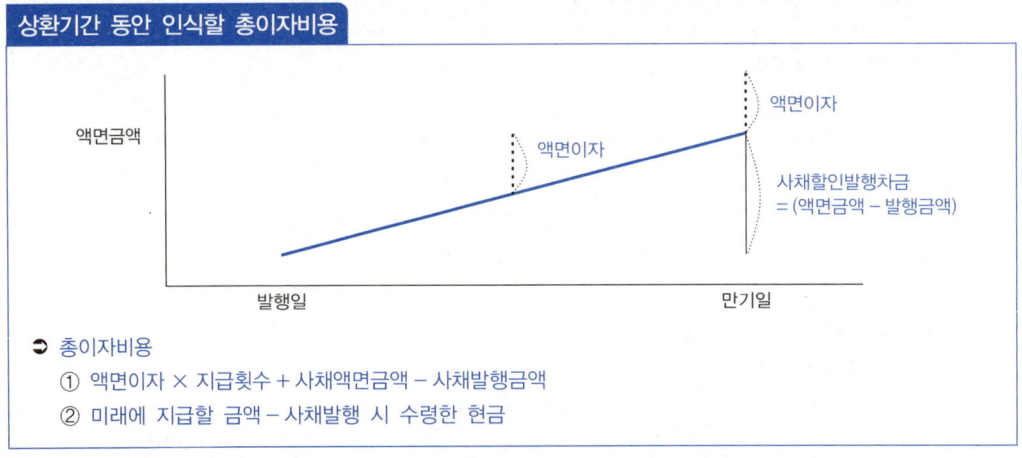

➲ 총이자비용
① 액면이자 × 지급횟수 + 사채액면금액 – 사채발행금액
② 미래에 지급할 금액 – 사채발행 시 수령한 현금

(3) 만기 상환 시 회계처리

사채의 기간 동안 매 보고기간 말 유효이자율법에 따라 사채할인발행차금을 상각하면 만기 시점에는 사채할인발행차금은 모두 상각되어 잔액이 '0'이 된다. 순액법의 경우 매 보고기간 말에 유효이자율법에 따라 사채의 장부금액이 증가하여 만기 시점에는 사채의 장부금액이 액면금액과 동일해진다. 그러므로 만기 시점에 상환 시 회계처리는 액면발행과 동일하다.

4. 할증발행

(1) 발행일의 회계처리

사채의 액면이자율이 시장이자율보다 높다면 사채는 할증금액으로 발행될 것이며, 이를 할증발행이라고 한다. 사채는 일반적으로 정보이용자에게 유용한 정보를 제공하기 위하여 사채 계정을 액면금액으로 기록하며, 액면금액과 발행금액의 차액은 사채할증발행차금 계정으로 처리하는 것이 일반적이다. 사채할증발행차금은 사채의 가산 계정으로 사채에 가산하는 형식으로 표시한다. 사채에서 사채할증발행차금을 가산한 금액을 사채의 장부금액이라고 한다.

① 할증발행의 구조

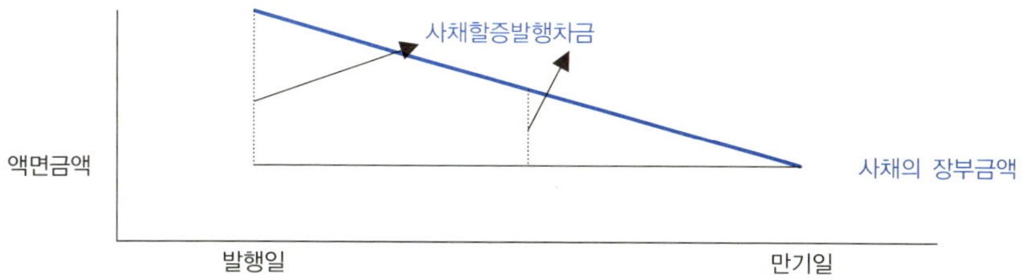

② 회계처리

[발행 시 – 순액법]

(차) 현금	발행금액	(대) 사채	PV(CF) by 시장R

[발행 시 – 총액법]

(차) 현금	발행금액	(대) 사채	액면금액
		사채할증발행차금	액면금액 – PV(CF) by 시장R

③ 발행일의 재무상태표

B/S

	사채	액면금액
	사채할증발행차금	역산
	사채 장부금액	PV(CF) by 시장R

➲ 매기말 사채할증발행차금의 잔액 = PV(CF) by 시장R – 액면금액

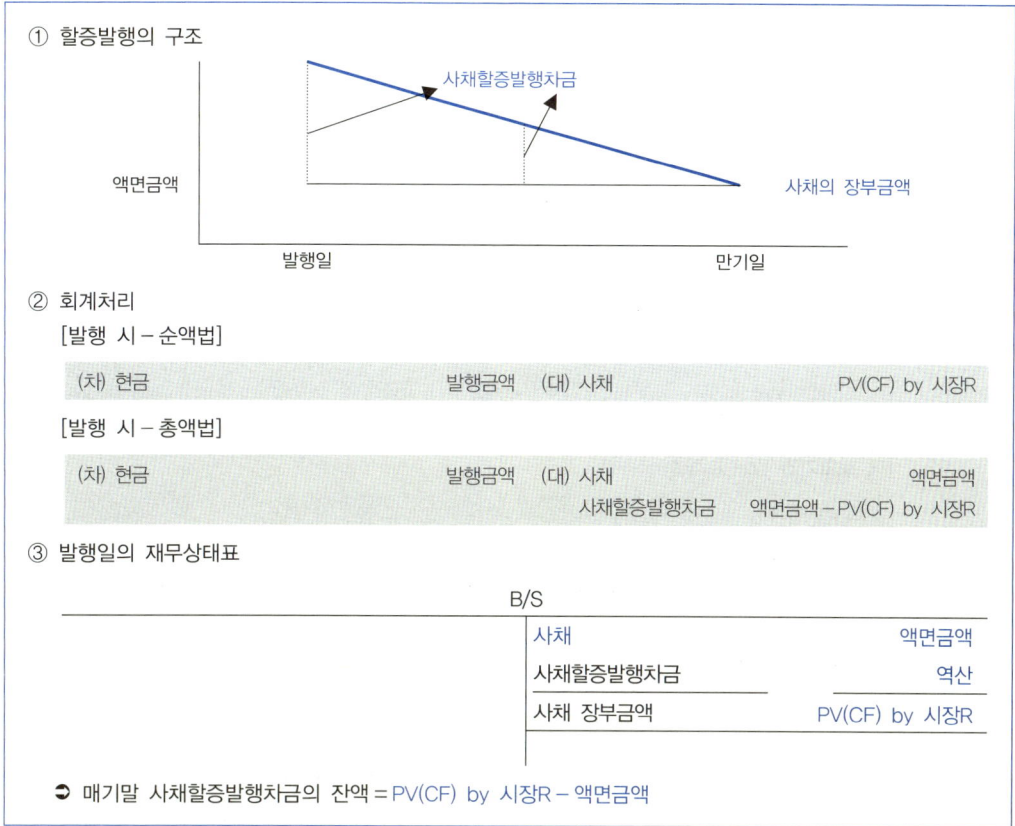

(2) 매 보고기간 말의 회계처리

사채할증발행차금은 액면이자를 시장이자율보다 크게 지급함에 따른 대가를 투자자에게 미리 수령한 금액으로 이자와 동일한 성격이다. 사채할증발행차금은 사채상환기간에 걸쳐 유효이자율법에 따라 상각하여 이자비용에 차감한다.

유효이자율법에서는 직전 이자지급일의 장부금액에 유효이자율을 곱한 유효이자를 이자비용으로 인식하고, 액면이자와의 차액은 사채할증발행차금 상각액으로 인식한다. 또한 순액법으로 회계처리하는 경우에는 동 금액만큼 사채의 장부금액을 감소시킨다. 그러므로 매 보고기간 말 유효이자율법에 따라 인식한 이자비용에 고려되는 사채할증발행차금의 상각액은 사채의 장부금액 변동액과 일치한다.

① 할증발행의 구조

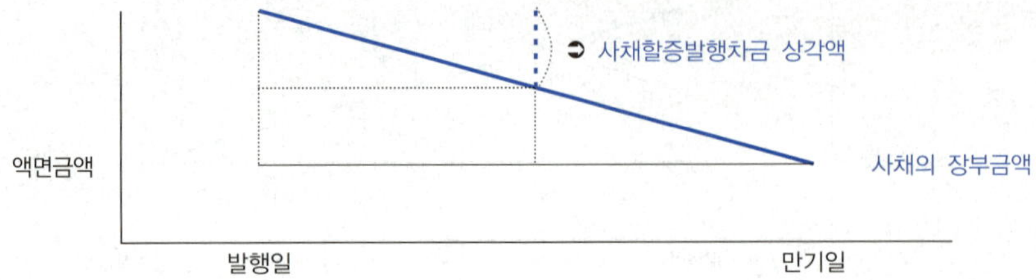

② 회계처리

[매 보고기간 말 – 순액법]

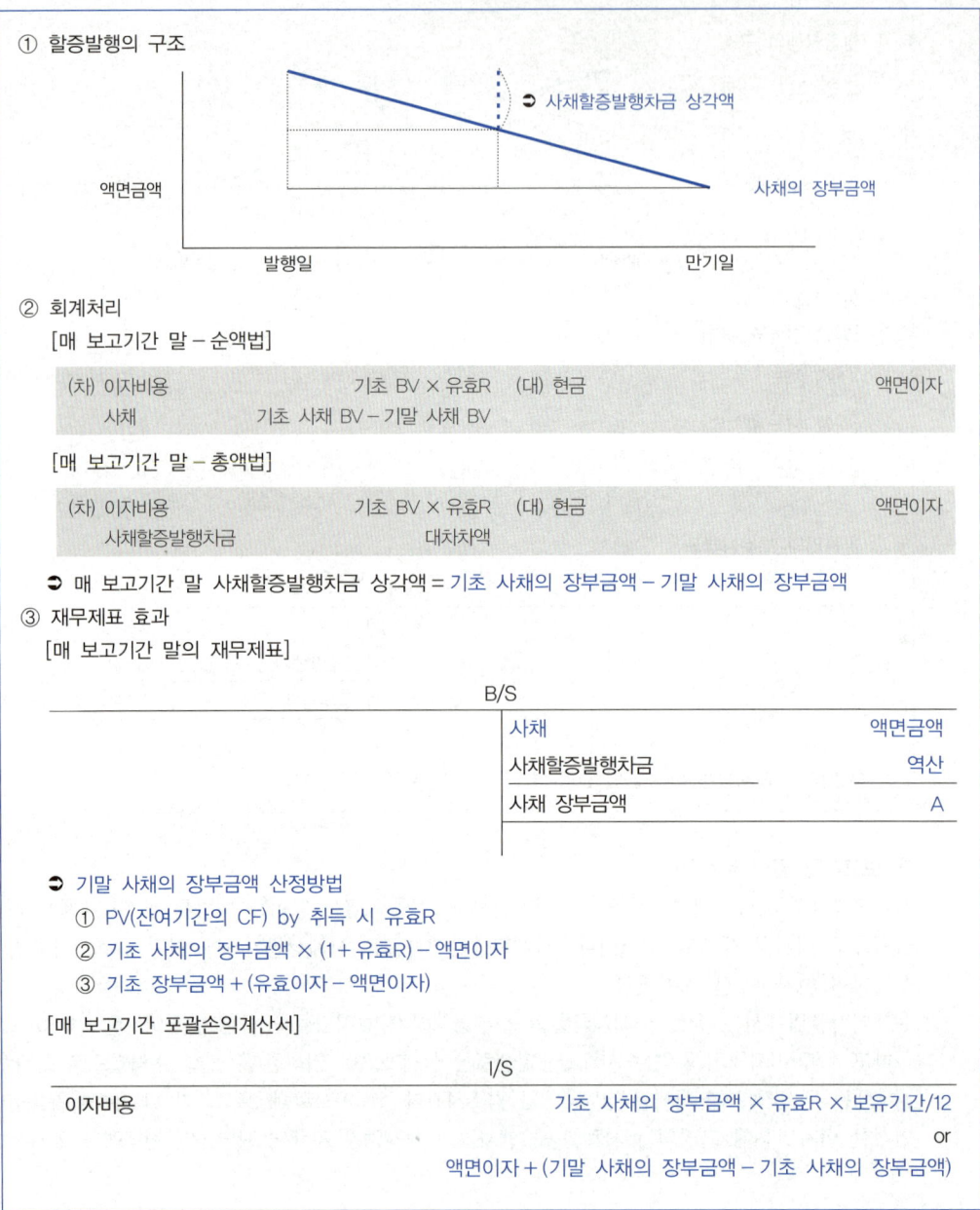

(차) 이자비용	기초 BV × 유효R	(대) 현금	액면이자
사채	기초 사채 BV – 기말 사채 BV		

[매 보고기간 말 – 총액법]

(차) 이자비용	기초 BV × 유효R	(대) 현금	액면이자
사채할증발행차금	대차차액		

➲ 매 보고기간 말 사채할증발행차금 상각액 = 기초 사채의 장부금액 – 기말 사채의 장부금액

③ 재무제표 효과

[매 보고기간 말의 재무제표]

B/S

	사채	액면금액
	사채할증발행차금	역산
	사채 장부금액	A

➲ 기말 사채의 장부금액 산정방법

① PV(잔여기간의 CF) by 취득 시 유효R

② 기초 사채의 장부금액 × (1 + 유효R) – 액면이자

③ 기초 장부금액 + (유효이자 – 액면이자)

[매 보고기간 포괄손익계산서]

I/S

이자비용	기초 사채의 장부금액 × 유효R × 보유기간/12 or 액면이자 + (기말 사채의 장부금액 – 기초 사채의 장부금액)

사채의 상환기간 동안 사채의 발행금액보다 더 지급하는 금액은 성격적으로 모두 이자에 해당하므로 사채의 발행자가 상환기간 동안에 인식할 총이자비용은 액면이자의 합계액과 사채할증발행차금의 차감이나 '사채 미래현금흐름의 합계액 – 사채의 발행금액(현재가치)'으로 계산된다.

상환기간 동안 인식할 총이자비용

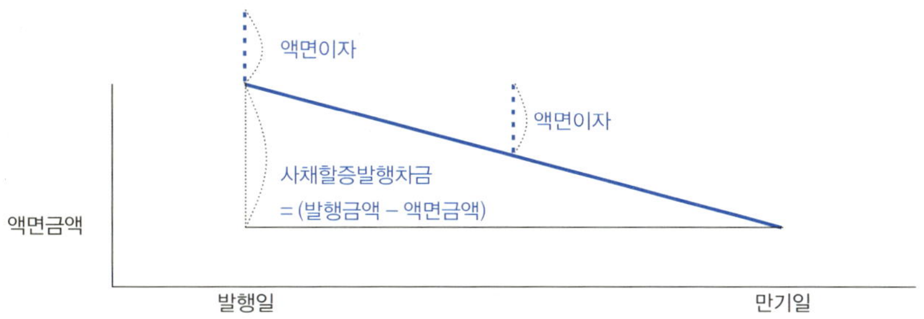

➲ 총이자비용
① 액면이자 × 지급횟수 + 사채액면금액 – 사채발행금액
② 미래에 지급할 금액 – 사채발행 시 수령한 현금

(3) 만기 상환 시 회계처리

사채의 기간 동안 매 보고기간 말 유효이자율법에 따라 사채할증발행차금을 상각하면 만기 시점에는 사채할증발행차금은 모두 상각되어 잔액이 '0'이 된다. 순액법의 경우 매 보고기간 말에 유효이자율법에 따라 사채의 장부금액이 감소하여 만기 시점에는 사채의 장부금액이 액면금액과 동일해진다. 그러므로 만기 시점에 상환 시 회계처리는 액면발행과 동일하다.

✓핵심체크

정액법과 유효이자율법의 비교
사채가 할인 또는 할증발행되는 경우 사채할인(할증)발행차금을 정액법으로 상각할 수도 있다. 정액법은 사채할인(할증)발행차금을 사채의 상환기간 동안 균등하게 상각하는 것이다. 따라서 사채의 상환기간 동안 이자비용이 균등하게 인식된다.

구 분	정액법		유효이자율법	
	할인발행 시	할증발행 시	할인발행 시	할증발행 시
이자비용	일 정	일 정	증 가	감 소
표시이자	일 정	일 정	일 정	일 정
사채발행차금상각액	일 정	일 정	증 가	증 가
사채장부금액	증 가	감 소	증 가	감 소

예제 1

A사는 20×1년 초에 만기 20×3년 말, 액면금액 ₩100,000, 액면이자율 연 8%, 이자지급일은 매년 12월 31일, 만기상환일은 20×3년 12월 31일인 사채를 발행하였다. 관련 현가계수는 아래와 같다.

구 분	이자율 8%	이자율 10%	이자율 6%
3기간 현가계수	0.79383	0.75131	0.83962
3기간 연금현가계수	2.57710	2.48685	2.67301

각 물음은 서로 독립적이다. (단, 소수점 첫째 자리에서 반올림한다)

1. 동 사채의 발행 당시 시장이자율이 8%인 경우 아래의 물음에 답하시오.
   (1) 동 사채의 발행 시부터 만기상환 시까지 회계처리를 보이시오.
   (2) 동 사채의 만기까지 A사가 인식할 총이자비용을 구하시오.
2. 동 사채의 발행 당시 시장이자율이 10%인 경우 아래의 물음에 답하시오.
   (1) 동 사채의 발행 시부터 만기상환 시까지 회계처리를 보이시오.
   (2) 동 사채의 만기까지 A사가 인식할 총이자비용을 구하시오.
3. 동 사채의 발행 당시 시장이자율이 6%인 경우 아래의 물음에 답하시오.
   (1) 동 사채의 발행 시부터 만기상환 시까지 회계처리를 보이시오.
   (2) 동 사채의 만기까지 A사가 인식할 총이자비용을 구하시오.

풀이

1. (1) ① 회계처리

[발행 시]

(차) 현금	100,000	(대) 사채[1]	100,000

[1] 8,000 × 2.57710 + 100,000 × 0.79383 = 1,000,000

[매 보고기간 말(×1, 2, 3년 말)]

(차) 이자비용[1]	8,000	(대) 현금	8,000

[1] 100,000 × 8% = 8,000

[만기 상환 시]

(차) 사채	100,000	(대) 현금	100,000

② 재무제표 효과

발행일의 재무상태표 = 매 보고기간 말 재무상태표(상환 전까지)

B/S

	사채	100,000

(2) 사채의 만기까지 A사가 인식할 총이자비용 = 8,000 × 3년 = 24,000원

2. (1) 〈발행일〉

① 회계처리

[발행 시 – 순액법]

(차) 현금	95,026	(대) 사채[1]	95,026

[1] 8,000 × 2.48685 + 100,000 × 0.75131 = 95,026

[발행 시 – 총액법]

(차) 현금	95,026	(대) 사채	100,000
사채할인발행차금	4,974		

② 발행일의 재무상태표

B/S

	사채	100,000
	(사채할인발행차금)	(4,974)
	사채 장부금액	95,026

➲ 발행일의 사채할인발행차금 잔액 = 100,000 − 95,026 = 4,974원

〈매 보고기간 말 – 20×1년 말〉

① 회계처리

[매 보고기간 말 – 순액법]

(차) 이자비용[1]	9,503	(대) 현금	8,000
		사채	1,503

[1] 95,026 × 10% = 9,503

[매 보고기간 말 – 총액법]

(차) 이자비용	9,503	(대) 현금	8,000
		사채할인발행차금	1,503

② 재무상태표

B/S

	사채	100,000
	(사채할인발행차금)	(3,471)
	사채 장부금액	96,529

➲ 기말 사채의 장부금액 산정방법

- PV(잔여기간의 CF) by 취득 시 유효R = $\frac{8,000}{1.1} + \frac{108,000}{1.1^2}$ = 96,529원
- 기초 사채의 장부금액 × (1 + 유효R) – 액면이자 = 95,026 × (1 + 10%) – 8,000 = 96,529원
- 기초장부금액 + (유효이자 – 액면이자) = 95,026 + (9,503 – 8,000) = 96,529원

➲ 매 보고기간 말 사채할인발행차금 상각액 = 96,529 – 95,026 = 1,503원

③ 포괄손익계산서

I/S

이자비용	95,026 × 10% = 9,503 or 8,000 + (96,529 – 95,026)

〈매 보고기간 말 – 20×2년 말〉

① 회계처리

[매 보고기간 말 – 순액법]

(차) 이자비용[1)]	9,653	(대) 현금	8,000
		사채	1,653

1) 96,529 × 10% = 9,653

[매 보고기간 말 – 총액법]

(차) 이자비용	9,653	(대) 현금	8,000
		사채할인발행차금	1,653

② 재무상태표

B/S

	사채	100,000
	(사채할인발행차금)	(1,818)
	사채 장부금액	98,182

➲ 기말 사채의 장부금액 산정방법

- PV(잔여기간의 CF) by 취득 시 유효R = $\frac{108,000}{1.1}$ = 98,182원
- 기초 사채의 장부금액 × (1 + 유효R) – 액면이자 = 96,529 × (1 + 10%) – 8,000 = 98,182원
- 기초장부금액 + (유효이자 – 액면이자) = 96,529 + (9,653 – 8,000) = 98,182원

➲ 매 보고기간 말 사채할인발행차금 상각액 = 98,182 – 96,529 = 1,818원

③ 포괄손익계산서

I/S

이자비용	96,529 × 10% = 9,653 or 8,000 + (98,182 – 96,529)

〈매 보고기간 말 – 20×3년 말〉

① 회계처리

[매 보고기간 말 – 순액법]

(차) 이자비용[1)]	9,818	(대) 현금	8,000
		사채	1,818

1) 98,182 × 10% = 9,818

[매 보고기간 말 – 총액법]

(차) 이자비용	9,818	(대) 현금	8,000
		사채할인발행차금	1,818

② 재무상태표

B/S

	사채	100,000
	(사채할인발행차금)	(-)
	사채 장부금액	100,000

➲ 기말 사채의 장부금액 산정방법

- 기초 사채의 장부금액 × (1 + 유효R) - 액면이자 = 98,182 × (1 + 10%) - 8,000 = 100,000원
- 기초장부금액 + (유효이자 - 액면이자) = 98,182 + (9,818 - 8,000) = 100,000원

➲ 매 보고기간 말 사채할인발행차금 상각액 = 100,000 - 98,182 = 1,818원

③ 포괄손익계산서

I/S

이자비용	98,182 × 10% = 9,818 or 8,000 + (100,000 - 98,182)

〈만기상환 시〉

① 회계처리

[매 보고기간 말 - 순액법, 총액법 동일]

(차) 사채	100,000	(대) 현금	100,000

(2) 사채의 만기까지 A사가 인식할 총이자비용 = 8,000 × 3년 + 100,000 - 95,026 = 28,974원

3. (1) 〈발행일〉

① 회계처리

[발행 시 - 순액법]

(차) 현금	105,346	(대) 사채[1]	105,346

[1] 8,000 × 2.67301 + 100,000 × 0.83962 = 105,346

[발행 시 - 총액법]

(차) 현금	105,346	(대) 사채	100,000
		사채할증발행차금	5,346

② 재무상태표

B/S

	사채	100,000
	사채할증발행차금	5,346
	사채 장부금액	105,346

➲ 발행일의 사채할증발행차금 잔액 = 105,346 - 100,000 = 5,346원

〈매 보고기간 말 – 20×1년 말〉

① 회계처리

[매 보고기간 말 – 순액법]

(차) 이자비용[1]	6,321	(대) 현금	8,000
사채	1,679		

[1] 105,346 × 6% = 6,321

[매 보고기간 말 – 총액법]

(차) 이자비용	6,321	(대) 현금	8,000
사채할증발행차금	1,679		

② 재무상태표

B/S

	사채	100,000
	사채할증발행차금	3,667
	사채 장부금액	103,667

➲ 기말 사채의 장부금액 산정방법

- PV(잔여기간의 CF) by 취득 시 유효R = $\frac{8,000}{1.06} + \frac{108,000}{1.06^2}$ = 103,667원
- 기초 사채의 장부금액 × (1 + 유효R) – 액면이자 = 105,346 × (1 + 6%) – 8,000 = 103,667원
- 기초장부금액 + (유효이자 – 액면이자) = 105,346 + (6,321 – 8,000) = 103,667원

➲ 매 보고기간 말 사채할증발행차금 상각액 = 105,346 – 103,667 = 1,679원

③ 포괄손익계산서

I/S

이자비용	105,346 × 6% = 6,321 or 8,000 + (103,667 – 105,346)

〈매 보고기간 말 – 20×2년 말〉

① 회계처리

[매 보고기간 말 – 순액법]

(차) 이자비용[1]	6,220	(대) 현금	8,000
사채	1,780		

[1] 103,667 × 6% = 6,220

[매 보고기간 말 – 총액법]

(차) 이자비용	6,220	(대) 현금	8,000
사채할증발행차금	1,780		

② 재무상태표

B/S

	사채	100,000
	사채할증발행차금	1,887
	사채 장부금액	101,887

➲ 기말 사채의 장부금액 산정방법

• PV(잔여기간의 CF) by 취득 시 유효R = $\frac{108,000}{1.06}$ = 101,887원

• 기초 사채의 장부금액 × (1 + 유효R) – 액면이자 = 103,667 × (1 + 6%) – 8,000 = 101,887원

• 기초장부금액 + (유효이자 – 액면이자) = 103,667 + (6,220 – 8,000) = 101,887원

➲ 매 보고기간 말 사채할증발행차금 상각액 = 103,667 – 101,887 = 1,780원

③ 포괄손익계산서

I/S	
이자비용	103,667 × 6% = 6,220
	or
	8,000 + (101,887 – 103,667)

〈매 보고기간 말 – 20×3년 말〉

① 회계처리

[매 보고기간 말 – 순액법]

(차) 이자비용[1]	6,113	(대) 현금	8,000
사채	1,887		

[1] 101,887 × 6% = 6,113

[매 보고기간 말 – 총액법]

(차) 이자비용	6,113	(대) 현금	8,000
사채할증발행차금	1,887		

② 재무상태표

B/S		
	사채	100,000
	사채할증발행차금	(–)
	사채 장부금액	100,000

➲ 기말 사채의 장부금액 산정방법

• 기초 사채의 장부금액 × (1 + 유효R) – 액면이자 = 101,887 × (1 + 6%) – 8,000 = 100,000원

• 기초장부금액 + (유효이자 – 액면이자) = 101,887 + (6,113 – 8,000) = 100,000원

➲ 매 보고기간 말 사채할증발행차금 상각액 = 101,887 – 100,000 = 1,887원

③ 포괄손익계산서

I/S	
이자비용	101,887 × 6% = 6,113
	or
	8,000 + (100,000 – 101,887)

(2) 사채의 만기까지 A사가 인식할 총이자비용 = 8,000 × 3년 + 100,000 – 105,346 = 18,654원

03 사채의 상환 ★★

1. 사채상환손익의 발생 이유

사채를 만기일 이전에 상환하는 경우 사채의 상환금액은 장부금액과 일치하지 않게 되므로 상환에 따른 손익이 발생하게 된다. 사채의 상환금액은 상환일 현재 사채의 시장가치로 사채상환손익은 사채의 시장가치와 장부금액의 차액으로 계산된다. 사채의 상환금액은 사채의 미래현금흐름을 상환일 현재의 시장이자율로 할인한 현재가치금액이며 사채의 장부금액은 상환일 현재 사채의 미래현금흐름을 사채 발행 시의 시장이자율(또는 유효이자율)로 할인한 현재가치금액이다. 즉, 사채의 상환금액과 장부금액은 미래현금흐름을 현재가치로 평가할 때 적용하는 이자율만 다를 뿐 다른 모든 부분이 동일하다.

- 사채의 상환금액 : PV(상환 시점의 잔여 CF) by 상환 시점의 시장이자율
- 사채의 장부금액 : PV(상환 시점의 잔여 CF) by 발행 시점의 유효이자율

Comment

시장이자율이 변동하면 사채의 시장가치가 변동한다. 사채의 시장가치는 사채의 미래현금흐름을 시장이자율로 할인한 현재가치이므로 시장이자율과 반비례한다. 즉, 시장이자율이 상승하면 사채의 시장가치가 하락하고, 시장이자율이 하락하면 사채의 시장가치가 상승한다. 이 경우 시장이자율이 상승하면 사채의 상환금액은 장부금액에 미달하여 사채상환이익이 발생한다. 이 반대의 경우 시장이자율이 하락하면 사채의 상환금액은 장부금액을 초과하여 사채상환손실이 발생한다.

사채상환손익의 발생 구조

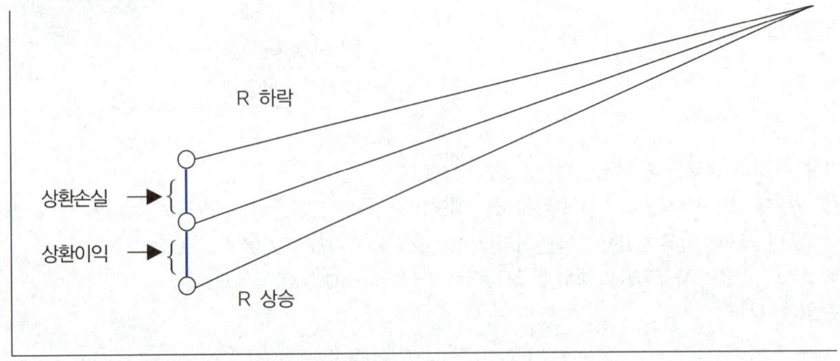

➲ 사채상환손익이 발생하는 이유는 사채발행(취득)일 이후에 시장이자율이 변동하기 때문이다.
① 발행(취득) 시 시장(유효)이자율 < 상환(처분) 시 시장이자율 : 상환이익
② 발행(취득) 시 시장(유효)이자율 > 상환(처분) 시 시장이자율 : 상환손실

2. 이자지급일 사이의 조기상환 사채의 상환손익

사채를 이자지급일 사이에 상환하는 경우 사채의 장부금액은 직전 이자지급일의 사채장부금액에 직전 이자지급일로부터 상환일까지의 사채발행차금상각액을 가감한 금액이다. 또한 사채상환으로 유출된 현금에는 직전 이자지급일로부터 실제상환일까지의 경과이자가 포함되어 있으므로 사채의 상환 시 기준이 되는 금액은 직전 이자지급일부터 상환일까지의 경과이자를 포함한 금액이다.

이자지급일 사이의 조기상환 시 사채의 상환손익 구조 및 회계처리

1. 사채상환손익의 구조

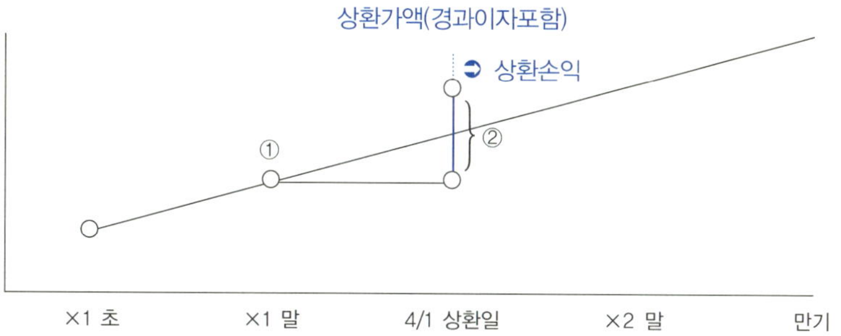

➲ 사채상환손익(N/I) : (−)상환대가 + (① + ②) × 상환비율

① 기초 사채의 장부가액(BV) : PV(잔여 CF) by 취득 시 유효R

② 기초 ~ 상환 시점까지 유효이자 : ① × 취득 시 유효R × $\frac{보유기간}{12}$

2. 사채상환손익 시 회계처리(순액법)

(차) 이자비용	××	(대) 미지급이자	××
		사채	××
(차) 미지급이자	××	(대) 현금	××
사채	××	사채상환이익	××

04 복합금융상품 ★★

1. 의의

복합금융은 자본요소와 부채요소를 모두 보유하고 있는 금융상품으로 일반적으로 전환사채와 신주인수권부사채가 있다.

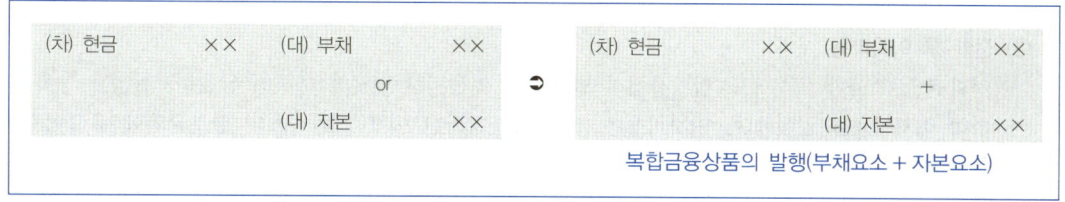

(차) 현금	××	(대) 부채	××
		or	
		(대) 자본	××

➲

(차) 현금	××	(대) 부채	××
		+	
		(대) 자본	××

복합금융상품의 발행(부채요소 + 자본요소)

2. 복합금융상품의 종류

(1) 전환사채

유가증권의 소유자가 일정한 조건하에 보통주로의 전환권을 행사할 수 있는 사채를 말한다. 전환사채는 보통주 전환권이 행사되어 전환사채가 전환되면 사채가 소멸하고 채권자로서의 지위가 소멸한다.

(2) 신주인수권부사채

유가증권의 소유자가 일정한 조건 하에 신주인수권을 행사하여 보통주 발행을 청구할 수 있는 권리가 부여된 사채를 말한다. 신주인수권을 청구하여도 사채가 소멸하지 않아 채권자로서의 지위를 유지한다는 점에서 전환사채와 다르다.

구 분	부채요소		자본요소	➲	전환·행사 후
전환사채	일반사채	+	보통주 전환권	전 환	보통주
신주인수권부사채	일반사채	+	보통주 인수권	행 사	일반사채 + 보통주

(3) 상환할증금

상환할증금은 전환사채의 소유자가 만기까지 전환권을 행사하지 못하고, 만기에 현금으로 상환받는 경우 사채발행회사가 소유자에게 일정 수준의 수익률(보장수익률)을 보장하기 위하여 액면금액에 추가하여 지급하기로 약정한 금액으로 미지급표시이자의 미래가치 개념이다.

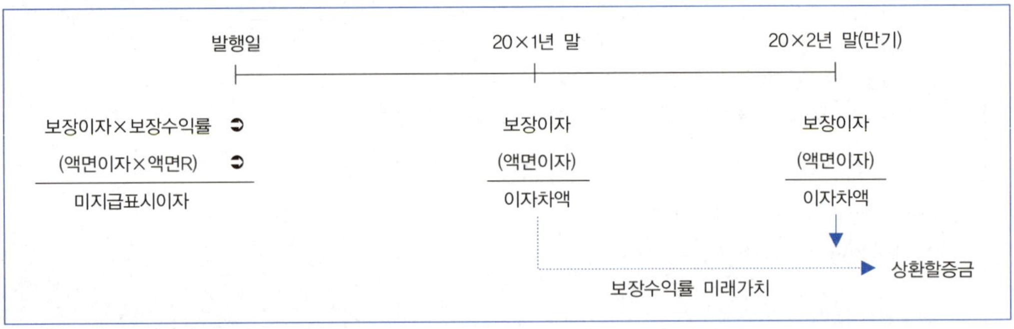

3. 전환사채의 전환과 전환 후 이자비용

(1) 전환사채의 전환

전환권을 행사한 부분에 해당하는 전환사채 장부금액을 주식의 발행금액으로 결정한다. 장부금액 대체만 이루어지므로 전환에 따른 당기손익으로 인식할 전환손익은 없다. 최초 인식 시 전환권대가로 인식한 자본항목은 주식발행초과금으로 대체하여 주식의 발행금액에 가산한다.

(차) 전환사채	전환일의 BV × 전환비율	(대) 자본금	행사주식수 × 액면금액
전환권대가	발행 시 BV × 전환비율	주식발행초과금	대차차액

(2) 전환 후 이자비용

전환권을 행사한 이후에도 전환사채의 발행자는 미전환된 부분에 대하여 유효이자율법을 계속 적용하여 이자비용을 인식한다. 이자비용은 전환권을 행사한 이후 전환사채의 장부금액에 유효이자율을 곱하여 계산한다.

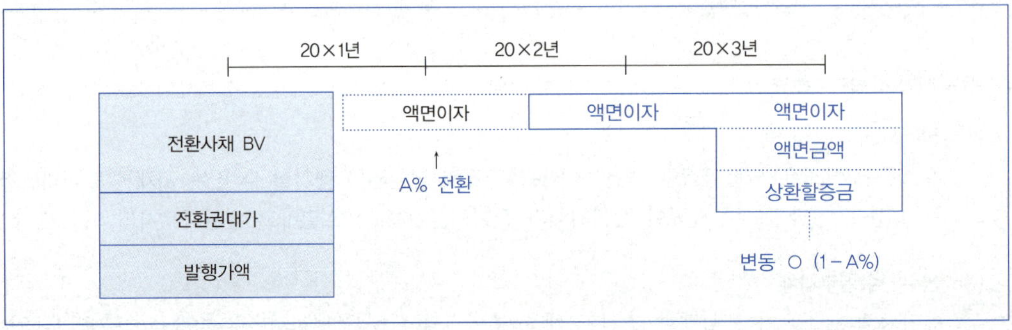

4. 신주인수권의 행사 및 행사 후 이자비용

(1) 신주인수권의 행사

신주인수권을 행사하는 경우 주식의 발행금액은 권리행사 시에 납입되는 금액과 권리행사되는 신주인수권대가의 합계금액으로 한다. 또한 상환할증금 지급조건이 있는 경우에는 상환할증금 중 권리행사분에 해당하는 금액을 납입금액에 가산한다. 이때 상환할증금은 관련된 미상각 신주인수권조정을 차감한 후의 금액을 말한다.

(차)	현금	행사주식수 × 행사가격	(대) 자본금	행사주식수 × 액면금액
	신주인수권부사채	PV(상환할증금) × 행사비율		
	신주인수권대가	발행 시 BV × 행사비율	주식발행초과금	대차차액

(2) 신주인수권 행사 후 이자비용

신주인수권을 행사한 이후에도 발행자는 유효이자율법을 계속 적용하여 이자비용을 인식한다.

05 사채 발행 시 거래원가 ★★

상각후원가측정 금융부채는 최초 인식 시에 공정가치로 측정하고 거래원가는 해당 공정가치에서 차감한다. 그러므로 거래원가가 발생한 경우 사채의 발행금액은 사채의 미래현금흐름을 시장이자율로 할인한 현재가치 금액에 거래원가를 차감한 금액이 된다.

> 사채의 발행금액 : PV(CF) by 시장이자율 – 거래원가

거래원가는 금융부채의 발행과 직접 관련된 증분원가로, 금융부채의 발행이 없었다면 생기지 않았을 원가를 말한다. 거래원가는 대리인(판매대리인 역할을 하는 종업원 포함), 고문, 중개인, 판매자에게 지급하는 수수료와 중개수수료, 감독기구와 증권거래소의 부과금과 양도세 등이 포함된다. 거래원가에는 채무할증액, 채무할인액, 금융원가, 내부 관리원가, 내부보유원가는 포함되지 않는다.

여기서 추가되는 개념이 유효이자율이다. 유효이자율은 거래원가를 차감한 사채의 발행금액과 사채 미래현금흐름의 현재가치를 일치시키는 이자율이다. 그러므로 거래원가가 존재한다면 사채 발행으로 인하여 순수하게 유입된 금액(=사채발행금액−거래원가)과 사채 미래현금흐름의 현재가치를 일치시키는 유효이자율을 다시 산정하여야 한다.

> 사채의 발행금액 : PV(CF) by 유효이자율

이에 따라 거래원가가 없다면 사채의 발행 시 시장이자율과 유효이자율은 일치하지만 거래원가가 있다면 사채의 발행 시 시장이자율과 유효이자율이 일치하지 않는다.

거래원가와 시장이자율과 유효이자율의 구조

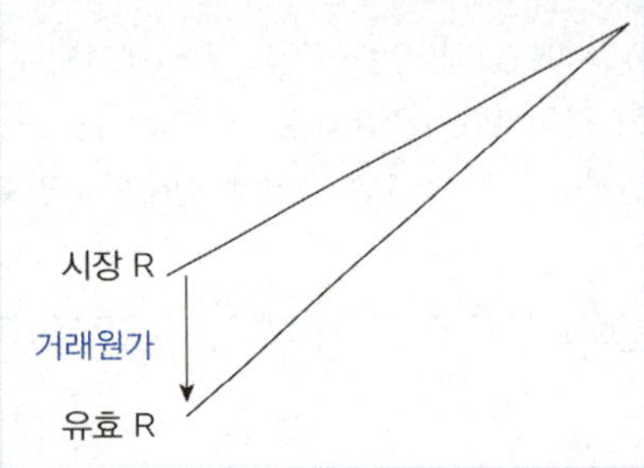

⇒ 사채발행비 × : 시장R = 유효R
⇒ 사채발행비 ○ : 시장R ≠ 유효R
⇒ 사채발행가액 산정방법 ① or ②
① PV(CF) by 시장R–거래원가
② PV(CF) by 유효R

⇒ 이자비용 : 기초BV × 유효R
⇒ 사채BV : 기초BV × (1 + 유효R) – 액면이자

[발행일 회계처리 – 순액법]

(차) 현금	발행가액	(대) 사채	PV(CF)by시장R
(차) 사채	거래원가	(대) 현금	거래원가

or

(차) 현금	발행가액–거래원가	(대) 사채	PV(CF)by유효R

개념완성문제

01 사채할인발행 시 유효이자는 액면이자에서 상각액을 차감한 금액과 일치한다. (O, X)

02 사채발행차금은 (   )법을 적용하여 상각 또는 환입하는 것이 원칙이다.

03 신주인수권부사채의 신주인수권 행사 이후 신주인수권부사채는 더 이상 이자비용을 발생시키지 않는다. (O, X)

04 (   )의 전환 이후 전환사채는 더 이상 이자비용을 발생시키지 않는다.

05 전환사채는 전환권을 행사하면 전환된 부분만큼 부채가 소멸된다. (O, X)

06 신주인수권부사채는 신주인수권을 행사하면 행사부분만큼 부채가 소멸된다. (O, X)

07 일반적으로 전환사채는 일반사채보다 비싸게 발행된다. (O, X)

08 전환권대가는 발생금액에서 전환사채의 상환할증금을 포함한 미래현금흐름의 현재가치를 차감한 것이다. (O, X)

09 전환사채는 전환권을 행사할 경우 추가적인 주금납입을 해야 한다. (O, X)

정답 및 해설

01 X 사채할인발행 시 유효이자는 액면이자에서 상각액을 가산한 금액과 일치한다.

02 유효이자율

03 X 신주인수권 행사 이후에도 여전히 사채의 원금과 액면이자에 대해서는 이자비용을 발생시킨다.

04 전환사채

05 O

06 X 부채부분은 소멸하지 않는다.

07 O

08 O

09 X 주금 납입은 필요가 없다.

출제예상문제

✔ 학습시간이 부족하거나 시험 전 최종정리를 하고 싶은 경우에는 출제빈도(★~★★★)가 높은 문제를 우선으로 풀이할 수 있습니다.
✔ 다시 봐야 할 문제(풀지 못한 문제, 헷갈리는 문제 등)는 문제 번호 하단의 네모박스(□)에 체크하여 반복 학습할 수 있습니다.

★
01 □□□

사채의 발행

다음 중 사채에 대한 설명으로 옳은 것은?

① 발행 당시 사채의 표시이자율이 시장이자율보다 높으면 사채의 발행가액이 액면가액보다 낮다.
② 사채발행비는 수익·비용대응의 관점에서 당해 사채발행으로 인하여 효력을 받는 기간 동안 유효이자율법으로 배분하도록 하고 있다.
③ 사채할증발행의 경우 유효이자율법을 적용하면 사채발행자가 인식하는 이자비용은 매년 증가한다.
④ 사채할인발행 시 유효이자는 액면이자에서 상각액을 차감한 금액과 일치한다.
⑤ 사채발행차금은 정액법을 적용하여 상각 또는 환입하는 것이 원칙이다.

★★★
02 □□□

사채의 발행

다음은 20×1년 1월 1일에 발행한 사채의 사채할인발행차금상각표이다. 액면금액은 100,000원이며 이자는 후급조건이다. 이에 대한 설명으로 옳지 <u>않은</u> 것은?

(단위 : 원)

구 분	유효이자	표시이자	상각액	장부금액
20×1. 1. 1.	-	-	-	97,277
20×1. 12. 31.	4,864	4,000	㉠	㉡
20×2. 12. 31.	㉢	4,000	-	-
20×3. 12. 31.	-	4,000	-	-

① 사채는 할인발행되었다.
② 사채발행 당시 사채의 유효이자율은 5%이다.
③ 매년 인식되는 사채이자는 현금지급액과 일치한다.
④ ㉠ 864원, ㉡ 98,141원, ㉢ 4,907원으로 계산된다.
⑤ 만기 시점에 사채의 장부금액은 액면금액이 된다.

★★★ 사채의 발행

03 다음은 A사의 재무제표상 사채 관련 표시이다. 20×1년 말 사채의 장부금액은 얼마인가? (단, 사채의 액면이자율은 10%, 매년 말 후급조건이다)

〈부분 재무상태표〉

(단위 : 원)

구 분	20×1년 말(당기)	20×0년 말(전기)
사 채	1,000,000	1,000,000
사채할인발행차금	?	(70,000) 930,000

〈부분 손익계산서〉

(단위 : 원)

구 분	20×1년 말(당기)
사채이자비용	125,000

① 935,000원 ② 945,000원 ③ 955,000원
④ 965,000원 ⑤ 975,000원

정답 및 해설

01 ② 사채발행비는 수익·비용대응의 관점에서 당해 사채발행으로 인하여 효력을 받는 기간 동안 유효이자율법으로 배분하도록 하고 있다.

오답체크

① 발행 당시 사채의 표시이자율이 시장이자율보다 높으면 사채의 발행가액이 액면가액보다 높다.
③ 사채할증발행의 경우 유효이자율법을 적용하면 사채발행자가 인식하는 이자비용은 매년 감소한다.
④ 사채할인발행 시 유효이자는 액면이자와 상각액을 합한 금액과 일치한다.
⑤ 사채발행차금은 유효이자율법을 적용하여 상각 또는 환입하는 것이 원칙이다.

02 ③ 매년 인식되는 사채이자는 현금지급액이 아니라 유효이자이다.

오답체크

① 사채의 장부금액이 액면금액보다 적으므로 사채는 할인발행되었다.
② '장부금액 × 유효이자율'은 유효이자로, '97,277 × 유효이자율 = 4,864'가 된다. 따라서 유효이자율은 5%이다.
④ ㉠ 4,864 - 4,000 = 864원
㉡ 97,277 + 864 = 98,141원
㉢ (97,277 + 864) × 5% = 4,907원
⑤ 사채의 장부금액은 만기 시점에 액면금액과 일치하게 된다.

03 ③ 사채의 20×1년 상각액 = 125,000 - 1,000,000 × 10% = 25,000원
➲ 20×1년 말 사채의 장부금액 = 930,000 + 25,000 = 955,000원

★★★
사채의 발행

04 □□□

다음은 20×1년 1월 1일에 발행한 사채의 사채할증발행차금상각표이다. 액면금액은 2,000,000원이며 이자는 후급조건이다. 이에 대한 설명으로 옳지 <u>않은</u> 것은?

(단위 : 원)

구 분	유효이자	표시이자	상각액	장부금액
20×1. 1. 1.				2,113,142
20×1. 12. 31.	63,374	100,000	㉠	㉡
20×2. 12. 31.	㉢	100,000		
20×3. 12. 31.		100,000		

① 사채는 할증발행되었다.
② 사채발행 당시 사채의 유효이자율은 3%이다.
③ 매년 인식되는 사채이자는 현금지급액과 일치하지 않는다.
④ ㉠ 36,626원, ㉡ 2,076,516원, ㉢ 62,295원으로 계산된다.
⑤ 만기 시점에서 사채의 장부금액은 액면금액이 된다.

★★
사채의 발행

05 □□□

㈜한국은 20×3년 1월 1일 자금조달을 위해 액면가액 10,000원, 표시이자율 6%, 만기 3년, 매년 말 이자지급 조건의 사채를 발행하였다. 사채를 발행할 당시 시장이자율이 12%였다면, 20×4년도에 인식할 사채 관련 이자비용은? (단, 사채발행 시 사채의 현재가치는 아래의 현재가치표를 이용하여 계산하고, 계산과정에서 현가계수 외의 소수점 이하는 소수 첫째 자리에서 반올림한다)

기 간	6%		12%	
	단일금액	연 금	단일금액	연 금
3년	0.84	2.67	0.71	2.40

① 696원 ② 1,025원 ③ 1,076원
④ 1,198원 ⑤ 1,200원

★★★ 사채의 발행

06 □□□

㈜지방은 20×3년 1월 1일에 액면금액 1,000원, 표시이자율 연 7%, 만기 2년, 매년 말에 이자를 지급하는 사채를 발행하였다. 다음은 ㈜지방이 작성한 사채상각표의 일부를 나타낸 것이다.

(단위 : 원)

일 자	유효이자	표시이자	사채할인발행차금 상각	장부금액
20×3. 1. 1.				?
20×3. 12. 31.	?	?	25	?
20×4. 12. 31.	?	?	27	1,000

위의 자료를 이용한 사채에 대한 설명으로 옳지 <u>않은</u> 것은?

① 2년간 이자비용으로 인식할 총 금액은 140원이다.
② 사채의 발행가액은 948원이다.
③ 20×4년 1월 1일에 사채를 1,000원에 조기상환할 경우 사채상환손실은 27원이다.
④ 사채의 이자비용은 매년 증가한다.
⑤ 동 사채는 할인발행되었다.

정답 및 해설

04 ④ ㉠ 63,374 − 100,000 = (36,626)원
㉡ 2,113,142 − 36,626 = 2,076,516원
㉢ 2,076,516 × 3% = 62,295원

오답체크

① 사채의 액면금액이 장부금액보다 적으므로 사채는 할증발행되었다.
② '장부금액 × 유효이자율'은 유효이자로, '2,113,142 × 유효이자율 = 63,374'가 된다. 따라서 유효이자율은 3%이다.
③ 매년 인식되는 사채이자는 현금지급액이 아니라 유효이자이다.
⑤ 만기 시점에서 사채의 장부금액은 액면금액이 된다.

05 ③ • 사채발행금액 = 600 × 2.4 + 10,000 × 0.71 = 8,540원
• 20×3년 말 사채장부금액 = 8,540 + 425 = 8,965원
- 이자비용 = 8,540 × 0.12 = 1,025원
- 현금지급액(표시이자) = 10,000 × 0.06 = 600원
- 사채할인발행차금 상각 = 1,025 − 600 = 425원
➲ 20×4년 이자비용 = 8,965 × 0.12 = 1,076원

06 ① 2년간 이자비용으로 인식할 총 금액은 192원이다.
총 이자비용 산식 = 미래에 지급할 금액 − 사채발행 시 수령한 현금
➲ [1,000 + {(1,000 × 7%) × 2}] − 948 = 192원

오답체크

② 기초 BV + (유효이자 − 액면이자 = 상각액) = 기말 BV
• ×3년 말 BV 도출과정(역산)
➲ 1,000 − (97 − 70) = 973
• ×3년 초 BV 도출과정(역산)
➲ 973 − (95 − 70) = 948
③ 사채상환 시 회계처리

(차) 사채	973	(대) 현금	1,000
상환손실	27		

④ ⑤ 상각액이 증가하므로 할인발행이며, 할인발행의 이자비용은 매년 증가한다.

★★
07
□□□

사채의 발행 최신출제유형

㈜포도는 20×1년 초 5년 만기 사채를 발행하여 매년 말 액면이자를 지급하고 유효이자율법에 의하여 이자비용을 인식하고 있다. 20×2년 말 이자와 관련하여 다음과 같은 회계처리 후 사채의 장부금액이 ₩84,000이 되었다면, 20×3년 말 사채의 장부금액은?

(차) 이자비용	8,200	(대) 사채할인발행차금	2,000
		현금	6,200

① ₩86,200 ② ₩86,600 ③ ₩87,000
④ ₩87,200 ⑤ ₩87,600

★★★
08
□□□

사채의 발행

사채와 관련된 설명으로 옳지 않은 것은?

① 사채의 발행자는 시장이자율과 무관하게 확정된 표시이자를 채권자에게 현금으로 지급하여야 한다.
② 중도에 사채를 일부 상환한 후에는 미상환된 사채에 대해서만 이자를 인식하면 된다.
③ 사채발행비는 사채할인발행차금을 구성한다.
④ 할인발행된 사채는 유효이자에서 액면이자를 차감한 금액이 상각액이 된다. 이러한 상각액은 기초장부금액을 감소시킨다.
⑤ 할인발행이나 할증발행이나 만기 시점의 장부금액은 항상 액면금액과 같다.

★★★
09
□□□

사채의 발행 최신출제유형

A사는 20×1년 초 액면금액 200,000원의 사채(표시이자율 10%, 만기 3년)**를 217,500원에 발행하였고, 이 사채를 만기에 상환하였다. A사가 동 사채의 기간에 걸쳐 인식해야 할 총 이자비용은 얼마인가?**

① 60,000원 ② 52,500원 ③ 50,000원
④ 42,500원 ⑤ 40,000원

★★★ 사채의 발행

10 □□□ **사채의 회계처리에 관한 설명으로 옳은 것은?**

① 사채발행비는 사채발행차금의 일부를 구성하며, 사채발행기간에 걸쳐 이자비용으로 인식한다.
② 사채할인발행차금은 사채발행기간 중 사채이자비용에서 차감하여 인식한다.
③ 할인발행 시 사채이자비용은 액면이자에 할인발행차금 상각액을 차감한 금액이다.
④ 할증발행 시 사채이자비용은 액면이자에 할증발행차금 환입액을 가산한 금액이다.
⑤ 할인발행차금 상각액과 할증발행차금 환입액 모두 만기로 갈수록 점차 작아진다.

정답 및 해설

07 ① • 20×2년 초 사채의 장부금액 : 84,000 − 2,000(사채할인발행차금 = 사채 기말 BV − 기초 BV) = 82,000
• 사채의 유효이자율 : 8,200 ÷ 82,000 = 10%
• 20×3년 말 사채의 장부금액 : 기초장부금액 84,000 × (1 + 유효이자율) 1.1 − 액면이자 6,200 = 86,200

08 ④ 할인발행된 사채는 유효이자에서 액면이자를 차감한 금액이 상각액이 된다. 이러한 상각액은 기초장부금액을 증가시킨다.

09 ④ 총이자비용 = 현금지급액 − 현금수령액
= (200,000 + 200,000 × 10% × 3년) − 217,500 = 42,500원

10 ① 사채발행비는 사채발행차금의 일부를 구성하며, 사채발행기간에 걸쳐 이자비용으로 인식한다.

오답체크

② 사채할인발행차금은 사채발행기간 중 사채이자비용으로 인식한다.
③ 할인발행 시 사채이자비용은 액면이자에 할인발행차금 상각액을 가산한 금액이다.
④ 할증발행 시 사채이자비용은 액면이자에 할증발행차금 환입액을 차감한 금액이다.
⑤ 할인발행차금 상각액과 할증발행차금 환입액 모두 만기로 갈수록 점차 커진다.

★★★ 11 □□□

사채의 발행 최신출제유형

㈜한국은 20×1년 1월 1일에 액면금액이 1,000,000원, 표시이자율이 연 8%, 이자지급일이 매년 12월 31일, 만기가 3년인 사채를 할인발행하였고 만기까지 상각되는 연도별 사채할인발행차금 상각액은 다음과 같을 때 이에 대한 설명으로 옳지 않은 것은?

(단위 : 원)

20×1. 12. 31.	20×2. 12. 31.	20×3. 12. 31.
15,025	16,528	18,195

① 20×2년 12월 31일에 인식할 이자비용은 96,528원이다.
② 20×1년 1월 1일 사채의 발행금액은 950,252원이다.
③ 이 사채의 표시이자율은 유효이자율보다 낮다.
④ 이 사채의 발행기간에 매년 인식하는 이자비용은 동일한 금액이다.
⑤ 만기에 지급할 금액은 1,000,000원이다.

★★ 12 □□□

사채의 발행 최신출제유형

㈜한국은 20×7년 1월 1일에 다음과 같은 조건으로 3년 만기 사채를 발행하였다.

- 발행일 : 20×7년 1월 1일
- 액면금액 : 100,000원
- 이자 지급 : 매년 12월 31일에 액면금액의 연 8% 이자 지급
- 발행가액 : 105,344원

발행일 현재 유효이자율은 6%이며, 유효이자율법에 따라 이자를 인식하고 이자는 매년 12월 31일에 지급한다. 연도별 상각액은 20×7년도 1,679원, 20×8년도 1,780원, 20×9년도 1,885원이며, 상각액 합계액은 5,344원이다. 이 사채 발행 시부터 만기까지 인식할 총이자비용은? (단, 사채발행비는 발생하지 않았다)

① 5,344원 ② 18,656원 ③ 24,000원 ④ 42,656원 ⑤ 50,000원

★★★ 13 □□□

사채의 발행

사채의 회계처리에 관한 설명으로 옳지 않은 것은?

① 사채발행비는 사채발행시점에 전액 비용으로 인식한다.
② 사채할인발행차금은 사채발행기간 중 사채이자비용으로 인식한다.
③ 할인발행 시 사채이자비용은 액면이자에 할인발행차금 상각액을 가산한 금액이다.
④ 할증발행 시 사채이자비용은 액면이자에 할증발행차금 환입액을 차감한 금액이다.
⑤ 할인발행차금 상각액과 할증발행차금 환입액 모두 만기로 갈수록 점차 커진다.

정답 및 해설

11 ④ 이 사채의 발행기간에 매년 인식하는 이자비용은 매년 증가한다.

오답체크

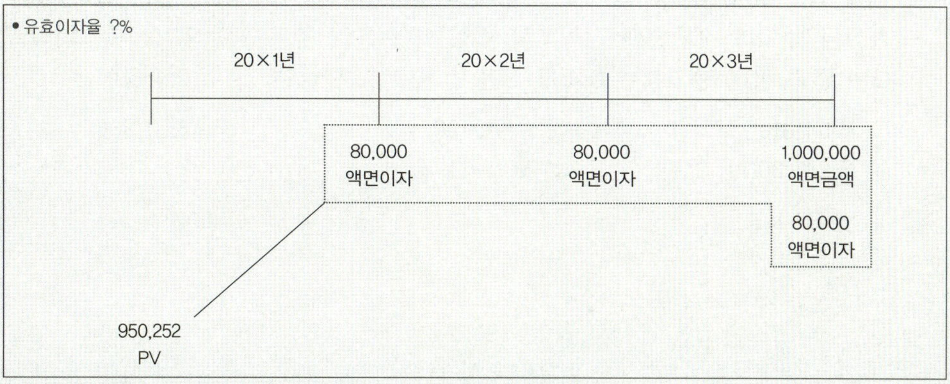

① ×2년 말 이자비용 = 액면이자(1,000,000 × 8%) + 상각액 16,528 = 96,528원
② ×1년 초 발행금액(역산) = 액면금액 1,000,000 − Σ상각액(18,195 + 16,528 + 15,025) = 950,252원
③ 상각액이 증가하므로 할인발행이며, 할인발행의 표시이자율은 유효이자율보다 낮다.

참고 액면이자율과 시장이자율의 관계에 따른 사채의 발행유형

구 분	이자율 간의 관계	액면금액과 발행금액의 관계
액면발행	시장이자율 = 액면이자율	발행금액 = 액면금액
할인발행	시장이자율 > 액면이자율	발행금액 < 액면금액
할증발행	시장이자율 < 액면이자율	발행금액 > 액면금액

12 ②

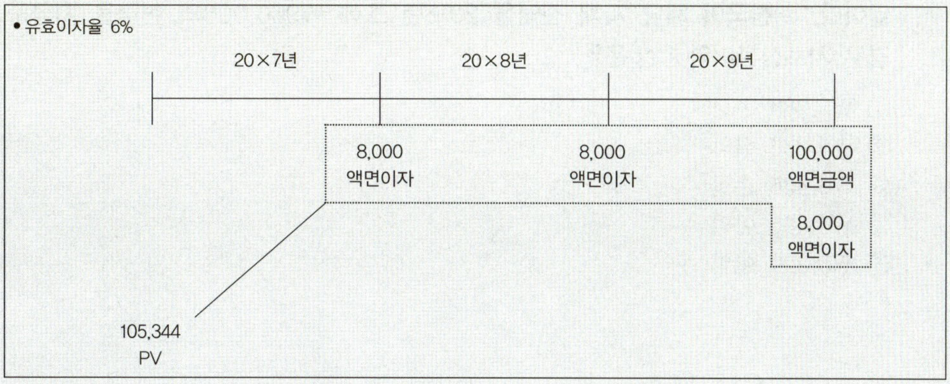

• 총이자비용 산식
- (액면이자 × 지급횟수) + (사채 액면금액 − 사채 발행금액)
  = [(100,000 × 8%) × 3] + (100,000 − 105,344) = 18,656원
- 미래에 지급할 금액 − 사채발행 시 수령한 현금
  = [100,000 + {(100,000 × 8%) × 3}] − 105,344 = 18,656원

➲ 3년간 총이자비용 = 18,656원

13 ① 사채발행비는 사채발행차금의 일부를 구성하며, 사채발행기간에 걸쳐 이자비용으로 인식한다.

★★★

14 □□□

사채의 상환 최신출제유형

다음은 ㈜현주가 20×1년 기초에 발행한 사채와 관련된 자료이다.

- 액면금액 : ₩3,000,000
- 발행일 : 20×1년 1월 1일
- 만기일 : 3년
- 표시이자율 : 연 8% 매년 말 지급
- 발행 시 유효이자율 : 연 10%

사채발행차금을 유효이자율법으로 회계처리하는 ㈜현주가 20×2년 3월 31일에 상기 사채를 ₩3,150,000(미지급이자 포함)**에 매입하였다면, 사채상환손실은 얼마인가?** (단, 모든 계산금액은 소수점 첫째 자리에서 반올림하며, 이 경우 약간의 오차는 나타날 수 있다) (3년 만기, 10% 현가계수 0.7513, 3년 만기, 10% 연금현가계수 2.4868)

① ₩54,614　② ₩91,800　③ ₩181,800
④ ₩241,800　⑤ ₩254,195

★★★

15 □□□

사채의 상환 최신출제유형

㈜한국은 액면 ₩1,000,000의 사채를 2015년 초에 ₩950,260으로 발행하였다. 발행 당시 사채의 유효이자율은 10%, 표시이자율은 8%, 이자는 매년 말 후급, 만기일은 2017년 말이다. ㈜한국이 해당 사채 전액을 2016년 초에 ₩960,000의 현금을 지급하고 상환할 경우 사채상환이익(손실)**은?**

① ₩5,286 손실
② ₩5,286 이익
③ ₩6,436 손실
④ ₩6,436 이익
⑤ ₩5,220 이익

정답 및 해설

14 ③ (1) 사채의 CF

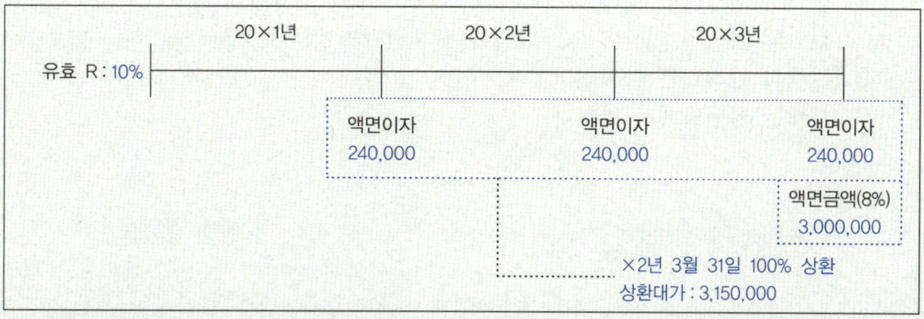

(2) 이자지급일 사이의 일부 조기상환 시 사채의 상환손익

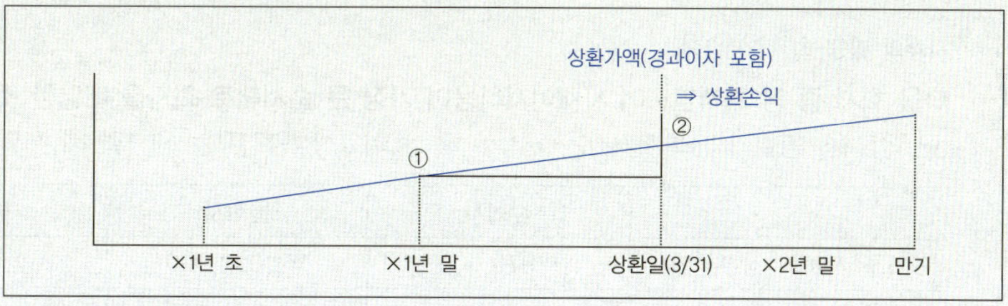

① 기초 사채의 장부가액(BV) : PV(잔여CF) by취득 시 유효R
$240,000/1.1 + 3,240,000/1.1^2 = 2,895,868$

② 기초 ~ 상환시점까지 유효이자 : ① × 취득 시 유효R × 보유기간/12
2,895,868 × 10% × 3/12 = 72,397

⇒ 사채상환손익(N/I) : (−)상환대가 + (① + ②) × 상환비율
(−)3,150,000 + (2,895,868 + 72,397) × 100% = (−)181,735 (단수차이)

15 ② 2016년의 사채상환손익 : ₩5,286 이익

(1) 2015년 초 BV : 950,260

(2) 2015년 말 BV : 965,286

① 계산방법 1 : 기말 BV = [기초 BV × (1 + 유효R)] − 액면이자
965,286 = [950,260 × (1 + 0.1)] − (1,000,000 × 8%)

② 계산방법 2 : 기말 BV = 기초 BV + 상각액
965,286 = 950,260 + [(950,260 × 10%) − (1,000,000 × 8%)]

(3) 사채상환이익 : 5,286

① 계산방법 1 : 상환손익 = 상환 시점의 BV − 상환대가
5,286 = 965,286 − 960,000

② 계산방법 2 : 상환손익 = {[기초 BV × (1 + 유효R)] − 액면이자} − 상환대가
5,286 = {[950,260 × (1 + 0.1)] − (1,000,000 × 8%)} − 960,000

★★★ 사채의 발행 최신출제유형

16 □□□

다음은 ㈜포도의 당기 및 전기말 재무제표상 동일한 일반사채에 대한 자료이다. 다음 중 옳지 <u>않은</u> 것은?

	당기말		전기말	
유동부채				
사채	₩100,000			
(−)사채할인발행차금	(−)2,000	98,000		
비유동부채				
사채			100,000	
(−)사채할인발행차금			(−)3,500	96,500

① 시장이자율은 표시이자율보다 높다.
② 당기 액면이자가 ₩10,000이라면 당기 사채의 이자비용은 ₩11,500이다.
③ 전년도 사채의 이자비용은 당기의 사채이자비용보다 크다.
④ 사채의 만기일은 다음연도이다.
⑤ 사채는 할인발행된 것이다.

★★★ 사채의 발행 최신출제유형

17 □□□

다음 회사 중 당 회계연도에 사채이자비용이 가장 큰 순서대로 회사를 배열한 것을 고르시오.
(단, 갑, 을, 병회사의 회계기간은 1. 1.~12. 31.이고, 액면이자는 연 1회 매년 말 지급한다)

	갑회사	을회사	병회사
기초 사채의 장부금액	₩970,000	₩1,020,000	₩1,000,000
기말 사채의 장부금액	₩985,000	₩1,005,000	₩1,000,000
액면금액	₩1,000,000	₩1,000,000	₩1,000,000
표시이자율	10%	10%	10%

① 갑회사 → 을회사 → 병회사
② 갑회사 → 병회사 → 을회사
③ 을회사 → 병회사 → 갑회사
④ 병회사 → 갑회사 → 을회사
⑤ 병회사 → 을회사 → 갑회사

★★ 복합금융상품

18 전환사채와 신주인수권부사채에 대한 설명으로 옳지 않은 것은?

① 전환사채는 채권을 주식으로 전환할 수 있는 권리가 부여된 사채이다.
② 신주인수권부사채의 신주인수권 행사 이후 신주인수권부사채는 더 이상 이자비용을 발생시키지 않는다.
③ 상환할증금이 있는 전환사채를 만기까지 미전환할 경우, 사채권자는 상환할증금을 수령한다.
④ 신주인수권부사채의 보유자는 신주를 인수할 때 반드시 주금을 납입하여야 한다.
⑤ 전환사채의 전환 이후에 전환사채는 더 이상 이자비용을 발생시키지 않는다.

★★★ 복합금융상품 최신출제유형

19 사채와 관련된 설명으로 옳은 것은?

① 전환사채를 주식으로 전환할 경우 추가적인 현금 납입이 필요하다.
② 전환권의 가치가 있어도 액면금액, 액면이자, 만기가 같으면 일반사채의 발행가액과 전환사채의 발행가액은 차이가 없다.
③ 사채발행가액의 결정에 액면이자는 영향을 미치지 않는다.
④ 사채의 발행형태와 상관없이 사채발행 시 사채할인발행차금은 사채의 금액에서 차감하는 형식으로 사채할증발행차금은 사채의 금액에서 가산하는 형식으로 보고된다.
⑤ 사채를 조기상환할 경우 상환 시점의 사채의 장부금액이 상환금액보다 작을 경우 사채상환이익이 발생된다.

정답 및 해설

16 ③ 사채는 액면금액보다 장부금액이 작아 할인발행된 것을 알 수 있다. 전년도 사채의 이자비용은 당기의 사채이자비용보다 작다.

17 ② 1) 갑회사 이자비용 : 1,000,000 × 10% + (985,000 − 970,000) = 115,000
2) 을회사 이자비용 : 1,000,000 × 10% − (1,020,000 − 1,005,000) = 85,000
3) 병회사 이자비용 : 1,000,000 × 10% = 100,000

18 ② 신주인수권부사채는 신주인수권 행사 이후에도 계속해서 이자비용을 발생시킨다.

19 ④ 사채의 발행형태와 상관없이 사채발행 시 사채의 금액은 차감하는 형식으로 사채할증발행차금은 사채의 금액에서 가산하는 형식으로 보고된다.

오답체크

① 전환사채를 주식으로 전환할 경우 추가적인 현금 납입은 하지 않는다.
② 전환권의 가치가 있어도 액면금액, 액면이자, 만기가 같으면 일반사채의 발행가액과 전환사채의 발행가액은 차이가 있다.
③ 사채발행가액의 결정에 액면이자는 영향을 미친다.
⑤ 사채를 조기상환할 경우 상환 시점의 사채의 장부금액이 상환금액보다 클 경우 사채상환이익이 발생된다.

제11절 채권·채무조정

01 채권·채무조정의 의의 ★★★

채무자의 현재 또는 장래의 채무변제능력이 크게 저하된 경우에 채권자와 채무자 간의 합의 또는 법원의 결정 등의 방법으로 채무자의 부담완화를 공식화하는 것을 말한다.

02 자산이전에 의한 채무변제 ★★★

1. 채권자의 회계처리

(차) 양수받은 자산	공정가치	(대) 대여금	장부금액
대손충당금	장부금액		
대손상각비	대차차액		

2. 채무자의 회계처리

(차) 차입금	부채의 장부금액	(대) 제공한 자산	자산의 장부금액
		처분이익	자산의 공정가치 – 장부금액
		채무조정이익	대차차액

03 조건의 변경 ★★★

1. 이자율 인하 및 만기일의 연장

(1) **원칙 :** 채무발생 시의 유효이자율

2. 원리금의 감면

➲ 조건변경으로 채권, 채무조정에 따른 약정상 미래 현금흐름의 합계금액이 채무의 장부금액에 미달할 경우에는 채무의 장부금액에 미래현금흐름의 합계액으로 감액하고 동 미달액을 채무조정이익으로 인식한다.

04 출자전환 ★★★

1. 채무자의 출자전환

지분증권을 발행하여 변제할 경우 지분증권의 공정가치와 채무의 장부금액과의 차이를 채무조정이익으로 인식한다.

2. 채권자의 출자전환

출자전환을 합의하였으나 출자전환이 즉시 이행되지 않고 출자전환 시까지 이자가 면제되는 경우에는 채권의 대손충당금 차감 전 장부금액을 출자전환채권으로 대체하고 출자전환이 이루어질 때까지 출자전환채권의 대손충당금 차감 전 장부금액과 전환으로 발행될 주식의 공정가치 중 낮은 가액으로 평가하며 이로 인한 평가손익은 출자전환채권에 대한 대손충당금과 대손상각비에 반영한다.

예제 1

㈜포도는 차입금 2,000원을 변제하지 않는 대신 회사 소유 토지를 A은행에 양도하는 채권·채무조정을 하였다. 양도 당시 토지의 장부금액은 1,400원이며 공정가치는 1,500원이었다. 이 경우 해당 거래를 통해 ㈜포도와 A은행이 해야 할 회계처리를 보이시오. (단, A은행은 동 채권에 대하여 대손충당금 300원을 설정한 상태였다)

풀이

1. ㈜포도의 회계처리

(차) 차입금	2,000	(대) 토지	1,400
		처분이익	100
		채무조정이익	500

2. A은행의 회계처리

(차) 양수받은 자산	1,500	(대) 대여금	2,000
대손충당금	300		
대손상각비	200		

개념완성문제

01 자산의 이전으로 인한 채권·채무조정 시에 채무자는 이전할 자산의 장부금액과 차입금의 장부금액의 차이를 채무조정이익으로 인식한다. (O, X)

02 자산의 이전으로 인한 채권·채무조정 시에 채권자는 대여금의 장부금액과 양수받은 자산의 공정가치의 차이를 대손상각비로 인식한다. (O, X)

정답 및 해설

01 X 자산의 이전으로 인한 채권·채무조정 시에 채무자는 이전할 자산의 공정가치와 차입금의 장부금액의 차이를 채무조정이익으로 인식한다.

02 X 자산의 이전으로 인한 채권·채무조정 시에 채권자는 대여금의 장부금액과 양수받은 자산의 공정가치의 차이에서 대손충당금을 제외한 금액을 대손상각비로 인식한다.

출제예상문제

✔ 학습시간이 부족하거나 시험 전 최종정리를 하고 싶은 경우에는 출제빈도(★~★★★)가 높은 문제를 우선으로 풀이할 수 있습니다.
✔ 다시 봐야 할 문제(풀지 못한 문제, 헷갈리는 문제 등)는 문제 번호 하단의 네모박스(□)에 체크하여 반복 학습할 수 있습니다.

★

01 □□□

자산이전에 의한 채무변제

B사는 차입금 2,000원을 변제하지 않는 대신 회사 소유 토지를 A은행에 양도하는 채권·채무조정을 하였다. 양도 당시 토지의 장부금액은 800원이며, 공정가치는 1,200원이었다. 채권·채무조정으로 인하여 발생하는 B사의 채무조정이익은 얼마인가?

① 150원 ② 300원 ③ 400원
④ 800원 ⑤ 1,000원

★

02 □□□

자산이전에 의한 채무변제

A사(당기 회계기간 20×1. 1. 1. ~ 20×1. 12. 31.)**는 20×1년 7월 1일에 다음과 같은 채권·채무조정을 수행하였다. 이와 같은 거래의 결과 A사의 당기손익에 미치는 영향은?**

- 차입금 100,000원을 변제하는 대신 보유 토지(공정가치 80,000원, 장부총액 40,000원)를 이전하기로 한다.
- C은행은 A사의 채권에 대해 10%의 대손충당금을 채권·채무조정 이전에 계상하였다.

① 이익 15,000원 감소 ② 이익 10,000원 증가 ③ 이익 25,000원 증가
④ 이익 40,000원 증가 ⑤ 이익 60,000원 증가

정답 및 해설

01 ④ B사의 채무조정이익 = 2,000 − 1,200 = 800원

(차) 차입금	2,000	(대) 토지	800
		처분이익	400
		채무조정이익	800

02 ⑤ A사의 당기손익에 미치는 영향 = 처분이익 + 채무조정이익 = 40,000 + 20,000 = 60,000원

(차) 차입금	100,000	(대) 토지	40,000
		처분이익	40,000
		채무조정이익	20,000

★★★ 자산이전에 의한 채무변제

03 □□□

A은행은 당기(20×1. 1. 1. ~ 20×1. 12. 31.)**에 B사로부터 토지를 이전받고 대출채권 400,000원**(대손충당금 40,000원이 설정되어 있음)**을 변제하기로 채권·채무조정을 하였다. 토지의 장부금액이 280,000원, 공정가치가 300,000원이다. 채권·채무조정 시점에 채권·채무조정이 B사와 A은행의 당기손익에 미치는 영향은?**

	B사	A은행
①	당기순이익 120,000원 증가	당기순이익 60,000원 감소
②	당기순이익 120,000원 증가	당기순이익 100,000원 감소
③	당기순이익 120,000원 증가	당기순이익 120,000원 감소
④	당기순이익 140,000원 증가	당기순이익 100,000원 감소
⑤	당기순이익 140,000원 증가	당기순이익 120,000원 감소

★★ 조건의 변경

04 □□□

채권·채무조정 시점과 유형에 대한 설명으로 옳지 <u>않은</u> 것은?

① 법원의 인가에 의한 조정의 경우에는 회사정리계획인가일이 채권·채무조정 시점에 해당한다.
② 합의에 의한 경우는 합의일이 채권·채무조정 시점에 해당한다.
③ 조건변경의 유형에는 이자율의 인하, 유사한 위험을 가진 새로운 부채보다 낮은 이자율로 만기를 연장하거나 원리금의 감면 및 발생이자의 감면이 해당된다.
④ 채무변제의 유형에는 채무를 일부 또는 전부를 변제하기 위하여 채무자가 제3자에 대한 채권, 부동산 또는 기타의 자산을 채권자에게 이전하거나 지분증권을 발행(원래 조건에 따라 채무를 지분증권으로 전환하기로 한 경우 포함)하는 경우에 해당된다.
⑤ 합의일 또는 법원의 인가일로부터 자산 또는 지분증권의 이전일, 새로운 계약조건의 시행일 또는 채권·채무조정이 완성되는 다른 사건의 발생 시점까지 상당한 시간이 소요되는 경우에는 실질적으로 채권·채무조정이 완료되는 시점이 채권·채무조정 시점에 해당한다.

★★★ 조건의 변경 최신출제유형

05 □□□

채권·채무조정에 대한 설명으로 옳은 것은?

① 출자전환된 시장성이 없는 지분증권의 공정가치를 신뢰성 있게 측정할 수 없는 경우에도 채무자는 채무조정이익을 인식한다.
② 변제대가가 채무의 장부금액보다 큰 경우에도 채권·채무조정에 해당한다.
③ 자산이전의 경우 채무자는 채무의 장부금액과 자산의 공정가치의 차액은 인식하지 않는다.
④ 원리금감면은 조건의 변경에 해당한다.
⑤ 조건변경의 경우 약정상 정해진 미래현금흐름을 조건변경 시의 유효이자율을 적용하여 할인한다.

★★★ **06** □□□

조건의 변경 최신출제유형

채권·채무조정에 대한 설명으로 옳지 않은 것은?

① 채권·채무조정에 따른 지분증권의 발행과 관련하여 직접적으로 발생한 비용은 지분증권의 발행금액에서 차감한다.

② 조건변경으로 채무가 조정되는 경우에는 채권·채무조정에 따른 약정상 정해진 미래현금흐름을 채무발생 시점의 유효이자율로 할인하여 계산된 현재가치와 채무의 장부금액과의 차이를 채무에 대한 현재가치할인차금과 채무조정이익으로 인식한다.

③ 시장성이 없는 지분증권의 공정가치를 신뢰성 있게 측정할 수 없는 경우에는 발행되는 지분증권을 조정대상채무의 공정가치로 회계처리하고 채무조정이익을 인식한다.

④ 출자전환채무는 전환으로 인하여 발행될 주식의 공정가치로 하고 조정대상채무의 장부금액과 차이는 채무조정이익으로 인식한다.

⑤ 채권·채무조정으로 인하여 발행되는 전환사채에 대해서는 전환권으로 인식하지 않고 전환사채의 만기까지 발생한 미래 현금흐름을 채무발생 시점의 유효이자율로 할인하여 계산된 현재가치와 조정대상채무의 장부금액과의 차이를 채무조정이익으로 인식한다.

정답 및 해설

03 ① • B사 당기순이익에 미치는 영향 = 처분이익 + 채무조정이익 = 20,000 + 100,000 = 120,000원

(차) 차입금	400,000	(대) 토지	280,000
		처분이익	20,000
		채무조정이익	100,000

• A은행 당기순이익에 미치는 영향 = 대손상각비 = 400,000 − 300,000 − 40,000 = (60,000)원

(차) 토지	300,000	(대) 대출채권	400,000
대손충당금	40,000		
대손상각비	60,000		

04 ④ 채무변제의 유형에는 채무를 일부 또는 전부를 변제하기 위하여 채무자가 제3자에 대한 채권, 부동산 또는 기타의 자산을 채권자에게 이전하거나 지분증권을 발행하는 경우에 해당된다. 그러나 원래의 조건으로 채무를 지분증권으로 전환하는 경우는 제외한다.

05 ④ 원리금감면은 조건의 변경에 해당한다.

오답체크

① 출자전환된 시장성이 없는 지분증권의 공정가치를 신뢰성 있게 측정할 수 없는 경우 채무자는 채무조정이익을 인식하지 않는다.
② 변제대가가 채무의 장부금액보다 큰 경우에는 채권·채무조정에 해당하지 아니한다.
③ 자산이전의 경우 채무자는 채무의 장부금액과 자산의 공정가치의 차액을 채무조정이익으로 인식한다.
⑤ 조건변경의 경우 약정상 정해진 미래현금흐름을 채권·채무 발생 시의 유효이자율을 적용하여 할인한다.

06 ③ 시장성이 없는 지분증권의 공정가치를 신뢰성 있게 측정할 수 없는 경우에는 발행되는 지분증권을 조정대상채무의 장부금액으로 회계처리하고 채무조정이익을 인식하지 않는다.

★★★
07
□□□

출자전환

A사는 차입금 10,000원을 변제하지 않는 대신 회사 소유의 주식 10주를 발행해주기로 하였다. 주식의 액면가액은 200원이며 공정가치는 300원이다. 은행은 해당 채권에 대해서 10%의 대손충당금을 설정하고 있었다. 동 채권채무조정으로 인하여 채무자가 인식할 채무조정이익은 얼마인가?

① 3,000원 ② 4,000원 ③ 5,000원
④ 6,000원 ⑤ 7,000원

★★★
08
□□□

출자전환

A사는 차입금 10,000원을 변제하지 않는 대신 회사 소유의 주식 10주를 발행해주기로 하였다. 주식의 액면가액은 200원이며 공정가치는 300원이다. 은행은 해당 채권에 대해서 10%의 대손충당금을 설정하고 있었다. 동 채권채무조정으로 인하여 채권자가 인식할 대손상각비는 얼마인가?

① 3,000원 ② 4,000원 ③ 5,000원
④ 6,000원 ⑤ 7,000원

★★★
09
□□□

출자전환 최신출제유형

다음은 A사의 손익계산서 내용 중 일부이다. 하늘은행은 A사의 장기 대출채권에 대해 채권채무조정을 하면서 A사의 토지 장부금액 5,000원(공정가치 8,000원)을 취득하였다. A사의 채권채무조정 대상 장기차입금은 얼마인가?

• 매출	200,000원	• 대손상각비	2,000원
• 채무면제이익	4,000원		

① 8,000원 ② 10,000원 ③ 12,000원
④ 13,000원 ⑤ 14,000원

★★★

10 □□□

자산이전에 의한 채무면제 최신출제유형

다음은 ㈜포도의 손익계산서 내용 중 일부이다. 사과은행은 ㈜포도의 장기대출채권에 대해 채권·채무조정을 하면서 ㈜포도가 소유한 토지 장부금액 ₩10,000(공정가치 ₩15,000)**을 취득하였다. 사과은행이 채권·채무조정 전 대손충당금을 ₩1,000 설정하고 있을 경우 채권·채무조정으로 사과은행이 인식하는 대손상각비는 얼마인가?**

〈부분 손익계산서〉

1) 매출 ₩200,000
2) 매출원가 ₩100,000
3) 판매비와 관리비 ₩50,000
4) 채무조정이익 ₩4,000
5) 법인세비용 ₩1,000

① ₩2,000 ② ₩3,000 ③ ₩4,000
④ ₩5,000 ⑤ ₩6,000

정답 및 해설

07 ⑤

(차) 차입금	10,000	(대) 자본금	@200 × 10주
		주식발행초과금	@(300-200) × 10주
		➲ 채무조정이익	7,000

08 ④

(차) 투자주식	@300 × 10주	(대) 대여금	10,000
대손충당금	1,000		
➲ 대손상각비	6,000		

09 ③ 장기차입금 = 토지의 공정가치 8,000 + 채무면제이익 4,000 = 12,000원

10 ② 1) 차입금 : 15,000 + 4,000 = 19,000
2) 대손상각비 : 19,000 − 15,000 − 1,000 = 3,000

★★★
11 □□□

자산이전에 의한 채무면제 최신출제유형

다음은 ㈜포도의 부분 재무제표이다. 당기에 차입금과 토지의 추가 차입과 취득은 없었고, ㈜포도는 토지를 이전하여 차입금을 면제받았다.

구 분	기 초	기 말
차입금	₩300,000	₩200,000
토 지	₩400,000	₩350,000
토지처분이익	₩30,000	

동 거래로 ㈜포도가 인식할 조건변경이익은 얼마인가?

① ₩20,000 ② ₩30,000 ③ ₩40,000
④ ₩50,000 ⑤ ₩60,000

★★★
12 □□□

출자전환 최신출제유형

다음은 A사의 손익계산서 내용 중 일부이다. 하늘은행은 A사의 장기 대출채권에 대해 채권채무조정을 하면서 A사의 토지 장부금액 5,000원(공정가치 10,000원)을 취득하였다. 하늘은행은 채권채무조정 전 대손충당금을 1,000원 설정하고 있을 경우 채권채무조정으로 하늘은행이 인식하는 대손상각비는 얼마인가?

• 매출	200,000원	• 채무면제이익	3,000원

① 1,000원 ② 2,000원 ③ 3,000원
④ 4,000원 ⑤ 5,000원

정답 및 해설

11 ① 1) 면제 받은 차입금 : 300,000 − 200,000 = 100,000
2) 이전된 토지의 장부금액 : 400,000 − 350,000 = 50,000
3) 조건변경이익 : 100,000 − (50,000 + 30,000) = 20,000

12 ② • 장기차입금(대여금) = 토지의 공정가치 10,000 + 채무조정이익 3,000 = 13,000
• 하늘은행의 회계처리

(차) 토지	10,000	(대) 대여금	13,000
대손충당금	1,000		
대손상각비	2,000		

제12절 충당부채 및 보고기간후사건

01 충당부채, 우발부채, 우발자산의 의의 ★★★

1. 충당부채

충당부채는 지출하는 시기 또는 금액이 불확실한 부채를 말한다. 즉, 과거사건의 결과 발생한 현재의무로서 지출의 시기 또는 금액이 불확실한 부채이지만, 미래경제적효익의 유출가능성이 매우 높고, 당해 의무의 이행에 소요되는 금액을 신뢰성 있게 추정할 수 있어서 부채로 인식할 수 있는 항목을 충당부채라고 한다.

2. 우발부채

우발부채는 과거사건에 의하여 발생한 현재의무이나 부채의 인식요건을 충족하지 못하여 재무상태표에 부채로 인식할 수 없는 상황과 과거사건에 의하여 발생한 잠재적 의무로 부채의 정의를 충족하지 못하여 재무상태표에 부채로 인식할 수 없는 상황을 말하는 것이다. 우발부채에는 부채라고 불리지만 정의상 재무상태표에 부채로 인식되지 않는다.

3. 우발자산

우발자산은 과거사건에 의하여 발생하였으나, 기업이 전적으로 통제할 수 없는 하나 이상의 불확실한 미래사건의 발생 여부에 의하여서만 그 존재가 확인되는 잠재적 자산을 말한다.

02 충당부채, 우발부채, 우발자산의 공시 ★★★

1. 충당부채와 우발부채

금액추정가능성 / 자원유출가능성	신뢰성 있게 추정 가능	추정 불가능
가능성이 매우 높음	충당부채로 인식	우발부채로 주석 공시
가능성이 어느 정도 있음	우발부채로 주석 공시	
가능성이 거의 없음(아주 낮음)	공시하지 않음	공시하지 않음

우발부채를 지속적으로 검토하여 과거에 우발부채로 처리하였더라도 미래경제적효익의 유출가능성이 높아진 경우에는 그러한 가능성의 변화가 발생한 기간의 재무제표에 충당부채로 인식한다.

2. 우발자산

자원의 유입가능성	금액의 신뢰성 있는 추정가능성	
	가 능	불가능
가능성이 매우 높음	우발자산으로 주석 공시	
가능성이 거의 없음	공시하지 않음	

우발자산은 경제적효익의 유입가능성이 높은 경우에 공시한다. 관련 상황의 변화가 적절하게 재무제표에 반영될 수 있도록 우발자산을 지속적으로 평가한다. 상황 변화로 경제적효익의 유입이 거의 확실하게 되는 경우에는 그러한 상황 변화가 일어난 기간의 재무제표에 그 자산과 관련 이익을 인식한다.

03 충당부채의 인식 ★★★

충당부채는 다음의 요건을 모두 충족하는 경우에 인식한다.

- 과거사건의 결과로 현재의무가 존재함
- 당해 의무를 이행하기 위하여 경제적효익이 내재된 자원의 유출가능성이 매우 높음
- 당해 의무의 이행에 소요되는 금액을 신뢰성 있게 추정할 수 있음

(1) 현재의무

현재의무를 발생시키는 과거사건을 의무발생사건이라고 한다. 의무발생사건이 되기 위해서는 당해 사건으로부터 발생된 현재의무를 이행하는 것 외에는 실질적인 대안이 없어야 하며, 다음의 두 가지 경우가 의무발생사건이 될 수 있다.

- 법적의무
  명시적 또는 묵시적 계약, 법률이나 기타 법적효력 등에 의하여 발생한 의무로 당해 의무의 이행을 법적으로 강제할 수 있는 경우
- 의제의무
  과거의 실무관행, 발표된 경영방침 또는 구체적이고 유효한 약속 등을 통하여 기업이 특정 책임을 부담하겠다는 것을 상대방에게 표명하여 상대방이 당해 책임을 이행할 것이라는 정당한 기대를 가지게 되는 경우

(2) 과거사건

① 어떤 사건은 발생 당시에는 현재의무를 발생시키지 아니하나 추후에 의무를 발생시킬 수도 있다.
  (예) 법규의 제정/규정

② 재무제표는 보고기간 말 현재의 재무상태를 표시하는 것이므로, 미래영업을 위하여 발생하게 될 비용 또는 손실에 대해서는 충당부채를 인식하지 아니한다.

③ 과거사건에 의해 충당부채를 인식하기 위해서는 그 사건이 기업의 미래행위와 독립적이어야 한다.

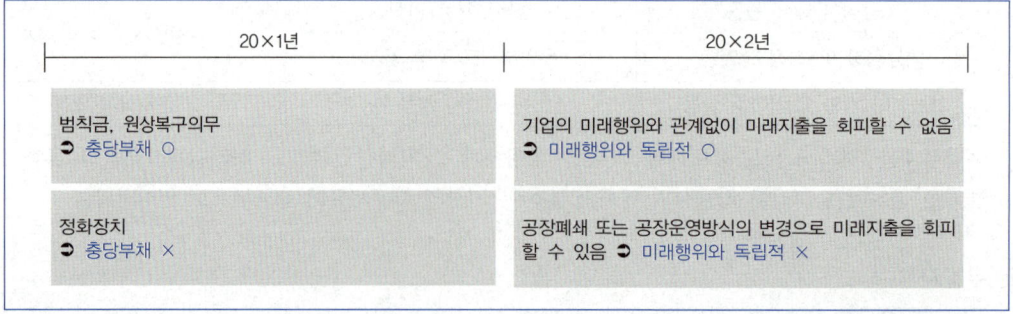

20×1년	20×2년
범칙금, 원상복구의무 ➲ 충당부채 ○	기업의 미래행위와 관계없이 미래지출을 회피할 수 없음 ➲ 미래행위와 독립적 ○
정화장치 ➲ 충당부채 ×	공장폐쇄 또는 공장운영방식의 변경으로 미래지출을 회피할 수 있음 ➲ 미래행위와 독립적 ×

(3) 추후에 의무를 발생시키는 경우

어떤 사건은 발생 당시에는 현재의무를 발생시키지 않으나 추후에 의무를 발생시킬 수 있다. 입법 예고된 법규의 세부사항이 아직 확정되지 않은 경우에는 당해 법규안대로 제정될 것이 거의 확실한 때에만 의무가 발생한 것으로 본다.

(4) 경제적효익을 갖는 자원의 유출가능성 판단

부채로 인식하기 위해서는 현재의무가 존재하여야 할 뿐만 아니라 당해 의무의 이행을 위하여 경제적 효익을 갖는 자원의 유출가능성이 매우 높아야 한다.

(5) 의무에 대한 신뢰성 있는 추정

현재의무를 이행하기 위하여 필요한 금액을 신뢰성 있게 추정할 수 있어야 한다. 추정치를 사용하는 것은 재무제표 작성의 필수적인 과정이며 재무제표의 신뢰성을 손상시키지 않는다.

✓ 핵심체크

1. 복구의무
   불법적인 환경오염으로 인한 범칙금이나 환경정화비용의 경우에는 기업의 미래행위에 관계없이 해당 현재의무의 이행에 경제적효익을 갖는 자원의 유출이 수반되므로 충당부채로 인식한다.
2. 설치의무
   법에서 정하는 환경기준을 충족시키기 위해서, 또는 상업적 압력 때문에 공장에 특정정화장치를 설치하기 위한 비용지출을 계획하고 있거나 그런 비용지출이 필요한 경우에는 공장운영방식을 바꾸는 등의 미래행위를 통하여 미래의 지출을 회피할 수 있으므로 당해 지출은 현재의무가 아니며 충당부채로 인식하지 않는다.
3. 미래에 발생할 수선원가(수선유지비)는 법률적인 요구가 있든 없든 충당부채가 아니다.

04 충당부채의 측정 ★★★

충당부채로 인식하는 금액은 현재의무를 보고기간 말에 이행하기 위하여 소요되는 지출에 대한 최선의 추정치이어야 한다.

구 분	내 용	비 고
최선의 추정치	보고기간 말에 현재의무를 이행하기 위하여 소요되는 지출에 대한 최선의 추정치이다.	• 기대가치로 계산 • 세전금액으로 측정
현재가치평가	명목금액과 현재가치의 차이가 중요한 경우에는 의무를 이행하기 위하여 예상되는 지출액의 현재가치로 평가한다.	• 세전이자율 사용
미래사건	충분하고 객관적인 증거가 있는 경우 미래사건을 감안하여 측정한다.	–
관련 자산의 처분	처분이익을 고려하지 않는다.	–

05 충당부채의 변동 및 사용 ★

구 분	내 용	비 고
변 동	보고기간 말 최선의 추정치를 반영하여 조정	현재가치평가 시 유효이자율법 적용, 할인율의 변동분도 반영
사 용	최초 인식과 관련된 지출에만 사용	-

06 제품보증충당부채 ★

제품보증충당부채 인식액(B/S)	매출액의 일정비율 = 매출액 × 보증예상비율 – 해당 실제보증비용
	미래에 발생할 예상비용 = PV(미래현금유출액의 기대가치)
제품보증충당부채 관련 N/I영향	제품보증충당부채 증감액 = 기말충당부채 BV – 기초충당부채 BV
	제품보증비용 실제 발생액

* 제품의 보증기간에 따라 제품보증충당부채 인식액이 변동함

07 보고기간후사건 ★★★

1. 의의

보고기간후사건은 보고기간 말과 재무제표 발행승인일 사이에 발생한 유리하거나 불리한 사건을 말한다. 보고기간후사건은 수정을 요하는 보고기간후사건과 수정을 요하지 않는 보고기간후사건 두 가지 유형으로 분류된다.

수정을 요하는 보고기간후사건	보고기간 말에 존재하였던 상황에 대해 증거를 제공
수정을 요하지 않는 보고기간후사건	보고기간 후에 발생한 상황을 나타내는 사건

2. 수정을 요하는 보고기간후사건의 예

① 보고기간 말에 존재하였던 현재의무가 보고기간 후에 소송사건의 확정에 의해 확인되는 경우

② 보고기간 말에 이미 자산손상이 발생되었음을 나타내는 정보를 보고기간 후에 입수하는 경우나 이미 손상차손을 인식한 자산에 대하여 손상차손금액의 수정이 필요한 정보를 보고기간 후에 입수한 경우

- 보고기간 후의 매출처 파산은 보고기간 말에 고객의 신용이 손상되었음을 확인해준다.
- 보고기간 후의 재고자산 판매는 보고기간 말의 순실현가능가치에 대한 증거를 제공할 수 있다.

③ 보고기간 말 이전에 구입한 자산의 취득원가나 매각한 자산의 대가를 보고기간 후에 결정하는 경우

④ 보고기간 말 이전 사건의 결과로서 보고기간 말에 종업원에게 지급하여야 할 법적의무나 의제의무가 있는 이익분배나 상여금지급 금액을 보고기간 후에 확정하는 경우

⑤ 재무제표가 부정확하다는 것을 보여주는 부정이나 오류를 발견한 경우

개념완성문제

01 과거의 사건이나 거래의 결과로 현재의무가 존재하고, 당해 의무를 이행하기 위하여 자원 유출가능성이 매우 높고 동시에 자원의 유출금액을 신뢰성 있게 측정한다면 충당부채로 본다. (O, X)

02 수선충당금은 충당부채의 범위에 포함된다. (O, X)

03 단기매매증권의 공정가치가 보고기간 말과 재무제표가 사실상 확정된 시기 사이에 하락하는 경우 재무제표를 수정한다. (O, X)

정답 및 해설

01 O

02 X 수선비는 미래행위와 독립적이지 않으므로 충당부채의 범위에 포함되지 않는다.

03 X 재무제표의 수정을 요하는 사건이 아니다.

출제예상문제

✓ 학습시간이 부족하거나 시험 전 최종정리를 하고 싶은 경우에는 출제빈도(★~★★★)가 높은 문제를 우선으로 풀이할 수 있습니다.
✓ 다시 봐야 할 문제(풀지 못한 문제, 헷갈리는 문제 등)는 문제 번호 하단의 네모박스(□)에 체크하여 반복 학습할 수 있습니다.

★
충당부채 및 보고기간후사건

01 □□□ **충당부채, 우발부채, 우발자산에 대한 설명으로 옳지 않은 것은?**

① 과거의 사건이나 거래의 결과로 현재의무가 존재하고, 당해 의무를 이행하기 위하여 자원 유출가능성이 매우 높고 동시에 자원의 유출금액을 신뢰성 있게 측정한다면 충당부채로 본다.
② 수선충당금은 부채의 정의에 부합되지 않으므로 충당부채의 범위에 포함하지 않는다.
③ 타인에 대한 채무보증은 항상 충당부채에 충족하는 것은 아니다.
④ 과거사건이나 거래의 결과로 발생할 가능성이 있으며, 기업이 전적으로 통제할 수 없는 하나 또는 그 이상의 불확실한 미래사건의 발생 여부에 의해서만 그 존재 여부가 확인되는 잠재적 자산을 우발자산이라고 한다.
⑤ A사는 법적의무가 없고 환불정책을 시행하고 있으며 고객들에게 널리 알려졌다. 이러한 A사의 환불정책은 충당부채의 요건 중 하나인 과거거래나 사건의 결과로 현재의무가 존재하지 않는다.

★★★
충당부채 및 보고기간후사건

02 □□□ **충당부채, 우발부채 및 보고기간후사건의 회계처리에 대한 설명으로 옳은 것은?**

① 제공한 보증사항은 이로 인한 자원의 유출가능성이 높다.
② 판매 후 품질 등을 보증하는 경우의 관련 부채는 재무상태표에 부채로 인식하지 않는다.
③ 20×1년 말에 지급할 의무가 있는 종업원에 대한 성과급을 20×2년 2월에 지급한 경우 20×2년 말 재무상태표에 부채로 인식한다.
④ 20×2년 2월 주주총회에서 확정된 현금배당은 20×1년 말 재무상태표에 부채로 인식한다.
⑤ 20×1년 말 공정가치가 2억원으로 표시된 단기매매증권의 공정가치가 5천만원으로 하락하면 20×1년 말 재무상태표를 수정한다.

★★★
03
□□□

충당부채 및 보고기간후사건 최신출제유형

다음 자료는 A사의 제10기(20×1. 1. 1. ~ 20×1. 12. 31.) **재무제표와 관련하여 발생한 상황이다. 동 재무제표가 사실상 확정된 날은 20×2년 2월 20일이다.**

> 가. 회사는 오염물질 방류혐의로 관할관청에 의해 제소되었다. 고문변호사에 의하면 보고기간 말 현재 회사가 패소할 확률이 아주 높다고 판단하고 있으며, 벌금은 3,000만원으로 신뢰성 있게 추정하고 있다.
> 나. 보고기간 말 현재 진행 중인 소송사건이 20×2년 2월 10일에 종결되어 2,000만원의 손해배상금 판결이 결정되었다.
> 다. 보고기간 말 현재 매출채권의 순실현가능가치는 10억원으로 평가하였으나, 20×2년 2월 11일에 전혀 예상치 못한 거래처의 파산으로 2,000만원의 추가적인 대손이 예상된다. 다만, 보고기간 말 현재 대손충당금 잔액은 없다.
> 라. 보고기간 말 현재 2억원의 공정가치인 단기매매증권이 계속 하락하여 20×2년 2월 25일의 공정가치는 1억원이다.

위 상황에 대하여 A사는 아무런 회계처리를 하지 않았다. 일반기업회계기준에 따라 회계처리할 때, 제10기 손익계산서의 손익에 미치는 영향은 얼마인가? (단, 각 상황은 모두 독립적이다)

① 3,000만원　② 4,000만원　③ 5,000만원
④ 6,000만원　⑤ 7,000만원

정답 및 해설

01 ⑤ A사는 법적의무가 없고 환불정책을 시행하고 있으며 고객들에게 널리 알려졌다. A사의 환불정책은 충당부채의 요건 중 하나인 과거거래나 사건의 결과로 현재의무가 존재하는 것으로 본다.

02 ① 제공한 보증사항은 이로 인한 자원의 유출가능성이 높다.

오답체크

② 판매 후 품질 등을 보증하는 경우의 관련 부채는 재무상태표에 부채로 인식한다.
③ 20×1년 말에 지급할 의무가 있는 종업원에 대한 성과급을 20×2년 2월에 지급한 경우 20×1년 말 재무상태표에 부채로 인식한다.
④ 20×2년 2월 주주총회에서 확정된 현금배당은 20×1년 말 재무상태표에 부채로 인식하지 않는다.
⑤ 20×1년 말 공정가치가 2억원으로 표시된 단기매매증권의 공정가치가 5천만원으로 하락하더라도 이를 수정하지 않는다.

03 ⑤ 제10기 손익계산서의 손익에 미치는 영향 = (가) 비용 + (나) 비용 + (다) 대손상각비
= 3,000만 + 2,000만 + 2,000만 = 7,000만원

가.	(차) 비용	3,000만	(대) 충당부채	3,000만
나.	(차) 비용	2,000만	(대) 충당부채	2,000만
다.	(차) 대손상각비	2,000만	(대) 대손충당금	2,000만

라. 회계처리 없음

★★★
04
□□□

충당부채 및 보고기간후사건 최신출제유형

다음 중 수정을 요하는 보고기간후사건에 해당되지 않는 것은 모두 몇 개인가?

A. 보고기간 말 현재 지급의무가 있는 종업원의 지급금액, 상여금지급금액 등이 보고기간 말 이후에 확정되는 경우 B. 보고기간 말 이전에 매각한 자산의 금액을 보고기간 말 이후에 결정하는 경우 C. 보고기간 말 이후에 발생한 화재로 인하여 주요 생산설비가 손실되는 경우 D. 전기에 발생한 회계적 오류를 보고기간 이후에 발견하는 경우 E. 손상차손을 인식한 자산에 대하여 손상차손금액의 수정을 요하는 정보를 보고기간 이후에 입수하는 경우 F. 보고기간 말과 재무제표가 사실상 확정된 시기 사이에 매출처가 파산하는 경우 G. 단기매매증권의 공정가치가 보고기간 말과 재무제표가 사실상 확정된 시기 사이에 하락하는 경우

① 1개 ② 2개 ③ 3개 ④ 4개 ⑤ 5개

★★★
05
□□□

충당부채 및 보고기간후사건

다음 중 충당부채와 우발자산에 대한 설명으로 옳은 것은?

① 우발자산은 미래에 확정되기 이전에도 자산으로 인식할 수 있다.
② 부채의 인식요건을 충족하는 판매 후 품질 등을 보증하는 경우와 판매촉진을 위한 포인트 적립 마일리지 제도 등은 충당부채에 해당하지 않는다.
③ 충당부채는 과거사건이나 결과로 인해 현재의무로 존재가능성이 매우 높아 주석으로 계상한다.
④ 충당부채의 인식요건 중 하나는 과거사건이나 거래의 결과로 현재의 의무가 존재하여야 하며, 이러한 현재의 의무는 의제의무도 포함된다.
⑤ 수선충당금은 자원의 유출가능성이 높고 그 금액을 신뢰성 있게 추정할 수 있어 충당부채로 인식한다.

★★
06
□□□

충당부채 및 보고기간후사건

다음은 A사의 충당부채에 관한 자료이다. 20×1년 손익계산서에 판매보증비용으로 인식할 금액은 얼마인가? (단, 회사는 20×0년에 설립되었고 판매보증기간은 판매 후 2년이다)

• 기초판매보증충당부채 3,000원 • 당기 중 전기에 판매한 제품의 판매보증비용 4,500원이 지출되었다. • 기말판매보증충당부채 3,700원

① 1,100원 ② 2,200원 ③ 3,200원
④ 4,200원 ⑤ 5,200원

★★★ **07** □□□

충당부채 및 보고기간후사건

×1년 1월 30일 발생한 소송사건에 대해서 ×2년 2월 5일에 판결이 확정되어 A사는 손해배상금으로 20억원을 변상하라는 판결을 받았다. 회사의 회계기간은 매년 1월 1일부터 12월 31일까지이다. ×1년의 주주총회일은 ×2년 3월 15일이다. 손해배상금 20억원의 회계처리로서 적당한 것은?

① 이사회에 보고만 한다.
② 주주총회에서 구두로 보고만 한다.
③ 아무런 회계처리를 하지 않는다.
④ 손해배상금 20억원을 재무제표에 계상하고 주석으로 기재한다.
⑤ 재무제표에 주석으로만 기재한다.

정답 및 해설

04 ② C. 보고기간 말 이후에 발생한 화재로 인한 주요 생산설비의 손실은 화재가 일어난 그다음 연도의 거래이다. 그러므로 보고기간 말 재무제표를 수정하지 않는다.
G. 단기매매증권의 공정가치가 보고기간 말과 재무제표가 사실상 확정된 시기 사이에 하락하는 경우에는 그다음 연도의 거래이다. 그러므로 보고기간 말 재무제표를 수정하지 않는다.

05 ④ 충당부채의 인식요건 중 하나는 과거사건이나 거래의 결과로 현재의 의무가 존재하여야 하며, 이러한 현재의 의무는 의제의무도 포함된다.

오답체크

① 우발자산은 미래에 확정되기 이전까지 자산으로 인식할 수 없다.
② 부채의 인식요건을 충족하는 판매 후 품질 등을 보증하는 경우와 판매촉진을 위한 포인트 적립 마일리지 제도 등은 충당부채에 해당한다.
③ 충당부채는 과거사건이나 결과로 인해 현재의무로 존재가능성이 매우 높아 재무상태표에 부채로 계상한다.
⑤ 수선충당금은 자원의 유출가능성이 높고 그 금액을 신뢰성 있게 추정할 수 있어도 충당부채로 인식하지 않는다.

06 ⑤ 기초 판매보증충당부채 + 당기 판매보증비용(A) = 당기 실제보증비지출액 + 기말 판매보증충당부채
3,000 + (A) = 4,500 + 3,700원
➲ 당기 판매보증비용(A) = 5,200원

07 ④ 수정을 요하는 보고기간후사건으로 재무상태표에 해당 금액을 반영한다.

★★
08
□□□

충당부채 및 보고기간후사건 최신출제유형

㈜뚠뚠이는 20×1년 중 신제품을 출시하면서 판매한 제품에 하자가 발생하는 경우 판매일로부터 1년간 무상으로 수리해주는 정책을 채택하였다. ㈜뚠뚠이는 보증비용으로 매출액의 4%가 발생하는 것으로 추정하였으며, 20×1년과 20×2년의 매출액과 실제 발생한 보증수리비용은 다음과 같다. 무상수리보증이 ㈜뚠뚠이의 20×2년도 당기손익에 미친 영향은 얼마인가?

(단위 : 원)

회계연도	매출액	실제보증비용	
		20×1년 분	20×2년 분
20×1년	400,000	6,000	–
20×2년	900,000	8,000	15,000

① 15,000원 ② 19,000원 ③ 21,000원
④ 34,000원 ⑤ 40,000원

정답 및 해설

08 ④ • 20×1년 말 제품보증충당부채 = 400,000 × 4% – 6,000 = 10,000원
• 20×2년 말 제품보증충당부채 = 900,000 × 4% – 15,000 = 21,000원
➲ 20×2년 당기손익에 미치는 영향 = (1) + (2) = (34,000)원
(1) 실제보증비용지출액 = (8,000) + (15,000) = (23,000)원
(2) 충당부채 증감액 = (21,000) – (10,000) = (11,000)원

제13절 | 종업원 급여

01 퇴직급여의 의의 ★

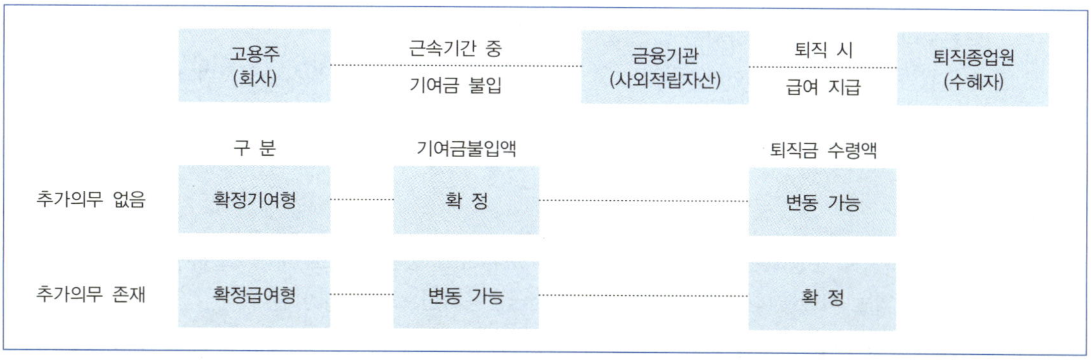

퇴직급여는 종업원이 퇴직한 이후에 지급하는 종업원 급여로서 단기종업원 급여와 해고급여는 제외한다. 퇴직급여는 지급시기가 종업원 퇴직시점이지만 근로에 대한 대가이며, 종업원이 퇴직급여에 대한 수급권을 획득하는 시기가 근속기간 중이므로 예상퇴직급여액을 당해 종업원의 근속기간 중에 비용으로 인식하고 이에 따른 부채를 계상해야 한다. 기업이 종업원에게 퇴직급여를 지급하는 근거가 되는 협약을 퇴직급여제도라 하고 퇴직급여제도는 제도의 주요 규약에서 도출되는 경제적 실질에 따라 다음과 같이 확정기여제도와 확정급여제도로 분류한다.

02 퇴직급여제도의 분류 ★★★

구 분	위험부담	불입액	지급액	회계처리		
확정기여형	종업원	확 정	변 동	기 여	(차) 퇴직급여	(대) 현금
	➲ 기업의 기여금 사전 확정 ➲ 종업원 기금의 운용책임			결 산	회계처리 없음	
				지 급	회계처리 없음	
확정급여형	기 업	변 동	확 정	기 여	(차) 퇴직연금자산	(대) 현금
	➲ 종업원 퇴직금 사전 확정 ➲ 기업 기금의 운용책임			결 산	(차) 퇴직급여	(대) 퇴직급여충당부채
				지 급	(차) 퇴직급여충당부채	(대) 퇴직연금자산

1. 확정기여제도

회사가 부담해야 할 금액인 기여금만 지급하면 의무가 끝나는 것이며 퇴직금을 지급해야 할 의무는 발생하지 않는다. 기업이 납부하여야 할 기여금을 퇴직급여로 하여 비용으로 인식하고, 퇴직연금운용자산, 퇴직급여충당부채 및 퇴직연금미지급금은 인식하지 않는다.

2. 확정급여제도

근로자가 퇴직 시에 수령할 퇴직급여가 근무기간과 평균임금에 의해 사전적으로 확정되어 있는 제도가 확정급여제도이다. 그러므로 사용자가 적립금을 직접 운용하므로 임금인상률, 퇴직률, 운용수익률 등 연금액 산정의 기초가 되는 가정에 변화가 있는 경우에도 그 위험을 사용자가 부담한다.

(1) 회계처리

① 종업원이 퇴직하기 전의 경우에는 보고기간 말 현재 종업원이 퇴직할 경우 지급하여야 할 퇴직일시금에 상당하는 금액을 측정하여 퇴직급여충당부채로 인식한다. 단, 퇴직급여충당부채에는 보험수리적 가정을 적용하지는 않는다.

② 종업원이 퇴직연금에 대한 수급요건 중 가입기간 요건을 갖추고 퇴사하였으며 퇴직연금의 수령을 선택한 경우, 보고기간 말 이후 퇴직종업원에게 지급하여야 할 예상퇴직연금합계액의 현재가치를 측정하여 퇴직연금미지급금을 인식하고 보험수리적 가정을 사용하여 추정한다.

(2) 공시

확정급여제도에서 운용되는 자산은 기업이 직접 보유하고 있는 것으로 보아 회계처리한다. 재무상태표에는 운용되는 자산을 하나로 통합하여 퇴직연금운용자산으로 표시한다.

재무상태표에 표시할 때에는 퇴직급여충당부채와 퇴직연금미지급금을 부채로 하여 퇴직연금운용자산을 차감하는 형식으로 표시한다. 퇴직연금운용자산이 퇴직급여충당부채와 퇴직연금미지급금의 합계액을 초과하는 경우에는 그 초과액을 투자자산의 과목으로 표시한다.

재무상태표

투자자산	부채 초과액	퇴직급여충당부채	××
		퇴직연금미지급금	××
		(퇴직연금운용자산)	(××)
			××

(3) 확정급여제도의 계산

퇴직급여충당부채

지급액	××	기초	기초 퇴직금일시지급추계액
기말(I)	기말 퇴직금일시지급추계액	당기설정액	퇴직급여(대차차액)

예제 1

확정급여형(DB) 퇴직연금제도를 채택하고 있는 A사의 20×2년 12월 31일 현재 종업원이 퇴직할 경우 퇴직일시금지급추계액은 100,000원이다. 20×1년 12월 31일 현재 퇴직일시금지급추계액은 60,000원이었고, 20×2년 중에 퇴직자에게 지급한 퇴직금은 20,000원이었다. 20×2년 12월 31일 결산 시점에 추가로 인식할 퇴직급여는 얼마인가? (단, 회계기간은 1. 1. ~ 12. 31.이고 회사는 일반기업회계기준에 따른 회계처리를 준수하고 있다)

풀이

퇴직급여충당부채

지급액		20,000	기초	기초 퇴직금일시지급추계액	60,000
기말(I)	기말 퇴직금일시지급추계액	100,000	당기설정액	퇴직급여(대차차액)	60,000

개념완성문제

01 확정기여제도에서는 퇴직연금운용자산, 퇴직연금미지급금을 인식한다. (O, X)

02 퇴직급여충당부채를 설정할 경우 보험수리적 가정에 의한 퇴직급여충당부채를 설정하지 않는다. (O, X)

03 퇴직연금운용자산은 퇴직급여충당부채의 차감계정으로만 계상할 수 있다. (O, X)

정답 및 해설

01 X 확정기여제도는 퇴직금과 관련하여 자산과 부채를 인식하지 않는다.

02 O

03 X 퇴직연금운용자산이 퇴직급여충당부채와 퇴직연금미지급금의 합을 초과하는 경우에는 그 초과액을 투자자산으로 표시한다.

출제예상문제

✔ 학습시간이 부족하거나 시험 전 최종정리를 하고 싶은 경우에는 출제빈도(★~★★★)가 높은 문제를 우선으로 풀이할 수 있습니다.

✔ 다시 봐야 할 문제(풀지 못한 문제, 헷갈리는 문제 등)는 문제 번호 하단의 네모박스(□)에 체크하여 반복 학습할 수 있습니다.

★
01 □□□

퇴직급여제도의 분류(계산형)

확정급여형 퇴직연금을 채택하고 있는 A사는 20×2년 12월 31일 현재 종업원(10명)이 퇴직할 경우 지급할 퇴직일시금이 50,000,000원이다. 20×2년 1월 1일 현재 퇴직급여충당부채는 30,000,000원이고 20×2년 중 퇴직종업원에 지급한 퇴직금이 20,000,000원이다. 20×2년도 제조원가에 반영될 퇴직급여는 얼마인가? (단, 생산직 7명, 사무직 3명이다)

① 20,000,000원　② 24,000,000원　③ 28,000,000원
④ 30,000,000원　⑤ 35,000,000원

★★
02 □□□

퇴직급여제도의 분류(계산형)

확정급여형(DB) 퇴직연금제도를 채택하고 있는 B사는 20×2년 12월 31일 현재 종업원이 퇴직할 경우 지급할 퇴직금 일시지급 추계액이 200,000원이다. 20×1년 12월 31일 현재 퇴직금 일시지급 추계액은 140,000원이었고, 20×2년 중에 퇴직자에게 지급한 퇴직금은 40,000원이었다. 20×2년 12월 31일 결산 시점에 추가로 인식할 퇴직급여는 얼마인가? (단, 회계기간은 1.1.~12.31.이고 B사는 일반기업회계기준에 따른 회계처리를 준수하고 있다)

① 20,000원　② 50,000원　③ 70,000원
④ 90,000원　⑤ 100,000원

정답 및 해설

01 ③ 20×2년도 제조원가에 반영될 퇴직급여 $= 40,000,000 \times \frac{7}{10} = 28,000,000$원

퇴직급여충당부채

지급	20,000,000	기초	기초 퇴직금일시지급추계액 30,000,000
기말	기말 퇴직금일시지급추계액 50,000,000	당기설정액	퇴직급여(대차차액) 40,000,000

02 ⑤

퇴직급여충당부채

지급액	40,000	기초	기초 퇴직금일시지급추계액 140,000
기말	기말 퇴직금일시지급추계액 200,000	당기설정액	퇴직급여(대차차액) 100,000

★★ **03** □□□

퇴직급여제도의 분류(계산형) 최신출제유형

A사의 퇴직급여충당부채 관련 내용이다. 20×2년 중 퇴직급여로 지급한 금액은 얼마인가? (단, 당기제품제조원가에는 생산부서에 근무하는 종업원에 대한 퇴직급여 100,000원이 포함되어 있다)

〈부분 재무상태표〉

구 분	20×2년 말	20×1년 말
퇴직급여충당부채	200,000원	100,000원

〈부분 손익계산서〉

- 매출원가 150,000원
- 퇴직급여 50,000원

① 10,000원 ② 20,000원 ③ 30,000원
④ 40,000원 ⑤ 50,000원

★★ **04** □□□

퇴직급여제도의 분류(계산형) 최신출제유형

㈜하늘의 퇴직급여충당부채 관련 내용은 다음과 같다. 20×2년 중 퇴직급여로 지급한 금액이 50,000원이라면, 20×2년 중 손익계산서에 계상될 퇴직급여는 얼마인가? (단, 당기제품제조원가에는 생산부서에 근무하는 종업원에 대한 퇴직급여 40,000원이 포함되어 있다)

〈부분 재무상태표〉

- 20×1년 말 퇴직급여충당부채 : 140,000원
- 20×2년 말 퇴직급여충당부채 : 190,000원

〈부분 손익계산서〉

- 매출원가 : 기초제품재고 20,000원, 당기제품제조원가 130,000원, 기말제품재고 0원
- 판매비와 관리비 : 퇴직급여 ? 원

① 20,000원 ② 30,000원 ③ 40,000원
④ 50,000원 ⑤ 60,000원

★★★ **05** □□□

퇴직급여제도의 분류(서술형)

퇴직급여에 대한 설명으로 옳은 것은?

① 확정기여제도에서는 퇴직연금운용자산, 퇴직연금미지급금을 퇴직급여로 인식한다.
② 퇴직연금운용자산은 퇴직급여충당부채의 차감계정으로만 계상할 수 있다.
③ 퇴직급여충당부채를 설정할 경우 보험수리적 가정에 의한 퇴직급여충당부채를 설정하는 것은 아니다.
④ 회사가 확정급여형 퇴직연금제도를 채택할 경우, 임금인상률과 퇴직률 등 연금액 산정의 기초가 되는 가정에 변화가 있는 경우에는 종업원이 그 위험을 부담한다.
⑤ 확정기여제도에서 회사는 퇴직급여충당부채를 설정한다.

★★

06 □□□ 퇴직급여제도의 분류(서술형)

종업원 급여의 범위에 포함될 수 <u>없는</u> 것은?

① 확정기여금 운용수익
② 조기퇴직자에 대한 인센티브
③ 임금과 상여금
④ 퇴직급여
⑤ 명예퇴직자, 현직 종업원에 대해 무상지원하는 주택

정답 및 해설

03 ⑤ 기초 100,000 + 퇴직급여 (100,000 + 50,000) = 지급액 + 기말 200,000
➲ 지급액 = 50,000원

04 ⑤ 기초 퇴직급여충당부채 140,000 + 설정액 = 지급액 50,000 + 기말 퇴직급여충당부채 190,000
∴ 설정액 = 100,000원
➲ 손익계산서에 계상될 퇴직급여 = 100,000 − 제품제조원가에 포함된 금액 40,000 = 60,000원

05 ③ 퇴직급여충당부채를 설정할 경우 보험수리적 가정에 의한 퇴직급여충당부채를 설정하는 것은 아니다.

오답체크

① 확정기여제도에서는 퇴직연금운용자산, 퇴직연금미지급금은 퇴직급여로 인식하지 않는다.
② 퇴직연금운용자산이 퇴직급여충당부채와 퇴직연금미지급금의 합을 초과하는 경우에는 그 초과액을 투자자산으로 표시한다.
④ 회사가 확정급여형 퇴직연금제도를 채택할 경우, 임금인상률과 퇴직률 등 연금액 산정의 기초가 되는 가정에 변화가 있는 경우에는 회사가 그 위험을 부담한다.
⑤ 확정기여제도에서 회사는 퇴직급여충당부채를 설정하지 않는다.

06 ① 확정기여금은 종업원급여에 해당하지만 운용수익은 회사의 몫이 아니다.

★★★ 퇴직급여제도의 분류(계산형) 최신출제유형

07

㈜포도는 확정급여형 퇴직연금제도를 채택하고 있다. 임직원이 모두 퇴직할 경우 퇴직일 시금은 ×1년 말 현재 ₩1,000,000, ×2년 말 현재 ₩500,000이며, 보험수리적 가정에 의한 퇴직금추계액은 ×1년 말 현재 ₩1,200,000, ×2년 말 현재 ₩600,000이다. ×2년 중에 퇴직자에게 지급한 퇴직금이 ₩300,000인 경우 ×2년 말 현재 회계처리로 옳은 것은?

① 퇴직급여충당부채 ₩300,000을 환입하고, 당기순손익에 반영한다.
② 퇴직급여충당부채 ₩200,000을 환입하고, 당기순손익에 반영한다.
③ 퇴직급여충당부채 ₩200,000을 환입하고, 전기오류수정이익에 반영한다.
④ 퇴직급여 ₩300,000을 비용처리하고, 당기순이익에 반영한다.
⑤ 퇴직급여 ₩200,000을 비용처리하고, 당기순이익에 반영한다.

★★ 종업원급여의 분류

08

다음 자료를 이용하여 계산한 발생 즉시 비용으로 인식되는 금액의 합계는 얼마인가?

1) 연구부서(연구비로 분류)의 근로자 급여 10,000원, 퇴직급여 2,000원
2) 개발비 요건을 충족하는 부서의 근로자 급여 30,000원, 퇴직급여 4,000원
3) 관리직 근로자의 급여 12,000원, 퇴직급여 5,000원
4) 생산직 근로자의 급여 10,000원, 퇴직급여 4,000원

① 24,000원　② 29,000원　③ 30,000원
④ 32,000원　⑤ 33,000원

정답 및 해설

07 ② 일반기업회계기준에서는 보험수리적가정을 사용하여 추계액을 사용하지 않는다.
퇴직급여충당부채 환입액 : (1,000,000 − 300,000) − 500,000 = 200,000

08 ② 비용처리되는 금액 : 10,000 + 2,000 + 12,000 + 5,000 = 29,000
1) 연구부서(연구비로 분류)의 근로자 급여 10,000원, 퇴직급여 2,000원
3) 관리직 근로자의 급여 12,000원, 퇴직급여 5,000원

제14절 자본

01 자본의 의의 ★

자본은 기업의 경제적 자원 중 주주들에게 귀속되는 지분을 말하며 주주지분 또는 잔여지분이라고도 한다.

자산 − 부채 = 자본(소유주지분, 자기자본, 순자산, 주주지분)

02 자본의 분류 ★★★

거래의 구분	한국채택국제회계기준	일반기업회계기준
자본거래	납입자본	자본금
		자본잉여금
	기타자본요소	자본조정
손익거래		기타포괄손익누계액
	이익잉여금	이익잉여금

1. 자본거래

자본거래의 결과는 당기손익에 반영되어서는 안 되며, 자본거래의 결과로 발생한 이익과 손실은 거래별로 서로 상계한 이후의 잔액만을 표시한다. 상계한 후의 잔액이 대변잔액이면 자본에 가산하여 표시하고, 차변잔액이면 자본에 차감하여 표시한다.

또한 자본거래의 결과에는 손익이 발생하지 않고 부(−)의 자본이 발생하는 경우도 있다. 이 경우, 부(−)의 자본은 자본에서 차감하여 표시하고 납입자본이나 기타자본구성요소로 적절하게 구분하여 표시한다.

자본거래의 결과로 증가하는 자본은 주주들에게 배당할 수 없으며, 자본전입이나 결손보전 이외의 목적에는 사용할 수 없다.

(1) 자본금(순자산에 미치는 효과 : +)

자본금이란 주주가 납입한 자본 중 상법의 규정에 따라 자본금으로 계상한 부분을 의미한다.

보통주자본금	보통주발행주식수 × 액면금액
우선주자본금	우선주발행주식수 × 액면금액

(2) 자본잉여금(순자산에 미치는 효과 : +)

자본잉여금이란 자본금 이외에 주주들이 추가로 출자한 금액을 의미한다.

주식발행초과금	발행금액[1] > 액면금액
기타자본잉여금	감자차익(자본감소액 > 감자대가)
	자기주식처분이익(재발행금액 > 취득원가)
	주식선택권(행사되지 않고 만료된 경우)
	자산수증이익(주주에게 증여받은 자산의 공정가치)

[1] 신주발행을 위하여 직접 발생한 비용을 차감한 후의 금액

(3) 자본조정(순자산에 미치는 효과 : +, −)

자본조정이란 납입자본 중 자본금과 자본잉여금을 제외한 임시적인 자본항목으로서 자본에서 차감 또는 가산되어야 하는 항목을 의미한다.

자기주식	자기주식의 취득원가
기타자본조정	주식할인발행차금(이익잉여금처분으로 상각)
	주식선택권(주식결제형 주식기준보상거래)
	미교부주식배당금(발행될 주식의 액면금액)
	감자차손(감자대가 > 자본감소액)
	자기주식처분손실(재발행금액 < 취득원가)
	신주청약증거금(주식을 발행하는 시점에 자본금으로 대체)
	전환권대가, 신주인수권대가(발행금액 − 사채의 현재가치)

2. 손익거래

손익거래의 결과는 원칙적으로 모두 당기손익이 포함되어야 한다. 그러나 손익거래의 결과이지만 정책적인 목표나 기타의 이유로 인하여 당기손익에 포함시키기 어려운 경우에는 포괄손익계산서의 기타포괄손익으로 하여 총포괄이익에 포함시킨다.

기타포괄손익은 총포괄손익에 포함한 직후 누적금액을 재무상태표의 자본항목으로 구분하여 보고하는데, 후속적으로 당기손익으로 재분류되거나 다른 자본항목으로 대체될 수 있다. 누적금액이 자본항목으로 보고되는 기타포괄손익은 기타자본구성요소에 포함시킨다.

재무상태표에 당기순이익의 누적액을 이익잉여금으로 보고하며, 당기순손실의 누적액을 결손금으로 보고한다.

(1) 기타포괄손익누계액(순자산에 미치는 효과 : +, −)

매도가능증권평가손익, 해외사업장환산외환차익, 현금흐름위험회피 파생상품평가손익(효과적인 부분), 유형자산의 재평가잉여금, 확정급여제도의 재측정요소, 관계기업기타포괄손익이 해당된다.

(2) 이익잉여금(결손금)(순자산에 미치는 효과 : +, −)

매년 발생한 당기순익에서 배당이나 자본조정항목의 상각 등으로 사용한 금액을 차감한 잔액을 의미한다.

법정적립금	Min[이익배당액 × 10%, 자본금 × 1/2 − 이익준비금 기적립분]
임의적립금	회사의 선택에 따라 임의적으로 적립된 이익잉여금
미처분이익잉여금 (미처리결손금)[1]	회사가 창출한 당기순손익 중 배당, 자본조정항목의 상각 또는 다른 이익잉여금 계정으로 대체되지 않고 남은 이익잉여금

[1] 미처리결손금은 후속적으로 임의적립금이나 이익준비금의 다른 잉여금이나 자본잉여금과 상계한다.

03 자본거래 ★★★

구 분		손실(−)		이익(+)
자본거래	증자거래	주식할인발행차금	우 선	주식발행초과금
	감자거래	감자차손	↔	감자차익
	자기주식	자기주식처분손실	상 계	자기주식처분이익
수익거래(N/I)		결손금	↔	이익잉여금

1. 유상증자

자본금은 기업이 유지해야 할 최소한의 자본을 말하며, 재무상태표에 보고될 자본금은 실제로 발행된 주식의 액면총액을 말한다. 그러나 주식의 발행금액은 일반적으로 액면금액과 일치하지 않는다.

주식의 발행금액이 액면금액을 초과하는 경우 그 금액을 주식발행초과금의 과목으로 하여 자본항목으로 표시하고, 주식의 발행금액이 액면금액을 미달하는 경우 동 금액은 주식할인발행차금의 과목으로 하여 부(−)의 자본항목으로 표시한다. 주식발행초과금과 주식할인발행차금은 발생순서와 관계없이 서로 상계한다. 주식할인발행차금은 주주총회에서 이익잉여금의 처분으로 상각할 수 있다.

[할증발행]

(차) 현금	발행금액	(대) 자본금	액면금액 × 발행주식수
		주식발행초과금[1]	대차차액
(차) 주식발행초과금	××	(대) 현금	신주발행비 등

[할인발행]

(차) 현금	발행가액	(대) 자본금	액면금액 × 발행주식수
주식할인발행차금[1]	대차차액		
(차) 주식할인발행차금	××	(대) 현금	신주발행비 등

[1] 주식발행초과금과 주식할인발행차금은 서로 우선상계

예제 1

12월 말 결산법인인 ㈜포도는 20×1년 초에 보통주 1주(액면금액 ₩100)를 주당 ₩100에 액면발행하였다.

1. ㈜포도는 20×1년 10월 1일에 보통주 1주를 주당 ₩120에 할증발행하였다.
2. ㈜포도는 20×1년 11월 1일에 보통주 1주를 주당 ₩50에 할인발행하였다. 이때, 주당 ₩10의 신주발행비가 발생하였다.

각 일자별로 회계처리를 보이고, 각 일자별 재무상태표를 보이시오.

풀이

- 20×1년 초

(차) 현금	발행금액 100	(대) 자본금	액면금액 × 발행주식수 100

B/S

현금	100		
		자본금	100

1. 20×1년 10월 1일

(차) 현금	발행금액 120	(대) 자본금	액면금액 × 발행주식수 100
		주식발행초과금	대차차액 20

B/S

현금	220		
		자본금	200
		자본잉여금	20

2. 20×1년 11월 1일

(차) 현금	발행금액 50	(대) 자본금	액면금액 × 발행주식수 100
주식발행초과금	우선상계 20		
주식할인발행차금	대차차액 30		
(차) 주식할인발행차금	신주발행비 10	(대) 현금	10

B/S

현금	260		
		자본금	300
		자본잉여금	0
		자본조정	(40)

2. 유상감자

유상감자는 기업이 발행주식을 법적으로 감소시키고, 이에 대한 대가를 주주들에게 지분 비율에 따라 금전으로 지급하는 자본거래를 말한다. 주식을 소각하는 경우에는 현금이 유출되어 자본총계가 감소하게 되므로 실질적 감자라고 한다.

감자차손익은 주식의 액면금액과 유상감자 대가의 차액으로 계산한다. 또한 유상감자의 대가가 액면금액에 미달하는 경우 동 미달액은 감자차익의 과목으로 하여 자본잉여금으로 분류한다. 유상감자의 대가가 액면금액을 초과하는 경우 동 초과액은 감자차손의 과목으로 하여 자본조정으로 분류한다. 감자차익과 감자차손은 발생순서에 관계없이 서로 상계한다. 감자차손은 주주총회에서 이익잉여금의 처분으로 상각할 수 있다.

[감자대가 < 액면금액]

(차) 자본금	액면금액	(대) 현금	감자대가
		감자차익[1]	대차차액

[감자대가 > 액면금액]

(차) 자본금	액면금액	(대) 현금	감자대가
감자차손[1]	대차차액		

[1] 감자차익과 감자차손은 서로 우선상계

예제 2

12월 말 결산법인인 ㈜포도는 20×1년 초에 보통주 3주(액면금액 ₩100)를 주당 ₩200에 할증발행하였다.

1. ㈜포도는 20×1년 10월 1일에 보통주 1주를 주당 ₩90에 취득하고 즉시 소각하였다.
2. ㈜포도는 20×1년 11월 1일에 보통주 1주를 주당 ₩120에 취득하고 즉시 소각하였다.

각 일자별로 회계처리를 보이고, 각 일자별 재무상태표를 보이시오.

풀이

- **20×1년 1월 1일**

(차) 현금	발행금액 600	(대) 자본금	액면금액 × 발행주식수 300
		주식발행초과금	대차차액 300

B/S

현금	600		
		자본금	300
		자본잉여금	300

1. 20×1년 10월 1일

(차) 자본금	액면금액 100	(대) 현금	감자대가 90
		감자차익	대차차액 10

B/S

현금	510		
		자본금	200
		자본잉여금	310

2. 20×1년 11월 1일

(차) 자본금	액면금액 100	(대) 현금	감자대가 120
감자차익	우선상계 10		
감자차손	대차차액 10		

B/S

현금	390		
		자본금	100
		자본잉여금	300
		자본조정	(10)

3. 자기주식

(1) 자기주식의 취득

기업이 자기지분상품인 자기주식을 유상으로 취득하는 경우 취득원가로 취득가액을 계상하고, 유통 중인 주식이 아님을 공시하기 위해 자본의 차감항목으로 하여 재무상태표에 공시(자본조정)한다.

(차) 자기주식	자본조정(자본의 차감)	(대) 현금	취득원가

(2) 자기주식의 처분

기업이 취득한 자기주식을 외부로 처분하는 경우 처분대가와 처분된 자기주식의 장부금액인 취득원가와의 차이를 자기주식처분이익(자본잉여금) 또는 자기주식처분손실(자본조정)로 인식한다. 자기주식처분손실은 자기주식처분이익과 우선상계한다. 자기주식처분손실은 주주총회에서 이익잉여금의 처분으로 상각할 수 있다.

[처분대가 > 취득금액]

(차) 현금	처분대가	(대) 자기주식	취득금액
		자기주식처분이익[1]	대차차액

[처분대가 < 취득금액]

(차) 현금	처분대가	(대) 자기주식	취득금액
자기주식처분손실[1]	대차차액		

[1] 자기주식처분이익과 자기주식처분손실은 서로 우선상계

(3) 자기주식의 소각

기업이 취득한 자기주식을 소각시키는 자본거래를 말한다. 이는 결과적으로 자본을 감소시키는 감자거래이므로 소각되는 주식의 자본금을 감소시키고, 자기주식의 장부금액인 취득원가와의 차이를 감자차익(자본잉여금) 또는 감자차손(자본조정)으로 인식한다. 자기주식의 소각의 경우 자본총계에 미치는 영향은 없다.

[취득금액 < 액면금액]

(차) 자본금	액면금액	(대) 자기주식	취득금액
		감자차익[1]	대차차액

[취득금액 > 액면금액]

(차) 자본금	액면금액	(대) 자기주식	취득금액
감자차손[1]	대차차액		

[1] 감자차익과 감자차손은 서로 우선상계

예제 3

12월 말 결산법인인 ㈜포도는 20×1년 초에 보통주 3주(액면금액 ₩100)를 주당 ₩100에 액면발행하였다.

1. ㈜포도는 20×1년 10월 1일에 자기주식 3주를 주당 ₩80에 취득하였다.
2. ㈜포도는 20×1년 11월 1일에 자기주식 1주를 주당 ₩100에 재발행하였다.
3. ㈜포도는 20×1년 11월 30일에 자기주식 1주를 주당 ₩50에 재발행하였다.
4. ㈜포도는 20×1년 12월 1일에 자기주식 1주를 소각하였다.

각 일자별로 회계처리를 보이고, 각 일자별 재무상태표를 보이시오.

풀이

• 20×1년 1월 1일

(차) 현금	발행금액 300	(대) 자본금	액면금액 × 발행주식수 300

B/S

현금	300		
		자본금	300

1. 20×1년 10월 1일

(차) 자기주식	취득금액 240	(대) 현금	취득금액 240

B/S

현금	60		
		자본금	300
		자본조정	(240)

2. 20×1년 11월 1일

(차) 현금	재발행금액 100	(대) 자기주식	취득금액 80
		자기주식처분이익	대차차액 20

B/S

현금	160		
		자본금	300
		자본잉여금	20
		자본조정	(160)

3. 20×1년 11월 30일

(차) 현금	재발행금액 50	(대) 자기주식	취득금액 80
자기주식처분이익	우선상계 20		
자기주식처분손실	대차차액 10		

B/S

현금	210		
		자본금	300
		자본잉여금	0
		자본조정	(90)

4. 20×1년 12월 1일

(차) 자본금	100	(대) 자기주식	80
		감자차익	20

B/S

현금	210		
		자본금	200
		자본잉여금	20
		자본조정	(10)

4. 무상증자

상법에서는 주주총회 또는 이사회의 결의에 의하여 자본잉여금 또는 이익잉여금 중 법정적립금의 전부 또는 일부를 자본금으로 전입(액면발행만 가능)하고, 그 전입액에 대해서는 신주를 발행하여 주주에게 무상으로 교부할 수 있도록 하고 있는데 이를 무상증자라고 한다.

무상증자의 회계처리

(차) 자본잉여금 or 법정적립금(이익준비금)	××	(대) 자본금	××

유상증자는 주식발행으로 현금이 유입되기 때문에 실질적으로 순자산이 증가하지만, 무상증자는 자본잉여금 또는 이익잉여금 중 법정적립금이 자본금으로 대체되는 것이므로 순자산의 변동(= 자본총계) 없이 발행주식수만 증가할 뿐이다.

5. 무상감자

무상감자는 주주들에게 대가를 지급하지 않고 주당 액면금액을 감액시키거나 주식수를 일정 비율로 감소시키는 것을 말한다. 무상감자는 현금유출도 없고 자본이 감소하지도 않으므로 형식적 감자라고 한다.

무상감자의 회계처리

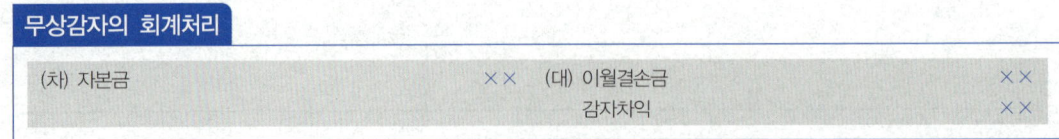

(차) 자본금	××	(대) 이월결손금	××
		감자차익	××

일반적으로 무상감자는 누적결손금이 커지는 경우 결손보전 등의 목적으로 감자대가의 지급 없이 무상으로 주식을 상환하여 소각시키는 자본거래로, 자본금을 감소시키지만 순자산 총액은 변하지 않는다. 무상감자의 경우 감자대가가 없으므로 감자차익만 발생하고, 감자차손은 발생하지 않는다. 감자차손이 발생하려면, 감소되는 자본금보다 보전할 결손금이 더 많아야 하는데, 이는 보전되지 않은 결손금을 보유하는 상태에서 자본거래 손익을 발생시키는 결과가 된다. 자본거래손실은 주주총회의 결의를 통하여 미처분이익잉여금과 상계될 부분인데, 아직 결손금이 남아있는 회사에 미처분이익잉여금이란 있을 수 없다. 그러므로 결손보전의 과정에서 감자차손이 발생하는 회계처리는 적절하지 않다.

04 손익거래 ★

손익거래는 기업의 순자산을 증감시키는 거래 중 자본거래를 제외한 모든 거래를 말한다. 손익거래의 결과는 포괄손익계산서에 당기순이익으로 보고되며, 동 금액은 다시 이익잉여금으로 대체된다. 이익잉여금은 매년 발생한 당기순손익에서 배당이나 자본조정항목의 상각 등으로 사용한 금액을 차감한 잔액이다.

> 이익잉여금[1] = Σ[(수익 − 비용) − 배당(사외유출) ± 자본전입·이입]

[1] 회사 설립 시점부터 이익잉여금 계산 시점까지를 나타낸다.

이익잉여금은 기타포괄손익누계액과 달리 자본 중에서 기업이 배당금 등으로 처분할 수 있는 부분이다.

1. 이익잉여금의 세부적 분류

이익잉여금	법정적립금(이익준비금)	영구적으로 현금배당 불가능
	임의적립금	일시적으로 현금배당 불가능
	미처분이익잉여금	즉시 현금배당 가능

(1) 법정적립금

법정적립금의 대표적인 예는 상법에 따라 적립하는 이익준비금이다. 기업의 다른 이해관계자들을 보호하기 위하여 관련 법률에 의해 강제적으로 적립이 되어 현금배당이 제한되는 이익잉여금을 말한다. 우리나라는 상법의 규정에 따라 이익준비금을 자본금의 1/2에 달할 때까지 현금이나 현물배당액의 10% 이상을 의무적으로 적립하도록 하고 있다.

> 이익준비금의 최소적립액 = Min[이익배당가능액 × 10%, 자본금 × 1/2 − 이익준비금 기적립분]

(2) 임의적립금

임의적립금은 기업의 선택에 따라 임의적으로 적립된 이익잉여금을 말한다. 임의적립금은 주주총회의 승인을 통해 언제든지 미처분이익잉여금으로 다시 이입하여 배당의 재원 등으로 사용할 수 있다.

(3) 미처분이익잉여금

회사가 창출한 당기순손익 중 배당, 자본조정항목의 상각 또는 다른 이익잉여금계정으로 대체되지 않고 남아있는 이익잉여금을 말한다. 일반적으로 전기이월미처분이익잉여금에 당기순손익의 합계로 계산된다.

2. 배당

배당은 기업의 경영활동의 결과로 창출한 이익을 주주들에게 배분하는 것으로 자기자본에 대한 이자라고 할 수 있다. 배당은 현금으로 지급되는 것이 일반적이지만 경우에 따라서는 주식 등 다른 형태로 지급되기도 한다.

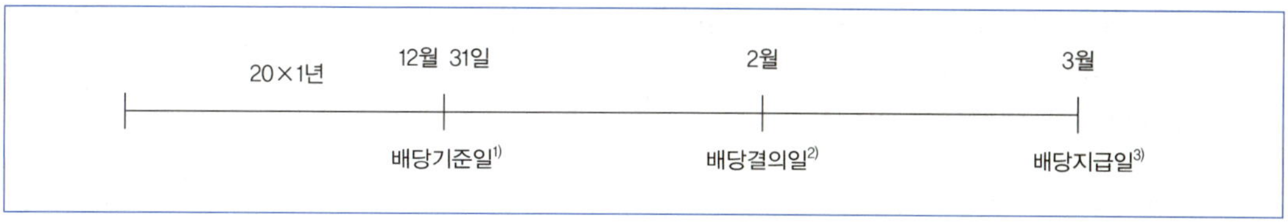

[1] 배당을 받을 권리가 있는 주주들을 결정하는 날
[2] 이익잉여금을 배당으로 처분하도록 주주총회에서 결의한 날
[3] 주주총회에서 배당으로 선언된 금액을 실제 지급한 날

(1) 현금배당

배당금을 현금으로 지급하는 것으로 실질적인 채무는 배당선언일에 발생한다. 회사는 배당선언일에 미지급배당금으로 처리하고, 실제 배당금을 현금으로 지급하는 시점에 현금지급액과 상계한다. 기업이 현금배당을 하게 되면, 미처분이익잉여금의 감소와 함께 자본총계가 감소하게 된다.

현금배당의 회계처리

[배당기준일]

회계처리 없음

[배당결의일]

(차) 미처분이익잉여금	1.1A	(대) 미지급배당금(유동부채)	A
		이익준비금	0.1A

[배당지급일]

(차) 미지급배당금	××	(대) 현금	××

(2) 주식배당

회사가 주식을 신규로 발행하여 주주들에게 배당하는 것을 말한다. 기업이 주식배당을 하게 되면 현금배당과 같이 미처분이익잉여금이 감소하지만 자본총액은 감소하지 않는다는 특징이 있다.

(3) 중간배당

연 1회의 결산기를 정한 회사는 정관에 정한 경우 영업연도 중 1회에 한하여 이사회의 결의로 일정한 날을 정하여 그 날의 주주에 대하여 배당을 할 수 있는데, 이러한 배당을 중간배당이라고 한다. 중간배당은 현금배당이나 현물배당만 가능하고 이사회의 결의로 배당한다는 점에서 정기주주총회에서 결의되어 지급되는 연차배당과는 다르다.

중간배당도 이익배당이므로 이익준비금을 적립하여야 한다. 따라서 정기주주총회에서 이익준비금을 적립할 금액은 중간배당액과 정기주주총회에서 결의될 연차배당액의 합계액을 기준으로 계산하여야 한다.

중간배당의 회계처리

[중간배당의 이사회 결의 시]

(차) 미처분이익잉여금	A	(대) 미지급배당금	A

[중간배당 지급 시]

(차) 미지급배당금	A	(대) 현금	A

[해당 연도 주주총회 결의 시 중간배당에 대한 이익준비금 적립]

(차) 미처분이익잉여금	0.1A	(대) 이익준비금	0.1A

(4) 주식분할과 주식병합

주식분할은 하나의 주식을 여러 개의 주식으로 분할하는 것이고 주식병합은 여러 개의 주식을 하나의 주식으로 병합하는 것을 말한다. 주식분할과 주식병합은 자본구성내역에 변동이 없기 때문에 회계처리하지 않는다.

3. 이익잉여금의 처분시기와 회계처리, 이익잉여금처분계산서

(1) 이익잉여금의 처분시기

이익잉여금 처분에 따른 회계처리시기는 주주총회 결의일이다. 기업의 결산일이 20×1년 12월 31일인 경우 20×1년도 주주총회는 일반적으로 20×2년 2월에 개최되어 이익잉여금 처분으로 포함한 여러 가지 사항에 대해 결정한다. 만약에 20×1년도 주주총회가 20×2년 2월 15일에 개최되어 이익잉여금 처분에 대한 내용을 승인했다면 동 일자에 관련 회계처리를 장부에 반영한다. 그 이유는 20×1년 12월 31일에는 이익잉여금의 처분에 대한 아무런 결정이 없었기 때문이다. 그러므로 20×1년 말 재무상태표에 표시되는 이익잉여금의 잔액은 처분하기 전의 금액이다.

이익잉여금의 처분시기 구조

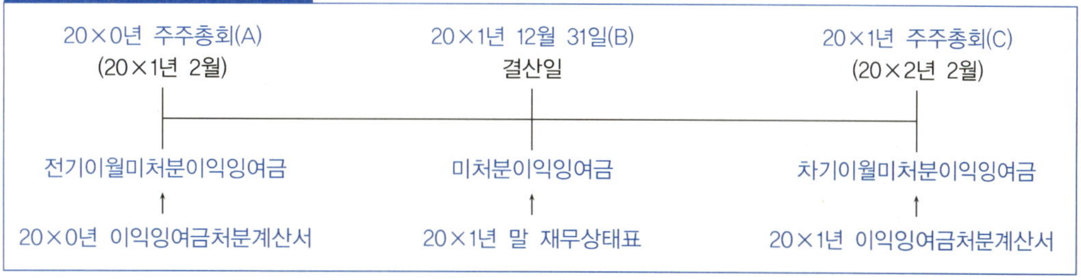

(2) 이익잉여금의 처분 회계처리

① 주주총회 이후 결산일까지의 회계기간 동안 미처분이익잉여금의 변동내역[(A) ➲ (B)]

미처분이익잉여금은 전기에서 처분되지 않고 당기로 이월된 전기이월미처분이익잉여금에 중간배당액을 차감하고 당기순이익을 가산하여 산출한다. 이때 재평가잉여금 중 사용기간 동안 이익잉여금으로 대체한 금액도 미처분이익잉여금에 가산한다.

미처분이익잉여금을 계산하는 내용은 보고기간 말에 회계처리하고, 보고기간 말 현재 재무상태표의 자본에는 미처분이익잉여금으로 보고된다.

결산일의 미처분이익잉여금 계산구조 및 회계처리

기말미처분이익잉여금(B) : 전기이월미처분이익잉여금(A) + 재평가잉여금 대체액 − 중간배당액(이익준비금 적립액 포함 ×) + 당기순이익

(차) 이월이익잉여금(A)	××	(대) 중간배당지급액	××
집합손익(N/I)	××	미처분이익잉여금(B)	××
재평가잉여금	××		

✔ **핵심체크**

미처분이익잉여금은 재무상태표상 미처분이익잉여금과 일치하여야 한다. 이는 임의적립금 이입액과 이익잉여금처분액에 대한 회계처리는 보고기간 말이 아닌 차기에 개최되는 주주총회에서 승인한 시점에 이루어지기 때문이다.

② 결산일 이후 주주총회일 직후까지의 회계기간 동안 미처분이익잉여금의 변동내역[(B) ➲ (C)]

적립목적이 달성된 임의적립금은 처분 이전의 상태로 환원하여 다시 처분할 수 있다. 임의적립금을 처분 이전의 상태로 환원하는 것을 임의적립금의 이입이라고 하는데, 임의적립금을 이입하는 회계처리는 정기주주총회일에 하여야 한다.

보고기간 말의 미처분이익잉여금과 임의적립금이입액의 합계액은 처분 가능한 이익잉여금이 된다. 처분 가능한 이익잉여금은 관련 법령 및 정관에서 정한 순서에 따라 적절한 방법으로 처분한다. 미처분이익잉여금은 다음과 같은 순서로 처분하고, 남은 잔액은 차기로 이월된다. 미처분이익잉여금을 처분하는 회계처리도 정기주주총회일에 하여야 한다.

- 이익준비금 적립액
- 이익잉여금처분에 의한 상각액 : 주식할인발행차금 상각액, 자기주식처분손실, 감자차손
- 배당금 : 현금배당, 주식배당
- 임의적립금 적립액

주주총회일 직후의 미처분이익잉여금 계산구조 및 회계처리

차기이월미처분이익잉여금(B) : 미처분이익잉여금(B) + 임의적립금 이입액 – 현금배당 – 주식배당 – 이익준비금 적립 – 임의적립금 적립 – 자본거래손실 상각 등

(차) 미처분이익잉여금(B)	××	(대) 이익준비금	××
		주식할인발행차금	××
		미지급배당금	××
		미교부주식배당금	××
		사업확장적립금 등	××
		이월이익잉여금(C)	××

(3) 이익잉여금처분계산서

이익잉여금처분계산서 양식 및 효과 분석

		미처분 이익잉여금	이익잉여금 변동액	자본총계 변동액
Ⅰ. 미처분이익잉여금(B)	← 당기말 B/S상 미처분이익잉여금			
전기이월미처분이익잉여금(A)				
회계정책변경누적효과				
전기오류수정				
– 중간배당액		감 소	감 소	감 소
+ 재평가잉여금 이익잉여금 대체		증 가	증 가	변동 없음
+ 당기순이익		증 가	증 가	증 가
Ⅱ. 임의적립금이입액	↑ 다음 회계연도의 정기주주총회일에 회계처리 ↓			
+ 사업확장적립금 등의 이입		증 가	변동 없음	변동 없음
Ⅲ. 이익잉여금처분액				
– 이익준비금 적립		감 소	변동 없음	변동 없음
– 주식할인발행차금 등 상각액		감 소	감 소	변동 없음
– 현금배당		감 소	감 소	감 소
– 주식배당		감 소	감 소	변동 없음
– 임의적립금 적립		감 소	변동 없음	변동 없음
Ⅳ. 차기이월미처분이익잉여금(C)	← 다음 기의 이월액			

개념완성문제

01 자기주식을 취득하면 자본금이 감소한다. (O, X)

02 자기주식처분손실은 (   )에 포함된다.

03 자기주식처분손실거래가 발생하면 전액 자본조정의 자기주식처분손실로 회계처리한다. (O, X)

04 주식할인발행차금은 장부상 주식발행초과금이 남아 있는 경우 비용으로 처리한다. (O, X)

05 자본잉여금은 누적된 결손의 보전을 위한 대체나 형식적 증자를 위해 자본금으로 전입시키는 경우에만 사용된다. (O, X)

06 자기주식을 재발행하여 자기주식처분이익이 발생한 경우 이는 자본조정으로 자본의 부가항목이다. (O, X)

07 일단 처분된 이익잉여금도 다시 미처분이익잉여금으로 환원될 수 있다. (O, X)

08 감자차익은 자본잉여금을 구성하며 결손금과 상계가 가능하다. (O, X)

정답 및 해설

01 X 자본은 감소하나 자본금에는 영향이 없다.

02 자본조정

03 X 자기주식처분손실거래가 발생하면 기존에 발생한 자기주식처분이익의 범위 내에서 우선 상계처리하고 미상계된 잔액이 있는 경우 자본조정의 자기주식처분손실로 회계처리한다.

04 X 주식발행초과금과 상계한다.

05 O

06 X 자본잉여금 항목이다.

07 O

08 O

09 유상감자를 하면 감소되는 자본금만큼 자본잉여금이 증가한다. (O, X)

10 자기주식을 취득하면 자본금과 자본잉여금 총액의 변동은 발생하지 않는다. (O, X)

11 감자차손은 결손금처리순서에 따라 처리하고, 잔액이 남을 경우 자본조정계정으로 남아 차기로 이연된다. (O, X)

12 취득한 자기주식은 취득목적에 관계없이 자본조정항목으로 기재한다. (O, X)

13 오류의 크기가 중요하지 않으면 이익잉여금처분계산서상 미처분이익잉여금이 감소된다. (O, X)

14 중간배당금을 기중에 지급하면 이익잉여금처분계산서상 미처분이익잉여금이 감소된다. (O, X)

15 주주총회에서 결의된 현금배당금은 결산 시점에 인식하지 않고 주주총회결의일에 인식한다. (O, X)

정답 및 해설

09 X 감자대가와 자본금의 차이만큼 자본잉여금이나 자본조정에 영향을 미친다.

10 O

11 O

12 O

13 X 당기순이익에 반영한다.

14 O

15 O

출제예상문제

✔ 학습시간이 부족하거나 시험 전 최종정리를 하고 싶은 경우에는 출제빈도(★~★★★)가 높은 문제를 우선으로 풀이할 수 있습니다.
✔ 다시 봐야 할 문제(풀지 못한 문제, 헷갈리는 문제 등)는 문제 번호 하단의 네모박스(□)에 체크하여 반복 학습할 수 있습니다.

★
자본의 분류

01 □□□ 다음 중 자본조정항목에 해당하는 것은 모두 몇 개인가?

A. 매도가능증권평가이익	D. 감자차손
B. 주식할인발행차금	E. 자기주식처분손실
C. 해외산업환산이익	

① 1개 ② 2개 ③ 3개 ④ 4개 ⑤ 5개

★★
자본의 분류

02 □□□ 다음은 D사의 20×1년 12월 31일 현재 자본의 내용과 관련된 자료이다. 자본잉여금의 합계액은 얼마인가?

• 감자차익 : 2,000원	• 자기주식처분이익 : 8,000원
• 이익준비금 : 5,000원	• 매도가능증권평가이익 : 1,000원
• 출자전환채무 : 7,000원	• 주식발행초과금 : 3,000원
• 자기주식 : 4,000원	

① 8,000원 ② 10,000원 ③ 12,000원
④ 13,000원 ⑤ 15,000원

정답 및 해설

01 ③ 자본조정항목에 해당하는 것은 주식할인발행차금, 자기주식, 주식매수선택권, 출자전환채무, 감자차손, 자기주식처분손실 등이다.

용어 알아두기
출자전환 : 채권자인 금융기관이 채무자인 기업에 빌려준 대출금을 주식으로 전환해 기업의 부채를 조정하는 방식

02 ④ D사의 자본잉여금 합계액 = 2,000 + 8,000 + 3,000 = 13,000원

참고 자본잉여금에는 주식발행초과금, 감자차익, 기타자본잉여금 등이 해당된다.

★★★

03 자본거래

다음 중 자본의 증가요인에 해당하는 것은 모두 몇 개인가?

A. 당기순이익의 발생	D. 신주인수권부사채의 신주인수권 행사
B. 전환사채의 전환청구	E. 유상증자
C. 전환우선주의 전환	F. 주식배당

① 1개 ② 2개 ③ 3개 ④ 4개 ⑤ 5개

★★

04 자본거래

다음 자본에 대한 설명으로 옳은 것은?

① 자기주식을 취득하면 자본금이 감소한다.
② 오류의 크기가 중요하지 않으면 전기오류수정손익은 재무상태표상 이익잉여금으로 회계처리한다.
③ 주주총회에서 결의된 현금배당금은 보고기간 종료일에 미지급배당금으로 부채를 인식한다.
④ 자기주식처분손실거래가 발생하면 기존에 발생한 자기주식처분이익의 범위 내에서 우선 상계처리하고 미상계된 잔액이 있는 경우 자본조정의 자기주식처분손실로 회계처리한다.
⑤ 자본금이 100,000원이고 이익준비금이 45,000원일 때, 당기에 현금배당을 80,000원으로 할 경우 설정하여야 할 이익준비금은 8,000원이 된다.

★★★ 자본거래

05 주식배당, 무상증자, 주식분할, 주식병합에 대한 설명으로 가장 옳지 않은 것은?

① 주식배당, 무상증자의 경우 총자본은 변하지 않는다.
② 무상증자, 주식분할의 경우 자본금이 증가한다.
③ 주식병합의 경우 발행주식수가 감소하지만 주식분할의 경우 발행주식수가 증가한다.
④ 주식분할의 경우 주당 액면금액이 감소하지만 주식배당, 무상증자의 경우 주당 액면금액은 변하지 않는다.
⑤ 주식배당은 자본금이 증가한다.

정답 및 해설

03 ④ 자본의 증가요인에 해당하는 것은 당기순이익 발생, 전환사채의 전환청구, 신주인수권부사채의 신주인수권 행사, 유상증자이다.

04 ④ 자기주식처분손실거래가 발생하면 기존에 발생한 자기주식처분이익의 범위 내에서 우선 상계처리하고 미상계된 잔액이 있는 경우 자본조정의 자기주식처분손실로 회계처리한다.

오답체크

① 자기주식을 취득해도 자본금은 변동이 없다.
② 오류의 크기가 중요하지 않으면 전기오류수정손익은 손익계산서상 영업외손익으로 회계처리한다.
③ 주주총회에서 결의된 현금배당금은 보고기간 종료일이 아닌 주주총회 결의 시점에 미지급배당금으로 부채를 인식한다.
⑤ 자본금이 100,000원이고 이익준비금이 45,000원일 때, 당기에 현금배당을 80,000원으로 할 경우 설정하여야 할 이익준비금은 5,000원이 된다. 이익준비금은 자본금의 1/2에 달할 때까지만 설정하면 된다.

05 ② 주식분할의 경우 자본금은 변하지 않는다.

참고 무상증자, 주식배당, 주식분할, 주식병합의 비교

구 분	무상증자	주식배당	주식분할	주식병합
발행주식수	증 가	증 가	증 가	감 소
주당 액면금액	불 변	불 변	감 소	증 가
자본금 총액	증 가	증 가	불 변	불 변
자본잉여금	감소 가능	불 변	불 변	불 변
이익잉여금	감소 가능	감 소	불 변	불 변

★★★

06 □□□

자기주식의 회계처리

다음은 20×1년에 발생한 자기주식과 관련된 거래이다. 해당 거래가 재무제표에 미치는 영향으로 옳은 것은?

- 20×1년 4월 1일 자기주식 100주(1주당 10,000원)를 1,000,000원에 취득하였다.
- 20×1년 8월 1일 자기주식 50주(1주당 12,000원)를 600,000원에 처분하였다.
- 20×1년 11월 1일 자기주식 50주(1주당 9,000원)를 450,000원에 처분하였다.

① 자본조정 50,000원 증가
② 자본조정 50,000원 감소
③ 자본잉여금 50,000원 증가
④ 자본잉여금 100,000원 감소
⑤ 자본에 영향 없음

★★★

07 □□□

자본거래 최신출제유형

㈜한국의 2016년 자본 관련 거래가 다음과 같을 때, 2016년에 증가한 주식발행초과금은? (단, 기초 주식할인발행차금은 없다고 가정한다)

- 3월 2일 : 보통주 100주(주당 액면금액 ₩500)를 주당 ₩700에 발행하였다.
- 5월 10일 : 우선주 200주(주당 액면금액 ₩500)를 주당 ₩600에 발행하였다.
- 9월 25일 : 보통주 50주(주당 액면금액 ₩500)를 발행하면서 그 대가로 건물을 취득하였다. 취득 당시 보통주의 주당 공정가치는 ₩1,000이었다.

① ₩20,000 ② ₩40,000 ③ ₩45,000
④ ₩65,000 ⑤ ₩66,000

정답 및 해설

06 ③

20×1년 4월 1일	(차) 자기주식	1,000,000	(대) 현금	1,000,000
20×1년 8월 1일	(차) 현금	600,000	(대) 자기주식 자기주식처분이익	500,000 100,000
20×1년 11월 1일	(차) 현금 자기주식처분이익	450,000 50,000	(대) 자기주식	500,000

07 ④ 2016년에 증가한 주식발행초과금 : 65,000

유상증자(3월) 20,000 + 유상증자(5월) 20,000 + 현물출자(9월) 25,000

- 3월 2일(유상증자) : (+) 20,000 = 100주 × @(700 − 500)
- 5월 10일(유상증자) : (+) 20,000 = 200주 × @(600 − 500)
- 9월 25일(현물출자) : (+) 25,000 = 50주 × @(1,000 − 500)

참고 거래별 회계처리

(1) 3월 2일(유상증자)의 회계처리

(차) 현금[1]	70,000	(대) 자본금[2] 주식발행초과금	50,000 20,000

[1] 현금 : 100주 × @700 = 70,000
[2] 자본금 : 100주 × @500 = 50,000

(2) 5월 10일(유상증자)의 회계처리

(차) 현금[1]	120,000	(대) 자본금[2] 주식발행초과금	100,000 20,000

[1] 현금 : 200주 × @600 = 120,000
[2] 자본금 : 200주 × @500 = 100,000

(3) 9월 25일(현물출자)의 회계처리

(차) 건물[2]	50,000	(대) 자본금[1] 주식발행초과금	25,000 25,000

[1] 자본금 : 50주 × @500 = 25,000
[2] 건물(발행금액) : 50주 × @1,000 = 50,000

★★★
자기주식의 회계처리

08 □□□

다음은 20×1년에 발생한 자기주식과 관련된 거래이다. 해당 거래가 재무제표에 미치는 영향으로 옳은 것은?

- 20×1년 5월 1일 자기주식 10주(1주당 10,000원)를 100,000원에 취득하였다.
- 20×1년 9월 1일 자기주식 5주(1주당 11,000원)를 55,000원에 처분하였다.
- 20×1년 12월 1일 자기주식 5주(1주당 8,000원)를 40,000원에 처분하였다.

① 자본조정 5,000원 감소
② 자본조정 5,000원 증가
③ 자본잉여금 5,000원 증가
④ 자본잉여금 10,000원 증가
⑤ 자본에 영향 없음

★★
자기주식의 회계처리

09 □□□

㈜한국의 20×1년 초 자본잉여금은 ₩1,000,000이다. 당기에 다음과 같은 거래가 발생하였을 때, 20×1년 말 자본잉여금은? (단, 다음 거래를 수행하는 데 충분한 계정 금액을 보유하고 있으며, 자기주식에 대하여 원가법을 적용한다)

- 2월에 1주당 액면금액이 ₩2,000인 보통주 500주를 1주당 ₩3,000에 발행하였다.
- 3월에 주주총회에서 총액 ₩200,000의 배당을 결의하였다.
- 4월에 자기주식 100주를 1주당 ₩2,500에 취득하였다.
- 3월에 결의한 배당금을 4월에 현금으로 지급하였다.
- 4월에 취득한 자기주식 40주를 9월에 1주당 ₩4,000에 처분하였다.

① ₩1,000,000　② ₩1,110,000　③ ₩1,510,000
④ ₩1,560,000　⑤ ₩1,600,000

정답 및 해설

08 ①

20×1년 5월 1일	(차) 자기주식	100,000	(대) 현금	100,000
20×1년 9월 1일	(차) 현금	55,000	(대) 자기주식 자기주식처분이익	50,000 5,000
20×1년 12월 1일	(차) 현금 자기주식처분이익 자기주식처분손실	40,000 5,000 5,000	(대) 자기주식	50,000

09 ④ ×1년 말 자본잉여금 = 기초 1,000,000 + 증가 (500,000 + 60,000) = ₩1,560,000

- 자본(기초) = ₩1,000,000
- 2월(유상증자) = 500주 × @(3,000 − 2,000) = + ₩500,000
- 3월(배당결의) = 자본잉여금과 관련없음
- 3월(배당지급) = 자본잉여금과 관련없음
- 4월(자기주식 취득) = 자본잉여금과 관련없음
- 4월(자기주식 처분) = 40주 × @(4,000 − 2,500) = + ₩60,000

참고 누적 회계처리

2월 유상증자	(차) 현금[1]	1,500,000	(대) 자본금[2] 주식발행초과금	1,000,000 500,000
	[1] 500주 × @3,000 = 1,500,000 [2] 500주 × @2,000 = 1,000,000			
3월 배당결의	〈현금배당의 결의〉			
	(차) 미처분이익잉여금	200,000	(대) 미지급배당	200,000
	〈주식배당의 결의〉			
	(차) 미처분이익잉여금	200,000	(대) 미교부주식배당	200,000
3월 배당지급	〈현금배당의 지급〉			
	(차) 미지급배당	200,000	(대) 현금	200,000
	〈주식배당의 지급〉			
	(차) 미교부주식배당	200,000	(대) 자본금	200,000
4월 자기주식 취득	(차) 자기주식[1]	250,000	(대) 현금	250,000
	[1] 100주 × @2,500 = 250,000			
4월 자기주식 처분	(차) 현금[1]	160,000	(대) 자기주식[2] 자기주식처분이익	100,000 60,000
	[1] 40주 × @4,000 = 160,000 [2] 40주 × @2,500 = 100,000			

★★★

10

□□□

자기주식의 회계처리 최신출제유형

㈜한국은 액면가액 ₩5,000인 주식 10,000주를 주당 ₩5,000에 발행하였다. ㈜한국은 유통주식수의 과다로 인한 주가관리 차원에서 20×1년에 1,000주를 매입·소각하기로 주주총회에서 결의하였다. ㈜한국은 두 번에 걸쳐 유통주식을 매입하여 소각하였는데 20×1년 6월 1일에 주당 ₩4,000에 500주를 매입한 후 소각했고, 20×1년 9월 1일에 주당 ₩7,000에 500주를 매입한 후 소각했다고 한다면 20×1년 9월 1일의 감자차손익 잔액은?

① 감자차익 ₩500,000
② 감자차손 ₩1,000,000
③ 감자차손 ₩500,000
④ 감자차익 ₩1,000,000
⑤ 감자차익 ₩1,500,000

정답 및 해설

10 ③ 20×1년 9월 1일의 감자차손 잔액 : 500,000
500주 × [@(5,000 − 4,000) + @(5,000 − 7,000)]

참고 거래별 회계처리

• 유상증자 관련 회계처리

(차) 현금[1)]	50,000,000	(대) 자본금[2)]	50,000,000

1) 현금 : 10,000주 × @5,000 = 50,000,000
2) 자본금 : 액면발행이므로 현금과 동일, 주식발행초과금 없음

• 6월 1일(자기주식의 취득·소각)의 회계처리

[자기주식의 취득 관련 회계처리]

(차) 자기주식[1)]	2,000,000	(대) 현금	2,000,000

1) 자기주식 : 500주 × @4,000 = 2,000,000

[자기주식의 소각 관련 회계처리]

(차) 자본금[1)]	2,500,000	(대) 자기주식[2)]	2,000,000
		감자차익	500,000

1) 자본금 : 500주 × @5,000 = 2,500,000
2) 자기주식 : 500주 × @4,000 = 2,000,000

• 9월 1일(자기주식의 취득·소각)의 회계처리

[자기주식의 취득 관련 회계처리]

(차) 자기주식[1)]	3,500,000	(대) 현금	3,500,000

1) 자기주식 : 500주 × @7,000 = 3,500,000

[자기주식의 소각 관련 회계처리]

(차) 자본금[1)]	2,500,000	(대) 자기주식[2)]	3,500,000
감자차익	500,000		
감자차손	500,000		

1) 자본금 : 500주 × @5,000 = 2,500,000
2) 자기주식 : 500주 × @7,000 = 3,500,000

★★ **11** □□□

이익잉여금처분계산서 최신출제유형

다음은 유통업을 영위하는 ㈜대한의 자본과 관련된 자료이다. 20×2년도 포괄손익계산서의 당기순이익은 얼마인가?

〈부분 재무상태표(20×1년 12월 31일)〉

(단위 : 원)

Ⅰ. 자본금	2,000,000
Ⅱ. 주식발행초과금	200,000
Ⅲ. 이익잉여금	355,000
이익준비금	45,000
사업확장적립금	60,000
미처분이익잉여금	250,000
자본총계	2,555,000

(1) ㈜대한은 재무상태표의 이익잉여금에 대한 보충정보로서 이익잉여금처분계산서를 주석으로 공시하고 있다.

(2) ㈜대한은 20×2년 3월 정기 주주총회 결의를 통해 20×1년도 이익잉여금을 다음과 같이 처분하기로 확정하고 실행하였다.

- ₩100,000의 현금배당과 ₩20,000의 주식배당
- 사업확장적립금 ₩25,000 적립
- 현금배당의 10%를 이익준비금으로 적립

(3) 20×3년 2월 정기 주주총회 결의를 통해 확정될 20×2년도 이익잉여금 처분내역은 다음과 같으며, 동 처분내역이 반영된 20×2년도 이익잉여금처분계산서의 차기이월미처분이익잉여금은 ₩420,000이다.

- ₩200,000의 현금배당
- 현금배당의 10%를 이익준비금으로 적립

(4) 상기 이익잉여금 처분과 당기순이익 외 이익잉여금 변동은 없다.

① ₩545,000 ② ₩325,000 ③ ₩340,000
④ ₩220,000 ⑤ ₩640,000

★★ 이익잉여금처분계산서

12 □□□ **다음의 장부마감 전 자료를 토대로 계산한 기말 자본은?** (단, 수익과 비용에는 기타포괄손익 항목이 포함되어 있지 않다)

(단위 : 원)

수익합계	2,000,000	비용합계	1,000,000
자본금	1,000,000	주식발행초과금	500,000
이익잉여금	500,000	자기주식	100,000
감자차익	100,000	재평가잉여금	200,000

① 3,500,000원 ② 3,300,000원 ③ 3,200,000원
④ 3,000,000원 ⑤ 2,800,000원

정답 및 해설

11 ① (1) 기초 미처분이익잉여금 : 250,000
(2) ×1년 미처분이익잉여금 처분액 : (100,000) + (20,000) + (25,000) + (100,000 × 10%)[1] = (155,000)
[1] 이익준비금이 자본금의 1/2에 도달하지 않았으므로 10% 모두 적립한다.
(3) ×2년 미처분이익잉여금 처분액 : (200,000) + (200,000 × 10%) = (220,000)
(4) ×2년 당기순이익(A) : 250,000 − 155,000 + A − 220,000 = 420,000, A = 545,000

12 ③ 기말 자본의 금액 = 2,500,000 + 700,000 = 3,200,000원
1. 자본거래 = 2,500,000원
 • 당기순이익 = 총 수익 2,000,000 − 총 비용 1,000,000 = + 1,000,000원
 • 자본금 = + 1,000,000원
 • 자본잉여금 = + 600,000원
  - 주식발행초과금 = 500,000원
  - 감자차익 = 100,000원
 • 자본조정 = − 100,000원
  - 자기주식 = − 100,000원
2. 손익거래 = 700,000원
 • 이익잉여금 = + 500,000원
 • 재평가잉여금 = + 200,000원

★★ 자본의 회계처리

13 다음 각 항목이 재무상태표의 자본금, 이익잉여금 및 자본총계에 미치는 영향으로 옳지 않은 것은?

	항 목	자본금	이익잉여금	자본총계
①	무상증자	증 가	증 가	증 가
②	주식배당	증 가	감 소	불 변
③	주식분할	불 변	불 변	불 변
④	유상증자	증 가	불 변	증 가
⑤	유상감자	감 소	불 변	감 소

★★ 이익잉여금처분계산서

14 20×1년 자본과 관련한 다음 정보를 이용할 때, 20×1년 말 재무상태표에 표시될 이익잉여금은?

- 20×1년 기초이익잉여금 : ₩200
- 2월 25일 : 주주총회에서 현금 ₩100 배당 결의와 함께 이익준비금 ₩10과 배당평균적립금 ₩20 적립 결의
- 6월 30일 : 전기 이전부터 보유하던 장부금액 ₩30의 자기주식을 ₩32에 매각
- 20×1년 당기순이익 : ₩250

① ₩320 ② ₩350 ③ ₩352
④ ₩450 ⑤ ₩460

★★★
15
□□□

이익잉여금처분계산서 최신출제유형

다음 자료를 이용해 계산한 당기의 이익잉여금처분계산서상 미처분이익잉여금의 금액은 얼마인가?

- 전기이월미처분이익잉여금 = 200,000원
- 재고자산 평가방법 변경에 따른 회계변경의 누적효과를 다음과 같이 반영하였다.

(차) 회계정책변경누적효과	50,000	(대) 재고자산	50,000

- 중간배당금 = 30,000원
- 당기순이익 = 100,000원
- 전기오류수정이익(중대한 오류 아님) = 10,000원
- 전기오류수정손실(중대한 오류) = 20,000원
- 연구 및 인력개발준비금의 이입액 = 40,000원

① 200,000원　② 230,000원　③ 240,000원
④ 250,000원　⑤ 260,000원

정답 및 해설

13 ① 참고 무상증자, 주식배당 주식분할, 주식병합의 비교

구 분	무상증자	주식배당	주식분할	주식병합
발행주식수	증 가	증 가	증 가	감 소
주당 액면금액	불 변	불 변	감 소	증 가
자본금 총액	증 가	증 가	불 변	불 변
자본잉여금	감소 가능	불 변	불 변	불 변
이익잉여금	감소 가능	감 소	불 변	불 변

14 ② ×1년 말 이익잉여금 = 기초 200 + 증가 250 − 감소 100 = ₩350
- 이익잉여금(기초) = 200
- 2월(배당결의) = − 100
- 6월(자기주식 처분) = 이익잉여금과 관련없음
- 손익거래 = + 250

15 ③ 이익잉여금처분계산서상 미처분이익잉여금 = 200,000 − 50,000 − 30,000 + 100,000 − 20,000 + 40,000 = 240,000원

★★★ **16** □□□

이익잉여금처분계산서 최신출제유형

20×2년 2월 개최된 주주총회 결의일 직후 작성된 ㈜대경의 20×1년 말 재무상태표상 자본은 다음과 같다.

(단위 : 원)

구 분	금 액
보통주자본금	30,000,000
이익준비금	1,000,000
사업확장적립금	500,000
감채기금적립금	600,000
미처분이익잉여금	800,000

㈜대경의 20×2년도 당기순이익은 1,200,000원이고, 당기 이익잉여금 처분 예정은 다음과 같다.

(단위 : 원)

구 분	금 액
감채기금적립금 이입	300,000
현금배당	400,000
주식배당	100,000
사업확장적립금 적립	250,000
이익준비금 적립	법정최소금액 적립

위 사항들이 20×3년 2월 개최된 주주총회에서 원안대로 승인되었다. 20×2년도 이익잉여금처분계산서를 작성할 때 차기이월미처분이익잉여금은 얼마인가?

① 1,510,000원 ② 1,550,000원 ③ 1,610,000원
④ 1,650,000원 ⑤ 1,800,000원

정답 및 해설

16 ①

		미처분 이익잉여금	이익잉여금변동액	자본총계 변동액
I. 미처분이익잉여금	← 당기말 B/S상 미처분이익잉여금			
전기이월미처분이익잉여금		800,000		
회계정책변경누적효과				
전기오류수정				
− 중간배당액		감 소	감 소	감 소
+ 재평가잉여금 이익잉여금 대체		증 가	증 가	변동 없음
+ 당기순이익		증가 1,200,000	증가 1,200,000	증가 1,200,000
II. 임의적립금이입액	↑ 다음 회계연도의 정기주주총회일에 회계처리 ↓			
+ 사업확장적립금 등의 이입		증가 300,000	변동 없음	변동 없음
III. 이익잉여금처분액				
− 이익준비금 적립		감소 (40,000)[1]	변동 없음	변동 없음
− 주식할인발행차금 등 상각액		감 소	감 소	변동 없음
− 배당금 (현금배당 및 주식배당)		감소 (500,000)	감소 (500,000)	감소 (400,000)
− 임의적립금 적립		감소 (250,000)	변동 없음	변동 없음
IV. 차기이월미처분이익잉여금	← 다음 기의 이월액	1,510,000	700,000	800,000

[1] 20×1년 이익준비금(1,000,000)이 보통주자본금(30,000,000)의 1/2에 도달하지 않았으므로 현금배당액의 10%를 이익준비금에 적립한다.

★★★ 이익잉여금처분계산서 최신출제유형

17 □□□

다음은 12월 결산법인 ㈜한국의 2008년 중에 발생한 이익잉여금처분계산서 관련 자료이다. ㈜한국은 현금배당액의 10%를 이익준비금으로 적립할 것을 결의하였다. 또한 다음 사항들은 2009년 3월 주주총회에서 원안대로 승인되었다. 이 경우 ㈜한국의 이익잉여금처분계산서에 계상될 차기미처분이익잉여금은?

- 사업확장적립금으로부터 이입액 ₩800,000
- 현금배당 500,000
- 주식배당 1,500,000
- 재무구조개선적립금으로 처분 600,000
- 회계정책변경 누적효과 1,200,000
- 전기 말 미처분이익잉여금 3,000,000
- 당기순이익 5,000,000
- 주식할인발행차금의 상각 700,000
- 감채적립금으로 처분 600,000

*회사의 2009년 초 자본금은 ₩100,000이고 이익준비금은 ₩40,000이다.

① ₩5,650,000 ② ₩5,750,000 ③ ₩5,950,000
④ ₩6,090,000 ⑤ ₩7,000,000

★★★

18

자본종합

다음은 ㈜하늘의 20×1년 및 20×0년 자본 내역이다. 다음 중 옳지 않은 것은?

구 분	20×1년 말	20×0년 말
자본금	₩200,000	₩180,000
자본잉여금		
1) 주식발행초과금	30,000	50,000
2) 자기주식처분이익	2,000	–
이익잉여금		
1) 이익준비금	10,000	10,000
2) 미처분이익잉여금	20,000	15,000
자본조정		
자기주식	(–)4,000	(–)8,000

① 회사는 당기 중에 유상증자로 20,000원이 발생되었다.
② 당기 중 주주총회에 의해 현금배당이 있었다면 이익준비금이 증가하였어야 한다.
③ 당기 중 자기주식의 취득이 없었다면 자기주식 처분대금은 6,000원이다.
④ 당기 중 이익준비금의 변동이 없으므로 현금배당은 없는 것으로 추정된다.
⑤ 당기 중에 별도의 이익잉여금 변동 거래가 없었다면 당기순이익이 5,000원 발생된 것을 알 수 있다.

정답 및 해설

17 ④ ㈜한국의 차기이월이익잉여금 : 6,090,000
= 증가분 10,000,000 – 감소분 3,910,000
1. 증가분 : 10,000,000
 (1) 임의적립금 이입 : (+)800,000
 (2) 회계정책변경 누적효과 : (+)1,200,000
 (3) 전기 말 미처분이익잉여금 : (+)3,000,000
 (4) 당기순이익 : (+)5,000,000
2. 감소분 : 3,910,000
 (1) 현금배당 : (–)500,000
 (2) 이익준비금 적립 : (–)10,000 = min[500,000 × 10%, 100,000/2 – 40,000]
 (3) 주식배당 : (–)1,500,000
 (4) 재무구조적립금처분 : (–)600,000
 (5) 주식할인발행차금 상각 : (–)700,000
 (6) 감채적립금처분 : (–)600,000

18 ① 자본금이 20,000원 증가하였으나 주식발행초과금이 20,000원 감소하였으므로 무상증자가 발생한 것으로 보아야 한다. 주식발행초과금이 감소하였으므로 액면발행하였다고 볼 수 없다.

제15절 수익

01 수익의 인식 ★

수익금액은 일반적으로 판매자와 구매자 또는 자산의 사용자 간의 합의에 따라 결정되며, 판매자에 의해 제공된 매매할인 및 수량 리베이트를 고려하여 받았거나 받을 대가의 공정가치로 측정한다. 단, 매출에누리와 할인 및 환입은 기인식된 수익에서 차감한다.

* 제3자를 대신하여 받는 금액은 수익에서 제외한다. 예 예수금
* 대리판매의 대가로 수령하는 수수료는 수익으로 인식한다.

적용범위

- 재화의 판매
- 용역의 제공
- 이자수익, 로열티수익 및 배당수익을 창출하는 기업자산에 대한 타인의 사용
  - 이자수익 : 현금이나 현금성자산 또는 받을 채권의 사용대가
  - 배당금수익 : 지분투자에 대하여 받는 이익의 분배금액
  - 로열티수익 : 산업재산권이나 컴퓨터 소프트웨어 등과 같은 무형자산의 사용대가

02 수익의 측정 : 판매대가의 공정가치로 측정 ★

① 매출에누리와 환입, 할인 : 수익에서 차감

② 장기간에 걸쳐 유입되는 경우

명목금액의 현재가치로 수익금액 인식(공정가치와 명목금액과의 차액은 이자수익으로 인식)

③ 교환거래

- 동종자산 : 수익을 발생시키는 거래로 보지 않음

  예 정유회사 간에 특정지역의 수요를 적시에 충족시키기 위해 재고자산을 교환
- 이종자산 : 수익을 발생시키는 거래로 봄
  - 원칙 : 수익은 교환으로 취득한 재화나 용역의 공정가치로 측정하되 현금 등의 이전이 수반되면 이를 반영하여 조정
  - 예외 : 취득한 재화나 용역의 공정가치를 신뢰성 있게 측정할 수 없으면 그 수익은 제공한 재화나 용역의 공정가치로 측정하고, 현금 또는 현금성자산의 이전이 수반되면 이를 반영

03 거래의 식별 ★

(1) **일반 원칙 :** 각 거래별로 적용

(2) **예외**

① 하나의 거래를 2개 이상의 부분으로 구분

경제적 실질을 반영하기 위하여 하나의 거래를 2개 이상의 부분으로 구분하여 각각 다른 수익인식기준을 적용

(예) 제품판매가격에 제품 판매 후 제공할 용역에 대한 대가가 포함되어 있고 그 대가를 식별할 수 있는 경우에는 용역의 금액을 분리하여 용역수행기간에 걸쳐 수익으로 인식

② 둘 이상의 거래를 하나로 파악

둘 이상의 거래가 서로 연계되어 있어 그 경제적 효과가 일련의 거래 전체를 통해서만 파악되는 경우에는 그 거래 전체에 대하여 하나의 수익인식기준을 적용

(예) 재화를 판매하고 동시에 그 재화를 나중에 재구매하는 약정을 체결하는 경우는 두 거래의 실질적 효과가 상쇄되므로 판매에 대한 수익인식기준을 적용할 수 없으며 거래 전체를 하나로 보아 회계처리

(3) **재화와 용역을 함께 제공 시 회계처리 판단기준 :** 거래의 주목적 식별

① 용역의 제공 여부가 총거래가격에 영향을 미치지 않고 재화판매에 부수적으로 수반된다는 내용이 계약상 명시 : 재화판매거래

(예) 품질보증조건으로 재화를 판매하는 거래는 재화판매거래

② 재화의 제공 여부가 총거래가격에 영향을 미치지 않고, 용역제공에 부수적으로 수반된다는 내용이 계약상 명시 : 용역제공거래

(예) 부품공급을 포함한 설비유지보수계약이 확정가격으로 체결되는 거래는 용역제공거래

③ 재화와 용역이 별개로 취급되어 재화 또는 용역의 제공이 각각 총거래가격에 영향을 미침
: 재화판매거래와 용역제공거래로 구분하여 별도로 회계처리

04 재화의 판매 사례 ★★★

구 분	수익인식기준
위탁판매	• 수탁자가 제3자에게 재화를 판매한 시점
시용판매	• 고객이 매입의사를 표시하는 시점
상품권	• 상품권을 회수하고 재화를 인도하거나 판매하는 시점
할부판매	• 재화를 고객에게 판매한 시점 (단, 이자수익에 해당하는 부분은 제외(현재가치평가))
설치 및 검사 조건부 판매	• 원칙 : 설치와 검사가 완료된 때 • 설치과정이 단순하거나 계약가액을 최종적으로 확인하기 위한 목적으로만 검사가 수행되는 경우 : 구매자가 재화의 인도를 수락하는 시점
판매 후 재매입 약정	• 판매자가 소유에 따른 위험과 보상을 보유하고 있는 경우에는 수익을 발생시키는 거래가 아닌 금융약정에 해당
제한된 반품권이 부여된 판매	• 반품가능성을 예측할 수 있는 경우 : 판매 시점 • 반품가능성을 예측할 수 없는 경우 : 구매자가 재화의 선적을 수락한 시점이나 반품기간이 종료되는 시점
출판물의 구독	• 품목의 가액이 매기 비슷한 경우 : 발송기간에 걸쳐 정액기준으로 인식 • 품목의 가액이 기간별로 다른 경우 : 발송된 품목의 가액이 총판매금액에서 차지하는 비율에 따라 수익 인식
중간상에 대한 판매	• 소유에 따른 위험과 보상이 구매자에게 이전되는 시점 (단, 구매자가 대리인의 역할만 한다면 위탁판매로 처리)
완납인도 예약판매	• 재화를 인도하는 시점 (단, 일정요건을 충족하면 유의적인 예치금이 수령되었을 때)
재화의 주문	• 재화를 인도하는 시점
미인도청구판매	• 일정요건을 충족하면 구매자가 소유권을 가지는 시점
재고가 없는 재화판매	• 고객에게 재화를 인도하는 시점

05 용역의 제공 사례 ★★★

구 분	수익인식기준
설치용역수수료	• 설치용역이 주목적 : 진행기준 • 설치용역이 부수적 : 판매 시점에 수익인식
재화판매가격에 추후 제공될 용역포함	• 용역에 대한 식별 가능한 금액이 포함되어 있는 경우 그 금액(원가 + 이윤)을 이연시켜 용역이 제공되는 기간 동안 수익인식
광고수수료	• 광고매체 수수료 : 대중에 전달될 때 수익인식 • 광고제작 수수료 : 진행기준에 따라 수익인식
보험대리수수료	• 추가 용역 제공 불필요 : 보험의 효과적인 개시일 또는 갱신일에 수익인식 • 추가 용역 제공 필요 : 보험계약기간에 걸쳐 수익인식
금융용역수수료	• 금융상품의 유효이자율의 일부인 수수료 : 관련된 거래원가와 함께 이연하여 유효이자율에 대한 조정항목으로 인식 • 용역을 제공함으로써 가득되는 수수료 : 용역이 제공될 때 또는 약정기간에 걸쳐 수익으로 인식 • 유의적인 행위를 수행함으로 가득되는 수수료 : 유의적인 행위를 완료한 시점에 수수료를 수익으로 인식
공연입장료 수익	• 행사가 개최되는 시점에 수익인식 (단, 하나의 입장권으로 여러 행사에 참여할 수 있는 경우에는 각각 행사를 위한 용역 수행정도에 따라 배분하여 수익인식)
수강료	• 강의기간에 걸쳐 수익인식
입회비, 회원가입비	• 회원자격 유지 : 회수가 확실하게 되는 시점 • 저가구매 권리가 부여 : 가입기간 동안 제공되는 효익에 따라 인식
프랜차이즈 수익	• 용역의 대부분을 제공하거나 당해 자산을 인도한 시점
주문개발 소프트웨어	• 주문개발하는 소프트웨어에 대한 수수료는 진행기준에 따라 수익인식 (단, 진행률은 소프트웨어의 개발과 인도 후의 지원용역을 포함하여 결정)

개념완성문제

01 상품권의 발생과 관련된 수익은 상품권을 (   )하는 시점에 인식한다.

02 장기할부판매의 수익은 미래에 받을 현금의 합계액의 현재가치로 측정하여 판매 시점에 수익을 인식하고 추후 대손가능성이 높아지면, 기존에 인식한 수익을 취소한다. (O, X)

03 주문별 소프트웨어 개발수수료는 당해 용역 제공의 (   )에 따라 인식한다.

04 특정조건을 충족해야 하는 수익 관련 보조금을 수행한 경우 그 조건을 충족하기 전에도 보조금을 수령한 시점에 수익을 인식한다. (O, X)

05 다른 수익인식 조건들이 충족된 경우라면 위탁자는 수탁자가 해당 재화를 판매한 시점에 수익으로 인식한다. (O, X)

06 다른 수익인식 조건들이 충족된 경우라 하더라도 반품가능성이 불확실하여 추정이 어려운 경우에도 수익을 인식할 수 있다. (O, X)

07 수익관련 보조금은 대응되는 비용이 없는 경우 회사의 주된 영업활동과 직접적인 관련성이 있다면 영업수익으로 인식한다. (O, X)

08 주문개발하는 소프트웨어의 대가로 수취하는 수수료는 진행기준으로 수익을 인식한다. (O, X)

정답 및 해설

01 회수

02 X 장기할부판매의 수익은 미래에 받을 현금의 합계액의 현재가치로 측정하여 판매시점에 수익을 인식하고 추후 대손가능성이 높아지면, 수익을 취소하지 않고 별도의 비용으로 처리한다.

03 진행기준

04 X 특정조건을 충족해야 하는 수익 관련 보조금을 수행한 경우 그 조건을 충족하기 전에는 선수수익으로 처리한다.

05 O

06 X 다른 수익인식 조건들이 충족된 경우라 하더라도 반품가능성이 불확실하여 추정이 어려운 경우에는 구매자가 재화의 인수를 공식적으로 수락한 시점 또는 재화 인도 후 반품기간 종료 시점에 수익을 인식한다.

07 O

08 O

09 판매자가 판매대금의 회수를 확실히 할 목적으로 해당 재화의 법적 소유권을 계속 가지고 있더라도 소유에 따른 유의적인 위험과 보상이 실질적으로 구매자에게 이전되었다면 해당 거래를 판매로 보아 수익을 인식한다. (O, X)

10 수익은 재화의 판매, 용역의 제공이나 자산의 사용에 대하여 받았거나 받을 대가의 공정가치로 측정한다. (O, X)

11 매출액은 업종 또는 부문별로 구분하여 표시할 수 있다. (O, X)

정답 및 해설

09 O

10 O

11 O

출제예상문제

✔ 학습시간이 부족하거나 시험 전 최종정리를 하고 싶은 경우에는 출제빈도(★~★★★)가 높은 문제를 우선으로 풀이할 수 있습니다.
✔ 다시 봐야 할 문제(풀지 못한 문제, 헷갈리는 문제 등)는 문제 번호 하단의 네모박스(□)에 체크하여 반복 학습할 수 있습니다.

★ 재화의 판매, 용역의 제공 사례

01 □□□ **다음 중 수익인식에 대한 설명으로 옳지 <u>않은</u> 것은?**

① 특별주문을 받아 소프트웨어를 개발하는 경우 소프트웨어의 대가로 수취하는 수수료는 진행기준에 따라 수익을 인식한다.
② 상품권의 발생과 관련된 수익은 상품권을 회수한 시점, 즉 재화를 인도하거나 판매한 시점에 인식한다.
③ 수강료 수익은 강의기간 동안 발생기준에 따라 수익을 인식한다.
④ 선적지인도조건으로 매입한 상품이 보고기간 종료일 현재 운송 중인 경우, 재무상태표에 재고자산으로 인식할 수 없다.
⑤ 장기할부판매의 수익은 미래에 받을 현금의 합계액의 현재가치로 측정하여 판매 시점에 수익을 인식하고 추후 대손가능성이 높아지면, 수익을 취소하지 않고 별도의 비용으로 처리한다.

★★★ 재화의 판매, 용역의 제공 사례

02 □□□ **거래 유형별 수익인식기준에 대한 설명으로 옳은 것은?**

① 설치용역이 주목적인 경우에 설치용역수수료는 완료기준을 적용한다.
② 재화의 장기 할부판매는 원칙적으로 재화의 회수 시점에 인식한다.
③ 특정조건을 충족해야 하는 수익 관련 보조금을 수령하는 경우, 그 조건을 충족하기 전에도 보조금을 수령한 시점에 수익을 인식한다.
④ 로열티수익은 관련된 대금의 회수 시점에 따라 수익을 인식한다.
⑤ 주문별 소프트웨어 개발수수료는 당해 용역 제공의 진행기준에 따라 완료한 시점에 인식한다.

★★★
03
재화의 판매, 용역의 제공 사례

수익인식에 대한 일반기업회계기준의 설명으로 옳지 않은 것은?

① 다른 수익인식 조건들이 충족된 경우라 하더라도 반품가능성이 불확실하여 추정이 어려운 경우에도 수익을 인식할 수 있다.
② 다른 수익인식 조건들이 충족된 경우라면 위탁자는 수탁자가 해당 재화를 판매한 시점에 수익으로 인식한다.
③ 부동산의 판매는 원칙적으로 소유권이 이전된 시점에 수익으로 인식한다.
④ 방송사의 광고는 대중에게 전달되는 시점에 수익으로 인식한다.
⑤ 공연입장료를 행사가 개최되는 시점에 수익으로 인식한다.

★★
04
재화의 판매, 용역의 제공 사례 최신출제유형

다음은 C사의 제2기(20×1. 1. 1. ~ 20×1. 12. 31.)에 발생한 거래이다. 제2기에 수익으로 인식할 금액은 모두 얼마인가? (단, C사는 중소기업이 아니다)

- C사는 거래처에 기계를 납품하기로 계약을 체결하였는데 그 내용은 다음과 같다.
  - 계약체결일(20×0년 10월 1일) : 계약금 500,000원 수령함
  - 인도일(20×1년 2월 3일) : 총판매대금 4,000,000원 중 3,000,000원을 수령하고 잔금 500,000원은 20×2년 3월 3일 수령하기로 함
  - 인도 시점에 총판매대금의 현재가치는 3,800,000원임
- C사는 B사로부터 위탁받은 기계를 20×1년 4월 1일 4,000,000원에 판매하고 판매수수료 500,000원을 제외한 잔액 3,500,000원을 B사에 20×2년 2월 5일에 송금하였다.

① 3,000,000원 ② 4,000,000원 ③ 4,300,000원
④ 4,800,000원 ⑤ 5,000,000원

정답 및 해설

01 ④ 선적지인도조건으로 매입한 상품이 보고기간 종료일 현재 운송 중인 경우, 재무상태표에 재고자산으로 인식할 수 있다.

02 ⑤ 주문별 소프트웨어 개발수수료는 당해 용역 제공의 진행기준에 따라 완료한 시점에 인식한다.

오답체크
① 설치용역이 주목적인 경우에 설치용역수수료는 진행기준을 적용한다.
② 재화의 할부판매는 장·단기의 구분 없이 원칙적으로 재화의 인도 시점에 인식한다.
③ 특정조건을 충족해야 하는 수익 관련 보조금을 수령한 경우, 그 조건을 충족하기 전에는 선수수익으로 처리한다.
④ 로열티수익은 관련된 계약의 경제적 실질을 반영하여 발생기준에 따라 수익을 인식한다.

03 ① 다른 수익인식 조건들이 충족된 경우라 하더라도 반품가능성이 불확실하여 추정이 어려운 경우에는 구매자가 재화의 인수를 공식적으로 수락한 시점 또는 재화 인도 후 반품기간 종료 시점에 수익을 인식한다.

04 ③ 20×1년에 수익으로 인식할 금액 = 인도 시점의 현금가격상당액 + 수수료 수익
= 3,800,000 + 500,000 = 4,300,000원

★★★
05 □□□

재화의 판매, 용역의 제공 사례 최신출제유형

다음 중 회사의 회계처리가 적절한 것은?

> ㄱ. A회사는 당기에 제품을 950,000원에 판매하였으며, 현금지급 보증조건으로 50,000원을 차감한 900,000원을 매출로 인식하였다.
> ㄴ. A회사는 소프트웨어 개발 대가로 1,000,000원을 수령하였으며, 이 중 50%인 500,000원을 매출로 인식하였다. 소프트웨어 개발 기간은 2년이며, 소프트웨어 인도 후 지원 용역기간은 2년이다.
> ㄷ. A회사는 B회사에 위탁판매 계약을 체결하였다. 회사의 제품은 1개당 500,000원이며 10개를 위탁하였다. 이 중 10%는 판매수수료로 지급될 예정이며, 당기에 총 10대 중 8대를 판매하였다. 그리고 A회사와 B회사는 각각 4,000,000원과 400,000원을 매출로 인식하였다.

① ㄱ ② ㄷ ③ ㄱ, ㄷ
④ ㄴ, ㄷ ⑤ ㄱ, ㄴ, ㄷ

★★★
06 □□□

재화의 판매, 용역의 제공 사례

수익인식의 회계처리에 관한 설명으로 옳지 <u>않은</u> 것은 모두 몇 개인가?

> A. 수익은 판매대가의 공정가치로 측정하되, 매출에누리와 할인은 수익에서 차감한다.
> B. 위탁판매의 경우에는 위탁자가 수탁자에게 인도하는 시점에 수익을 인식한다.
> C. 주문개발하는 소프트웨어의 개발수수료는 역무제공의 완료 시점에 수익을 인식한다.
> D. 이자수익은 계약의 경제적 실질을 반영하여 현금기준에 따라 수익을 인식한다.
> E. 수강료는 강의용역의 대부분이 수행한 시점에 수익을 인식한다.

① 1개 ② 2개 ③ 3개 ④ 4개 ⑤ 5개

★★★
07 □□□

재화의 판매, 용역의 제공 사례 최신출제유형

다음은 20×1년도 ㈜하늘(결산일은 12월 31일)의 수익과 관련된 거래이다. 이 자료를 이용해 계산한 20×1년에 인식할 수익은 얼마인가?

> A. 20×1년 11월 1일 소프트웨어를 1,000,000원(판매 후 12개월 동안 지원용역대가 240,000원 포함)에 판매하고 지원용역은 약정에 따라 매월 균등하게 제공하고 있다.
> B. 20×1년 8월 1일 ㈜하늘은 회원들로부터 회원가입을 위한 입회비 200,000원을 수령하였다.
> C. 20×1년 10월 1일 거래처로부터 소프트웨어개발을 대가로 480,000원을 수령하였다. 개발기간 1년, 소프트웨어 인도 후 지원용역의 제공기간 1년이다.

① 830,000원 ② 1,060,000원 ③ 1,130,000원
④ 1,350,000원 ⑤ 1,650,000원

★★★

08 □□□

재화의 판매, 용역의 제공사례 최신출제유형

다음은 ㈜포도의 당기 거래내역이다. ×1년도 수익으로 인식될 금액은 얼마인가?

> 1) ×1년 9월 1일에 거래처에서 상품 a에 대한 물량을 조기확보하기 위해 계약금 ₩100,000을 ㈜포도에게 지급하였다. 상품 b는 ×2년 2월 5일에 인도될 예정이다.
> 2) ×1년 11월 1일 상품 b를 고객에게 ₩200,000에 판매하고 고객은 4개월 무이자 할부로 결제하였다.

① ₩100,000 ② ₩200,000 ③ ₩300,000
④ ₩150,000 ⑤ ₩50,000

★★★

09 □□□

재화의 판매, 용역의 제공사례 최신출제유형

다음은 ㈜포도의 당기(×1. 1. 1. ~ 12. 31.) 거래이다. 당기에 수익으로 인식할 금액은 얼마인가?

> 1) 중개사업부에서는 위탁회사의 제품을 ×1. 11. 1일에 수령하여 ×1. 12. 10일에 모두 현금 판매하였으나 위탁회사에는 ×2년 2월 5일에 판매사실을 알려주었다. 계약에 의하면 판매 중개수수료는 판매시점에 판매금액의 20%이다. 소비자에게 판매된 가격은 ₩10,000,000이며, 제품의 원가는 ₩5,000,000이다.
> 2) 회사는 ×1. 12. 24일에 사과마트에서 제품을 소비자에게 현금 판매하였으나 소비자의 요청으로 제품을 ×2. 1. 10에 전달하였다. 제품의 판매가격은 ₩4,000,000이다.

① ₩1,000,000 ② ₩2,000,000 ③ ₩4,000,000
④ ₩5,000,000 ⑤ ₩6,000,000

정답 및 해설

05 ③ ㄱ. 매출할인으로, 매출에서 차감하는 것이 옳다.
ㄷ. 위탁판매의 경우 위탁자는 수탁자에게 지급할 수수료를 차감하지 않고 전액을 수익으로 인식한다.

오답체크

ㄴ. 개발과 인도용역을 동시에 진행하는 경우에는 이 둘을 모두 고려하여 진행기준으로 수익을 인식하므로 진행률은 25%이다.

06 ④ B. 위탁판매의 경우에는 수탁자가 고객에게 판매하는 시점에 수익을 인식한다.
C. 주문개발하는 소프트웨어의 개발수수료는 진행기준에 따라 수익을 인식한다.
D. 이자수익은 계약의 경제적 실질을 반영하여 발생기준에 따라 수익을 인식한다.
E. 수강료는 강의용역의 진행에 따라 수익을 인식한다.

07 ② A. $760,000 + 240,000 \times \frac{2}{12} = 800,000$원
B. 회수 시점에 인식하므로 200,000원이 전액 당기수익이다.
C. 진행기준에 따르므로 $480,000 \times \frac{3}{24} = 60,000$원
➲ 20×1년 수익 = 800,000 + 200,000 + 60,000 = 1,060,000원

08 ② 1) 상품 a는 인도시점에 수익으로 인식한다.
2) 상품 b는 할부판매시점에 수익으로 인식한다.
수익인식액 : 200,000

09 ⑤ 1) 위탁판매의 수탁자는 판매시점에 수익을 인식한다. ➲ 수익인식액 : 10,000,000 × 20% = 2,000,000
2) 미인도청구판매는 판매시점에 수익을 인식한다. ➲ 수익인식액 : 4,000,000

제16절 주당이익

01 주당이익의 의의 ★

주당이익은 보통주식 1주당 이익이 얼마인가를 나타내는 지표이다.

$$\text{주당이익} = \frac{\text{보통주에게 귀속되는 이익}}{\text{보통주식수}}$$

02 주당이익의 종류 ★

기본주당이익은 실제로 발행되어 유통되는 보통주식 1주당 이익을 말하는 것인데, 기본주당순이익과 기본주당계속영업이익으로 구분된다. 기본주당순이익은 보통주에 귀속되는 특정 회계기간의 당기순이익을 해당 기간에 유통된 보통주식수를 가중평균한 주식수인 가중평균유통보통주식수로 나누어 계산하고, 기본주당계속영업이익은 보통주에 귀속되는 특정 회계기간의 계속영업이익을 가중평균유통보통주식수로 나누어 계산한다.

분 자	분 모	주당이익 종류
당기순이익(보통주)	유통보통주식수	기본주당순이익(기본EPS)
(−)중단영업손익		
계속영업이익(보통주)		기본주당계속영업이익

03 기본주당이익의 계산 ★★★

1. 보통주당기순이익과 보통주계속영업이익

보통주당기순이익(계속영업이익)은 당기순이익(계속영업이익)에서 우선주배당금 등을 차감한 금액을 말하며 순수하게 보통주에 귀속되는 이익을 말한다.

보통주당기순이익(계속영업이익)

보통주당기순이익(보통주계속영업이익) = 당기순이익(계속영업이익) − 우선주배당금 등

보통주이익을 계산할 때는 법인세비용과 부채로 분류되는 우선주에 대한 배당금을 포함한 특정 회계기간에 인식된 모든 수익과 비용 항목은 보통주에 귀속되는 특정 회계기간의 당기순이익에 고려된다. 다만, 우선주배당금 등을 고려할 때에는 다음과 같은 사항들에 주의를 기울여야 한다.

(1) 우선주배당금

① 비누적적 우선주

보통주당기순이익은 당기순이익에서 자본으로 분류된 우선주에 대하여 당해 회계기간과 관련하여 배당결의된 세후 우선주배당금을 차감하여 산정한다. 이때 기업이 중간배당을 실시한 경우에는

우선주에 대한 중간배당액도 당기순이익에서 차감한다. 우선주배당금은 실제 지급한 배당금이 아니라 정기주주총회에서 배당할 것으로 결의된 배당금을 말한다.

Comment

> 20×1년의 주당이익을 계산하는 경우 차감할 우선주배당금은 20×2년 초에 개최되는 20×1년도 정기주주총회에서 배당금으로 선언할 예정인 금액을 말한다. 그러므로 20×1년 초에 개최되는 20×0년도 정기주주총회에서 배당금을 지급하는 것은 고려하지 않는다.

② 누적적 우선주

누적적 우선주는 배당결의 여부와 관계없이 당해 회계기간과 관련한 세후 배당금을 당기순이익에서 차감하여 보통주당기순이익을 계산한다. 그러므로 전기 이전의 기간과 관련하여 당기에 지급되거나 결의된 누적적 우선주배당금은 보통주당기순이익의 계산에서 제외한다.

[우선주배당금 – 자본금 ₩100, 배당률 10%]

	20×1년	20×2년
비누적적 우선주	0	10
누적적 우선주	0	20

⇒

구 분	20×1년	20×2년
우선주배당금	0	10
우선주배당금	10	10

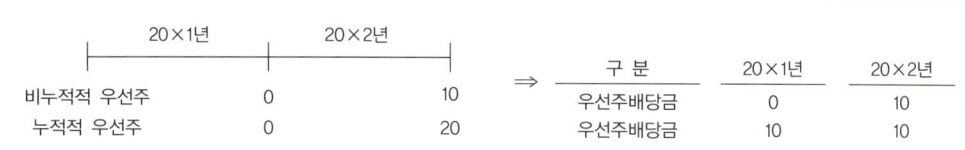

➲ 비누적적 우선주의 경우 20×1년에 배당금에 대한 지급결의가 없다면 당기순이익에서 차감하지 않는다. 누적적 우선주의 경우 20×1년에 배당금에 대한 지급결의가 없어도 당기순이익에서 차감하여 보통주귀속당기순이익을 구하고 20×2년에 20×1년 미지급배당을 지급하여도 20×2년도 지급분만을 당기순이익에서 차감하여 20×2년도 보통주귀속당기순이익을 구한다.

Comment

> 누적적 우선주의 경우 과년도 연체배당금을 당기에 지급하더라도 이를 제외하고 당해 연도분 우선주배당금만 당기순이익에서 차감한다. 이는 연체배당금의 지급으로 인하여 매년 공시되는 주당이익의 비교가능성이 낮아지는 것을 피하기 위해서이다. 또한 누적적 우선주의 경우에는 배당결의가 없더라도 당해 연도분 우선주배당금을 차감하는 반면, 비누적적 우선주의 경우에는 배당결의가 있어야만 우선주배당금을 차감한다는 점에 유의하여야 한다.

2. 가중평균유통보통주식수

특정 회계기간의 가중평균유통보통주식수는 기초의 유통보통주식수에 회계기간 중 취득된 자기주식수 또는 신규 발행된 보통주식수를 각각의 유통기간에 따른 가중치를 고려하여 조정한 보통주식수이다.

구 분	주식수기산일	비 고
유상증자, 신주인수권 행사, 주식선택권 등 행사	현금유입일 기준 가중평균	주주우선배정 공정가치 미만 유상증자 (=공정가치 유상증자+무상증자)
자기주식의 취득, 유상감자	현금유출일 기준 가중평균	보유기간에서 제외
무상증자, 주식배당, 주식분할, 주식병합	원본에 가산하여 가중평균	유상증자분은 유상증자일부터 포함 (보고기간 말 후에 발생하는 경우에도 반영)
전환사채, 전환우선주 전환	전환일 기준 가중평균	반드시 전환하여야 하는 금융상품은 계약체결 시점부터 포함

예제 1

다음은 ㈜한영의 20×1년 기본주당이익계산에 필요한 자료이다. ㈜한영의 보고기간은 1월 1일부터 12월 31일까지이다.

1. 기초 자본금 : 보통주자본금(액면 ₩5,000) : 10,000주
2. 당기 중 자본금변동내역
   (1) 7월 1일 : 유상증자 500주
   (2) 7월 1일 : 자기주식 300주 취득
   (3) 10월 1일 : 신주인수권부사채의 신주인수권 행사 1,000주
   (4) 10월 1일 : 자기주식 200주 재발행

㈜한영의 20×1년 기본주당이익을 산정하기 위한 유통보통주식수를 계산하시오. (단, 월할 계산할 것)

풀이

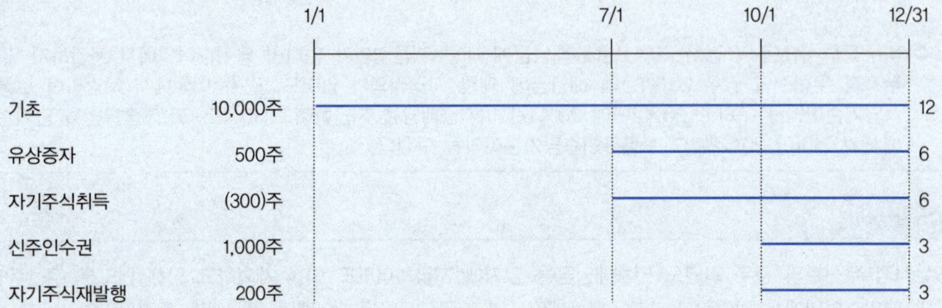

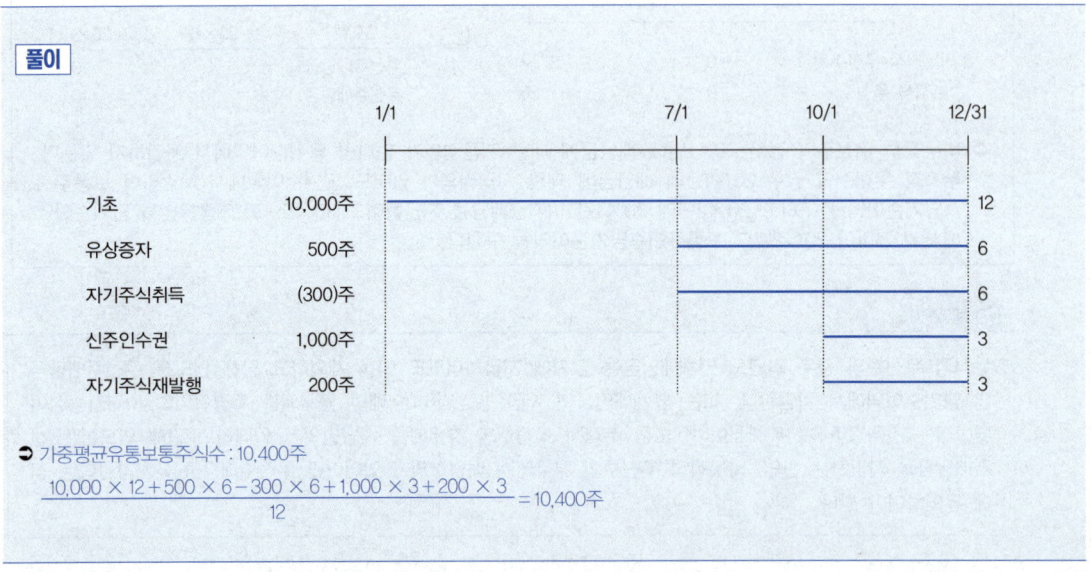

➲ 가중평균유통보통주식수 : 10,400주

$$\frac{10,000 \times 12 + 500 \times 6 - 300 \times 6 + 1,000 \times 3 + 200 \times 3}{12} = 10,400주$$

예제 2

다음은 ㈜한영의 20×1년 기본주당이익계산에 필요한 자료이다. ㈜한영의 보고기간은 1월 1일부터 12월 31일까지이다.

1. 기초 자본금 : 보통주자본금(액면 ₩5,000) : 10,000주
2. 당기 중 자본금변동내역
   (1) 7월 1일 : 유상증자 500주
   (2) 7월 1일 : 주식배당(10%)
   (3) 10월 1일 : 신주인수권부사채의 신주인수권 행사 1,000주
   (4) 10월 1일 : 무상증자(20%)

㈜한영의 20×1년 기본주당이익을 산정하기 위한 유통보통주식수를 계산하시오. (단, 월할 계산할 것)

풀이

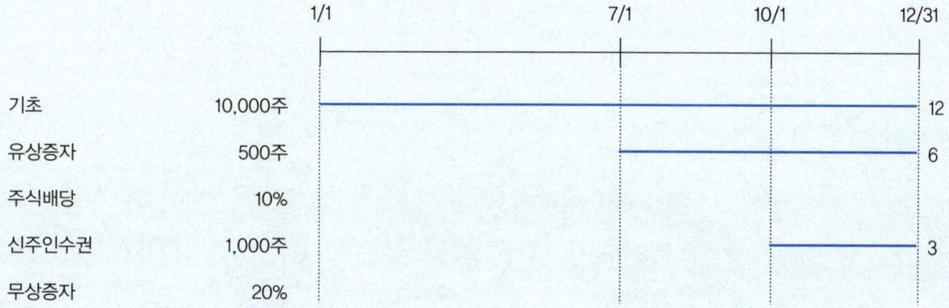

➲ 가중평균유통보통주식수 : 13,830주

$$\frac{10,000 \times 1.1 \times 1.2 \times 12 + 500 \times 1.1 \times 1.2 \times 6 + 1,000 \times 1.2 \times 3}{12} = 13,830\text{주}$$

개념완성문제

01 유상증자 시 가중평균유통보통주식수의 계산은 현금유입일을 기준으로 한다. (O, X)

02 자기주식의 취득이나 유상감자거래 시 가중평균유통보통주식수의 계산은 현금유출일을 기준으로 한다. (O, X)

정답 및 해설

01 O

02 O

출제예상문제

✔ 학습시간이 부족하거나 시험 전 최종정리를 하고 싶은 경우에는 출제빈도(★~★★★)가 높은 문제를 우선으로 풀이할 수 있습니다.
✔ 다시 봐야 할 문제(풀지 못한 문제, 헷갈리는 문제 등)는 문제 번호 하단의 네모박스(□)에 체크하여 반복 학습할 수 있습니다.

★ 기본주당이익의 계산

01 □□□ **기본주당순이익에 대한 설명으로 옳은 것은?**

① 가중평균유통보통주식수 산정에 있어서 무상증자는 증자일을 기준으로 한다.
② 가중평균유통보통주식수 산정에 있어서 유상증자는 구주에 따른다.
③ 당기 중에 공정가치 미만으로 발행된 유상증자에 대한 무상증자로 증가한 주식은 가중평균유통보통주식수 산정 시 구주에 따른다.
④ 보통주당기순손익은 손익계산서상의 당기순손익에서 우선주배당금을 차감하지 않는다.
⑤ 자기주식은 기본주당순이익 계상 시 유통보통주식수에서 포함한다.

정답 및 해설

01 ③ 당기 중에 공정가치 미만으로 발행된 유상증자에 대한 무상증자로 증가한 주식은 가중평균유통보통주식수 산정 시 구주에 따른다.

오답체크

① 가중평균유통보통주식수 산정에 있어서 무상증자는 구주에 따른다.
② 가중평균유통보통주식수 산정에 있어서 유상증자는 납입기일의 익일부터 산정한다.
④ 보통주당기순손익은 손익계산서상의 당기순손익에서 우선주배당금을 차감하여 산정한다.
⑤ 자기주식은 기본주당순이익 계상 시 유통보통주식수에서 제외한다.

★★ 기본주당이익의 계산

02 □□□ **A사의 주당계속사업이익과 주당순이익은 각각 얼마인가?** (단, 월수로 가중평균보통주식수를 산정한다)

- 기초 보통주 발행주식수 : 750주
- 7월 1일 : 유상증자 200주
- 10월 1일 : 무상증자 20%
- 12월 1일 : 자기주식 240주 취득
- 우선주는 기중 변동 없이 300주임
- 계속사업이익(상응하는 법인세비용 차감 전) : 12,000,000원
- 계속사업이익에 상응하는 법인세비용 : 2,000,000원
- 당기순이익 : 11,000,000원
- 우선주배당금 : 5,000,000원
- 보통주배당금 : 1,000,000원

	주당계속사업이익	주당순이익
①	5,000원	5,000원
②	5,000원	6,000원
③	6,000원	5,000원
④	6,000원	6,000원
⑤	8,000원	6,000원

★★★

03 □□□ 기본주당이익의 계산

㈜대한의 20×0년 보통주에 귀속되는 당기순이익이 ₩1,000,000일 때 20×0년 12월 31일 결산일 현재 기본주당이익을 산출하기 위한 가중평균유통보통주식수는? (단, 가중평균유통보통주식수는 월할 계산한다)

〈유통보통주식수의 변동〉

일 자	내 용	주식수
20×0년 1월 1일	기 초	12,000주
20×0년 3월 1일	유상증자	3,000주
20×0년 7월 1일	자기주식 취득	3,000주
20×0년 9월 1일	유상증자	6,000주

① 9,000주 ② 15,000주 ③ 18,000주
④ 21,000주 ⑤ 22,000주

정답 및 해설

02 ② • 가중평균유통보통주식수 = 900 + 120 − 20 = 1,000주

- 750주 × 1.2(20% 무상증자) × $\frac{12}{12}$ = 900주
- 200주 × 1.2(20% 무상증자) × $\frac{6}{12}$ = 120주
- (240주) × $\frac{1}{12}$ = (20)주

• 주당계속사업이익 = $\frac{12,000,000 - 2,000,000 - 5,000,000}{1,000}$ = 5,000원

• 주당순이익 = $\frac{11,000,000 - 5,000,000}{1,000}$ = 6,000원

03 ② • 1월 1일 기초 = 12,000주 × $\frac{12}{12}$ = 12,000주

• 3월 1일 유상증자 = 3,000주 × $\frac{10}{12}$ = 2,500주

• 7월 1일 자기주식취득 = 3,000주 × $\frac{6}{12}$ = (1,500)주

• 9월 1일 유상증자 = 6,000주 × $\frac{4}{12}$ = 2,000주

➲ 가중평균유통보통주식수 = 12,000 + 2,500 − 1,500 + 2,000 = 15,000주

★★★ 기본주당이익의 계산

04 □□□

㈜한국의 20×1년 당기순이익은 ₩3,000,000이다. ㈜한국의 20×1년 1월 1일 유통주식수는 10,000주이며, 4월 1일 자기주식 1,000주를 취득하였고, 10월 1일에는 유상증자를 통해 3,000주를 발행하였다. 20×1년 우선주배당금이 ₩400,000인 경우, ㈜한국의 주당순이익은? (단, 가중평균유통주식수는 월수로 계산한다)

① ₩200 ② ₩250 ③ ₩260
④ ₩300 ⑤ ₩320

★★★ 기본주당이익의 계산

05 □□□

다음의 자료를 이용하여 산출한 ㈜한국의 20×1년 말 주가이익비율(PER)은? (단, 가중평균유통보통주식수는 월할 계산한다)

- 20×1년도 당기순이익 : ₩88
- 20×1년 1월 1일 유통보통주식수 : 30주
- 20×1년 7월 1일 유상증자 : 보통주 25주(주주우선배정신주발행으로 1주당 발행가액은 ₩4이며, 이는 유상증자 권리락 직전 주당 종가 ₩5보다 현저히 낮음)
- 20×1년 12월 31일 보통주 시가 : 주당 ₩6

① 1.5 ② 2.0 ③ 2.5
④ 3.0 ⑤ 4.5

정답 및 해설

04 ③
- 가중평균유통보통주식수 = 10,000 − 750 + 750 = 10,000주
  - 1월 1일 = 10,000주 × $\frac{12}{12}$ = 10,000주
  - 4월 1일 = (1,000)주 × $\frac{9}{12}$ = (750)주
  - 10월 1일 = 3,000주 × $\frac{3}{12}$ = 750주
- 보통주 귀속 당기순이익 = 3,000,000 − 우선주배당금 400,000 = ₩2,600,000
- 주당순이익 = 2,600,000 ÷ 10,000주 = ₩260

05 ④
- 공정가치 미만 유상증자
  - 공정가치 유상증자 주식수 = 25 × 4 ÷ 5 = 20주
  - 무상증자 비율 = (25 − 20) ÷ (30 + 20) = 10%
- 가중평균유통보통주식수 = $\frac{30 \times 1.1 \times 12 + 20 \times 1.1 \times 6}{12}$ = 44주
- 주당이익 = 88 ÷ 44주 = @2/주당

➲ PER = 주가 ÷ 주당이익 = $\frac{6}{2}$ = 3

제17절 회계정책, 회계추정의 변경 및 오류

01 회계정책과 회계추정, 전기오류의 의의 ★

1. 회계정책

경영자는 기업에서 발생하는 특정 거래, 기타사건 및 상황에 관한 정보가 목적적합하고 신뢰성 있게 재무제표에 반영될 수 있도록 회계정책을 선택하여야 한다. 회계정책이란 기업이 재무제표를 작성·표시하기 위하여 적용하는 구체적인 원칙, 근거, 관행, 규칙 및 실무를 말한다. 기업이 한국채택국제회계기준에 따라 회계정책을 적용하는 경우에는 회계정책의 적용대상인 특정 거래, 기타사건 및 상황에 관한 정보가 목적적합하고 신뢰성 있게 재무제표에 반영된다.

2. 회계추정

회계추정은 자산과 부채의 현재 상태를 평가하거나 자산과 부채와 관련된 예상되는 미래효익과 의무를 평가한 결과에 따라 재무제표상의 자산이나 부채의 장부금액과 기간별 자산의 소비액에 반영한 것을 말한다. 이는 합리적 추정을 사용하는 것이므로 재무제표 작성의 필수적인 과정으로 재무제표의 신뢰성을 손상시키지 않는다.

3. 전기오류

재무제표는 해당 기간의 재무제표의 발행승인일에 이용 가능한 모든 정보와 당해 재무제표의 작성과 표시를 위하여 획득하여 고려할 것이라고 합리적으로 기대되는 모든 정보를 이용하여 작성해야 한다. 전기오류는 과거기간 동안에 재무제표를 작성할 때 위의 조건을 만족하는 신뢰할 만한 정보를 이용하지 못했거나 잘못 이용하여 발생한 재무제표상 누락이나 왜곡표시를 말한다.

02 회계변경의 의의 ★★★

1. 회계정책의 변경

회계정책의 변경은 재무제표의 작성과 보고에 적용하던 회계정책을 다른 회계정책으로 바꾸는 것이다. 회계정책은 기업이 재무제표를 작성·표시하기 위하여 적용하는 구체적인 원칙, 근거, 관습, 규칙 및 관행을 말한다.

회계정책의 변경은 일반기업회계기준에서 인정하는 회계정책에서 일반기업회계기준에서 인정하는 또 다른 회계정책으로 변경하는 것을 말한다. 따라서 회계정책의 변경은 일반기업회계기준에서 대체적인 회계처리방법을 허용하는 경우에만 가능하다. 회계정책 변경의 예시는 다음과 같다.

- 유형자산을 원가모형에서 재평가모형으로, 재평가모형에서 원가모형으로 변경
- 재고자산의 단가결정방법을 선입선출법에서 가중평균법으로, 가중평균법에서 선입선출법으로의 변경

2. 회계추정의 변경

회계추정의 변경은 새로운 정보의 획득, 새로운 상황의 전개 등에 따라 지금까지 사용해오던 회계적 추정치를 바꾸는 것을 말한다. 회계추정은 기업환경의 불확실성하에서 미래의 재무적 결과를 사전적으로 예측하는 것을 말한다. 회계추정 변경의 예시는 다음과 같다.

- 매출채권의 손실예상률 변경
- 제품보증충당부채의 추정치 변경
- 유형자산 및 무형자산의 감가상각방법, 내용연수, 잔존가치의 변경

03 오류수정의 의의 ★★★

오류수정은 당기 중에 발견한 당기의 잠재적 오류나 후속기간 중에 발견한 전기 이전의 오류를 재무제표의 발행·승인일 전에 수정하는 것을 말한다. 즉, 일반적으로 인정되지 아니한 회계원칙에서 일반적으로 인정된 회계원칙으로 수정하는 것이 오류수정이다. 회계변경과 오류수정을 비교하면 다음과 같다.

구 분		정 리		
회계변경	회계정책의 변경	GAAP O	➲	GAAP O
	회계추정의 변경	평가방법 A	➲	평가방법 B
오류수정		GAAP ×	➲	GAAP O

04 회계변경과 오류수정의 회계처리 ★★★

구 분	변경 전 기초 BV	누적효과 반영	변경 후 기초 BV	당기효과 반영	변경 후 기말 BV
소급법		이익잉여금		당기손익	
전진법		기초장부가액으로 신규 취득 가정			

예제 1

㈜한영은 20×1년 초에 내용연수 5년, 잔존가치 0인 기계장치를 ₩100에 구입하여 정액법으로 상각하던 중 20×2년 초에 내용연수를 2년으로 변경하였다. 법인세는 없는 것으로 가정한다.

1. 위의 회계변경을 소급법으로 회계처리하는 경우 ㈜한영이 20×2년에 해야 할 회계처리를 제시하시오.
2. 위의 회계변경을 전진법으로 회계처리하는 경우 ㈜한영이 20×2년에 해야 할 회계처리를 제시하시오.
3. 위의 회계변경을 당기일괄처리법으로 회계처리하는 경우 ㈜한영이 20×2년에 해야 할 회계처리를 제시하시오.

풀이

1. 소급법

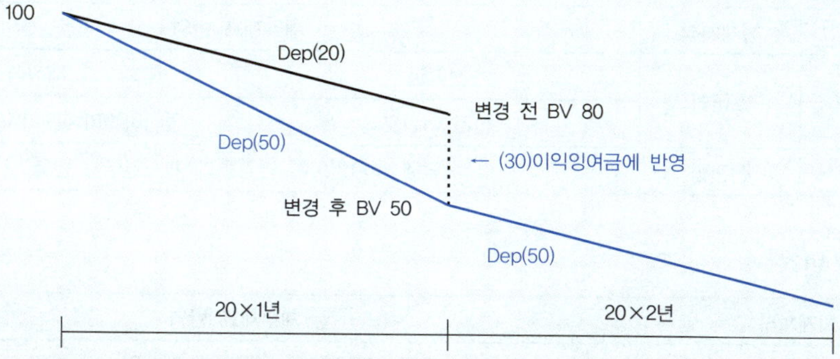

20×2년 초	(차) 미처분이익잉여금	30	(대) 감가상각누계액	30
20×2년 말	(차) 감가상각비	50	(대) 감가상각누계액	50

2. 전진법

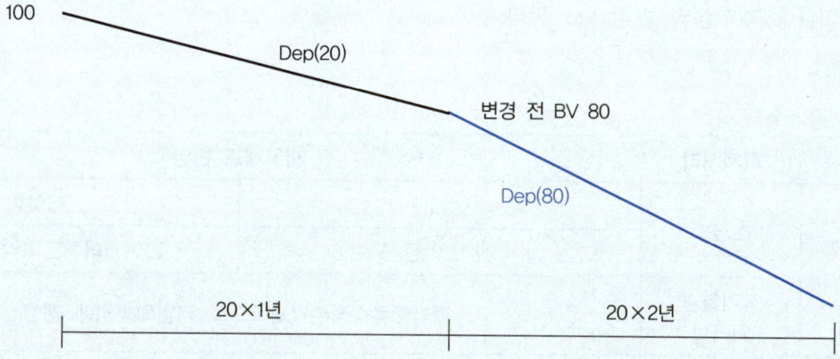

[1] 변경 시점 잔여내용연수 = 2 − 1(경과내용연수) = 1년

20×2년 초	회계처리 없음			
20×2년 말	(차) 감가상각비	80	(대) 감가상각누계액	80

3. 당기일괄처리법

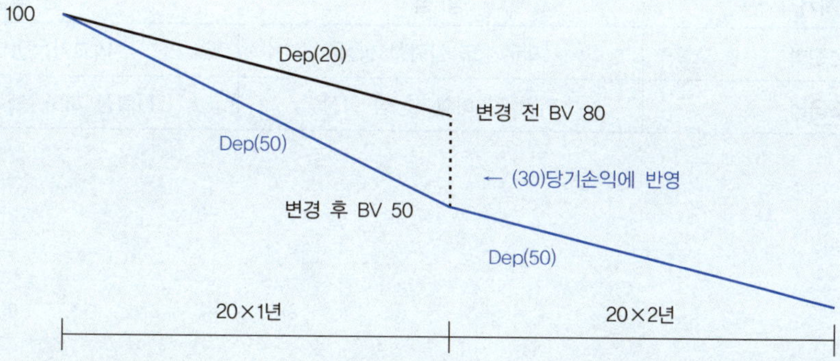

20×2년 초	(차) 회계변경손실	30	(대) 감가상각누계액	30
20×2년 말	(차) 감가상각비	50	(대) 감가상각누계액	50

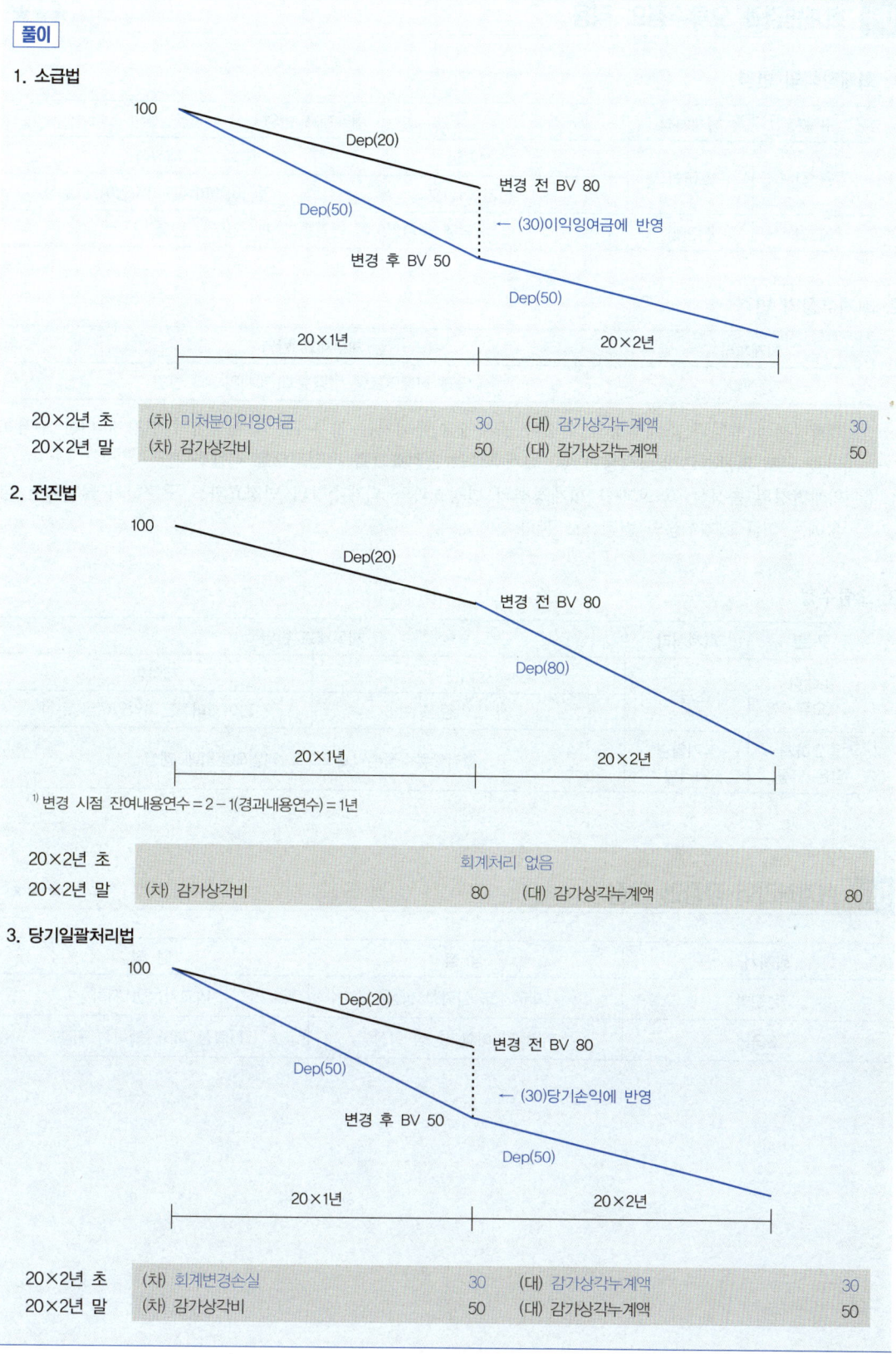

05 회계변경과 오류수정의 적용 ★★★

1. 회계정책의 변경

구 분	회계처리	재무제표 반영	
원 칙	소급법	전기분	재작성
		전기 이전분	전기이월미처분이익잉여금 수정
예 외	전진법	당해 회계연도에 변경효과 개시일부터 반영	

2. 회계추정의 변경

회계처리	재무제표 반영
전진법	당해 회계연도에 변경효과 개시일부터 반영

① 회계정책의 변경과 회계추정의 변경이 동시에 이루어지는 경우에는 회계정책의 변경에 의한 누적효과를 먼저 계산하고 소급적용한 후, 회계추정의 변경효과를 전진적으로 적용한다.

② 회계변경의 속성상 그 효과를 회계정책의 변경효과와 회계추정의 변경효과를 구분하기 불가능한 경우에는 이를 회계추정의 변경으로 본다.

3. 오류수정

구 분	회계처리	재무제표 반영	
중대한 오류	소급법	전기분	재작성
		전기 이전분	전기이월미처분이익잉여금 수정
중요하지 않은 오류	당기일괄 처리법	전기오류수정손익과목으로 영업외손익에 계상	

06 회계처리의 장점과 단점 ★★★

회계처리	장 점	단 점
전진법	재무제표 신뢰성 향상	비교가능성 저하
소급법	기간 간 비교가능성 향상	신뢰성 저하, 계속성 위배

07 회계오류의 유형 ★★★

회계오류가 재무제표에 미치는 영향이 중요하다면 반드시 수정되어야 한다. 중요한 오류를 발견하였을 경우 오류수정분개를 통하여 재무제표에 반영되며, 이러한 오류는 당기순이익에 영향을 미치지 않는 오류와 당기순이익에 영향을 미치는 오류로 구분한다. 당기순이익에 영향을 미치는 오류는 자동조정오류와 비자동조정오류로 구분된다.

- 자동조정오류 : 회계오류가 발생한 회계연도와 그 다음 회계연도의 장부가 마감되는 경우, 당해 회계오류가 두 회계연도에 걸쳐 서로 상쇄되어 수정분개의 필요가 없는 오류
- 비자동조정오류 : 회계오류가 발생한 회계연도와 그 다음 회계연도의 장부가 마감된 경우에도 회계오류가 자동적으로 상쇄되지 않는 오류

Comment

당기순이익에 영향을 미치지 않는 오류들은 단순한 계정분류상의 오류로 재무상태표 오류와 손익계산서 오류로 구분된다. 이 오류들은 당기순이익에 미치는 영향이 없고 중요하지 않으므로 본서에서는 당기순이익에 영향을 미치는 오류에 대해서만 설명한다.

1. 자동조정오류

자동조정오류는 회계오류가 발생한 다음 회계연도의 장부가 마감된 경우 회계오류가 자동적으로 상쇄되어 오류수정분개가 필요 없는 오류를 말한다. 자동조정오류에는 다음과 같은 오류가 포함된다.

- 재고자산 과대·과소계상 오류
- 매입 과대·과소계상 오류
- 선급비용, 미지급비용, 선수수익, 미수수익 과소계상 오류
- 매출채권손실충당금 과소계상 오류(직접상각법을 사용한 경우 포함)
- 충당부채 과소계상 오류

Comment

자동조정오류는 주로 기간귀속과 관련하여 전기와 당기의 유동항목을 과대계상하거나 과소계상함에 따라 이익잉여금과 당기순이익에 영향을 미치게 되며, 오류가 발생한 보고기간의 오류효과는 오류가 발생한 다음 보고기간에 반대의 효과를 나타내어 자동적으로 조정된다. 예를 들어 ×1년 기말재고자산을 ₩100 과대계상하였다면 이로 인해 ×1년 매출원가는 ₩100 과소계상되었을 것이다. 이로 인해 ×1년 당기순이익은 ₩100 과대계상되어 ×1년 말 이익잉여금도 ₩100 과대계상되게 된다. 그러나 동 기말재고자산 과대계상액이 ×2년 기초재고자산을 ₩100 과대계상하여 ×2년에 매입과 기말재고자산에 오류가 없다면 ×2년에 매출원가가 ₩100 과대계상된다. 이로 인해 ×2년 말 이익잉여금은 ×1년 기말재고자산 과대계상에 따른 효과로부터 받는 영향이 없어지게 된다.

구 분	재고자산		매출원가		당기순이익		이익잉여금
20×1년	기말재고 100 과대	⇒	100 과소	⇒	100 과대	⇒	100 과대
20×2년	기초재고 100 과대	⇒	100 과대	⇒	100 과소	⇒	100 과소
⇒ 20×2년 말 현재 20×1년 재고자산 오류로 인한 20×1~20×2년 이익잉여금 누적효과							-

자동조정오류는 재무상태표와 손익계산서에 영향을 미친 계정과목이 하나밖에 없다는 공통점을 갖고 있다. 따라서 자동조정오류는 오류를 수정하는 회계연도의 재무상태표와 손익계산서에 영향을 아래의 재무상태표등식을 이용하여 자산·부채의 과대·과소계상효과가 연도별 손익에 미치는 효과를 구하면 간단하게 수정분개를 할 수 있다.

재무상태표등식을 이용한 자동조정오류의 손익효과

자 산	부 채	자본(이익)	오류수정(N/I영향)	
			오류발생 회계기간	다음 회계기간
자산과대		이익과대	−	+
자산과소		이익과소	+	−
	부채과대	이익과소	+	−
	부채과소	이익과대	−	+

예제 2

20×1년 초에 설립한 A사는 20×1년 말 차입금에 대한 미지급이자 ₩50,000을 인식하지 않고 20×2년 초에 ₩50,000의 이자를 지급할 때 이자비용을 인식하였다. A사의 20×1년 당기순이익은 ₩100,000이고 20×2년 당기순이익은 ₩200,000이다.

1. 미지급비용의 오류를 20×2년에 발견한 경우 오류수정분개를 보이시오.
2. 20×1년과 20×2년의 정확한 당기순이익과 20×1년 말과 20×2년 말에 재무상태표에 계상될 정확한 이익잉여금을 구하시오.

풀이

1.

(차) 이익잉여금	50,000	(대) 이자비용	50,000

2. (1) 재무제표 영향

구 분	20×1년	20×2년
미지급비용 기초잔액	–	50,000 과소계상
미지급비용 기말잔액	50,000 과소계상	–
당기 이자비용	50,000 과소계상	50,000 과대계상
당기순이익에 미치는 영향	50,000 과대계상	50,000 과소계상
기말이익잉여금에 미치는 영향	50,000 과대계상	–

(2) 재무상태표등식을 이용한 풀이

자 산	부 채	자본 (이익)	오류수정(N/I영향)	
			오류발생 회계기간(20×1년)	다음 회계기간(20×2년)
	부채과소 50,000	이익과대 50,000	− (−)50,000	+ 50,000

(3) 당기손익과 이익잉여금 잔액에 미치는 영향

구 분	20×1년	20×2년
수정 전 당기순이익	100,000	200,000
미지급비용 과소계상(20×1년)	(50,000)	50,000
수정 후 당기순이익	50,000	250,000
올바른 기말이익잉여금 잔액	50,000	50,000 + 250,000 = 300,000

예제 3

20×1년 초에 설립한 A사는 20×1년 말에 정기예금 미수이자 ₩50,000을 인식하지 않고 20×2년 초에 ₩50,000의 이자를 수령할 때 이자수익을 인식하였다. A사의 20×1년 당기순이익은 ₩100,000이고 20×2년 당기순이익은 ₩200,000이다.

1. 미수이자의 오류를 20×2년에 발견한 경우 오류수정분개를 보이시오.
2. 20×1년과 20×2년의 정확한 당기순이익과 20×1년 말과 20×2년 말에 재무상태표에 계상될 정확한 이익잉여금을 구하시오.

풀이

1.

(차) 이자수익	50,000	(대) 이익잉여금	50,000

2. (1) 재무제표 영향

구 분	20×1년	20×2년
미수이자 기초잔액	–	50,000 과소계상
미수이자 기말잔액	50,000 과소계상	–
당기 이자수익	50,000 과소계상	50,000 과대계상
당기순이익에 미치는 영향	50,000 과소계상	50,000 과대계상
기말이익잉여금에 미치는 영향	50,000 과소계상	–

(2) 재무상태표등식을 이용한 풀이

자 산	부 채	자본(이익)	오류수정(N/I영향)	
			오류발생 회계기간(20×1년)	다음 회계기간(20×2년)
자산과소 50,000		이익과소 50,000	+ 50,000	− (−)50,000

(3) 당기손익과 이익잉여금 잔액에 미치는 영향

구 분	20×1년	20×2년
수정 전 당기순이익	100,000	200,000
미수이자 과소계상(20×1년)	50,000	(50,000)
수정 후 당기순이익	150,000	150,000
올바른 기말이익잉여금 잔액	150,000	150,000 + 150,000 = 300,000

예제 4

20×1년 초에 설립한 A사는 20×2년도 보험료 ₩50,000을 20×1년 말에 지급하면서 모두 비용처리하였다. A사의 20×1년 당기순이익은 ₩100,000이고 20×2년 당기순이익은 ₩200,000이다.

1. 선급비용의 오류를 20×2년에 발견한 경우 오류수정분개를 보이시오.
2. 20×1년과 20×2년의 정확한 당기순이익과 20×1년 말과 20×2년 말에 재무상태표에 계상될 정확한 이익잉여금을 구하시오.

풀이

1.

(차) 보험료	50,000	(대) 이익잉여금	50,000

2. (1) 재무제표 영향

구 분	20×1년	20×2년
선급비용 기초잔액	-	50,000 과소계상
선급비용 기말잔액	50,000 과소계상	-
당기 보험료	50,000 과대계상	50,000 과소계상
당기순이익에 미치는 영향	50,000 과소계상	50,000 과대계상
기말이익잉여금에 미치는 영향	50,000 과소계상	-

(2) 재무상태표등식을 이용한 풀이

자 산	부 채	자본(이익)	오류수정(N/I영향)	
			오류발생 회계기간(20×1년)	다음 회계기간(20×2년)
자산과소 50,000		이익과소 50,000	+ 50,000	- (-)50,000

(3) 당기손익과 이익잉여금 잔액에 미치는 영향

구 분	20×1년	20×2년
수정 전 당기순이익	100,000	200,000
선급비용 과소계상(20×1년)	50,000	(50,000)
수정 후 당기순이익	150,000	150,000
올바른 기말이익잉여금 잔액	150,000	150,000 + 150,000 = 300,000

예제 5

20×1년 초에 설립한 A사는 20×2년도 임대료 ₩50,000을 20×1년 말에 수령하면서 모두 수익처리하였다. A사의 20×1년 당기순이익은 ₩100,000이고 20×2년 당기순이익은 ₩200,000이다.

1. 선수수익의 오류를 20×2년에 발견한 경우 오류수정분개를 보이시오.
2. 20×1년과 20×2년의 정확한 당기순이익과 20×1년 말과 20×2년 말에 재무상태표에 계상될 정확한 이익잉여금을 구하시오.

풀이

1.

(차) 이익잉여금	50,000	(대) 임대료수익	50,000

2. (1) 재무제표 영향

구 분	20×1년	20×2년
선수수익 기초잔액	-	50,000 과소계상
선수수익 기말잔액	50,000 과소계상	-
당기 임대료수익	50,000 과대계상	50,000 과소계상
당기순이익에 미치는 영향	50,000 과대계상	50,000 과소계상
기말이익잉여금에 미치는 영향	50,000 과대계상	-

(2) 재무상태표등식을 이용한 풀이

자 산	부 채	자본 (이익)	오류수정(N/I영향)	
			오류발생 회계기간(20×1년)	다음 회계기간(20×2년)
자산과대 (-)50,000		이익과대 (-)50,000	- 50,000	+ (-)50,000

(3) 당기손익과 이익잉여금 잔액에 미치는 영향

구 분	20×1년	20×2년
수정 전 당기순이익	100,000	200,000
선수수익 과소계상(20×1년)	(50,000)	50,000
수정 후 당기순이익	50,000	250,000
올바른 기말이익잉여금 잔액	50,000	50,000 + 250,000 = 300,000

예제 6

20×1년 초에 설립한 A사는 20×1년 말에 기말재고자산을 ₩50,000을 과대계상하였다. A사의 20×1년 당기순이익은 ₩100,000이고 20×2년 당기순이익은 ₩200,000이다.

1. 재고자산의 오류를 20×2년에 발견한 경우 오류수정분개를 보이시오.
2. 20×1년과 20×2년의 정확한 당기순이익과 20×1년 말과 20×2년 말에 재무상태표에 계상될 정확한 이익잉여금을 구하시오.

풀이

1.

(차) 이익잉여금	50,000	(대) 매출원가	50,000

2. (1) 재무제표 영향

구 분	20×1년	20×2년
재고자산 기초잔액	–	50,000 과소계상
재고자산 기말잔액	50,000 과대계상	–
당기 매출원가	50,000 과소계상	50,000 과대계상
당기순이익에 미치는 영향	50,000 과대계상	50,000 과소계상
기말이익잉여금에 미치는 영향	50,000 과대계상	–

(2) 재무상태표등식을 이용한 풀이

자 산	부 채	자본(이익)	오류수정(N/I영향)	
			오류발생 회계기간(20×1년)	다음 회계기간(20×2년)
자산과대 (–)50,000		이익과대 (–)50,000	– (–)50,000	+ 50,000

(3) 당기손익과 이익잉여금 잔액에 미치는 영향

구 분	20×1년	20×2년
수정 전 당기순이익	100,000	200,000
재고자산 과대계상(20×1년)	(50,000)	50,000
수정 후 당기순이익	50,000	250,000
올바른 기말이익잉여금 잔액	50,000	50,000 + 250,000 = 300,000

전기오류수정분개와 비교재무제표 재작성의 의미

오류수정에 대한 회계처리를 이해하는 과정에서 혼동되는 것은 오류수정의 분개와 비교 표시되는 과년도 재무제표의 재작성이다. 예를 들어 20×1년에 감가상각비 ₩2,000을 과소계상한 오류(중요한 오류)를 20×2년(당기)에 발견하였다면 비교 표시되는 20×1년도 재무제표의 감가상각비와 감가상각누계액을 각각 ₩2,000씩 증가시키는 재작성 절차를 밟아야 한다. 이 경우 다음과 같은 오류수정분개를 생각할 수 있다.

(차) 감가상각비	2,000	(대) 감가상각누계액	2,000

그러나 이러한 분개는 20×1년도 재무제표의 재작성 관점에서의 오류수정분개이다. 분개는 장부에 기록하는 절차이므로 20×1년도 장부가 이미 마감되어 있는 이상 20×1년도 장부에 위의 분개를 반영할 수는 없다.
전년도 장부의 수정과 비교 표시되는 전년도 재무제표의 재작성은 다르다. 전년도 재무제표를 재작성하라는 의미는 전년도 장부를 수정하라는 것이 아니라 비교표시되는 전년도 재무제표의 금액을 수정하라는 의미이다. 따라서 위의 사례에서 전기오류의 수정분개는 다음의 분개로 하여 20×2년도에 반영해야 하며, 전년도 재무제표의 재작성은 별도로 이루어져야 한다.

(차) 이익잉여금	2,000	(대) 감가상각누계액	2,000

2. 비자동조정오류

비자동조정오류란 두 보고기간을 초과하여 오류의 효과가 지속되는 오류를 말하며, 일반적으로 비유동항목과 관련하여 발생한다. 비자동조정오류가 주로 발생하는 계정은 유형자산, 무형자산, 사채 등이 있다. 비자동조정오류는 자동조정오류를 제외한 모든 오류들로 자동조정오류와는 달리 재무상태표와 손익계산서에 영향을 미친 계정과목이 여러 개라는 특징이 있다. 따라서 비자동조정오류도 자동조정오류와 마찬가지로 오류를 수정하는 회계연도의 재무상태표와 손익계산서에 영향을 미친 계정과목과 금액을 계산하여 수정분개를 하면 된다. 비자동조정오류를 발견한 경우 오류수정분개를 하는 순서는 다음과 같이 수행하는 것이 유용하다.

비자동조정오류의 오류수정분개 순서

① 재무상태표계정의 차이를 조정 ➲ ② 당기손익의 차이를 조정 ➲ ③ 대차차액을 이익잉여금으로 처리

또한 중요한 오류를 발견한 경우 재무상태표와 포괄손익계산서에 미치는 영향을 분석하고 오류수정분개를 수행해야 한다. 다양한 오류가 복합적으로 발생한 경우 오류로 인한 기말 재무상태표 효과와 연도별 손익효과를 파악하기 어렵다. 이 경우 정산표를 이용하여 오류를 집계하면 위의 효과를 쉽고 빠르게 파악할 수 있다.

개념완성문제

01 기계장치의 잔존가치가 취득 시점 이후 추정치의 변경으로 이를 수정하는 것은 정책의 변경으로 본다. (O, X)

02 회계정책의 변경과 회계추정의 변경이 동시에 이루어져 각각의 효과를 구분할 수 없는 경우에는 이를 회계추정의 변경으로 본다. (O, X)

03 회계추정의 변경은 그 변경효과가 매우 중요한 경우에도 (　　)로/으로 회계처리한다.

04 회계정책의 변경에 따른 회계처리는 재무제표의 (　　)이/가 하락한다.

05 회계정책의 변경에 따른 회계변경누적효과는 (　　)에 영향을 미친다.

정답 및 해설

01 X 추정의 변경으로 본다.

02 O

03 전진법

04 신뢰성

05 이익잉여금

출제예상문제

✔ 학습시간이 부족하거나 시험 전 최종정리를 하고 싶은 경우에는 출제빈도(★~★★★)가 높은 문제를 우선으로 풀이할 수 있습니다.
✔ 다시 봐야 할 문제(풀지 못한 문제, 헷갈리는 문제 등)는 문제 번호 하단의 네모박스(□)에 체크하여 반복 학습할 수 있습니다.

★ 회계정책, 회계추정의 변경 및 오류(계산형)

01 □□□ **다음은 A사의 제7기**(20×1. 1. 1. ~ 20×1. 12. 31.) **회계변경과 오류수정에 관한 내용이다. 회계변경과 오류수정이 제7기 당기순이익에 미친 영향은 얼마인가?**

가. 제7기에 기계장치의 감가상각방법을 정액법에서 정률법으로 변경하였다. 회계변경의 정당성은 인정되며 각 방법의 감가상각비는 다음과 같다. (동 변경은 회계추정의 변경에 해당한다)

(단위 : 원)

구 분	정액법	정률법
제7기 이전 감가상각누계액	350,000	240,000
제7기 감가상각비	40,000	80,000

나. 제6기에 발생한 미지급급료 20,000원을 기입하지 아니하고 제7기 급여 지급 시 이를 비용으로 처리하였는데 이는 중대한 오류에 해당한다.

① 이익 10,000원 감소
② 이익 20,000원 감소
③ 이익 30,000원 감소
④ 이익 40,000원 감소
⑤ 이익 50,000원 감소

★★★

02 □□□

회계정책, 회계추정의 변경 및 오류(계산형)

G사는 20×1년 7월 1일 연구단계에서 발생한 지출 20,000,000원을 무형자산인 개발비로 계상한 후, 20×1년 말에 내용연수 5년, 정액법으로 월할 상각하였다. 이러한 회계처리의 오류수정으로 20×1년도 당기순이익에 미칠 영향은 얼마인가?

① 16,000,000원 감소
② 16,000,000원 증가
③ 18,000,000원 감소
④ 18,000,000원 증가
⑤ 영향 없음

정답 및 해설

01 ② 가. 감가상각방법의 변경을 추정의 변경으로 보므로 기초 장부금액은 수정하지 않고, 당기 감가상각비의 차이만 수정하여 당기손익에 반영한다. 즉, '40,000 − 80,000 = (40,000)원'이다.

(차) 감가상각비	40,000	(대) 감가상각누계액	40,000

나. 당기에 비용처리한 부분은 중대한 오류에 해당하므로 취소한다.

(차) 이익잉여금	20,000	(대) 급여	20,000

➲ 제7기 당기순이익에 미친 영향 = (40,000) + 20,000 = (20,000)원

02 ③ • 회사의 회계처리

20×1년 7월 1일	(차) 개발비	20,000,000	(대) 현금	20,000,000
20×1년 말	(차) 무형자산상각비	2,000,000	(대) 개발비	2,000,000

- 무형자산상각비 = 20,000,000 ÷ 5년 × $\frac{6}{12}$ = 2,000,000원

• 올바른 회계처리

20×1년 7월 1일	(차) 연구비	20,000,000	(대) 현금	20,000,000
20×1년 말	회계처리 없음			

• 회계처리 오류가 G사의 당기순이익에 미친 영향 = 미계상된 연구비 − 무형자산상각비
= (20,000,000) − (2,000,000) = (18,000,000)원 비용 증가
➲ 당기순이익 18,000,000 감소

★★★

03 □□□

회계정책, 회계추정의 변경 및 오류(계산형)

12월 말 결산법인인 ㈜한국은 당기와 전기금액을 비교 표시하는 형태로 재무제표를 작성하고 있다. ㈜한국은 2011년 급여 ₩20,000에 대한 회계처리를 누락하고, 2011년도 결산이 마무리된 후인 2012년 6월 30일에 급여를 지급하여 비용으로 계상하였다. ㈜한국이 2012년 11월 1일에 이러한 오류를 발견하였다면, 전기오류수정을 위한 회계처리로 옳은 것은?

	(차변)		(대변)	
①	급여	₩20,000	현금	₩20,000
②	이익잉여금	₩20,000	급여	₩20,000
③	급여	₩20,000	이익잉여금	₩20,000
④	미지급급여	₩20,000	급여	₩20,000
⑤		회계처리 없음		

★★★

04 □□□

회계정책, 회계추정의 변경 및 오류(계산형) 최신출제유형

㈜한국의 2016년 회계오류수정 전 법인세비용차감전순이익은 ₩300,000이다. 회계오류가 다음과 같을 때, 회계오류수정 후 2016년도 법인세비용차감전순이익은?

회계오류 사항	2015년	2016년
기말재고자산 오류	₩8,000 과소계상	₩4,000 과대계상
선급비용을 당기비용으로 처리	₩3,000	₩2,000

① ₩287,000 ② ₩288,000 ③ ₩289,000
④ ₩290,000 ⑤ ₩300,000

정답 및 해설

03 ②

회사의 F/S	⇒	오류수정분개	⇐	올바른 F/S
I/S [11년]				I/S [11년]
	(차) 급여 20,000	(대) 미지급급여 20,000		급여 : 20,000
I/S [12년]				I/S [12년]
급여 : 20,000	(차) 이익잉여금 20,000	(대) 급여 20,000		

• 회사의 회계처리

2011년	(차) -	-	(대) -	-
2012년	(차) 급여	20,000	(대) 현금	20,000

• 올바른 회계처리

2011년	(차) 급여	20,000	(대) 미지급급여	20,000
2012년	(차) 미지급급여	20,000	(대) 현금	20,000

• 차이조정(오류수정분개)

오류수정	(차) 이익잉여금	20,000	(대) 급여	20,000

04 ① 2016년도 법인세차감전순이익 : 287,000 = 300,000 − (8,000 + 4,000 + 3,000 − 2,000)

• 오류수정정산표

구 분	2015년	2016년
수정 전 N/I		300,000
15년 기말재고자산	+ 8,000	− 8,000
16년 기말재고자산		− 4,000
15년 선급비용	+ 3,000	− 3,000
16년 선급비용		+ 2,000
수정 후 N/I		287,000

• 15년 기말재고
  - 당기 : 과소 → 자산 증가조정 ⇒ 이익 증가
  - 차기 : 반대효과 발생(자동조정오류)
• 16년 기말재고 : 과대 → 자산 감소조정 ⇒ 이익 감소
• 15년 선급비용
  - 당기 : 비용 취소 → 자산 증가조정 ⇒ 이익 증가
  - 차기 : 반대효과 발생(자동조정오류)
• 16년 선급비용 : 비용 취소 → 자산 증가조정 ⇒ 이익 증가

★★★ **회계추정의 변경** 최신출제유형

05

㈜한국은 2010년 1월 1일 건물을 ₩1,000,000에 구입하여 2015년 12월 31일까지 정액법(내용연수는 10년, 잔존가치 ₩100,000)**으로 감가상각하였다. 2016년 1월 1일 동 건물에 대해 감가상각방법을 정액법에서 연수합계법으로 변경하였으며, 잔존가치는 ₩40,000으로 재추정하였고 향후 5년을 더 사용할 수 있을 것으로 예상하였다. 2016년 말에 인식해야 할 동 건물의 감가상각비는?** (단, 유형자산에 대해 원가모형을 적용한다)

① ₩84,000　② ₩90,000　③ ₩96,000
④ ₩140,000　⑤ ₩150,000

★★★ **회계정책의 변경** 최신출제유형

06

㈜한국이 20×1년에 재고자산의 평가방법을 선입선출법에서 총평균법으로 변경한 결과 20×1년 기초재고자산과 기말재고자산이 각각 ₩50,000, ₩20,000 감소하였다. 이와 같은 회계변경이 ㈜한국의 20×1년 기초이익잉여금과 당기순이익에 미치는 영향은?

	기초이익잉여금	당기순이익
①	₩50,000 감소	₩20,000 감소
②	₩50,000 증가	₩20,000 감소
③	₩50,000 감소	₩30,000 증가
④	영향없음	₩30,000 증가
⑤	영향없음	영향없음

정답 및 해설

05 ④ 16년 말의 감가상각비 : 140,000

$= (460{,}000 - 40{,}000) \times \dfrac{5}{5+4+3+2+1}$

* 별해 : 감가상각비의 계산 도식 적용

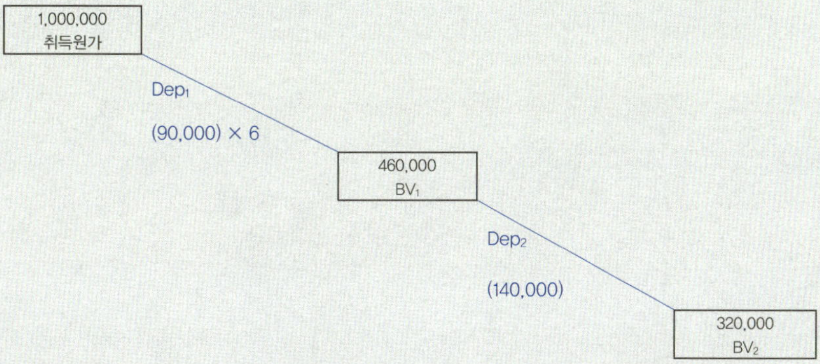

(1) 10년 취득원가(건물) : 1,000,000
(2) 정액법 Dep : 90,000 = (1,000,000 − 100,000) × 1/10
(3) 15년 말 BV : 460,000 = 1,000,000 − (90,000 × 6)
(4) 16년 Dep : $140{,}000 = (460{,}000 - 40{,}000) \times \dfrac{5}{5+4+3+2+1}$
(5) 16년 말 BV : 320,000 = 460,000 − 140,000

06 ③ (1) 20×1년 기초이익잉여금에 미치는 영향 : (−)50,000
(2) 20×1년 당기순이익에 미치는 영향 : (−)30,000 = 50,000 − 20,000

참고 오류수정정산표

구 분	20×0년 말	20×1년 말
수정 전 N/I		
×0년 말 재고자산 감소	−50,000	+50,000
×1년 말 재고자산 감소		−20,000
수정 후 N/I	−50,000	+30,000

(1) ×0년 말 재고자산
① 당기 : 자산 감소 ➲ 이익 감소
② 차기 : 반대효과 발생(자동조정오류)
(2) ×1년 말 재고자산 : 자산 감소 ➲ 이익 감소

★★★ 오류수정 최신출제유형

07 □□□

㈜서울은 20×1년과 20×2년에 당기순이익으로 각각 ₩1,000,000과 ₩2,000,000을 보고하였다. 그러나 20×1년과 20×2년의 당기순이익에서 〈보기〉와 같은 중요한 오류가 포함되어 있었다. 이러한 오류가 20×1년과 20×2년의 당기순이익에 미친 영향으로 가장 옳은 것은?

구 분	20×1년	20×2년
감가상각비	₩100,000 과대계상	₩200,000 과대계상
기말 선급보험료	₩30,000 과소계상	₩20,000 과소계상
기말 미지급임차료	₩10,000 과대계상	₩40,000 과대계상
기말재고자산	₩70,000 과소계상	₩50,000 과소계상

	20×1년	20×2년
①	₩210,000 과대계상	₩200,000 과대계상
②	₩210,000 과대계상	₩200,000 과소계상
③	₩210,000 과소계상	₩200,000 과대계상
④	₩210,000 과소계상	₩200,000 과소계상
⑤	₩220,000 과소계상	₩210,000 과소계상

★★★ 회계정책, 회계추정의 변경 및 오류(서술형) 최신출제유형

08 □□□

회계변경과 오류수정에서 회계처리와 관련된 설명으로 옳지 <u>않은</u> 것은?

① 품질보증비용을 비용으로 처리하다가 중요성 증대로 충당부채를 설정하는 것을 회계추정의 변경으로 본다.

② 기계장치의 잔존가치가 취득 시점 이후 추정치의 변경으로 이를 수정하는 것은 추정의 변경으로 본다.

③ 회계정책의 변경과 회계추정의 변경이 동시에 이루어져 각각의 효과를 구분할 수 없는 경우에는 이를 회계정책의 변경으로 본다.

④ 우발부채로 인식했던 금액을 새로운 정보에 따라 합리적으로 추정할 금액으로 수정하는 경우 회계추정의 변경으로 본다.

⑤ 회계추정의 변경은 그 변경 효과가 매우 중요한 경우에도 전진법으로 회계처리한다.

정답 및 해설

07 ④ (1) 20×1년 당기순이익에 미치는 영향 : (–)210,000
(2) 20×2년 당기순이익에 미치는 영향 : (–)200,000

참고 오류수정정산표

구 분	20×1년	20×2년
×1년 감가상각비	–100,000	
×2년 감가상각비		–200,000
×1년 기말 선급보험료	– 30,000	+ 30,000
×2년 기말 선급보험료		– 20,000
×1년 기말 미지급임차료	– 10,000	+ 10,000
×2년 기말 미지급임차료		– 40,000
×1년 기말재고자산	– 70,000	+ 70,000
×2년 기말재고자산		– 50,000
당기순이익에 미친 영향	–210,000	–200,000

(1) ×1년 감가상각비(비자동조정오류) : 비용 발생 ➲ 이익 감소
(2) ×2년 감가상각비(비자동조정오류) : 비용 발생 ➲ 이익 감소
(3) ×1년 기말 선급보험료
  ① 당기 : 자산 감소 ➲ 이익 감소
  ② 차기 : 반대효과 발생(자동조정오류)
(4) ×2년 기말 선급보험료 : 자산 감소 ➲ 이익 감소
(5) ×1년 기말 미지급임차료
  ① 당기 : 부채 증가 ➲ 이익 감소
  ② 차기 : 반대효과 발생(자동조정오류)
(6) ×2년 기말 미지급임차료: 부채 증가 ➲ 이익 감소
(7) ×1년 기말재고자산
  ① 당기 : 자산 감소 ➲ 이익 감소
  ② 차기 : 반대효과 발생(자동조정오류)
(8) ×2년 기말재고자산 : 자산 감소 ➲ 이익 감소

참고 자동조정오류

• 자동조정오류의 사례

① 재고자산 과대 · 과소계상 오류
② 매입 과대 · 과소계상 오류
③ 선급비용, 미지급비용, 선수수익, 미수수익 과대 · 과소계상 오류
④ 매출채권손실충당금 과대 · 과소계상 오류(직접상각법을 사용한 경우 포함)
⑤ 충당부채 과대 · 과소계상 오류

• 재무상태표 등식을 이용한 자동조정오류의 손익효과

자 산	부 채	자본(이익)	오류수정(N/I 영향)	
			오류발생 회계기간	다음 회계기간
자산 과대		이익 과대	–	+
자산 과소		이익 과소	+	–
	부채 과대	이익 과소	+	–
	부채 과소	이익 과대	–	+

08 ③ 회계정책의 변경과 회계추정의 변경이 동시에 이루어져 각각의 효과를 구분할 수 없는 경우에는 이를 회계추정의 변경으로 본다.

★★★ 회계정책, 회계추정의 변경 및 오류(서술형)

09 □□□ **회계정책의 변경 및 오류수정에 대한 설명으로 옳지 않은 것은?**

① 회계정책의 변경은 소급법으로 처리한다.
② 회계정책의 변경에 따른 회계처리는 기간 간 비교가능성이 향상된다.
③ 회계정책의 변경에 따른 회계변경누적효과는 당기손익에 영향을 미친다.
④ 당기에 발견한 전기 또는 그 이전 기간의 오류는 당기 자산, 부채 및 자본의 기초금액에 반영한다.
⑤ 회계정책의 변경에 대한 회계처리는 재무제표의 신뢰성을 저하한다.

★★★ 회계정책, 회계추정의 변경 및 오류(서술형)

10 □□□ **다음 중 회계정책과 회계추정 변경에 대한 설명으로 옳지 않은 것은?**

① 회계정책 변경에 따른 회계변경누적효과는 당기손익에 영향을 미치지 아니한다.
② 회계정책 변경의 예로는 재고자산 평가방법의 변경, 유형자산의 내용연수 또는 잔존가치의 변경 등을 들 수 있다.
③ 감가상각방법을 정액법에서 정률법으로 변경하는 경우 회계추정의 변경으로 회계처리한다.
④ 회계추정의 변경에 대한 회계처리방법은 재무제표의 신뢰성을 향상시킨다.
⑤ 회계추정의 변경은 전진적으로 처리하여 그 효과를 당기와 당기 이후의 기간에 반영한다.

★★★
회계정책, 회계추정의 변경 및 오류(서술형) 최신출제유형

11 일반기업회계기준에 규정된 회계정책, 회계추정의 변경 및 오류에 대한 설명으로 옳지 않은 것은?

① 회계추정의 변경은 회계적 추정치의 근거와 방법 등을 바꾸는 것이며, 회계정책의 변경은 재무제표의 작성과 보고에 적용하던 회계정책을 다른 회계정책으로 바꾸는 것이다.
② 변경된 새로운 회계정책은 소급하여 적용한다. 전기 또는 그 이전의 재무제표를 비교목적으로 공시할 경우에는 소급적용에 따른 수정사항을 반영하여 재작성한다.
③ 회계변경의 속성상 그 효과를 회계정책의 변경효과에 대한 회계추정의 변경효과로 구분하기 불가능한 경우에는 이를 회계정책의 변경으로 본다.
④ 오류수정은 당기에 발견한 전기 또는 그 이전 기간의 오류는 당기손익계산서에 영업외손익 중 전기오류수정손익으로 보고한다. 다만, 전기 이전 기간에 발생한 중대한 오류의 수정은 자산, 부채 및 자본의 기초금액에 반영한다.
⑤ 회계추정은 기업환경의 불확실성하에서 미래의 재무적 결과를 사전적으로 예측하는 것이며, 회계추정의 변경은 전진적으로 처리하여 그 효과를 당기와 당기 이후의 기간에 반영한다.

정답 및 해설

09 ③ 회계정책의 변경에 따른 회계변경누적효과는 이익잉여금에 영향을 미친다.

10 ② 유형자산의 내용연수 또는 잔존가치의 변경은 회계추정변경의 예로서 회계정책변경에 해당하지 아니한다.

11 ③ 회계변경의 속성상 그 효과를 회계정책의 변경효과에 대한 회계추정의 변경효과로 구분하기 불가능한 경우에는 이를 회계추정의 변경으로 본다.

제18절 감사보고서

01 감사의견 및 감사보고서 ★★★

감사의견의 변형을 초래한 사항의 성격	해당 사항이 재무제표에 미치거나 미칠 수 있는 영향의 전반성에 대한 감사인의 판단		
	중요하지 않은 경우	중요하지만 전반적이지 아니한 경우	중요하며 동시에 전반적인 경우
재무제표가 중요하게 왜곡표시된 경우	적정의견	한정의견	부적정의견
충분하고 적합한 감사증거를 입수할 수 없는 경우	적정의견	한정의견	의견거절

* 회계감사는 회사가 제시한 재무제표가 기업회계기준에 따라 정확하게 작성되었는지 여부를 판단하는 것은 아니다. 그 이유는 회계감사는 재무제표가 기업회계기준에 따라 적정하게 작성되었는지에 대한 의견만을 제시하기 때문이다.

02 감사보고서의 내용 ★★★

구 분	감사의견
적정의견	우리의 의견으로는 상기 재무제표는 A사의 20×1년 12월 31일 현재의 재무상태와 동일로 종료되는 보고기간의 재무성과 및 현금흐름을 일반기업회계기준에 따라 중요성의 관점에서 공정하게 표시하고 있습니다.
한정의견	우리의 의견으로는 상기 A사의 재무제표는 근거문단에 기술된 사항이 미치는 영향을 제외하고는 A사의 20×1년 12월 31일 현재의 재무상태와 동일로 종료되는 보고기간의 재무성과 및 현금흐름을 일반기업회계기준에 따라 중요성의 관점에서 공정하게 표시하고 있습니다.
부적정의견	우리의 의견으로는 A사의 재무제표는 근거문단에 기술된 사항의 유의성으로 인하여 A사의 20×1년 12월 31일 현재의 재무상태와 동일로 종료되는 보고기간의 재무성과 및 현금흐름을 일반기업회계기준에 따라 공정하게 표시하고 있지 않습니다.
의견거절	우리는 근거문단에서 기술된 사항의 유의성으로 인하여 감사의견의 근거가 되는 충분하고 적합한 감사증거를 입수할 수 없었습니다. 따라서 우리는 회사의 재무제표에 대하여 의견을 표명하지 않습니다.

개념완성문제

01 회계감사는 회사가 제시한 재무제표가 기업회계기준에 따라 정확하게 작성되었는지 여부를 판단한다. (O, X)

02 감사의견이 한정의견일 경우에 감사보고서 본문 중에 한정의견이라는 용어를 직접 사용하는 것은 아니다. (O, X)

정답 및 해설

01 X 회계감사는 회사가 제시한 재무제표가 기업회계기준에 따라 정확하게 작성되었는지 여부를 판단하는 것이 아니라, 의견을 표명하는 것이다.

02 O

출제예상문제

✓ 학습시간이 부족하거나 시험 전 최종정리를 하고 싶은 경우에는 출제빈도(★~★★★)가 높은 문제를 우선으로 풀이할 수 있습니다.
✓ 다시 봐야 할 문제(풀지 못한 문제, 헷갈리는 문제 등)는 문제 번호 하단의 네모박스(□)에 체크하여 반복 학습할 수 있습니다.

★
감사의견과 감사보고서의 내용

01 □□□ **감사보고서와 관련된 설명으로 옳지 않은 것은?**

① 회계감사는 재무제표를 작성하기 위하여 경영진이 적용한 회계정책의 적합성과 경영진이 도출한 회계추정치의 합리성에 대한 평가를 포함한다.
② 계속기업 존속능력에 중요한 불확실성이 있다면 이에 대하여 강조사항에 언급된다.
③ 감사의견이 한정의견일 경우, 감사보고서 본문 중에 한정의견이라는 용어를 직접 사용하는 것은 아니다.
④ 회계감사보고서의 수신인은 회사의 경영자이다.
⑤ 회계감사는 회사가 제시한 재무제표가 기업회계기준에 따라 정확하게 작성되었는지 여부를 판단하는 것은 아니다.

★★
감사의견과 감사보고서의 내용

02 □□□ **다음 자료는 감사보고서의 일부이다. 감사의견으로 옳은 것은?**

> 우리의 의견으로는 회사의 재무제표는 ㅇㅇ의견근거문단에 기술된 사항의 유의성으로 인하여 가나다 주식회사의 20×1년 12월 31일 현재의 재무상태와 동일로 종료되는 보고기간의 재무성과 및 현금흐름을 일반기업회계기준에 따라 중요성의 관점에서 공정하게 표시하고 있지 않습니다.

① 기업회계기준위배에 따른 부적정의견
② 기업회계기준위배에 따른 한정의견
③ 적정의견
④ 감사범위 제한에 따른 한정의견
⑤ 의견거절

★★★
03
□□□

감사의견과 감사보고서의 내용 최신출제유형

다음 사례별로 감사의견을 올바르게 표시한 것은?

구 분	감사의견
사례1	우리의 의견으로는 상기 재무제표는 A사의 20×1년 12월 31일 현재의 재무상태와 동일로 종료되는 보고기간의 재무성과 및 현금흐름을 일반기업회계기준에 따라 중요성의 관점에서 공정하게 표시하고 있습니다.
사례2	우리의 의견으로는 상기 A사의 재무제표는 근거문단에 기술된 사항이 미치는 영향을 제외하고는 A사의 20×1년 12월 31일 현재의 재무상태와 동일로 종료되는 보고기간의 재무성과 및 현금흐름을 일반기업회계기준에 따라 중요성의 관점에서 공정하게 표시하고 있습니다.
사례3	우리의 의견으로는 A사의 재무제표는 근거문단에 기술된 사항의 유의성으로 인하여 A사의 20×1년 12월 31일 현재의 재무상태와 동일로 종료되는 보고기간의 재무성과 및 현금흐름을 일반기업회계기준에 따라 공정하게 표시하고 있지 않습니다.
사례4	우리는 근거문단에서 기술된 사항의 유의성으로 인하여 감사의견의 근거가 되는 충분하고 적합한 감사증거를 입수할 수 없었습니다. 따라서 우리는 회사의 재무제표에 대하여 의견을 표명하지 않습니다.

	사례1	사례2	사례3	사례4
①	적정의견	한정의견	부적정의견	의견거절
②	적정의견	부적정의견	한정의견	의견거절
③	적정의견	부적정의견	한정의견	한정의견
④	적정의견	의견거절	한정의견	한정의견
⑤	의견거절	의견거절	부적정의견	한정의견

정답 및 해설

01 ④ 회계감사보고서의 수신인은 주주 및 이사회이다.

참고 회계감사는 중요성 기준에 따라 공정하게 작성되었는지 여부를 판단한다.

02 ① 해당 사유는 기업회계기준에 따른 부적정의견에 해당한다.

03 ①
- 사례1 : 적정의견
- 사례2 : 한정의견
- 사례3 : 부적정의견
- 사례4 : 의견거절

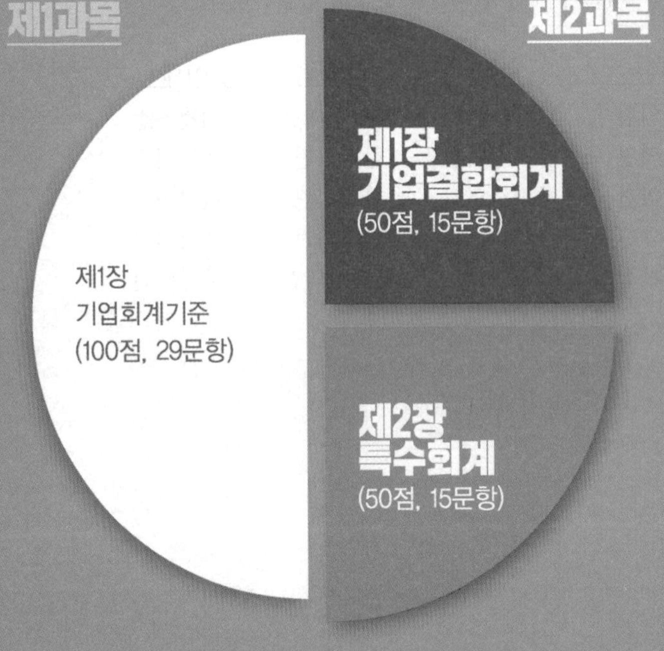
제1과목
제2과목
제1장
기업회계기준
(100점, 29문항)
제1장
기업결합회계
(50점, 15문항)
제2장
특수회계
(50점, 15문항)

제2과목
회계학 Ⅱ

■ **출제비중 및 출제경향**

제1장 기업결합회계에서는 총 15문제가 50점의 배점으로 출제된다. 본 장은 서술형 문제의 난이도가 높지만 계산형 문제는 정해진 패턴의 문제가 출제되고 있으므로 문제풀이 방법을 정확히 숙지하여, 계산형 문제에서 많은 점수를 획득하는 것이 중요하다.

구 분	출제문항 수
제1절 합병	3 ~ 4문제
제2절 연결회계	8 ~ 9문제
제3절 지분법회계	2 ~ 3문제

제1장
기업결합회계

제1절 합병

01 사업결합 ★

사업결합이란 취득자가 하나 이상의 사업에 대한 지배력을 획득하는 거래나 그 밖의 사건을 말한다. 이때 취득자는 피취득자에 대한 지배력을 획득하는 기업을 말하고 사업결합으로 지배력을 획득하는 대상 사업들을 피취득자라고 한다.

1. 사업결합의 유형

(1) 합병

다른 기업의 자산과 부채를 전부 인수하여 피합병법인을 법적으로 소멸시키는 사업결합

> 사업결합 전 : A사(취득자) + B사(피취득자)
> ↓
> 사업결합 후 : A사(취득자)

(2) 주식인수

타 기업의 주식을 전부 또는 일부 취득하여 간접적으로 지배하는 방식의 사업결합

> 사업결합 전 : A사(취득자) + B사(피취득자)
> ↓
> 사업결합 후 : A사(취득자) ➲ 지배 ➲ B사(피취득자)

2. 취득법의 절차

[1단계] 취득자의 식별
[2단계] 취득일의 결정
[3단계] 식별 가능한 취득자산, 인수부채 및 피취득자에 대한 비지배지분의 인식과 측정
[4단계] 영업권 또는 염가매수차익의 인식과 측정

➲ 일반기업회계기준은 지분통합법이 아닌 취득법을 적용한다.

02 취득자의 식별 ★★★

① 현금을 이전하여 이루어지는 사업결합의 경우 현금이나 그 밖의 자산을 이전한 기업 또는 부채를 부담하는 기업
② 지분을 교환해 이루어지는 사업결합의 경우 사업결합 후 결합기업에 대한 상대적의결권이 가장 큰 부분을 보유하거나 수취하는 기업
③ 상대적 크기가 유의적으로 영향력 있는 결합참여기업
④ 기업이 셋 이상 포함된 사업결합의 경우 결합참여기업의 상대적 크기뿐만 아니라 결합참여기업 중 어느 기업이 결합을 제안하였는지 고려하여 취득자를 결정
⑤ 사업결합을 추진하기 위하여 새로운 기업이 지분을 발행하여 설립된 경우 사업결합 전에 존재하였던 결합참여기업 중 한 기업에 위 ①~④의 여러 지침을 적용하여 취득자 식별

03 자산 및 부채의 인식과 이전대가 ★★★

1. 합병회계 개요

합병 시 현금이나 주식 등의 이전대가를 지급하고 피합병법인의 식별 가능한 자산과 부채를 공정가치로 인수한다. 여기서 식별 가능한 순자산의 공정가치보다 이전대가가 더 크면 영업권이 발생하고 식별 가능한 순자산의 공정가치보다 이전대가가 더 작으면 염가매수차익이 발생한다.

① 영업권

<table>
<tr><td>식별 가능한 순자산 FV</td><td rowspan="2">이전대가</td></tr>
<tr><td>영업권(B/S)</td></tr>
</table>

➲ 영업권 회계처리 : 무형자산으로 분류, 20년 이내 정액법으로 상각, 매년 손상검토, 손상된 영업권은 추후 환입불가

② 염가매수차익

<table>
<tr><td rowspan="2">식별 가능한 순자산 FV</td><td>이전대가</td></tr>
<tr><td>염가매수차익(N/I)</td></tr>
</table>

➲ 염가매수차익 회계처리 : 취득일에 당기순이익으로 처리

2. 인식 원칙

<table>
<tr><th>구 분</th><th>자산과 부채의 정의</th><th>인식기준</th></tr>
<tr><td>사업결합거래</td><td rowspan="2">충족시켜야 함</td><td>충족할 필요가 없음</td></tr>
<tr><td>일반거래</td><td>미래경제적효익의 유출(입)가능성이 높고
신뢰성 있는 측정이 가능해야 함</td></tr>
</table>

* 피취득자가 재무제표에 인식하지 않은 자산, 부채도 식별 가능하다면 취득자산과 인수부채에 포함될 수 있다.
* 피취득자가 비용으로 인식한 연구비 지출액이 취득자의 관점에서 볼 때 식별 가능하다면 취득자산(무형자산)에 포함된다.
* 취득자는 피취득자가 운용리스 이용자인 경우 운용리스 조건에 따라 취득자산 또는 인수부채를 인식한다. 운용리스의 조건이 시장조건에 비하여 유리하다면 무형자산으로 인식하고, 시장조건에 비하여 불리하다면 부채로 인식한다.
* 취득자는 사업결합에서 취득한 식별 가능한 무형자산을 영업권과 분리하여 인식한다.
* 사업결합과정에서 발생하는 법인세 및 종업원 급여와 관련된 자산 및 부채는 식별 가능한 자산으로 보지 않는다.

3. 인식대가의 측정

(1) 일반적인 경우의 이전대가

이전하는 자산의 공정가치 + 부담하는 부채의 공정가치 + 취득자가 발행한 지분의 공정가치

(2) 취득 관련 원가

구 분	처리방법	비 고
사업결합중개수수료	당기비용 처리	법률, 회계 비용
일반관리원가	당기비용 처리	내부취득부서의 유지원가
채무·지분상품의 발행원가	발행금액에서 차감	–
자산취득부대원가	당해 자산의 취득원가 가산	취득세 등 특정자산 관련 비용

04 합병 직후 재무상태표 ★★★

1. 이전대가로 현금 지급

합병 후 재무상태표

취득자 자산	BV	취득자 부채	BV
피취득자 자산	FV	피취득자 부채	FV
(지급 현금)	(이전대가)	취득자 자본	BV
영업권	이전대가 – 순자산 FV		

2. 이전대가로 주식 발행

합병 후 재무상태표

취득자 자산	BV	취득자 부채	BV
피취득자 자산	FV	피취득자 부채	FV
영업권	이전대가 – 순자산 FV	취득자 자본	BV
		이전대가로 발행된 자본	FV

05 단계별 취득 ★★★

구 분	내 용	비 고
기존주식을 소각	구주식의 FV + 신주식 취득금액	기존보유주식은 취득일의 공정가치로 처분
기존주식에 주식을 부여	전체 발행주식의 FV(단계적 취득×)	기존보유주식에 부여한 취득자의 주식은 자기주식처리

1. 기존보유주식을 소각하는 경우

단계적 취득에서 취득자는 이전에 보유하고 있던 피취득자에 대한 지분을 취득일의 공정가치로 재측정하고 장부금액과의 차액은 당기손익 또는 기타포괄손익으로 처리한다. 이때 피취득자에 대한 지분의 가치변동을 기타포괄손익으로 인식한 금액은 취득자가 이전에 보유하던 지분을 직접 처분한다면 적용하였을 동일한 근거로 인식한다.

2. 기존보유주식에 취득자의 주식을 발행 교부하는 경우

취득자가 취득일 이전에 취득한 피취득자의 주식을 소각하지 아니하고 취득자의 신주를 발행 교부하는 경우 사업결합으로 취득한 신주는 사업결합한 이후 실체의 자기주식에 해당된다.
취득한 신주는 자기주식으로 인식하며, 원가는 기존에 보유하던 피취득자 주식의 장부금액으로 한다. 이때 피취득자에 대한 지분의 가치변동을 기타포괄손익으로 인식한 금액은 취득자가 이전에 보유하던 지분을 직접 처분한다면 적용하였을 동일한 근거로 인식한다.

예제 1

㈜포도는 당기 중에 ㈜사과를 합병형태로 취득하였으며, 취득일 현재 두 회사의 식별 가능 자산 및 부채의 내역은 다음과 같다.

(단위 : 원)

구 분	㈜포도		㈜사과	
	장부금액	공정가치	장부금액	공정가치
자 산	100,000	120,000	50,000	60,000
부 채	65,000	67,000	30,000	32,000

㈜포도는 이전대가로 ㈜포도의 주식(액면총액 30,000원, 공정가치 46,000원)을 발행 교부하였다. 취득 직후 ㈜포도의 재무상태표를 작성한다면 자산총액은 얼마로 표시되는가?

풀이

1. 영업권 = 46,000 − (60,000 − 32,000) = 18,000원
2. 합병 후 재무상태표

합병 후 재무상태표

취득자 자산	100,000	취득자 부채	65,000
피취득자 자산	60,000	피취득자 부채	32,000
영업권	18,000	취득자 자본	BV
		이전대가로 발행된 자본	FV

개념완성문제

01 단계적 취득에 해당하는 사업결합의 경우 취득일 이전에 보유하고 있던 피취득자 지분의 (　　)을/를 이전대가에 포함시킨다.

02 피취득자가 부채로 인식하지 않은 우발부채에 대해 그것이 과거사건에서 발생한 현재의무이고 그 공정가치를 신뢰성 있게 측정할 수 있어도 취득일에 취득자의 식별 가능 부채에 포함시킬 수 없다. (O, X)

03 영업권의 회수가능액이 하락하는 경우 손상차손을 인식하며 이후 회수가능액이 회복되면 손상차손환입을 인식한다. (O, X)

04 합병거래의 회계처리는 취득법이나 지분통합법의 관점이 있는데 일반기업회계기준은 이 둘 중 하나를 선택 적용할 수 있다. (O, X)

05 피취득자의 재무제표에 포함된 무형자산은 모두 통합하여 영업권으로 인식한다. (O, X)

06 지분을 교환하여 이루어지는 사업결합의 경우 사업결합 후 결합기업에 대한 상대적의결권이 (　　)이/가 취득자이다.

07 사업결합을 추진하기 위하여 새로운 기업이 지분을 발행하여 설립된 경우 (　　) 취득자를 식별한다.

정답 및 해설

01 공정가치

02 X 피취득자가 부채로 인식하지 않은 우발부채에 대해 그것이 과거사건에서 발생한 현재의무이고 그 공정가치를 신뢰성 있게 측정할 수 있다면 취득일에 취득자의 식별 가능 부채에 포함시킬 수 있다.

03 X 영업권의 회수가능액이 하락하는 경우 손상차손을 인식하며 이는 추후에 환입할 수 없다.

04 X 합병거래의 회계처리는 취득법이나 지분통합법의 관점이 있는데 일반기업회계기준은 취득법을 적용한다.

05 X 피취득자의 재무제표에 포함된 무형자산은 별도의 무형자산으로 인식한다.

06 가장 큰 부분을 보유하거나 수취하는 기업

07 사업결합 전에 존재하였던 결합기업 중 한 기업에 여러 지침을 적용하여

출제예상문제

✓ 학습시간이 부족하거나 시험 전 최종정리를 하고 싶은 경우에는 출제빈도(★~★★★)가 높은 문제를 우선으로 풀이할 수 있습니다.
✓ 다시 봐야 할 문제(풀지 못한 문제, 헷갈리는 문제 등)는 문제 번호 하단의 네모박스(□)에 체크하여 반복 학습할 수 있습니다.

★★★ 합병회계(서술형)

01 □□□ **사업결합의 회계처리에 대한 설명으로 옳은 것은?**

① 피취득자가 비용으로 인식한 연구비가 취득자의 관점에서 볼 때 식별 가능하더라도 취득자산(무형자산)에 포함할 수 없다.
② 피취득자가 부채로 인식하지 않은 우발부채에 대해 그것이 과거사건에서 발생한 현재의무이고 그 공정가치를 신뢰성 있게 측정할 수 있어도 취득일에 취득자의 식별가능 부채에 포함시킬 수 없다.
③ 단계적 취득에 해당하는 사업결합의 경우, 취득일 이전에 보유하고 있던 피취득자 지분의 장부금액을 이전대가에 포함시킨다.
④ 취득 관련 원가는 염가매수차익에서 차감하거나 영업권에서 차감한다.
⑤ 영업권은 20년 이내에 정액법으로 상각한다.

정답 및 해설

01 ⑤ 사업결합의 회계처리에서 영업권은 20년 이내에 정액법으로 상각한다.

오답체크

① 피취득자가 비용으로 인식한 연구비가 취득자의 관점에서 볼 때 식별 가능하다면 취득자산(무형자산)에 포함된다.
② 피취득자가 부채로 인식하지 않은 우발부채에 대해 그것이 과거사건에서 발생한 현재의무이고 그 공정가치를 신뢰성 있게 측정할 수 있다면 취득일에 취득자의 식별 가능 부채에 포함시킬 수 있다.
③ 단계적 취득에 해당하는 사업결합의 경우, 취득일 이전에 보유하고 있던 피취득자 지분의 공정가치를 이전대가에 포함시킨다.
④ 취득 관련 원가는 용역을 제공받는 기간에 당기비용으로 인식한다.

★★★
합병회계(서술형)

02 □□□

사업결합의 결과, 이전대가의 공정가치와 취득자산 및 인수부채의 공정가치 차액으로 영업권이나 염가매수차익을 인식할 수 있다. 이에 대한 설명으로 옳은 것은?

① 이전대가가 취득자산 및 인수부채의 순액보다 더 많다면 그 차액을 염가매수차익으로 인식한다.
② 영업권은 무형자산으로 구분하고 상각하지 않는다.
③ 영업권의 회수가능액이 하락하는 경우 손상차손을 인식하며 이후 회수가능액이 회복되면 손상차손환입을 인식한다.
④ 이전대가가 취득자산 및 인수부채의 순액보다 더 적다면 염가매수차익에 해당한다.
⑤ 염가매수차익은 무형자산의 차감항목으로 구분하고 20년 이내의 기간 동안 정액법으로 환입한다.

★★
합병회계(서술형)

03 □□□

A사는 B사의 식별 가능한 자산 및 부채를 취득·인수하는 사업결합을 하였다. A사는 우리나라의 일반기업회계기준을 따라 사업결합의 회계처리를 한다. 다음 설명 중 옳은 것은?

① 합병은 피취득기업의 순자산을 취득·인수하고 이전대가를 지급하는 거래이다.
② 합병거래의 회계처리는 취득법이나 지분통합법의 관점이 있는데 일반기업회계기준은 이 둘 중 하나를 선택 적용할 수 있다.
③ 취득자산의 공정가치와 인수부채의 공정가치의 차액이 이전대가보다 크면 영업권이 생긴다.
④ 취득자는 합병거래를 개별재무제표에 반영하고 연결재무제표도 반드시 작성해야 한다.
⑤ 주식 취득에 의한 인수도 사업결합의 한 유형이다.

★★
합병회계(서술형)

04 □□□

당기에 A사는 B사를 합병하였다. A사는 합병과 관련하여 일반기업회계기준에 따라 회계처리하였다. 다음 설명 중 옳은 것은?

① 피취득자의 취득자산 공정가치, 인수부채 공정가치 순액, 이전대가 금액은 항상 일치한다.
② 취득자는 영업권이 발생할 경우, 재무상태표에 무형자산으로 표시한다.
③ 영업권은 매 결산기에 합리적 내용연수를 적용하여 정액법, 정률법, 이중체감법, 생산량비례법을 선택하여 적용한다.
④ 취득자는 합병거래를 취득자의 회계장부에 기록하여 연결재무제표에 반영한다.
⑤ 피취득자의 재무제표에 포함된 무형자산은 모두 통합하여 영업권으로 인식한다.

★★ 합병회계(서술형)

05 다음 중 사업결합의 취득자를 판단하는 기준에 대한 설명으로 옳지 않은 것은?

① 현금이나 그 밖의 자산을 이전하거나 부채를 부담하여 이루어지는 사업결합의 경우 취득자는 보통 현금이나 그 밖의 자산을 이전한 기업 또는 부채를 부담하는 기업이다.
② 취득자는 보통 다른 결합참여기업이나 결합참여기업들보다 상대적 크기(예 : 자산, 수익 또는 이익으로 측정)가 유의적으로 큰 결합참여기업이다.
③ 기업이 셋 이상 포함된 사업결합에서 취득자는 결합참여기업의 상대적 크기로만 결정한다.
④ 사업결합을 추진하기 위하여 새로운 기업이 설립되었다 하더라도 반드시 그 기업이 취득자가 되는 것이 아니라, 대가로 현금이나 그 밖의 자산을 이전하거나 부채를 부담하는 새로운 기업이 취득자가 될 수 있다.
⑤ 사업결합을 추진하기 위하여 새로운 기업이 지분을 발행하여 설립된 경우 사업결합 전에 존재하였던 결합참여기업 중에서 하나를 취득자 식별 지침을 적용하여 취득자로 식별한다.

정답 및 해설

02 ④ 이전대가가 취득자산 및 인수부채의 순액보다 더 적다면 염가매수차익에 해당한다.

오답체크
① 이전대가가 취득자산 및 인수부채의 순액보다 더 많다면 그 차액을 영업권으로 인식한다.
② 영업권은 무형자산으로 구분하고 20년 이내의 기간 동안 정액법으로 상각한다.
③ 영업권의 회수가능액이 하락하는 경우 손상차손을 인식하며 이는 추후에 환입할 수 없다.
⑤ 염가매수차익은 취득일에 당기손익으로 인식한다.

03 ⑤ 주식 취득에 의한 인수도 사업결합 중 한 가지 유형이라 할 수 있다.

오답체크
① 합병은 피취득기업의 자산과 부채를 취득·인수하고 이전대가를 지급하는 거래이다.
② 합병거래의 회계처리는 취득법이나 지분통합법의 관점이 있는데 일반기업회계기준은 취득법을 적용한다.
③ 취득자산의 공정가치와 인수부채의 공정가치의 차액이 이전대가보다 크면 염가매수차익이 생긴다.
④ 취득자는 합병거래를 개별재무제표에만 반영한다.

04 ② 취득자는 영업권이 발생할 경우, 재무상태표에 무형자산으로 표시한다.

오답체크
① 피취득자의 취득자산 공정가치, 인수부채 공정가치 순액, 이전대가 금액은 차이가 생기는 경우도 있다.
③ 영업권은 매 결산기에 합리적 내용연수를 적용하여 정액법으로만 상각한다.
④ 취득자는 합병거래를 취득자의 회계장부에 기록하여 개별재무제표에 반영한다.
⑤ 피취득자의 재무제표에 포함된 무형자산은 별도의 무형자산으로 인식한다.

05 ③ 기업이 셋 이상 포함된 사업결합에서 취득자는 결합참여기업의 상대적 크기뿐만 아니라 특히 결합참여기업 중 어느 기업이 결합을 제안하였는지도 고려하여 결정한다.

★★
합병회계(서술형)

06 □□□

다음 중 사업결합 시 인식하는 취득한 자산과 인수한 부채에 대한 설명으로 옳은 것은?

① 취득일 현재 식별 불가능한 무형자산의 가치도 별도로 인식한다.
② 취득자는 식별 가능한 취득자산과 인수부채를 취득일의 장부금액으로 인식한다.
③ 취득자는 사업결합에서 취득한 식별 가능한 무형자산도 영업권에 포함하여 인식한다.
④ 취득자가 인식의 원칙과 조건을 적용할 경우에 피취득자의 이전 재무제표에 자산과 부채로 인식되지 않았던 자산과 부채는 인식될 수 없다.
⑤ 취득자는 운용리스의 조건이 시장 조건에 비하여 유리하다면 무형자산으로 인식하고, 시장 조건에 비하여 불리하다면 부채로 인식한다.

★★★
합병회계(계산형)

07 □□□

A사는 B사를 합병하였다. 그 대가로 A사의 보통주식 500주를 발행하여 교부(발행가액 : 1주당 450원)**하고 주식발행비용으로 1,000원이 지출되었으며 합병 관련 회계법인 컨설팅 비용으로 3,000원이 지출되었다. A사가 취득일에 인식할 영업권 또는 염가매수차익은 얼마인가?**

(단위 : 원)

구 분	A사	B사	
		장부금액	공정가치
자 산	560,000	200,000	280,000
부 채	160,000	75,000	80,000

① 영업권 30,000원
② 영업권 40,000원
③ 영업권 25,000원
④ 염가매수차익 30,000원
⑤ 염가매수차익 40,000원

★★
합병회계(계산형)

08 □□□

A사는 당기 중에 B사를 합병하였다. 합병 직전 B사의 순자산의 장부금액은 700,000원, 공정가치는 800,000원이다. A사는 이전대가로 A사의 주식(액면총액 500,000원, 공정가치 1,000,000원)**을 발행 교부하였다. 합병과정에서 전문가 컨설팅비용 20,000원과 주식발행비용 5,000원이 발생하였다. A사가 합병일에 인식할 영업권은 얼마인가?**

① 100,000원 ② 150,000원 ③ 200,000원
④ 300,000원 ⑤ 350,000원

★★★ 합병회계(계산형)

09 A사는 B사의 자산 및 부채를 취득하여 합병하였고 아래 표와 같은 현황을 보인다.

(단위 : 원)

구 분	A사	B사	
		장부가치	공정가치
자 산	1,000,000	300,000	400,000
부 채	200,000	100,000	200,000
자본금	500,000	150,000	–
잉여이익	200,000	50,000	–

A사가 이전대가로 B사에 2,000주의 A사 주식(액면가 100원, 발행가액 80원)**을 발행해 주었을 때, A사의 영업권 또는 염가매수차익은 얼마인가?**

① 영업권 10,000원
② 영업권 20,000원
③ 염가매수차익 20,000원
④ 염가매수차익 40,000원
⑤ 염가매수차익 60,000원

정답 및 해설

06 ⑤ 취득자는 운용리스의 조건이 시장 조건에 비해 유리하다면 무형자산으로 인식하고, 시장 조건에 비해 불리하다면 부채로 인식한다.

오답체크

① 취득일 현재 식별 불가능한 무형자산의 가치는 별도로 인식하지 않고 영업권에 포함되어 인식한다.
② 취득자는 식별 가능한 취득자산과 인수부채를 취득일의 공정가치로 인식한다.
③ 취득자는 사업결합에서 취득한 식별 가능한 무형자산을 영업권과 분리하여 인식한다.
④ 취득자가 인식의 원칙과 조건을 적용할 경우에 피취득자의 이전 재무제표에 자산과 부채로 인식되지 않았던 자산과 부채가 일부 인식될 수 있다.

07 ③ 영업권 = 이전대가의 공정가치 – B사 순자산의 공정가치
= (500주 × 450원) – (280,000 – 80,000) = 225,000 – 200,000 = 25,000원

참고 합병 관련 지출은 합병 시점에 비용처리한다.

08 ③ 영업권 = 이전대가의 공정가치 – B사 순자산의 공정가치 = 1,000,000 – 800,000 = 200,000원

참고 합병 관련 지출은 합병 시점에 비용처리한다.

09 ④ 염가매수차익 = 이전대가의 공정가치 – B사 순자산의 공정가치
= (2,000주 × 80원) – (400,000 – 200,000) = 160,000 – 200,000 = (40,000)원

★★★ 합병회계(계산형)

10 □□□ C회사는 당기 중에 D회사를 합병형태로 취득하였으며, 취득일 현재 두 회사의 식별 가능 자산 및 부채의 내역은 다음과 같다.

(단위 : 원)

구 분	C회사		D회사	
	장부금액	공정가치	장부금액	공정가치
자 산	220,000	230,000	55,000	65,000
부 채	60,000	67,000	30,000	35,000

C회사는 이전대가로 C회사의 주식(액면총액 30,000원, 공정가치 35,000원)을 발행·교부하였다. 합병 직후 C회사의 재무상태표를 작성한다면 자산총액은 얼마로 표시되는가?

① 262,000원 ② 280,000원 ③ 285,000원
④ 290,000원 ⑤ 295,000원

★★★ 합병회계(계산형)

11 □□□ G회사는 당기 중에 H회사를 합병형태로 취득하였으며, 취득일 현재 두 회사의 식별 가능 자산 및 부채의 내역은 다음과 같다.

(단위 : 원)

구 분	G회사		H회사	
	장부금액	공정가치	장부금액	공정가치
자 산	220,000	230,000	55,000	65,000
부 채	60,000	67,000	30,000	35,000

G회사는 이전대가로 G회사가 보유하고 있던 현금 35,000원을 지급하였다. 합병 직후 G회사의 재무상태표를 작성한다면 자산총액은 얼마로 표시되는가?

① 255,000원 ② 265,000원 ③ 275,000원
④ 285,000원 ⑤ 295,000원

★★★ 합병회계(계산형)

12 □□□

A사는 B사의 발행주식 30%를 보유하고 있는 상태에서 20×4년 중 B사의 자산과 부채를 취득인수하는 합병을 하였다. B사의 순자산은 장부금액 800,000원, 공정가치 1,000,000원이며, A사는 B사의 지분 70%를 보유한 주주에게 A사의 주식(액면 1,000,000원, 공정가치 1,200,000원)**을 발행·교부하였다. 한편, B사의 총 발행주식의 공정가치는 순자산의 공정가치와 같을 때 취득일에 A사가 인식해야 할 영업권 또는 염가매수차익은 얼마인가?**

① 영업권 500,000원
② 영업권 200,000원
③ 염가매수차익 200,000원
④ 염가매수차익 500,000원
⑤ 아무것도 인식하지 않는다.

정답 및 해설

10 ④ 영업권 = 이전대가의 공정가치 − D회사 순자산의 공정가치
= 35,000 − (65,000 − 35,000) = 35,000 − 30,000 = 5,000원
➲ 합병 직후 C회사의 자산총액 = 220,000 + 65,000 + 5,000 = 290,000원

11 ① 영업권 = 이전대가의 공정가치 − H회사 순자산의 공정가치
= 35,000 − (65,000 − 35,000) = 35,000 − 30,000 = 5,000원
➲ 합병 직후 G회사의 자산총액 = 220,000 + 65,000 + 5,000 − 35,000 = 255,000원

12 ① 영업권 = (1,200,000 + 1,000,000 × 30%) − 1,000,000 = 500,000원

참고 취득자가 피취득자의 지분을 일부 보유하고 있는 상태에서 피투자회사를 합병하는 경우에는 이전대가에 기존에 보유하고 있던 주식의 취득일 현재 공정가치를 포함한다.

★★★ 13 □□□

합병회계(계산형) 최신출제유형

A사는 20×4년 초 B사를 합병하였다. 합병 시점의 B사의 자산과 부채의 공정가치와 장부가액은 다음과 같다.

(단위 : 원)

구 분	장부금액	공정가치
자 산	400,000	350,000
부 채	230,000	150,000
자 본	170,000	−

A사가 제공한 합병대가는 다음과 같다.

- A사는 B사의 주주에게 신주 20주를 발행하고 교부하였으며, A사의 주식 공정가치는 주당 10,000원, 액면금액은 주당 5,000원이다.
- A사는 사채를 발행하여 B사의 주주들에게 교부하였다. 사채발행비용을 제외한 발행가액은 50,000원, 액면금액은 40,000원이다.

합병과정에서 발생한 비용은 다음과 같다.

- 법무법인 자문수수료 5,000원, 합병 관련 업무수행부서 급여 4,000원
- 이전등기비용 1,000원

A사가 취득일에 인식해야 할 영업권은 얼마인가?

① 20,000원 ② 30,000원 ③ 50,000원
④ 60,000원 ⑤ 100,000원

★★★ 합병회계(계산형)

14 □□□

A회사는 B회사를 취득 인수하였다. 취득일 현재 각 회사의 자산, 부채 및 자본은 아래와 같다. A회사는 이전대가로 B회사 주식 1주당 A회사 주식 1주의 비율로 주식을 발행하여 교부하였다. A회사 및 B회사 주식의 주당 액면금액은 모두 1,000원이며, A회사 주식의 주당 시장가치는 4,000원이다. 취득 직후 A회사 재무상태표의 자산총액은 얼마인가?

(단위 : 원)

구 분	A회사		B회사	
	장부금액	공정가치	장부금액	공정가치
자 산	1,200,000	1,200,000	600,000	620,000
부 채	600,000	500,000	400,000	300,000
자본금	300,000	–	100,000	–
이익잉여금	100,000	–	100,000	–

① 1,300,000원 ② 1,350,000원 ③ 1,400,000원
④ 1,450,000원 ⑤ 1,900,000원

정답 및 해설

13 ③ • B사의 순자산가액 = 350,000 – 150,000 = 200,000원
• 이전대가 = 20주 × 10,000 + 50,000 = 250,000원
➲ 영업권 = 이전대가 – 순자산가액 = 250,000 – 200,000 = 50,000원
(합병 시 발생한 부대비용은 영업권에 전혀 영향을 주지 않는다)

14 ⑤ • 발행주식수 = 100,000 ÷ 1,000 = 100주
• 영업권 = (100주 × 4,000원) – (620,000 – 300,000) = 80,000원
➲ 자산총액 = 1,200,000 + 620,000 + 80,000 = 1,900,000원

제2절 연결회계

01 연결회계의 기초 ★

1. 의의

연결회계는 법적으로 다른 회계실체들이 하나의 경제적 실체를 형성하는 경우 이들을 하나의 회계실체로 간주하고 단일의 재무제표를 작성·보고하는 것을 목적으로 하는 회계를 말한다. 이때 작성되는 재무제표를 연결재무제표라고 한다.

2. 용어의 정의

(1) 연결재무제표

연결재무제표는 지배기업과 그 종속기업의 자산, 부채, 자본, 수익, 비용 및 현금흐름을 단일 경제적 실체의 것으로 표시하는 연결실체의 재무제표를 말한다. 이때 연결실체는 지배기업과 그 지배기업의 모든 종속기업을 말한다.

(2) 지배력

투자자는 피투자자에 대한 관여로 변동이익에 노출되거나 변동이익에 대한 권리가 있고, 피투자자에 대하여 자신의 힘으로 그러한 이익에 영향력을 미칠 능력이 있는 경우 피투자자를 지배한다.

(3) 지배기업과 종속기업

지배기업은 하나 이상의 기업을 지배하는 기업을 말하며, 종속기업은 다른 기업(지배기업)의 지배를 받는 기업을 말한다.

(4) 비지배지분

비지배지분은 지배기업에 직접적으로 또는 간접적으로 귀속되지 않는 종속기업의 지분을 말한다.

지분율	0 ~ 20% 미만	20% 이상 ~ 50% 이하	50% 초과 ~ 100%
구 분	투자 목적	유의적인 영향력	지배력
계정분류	매도가능증권 단기매매증권	관계기업투자주식	종속기업투자주식

(5) 지배력의 유무

다음의 경우에는 기업이 종속기업을 지배하고 있는 것으로 본다.

① 지배기업이 직접적으로 또는 종속기업을 통하여 간접적으로 기업 의결권의 과반수를 소유하는 경우

② 다음의 경우 지배기업이 다른 기업 의결권의 절반 또는 그 미만을 소유하더라도 그 기업을 지배하는 것으로 본다.

- 다른 투자자와의 약정으로 과반수의 의결권을 행사할 수 있는 능력이 있는 경우
- 법규나 약정에 따라 기업의 재무정책과 영업정책을 결정할 수 있는 능력이 있는 경우

• 이사회나 이에 준하는 의사결정기구가 기업을 지배한다면, 그 이사회나 이에 준하는 의사결정기구 구성원의 과반수를 임명하거나 해임할 수 있는 능력이 있는 경우
• 이사회나 이에 준하는 의사결정기구가 기업을 지배한다면, 그 이사회나 이에 준하는 의사결정기구의 의사결정에서 과반수의 의결권을 행사할 수 있는 능력이 있는 경우

02 연결재무제표 작성기업과 종속기업의 판단 시 주의사항 ★★★

① 연결실체 내 다른 기업들과 사업의 종류가 다르다면 해당 종속기업을 연결 대상에서 제외하지 않는다.
② 지배-종속 관계가 연속하여 성립되는 경우 최상위 지배기업이 외국법인이면 차상위 내국법인이 연결재무제표를 작성한다.
③ 외국에 소재하는 종속기업도 연결 대상에서 포함한다.
④ 금융보험업을 영위하는 법인이 중간 지배, 종속기업인 경우에는 그 기업도 연결재무제표를 작성한다.
⑤ 한 개인이 여러 기업을 지배하는 경우 동일인이 지배한다는 이유로 하나의 연결실체에 포함될 수 없다.
⑥ 연결실체 내에서 지배기업은 단 하나만 존재하여야 한다. 조인트벤처의 경우에는 하나의 기업에 대해서 공동지배기업이 존재하므로 어느 기업도 조인트벤처를 지배하지 못한다. 그러므로 공동지배기업도 조인트벤처를 포함하여 연결재무제표를 작성하지 않는다.
⑦ 다른 기업에 대해서 현재 의결권의 과반수를 소유하고 있지 않으나 주식매입권, 주식콜옵션, 전환우선주 등을 현재 시점에서 행사할 수 있으며 이를 행사할 경우 50%를 초과하는 의결권을 소유할 수 있다면 그 기업에 대해서 지배력이 있다고 본다.
⑧ 벤처캐피털, 뮤추얼펀드, 단위신탁 또는 이와 유사한 기업이라는 이유만으로 종속기업을 연결 대상에서 제외하지 않는다.

03 연결재무제표의 작성대상에서 제외되는 경우 ★★★

① 1년 이상 휴업 중인 주식회사
② 지방자치단체가 자본금의 2분의 1 이상을 출자한 주식회사
③ 계약 등에 의하여 다음 사업연도 말까지 처분이 예정된 종속회사
④ 청산 중인 주식회사, 당좌거래 정지 처분 중에 있는 회사
⑤ 직전 사업연도 말의 자산총액, 부채총액 및 종업원 수가 외부감사법 시행령의 외부감사 대상기준에 미달하는 회사 중 주권상장법인이 아닌 회사(주권상장법인은 이 경우에도 연결 대상이 된다)
(예) 직전 사업연도 말의 자산총액이 50억원인 회사 ➲ 제외

04 연결회계의 계산 ★★★

1. 비지배주주지분이 없는 경우의 연결

(1) 연결재무제표 작성원리

연결재무제표는 지배력 획득일에 지배기업이 종속기업을 합병하였다고 가정하고 작성한다.

1. 지배기업의 재무상태표

재무상태표

지배기업 자산	BV	지배기업 부채	BV
종속기업투자주식(100%)	BV	지배기업 자본	BV

2. 종속기업 재무상태표

재무상태표

종속기업 자산	BV	종속기업 부채	BV
		종속기업 자본	BV

3. 연결재무상태표

재무상태표

지배기업 자산	BV	지배기업 부채	BV
종속기업 자산(100%)	FV	종속기업 부채(100%)	FV
(종속기업투자주식 제외)		지배기업 자본	BV

Comment

연결재무상태표에는 지배기업이 보유한 종속기업투자주식과 종속기업 자본은 합산되지 않는다.

① 주식을 취득하여 보유하고 있는 경우의 사례

연결재무제표와 합병재무제표가 동일하다는 점을 이용하여 연결재무제표의 작성과정을 설명하기 위해 종속기업에 대한 지배기업의 지분율이 100%가 된 것으로 가정한다.

(1) 지배력 획득일 직전 지배회사와 종속회사의 재무상태표

재무상태표 지배회사A

자산(A)	1,000	부채(A)	300
		자본(A)	700

재무상태표 종속회사B

자산(B)	500	부채(B)	200
		자본(B)	300

(2) 지배기업이 종속기업의 주식 100%를 ₩300에 취득하여 지배력을 획득하였다. 지배기업이 종속기업의 주식을 취득하여 전액 보유하고 있다면 다음과 같이 회계처리하고 지배기업의 재무상태표는 다음과 같다.

(차) 종속기업투자주식	300	(대) 현금	300

재무상태표 지배회사A

자산(A)	700	부채(A)	300
종속기업투자주식	300	자본(A)	700

② 합병한 경우

위의 사례에서 지배기업은 종속기업의 주식 100%를 취득하여 즉시 소각하고 합병하였다면 주식 취득에 관한 회계처리가 아닌 합병에 관한 회계처리를 하여야 한다. 그에 대한 회계처리와 합병 후 재무상태표는 다음과 같다.

(차) 자산(B'100%)	500	(대) 부채(B'100%)	200
		현금	300

재무상태표

자산(A + B'100%)	1,200	부채(A + B'100%)	500
		자본(A)	700

③ 연결재무제표의 작성

연결재무제표는 합병재무제표와 동일한 것이므로 주식을 취득하고 보유하고 있는 경우 종속기업의 별도재무제표를 합병재무제표로 수정하면 된다. 지배기업의 주식 취득 직후 재무상태표와 합병 직후 재무상태표를 비교하면 두 재무상태표에 차이가 발생한다. 이는 주식 취득 직후의 재무상태표와 합병 직후의 재무상태표는 지배기업이 주식을 취득한 직후 서로 다른 회계처리를 하였기 때문이다.

[주식 취득의 회계처리]

(차) 종속기업투자주식	300	(대) 현금	300

[합병의 회계처리]

(차) 자산(B'100%)	500	(대) 부채(B'100%)	200
		현금	300

그러므로 지배기업이 종속기업 주식을 취득하여 보유한 경우의 회계처리를 종속기업을 합병한 경우의 회계처리로 수정하면 주식 취득 직후의 재무상태표가 합병 직후의 재무상태표가 될 것이다. 이러한 수정의 회계처리를 수행하면 다음과 같다.

(차) 자산(B'100%)	500	(대) 부채(B'100%)	200
		종속기업투자주식(100%)	300

수정분개를 수행한 후에 이를 반영한 지배기업의 재무상태표는 합병을 가정한 경우의 재무제표, 즉 연결재무제표가 되는데 이는 다음과 같다.

재무상태표

자산(A + B'100%)	1,200	부채(A + B'100%)	500
		자본(A)	700

위의 내용을 통하여 연결재무제표와 합병 직후의 재무상태표를 비교한 비교재무상태표는 동일한 것을 확인할 수 있다.

④ 연결접근법으로 작성

앞에서는 지배기업의 별도재무제표에 연결제거분개를 반영하여 연결재무제표를 작성하는 합병접근법으로 연결재무제표의 작성방법을 설명하였다. 그러나 일반적으로 연결재무제표는 지배기업의 별도재무제표와 종속기업의 개별재무제표를 단순합산 후 두 기업 사이에 발생한 거래들을 제거하는 연결제거분개를 반영하여 작성한다.

(1) 단순합산

구 분	지배회사	+	종속회사	=	단순합산
자 산	700		500		1,200
종속기업투자주식	300		–		300
부 채	300		200		500
자 본	700		300		1,000

(2) 연결재무상태표

재무상태표

자산(A + B'100%)	1,200	부채(A + B'100%)	500
		자본(A)	700

(3) 연결제거분개

(차) 자본(B'100%)	300	(대) 종속기업투자주식(100%)	300

연결제거분개는 지배기업이 보유한 종속기업 주식과 종속기업의 자본을 상계제거한 것이다. 이러한 연결제거분개를 투자주식과 자본계정의 상계제거라고 하며, 연결제거분개에서 가장 중요한 회계처리이다.

Comment

연결재무상태표 = 지배기업 재무상태표 + 종속기업 재무상태표 ± 연결제거분개

(2) 투자·평가차액이 없는 경우의 연결

다음의 내용은 상황을 단순화시켜서 연결재무제표 작성의 논리를 이해하기 위하여 지배기업이 종속기업의 주식을 취득하면서 투자·평가차액이 없는 경우를 가정하고 비지배지분 없이 종속기업의 주식을 100% 취득하였다고 가정한다.

① 지배력 획득일의 연결

(1) 지배력 획득일 직전 지배회사와 종속회사의 재무상태표

재무상태표 지배회사A

자산(A)	1,000	부채(A)	300
		자본(A)	700

재무상태표 종속회사B

자산(B)	500	부채(B)	200
		자본(B)	300

(2) 지배기업이 종속기업의 주식 100%를 ₩300에 취득하여 지배력을 획득하였다. 지배기업이 종속기업의 주식을 취득하여 전액 보유하고 있다면 다음과 같이 회계처리하고 지배기업의 재무상태표는 다음과 같다.

(차) 종속기업투자주식(100%)	300	(대) 현금	300

재무상태표 지배회사A

자산(A)	700	부채(A)	300
종속기업투자주식(100%)	300	자본(A)	700

(3) 단순합산

구 분	지배회사	+	종속회사	=	단순합산
자 산	700		500		1,200
종속기업투자주식	300		–		300
부 채	300		200		500
자 본	700		300		1,000

(4) 단순합산 재무제표

재무상태표

자산(A)	700	부채(A)	300
자산(B'100%)	500	부채(B'100%)	200
종속기업투자주식(100%)	300	자본(A)	700
		자본(B'100%)	300

(5) 연결제거분개
[투자주식과 자본계정의 상계]

(차) 자본(B'100%)	300	(대) 종속기업투자주식(100%)	300

(6) 연결재무상태표

재무상태표

자산(A + B'100%)	1,200	부채(A + B'100%)	500
		자본(A)	700

지배력 획득일의 구조분석

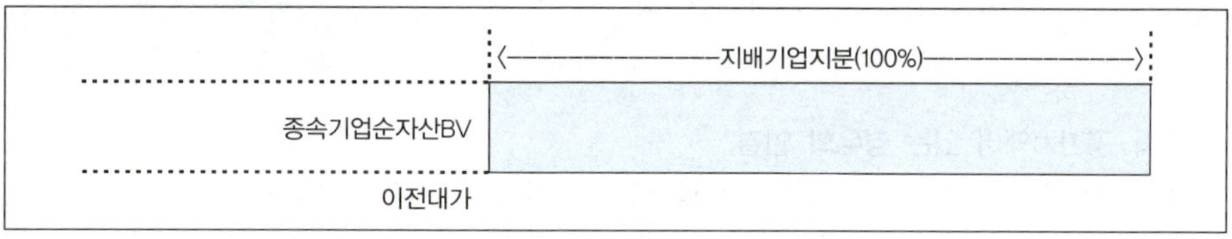

예제 1

20×1년 초에 A사는 B사의 보통주 100%를 지배력행사 목적으로 ₩1,000,000에 취득하였다. 20×1년 초 B사의 순자산 장부금액은 ₩1,000,000이며 식별 가능한 순자산 장부금액과 공정가치는 동일하다.

(단위 : ₩)

	A사	B사		A사	B사
현금및현금성자산	200,000	100,000	차입금	2,200,000	1,000,000
재고자산	1,000,000	700,000			
유형자산(순액)	2,000,000	1,200,000	자본금	1,500,000	600,000
종속기업투자주식	1,000,000		이익잉여금	500,000	400,000

1. A사와 B사의 재무상태표를 단순합산하시오.
2. 연결조정분개를 하시오.
3. 연결재무상태표를 작성하시오.

풀이

1.

재무상태표(단순합산)

현금및현금성자산	300,000	차입금	3,200,000
재고자산	1,700,000		
유형자산(순액)	3,200,000	자본금	2,100,000
종속기업투자주식	1,000,000	이익잉여금	900,000

2. [투자주식과 자본계정의 상계]

(차) 자본금	600,000	(대) 종속기업투자주식	1,000,000
이익잉여금	400,000		

3.

연결재무상태표

현금및현금성자산	300,000	차입금	3,200,000
재고자산	1,700,000		
유형자산(순액)	3,200,000	자본금	1,500,000
		이익잉여금	500,000

(3) 투자·평가차액이 있는 경우의 연결

지배기업이 종속기업의 주식을 취득할 때 종속기업의 순자산 장부금액과 일치하는 이전대가를 지급하지 않는 경우에는 다음과 같은 차이가 발생하게 되며, 이 차이가 향후의 연결회계처리에 영향을 주게 된다.

> 주식 취득일의 차이 = 지배력획득을 위한 이전대가 − 종속기업 순자산 장부금액

주식 취득 시점의 차액은 순자산의 공정가치에 대한 평가차액과 투자차액 두 가지로 구분할 수 있다. 이는 지분법회계에서 발생하는 두 가지 차이와 동일한 논리이다.

- 순자산 공정가치와 장부금액의 평가차액 : 종속기업 순자산 공정가치 – 종속기업 순자산 장부금액
- 영업권(투자차액) : 지배력획득을 위한 이전대가 – 관계기업 순자산 공정가치

① 순자산 공정가치와 장부금액의 차액(평가차액)

주식의 취득 시점에 종속기업의 식별 가능한 자산과 부채를 공정가치로 평가한 금액과 장부금액의 차이금액인 평가차액은 다음과 같이 계산한다.

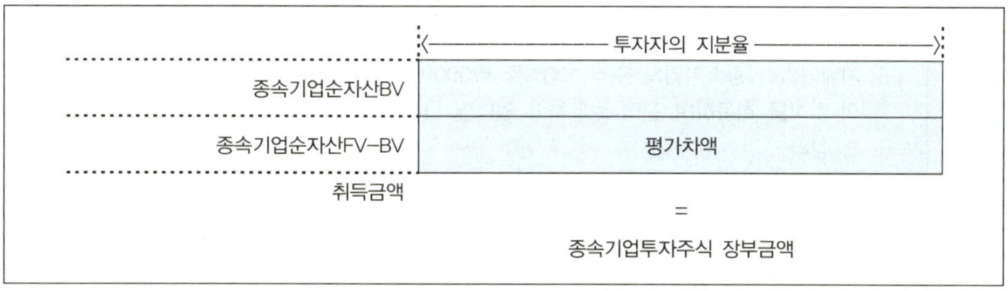

➲ 순자산 공정가치와 장부금액의 평가차액 : 종속기업 순자산 공정가치 – 종속기업 순자산 장부금액

종속기업의 순자산 과소금액인 평가차액은 종속기업의 순자산 장부금액에 추가하여 지배기업이 지급한 금액이다. 합병회계에서는 동 금액을 개별자산별로 배분하지만, 주식취득 방식에서는 이 금액이 종속기업투자주식의 장부금액에 포함되어 인식된다.

② 투자차액

취득 시점에 확인되는 종속기업의 식별 가능한 자산·부채의 순공정가치와 이전대가에 해당하는 금액과의 차이를 투자차액이라고 하며, 다음과 같이 계산한다.

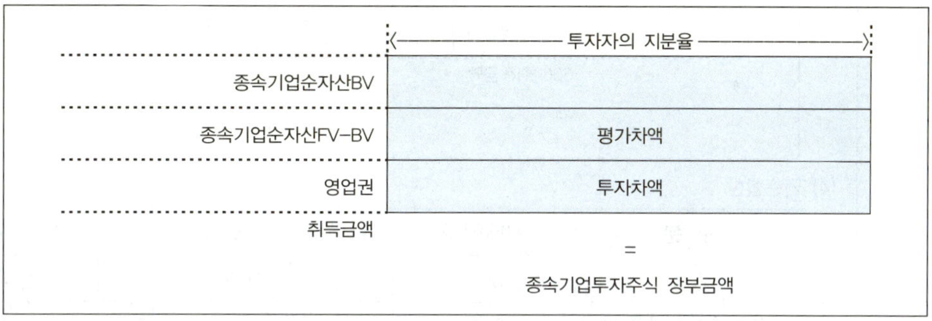

➲ 투자차액 : 투자주식의 취득원가 – 관계기업 순자산공정가치

투자차액은 종속기업의 식별 가능한 순자산공정가치에 추가하여 지배기업이 지급한 금액이므로 종속기업이 보유하고 있는 개별적으로 식별 불가능한 영업권에 대한 대가이다. 합병회계에서는 투자차액이 영업권으로 배분되지만, 주식취득에서는 동 금액이 종속기업투자주식의 장부금액에 포함되어 인식된다.

③ 지배력 획득일의 연결

(1) 지배력 획득일 직전 지배회사와 종속회사의 재무상태표

재무상태표 지배회사A

자산(A)	1,000	부채(A)	300
		자본(A)	700

재무상태표 종속회사B

자산(A)	500	부채(B)	200
		자본(B)	300

(2) 지배기업이 종속기업의 주식 100%를 ₩500에 취득하여 지배력을 획득하였다. 지배기업이 종속기업의 주식을 취득하여 전액 보유하고 있다면 다음과 같이 회계처리하고 지배기업의 재무상태표는 다음과 같다.

(차) 종속기업투자주식(100%)	500	(대) 현금	500

이때 종속기업 자산의 공정가치는 ₩600으로 종속기업이 보유한 재고자산이 장부금액보다 공정가치가 ₩100이기 때문이다.

재무상태표 지배회사A

자산(A)	500	부채(A)	300
종속기업투자주식(100%)	500	자본(A)	700

(3) 지배기업의 종속기업투자주식 ₩500의 구성은 다음과 같다.

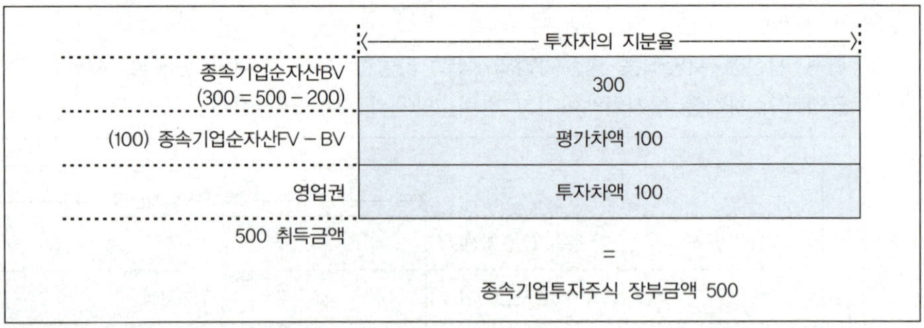

(4) 단순합산

구 분	지배회사	+	종속회사	=	단순합산
자 산	500		500		1,000
종속기업투자주식	500		−		500
부 채	300		200		500
자 본	700		300		1,000

(5) 단순합산 재무제표

재무상태표

차변	금액	대변	금액
자산(A)	500	부채(A)	300
자산(B'100%)	500	부채(B'100%)	200
종속기업투자주식(100%)	500	자본(A)	700
		자본(B'100%)	300

(6) 연결제거분개

[투자주식과 자본계정의 상계]

(차) 자본(B'100%)	300	(대) 종속기업투자주식(100%)	300

[평가차액]

(차) B자산 (B' FV − BV100%)	100	(대) 종속기업투자주식(100%)	100

[투자차액]

(차) 영업권	100	(대) 종속기업투자주식(100%)	100

(7) 연결재무상태표

재무상태표

차변	금액	대변	금액
자산(A)	500	부채(A + B'100%)	500
자산(B' FV100%)	600	자본(A)	700
영업권	100		

예제 2

20×1년 초에 A사는 B사의 보통주 100%를 지배력행사 목적으로 ₩1,600,000에 취득하였다. 20×1년 초 B사의 순자산 장부금액은 ₩1,000,000이며 식별 가능한 순자산 장부금액과 공정가치의 차이의 내역은 아래와 같다.

(단위 : ₩)

	A사	B사		A사	B사
재고자산	200,000	100,000	차입금	2,000,000	1,000,000
토지	1,000,000	700,000			
건물(순액)	2,000,000	1,200,000	자본금	1,500,000	600,000
종속기업투자주식	1,600,000		이익잉여금	1,300,000	400,000

B사의 자산 중 장부가치와 공정가치가 다른 내역은 다음과 같다.

(단위 : ₩)

	장부금액	공정가치
재고자산	100,000	200,000
토지	700,000	1,000,000
건물	1,200,000	1,300,000

1. 종속기업투자주식의 취득원가 ₩1,600,000을 종속기업의 순자산 장부가치에 대한 대가, 장부가치와 공정가치의 차이, 영업권에 대한 대가로 나누시오.
2. A사와 B사의 재무상태표를 단순합산하시오.
3. 연결제거분개를 하시오.
4. 연결재무상태표를 작성하시오.

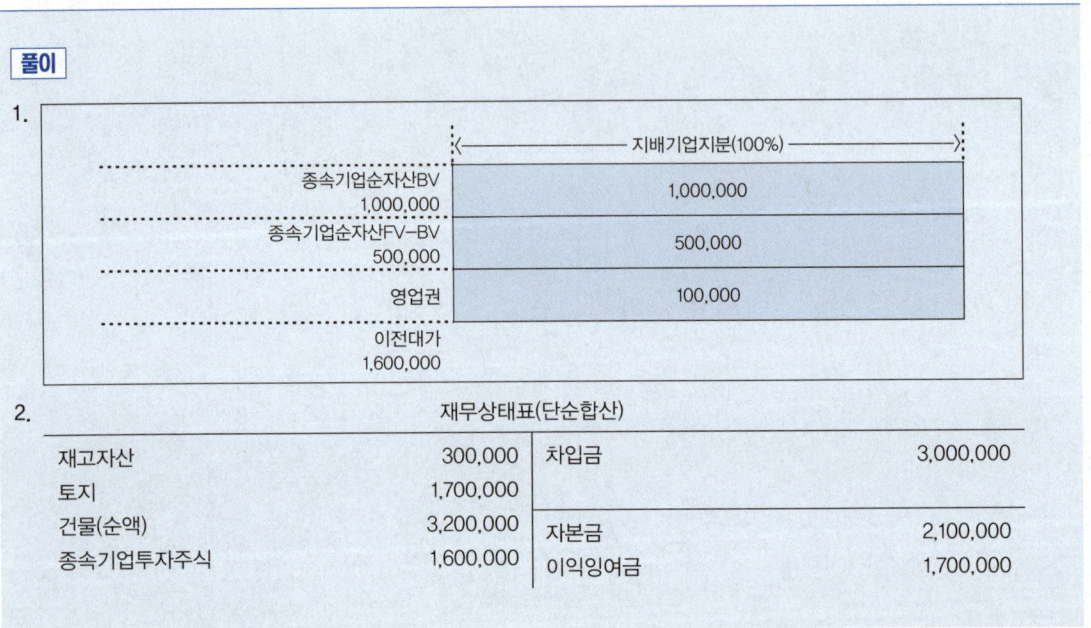

풀이

1.

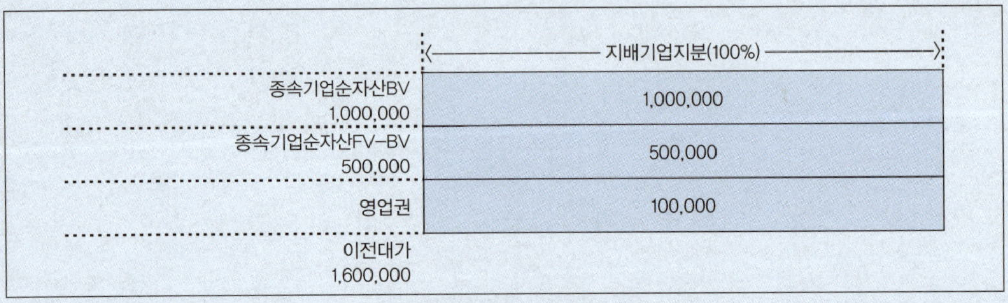

2. 재무상태표(단순합산)

재고자산	300,000	차입금	3,000,000
토지	1,700,000		
건물(순액)	3,200,000	자본금	2,100,000
종속기업투자주식	1,600,000	이익잉여금	1,700,000

3. [투자주식과 자본계정의 상계]

(차) 자본금	600,000	(대) 종속기업투자주식	1,000,000
이익잉여금	400,000		

[평가차액]

(차) 재고자산	100,000	(대) 종속기업투자주식	500,000
토지	300,000		
건물	100,000		

[투자차액]

(차) 영업권	100,000	(대) 종속기업투자주식	100,000

➲ 종속기업투자주식을 통합하여 투자와 자본상계를 한 번에 회계처리하면 간편하다.

(차) 자본금	600,000	(대) 종속기업투자주식	1,600,000
이익잉여금	400,000		
재고자산	100,000		
토지	300,000		
건물	100,000		
영업권	100,000		

4. 연결재무상태표

재고자산	400,000	차입금	3,000,000
토지	2,000,000		
건물(순액)	3,300,000	자본금	1,500,000
영업권	100,000	이익잉여금	1,300,000

④ 지배력 획득일 이후의 연결

지배력 획득일 이후에도 보고기간 말 지배기업의 재무제표와 종속기업의 재무제표를 단순 합산하여 연결제거분개를 반영하면 연결재무제표를 산출할 수 있다. 다만, 종속기업의 재무제표에는 평가차액의 상각효과가 반영되어 있지 않으므로 연결분개에서 이를 추가시켜주어야 한다.

종속기업의 재무제표에 식별 가능한 순자산 장부금액만이 반영되어 종속기업은 공정가치가 아닌 장부금액을 기준으로 비용을 인식하게 된다. 그러므로 평가차액 상각효과를 연결제거분개에 추가시켜야 종속기업의 재무제표에 순자산 평가차액 상각효과를 추가로 인식하여 합병방식의 사업결합과 동일하게 공정가치 기준의 손익으로 연결재무제표에도 인식되게 하는 것이다.

2. 비지배지분이 있는 경우의 연결

(1) 연결재무제표 작성원리

지배기업의 지분율이 100% 미만인 경우 종속기업에는 지배기업이 소유하고 있는 지분을 제외한 나머지 지분을 보유하는 주주가 존재한다. 이들을 비지배주주라고 하며, 이들이 보유하고 있는 종속기업에 대한 지분을 비지배지분이라 한다. 기업회계기준서 제1110호 '연결재무제표'에서는 비지배지분을 종속기업에 대한 지분 중 지배기업에 직접 또는 간접으로 귀속되지 않는 지분으로 정의하고 있다. 비지배지분은 비지배주주에게 귀속되는 종속기업의 자본계정으로, 연결재무상태표에 자본항목에 포함되지만 지배기업의 소유주 지분과는 별도로 표시된다.

1. 지배기업의 재무상태표

재무상태표

지배기업 자산	BV	지배기업 부채	BV
종속기업투자주식(70%)	BV	지배기업 자본	BV

2. 종속기업 재무상태표

재무상태표

종속기업 자산	BV	종속기업 부채	BV
		종속기업 자본	BV

3. 연결재무상태표

재무상태표

지배기업 자산	BV	지배기업 부채	BV
종속기업 자산(100%)	FV	종속기업 부채(100%)	FV
(종속기업투자주식 제외)		지배기업 자본	BV
		비지배지분(30%)	

Comment

연결재무상태표의 자본항목 중 지배기업주주지분의 경우 해당 자본의 성격에 따라 자본금과 자본잉여금, 자본조정, 기타포괄손익누계액, 이익잉여금을 세분하여 표시한다. 하지만 비지배주주지분의 경우 이를 세분화하지 않고 비지배지분의 계정으로 통합하여 표시한다.

① 주식을 취득하여 보유하고 있는 경우

만약 지배기업이 20×1년 1월 1일에 종속기업의 주식 60%를 ₩180에 취득하여 지배력을 획득하고 취득한 종속기업 주식을 전액 보유하고 있다면 지배회사는 다음과 같이 회계처리하고 주식 취득 직후 지배기업의 재무상태표는 다음과 같다.

(1) 지배력 획득일 직전 지배회사와 종속회사의 재무상태표

재무상태표 (지배회사A)

자산(A)	1,000	부채(A)	300
		자본(A)	700

재무상태표 (종속회사B)

자산(B)	500	부채(B)	200
		자본(B)	300

(2) 종속기업의 주식 60%를 취득

(차) 종속기업투자주식	180	(대) 현금	180

재무상태표 (지배회사A)

자산(A)	820	부채(A)	300
종속기업투자주식	180	자본(A)	700

② 합병한 경우

지배기업이 종속기업의 주식 중 60%를 취득하고 나머지 40%는 비지배주주가 취득한 것이다. 따라서 지배력 획득일 현재 합병을 하였다고 가정하면 이전대가는 지배기업의 취득금액과 비지배주주의 취득금액의 합계액이 된다. 이때 비지배주주가 취득한 금액은 지배기업의 현금이 지급된 것이 아니므로 비지배지분이라는 계정과목으로 회계처리한다. 합병한 경우의 회계처리와 합병 직후 지배기업의 재무상태표는 다음과 같다.

(차) 자산(B)	500	(대) 부채(B)	200
		현금	180
		비지배지분[1]	120

[1] 180 × 40%/60% = 120

재무상태표

자산(A + B'100%)	1,320	부채(A + B'100%)	500
		자본(A)	700
		비지배지분(40%)	120

③ 연결재무제표의 작성

연결재무제표는 합병재무제표와 동일한 것이므로 주식을 취득하여 보유하고 있는 경우 지배기업의 별도재무제표를 합병재무제표로 수정하면 된다. 그러나 일반적으로 연결재무제표는 지배기업의 별도재무제표와 종속기업의 개별재무제표를 단순합산 후 두 기업 사이에 발생한 거래들을 제거하는 연결제거분개를 반영하여 작성한다. 연결제거분개를 작성하면 다음과 같다.

(1) 단순합산

구 분	지배회사	+	종속회사	=	단순합산
자 산	820		500		1,320
종속기업투자주식	180		–		180
부 채	300		200		500
자 본	700		300		1,000

(2) 연결재무상태표

재무상태표

자산(A + B'100%)	1,320	부채(A + B'100%)	500
		자본(A)	700
		비지배지분(40%)	120

(3) 연결제거분개

(차) 자본(B)	300	(대) 종속기업투자주식(60%)	180
		비지배지분(40%)	120

(2) 투자·평가차액이 없는 경우의 연결

① 지배력 획득일의 연결

(1) 지배력 획득일 직전 지배회사와 종속회사의 재무상태표

재무상태표 지배회사A

자산(A)	1,000	부채(A)	300
		자본(A)	700

재무상태표 종속회사B

자산(B)	500	부채(B)	200
		자본(B)	300

(2) 지배기업이 종속기업의 주식 80%를 ₩240에 취득하여 지배력을 획득하였다. 지배기업이 종속기업의 주식을 취득하여 전액 보유하고 있다면 다음과 같이 회계처리하고 지배기업의 재무상태표는 다음과 같다.

(차) 종속기업투자주식(80%)	300	(대) 현금	300

재무상태표 지배회사A

자산(A)	760	부채(A)	300
종속기업투자주식(80%)	240	자본(A)	700

(3) 단순합산

구 분	지배회사	+	종속회사	=	단순합산
자 산	760		500		1,260
종속기업투자주식	240		–		240
부 채	300		200		500
자 본	700		300		1,000

(4) 단순합산 재무제표

재무상태표

자산(A)	760	부채(A)	300
자산(B'100%)	500	부채(B'100%)	200
종속기업투자주식(80%)	240	자본(A)	700
		자본(B'100%)	300

(5) 연결제거분개

[투자주식과 자본계정의 상계]

(차) 자본(B'100%)	300	(대) 종속기업투자주식(80%)	240
		비지배지분(20%)	60

(6) 연결재무상태표

재무상태표 지배회사A

자산(A + B'100%)	1,260	부채(A + B'100%)	500
		자본(A)	700
		비지배지분(20%)	60

지배력 획득일의 구조분석

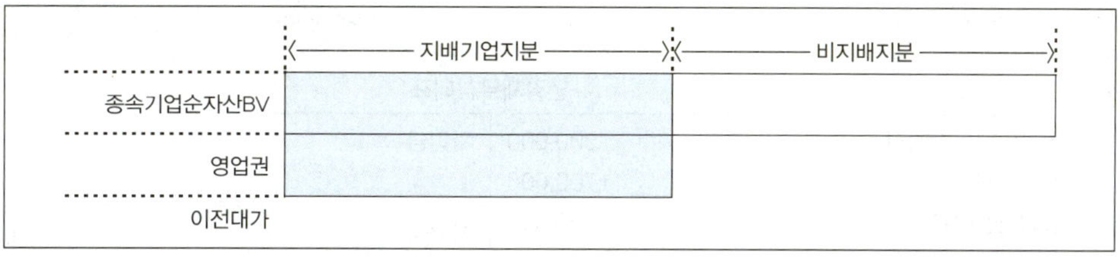

예제 3

20×1년 초에 A사는 B사의 보통주 80%를 지배력행사 목적으로 ₩800,000에 취득하였다. 20×1년 초 B사의 순자산 장부금액은 ₩1,000,000이며 식별 가능한 순자산 장부금액과 공정가치는 동일하다.

(단위 : ₩)

	A사	B사		A사	B사
현금및현금성자산	200,000	100,000	차입금	2,000,000	1,000,000
재고자산	1,000,000	700,000			
유형자산(순액)	2,000,000	1,200,000	자본금	1,500,000	600,000
종속기업투자주식	800,000		이익잉여금	500,000	400,000

1. A사와 B사의 재무상태표를 단순합산하시오.
2. 연결조정분개를 하시오.
3. 연결재무상태표를 작성하시오.

풀이

1. 재무상태표(단순합산)

현금및현금성자산	300,000	차입금	3,000,000
재고자산	1,700,000		
유형자산(순액)	3,200,000	자본금	2,100,000
종속기업투자주식	800,000	이익잉여금	900,000

2. [투자주식과 자본계정의 상계]

(차) 자본금	600,000	(대) 종속기업투자주식(80%)	800,000
이익잉여금	400,000	비지배지분(20%)	200,000

3. 연결재무상태표

현금및현금성자산	300,000	차입금	3,000,000
재고자산	1,700,000		
유형자산(순액)	3,200,000	자본금	1,500,000
		이익잉여금	500,000
		비지배지분	200,000

(3) 투자·평가차액이 있는 경우의 연결

① 비지배지분의 인식과 측정

지배기업이 종속기업에 대하여 100% 미만의 지분을 취득하는 모든 사업결합에서 지배기업은 종속기업에 대한 비지배지분을 다음의 두 가지 측정 방법 중 부분 영업권을 최초 인식한다.

- 부분 영업권 : 종속기업의 식별 가능한 순자산 중 비지배주주의 비례적 지분으로 측정
- 전부 영업권 : 비지배지분의 공정가치 측정

② 부분 영업권

부분 영업권을 인식하는 방법은 비지배지분을 지배력획득일 현재 종속기업의 식별 가능한 순자산 공정가치에 비지배지분율을 곱하여 측정하는 방식이다. 이 방법으로 비지배지분을 측정하게 되면 영업권에 대하여는 비지배지분을 인식하지 않게 되므로 지배기업 소유주지분만의 부분 영업권이 발생하게 된다.

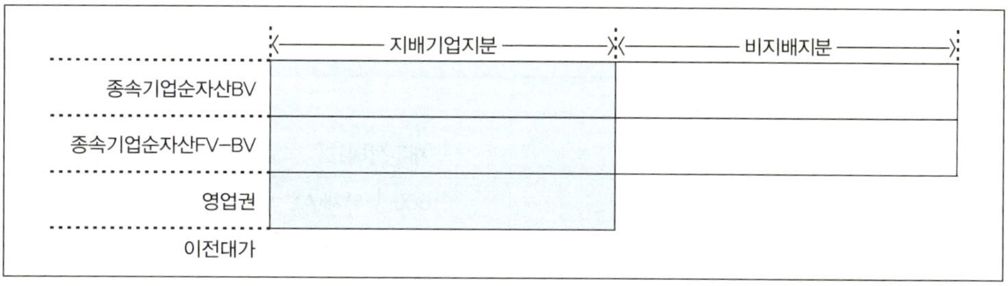

③ 지배력 획득일의 연결

(1) 지배력 획득일 직전 지배회사와 종속회사의 재무상태표

재무상태표 (지배회사A)

자산(A)	1,000	부채(A)	300
		자본(A)	700

재무상태표 (종속회사B)

자산(B)	500	부채(B)	200
		자본(B)	300

(2) 지배기업이 종속기업의 주식 80%를 ₩400에 취득하여 지배력을 획득하였다. 지배기업이 종속기업의 주식을 취득하여 전액 보유하고 있다면 다음과 같이 회계처리하고 지배기업의 재무상태표는 다음과 같다.

(차) 종속기업투자주식(80%)	400	(대) 현금	400

이때 종속기업 자산의 공정가치는 ₩600으로 종속기업이 보유한 재고자산이 장부금액보다 공정가치가 ₩100이기 때문이다.

재무상태표 (지배회사A)

자산(A)	600	부채(A)	300
종속기업투자주식(80%)	400	자본(A)	700

(3) 지배기업의 종속기업투자주식 ₩400의 구성은 다음과 같다.

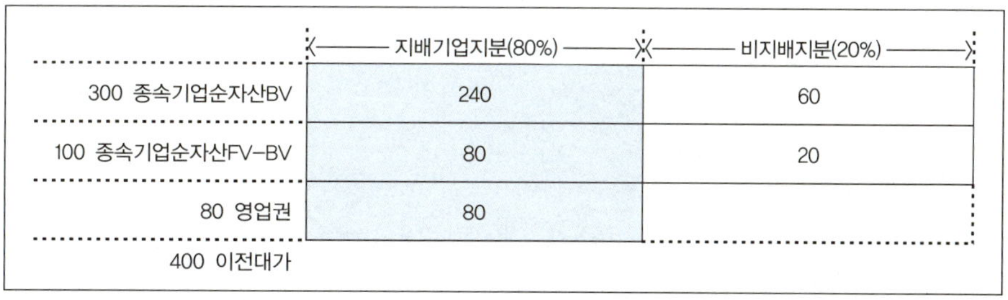

(4) 단순합산

구 분	지배회사	+	종속회사	=	단순합산
자 산	600		500		1,100
종속기업투자주식	400		-		400
부 채	300		200		500
자 본	700		300		1,000

(5) 단순합산 재무제표

재무상태표

자산(A)	600	부채(A)	300
자산(B'100%)	500	부채(B'100%)	200
종속기업투자주식(80%)	400	자본(A)	700
		자본(B'100%)	300

(6) 연결제거분개

[투자주식과 자본계정의 상계]

(차) 자본(B'100%)	300	(대) 종속기업투자주식(80%)	240
		비지배지분	60

[평가차액]

(차) B자산(B' FV - BV100%)	100	(대) 종속기업투자주식(80%)	80
		비지배지분	20

[투자차액]

(차) 영업권	80	(대) 종속기업투자주식(80%)	80

(7) 연결재무상태표

재무상태표

자산(A)	600	부채(A + B'100%)	500
자산(B' FV100%)	600	자본(A)	700
영업권	80	비지배지분	80

예제 4

20×1년 초에 A사는 B사의 보통주 80%를 지배력행사 목적으로 ₩1,300,000에 취득하였다. 20×1년 초 B사의 순자산 장부금액은 ₩1,000,000이며 식별 가능한 순자산 장부금액과 공정가치의 차이의 내역은 아래와 같다.

(단위 : ₩)

	A사	B사		A사	B사
재고자산	500,000	100,000	차입금	2,000,000	1,000,000
토지	1,000,000	700,000			
건물(순액)	2,000,000	1,200,000	자본금	1,500,000	600,000
종속기업투자주식	1,300,000		이익잉여금	1,300,000	400,000

B사의 자산 중 장부가치와 공정가치가 다른 내역은 다음과 같다.

(단위 : ₩)

	장부금액	공정가치
재고자산	100,000	200,000
토지	700,000	1,000,000
건물	1,200,000	1,300,000
종속기업투자주식	1,300,000	

1. 종속기업투자주식의 취득원가 ₩1,300,000을 종속기업의 순자산 장부가치에 대한 대가, 장부가치와 공정가치의 차이, 영업권에 대한 대가로 나누시오.
2. A사와 B사의 재무상태표를 단순합산하시오.
3. 연결제거분개를 하시오.
4. 연결재무상태표를 작성하시오.

풀이

1.

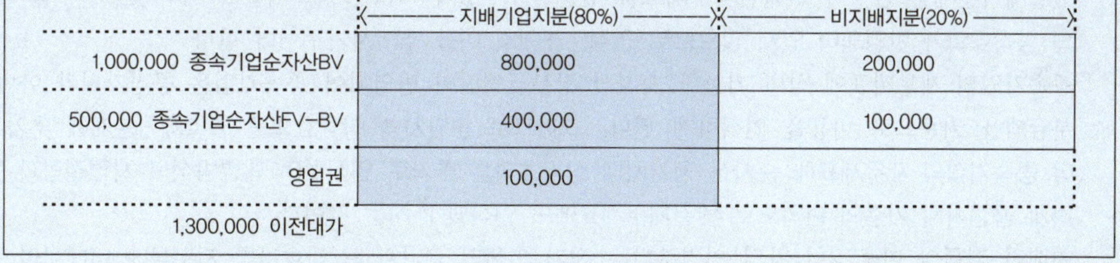

2. 재무상태표(단순합산)

재고자산	600,000	차입금	3,000,000
토지	1,700,000		
건물(순액)	3,200,000	자본금	2,100,000
종속기업투자주식	1,300,000	이익잉여금	1,700,000

3. [투자주식과 자본계정의 상계]

(차) 자본금	600,000	(대) 종속기업투자주식	800,000
이익잉여금	400,000	비지배지분	200,000

[평가차액]

(차) 재고자산	100,000	(대) 종속기업투자주식	400,000
토지	300,000	비지배지분	100,000
건물	100,000		

[투자차액]

(차) 영업권	100,000	(대) 종속기업투자주식	100,000

➲ 종속기업투자주식을 통합하여 투자와 자본상계를 한 번에 회계처리하면 간편하다.

(차) 자본금	600,000	(대) 종속기업투자주식	1,300,000
이익잉여금	400,000	비지배지분	300,000
재고자산	100,000		
토지	300,000		
건물	100,000		
영업권	100,000		

4. 연결재무상태표

재고자산	700,000	차입금	3,000,000
토지	2,000,000		
건물(순액)	3,300,000	자본금	1,500,000
영업권	100,000	이익잉여금	1,300,000
		비지배지분	300,000

(4) 지배력 획득일 이후의 연결

지배력 획득일 이후에도 보고기간 말 지배기업의 재무제표와 종속기업의 재무제표를 단순 합산하여 연결제거분개를 반영하면 연결재무제표를 산출할 수 있다. 다만, 종속기업의 재무제표에는 평가차액의 상각효과가 반영되어 있지 않으므로 연결분개에서 이를 추가시켜주어야 한다.

종속기업의 재무제표에 식별 가능한 순자산 장부금액만이 반영되어 종속기업은 공정가치가 아닌 장부금액을 기준으로 비용을 인식하게 된다. 그러므로 평가차액 상각효과를 연결제거분개에 추가시켜야 종속기업의 재무제표에 순자산 평가차액 상각효과를 추가로 인식하여 합병방식의 사업결합과 동일하게 공정가치 기준의 손익으로 연결재무제표에도 인식되게 하는 것이다.

지배력 획득일 이후 2년 차의 연결부터는 전기 이전의 평가차액상각효과를 지분율에 비례하여 전기이월이익잉여금과 전기이월비지배지분에 직접 반영하여 인식하여야 한다. 이는 전기 이전의 평가차액상각효과가 종속기업의 재무제표에 반영되어 있지 않기 때문이다.

05 내부거래 제거 ★★★

지배기업과 종속기업은 법적으로는 별개의 실체이지만 경제적으로는 하나의 실체로 간주하여 연결재무제표를 작성해야 한다. 지배기업과 종속기업 간의 거래는 각 기업 입장에서는 기업 외부와의 거래가 되어 별도 재무제표 작성 시에는 거래 내용을 그대로 보고하여야 하지만, 연결실체의 입장에서 작성하는 연결재무제표에서는 해당 거래는 내부거래가 되어 해당효과를 제거하여야 한다.

재고자산 미실현손익

지배기업이 종속기업에 재고자산을 판매하고 종속기업이 이를 해당 회계연도에 모두 외부에 판매하였다면, 연결실체의 순익에는 영향이 없다. 다만 연결실체의 매출과 매출원가가 동일한 금액만큼 과대계상되므로, 이러한 경우에는 수익과 비용 상계제거를 통해서 해결하면 된다.
그러나 지배기업과 종속기업 간에 재고자산 매매거래가 발생하였고, 당해 재고자산의 일부를 지배기업이나 종속기업이 보유하고 있는 경우에는 연결실체의 순이익이 과대계상되고, 재고자산이 과대계상된다. 이를 연결분개를 통해서 제거하여야 한다. 이때 지배기업이 종속기업에 재고자산을 판매하는 거래를 하향판매라고 하며, 종속기업이 지배기업에 재고자산을 판매하는 거래를 상향판매라고 한다.

1. 하향판매에 따른 내부거래미실현이익

지배기업이 종속기업에 재고자산을 판매하고, 이를 종속기업이 보유하는 형태의 내부거래를 하향판매에 따른 내부거래미실현이익이라고 한다. 이러한 내부거래가 발생하면 발행한 회계연도와 실현된 2차년도로 구분하여 연결조정분개를 수행한다.

(1) 내부거래가 발생한 회계연도

내부거래가 발생한 회계연도에 지배기업과 종속기업의 단순합산재무제표의 당기손익은 내부거래 재고자산의 판매에 따른 미실현손익만큼 과대계상되어 있으며, 기말재고도 동일한 금액만큼 과대계상되어 있다. 그러므로 연결실체의 재무제표를 작성하기 위해서는 당기순손익의 과대계상과 기말재고의 과대계상을 제거하는 연결제거분개를 수행하여야 한다. 이 경우 하향판매 내부거래는 지배기업이 내부거래를 통해서 손익을 조작한 것이므로 제거된 하향판매 미실현이익은 전액 지배기업지분순익을 계산할 때 차감한다.

[하향판매에 따른 내부거래미실현이익의 내부거래가 발생한 회계연도 연결제거분개]

수익·비용 상계제거	(차) 매출	A' 매출	(대) 매출원가	A' 매출
미실현이익 제거	(차) 매출원가	A' 매출총이익 × 미판매비율	(대) 재고자산	A' 매출총이익 × 미판매비율

Comment

연결분개를 수행할 때 내부거래에 실현된 재고자산 판매거래와 미실현된 재고자산 판매거래가 혼합되어 있는 경우, 구분하여 회계처리를 수행하여야 한다. 그러므로 연결분개에서는 내부거래 매출액 기준으로 매출원가를 제거하는 수익과 비용 상계제거를 수행하고, 미실현된 부분에 대해서는 매출원가와 재고자산을 추가로 조정하는 미실현이익제거의 회계처리를 별도로 수행하여야 한다.

지배회사(A)가 당기에 종속회사(B)에게 재고자산을 판매하며 매출원가와 매출을 각각 ₩500과 ₩1,000으로 인식하였다. 종속회사는 당기에 동 재고자산을 보유하고 있다.

재무제표 — 지배회사A

매출원가	500	매출	1,000

재무제표 — 종속회사B

재고자산	1,000		

(1) 단순합산 재무제표

재무제표

매출원가	500	매출	1,000
재고자산	1,000		

(2) 수익·비용 상계제거와 미실현이익제거

수익·비용 상계제거	(차) 매출	1,000	(대) 매출원가	1,000
미실현이익 제거	(차) 매출원가	500	(대) 재고자산	500

(3) 연결재무제표

재무제표

재고자산	500		

(2) 내부거래가 실현된 2차년도

내부거래가 발생한 후 2차년도에는 지배기업과 종속기업의 단순합산재무제표상의 기초이익잉여금이 전기말 미실현이익만큼 과대계상되어 있으며, 기초재고자산도 동일한 금액만큼 과대계상되어 있게 된다. 하지만 일반적으로 내부거래로 인하여 종속기업이 보유하고 있는 기초재고자산은 2차년도에 전액 외부로 판매되므로, 결국 단순합산재무제표상 기초재고자산의 과대계상은 당기 매출원가의 과대계상으로 초래하게 된다. 따라서 연결실체의 재무제표를 작성하기 위해서는 기초이익잉여금의 과대계상과 당기매출원가의 과대계상을 제거하는 연결제거분개를 수행한다. 이 경우에 연결조정분개를 수행하면서 인식된 하향판매 실현이익은 전액 지배기업지분순이익으로 가산된다.

[하향판매에 따른 내부거래미실현이익의 내부거래가 실현된 2차년도 연결제거분개]

미실현이익 제거	(차) 이익잉여금	지배회사 매출 × 미판매비율	(대) 매출원가	지배회사 매출 × 미판매비율

Comment

> 지배기업이 종속기업에 재고자산을 판매하고 내부거래 발생에 따른 매출손익은 지배기업이 인식하며, 내부거래의 소멸에 대한 매출손익은 종속기업이 인식한다. 그러므로 미실현이익의 제거는 지배기업의 손익에서 차감하고, 실현이익의 인식은 종속기업의 손익에 가산한다고 생각할 수도 있으나, 연결회계에서 내부거래미실현손익의 제거논리는 내부거래를 발생시킨 대상기업의 손익 귀속시기를 조정하는 것이지, 손익의 귀속금액을 조정하는 것이 아니다. 그러므로 하향거래의 경우 미실현이익의 제거를 지배기업의 손익에서 차감하였으므로 실현이익도 지배기업의 손익에서 가산하여야 한다. 이는 상향거래도 동일한 논리이다.

지배회사(A)가 전기에 종속회사(B)에게 재고자산을 판매하며 매출원가와 매출을 각각 ₩500과 ₩1,000으로 인식하였다. 종속회사는 전기에 동 재고자산을 보유하고 있다가 당기에 외부에 ₩1,200에 판매하였다.

재무제표 지배회사A

		기초이익잉여금	500

재무제표 종속회사B

매출원가	1,000	매출	1,200

2. 상향판매에 따른 내부거래미실현이익

(1) 내부거래가 발생한 회계연도

내부거래가 발생한 1차년도에, 지배기업과 종속기업의 단순합산재무제표상의 당기순손익은 내부거래 재고자산의 판매에 따른 미실현손익만큼 과대계상되어 있으며, 기말재고자산도 동일한 금액만큼 과대계상되어 있다. 따라서 연결실체의 재무제표를 작성하기 위해서는 당기순손익의 과대계상과 기말재고자산의 과대계상을 제거하는 연결제거분개가 필요하다. 이때, 상향판매 내부거래는 종속기업이 내부거래를 통해 손익을 조작한 것이므로 제거된 상향판매 미실현이익은 종속기업에 대한 지배기업지분순이익과 비지배지분순이익을 계산할 때 비례적으로 차감하면 된다.

[상향판매에 따른 내부거래미실현이익의 내부거래가 발생한 회계연도 연결제거분개]

수익·비용 상계제거	(차) 매출	B' 매출	(대) 매출원가	B' 매출
미실현이익 제거	(차) 매출원가	B' 매출총이익×미판매비율	(대) 재고자산	B' 매출총이익×미판매비율

종속회사(B)가 당기에 지배회사(A)에게 재고자산을 판매하며 매출원가와 매출을 각각 ₩500과 ₩1,000으로 인식하였다. 지배회사는 당기에 동 재고자산을 보유하고 있다. 단, 지배회사의 지분율은 80%이다.

재무제표 지배회사A

재고자산	1,000		

재무제표 종속회사B

매출원가	500	매출	1,000

(1) 단순합산 재무제표

재무제표

매출원가	500	매출	1,000
재고자산	1,000		

(2) 수익·비용 상계제거와 미실현이익제거

수익·비용 상계제거	(차) 매출	1,000	(대) 매출원가	1,000
미실현이익 제거	(차) 매출원가	500	(대) 재고자산	500

(3) 연결재무제표

재무제표

재고자산	500		

참고 내부거래미실현이익제거의 F/S효과 비교

구 분		하향판매 미실현이익 제거효과	상향판매 미실현이익 제거효과
자 산	재고자산	(-)500	(-)500
자 본	이익잉여금	(-)500	(-)400
	비지배지분		(-)100

Comment

상향판매의 경우 미실현이익 제거단계에서 비용으로 인식한 매출원가는 기말에 이익잉여금의 차감항목으로 마감되면서 지배기업지분의 이익잉여금을 100% 감소시키게 된다. 따라서 비지배지분이익 배분단계에서 비지배지분의 지분율에 해당하는 금액만큼 이익잉여금을 다시 증가시키고, 이를 비지배지분에서 차감하여 종속기업으로 인한 내부거래미실현이익이 지배기업지분과 비지배지분에 비례적으로 반영되도록 조정하는 것이다.

(2) 내부거래가 실현된 2차년도

내부거래가 발생한 후 2차년도에는 연결실체의 재무제표를 작성하기 위해서 기초이익잉여금의 과대계상과 당기 매출원가의 과대계상을 제거하는 연결분개가 필요하다. 이러한 거래는 하향판매의 경우와 동일하다. 다만, 상향판매로 인한 미실현이익은 종속기업의 이익잉여금 과대계상효과이므로 연결제거분개의 전기손익배분단계에서 이를 이익잉여금과 비지배지분으로 배분하여 인식하게 된다. 그러므로 내부거래제거단계에서 이익잉여금 제거 시에는 이를 지배기업과 비지배지분으로 구분하여 조정하여야 한다. 상향판매로 인한 실현이익은 종속기업에 대한 지배기업지분순이익과 비지배지분순이익으로 구분하여 비례적으로 가산하여야 한다.

[상향판매에 따른 내부거래미실현이익의 내부거래가 실현된 2차년도 연결제거분개]

전기손익배분	(차) 이익잉여금	B' 매출총이익×미판매비율	(대) 이익잉여금 비지배지분(×1년)	×× ××
실현이익	(차) 이익잉여금 비지배지분(×2년)	×× ××	(대) 매출원가	B' 매출총이익×미판매비율

종속회사(B)가 전기에 지배회사(A)에게 재고자산을 판매하며 매출원가와 매출을 각각 ₩500과 ₩1,000으로 인식하였다. 지배회사는 전기에 동 재고자산을 보유하고 있다가 당기에 외부에 ₩1,200에 판매하였다. 단, 지분율은 80%이다.

재무제표 (지배회사A)

매출원가	1,000	매출	1,200

재무제표 (종속회사B)

		기초이익잉여금	500

(1) 단순합산 재무제표

재무제표

매출원가	1,000	매출	1,200
		기초이익잉여금	500

(2) 수익·비용 상계제거와 미실현이익제거

전기손익배분	(차) 이익잉여금	500	(대) 이익잉여금 비지배지분(×1년)	400 100
실현이익	(차) 이익잉여금 비지배지분(×2년)	400 100	(대) 매출원가	500

(3) 연결재무제표

재무제표

매출원가	500	매출	1,200

예제 5

20×1년 초에 A사는 B사의 보통주 80%를 지배력행사 목적으로 ₩800,000에 취득하였다. 20×1년 초 B사의 순자산 장부금액은 ₩1,000,000이며 식별 가능한 순자산 장부금액과 공정가치는 동일하다.

(1) 20×1년 말 재무상태표

	A사	B사		A사	B사
현금	500,000	200,000	차입금	2,000,000	1,000,000
재고자산	1,200,000	800,000			
대여금	1,000,000				
유형자산	1,000,000	1,200,000	자본금	1,500,000	600,000
종속기업투자주식	800,000		이익잉여금	1,000,000	600,000

(2) 20×1년 포괄손익계산서

	A사	B사
매출	2,000,000	1,600,000
매출원가	(1,300,000)	(1,300,000)
매출총이익	700,000	300,000
영업외수익	200,000	50,000
영업외비용	(100,000)	(150,000)
당기순이익	800,000	200,000

(3) 20×1년 중 A사는 B사에게 장부금액 ₩800,000의 재고자산을 ₩1,000,000에 판매하였으며, 기말 현재 B사는 해당자산의 70%를 외부에 판매하였다.

(4) 20×2년 A사와 B사의 당기순이익은 각각 ₩1,000,000, ₩300,000이다.

1. 20×1년과 20×2년의 연결재무제표에 표시될 지배기업지분순이익과 비지배지분순이익을 구하시오.
2. 20×1년과 20×2년의 연결제거분개를 제시하시오.
3. 동 거래가 하향판매가 아닌 상향판매인 경우, 20×1년과 20×2년의 연결재무제표에 표시될 지배기업지분순이익과 비지배지분순이익을 구하시오.
4. 동 거래가 하향판매가 아닌 상향판매인 경우, 20×1년과 20×2년의 연결제거분개를 제시하시오.

풀이

1.

구 분	지배기업지분순이익	비지배지분순이익
20×1년	900,000	40,000
20×2년	1,300,000	60,000

(1) 20×1년

구 분	A사	B사
조정전 N/I	800,000	200,000
내부거래미실현이익 제거[1]	(–)60,000	–
조정후 N/I	740,000	200,000

[1] 내부 미실현손익 제거 : (1,000,000 – 800,000) × 30% = 60,000

➲ 지배기업소유주 귀속 순이익 : 740,000 + 200,000 × 80% = 900,000

➲ 비지배주주 귀속 순이익 : 200,000 × 20% = 40,000

(2) 20×2년

구 분	A사	B사
조정전 N/I	1,000,000	300,000
내부거래실현이익 인식[1]	60,000	–
조정후 N/I	1,060,000	300,000

[1] 내부 미실현손익 제거 : (1,000,000 – 800,000) × 30% = 60,000

➲ 지배기업소유주 귀속 순이익 : 1,060,000 + 300,000 × 80% = 1,300,000

➲ 비지배주주 귀속 순이익 : 300,000 × 20% = 60,000

2. (1) 20×1년의 연결제거분개

[투자주식과 자본상계]

(차) 자본금	600,000	(대) 종속기업투자주식	800,000
이익잉여금	400,000	비지배지분	200,000

[내부거래 미실현손익 제거]

(차) 매출	1,000,000	(대) 매출원가	1,000,000
매출원가	60,000	재고자산	60,000

[비지배기업지분]

(차) 이익잉여금	40,000	(대) 비지배지분	40,000

(2) 20×2년의 연결제거분개

[투자주식과 자본상계]

(차) 자본금	600,000	(대) 종속기업투자주식	800,000
이익잉여금	400,000	비지배지분	200,000

[전기손익 배분]

(차) 이익잉여금(×1년)	200,000	(대) 이익잉여금(×1년)	160,000
		비지배지분(×1년)	40,000

[내부거래미실현손익 실현]

(차) 이익잉여금(×1년)	60,000	(대) 매출원가	60,000

[비지배기업지분]

(차) 이익잉여금(×2년)	60,000	(대) 비지배지분(×2년)	60,000

3.

구 분	지배기업지분순이익	비지배지분순이익
20×1년	912,000	28,000
20×2년	1,288,000	72,000

(1) 20×1년

구 분	A사	B사
조정전 N/I	800,000	200,000
내부거래미실현이익 제거[1]	–	(–)60,000
조정후 N/I	800,000	140,000

[1] 내부 미실현손익 제거 : (1,000,000 – 800,000) × 30% = 60,000

➲ 지배기업소유주 귀속 순이익 : 800,000 + 140,000 × 80% = 912,000

➲ 비지배주주 귀속 순이익 : 140,000 × 20% = 28,000

(2) 20×2년

구 분	A사	B사
조정전 N/I	1,000,000	300,000
내부거래실현이익 인식[1]	–	60,000
조정후 N/I	1,000,000	360,000

[1] 내부 미실현손익 제거 : (1,000,000 – 800,000)×30% = 60,000

➲ 지배기업소유주 귀속 순이익 : 1,000,000 + 360,000×80% = 1,288,000

➲ 비지배주주 귀속 순이익 : 360,000 × 20% = 72,000

4. (1) 20×1년의 연결제거분개

[투자주식과 자본상계]

(차) 자본금	600,000	(대) 종속기업투자주식	800,000
이익잉여금	400,000	비지배지분	200,000

[내부거래 미실현손익 제거]

(차) 매출	1,000,000	(대) 매출원가	1,000,000
매출원가	60,000	재고자산	60,000

[비지배기업지분]

(차) 이익잉여금	28,000	(대) 비지배지분	28,000

(2) 20×2년의 연결제거분개

[투자주식과 자본상계]

(차) 자본금	600,000	(대) 종속기업투자주식	800,000
이익잉여금	400,000	비지배지분	200,000

[전기손익 배분]

(차) 이익잉여금(×1년)	200,000	(대) 이익잉여금(×1년)	160,000
		비지배지분(×1년)	40,000

[내부거래 미실현손익 실현]

(차) 이익잉여금(×1년)	48,000	(대) 매출원가(×2년)	60,000
비지배지분(×1년)	12,000		

[비지배기업지분]

(차) 이익잉여금(×2년)	72,000	(대) 비지배지분(×2년)	72,000

06 비지배지분 연결하의 배당 ★★★

1. 지배기업이 종속기업으로부터 배당을 수령한 경우

회계연도 중에 종속기업이 지배기업에게 현금배당을 지급할 수 있다. 이 경우 종속기업의 현금이 감소하지만, 다시 지배기업의 현금이 증가하기에 연결실체의 순자산 변동은 없다. 이는 지배기업과 종속기업 간의 현금의 이동거래에 불과하므로 회계적 거래로 볼 수 없다. 그러므로 지배기업의 별도재무제표에 종속기업으로부터 현금배당을 수령하여 배당금수익을 인식한 금액이 있다면, 당해 배당금수익을 취소하고, 동 금액만큼 다시 이익잉여금을 증가시켜야 한다. 여기서 유의할 점은 배당금수익을 취소하는 연결분개는 배당을 수령한 연도만 수행하면 되고, 이후 연도의 연결분개에서는 이를 반영할 필요가 없다

배당금의 수령은 지배기업과 종속기업 간의 거래로 연결실체 내에서의 내부거래에 해당하므로 반드시 제거하여야 한다. 그러나 지배기업이 배당수익으로 인식한 금액과 종속기업이 배당금을 지급한 금액이 일치하지 않는데, 이는 비지배주주가 수령한 배당금이 있기 때문이다. 따라서 지배기업이 배당수익으로 인식한 금액과 종속기업이 배당금으로 지급한 금액의 차액은 비지배주주가 수령한 배당금이므로 비지배지분으로 처리한다.

예제 6

20×1년 초에 A사는 B사의 보통주 80%를 지배력행사 목적으로 ₩800,000에 취득. 20×1년 초 B사의 순자산 장부금액은 ₩1,000,000이며 식별 가능한 순자산 장부금액과 공정가치는 동일하다. 단, A사의 종속기업은 전액 B사에 대한 것으로 A사는 이를 원가법으로 평가하고 있다.

(1) 20×1년 초 재무상태표

	A사	B사		A사	B사
현금	₩200,000	₩100,000	차입금	₩2,000,000	₩1,000,000
재고자산	1,000,000	700,000			
유형자산(순액)	2,000,000	1,200,000	자본금	1,500,000	600,000
종속기업투자주식	800,000		이익잉여금	500,000	400,000

(2) 20×2년 말 재무상태표

	A사	B사		A사	B사
현금	₩750,000	₩150,000	차입금	₩2,000,000	₩1,000,000
재고자산	1,200,000	900,000			
유형자산(순액)	2,400,000	1,200,000	자본금	1,500,000	600,000
종속기업투자주식	800,000		이익잉여금	1,650,000	650,000

*×1년 B사의 이익잉여금 증가액 : 200,000

(3) 20×2년 포괄손익계산서

	A사	B사
매출	₩1,200,000	₩700,000
매출원가	(400,000)	(400,000)
매출총이익	800,000	300,000
판매관리비	(200,000)	(200,000)
배당금수익	50,000	0
당기순이익	650,000	100,000

(4) B사는 20×2년 중에 ₩50,000의 배당을 결의하였으며, 이를 지급하였다.

20×2년의 연결재무상태표와 연결포괄손익계산서+비지배지분을 구하시오.

풀이

(1) 단순합산

재무상태표(단순합산)

현금	900,000	차입금	3,000,000
재고자산	2,100,000		
유형자산(순액)	3,600,000	자본금	2,100,000
종속기업투자주식	800,000	이익잉여금	2,300,000

단순합산포괄손익계산서

매출	1,900,000
매출원가	(800,000)
매출총이익	1,100,000
판매관리비	(400,000)
배당금수익	50,000
당기순이익	750,000

(2) 연결조정분개

[배당수령액 취소]

(차) 배당금수익[1]	40,000	(대) 이익잉여금	50,000
비지배지분	10,000		

[1] 50,000 × 80% = 40,000

[투자주식과 자본계정의 상계]

(차) 자본금	600,000	(대) 종속기업투자주식	800,000
이익잉여금	400,000	비지배지분	200,000

[지배력 획득일 이후 변동한 자본의 배분 – 전기분]

(차) 이익잉여금(×1년)[2]	200,000	(대) 이익잉여금(×1년)	160,000
		비지배지분(×1년)	40,000

[2] 전기배당금 지급전 이익잉여금

[지배력 획득일 이후 변동한 자본의 배분 – 당기분]

(차) 이익잉여금(×2년)	20,000	(대) 비지배지분(×2년)	20,000

(3) 연결재무제표

연결재무상태표

현금	900,000	차입금	3,000,000
재고자산	2,100,000		
유형자산(순액)	3,600,000	자본금	1,500,000
		이익잉여금	1,850,000
		비지배지분	250,000

연결포괄손익계산서

매출	1,900,000
매출원가	(800,000)
매출총이익	1,100,000
판매관리비	(400,000)
당기순이익	700,000
– 지배주주귀속순이익	680,000
– 비지배주주귀속순이익	20,000

07 연결재무제표 작성 시 유의사항 ★★★

1. 보고일의 일치

연결재무제표는 동일한 보고기간 종료일에 작성된 지배기업의 재무제표와 종속기업의 재무제표를 사용하여 작성한다. 그러나 지배기업과 종속기업의 보고기간 종료일의 차이가 3개월을 초과하지 않는다면 종속기업의 보고기간 종료일에 작성된 재무제표를 이용하여 연결재무제표를 작성한다. 또한 보고기간의 길이 및 보고기간 종료일의 차이는 매 기간 동일하여야 한다.

2. 회계정책의 일치

종속기업의 회계정책과 지배기업이 채택한 회계정책이 다른 경우, 종속기업의 회계정책을 지배기업의 회계정책과 일치하도록 적절하게 수정하여 재무제표를 작성한다. 그러나 연결실체 내의 모든 기업이 중소기업 회계처리특례의 적용대상이거나, 종속기업이 한국채택국제회계기준을 적용하여 재무제표를 작성하는 경우 회계정책이 일치하지 않는 경우는 예외로 한다.

08 연결재무제표의 종류 ★★★

연결재무제표에는 연결재무상태표, 연결손익계산서, 연결자본변동표 및 연결현금흐름표가 포함된다. 종속기업이 연결실체에 새로 포함되거나 연결실체에서 제외되는 경우 연결현금흐름표에는 '연결실체의 변동으로 인한 현금의 증감'으로 하여 별도로 표시한다. 또한 지배기업이 종속기업의 주식을 추가로 취득, 처분한 후에도 계속하여 지배-종속 관계가 유지되는 경우에는 연결현금흐름표에는 투자활동이 아니라 재무활동으로 인한 현금흐름으로 분류하여 표시한다.

예제 7

C주식회사는 20×5년 초에 D주식회사의 발행주식 80%를 1,700,000원에 취득하여 지배회사가 되었다. 지배력 취득시점 현재 D주식회사의 순자산의 장부금액은 2,000,000원이며, 토지의 공정가치가 장부금액을 200,000원 초과하는 것을 제외하고 그 이외의 자산과 부채의 공정가치는 장부금액과 동일하다. C주식회사가 지배력 취득시점에서 연결재무제표를 작성할 경우 연결재무상태표에 표시되는 비지배지분은 얼마인가?

풀이

비지배지분 = (2,000,000 + 200,000) × 20% = 440,000원

예제 8

J사는 20×1년 1월 1일 L사의 보통주식 80%를 700,000원에 취득하고 지배력을 행사할 수 있게 되었다. 주식취득일 현재 L사의 순자산 장부가액은 800,000원으로 공정가치와 일치하였으며 영업권은 5년 동안 상각한다. J사의 20×1년 지분법손익 반영 전 당기순이익이 300,000원이고, L사의 20×1년 당기순이익이 100,000원이라고 할 경우 20×1년 연결당기순이익은 얼마인가?

풀이

$$20\times1\text{년 연결당기순이익} = 300{,}000 - \frac{(700{,}000 - 800{,}000 \times 80\%)}{5\text{년}} + 100{,}000 = 388{,}000\text{원}$$

09 연결회계이론 ★★★

연결재무제표의 작성방법은 연결실체의 두 이해관계자인 지배기업의 소유주와 비지배주주를 어떻게 보느냐에 따라 이론적으로 두 가지 방법이 존재한다. 지배기업의 소유주와 비지배주주를 모두 연결실체의 주주로 간주하는 접근법도 있으며, 지배기업의 소유주만 연결실체의 주주이며 비지배주주는 채권자로 간주하는 접근법도 있다. 전자를 실체이론이라고 하며, 후자를 지배기업이론이라고 한다.

1. 실체이론

실체이론에서 연결재무제표는 지배기업과 종속기업으로 구성된 단일 기업실체에 대한 정보를 제공하는 것을 목적으로 한다. 따라서 실체이론에서는 연결실체를 구성하는 두 이해관계자인 지배기업의 소유주와 비지배주주를 모두 주주로 간주하여 재무제표를 작성하며, 연결실체를 구성하는 지배기업과 종속기업의 자산, 부채, 수익과 비용이 그대로 연결실체의 자산, 부채, 수익과 비용으로 보고된다. 실체이론에서는 비지배주주지분을 자본으로 인식하면, 비지배주주지분 귀속 순이익을 연결당기순이익의 구성요소로 인식한다.

실체이론에서 연결재무제표의 작성원리 정리

영업권	지배주주지분과 비지배주주에 대한 영업권을 모두 인식
종속기업의 순자산	전체를 공정가치로 재측정
상향거래 미실현손익	전액 제거 후 지분율에 따라 안분
연결당기순이익	지배주주지분 귀속 이익과 비지배주주 귀속 이익으로 구분
비지배지분의 성격	자본으로 인식
부의 비지배주주지분	비지배주주지분에 (-)반영

2. 지배기업이론

지배이론에서 연결재무제표는 지배기업 자체의 순자산과 종속기업의 순자산 중에서 지배기업에 속하는 지분에 대한 정보를 반영하는 것을 목적으로 한다. 따라서 지배기업이론에서는 연결실체를 구성하는 두 이해관계자 중에서 지배기업의 소유주만을 주주로 간주하고, 비지배주주는 채권자로 간주하여 재무제표를 작성하며, 연결실체를 구성하는 지배기업과 종속기업의 자산, 부채, 수익과 비용에서 종속기업에 대한 비지배주주지분의 해당액이 차감되는 형식으로 보고한다. 지배기업이론에서는 비지배주주지분을 부채로 인식하며, 비지배주주지분 귀속 순이익을 연결당기순이익 계산 시 비용으로 인식한다.

지배기업이론에서 연결재무제표의 작성원리 정리

영업권	지배주주에 대한 영업권만 인식
종속기업의 순자산	지배주주지분만 공정가치로 재측정
상향거래 미실현손익	지배주주지분만 제거
연결당기순이익	비지배주주지분귀속이익을 비용으로 인식하여 당기순이익에 차감
비지배지분의 성격	채권자로 보아 부채로 인식
부의 비지배주주지분	인식하지 않음

개념완성문제

01 지배기업이 직접 또는 종속기업을 통하여 간접적으로 기업 의결권의 과반수를 소유하는 경우에는 지배기업이 그 기업을 지배한다고 판단하지 않는다. (O, X)

02 지배-종속 관계가 연속하여 성립되는 경우 최상위 지배기업이 외국법인이면 차상위 내국법인이 연결재무제표를 작성한다. (O, X)

03 직전 사업연도 말의 자산총액, 부채총액 및 종업원 수가 외부감사법 시행령의 외부감사 대상기준에 미달하는 회사 중 주권상장법인인 회사는 연결 대상에서 제외된다. (O, X)

04 연결재무제표에는 연결재무상태표, 연결손익계산서, 연결자본변동표 및 연결현금흐름표, 연결이익잉여금처분계산서가 포함된다. (O, X)

05 지배기업이 종속기업지분의 80%를 소유할 경우 종속기업 자본의 (　　) 해당액이 연결재무상태표의 비지배지분으로 계상된다.

06 연결재무상태표를 작성하는 과정에서 (　　)을/를 인식하는 경우 이는 종속기업 투자주식의 취득원가가 종속기업 순자산의 공정가치 중 지배기업지분 해당액보다 더 적음을 의미한다.

정답 및 해설

01 X 지배기업이 직접 또는 종속기업을 통하여 간접적으로 기업 의결권의 과반수를 소유하는 경우에는 지배기업이 그 기업을 지배한다고 본다. 다만, 그러한 소유권이 지배력을 의미하지 않는다는 것을 명확하게 제시할 수 있는 경우는 예외로 한다.

02 O

03 X 직전 사업연도 말의 자산총액, 부채총액 및 종업원 수가 외부감사법 시행령의 외부감사 대상기준에 미달하는 회사 중 주권상장법인이 아닌 회사는 연결재무제표의 작성대상에서 제외될 수 있으나 주권상장법인 회사는 연결재무제표의 작성 대상이 된다.

04 X 연결재무제표에는 연결재무상태표, 연결손익계산서, 연결자본변동표 및 연결현금흐름표가 포함된다.

05 20%

06 염가매수차익

07 개인이 A사와 B사의 지분을 각각 100%씩 소유하고 있는 경우 두 회사 중 직전 사업연도 말 자본총액이 큰 회사가 연결재무제표를 작성해야 한다. (O, X)

08 「채무자 회생 및 파산에 관한 법률」에 따라 회생절차의 개시가 결정된 종속회사는 연결 대상에서 제외한다. (O, X)

09 연결당기순이익에 비지배지분순이익은 포함되지 않는다. (O, X)

10 연결재무상태표의 자본은 지배기업의 개별재무상태표의 자본과 (　　　)로만/으로만 구성된다.

11 미실현이익이 하향거래로부터 발생한 것인지 아니면 상향거래로부터 발생한 것인지에 따라 연결당기순이익에 미치는 영향은 달라진다. (O, X)

12 지배기업과 종속기업의 보고기간 종료일의 차이가 6개월을 초과하지 않고 지배기업과 종속기업 간 유의적인 거래가 없었다면, 종속기업은 연결재무제표의 작성을 위하여 지배기업의 보고기간 종료일을 기준으로 재무제표를 추가로 작성하지 않아도 된다. (O, X)

13 연결조정분개 시 종속기업의 순자산에 대한 제거분개를 하지 않는다. (O, X)

정답 및 해설

07 X 개인이 A회사와 B회사의 지분을 각각 100%씩 소유하고 있는 경우 두 회사 중 직전 사업연도 말 자산총액이 큰 회사가 연결재무제표를 작성해야 한다.

08 X 「채무자 회생 및 파산에 관한 법률」에 따라 회생절차의 개시가 결정된 종속회사는 연결 대상에 포함한다.

09 X 연결당기순이익에는 비지배지분순이익이 포함된다.

10 비지배지분

11 X 미실현이익이 하향거래로부터 발생한 것인지, 아니면 상향거래로부터 발생한 것인지에 따라 연결당기순이익이 달라지지 않는다.

12 X 지배기업과 종속기업의 보고기간 종료일의 차이가 3개월을 초과하지 않고 지배기업과 종속기업 간 유의적인 거래가 없었다면, 종속기업은 연결재무제표의 작성을 위하여 지배기업의 보고기간 종료일을 기준으로 재무제표를 추가로 작성하지 않아도 된다.

13 X 연결조정분개 시 종속기업의 순자산에 대한 제거분개를 한다.

출제예상문제

✓ 학습시간이 부족하거나 시험 전 최종정리를 하고 싶은 경우에는 출제빈도(★~★★★)가 높은 문제를 우선으로 풀이할 수 있습니다.
✓ 다시 봐야 할 문제(풀지 못한 문제, 헷갈리는 문제 등)는 문제 번호 하단의 네모박스(□)에 체크하여 반복 학습할 수 있습니다.

★★★ 연결회계(서술형)

01 □□□ **연결재무제표 작성기업과 종속기업의 판단에 대한 설명 중 옳지 않은 것은?**

① 연결실체 내의 다른 기업들과 사업의 종류가 다르다면 해당 종속기업을 연결 대상에서 제외하지 않는다.
② 지배-종속 관계가 연속하여 성립되는 경우 최상위 지배기업이 외국법인이어도 차상위 내국법인이 연결재무제표를 작성하지 않는다.
③ 외국에 소재하는 종속기업은 연결 대상에서 포함한다.
④ 지배기업이 직접 또는 종속기업을 통하여 간접적으로 기업 의결권의 과반수를 소유하는 경우에는 지배기업이 그 기업을 지배한다고 본다.
⑤ 다른 투자자와의 약정으로 과반수의 의결권을 행사할 수 있는 능력이 있는 경우에는 지배기업이 다른 기업 의결권의 절반 또는 그 미만을 소유하고 있다면 지배한다고 본다.

★★★ 연결회계(서술형)

02 □□□ **다음 중 연결재무제표의 작성 대상에서 제외되는 경우가 아닌 것은?**

① 1년 이상 휴업 중인 주식회사
② 지방자치단체가 자본금의 2분의 1 이상을 출자한 주식회사
③ 계약 등에 의하여 다음 사업연도 말까지 처분이 예정된 종속회사
④ 청산 중인 주식회사
⑤ 직전 사업연도 말의 자산총액, 부채총액 및 종업원 수가 외부감사법 시행령의 외부감사 대상기준에 미달하는 회사 중 주권상장법인인 회사

★★ 연결회계(서술형)

03 □□□

다음 중 연결재무제표의 종류와 형식에 대한 설명으로 옳은 것은?

① 연결재무제표에는 연결재무상태표, 연결손익계산서, 연결자본변동표 및 연결현금흐름표, 연결이익잉여금처분계산서가 포함된다.

② 연결재무상태표의 자본에는 항상 비지배지분이 표시되므로 연결자본변동표에도 비지배지분의 당기변동내역을 별도로 표시한다.

③ 연결현금흐름표는 개별현금흐름표와 다르게 직접법만을 사용해 작성하여야 한다.

④ 종속기업이 연결실체에 새로 포함되거나 연결실체에서 제외되는 경우에는 '연결현금흐름표에 연결실체의 변동으로 인한 현금의 증감' 항목을 별도로 표시한다.

⑤ 지배-종속 관계가 존재하는 상태에서 종속기업의 주식을 추가로 취득·처분한 후에도 계속하여 지배-종속 관계가 유지되는 경우의 현금흐름은 투자활동으로 분류한다.

정답 및 해설

01 ② 지배-종속 관계가 연속하여 성립되는 경우에 최상위 지배기업이 외국법인이면 차상위 내국법인이 연결재무제표를 작성한다.

오답체크

① 연결실체 내의 다른 기업들과 사업의 종류가 다르다는 이유로 종속기업을 연결 대상에서 제외하지 않는다.
③ 외국에 소재하는 종속기업도 연결 대상에 포함한다.
④ 지배기업이 직접 또는 종속기업을 통하여 간접적으로 기업 의결권의 과반수를 소유하는 경우에는 지배기업이 그 기업을 지배한다고 본다. 다만, 그러한 소유권이 지배력을 의미하지 않는다는 것을 명확하게 제시할 수 있는 경우에는 예외로 한다.
⑤ 다른 투자자와의 약정으로 과반수의 의결권을 행사할 수 있는 능력이 있는 경우에는 지배기업이 다른 기업 의결권의 절반 또는 그 미만을 소유하더라도 지배하는 것으로 본다.

02 ⑤ 직전 사업연도 말의 자산총액, 부채총액 및 종업원 수가 외부감사법 시행령의 외부감사 대상기준에 미달하는 회사 중 주권상장법인이 아닌 회사는 연결재무제표의 작성 대상에서 제외될 수 있다. 하지만 주권상장법인 회사는 연결재무제표의 작성 대상이 된다.

03 ④ 종속기업이 연결실체에 새로 포함되거나 연결실체에서 제외되는 경우에는 '연결현금흐름표에 연결실체의 변동으로 인한 현금의 증감' 항목을 별도로 표시한다.

오답체크

① 연결재무제표에는 연결재무상태표, 연결손익계산서, 연결자본변동표 및 연결현금흐름표가 포함된다.
② 연결재무상태표의 자본에는 지배기업이 종속기업의 의결권 100%를 소유하고 있지 않은 경우 비지배지분이 표시되므로 연결자본변동표에도 비지배지분의 당기변동내역을 별도로 표시한다.
③ 연결현금흐름표는 개별현금흐름표와 마찬가지로 직접법 또는 간접법 중 한 가지 방법을 선택할 수 있다.
⑤ 지배-종속 관계가 존재하는 상태에서 종속기업의 주식을 추가로 취득·처분한 후에도 계속하여 지배-종속 관계가 유지되는 경우의 현금흐름은 재무활동으로 분류한다.

★★★
연결회계(서술형)

04 □□□

다음 중 지배력 취득일에 작성하는 연결재무상태표에 대한 설명으로 옳은 것은?

① 연결재무상태표의 자본금은 지배기업의 자본금과 동일하지 않다.
② 지배기업의 개별재무제표에 계상되어 있던 종속기업 투자주식은 연결재무상태표에 표시되지 않는다.
③ 연결재무상태표를 작성하는 과정에서 영업권을 인식하는 경우 이는 종속기업 투자주식의 취득원가가 종속기업 순자산의 공정가치 중 지배기업지분 해당액보다 더 적음을 의미한다.
④ 지배기업이 종속기업지분의 80%를 소유할 경우 종속기업 자본의 80% 해당액이 연결재무상태표의 비지배지분으로 계상된다.
⑤ 종속기업 자산의 장부금액과 공정가치가 다를 경우 연결재무상태표에는 종속기업 자산의 장부금액이 반영된다.

★
연결회계(서술형)

05 □□□

연결재무제표의 유용성과 한계점에 대한 설명으로 옳은 것은?

① 지배-종속 관계에 있는 연결실체의 재무상태와 경영성과를 한눈에 파악할 수 없다.
② 연결실체 내의 기업 간 내부거래가 있는 경우에는 이로 인해 연결재무제표가 왜곡될 가능성이 높다.
③ 경영자에게 경영관리상 유용한 정보를 제공한다.
④ 연결재무제표만으로도 개별기업에 대한 정보를 파악할 수 있다.
⑤ 연결재무제표는 개별재무제표에 비해 간결하므로 이해가능성이 높다.

★★
연결회계(서술형)

06 □□□

다음 중 종속회사의 연결 대상 포함 여부와 관련된 설명으로 옳은 것은?

① A사가 B사의 지분 30%를 직접 소유하고 종속회사인 C사를 통해서 B사의 지분 40%를 간접소유하고 있다면 B사도 연결 대상 종속회사에 포함된다.
② 뮤추얼펀드나 단위신탁인 또는 이와 유사한 기업이라는 이유로 종속기업을 연결 대상에서 제외한다.
③ 개인이 A사와 B사의 지분을 각각 100%씩 소유하고 있는 경우, 두 회사 중 직전 사업연도말 자본총액이 큰 회사가 연결재무제표를 작성해야 한다.
④ A사와 B사가 각각 50 : 50으로 출자하여 조인트벤처인 C사를 연결한 경우 A사와 B사 중 한 회사만 C사를 포함시킨 연결재무제표를 작성해야 한다.
⑤ 「채무자 회생 및 파산에 관한 법률」에 따라 회생절차의 개시가 결정된 종속회사는 연결 대상에서 제외한다.

★★★ 연결회계(서술형)

07 □□□ **일반기업회계기준에 따라 연결재무제표를 작성해야 한다. 연결재무제표에 대한 설명 중 옳지 않은 것은?**

① 연결조정사항은 연결재무제표에 반영된다.
② 종속기업에 대한 지분율이 100%일 경우에는 비지배지분이 표시되지 않는다.
③ 연결당기순이익에 비지배지분순이익은 포함되지 않는다.
④ 종속기업의 자산, 부채, 손익 전체가 지배기업의 개별재무제표에 합산된다.
⑤ 연결재무제표는 지배기업과 종속기업을 하나의 기업으로 간주하고 각 기업이 작성한 개별재무제표를 합한 가상의 재무제표이다.

정답 및 해설

04 ② 지배기업의 개별재무제표에 계상되어 있던 종속기업 투자주식은 연결재무상태표에 표시되지 않는다.

오답체크

① 연결재무상태표의 자본금은 지배기업의 자본금과 동일하다.
③ 연결재무상태표를 작성하는 과정에서 영업권을 인식하는 경우 이는 종속기업 투자주식의 취득원가가 종속기업 순자산의 공정가치 중 지배기업지분 해당액보다 더 많음을 의미한다.
④ 지배기업이 종속기업지분의 80%를 소유할 경우 종속기업 자본의 20% 해당액이 연결재무상태표의 비지배지분으로 계상된다.
⑤ 종속기업 자산의 장부금액과 공정가치가 다를 경우 연결재무상태표에는 종속기업 자산의 공정가치가 반영된다.

05 ③ 경영자에게 경영관리상 유용한 정보를 제공한다.

오답체크

① 지배-종속 관계에 있는 연결실체의 재무상태와 경영성과를 한눈에 파악할 수 있다.
② 연결실체 내의 기업 간 내부거래가 있는 경우에는 이로 인해 특정 기업의 개별재무제표가 왜곡될 가능성이 높다.
④ 연결재무제표만으로는 개별기업에 대한 정보를 파악하기 어렵다.
⑤ 연결재무제표는 개별재무제표에 비해 다소 복잡하므로 이해가능성이 낮다.

06 ① A사가 B사의 지분 30%를 직접 소유하고 종속회사인 C사를 통해서 B사의 지분 40%를 간접적으로 소유하고 있다면 B사도 연결 대상 종속회사에 포함된다.

오답체크

② 뮤추얼펀드나 단위신탁인 또는 이와 유사한 기업이라는 이유로 종속기업을 연결 대상에서 제외하지 않는다.
③ 개인이 A사와 B사의 지분을 각각 100%씩 소유하고 있는 경우, 두 회사 중 직전 사업연도 말 자산총액이 큰 회사가 연결재무제표를 작성해야 한다.
④ 공동지배기업도 조인트벤처를 포함하여 연결재무제표를 작성하지 않는다.
⑤ 「채무자 회생 및 파산에 관한 법률」에 따라 회생절차의 개시가 결정된 종속회사는 연결 대상에 포함한다.

용어 알아두기
조인트벤처: 둘 이상의 당사자가 공동지배의 대상이 되는 경제활동을 수행하기 위해 만든 계약구성체

07 ③ 연결당기순이익에는 비지배지분순이익이 포함된다.

★★★ 연결회계(서술형)

08 □□□

A사는 B사의 지분 100%를 취득하여 지배기업이 되었다. 이전대가는 A사의 주식을 발행하여 주었다. 지배력 취득 시점의 종속기업의 자산과 부채는 장부금액 및 공정가치가 동일하며, 영업권이 발생한다. A사는 지배력을 취득하는 시점에 우리나라의 일반기업회계기준에 따라 연결재무제표를 작성하고자 한다. 다음 중 연결재무제표와 관련된 내용으로 옳은 것은? (단, 지배력 취득 전에 두 회사 간의 거래는 없었다)

① 연결재무상태표, 연결손익계산서, 연결자본변동표 및 연결현금흐름표가 작성된다.
② 연결재무상태표의 자산총계는 지배기업 자산총계와 종속기업 자산총계의 합산금액보다 적다.
③ 연결재무상태표의 부채총계는 지배기업 부채총계와 종속기업 부채총계의 합산액보다 많다.
④ 연결재무상태표의 자본은 지배기업보다 많다.
⑤ 비지배지분은 존재한다.

★★ 연결회계(서술형)

09 □□□

A사는 20×4년에 아래 자료에서 제시하는 주식들을 모두 취득하였다. 다음 중 A사의 20×4년 말 연결재무제표 작성에 있어서 보유지분에 대한 회계처리방법으로 타당한 것은?

- ㈜현주의 지분 30% : A사의 특수관계자인 ㈜소근도 30%의 지분을 보유하고 있다. 한편, ㈜현주는 법적 구조조정 절차를 밟고 있으며 ㈜현주의 주식은 시장성이 없어 공정가치를 평가할 수 없다.
- ㈜소근의 지분 20% : ㈜소근의 나머지 지분은 각각의 소수 주주들이 보유하고 있으며 서로 특수관계가 없고, 지배력을 획득하지 못하였으며 단순 배당투자를 목적으로 하고 있다. 이 소수 주주들은 A사에 의결권을 위임하고 있어 A사가 ㈜소근의 이사회 구성원 과반수를 임명했으며, 이사회에서 재무정책과 영업정책을 결정하고 있다.

	㈜현주	㈜소근
①	지분법	지분법
②	지분법	연결
③	원가법	지분법
④	원가법	연결
⑤	연결	연결

★★★ 연결회계(서술형)

10 ☐☐☐

내부거래 및 미실현손익 제거와 관련된 설명 중 옳은 것은?

① 지배기업과 종속기업 간 채권·채무의 상계제거는 연결당기순이익에 영향을 미친다.
② 지배기업과 종속기업 간 매출·매입의 상계제거는 연결당기순이익에 영향을 미친다.
③ 지배기업과 종속기업 간 채권·채무 및 수익·비용의 상계제거 시 지배기업 지분율과 관계없이 전액 제거한다.
④ 미실현이익이 하향거래로부터 발생한 것인지 아니면 상향거래로부터 발생한 것인지에 따라 연결당기순이익에 미치는 영향은 달라진다.
⑤ 하향거래의 경우 미실현이익은 지배기업의 지분율에 해당하는 부분만큼만 제외한다.

정답 및 해설

08 ① 연결재무상태표, 연결손익계산서, 연결자본변동표 및 연결현금흐름표가 작성된다.

오답체크

② 연결재무상태표의 자산총계는 지배기업 자산총계와 종속기업 자산총계의 합산금액보다 많다.
③ 연결재무상태표의 부채총계는 지배기업 부채총계와 종속기업 부채총액의 합산액과 동일하다.
④ 연결재무상태표의 자본은 지배기업의 자본과 동일하다.
⑤ 비지배지분은 없다.

09 ④
- 일반적으로 20% 이상의 지분을 보유하게 되면 유의적 영향력을 행사할 수 있고 50%를 초과하는 지분을 보유하면 지배력을 보유하게 된다.
- ㈜현주 : 20% 이상의 지분을 보유하고 있으나 법적 구조조정 절차를 밟고 있기 때문에 유의적 영향력을 행사하지 못하며, 공정가치 평가가 불가능하므로 원가법을 적용한다.
- ㈜소근 : 20% 이상 50% 미만 지분을 보유하고 있으나 실질적으로 의결권 위임을 받고 이사회 구성원 과반수를 임명할 수 있기 때문에 지배력을 보유하고 있다고 볼 수 있다. 따라서 연결재무제표를 작성해야 한다.

10 ③ 지배기업과 종속기업 간 채권·채무 및 수익·비용의 상계제거 시 지배기업 지분율과 관계없이 전액 제거한다.

오답체크

① 지배기업과 종속기업 간 채권·채무의 상계제거는 연결당기순이익에 영향을 미치지 않는다.
② 지배기업과 종속기업 간 매출·매입의 상계제거는 연결당기순이익에 영향을 미치지 않는다.
④ 미실현이익이 하향거래로부터 발생한 것인지 아니면 상향거래로부터 발생한 것인지에 따라 연결당기순이익에 미치는 영향은 달라지지 않는다.
⑤ 하향거래로 인한 미실현이익은 전액 제거한다.

★★
연결회계(서술형)

11 다음 중 연결재무제표의 작성과 관련된 설명으로 옳은 것은?

□□□

① 지배기업과 종속기업의 보고기간 종료일의 차이가 6개월을 초과하지 않고 지배기업과 종속기업 간에 유의적인 거래가 없었다면 종속기업은 연결재무제표의 작성을 위하여 지배기업의 보고기간 종료일을 기준으로 재무제표를 추가로 작성하지 않아도 된다.

② 종속기업이 한국채택국제회계기준을 적용함으로써 지배기업과 종속기업 간에 회계정책이 일치하지 않는 경우에도 종속기업은 지배기업과 회계정책을 일치시키기 위하여 재무제표를 수정할 필요가 있다.

③ 지배기업과 종속기업 간에 내부거래가 없었다면 지배기업이 종속기업의 주식을 100% 소유한 경우와 60% 소유한 경우, 연결재무제표에 표시되는 자산(영업권 제외) 및 부채의 합계는 차이가 발생한다.

④ 해외에 있는 종속기업이 소재국의 회계기준에 따라 재무제표를 작성하는 경우 그 재무제표가 일반기업회계기준에 따라 작성된 재무제표와 유의적인 차이가 없다면 이를 이용하여 연결재무제표를 작성할 수 있다.

⑤ 연결재무제표 작성과정에서 가감하는 연결조정금액은 지배기업이나 종속기업의 개별재무제표에 반영된다.

★★★
연결회계(서술형)

12 지배력 취득 이후 연결재무제표에 대한 설명으로 옳은 것은?

□□□

① 지배기업과 종속기업의 투자에 대해 조정한다.

② 배당금은 연결실체의 내부거래로 취소하지 않는다.

③ 연결조정분개 시 종속기업의 순자산에 대한 제거분개를 하지 않는다.

④ 투자차액을 인식하지 않는다.

⑤ 취득일 이전 발생한 평가차액에 대해서도 상각한다.

★★★ 연결회계(서술형)

13 □□□ **지배력 취득일 이후에 작성하는 연결재무제표와 관련된 설명 중 옳은 것은?**

① 회계연도 중에 종속기업을 취득한 경우 해당 연도 전체에서 발생한 종속기업의 수익 및 비용이 종속기업 취득 연도의 연결손익계산서에 포함한다.
② 종속기업의 결손누적으로 순자산 금액이 계속 낮아지더라도 비지배지분에는 영향을 미치지 못한다.
③ 연결당기순이익은 지분법을 적용한 지배기업의 당기순이익에 비지배지분순손익을 포함한다.
④ 연결재무상태표의 영업권은 내용연수가 경과된 후에도 표시된다.
⑤ 연결재무상태표의 자본은 지배기업의 개별재무상태표의 자본으로만 구성된다.

정답 및 해설

11 ④ 해외에 있는 종속기업이 소재국의 회계기준에 따라 재무제표를 작성하는 경우 그 재무제표가 일반기업회계기준에 따라 작성된 재무제표와 유의적인 차이가 없다면 이를 이용하여 연결재무제표를 작성할 수 있다.

오답체크

① 지배기업과 종속기업의 보고기간 종료일의 차이가 3개월을 초과하지 않는다면 지배기업과 종속기업 간에 유의적인 거래가 없었다면 종속기업은 연결재무제표의 작성을 위하여 지배기업의 보고기간 종료일을 기준으로 재무제표를 추가로 작성하지 않아도 된다.
② 종속기업이 한국채택국제회계기준을 적용함으로써 지배기업과 종속기업 간에 회계정책이 일치하지 않는 경우, 종속기업은 지배기업과 회계정책을 일치시키기 위하여 재무제표를 수정할 필요는 없다.
③ 지배기업과 종속기업 간에 내부거래가 없었다면 지배기업이 종속기업의 주식을 100% 소유한 경우와 60% 소유한 경우, 연결재무제표에 표시되는 자산(영업권 제외) 및 부채의 합계는 차이가 없다.
⑤ 연결재무제표 작성과정에서 가감하는 연결조정금액은 지배기업이나 종속기업의 개별재무제표에 반영되지 않는다.

12 ① 지배기업과 종속기업의 투자에 대해 조정한다.

오답체크

② 배당금은 연결실체의 내부거래로 취소한다.
③ 연결조정분개 시 종속기업의 순자산에 대한 제거분개를 한다.
④ 투자차액을 영업권이나 염가매수차액으로 인식한다.
⑤ 취득일 이전 발생한 평가차액에 대해서 상각하지 않는다.

13 ③ 연결당기순이익은 지분법을 적용한 지배기업의 당기순이익에 비지배지분순손익을 포함한다.

오답체크

① 회계연도 중에 종속기업을 취득한 경우 취득일 이후부터 발생한 종속기업의 수익 및 비용만 종속기업 취득 연도의 연결손익계산서에 포함한다.
② 종속기업의 결손누적으로 순자산 금액이 계속 낮아지면 비지배지분에도 영향을 미친다.
④ 연결재무상태표의 영업권은 내용연수가 경과된 후에는 표시되지 않는다.
⑤ 연결재무상태표의 자본은 지배기업의 개별재무상태표의 자본과 비지배지분으로 구성된다.

★★★

연결회계(서술형)

14

□□□

연결이론과 관련된 다음 설명 중 옳은 것은?

① 지배기업개념에 따를 경우 실체개념에 따를 경우보다 부채비율(부채/자기자본)이 낮아진다.
② 지배기업개념에 따를 경우 종속기업의 자산, 부채, 수익, 비용 중 지배기업 지분해당액만 연결재무제표에 포함시킨다.
③ 지배기업에 따를 경우 비지배지분순이익도 연결당기순이익에 포함한다.
④ 지배기업개념에 따를 경우 종속회사 순자산의 공정가치가 장부금액과 다르다면 공정가치로 연결한다.
⑤ 실체개념에 따를 경우 비지배지분은 부채로 분류한다.

★★★

연결회계(계산형)

15

□□□

A사는 20×1년 초에 B사의 발행주식 90%를 취득하여 지배기업이 되었다. 지배력 취득일 현재 B사의 순자산 장부금액은 100,000원이며, B사의 토지 장부금액은 40,000원이고 공정가치는 45,000원이다. B사의 다른 자산과 부채는 장부금액과 공정가치가 동일하다. A사가 취득한 B사의 발행주식 취득원가는 100,000원이다. 20×1년 초 연결재무상태표에 표시될 영업권 금액으로 옳은 것은?

① 4,000원 ② 4,500원 ③ 5,500원
④ 6,000원 ⑤ 6,500원

★★★

연결회계(계산형)

16

□□□

A사는 20×1년 초에 B사의 발행주식 90%를 1,890,000원에 취득하여 지배회사가 되었다. 지배력 취득 시점 현재 B사의 순자산 장부금액은 1,800,000원이며, 건물의 공정가치가 장부금액을 400,000원 초과하는 것을 제외하고 그 이외의 자산과 부채의 공정가치는 장부금액과 동일하다. A사가 지배력 취득 시점에서 연결재무제표를 작성할 경우, 연결재무상태표에 표시되는 비지배지분은 얼마인가?

① 200,000원 ② 220,000원 ③ 240,000원
④ 260,000원 ⑤ 300,000원

★★★ 연결회계(계산형)

17 □□□

F사는 20×4년 초에 E사의 발행주식 80%를 50,000원에 취득하여 지배기업이 되었다. 20×4년 초 현재 E사의 순자산 장부금액은 40,000원이며, 공정가치와 일치한다. 20×4년 E사의 당기순이익은 3,000원이고, 내부거래는 없으며, 영업권은 5년간 상각한다. F사의 20×4년 지분법을 반영하기 전 당기순이익이 20,000원인 경우 F사의 연결재무상태표에 표시될 비지배지분은 얼마인가?

① 7,600원 ② 8,000원 ③ 8,600원
④ 9,000원 ⑤ 9,600원

★★★ 연결회계(계산형)

18 □□□

A사는 20×1년 1월 1일 B사의 보통주식 90%를 800,000원에 취득하고 지배력을 행사할 수 있게 되었다. 주식취득일 현재 B사의 순자산 장부가액은 800,000원으로 공정가치와 일치하였으며 영업권은 5년간 상각한다. A사의 20×1년 지분법손익 반영 전 당기순이익이 200,000원이고, B사의 20×1년도 당기순이익이 100,000원이라고 할 경우, 20×1년 연결당기순이익은 얼마인가?

① 210,000원 ② 274,000원 ③ 284,000원
④ 352,000원 ⑤ 388,000원

정답 및 해설

14 ② ① 지배기업개념에 따를 경우 실체개념에 따를 경우보다 부채비율(부채/자기자본)이 높아진다.
③ 지배기업에 따를 경우 비지배지분순이익도 연결당기순이익에 차감한다.
④ 지배기업개념에 따를 경우 종속회사 순자산의 공정가치가 장부금액과 다르더라도 장부금액으로 연결한다.
⑤ 실체개념에 따를 경우 비지배지분은 자본으로 분류한다.

15 ③ 영업권 = 이전대가의 공정가치 − 순자산 공정가치
= 100,000 − {100,000 + (45,000 − 40,000)} × 90% = 5,500원

16 ② 비지배지분 = (1,800,000 + 400,000) × (1 − 90%) = 220,000원

17 ③ 비지배지분 = (40,000 + 3,000) × (1 − 80%) = 8,600원

18 ③
- A사의 영업권 = 이전대가의 공정가치 − 순자산 공정가치 = 800,000 − (800,000 × 90%) = 80,000원
- 지배회사 귀속 당기순이익 = 200,000 + (100,000 × 90%) − $\frac{80,000}{5}$ = 274,000원
- 비지배지분 귀속 당기순이익 = 100,000 × 10% = 10,000원

➲ 20×1년 연결당기순이익 = 지배회사 귀속 당기순이익 + 비지배지분 귀속 당기순이익
= 274,000 + 10,000 = 284,000원

★★★
19 □□□ 연결회계(계산형)

C사는 D사의 의결권 80%를 소유하는 지배기업이다. 당기 중 두 회사 간의 내부거래로 인하여 연결재무제표 작성과정에서 상향거래 미실현이익 40,000원과 하향거래 미실현이익 20,000원을 조정하였다. C사와 D사의 당기순이익이 각각 200,000원과 100,000원일 때 연결손익계산서에 표시될 당기순이익은 얼마인가? (단, C사의 당기순이익은 지분법을 적용한 금액이다)

① 172,000원 ② 182,000원 ③ 192,000원
④ 202,000원 ⑤ 212,000원

★★★
20 □□□ 연결회계(계산형)

A사는 20×1년 1월 1일 B사의 보통주 90%를 1,500,000원에 취득하고 지배력을 행사할 수 있게 되었다. 주식취득일 현재 B사의 순자산 장부가액은 1,500,000원으로 공정가치와 일치하였으며 영업권은 10년간 상각한다. A사는 B사에 재고자산을 판매하고 있으며 20×1년의 두 회사 간 거래내역은 다음과 같다.

- 20×1년 중 A사는 재고자산 200,000원을 B사에 판매하였다.
- A사의 매출총이익률은 20%이다.
- B사는 A사로부터 매입한 재고자산 중 50,000원을 기말재고로 보유하고 있다.

20×1년도 A사의 지분법 반영 전 당기순이익은 2,000,000원이고, B사의 당기순이익은 500,000원이다. A가 20×1년에 연결재무제표를 작성할 경우 연결당기순이익은 얼마인가?

① 2,275,000원 ② 2,375,000원 ③ 2,475,000원
④ 2,575,000원 ⑤ 2,675,000원

★★
21 □□□ 연결회계(계산형)

A사는 20×1년 초에 B사 발행주식의 80%를 130,000원에 취득하여 지배기업이 되었다. B사의 재무상태가 다음과 같을 때 A사가 영업권 대가로 지급한 금액은 얼마인가?

(단위 : 원)

계정과목	장부금액	공정가치
유동자산	80,000	90,000
비유동자산	70,000	100,000
자산합계	150,000	–
부 채	50,000	40,000
자본금	100,000	–
부채·자본합계	150,000	–

① 6,000원 ② 8,000원 ③ 10,000원
④ 14,000원 ⑤ 20,000원

★★★ 연결회계(계산형)

22 □□□

당기 중에 H사는 B사의 의결권 있는 주식 80%를 90,000원에 취득하여 지배력을 획득하였다. 지배력 획득일 현재 두 회사 자본의 장부금액은 다음과 같으며, 공정가치는 동일하다. H사에서 지배력 취득일에 연결재무상태표를 작성한다면 연결자본총액은 얼마인가?

(단위 : 원)

구 분	H사	B사
자본금	200,000	50,000
자본잉여금	40,000	20,000
이익잉여금	10,000	30,000
합 계	250,000	100,000

① 250,000원 ② 260,000원 ③ 270,000원
④ 280,000원 ⑤ 290,000원

정답 및 해설

19 ⑤ 비지배지분순이익 = (100,000 − 40,000) × 20% = 12,000원
➲ 연결당기순이익 = 지배회사 당기순이익(지분법이익 포함) + 비지배지분순이익
= 200,000 + 12,000 = 212,000원

20 ③ • A사의 영업권 = 이전대가의 공정가치 − 순자산 공정가치 = 1,500,000 − (1,500,000 × 90%) = 150,000원
• 하향판매 미실현손익 = 기말 보유분 × 매출총이익률 = 50,000 × 20% = 10,000원
• A사의 조정 후 당기순이익 = 2,000,000 + (500,000 × 90%) − 10,000 − $\frac{150,000}{10}$ = 2,425,000원
• 비지배지분순이익 = 500,000 × (1 − 90%) = 50,000원
➲ 연결당기순이익 = A사의 조정 후 당기순이익 + 비지배지분순이익
= 2,425,000 + 50,000 = 2,475,000원

21 ③ 영업권 = 이전대가의 공정가치 − B사의 순자산 공정가치
= 130,000 − {(90,000 + 100,000 − 40,000) × 80%} = 10,000원

22 ③ 비지배지분 = 100,000 × (1 − 80%) = 20,000원
➲ 연결자본총액 = 250,000 + 20,000 = 270,000원

★★★ 연결회계(계산형)

23 □□□ **다음 자료를 바탕으로 A회사가 지배력 취득시점에서 연결재무제표를 작성할 경우 연결재무상태표의 자산총계는 얼마인가?**

- A회사는 20×1년 초에 B회사의 발행주식 90%를 150,000원에 취득하여 지배회사가 되었다.
- 지배력 취득 시점 현재 B회사 자산의 공정가치가 장부금액을 30,000원 초과하는 것을 제외하고 그 이외의 자산과 부채의 공정가치는 장부금액과 동일하다.
- 지배력 취득일 현재 A회사와 B회사의 장부상 부분 재무상태표는 다음과 같이 구성되어 있다.

(단위 : 원)

과 목	A회사	B회사
자 산	800,000	200,000
부 채	300,000	100,000
자 본	500,000	100,000

① 900,000원 ② 990,000원 ③ 913,000원
④ 1,063,000원 ⑤ 1,084,000원

★★★ 연결회계(계산형)

24 □□□ **A사는 B사의 의결권 중 90%를 소유하는 지배기업이다. 다음 자료를 이용하여 연결당기순이익을 계산하면 얼마인가?**

- 지분법 적용 후 A사 당기순이익 : 200,000원
- 지분법 손익에 반영된 영업권 상각 : 5,000원
- B사의 당기순이익 : 80,000원

① 198,000원 ② 200,000원 ③ 202,000원
④ 206,000원 ⑤ 208,000원

★★★
25
□□□

연결회계(계산형) 최신출제유형

㈜하늘은 20×4년 초에 ㈜포도의 발행주식 80%를 취득하여 지배기업이 되었다. 20×4년 중 두 회사 간의 상품매매거래가 발생하였으며 관련 자료는 다음과 같다.

• 판매기업 : ㈜하늘	• 판매기업 : ㈜포도
• 매출액 : 50,000원	• 매출액 : 10,000원
• 매출총이익 : 20%	• 매출총이익 : 30%

한편, 20×4년도의 두 기업 개별재무제표에 표시된 금액은 다음과 같다.

(단위 : 원)

구 분	매출액	매출원가	기말재고
㈜하늘	100,000	70,000	20,000
㈜포도	50,000	30,000	5,000

매입기업은 모두 내부거래에서 매입한 상품 중 10%를 20×4년 말에 기말재고로 보유하고 있다. 20×4년도 연결재무제표에 표시될 매출액, 매출원가 및 기말재고는 각각 얼마인가?

	매출액	매출원가	기말재고
①	90,000원	40,000원	25,000원
②	90,000원	41,300원	25,000원
③	90,000원	41,300원	23,700원
④	150,000원	40,000원	23,700원
⑤	150,000원	40,000원	25,000원

정답 및 해설

23 ③ A회사의 영업권 = 이전대가 − 순자산 공정가치 = 150,000 − {(100,000 + 30,000) × 90%} = 33,000원
➲ 연결재무상태표의 자산총계 = 800,000 + 200,000 + 30,000 + 33,000 − 150,000 = 913,000원

24 ⑤ 연결당기순이익 = 지분법 적용 후 A사 당기순이익 + 비지배지분순이익
= 200,000 + 80,000 × 10% = 208,000원

25 ③ • 내부거래이익 중 10%가 미실현되었으므로 내부거래 매출과 매출원가의 상계제거와 미실현이익의 제거에 대한 연결조정을 해야 한다. 비지배지분이 있더라도 하향거래와 상향거래 미실현이익은 전액 제거하며, 상향거래 미실현이익만 재무상태표에 표시되는 비지배지분 금액에 반영한다.
• 하향거래 미실현이익 = 50,000 × 20% × 10% = 1,000원
• 상향거래 미실현이익 = 10,000 × 30% × 10% = 300원
• 미실현이익만큼 기말재고를 차감하고 매출원가를 증가시켜 매출총이익을 감소시키게 된다.
➲ - 매출액 = 100,000 + 50,000 − 50,000 − 10,000 = 90,000원
- 매출원가 = 70,000 + 30,000 − 50,000 − 10,000 + 1,000 + 300 = 41,300원
- 기말재고 = 20,000 + 5,000 − 1,000 − 300 = 23,700원

★★★
연결회계(계산형)

26 □□□

A사는 20×1년 초에 B사 주식 80%를 850,000원에 취득하였다. 주식취득일 직전 양사의 자본 계정은 아래와 같으며, 주식취득일 현재 B사의 자산 및 부채의 장부금액과 공정가치는 일치하였다. 주식취득 직후 바로 연결재무상태표를 작성한다고 할 때 연결재무상태표에 보고되는 자본총액은 얼마인가?

(단위 : 원)

구 분	A사	B사
자본금	2,000,000	500,000
이익잉여금	2,000,000	500,000

① 4,000,000원 ② 4,200,000원 ③ 4,500,000원
④ 4,800,000원 ⑤ 5,000,000원

★★★
연결회계(계산형)

27 □□□

갑회사는 을회사의 지분을 80% 보유한 지배회사이다. 갑회사의 20×1년 개별 당기순이익은 50,000원이고, 연결 당기순이익은 56,000원일 때 을회사의 개별 당기순이익은 얼마인가? (단, 내부거래는 없었고, 지배력 취득 당시 을회사의 자산, 부채의 장부금액과 공정가치는 동일하다)

① 6,000원 ② 10,000원 ③ 15,000원
④ 20,000원 ⑤ 30,000원

★★
연결회계(계산형) 최신출제유형

28 □□□

㈜하늘은 20×1년 1월 1일 ㈜대한의 발행주식 중 70%를 20,000,000원에 취득하여 지배력을 획득하였다. 취득 당시 ㈜대한의 자본은 자본금 20,000,000원과 이익잉여금 5,000,000원으로 구성되어 있으며, ㈜대한의 순자산 공정가치와 장부금액의 차이는 500,000원이다. 이는 건물(잔존내용연수 5년, 정액법 상각)**의 공정가치는 2,500,000원과 장부금액 2,000,000원의 차이이다. 한편, ㈜대한은 20×1년 7월 2일 ㈜하늘에 원가 1,000,000원인 제품을 1,200,000원에 매출하였으며, ㈜하늘은 20×1년 말 현재 동 제품을 판매하지 못하고 보유하고 있다. ㈜대한이 20×1년 포괄손익계산서의 당기순이익으로 7,000,000원을 보고하였다면, ㈜하늘이 20×1년 말 연결재무상태표에 인식할 비지배지분은 얼마인가?** (단, 비지배지분은 종속기업 순자산의 공정가치에 비례하여 인식한다)

① 9,660,000원 ② 9,720,000원 ③ 9,750,000원
④ 9,780,000원 ⑤ 9,840,000원

★★
29
□□□

연결회계(계산형) 최신출제유형

㈜포도는 20×1년 1월 1일 ㈜한국의 의결권주식 70%를 취득하여 지배력을 획득하였다. 다음 자료에 근거할 때, 20×1년 말 비지배지분으로 계상할 금액은 얼마인가?

〈20×1년 1월 1일 연결분개〉

(차) 자본금	200,000	(대) 투자주식	261,000
이익잉여금	30,000	비지배지분	99,000
재고자산	20,000		
유형자산	80,000		
영업권	30,000		

- 위 분개에서 재고자산은 당기에 모두 처분되었으며, 유형자산은 5년간 정액법으로 상각한다.
- 20×1년도 ㈜포도와 ㈜한국의 당기순이익은 각각 80,000원과 50,000원이다.
- 20×1년도 중 ㈜포도와 ㈜한국 간의 내부거래는 없다.

① 115,000원 ② 103,200원 ③ 99,000원
④ 82,000원 ⑤ 71,000원

정답 및 해설

26 ② 비지배지분 = 1,000,000 × (1 − 80%) = 200,000원
➲ 연결자본총액 = 4,000,000 + 200,000 = 4,200,000원

27 ① ➲ 을회사의 개별 당기순이익 = 56,000 − 50,000 = 6,000원

28 ① ㈜대한의 조정후 N/I = $7{,}000{,}000 - \frac{500{,}000}{5} - (1{,}200{,}000 - 1{,}000{,}000) = 6{,}700{,}000$원
➲ 비지배지분 : 25,000,000 × 30% + 500,000 × 30% + 6,700,000 × 30% = 9,660,000원

29 ② 조정 후 당기순이익

구 분	지배기업	비지배기업
조정전 N/I	80,000	50,000
투자평가차액 상각		
− 재고자산		(20,000)
− 유형자산		80,000/5 = (16,000)
영업권상각	(××)	
조정후 N/I		14,000

➲ 비지배지분 = 99,000 + 14,000 × (1 − 70%) = 103,200원

[30 ~ 31] 다음 자료를 이용하여 30번과 31번에 답하시오.

- 제조업을 영위하는 ㈜지배는 20×1년 초 ㈜종속의 의결권 있는 보통주 80%를 ₩360,000에 취득하여 지배력을 획득하였다.
- 지배력 획득일 현재 ㈜종속의 순자산의 장부금액은 ₩400,000이고, 공정가치는 ₩450,000이며, 장부금액과 공정가치가 다른 자산은 토지로 차이내역은 다음과 같다.

	장부금액	공정가치
토지	₩100,000	₩150,000

㈜종속은 위 토지 전부를 20×1년 중에 외부로 매각하고, ₩70,000의 처분이익을 인식하였다.
- 20×1년 중에 ㈜지배는 ㈜종속에게 원가 ₩60,000인 상품을 ₩72,000에 판매하였다. ㈜종속은 ㈜지배로부터 매입한 상품의 80%를 20×1년에, 20%를 20×2년에 외부로 판매하였다.
- ㈜지배와 ㈜종속이 별도(개별)재무제표에서 보고한 20×1년의 당기순이익은 다음과 같다.

(단위 : ₩)

구 분	20×1년
㈜지배	300,000
㈜종속	80,000

- ㈜지배는 별도재무제표상 ㈜종속 주식을 원가법으로 회계처리하고 있다. ㈜지배와 ㈜종속은 유형자산에 대해 원가모형을 적용하고, 비지배지분은 종속기업의 식별 가능한 순자산공정가치에 비례하여 결정한다.
- ㈜지배의 별도(개별)재무제표에서 20×1년 초 연결직전의 자본내역은 다음과 같다.

(단위 : ₩)

구 분	금 액
자본금	1,000,000
이익잉여금	800,000

★★★ 연결회계(계산형) 최신출제유형

30 □□□

㈜지배의 20×1년도 연결포괄손익계산서에 표시되는 지배기업소유주 귀속 당기순이익과 비지배지분 귀속 당기순이익은 각각 얼마인가? (단, 영업권 손상은 고려하지 않는다)

	지배기업소유주 귀속 당기순이익	비지배지분 귀속 당기순이익
①	₩321,600	₩5,520
②	₩321,600	₩6,000
③	₩322,080	₩5,520
④	₩327,600	₩5,520
⑤	₩327,600	₩6,000

★★★

31 연결회계(계산형) 최신출제유형

□□□

㈜지배의 20×1년 말 연결재무상태표상 연결이익잉여금은 얼마인가?

① ₩1,200,000 ② ₩1,121,600 ③ ₩1,100,000

④ ₩921,600 ⑤ ₩920,000

정답 및 해설

30 ②

구 분	㈜지배	㈜종속
조정전 당기순이익	300,000	80,000
투자평가차액상각		
– 토지		(–)50,000
내부거래제거		
– 재고자산(당기미실현이익)	(–)12,000 × 20%	
조정후 당기순이익	297,600	30,000

➲ 지배기업소유주 귀속 당기순이익 : 297,600 + 30,000 × 80% = 321,600

➲ 비지배지분 귀속 당기순이익 : 30,000 × 20% = 6,000

* 영업권은 450,000 × 80% – 360,000 = 0으로 없다.

31 ② 연결이익잉여금 : 800,000 + 321,600 = 1,121,600

★★★

32 □□□

연결회계(계산형) 최신출제유형

20×1년 1월 1일에 A사는 B사의 발행주식 90%를 900,000원에 취득하였다. 20×1년 1월 1일 현재 B사의 순자산의 장부금액은 800,000원이며 공정가치와 동일하다. 20×1년 중에 B사는 주주들에게 40,000원의 현금배당금을 지급하였다. 20×1년도 당기순손실이 100,000원이다. 내부거래는 없다. A사의 20×1년 말 연결재무상태표에 표시될 비지배지분은 얼마인가? (단, 영업권은 10년간 상각한다)

① 46,000원 ② 50,000원 ③ 56,000원
④ 66,000원 ⑤ 70,000원

★★★

33 □□□

연결회계(계산형) 최신출제유형

20×1년 초에 A사는 B사의 보통주 80%를 지배력행사 목적으로 ₩800,000에 취득, 20×1년 초 B사의 순자산 장부금액은 ₩1,000,000이며 식별 가능한 순자산 장부금액과 공정가치는 동일하다.

1) 20×1년 말 재무상태표

	A사	B사		A사	B사
현금	₩500,000	₩200,000	차입금	₩2,000,000	₩1,000,000
재고자산	1,200,000	800,000			
대여금	1,000,000				
유형자산	1,000,000	1,200,000	자본금	1,500,000	₩600,000
종속기업투자주식	800,000		이익잉여금	1,000,000	600,000

2) 20×1년 포괄손익계산서

	A사	B사
매출	₩2,000,000	₩1,600,000
매출원가	(1,300,000)	(1,300,000)
매출총이익	700,000	300,000
영업외수익	200,000	50,000
영업외비용	(100,000)	(150,000)
당기순이익	800,000	200,000

3) 지배력획득일 직후 20×1년 초 A사는 B사에게 장부금액 ₩100,000의 건물(취득원가 ₩300,000)을 ₩200,000에 판매하였으며, 기말 현재 B사는 해당자산을 보유하다 20×3년 말에 외부의 제3자에 처분하였다. 동 건물의 잔존내용연수는 5년, 잔존가치는 '0', 정액법을 사용한다.

20×1년 연결재무제표에 표시될 지배기업지분순이익은 얼마인가?

① ₩780,000 ② ₩800,000 ③ ₩820,000
④ ₩880,000 ⑤ ₩900,000

★★★ **34** □□□

연결회계(계산형) 최신출제유형

20×1년 1월 1일에 ㈜대한은 ㈜민국의 지분 60%를 ₩35,000에 취득하여 ㈜민국의 지배기업이 되었다. ㈜대한의 ㈜민국에 대한 지배력 획득일 현재 ㈜민국의 자본총계는 ₩40,000(자본금 ₩5,000, 자본잉여금 ₩10,000, 이익잉여금 ₩25,000)**이며, 장부금액과 공정가치가 차이를 보이는 계정과목은 다음과 같다.**

계정과목	장부금액	공정가치	비 고
토지	₩17,000	₩22,000	20×2년 중 매각완료
차량운반구 (순액)	₩8,000	₩11,000	잔존내용연수 3년 잔존가치 ₩0 정액법으로 감가상각

㈜민국이 보고한 당기순이익이 20×1년 ₩17,500, 20×2년 ₩24,000일 때 ㈜대한의 20×2년 연결포괄손익계산서상 비지배주주 귀속 당기순이익과 20×2년 12월 31일 연결재무상태표상 비지배지분은 얼마인가? (단, 비지배지분은 ㈜민국의 식별 가능한 순자산 공정가치에 비례하여 결정하고, 상기 기간 중 ㈜민국의 기타포괄손익은 발생하지 않은 것으로 가정한다)

	비지배주주 귀속 당기순이익	비지배지분
①	₩7,200	₩33,000
②	₩7,200	₩32,600
③	₩7,600	₩33,000
④	₩7,600	₩32,600
⑤	₩8,000	₩33,000

정답 및 해설

32 ④ (800,000−100,000−40,000)×10% = 66,000

33 ④ 20×1년

구 분	A사	B사
조정전 N/I	₩800,000	₩200,000
내부거래 미실현이익 제거[1]	(−)100,000	−
내부거래 미실현이익 실현[2]	20,000	
조정후 N/I	720,000	200,000

[1] 내부 미실현손익 제거 : 200,000 − 100,000 = 100,000

[2] 내부 미실현손익 실현 : 100,000 ÷ 5년 = 20,000

➲ 지배기업소유주 귀속 순이익 : 720,000 + 200,000 × 80% = 880,000

34 ① 1) 20×1년 ㈜민국의 조정후당기순이익 : 17,500 − (11,000 − 8,000)/3 = 16,500

2) 20×2년 ㈜민국의 조정후당기순이익 : 24,000 − (22,000 − 17,000) − (11,000 − 8,000)/3 = 18,000

3) 비지배주주 귀속 당기순이익 : 18,000 × 40% = 7,200

4) 20×2년 말 비지배지분 : (40,000 + 5,000 + 3,000 + 16,500 + 18,000) × 40% = 33,000

제3절 | 지분법회계

01 관계기업과 공동기업 ★

1. 관계기업과 공동기업의 의의

관계기업은 투자자가 유의적인 영향력을 보유하는 대상기업이다. 유의적인 영향력은 피투자자의 재무정책과 영업정책에 관한 의사결정에 참여할 수 있는 능력을 말하며, 지배력이나 공동지배력과는 다르다.

공동기업은 투자자가 공동지배력을 보유하는 대상기업이다. 공동지배력은 약정의 지배력에 대한 계약상 합의된 공유를 말하는 것으로 피투자자의 관련 활동을 결정하고, 지배력을 공유하는 당사자들 전체의 동의가 요구될 때에만 존재한다.

2. 지분법의 의의

지분법은 투자자산을 최초에 취득원가로 인식하고, 취득 시점 이후 발생한 피투자자의 순자산 변동액 중 투자자의 몫을 해당 투자자산에 가감하여 보고하는 회계처리방법이다. 이는 투자지분에 대하여 지분법을 적용하면, 지분취득일 이후에는 관계기업의 순자산 변동을 보유지분율만큼 투자자의 투자지분에 반영하게 되어 실질적으로 지분율만큼 관계기업이나 공동기업과 연결되는 효과가 발생한다. 지분법을 한 줄로 된 연결이라 부르는 이유도 이것이다.

02 유의적인 영향력 행사 여부의 판단 ★★★

투자자가 관계기업의 투자지분에 대하여 지분법을 적용하기 위해서는 피투자자의 의사결정 활동에 유의적인 영향력을 행사할 수 있어야 한다. 이에 대한 판단기준은 다음과 같다.

1. 유의적인 영향력을 행사할 수 있는 경우

① 투자자가 직접적으로, 또는 종속기업을 통하여 간접적으로 피투자자에 대한 의결권의 20% 이상을 소유하고 있다면 명백한 반증이 없는 한 유의적인 영향력이 있는 것으로 본다.

② 기업은 주식매입권, 주식콜옵션, 보통주식으로 전환할 수 있는 채무상품이나 지분상품, 또는 그 밖의 유사한 금융상품을 소유하고 기업이 해당 피투자자에 대하여 유의적인 영향력이 있는지를 평가할 때, 기업의 보유지분이 20% 미만이라도 다른 기업이 보유한 잠재적 의결권을 포함하여 현재 행사할 수 있거나 전환할 수 있는 잠재적 의결권의 존재와 영향을 고려하여야 한다.

2. 관계기업에 대한 지분율이 20% 미만인 경우에도 일반적으로 유의적인 영향력이 있는 것으로 보는 경우

- 투자기업이 피투자기업의 이사회 또는 이에 준하는 의사결정기구에서 의결권을 행사할 수 있는 경우
- 투자기업이 피투자기업의 재무정책과 영업정책에 관한 의사결정과정에 참여할 수 있는 경우
- 투자기업이 피투자기업의 재무정책과 영업정책에 관한 의사결정과정에 참여할 수 있는 임원선임에 상당한 영향력을 행사할 수 있는 경우
- 피투자기업의 유의적인 거래가 주로 투자기업과 이루어지는 경우
- 피투자기업에 필수적인 기술정보를 투자기업이 당해 피투자기업에 제공하는 경우

3. 지분율이 20% 이상인 경우에도 유의적인 영향력이 상실되는 경우

- 법적 소송이나 청구의 제기에 의하여 투자기업이 피투자기업의 재무정책과 영업정책을 결정하는 데 실질적인 영향을 미칠 수 없는 경우
- 계약이나 법규 등에 의하여 투자기업이 의결권을 행사할 수 없는 경우
- 피투자기업에 대한 의결권이 있는 주식 대부분을 특정 지배기업이 보유함으로써 투자기업이 보유한 의결권으로는 사실상 영향력을 행사할 수 없는 경우
- 피투자기업이 은행법에 따라 설립된 금융기관으로부터 당좌거래 정지처분 중에 있거나, 회사정리법 또는 기업구조조정촉진법 등에 의해 법적 구조조정 절차 중에 있어서 투자기업이 사실상 영향력을 행사할 수 없는 경우

03 지분법적용대상 관계기업의 재무제표 ★

투자자는 지분법을 적용할 때 가장 최근의 이용 가능한 관계기업 재무제표를 사용한다. 투자자와 관계기업의 보고기간 종료일이 다른 경우 관계기업은 실무적으로 적용할 수 있다면 투자자의 사용을 위하여 투자자의 재무제표와 동일한 보고기간 종료일의 재무제표를 작성해야 한다. 만일 실무적으로 적용할 수 없어 관계기업의 재무제표 보고일자를 투자자와 일치시킬 수 없는 경우에는, 투자자 재무제표의 보고기간 종료일과 관계기업 재무제표의 보고기간 종료일 사이에 발생한 중요한 거래나 사건의 영향을 반영한다. 하지만 어떠한 경우라도 투자자의 보고기간 종료일과 관계기업의 보고기간 종료일 간의 차이는 3개월을 초과할 수 없으며, 보고기간의 길이와 보고기간 종료일의 차이는 매 기간 동일해야 한다.
또한 투자자는 유사한 상황에서 발생한 동일한 거래와 사건에 대하여는 투자자와 동일한 회계정책을 적용한 관계기업의 재무제표를 이용하여 지분법을 적용해야 한다.

04 지분법 회계처리 ★★★

1. 지분법 회계처리의 기초

관계기업에 대한 투자지분은 지분법으로 평가한다. 관계기업에 대한 투자는 기업회계기준서 제1105호 '매각예정비유동자산과 중단영업'에 따라 매각예정으로 분류되는 경우가 아니라면 비유동자산으로 분류한다.
지분법은 관계기업에 대한 주식을 최초에 원가로 인식하고, 취득 시점 이후 발생한 관계기업의 순자산 변동액 중 투자자의 지분을 해당 주식에서 가감하여 보고하는 방법이므로 아래의 산식이 성립되어야 한다.

관계기업투자주식의 장부금액 = 관계기업 순자산 장부금액 × 투자지분율

그런데 투자주식의 장부금액과 관계기업의 순자산 장부금액에 대한 투자자 지분액은 일치하지 않는다. 이 두 금액이 서로 일치하지 않는 이유는 다음과 같다.

- 주식 취득일 이후의 차이 : 투자주식의 취득일 이후 관계기업의 순자산 장부금액이 변동하여 생기는 차이
- 주식 취득일의 차이 : 투자주식의 취득금액이 취득일 현재 관계기업의 식별할 수 있는 순자산 장부금액에 투자자 지분율을 곱한 금액과 일치하지 않아 생기는 차이

주식 취득일 이후의 차이는 관계기업의 순자산 장부금액이 변동할 때마다 조정하고, 주식 취득일의 차이는 발생원인별로 차이를 조정한다. 결국 지분법은 주식 취득일의 차이와 주식 취득일 이후의 차이를 조정하는 회계처리이다.

2. 관계기업의 순자산 변동(주식 취득일 이후의 차이)

관계기업의 순자산은 당기순이익과 현금배당 이외의 사유로도 변동한다. 이 경우 순자산 변동 중 투자자 지분해당액을 관계기업투자주식에 반영할 때에는 순자산의 변동원인별로 구분 처리해야 한다. 관계기업의 순자산 변동원인은 납입자본, 기타자본구성요소(자본의 조정항목과 기타포괄손익누계액)와 이익잉여금의 변동으로 구분되며, 이때 순자산의 변동원인에 따라 투자자의 지분법을 달리 적용한다.

(1) 관계기업의 당기순이익

관계기업의 순자산 장부금액이 당기순이익으로 변동하는 경우 동 변동액 중 투자자 지분액은 투자주식의 장부금액에 가산한다. 이때 관계기업의 순자산 변동액은 관계기업의 당기순이익으로 인한 것이므로 지분법이익의 계정으로 하여 당기순이익에 반영한다.

당기순이익	(차) 관계기업투자주식	××	(대) 지분법이익	××

(2) 관계기업의 배당금 수령

관계기업이 현금으로 배당금을 지급하는 경우에는 관계기업의 순자산 장부금액은 감소하게 된다. 그러므로 투자자는 관계기업이 배당금지급을 결의한 시점에 수취하게 될 배당금 금액을 관계기업투자주식의 장부금액에서 직접 차감한다.

한편, 관계기업이 주식배당을 실시한 경우에는 관계기업의 순자산 장부금액이 변동하지 않으므로 지분법에서는 별도의 회계처리를 할 필요가 없다.

현금배당금수령	(차) 현금	××	(대) 관계기업투자주식	××
주식배당수령	회계처리 없음			

Comment

무상증자, 무상감자, 주식분할, 주식병합의 경우에도 관계기업의 순자산 장부금액은 변동하지 않으므로 지분법에서는 별도의 회계처리를 하지 않는다.

(3) 관계기업의 기타포괄손익 변동

관계기업의 순자산 장부금액이 기타포괄손익으로 변동하는 경우, 동 변동액 중 투자자 지분액은 투자주식의 장부금액에 가감하고 관계기업기타포괄손익의 과목으로 포괄손익계산서의 기타포괄손익으로 인식한다.

기타포괄손익	(차) 관계기업투자주식	××	(대) 관계기업기타포괄이익	××

관계기업의 순자산변동을 고려한 관계기업투자주식 장부금액의 구성

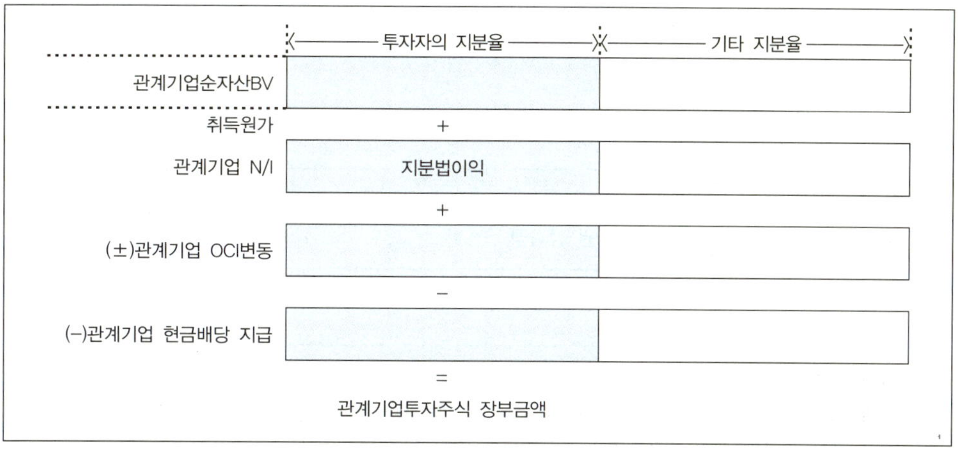

3. 투자·평가차액(주식 취득일의 차이)

주식 취득일의 차이는 투자주식의 취득금액과 취득일 현재 관계기업의 식별할 수 있는 순자산 장부금액에 대한 투자자 지분의 차액으로 계산된다. 주식 취득일의 차이는 투자자가 투자주식을 취득할 때 공정가치로 측정하여 취득하였기 때문에 발생한다.

> 주식 취득일의 차이 = 투자주식의 취득금액(이전대가) − 관계기업의 식별할 수 있는 순자산 장부금액 × 지분율

취득 시점의 차액은 순자산의 공정가치에 대한 평가차액과 투자차액 두 가지로 구분할 수 있다.

> • 순자산 공정가치와 장부금액의 평가차액 : (관계기업 순자산 공정가치 − 관계기업 순자산 장부금액) × 지분율
> • 영업권(투자차액) : 투자주식의 취득원가 − 관계기업 순자산 공정가치 × 지분율

(1) 순자산 공정가치와 장부금액의 차액(평가차액)

투자주식의 취득 시점에 관계기업의 식별 가능한 자산과 부채를 공정가치로 평가한 금액과 장부금액의 차이금액인 평가차액은 다음과 같이 계산한다.

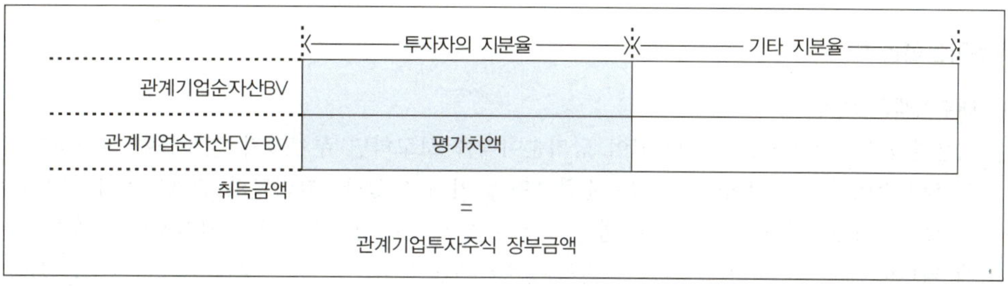

➲ 순자산 공정가치와 장부금액의 평가차액 : (관계기업 순자산 공정가치 − 관계기업 순자산 장부금액) × 지분율

평가차액은 관계기업의 식별 가능한 순자산의 공정가치 장부금액을 초과하는 금액에 대해서 투자자가 추가로 지급한 프리미엄이다. 이 금액은 투자자의 투자주식 장부금액에 포함하여 인식되며, 즉시 비용으로 인식하지 않고, 투자자의 지분율에 해당하는 금액을 지분법이익 계산 시 해당 자산과 부채에 대한 관계기업의 처리방법에 따라 상각한다.

구 분	관계기업
관계기업 조정전 N/I	××
평가차액 상각	
– 재고자산	(–)××
– 건물 감가상각비	(–)××
관계기업 조정후 N/I	A

➲ 지분법이익 : A × 지분율 – 영업권 상각액

Comment

관계기업의 식별 가능한 순자산의 공정가치가 장부금액에 미달하는 상황이 발생할 수도 있다. 이 경우에는 발생한 평가차액은 즉시 수익으로 인식하지 않고, 투자자의 지분율에 해당하는 금액을 지분법이익 계산 시 해당 자산·부채에 대한 관계기업의 처리방법에 따라 환입한다.

(2) 투자차액

투자주식을 취득 시점에 당해 투자자산의 원가와 관계기업의 식별 가능한 자산과 부채의 순공정가치 중 투자자의 지분에 해당하는 금액과의 차이를 투자차액(good will difference)이라 하며, 다음과 같이 계산 가능하다.

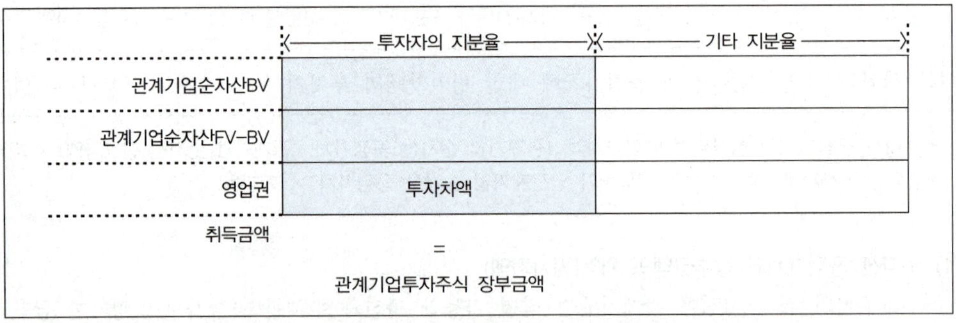

➲ 투자차액 : 투자주식의 취득원가 – 관계기업 순자산공정가치 × 지분율

4. 내부미실현손익

(1) 내부거래의 의의

지분법 회계처리에서는 관계기업이 당기순이익을 보고하면 투자자가 지분율에 해당하는 금액을 다시 당기순이익으로 인식하게 되는 순환구조를 가지고 있다. 그러므로 관계기업이 당기순이익을 일시적으로 과대계상하는 경우 지분법을 적용한 투자자도 당기순이익을 일시적으로 과대계상할 수 있게 되므로, 투자자와 관계기업은 그들의 특수관계를 이용하여 자산 등을 서로에게 매각하고, 이를 보유하는 내부거래를 통하여 손익을 일시적으로 조작할 수 있게 된다.

투자자와 관계기업은 지분법 평가 시 하나의 경제적 실체로 간주되므로 투자자와 관계기업 간에 발생한 재고자산, 유형자산 및 무형자산 등의 거래는 실질적인 거래가 아닌 내부거래에 해당한다. 따라서 투자자와 관계기업 간에 발생한 거래는 없었던 것으로 수정하여야 한다.

내부거래는 내부거래에 따른 손익을 어느 회사가 인식하였는지에 따라 다음과 같이 구분하게 된다.

- 하향거래(down-stream) : 투자자가 내부거래에 따른 손익을 인식하거나 인식할 경우
- 상향거래(up-stream) : 관계기업이 내부거래에 따른 손익을 인식하거나 인식할 경우

Comment

A사가 관계기업인 B사에 재고자산을 판매하였다면 A사는 재고자산 판매로 인하여 매출액과 매출원가를 인식함으로써 이익을 인식하게 된다. 이 경우 투자자인 A사가 내부거래와 관련된 이익을 인식하였으므로 재고자산거래는 하향거래가 된다. 반대의 경우에는 B사가 A사에 재고자산을 판매하였다면 관련 손익을 B사가 인식하였으므로 상향거래가 된다.

(2) 일반적인 내부거래

① 내부거래미실현손익의 제거

기업회계기준서에서는 투자자와 관계기업 사이의 상향판매거래나 하향판매거래에서 발생한 당기순손익에 대하여 투자자는 그 관계기업 투자지분과 무관한 손익까지만 투자자의 재무제표에 인식하도록 규정하고 있다. 이는 투자자와 관계기업 간의 내부거래에서 발생한 미실현이익은 하향판매와 상향판매의 구분 없이 이를 제거하여 관계기업투자주식과 지분법손익에 각각 반영하도록 하는 것이다.

지분법이익에서 가감할 내부미실현손익 = 보고기간 말 현재 미실현손익 × 지분율

Comment

20×1년 중 A사가 관계기업인 B사에 장부금액 ₩100의 재고자산을 ₩200에 판매하였다고 하면 A사는 매출총이익 ₩100을 손익계산서에 인식하게 된다. 만약 B사가 동 재고자산을 당해 보유하고 있다면, 매출총이익 ₩100은 전부 미실현이익이 된다. 이 경우 지분율이 20%라면 내부미실현이익 중 관계기업투자주식과 지분법이익에서 차감할 금액은 ₩100(미실현이익) × 20% = 40이 된다.

② 내부거래미실현손익의 실현

투자자와 관계기업 간의 거래에서 발생한 내부미실현이익은 당해 손익을 발생시킨 항목이 차기 이후의 기간에 비용으로 처리되거나 제3자에게 판매될 때 실현된다. 이때 실현된 내부미실현이익 중 투자자 지분액은 관계기업투자주식과 지분법이익에 각각 가산한다.

내부거래를 고려한 지분법 이익

구 분	관계기업
관계기업 조정전 N/I	××
평가차액 상각	(-)××
내부거래제거	
- 당기 미실현손익	(-)××
- 전기 실현손익	××
관계기업 조정후 N/I	①

* 관계기업투자주식은 내부거래 시 상향·하향거래 구분 없이 미실현손익·실현손익을 관계기업 N/I에 반영한다.

➲ 지분법이익 : ① × 지분율 - 영업권 상각액

Comment

20×1년 중 A사가 관계기업인 B사에 장부금액 ₩100의 재고자산을 ₩200에 판매하였다고 하면 A사는 매출총이익 ₩100을 손익계산서에 인식하게 된다. 만약 B사가 동 재고자산을 당해 보유하고 있다면, 매출총이익 ₩100은 전부 미실현이익이 된다. 이 경우 지분율이 20%라면 내부미실현이익 중 관계기업투자주식과 지분법이익에서 차감할 금액은 ₩100(미실현이익) × 20% = 40이 된다. 만약 20×2년 중에 B사가 동 재고자산을 제3자에게 판매하였다면, 동 내부미실현이익은 실현되어 ₩100(실현이익) × 20% = 40이 관계기업투자주식과 지분법이익에 각각 가산된다.

예제 1

20×1년 1월 1일에 ㈜포도는 ㈜사과의 발행주식 80%를 800,000원에 취득하였다. 20×1년 1월 1일 현재 ㈜사과의 순자산의 장부금액은 1,000,000원이며 공정가치와 동일하다. 20×1년 중에 ㈜사과는 주주들에게 50,000원의 배당금을 현금으로 지급하였다. 20×1년도 ㈜사과 당기순손실이 200,000원이고 내부거래는 없다. ㈜포도의 20×1년 말 재무상태표에 표시될 ㈜사과의 투자주식 장부금액은 얼마인가?

풀이

투자주식 장부금액 = 800,000 − 50,000 × 80% − 200,000 × 80% = 600,000원

예제 2

㈜포도는 20×1년 초에 ㈜사과의 발행주식 중 70%를 600,000원에 취득하고 지배력을 갖게 되었다. 투자주식 취득일 현재 ㈜사과의 순자산의 장부금액은 800,000원이며 공정가치와 동일하다. 당기 중에 ㈜포도는 ㈜사과에 200,000원의 상품매출을 하였으며 매출총이익률은 40%이다. ㈜사과는 ㈜포도로부터 매입한 상품 중 20%를 20×1년 말 현재 재고자산으로 보유하고 있다. ㈜사과의 20×1년 당기순이익이 150,000원일 때 ㈜포도가 20×1년도에 인식할 지분법이익은 얼마인가? (단, 영업권은 10년 동안 정액법으로 상각한다)

풀이

- 영업권 = 600,000 − 800,000 × 70% = 40,000원
- 내부거래 제거액 = 200,000 × 40% × 20% = 16,000원

➲ ㈜포도 지분법이익 = 150,000 × 70% − 40,000/10 − 16,000 = 85,000원

개념완성문제

01 피투자기업의 순자산가액이 당기순손익 이외의 원인으로 변동될 경우 투자기업은 지분법이익으로 회계처리한다. (O, X)

02 투자기업이 피투자기업에 대해서 20% 미만의 지분을 소유하더라도 투자기업이 피투자기업에 필수적인 기술정보를 당해 피투자기업에 제공하는 경우에는 투자기업이 유의적인 영향력이 있는 것으로 본다. (O, X)

03 지배기업은 개별재무제표에서 연결종속기업에 대한 투자주식을 (　　　)로/으로 평가한다.

04 피투자기업에 필수적인 기술정보를 투자기업이 당해 피투자기업에 제공하는 경우 투자기업은 피투자기업에 대하여 (　　　)을/를 행사할 수 있는 것으로 본다.

05 피투자기업에 대한 의결권 있는 주식 대부분을 특정 지배기업이 보유함으로써 투자기업이 보유한 의결권으로는 사실상 영향력을 행사할 수 없는 경우 투자기업은 피투자기업에 대하여 유의적인 영향력을 행사할 수 없는 것으로 본다. (O, X)

06 투자기업은 현금배당을 투자주식의 수익으로 회계처리하고, 주식배당도 투자주식의 수익으로 회계처리한다. (O, X)

정답 및 해설

01 X 피투자기업의 순자산가액이 당기순손익 이외의 원인으로 변동될 경우 투자기업은 지분법 자본변동 또는 지분법이익잉여금변동을 인식한다.

02 O

03 지분법

04 유의적인 영향력

05 O

06 X 투자기업은 현금배당을 투자주식의 감소로 회계처리하고, 주식배당을 하면 투자기업은 아무런 회계처리를 하지 않는다.

출제예상문제

✔ 학습시간이 부족하거나 시험 전 최종정리를 하고 싶은 경우에는 출제빈도(★~★★★)가 높은 문제를 우선으로 풀이할 수 있습니다.
✔ 다시 봐야 할 문제(풀지 못한 문제, 헷갈리는 문제 등)는 문제 번호 하단의 네모박스(□)에 체크하여 반복 학습할 수 있습니다.

★★ 종속기업 투자주식에 대한 지분법 적용(서술형)

01 □□□

지분법 회계처리에 대한 설명 중 옳은 것은?

① 투자기업은 현금배당을 투자주식의 수익으로 회계처리하고, 주식배당도 투자주식의 수익으로 회계처리한다.
② 투자주식의 공정가치 변동은 기타포괄손익으로 인식한다.
③ 투자기업이 피투자기업에 대해서 20% 미만의 지분을 소유하더라도 피투자기업에 필수적인 기술정보를 투자기업이 당해 피투자기업에 제공하는 경우에는 투자기업이 유의적인 영향력이 있는 것으로 본다.
④ 지배기업은 개별재무제표에서 연결종속기업에 대한 투자주식을 원가법으로 평가한다.
⑤ 피투자기업의 순자산가액이 당기순손익 이외의 원인으로 변동될 경우 투자기업은 지분법이익으로 회계처리한다.

★★ 종속기업 투자주식에 대한 지분법 적용(서술형)

02 □□□

지분법 회계처리에 대한 설명으로 옳지 <u>않은</u> 것은?

① 법적 소송이나 청구 제기에 의하여 투자기업이 피투자기업의 재무정책과 영업정책을 결정하는 데 실질적인 영향을 미칠 수 없는 경우, 투자기업은 피투자기업에 대하여 유의적인 영향력을 행사할 수 없는 것으로 본다.
② 피투자기업에 대한 의결권이 있는 주식 대부분을 특정 지배기업이 보유함으로써 투자기업이 보유한 의결권으로는 사실상 영향력을 행사할 수 없는 경우, 투자기업이 피투자기업에 대하여 유의적인 영향력을 행사할 수 없는 것으로 본다.
③ 피투자기업에 필수적인 기술정보를 투자기업이 당해 피투자기업에 제공하는 경우 투자기업은 피투자기업에 대하여 유의적인 영향력을 행사할 수 있는 것으로 본다.
④ 투자회사가 피투자회사의 지분을 20%로 소유한다면 투자기업은 해당 금융자산에 대하여 원가법, 공정가치법, 지분법을 선택·적용할 수 있다.
⑤ 지분법 회계처리에서는 보고기간 말에 피투자기업의 순자산 변동액 중 투자기업 지분율에 해당하는 금액을 투자주식의 장부금액에 가감한다.

★★

03

□□□

종속기업 투자주식에 대한 지분법 적용(서술형)

다음 중 지분법의 회계처리에 관한 설명으로 옳지 않은 것은? (단, 투자 시 발생한 투자차액과 내부거래는 없는 것으로 가정하고 A사는 B사의 보통주를 25% 취득하여 유의적인 영향력을 행사하게 되었다)

① B사의 주식은 A사의 재무상태표에 공정가치로 표시하지 않는다.
② B사의 당기순이익 중 25%를 지분법이익으로 A사의 손익계산서에 표시한다.
③ B사로부터 현금배당을 수령하면 당기순이익에는 영향이 없고, 투자주식의 장부금액이 감소한다.
④ B사로부터 A사가 주식배당을 수령하면 A사의 당기순이익에 반영한다.
⑤ B사로부터 이익준비금의 자본전입으로 무상주를 수령하더라도 당기순이익은 변하지 않는다.

★★★

04

□□□

종속기업 투자주식에 대한 지분법 적용(서술형)

지분증권의 회계처리에 관한 설명으로 옳지 않은 것은? (단, 지분법의 적용요건은 충족한다)

① 지분율 5%인 회사로부터 감자차익의 자본전입에 따른 무상주를 수령하면 투자주식의 장부금액은 변동이 없다.
② 지분율이 10%인 회사로부터 주식배당을 수령하면 당기순이익은 영향이 없다.
③ 지분율이 20%인 회사로부터 현금배당을 수령하면 당기순이익은 증가한다.
④ 지분율이 25%인 회사로부터 이익준비금의 자본전입에 따른 무상주를 수령하면 당기순이익은 영향이 없다.
⑤ 지분율이 30%인 회사로부터 주식배당을 수령하면 지분법적용 투자주식의 장부금액은 변동이 없다.

정답 및 해설

01 ③ 투자기업이 피투자기업에 대해서 20% 미만의 지분을 소유하더라도 피투자기업에 필수적인 기술정보를 투자기업이 당해 피투자기업에 제공하는 경우에는 투자기업이 유의적인 영향력이 있는 것으로 본다.

오답체크
① 피투자기업의 현금배당은 투자주식의 감소로 회계처리하고, 주식배당을 하면 투자기업은 아무런 회계처리를 하지 않는다.
② 투자주식의 공정가치 변동은 인식하지 않는다.
④ 지배기업은 개별재무제표에서 연결종속기업에 대한 투자주식을 지분법으로 평가한다.
⑤ 피투자기업의 순자산가액이 당기순손익 이외의 원인으로 변동될 경우 투자기업은 지분법 자본변동 또는 지분법 이익잉여금변동을 인식한다.

02 ④ 투자회사가 피투자회사의 지분을 20%로 소유한다면 투자기업은 해당 금융자산에 대해서 지분법을 적용한다.

03 ④ B사로부터 A사가 주식배당을 수령하면 별도의 회계처리를 하지 않는다.

04 ③ 지분율이 20%인 회사로부터 현금배당을 수령하면 투자금의 반환으로 보아 지분법적용 투자주식을 차감하므로 당기순이익은 영향이 없다.

★★★

05

□□□

종속기업 투자주식에 대한 지분법 적용(계산형)

A사는 당기초에 B사 의결권의 90%를 120,000원에 취득하였다. 지배력 취득일 현재 B사의 순자산 장부금액은 100,000원이고 공정가치와 동일하다. B사는 70,000원의 당기순이익을 보고하였다. A사가 당기말에 인식해야 할 지분법이익은 얼마인가? (단, 영업권은 10년 동안 정액법으로 상각한다)

① 50,000원 ② 60,000원 ③ 70,000원
④ 80,000원 ⑤ 90,000원

★★★

06

□□□

종속기업 투자주식에 대한 지분법 적용(계산형)

A사는 20×1년 초에 B사의 발행주식 중 80%를 700,000원에 취득하여 지배력을 갖게 되었다. 투자주식 취득일 현재 B사의 순자산 장부금액은 700,000원이며 공정가치와 동일하다. 당기 중에 A사는 B사에 300,000원의 상품매출을 하였으며 매출총이익률은 20%이다. B사는 A사로부터 매입한 상품 중 30%를 20×1년 말 현재 재고자산으로 보유하고 있다. B사의 20×1년 당기순이익이 200,000원일 때, A사가 20×1년도에 인식할 지분법이익은 얼마인가? (단, 영업권은 10년 동안 정액법으로 상각한다)

① 120,000원 ② 128,000원 ③ 130,000원
④ 138,000원 ⑤ 140,800원

★★★

07

□□□

종속기업 투자주식에 대한 지분법 적용(계산형)

D사는 20×1년 초에 F사의 발행주식 중 80%를 700,000원에 취득하여 지배력을 갖게 되었다. 투자주식 취득일 현재 F사의 순자산 장부금액은 700,000원이며 공정가치와 동일하다. 당기 중에 F사는 D사에 300,000원의 상품매출을 하였으며, 매출총이익률은 20%이다. D사는 F사로부터 매입한 상품 중 30%를 20×1년 말 현재 재고자산으로 보유하고 있다. F사의 20×1년 당기순이익이 200,000원일 때, D사가 20×1년도에 인식할 지분법이익은 얼마인가? (단, 영업권은 10년 동안 정액법으로 상각한다)

① 121,600원 ② 130,600원 ③ 131,600원
④ 138,600원 ⑤ 140,800원

★★★

종속기업 투자주식에 대한 지분법 적용(계산형)

08 □□□

A사는 20×1년 초에 B사의 발행주식 80%를 500,000원에 취득하였다. 투자주식 취득일 현재 B사의 순자산 장부가액은 500,000원이며 토지의 공정가치가 장부금액을 50,000원 초과하는 것을 제외하고 다른 자산과 부채의 장부금액과 공정가치는 동일하다. 20×1년 B사의 당기순이익이 100,000원일 때, A사가 인식할 지분법이익은 얼마인가? (단, B사는 20×1년 말 현재 토지를 계속 보유하고 있으며 영업권은 10년 동안 정액법으로 상각한다)

① 58,000원 ② 64,000원 ③ 68,000원
④ 74,000원 ⑤ 78,000원

★★

종속기업 투자주식에 대한 지분법 적용(계산형)

09 □□□

20×4년 1월 1일 ㈜하늘은 ㈜미래의 보통주 25%를 영향력 행사 목적으로 250,000원에 취득하였다. 20×4년 1월 1일 현재 ㈜미래의 순자산 장부금액은 1,000,000원이며 순자산 장부금액과 공정가치는 일치하였다. ㈜미래의 20×4년 당기순이익은 400,000원, 기타포괄손익은 (−)40,000원, 현금배당액은 100,000원일 때 20×4년 말 지분법주식의 장부금액은 얼마인가?

① 200,000원 ② 250,000원 ③ 315,000원
④ 350,000원 ⑤ 400,000원

정답 및 해설

05 ② 영업권 = 120,000 − 100,000 × 90% = 30,000원

➲ 지분법이익 = 70,000 × 90% − $\frac{30,000}{10}$ = 60,000원

06 ② • 영업권 = 700,000 − 700,000 × 80% = 140,000원

• 지분법이익 = 200,000 × 80% − 300,000 × 20% × 30% − $\frac{140,000}{10}$ = 128,000원

• A사가 B사에 판매하는 것은 하향판매에 해당하므로 내부거래에 따른 미실현손익을 A사의 지분법손익에서 전액 제거한다.

07 ③ • 영업권 = 700,000 − 700,000 × 80% = 140,000원

➲ 지분법이익 = (200,000 − 300,000 × 20% × 30%) × 80% − $\frac{140,000}{10}$ = 131,600원

• F사가 D사에 판매하는 것은 상향판매에 해당하므로 내부거래에 따른 미실현손익을 D사의 지분법손익에서 전액 제거한다.

08 ④ 영업권 = 500,000 − (500,000 + 50,000) × 80% = 60,000원

➲ 지분법이익 = 100,000 × 80% − $\frac{60,000}{10}$ = 74,000원

09 ③ 지분법주식 장부금액 = 250,000 + (400,000 − 40,000 − 100,000) × 25% = 315,000원

★★★
10
□□□

종속기업 투자주식에 대한 지분법 적용(계산형)

20×1년 1월 1일에 C사는 D사의 발행주식 90%를 800,000원에 취득하였다. 20×1년 1월 1일 현재 D사의 순자산 장부금액은 800,000원이며 공정가치와 동일하다. 20×1년 중에 D사는 주주들에게 40,000원의 현금배당금을 지급하였다. 20×1년도 당기순이익이 100,000원이며 내부거래는 없다. C사의 20×1년 말 재무상태표에 표시될 D사의 투자주식 장부금액은 얼마인가? (단, 영업권은 10년 동안 상각한다)

① 890,000원 ② 800,000원 ③ 826,000원
④ 846,000원 ⑤ 896,000원

★★★
11
□□□

종속기업 투자주식에 대한 지분법 적용(계산형)

㈜하늘은 20×4년 상장법인 ㈜포도의 보통주 지분 25%를 500,000원에 취득하여 유의적인 영향력을 행사하게 되었다. 취득 당시 ㈜포도의 순자산가액은 2,000,000원이다. 20×4년에 ㈜포도의 당기순이익은 300,000원을 보고하였고 현금배당 80,000원, 주식배당 20,000원을 선언하고 지급하였다. ㈜하늘의 20×4년 말 재무상태표상 투자주식 장부금액은 얼마인가?

① 550,000원 ② 555,000원 ③ 575,000원
④ 500,000원 ⑤ 445,000원

★★
12
□□□

종속기업 투자주식에 대한 지분법 적용(계산형)

A사는 20×1년 초에 B사의 발행주식 중 40%를 300,000원에 취득하였다. 투자주식 취득일 현재 B사의 순자산 장부금액은 700,000원이며 공정가치와 동일하다. 당기 중에 A사는 B사에 300,000원의 상품매출을 하였으며 매출총이익률은 20%이다. B사는 A사로부터 매입한 상품 중 30%를 20×1년 말 현재 재고자산으로 보유하고 있다. B사의 20×1년 당기순이익이 200,000원일 때 A사가 20×1년도에 인식할 지분법이익은 얼마인가? (단, 영업권은 10년 동안 정액법으로 상각한다)

① 52,000원 ② 70,800원 ③ 63,000원
④ 65,600원 ⑤ 66,800원

★★
13
□□□

종속기업 투자주식에 대한 지분법 적용(계산형) 최신출제유형

㈜대한은 20×1년 1월 1일에 ㈜민국의 발행주식 총수의 40%에 해당하는 100주를 총 5,000원에 취득하여, 유의적인 영향력을 행사하게 되어 지분법을 적용하기로 하였다. 취득일 현재 ㈜민국의 장부상 순자산가액은 10,000원이었고, ㈜민국의 장부상 순자산가액과 공정가치가 일치하지 않는 이유는 재고자산과 건물의 공정가치가 장부금액보다 각각 2,000원과 400원이 많았기 때문이다. 그런데 재고자산은 모두 20×1년 중에 외부에 판매되었으며, 20×1년 1월 1일 기준 건물의 잔존내용연수는 4년이고 잔존가치는 0원이며, 정액법으로 상각한다. ㈜대한은 ㈜민국에 원가 1,000원의 제품을 1,500원에 판매하였고, ㈜민국은 현재 동 제품의 50%를 보유 중에 있다. ㈜민국은 20×1년도 당기순이익 30,000원과 기타포괄이익 10,000원을 보고하였으며, 주식 50주(주당 액면 50원)를 교부하는 주식배당과 5,000원의 현금배당을 결의하고 즉시 지급하였다. ㈜대한이 20×1년도 재무제표에 보고해야 할 관계기업투자주식과 지분법손익은 얼마인가? (단, 영업권은 10년 동안 상각한다)

	관계기업투자주식	지분법이익
①	17,060원	11,056원
②	17,060원	15,160원
③	18,056원	11,056원
④	18,060원	15,160원
⑤	20,060원	15,160원

정답 및 해설

10 ④
- 영업권 = 800,000 − 800,000 × 90% = 80,000원
- 지분법이익 = 100,000 × 90% − $\frac{80,000}{10}$ = 82,000원

➲ 20×1년 말 지분법적용 투자주식 장부금액 = 800,000 + 82,000 − 40,000 × 90% = 846,000원

11 ② 20×4년 말 재무상태표상 지분법적용 투자주식 장부금액 = 취득원가 + 순이익 × 지분율 − 현금배당 수령액
= 500,000 + (300,000 × 25%) − (80,000 × 25%) = 555,000원

12 ② 영업권 = 300,000 − 700,000 × 40% = 20,000원

➲ 지분법이익 = 200,000 × 40% − 300,000 × 20% × 30% × 40% − $\frac{20,000}{10}$ = 70,800원

13 ③ 영업권 = 5,000 − (10,000 + 2,000 + 400) × 40% = 40원

➲ 지분법이익 = 27,650 × 40% − $\frac{40}{10}$ = 11,056원

구 분	20×1년
조정전 ㈜대한의 N/I	30,000원
매출원가 조정	(2,000)원
감가상각비 조정	(100)원
내부거래미실현이익	(1,500 − 1,000) × 50%
내부거래 이익 실현	−
조정후 ㈜대한의 N/I	27,650원

➲ 관계기업투자주식 = 5,000 + 11,056 + 10,000 × 40% − 5,000 × 40% = 18,056원

[14 ~ 15] 다음 자료를 이용하여 14번과 15번에 답하시오.

㈜대한은 20×1년 초에 ㈜민국의 보통주 30%를 ₩350,000에 취득하여 유의적인 영향력을 행사하고 있으며 지분법을 적용하여 회계처리한다. 20×1년 초 현재 ㈜민국의 순자산 장부금액과 공정가치는 동일하게 ₩1,200,000이다.

〈추가자료〉

• 다음은 ㈜대한과 ㈜민국 간의 20×1년 재고자산 내부거래 내역이다.

(단위 : ₩)

판매회사 → 매입회사	판매회사 매출액	판매회사 매출원가	매입회사 장부상 기말재고
㈜대한 → ㈜민국	25,000	20,000	17,500

• 20×2년 3월 31일 ㈜민국은 주주에게 현금배당금 ₩10,000을 지급하였다.
• 20×2년 중 ㈜민국은 20×1년 ㈜대한으로부터 매입한 재고자산을 외부에 모두 판매하였다.
• 다음은 ㈜민국의 20×1년도 및 20×2년도 포괄손익계산서 내용의 일부이다.

(단위 : ₩)

구 분	20×1년	20×2년
당기순이익	100,000	(−)100,000
기타포괄이익	50,000	110,000

★★ 종속기업 투자주식에 대한 지분법 적용(계산형) 최신출제유형

14 □□□

20×1년 말 현재 ㈜대한의 재무상태표에 표시되는 ㈜민국에 대한 지분법적용투자주식 기말 장부금액은 얼마인가?

① ₩403,950 ② ₩400,000 ③ ₩395,000
④ ₩393,950 ⑤ ₩350,000

★★ 종속기업 투자주식에 대한 지분법 적용(계산형) 최신출제유형

15 □□□

지분법적용이 ㈜대한의 20×2년도 당기순이익에 미치는 영향은 얼마인가?

① ₩18,950 감소 ② ₩28,950 감소 ③ ₩33,950 증가
④ ₩38,950 증가 ⑤ ₩38,950 감소

★★
16
□□□

지분법 적용(계산형) 최신출제유형

20×1년 1월 1일 ㈜대한은 ㈜민국의 의결권 있는 보통주식의 25%를 ₩450,000에 취득하여 유의적인 영향력을 행사할 수 있게 되었다. 이때 지분법 회계처리와 관련한 자료는 다음과 같다.

- 주식취득일 현재 ㈜민국의 순자산 장부금액과 공정가치는 각각 ₩1,820,000과 ₩2,000,000이며, 자산·부채 중 장부금액과 공정가치가 일치하지 않는 항목은 다음과 같다.

구 분	재고자산	기계장치(순액)
장부금액	₩100,000	₩120,000
공정가치	₩200,000	₩200,000

- 재고자산은 20×1년 중 40%, 20×2년 중 60%가 외부로 판매되었다.
- 20×1년 초 기계장치의 잔존내용연수는 4년이며, 잔존가치 없이 정액법으로 감가상각한다.
- ㈜민국은 20×1년에 ₩400,000의 당기순손실을 보고하였으며, 배당 등 다른 자본의 변동은 없다.

㈜대한이 20×1년도 포괄손익계산서상 인식할 지분법손실은 얼마인가?

① ₩65,000　② ₩75,000　③ ₩115,000
④ ₩120,000　⑤ ₩170,000

정답 및 해설

14 ①
- 염가매수차익 : 1,200,000 × 30% − 350,000 = 10,000
- ㈜민국의 조정후 당기순이익 : 100,000 − (25,000 − 20,000) × 17,500 ÷ 25,000 = 96,500
- 지분법적용 투자주식 장부금액 : 350,000 + 96,500 × 30% + 10,000 + 50,000 × 30% = 403,950

15 ②
- ㈜민국의 조정후 당기순이익 : (−)100,000 + (25,000 − 20,000) × 17,500 ÷ 25,000 = (−)96,500
- 지분법손실 : (−)96,500 × 30% = (−)28,950

16 ①
- 염가매수차익 : 450,000 − 2,000,000 × 25% = (−)50,000
- 조정후 당기순이익

구 분	20×1년
조정전 당기순이익	(−)400,000
평가차액제거	
1) 재고자산	(−)40,000[1]
2) 기계장치	(−)20,000[2]
조정후 당기순이익	(−)460,000
	×25%
	(−)115,000
염가매수차익	50,000
지분법손실	(−)65,000

1) (200,000 − 100,000) × 40% = 40,000
2) (200,000 − 120,000) ÷ 4년 = 20,000

■ **출제비중 및 출제경향**

제2장 특수회계는 총 15문제가 50점의 배점으로 출제된다. 대부분의 수험생들에게 생소한 내용이지만, 일반기업회계기준과 달리 절별로 문제에서 묻고자 하는 부분이 정해져 있어, 시험에 자주 출제되는 유형을 반복적으로 학습하는 것이 중요하다. 또한 각 내용별 계산 방법을 명확히 숙지하여야 한다.

구 분	출제문항 수
제1절 재무보고 및 질적특성	3 ~ 4문제
제2절 리스	3 ~ 4문제
제3절 환율변동효과	1 ~ 2문제
제4절 법인세회계	4 ~ 5문제
제5절 건설계약	3 ~ 4문제

제2장 특수회계

제1절 재무보고 및 질적특성

01 재무보고의 목적 ★

재무회계 개념체계는 재무보고의 목적을 개념체계의 최상위 개념으로 다루고 회계정보이용자의 정보수요로부터 도출하였기에 그 목적을 '유용한 정보제공'으로 제시하고 있다.

02 회계정보의 질적특성 ★★★

1. 목적적합성

정보가 목적적합성을 지녔다는 것은 그 정보가 의사결정자의 관심대상인 문제와 직접적 혹은 간접적으로 논리적 관련성이 있다는 것을 의미한다. 회계정보이용자에게 목적적합한 정보가 되기 위해서는 예측가치와 피드백가치, 그리고 정보제공의 적시성이 갖추어져야 한다.

(1) 예측가치와 피드백가치

회계정보의 예측가치란 현재 고려하고 있는 여러 가지 의사결정 대안이 가져올 결과를 예측하는 데 회계정보가 도움이 된다는 것을 의미한다.

예를 들어 비교식 재무제표를 작성토록 하는 것, 리스회계, 법인세배분과 같은 새로운 회계정보는 회계수치의 예측가치를 향상시키려는 노력이다.

목적적합한 회계정보는 보통 예측가치와 피드백가치를 모두 가지고 있다.

(2) 적시성

적시성이란 의사결정자의 의사결정에 영향을 미칠 수 있는 능력이 없어지기 전에 정보가 제공되어야 한다는 점을 강조한 것이다. 적시성이 있다는 사실만으로 어떤 정보가 목적적합하게 되는 것은 아니지만 목적적합한 정보라 하더라도 적시성이 결여되면 목적적합성은 소멸한다.

2. 신뢰성

신뢰성은 정보이용자의 입장에서 볼 때 정보가 믿을 만한 것이어야 함을 의미한다.

(1) 표현의 충실성

표현의 충실성은 재무제표상의 회계수치가 회계기간 말 현재 기업실체가 보유하는 자산과 부채의 크기를 충실히 나타내야 하며, 자본의 변동을 충실히 나타내고 있어야 함을 의미한다. 표현의 충실성을 높이기 위해서 회계처리 시 경제적 실질을 반영해야 한다.

(2) 검증가능성

검증가능성은 객관성과 동일한 의미를 갖는다.

(3) 중립성

중립성은 회계처리방법을 적용하거나 회계기준을 제정함에 있어 회계정보이용자들 중 특정한 이용자 또는 특정한 이용자 집단의 영향을 받아서 사전적으로 유리한 원칙이나 방법을 선택해서는 안 된다는 것을 말한다.

(4) 비교가능성

비교가능성은 한 기업의 재무상태나 경영성과, 현금흐름 등의 추세분석을 위하여 기간별로 비교가능하며, 다른 기업과의 상대적 평가를 위하여 기업 간의 비교가능성도 있는 회계정보가 제공될 때 정보이용자에게 유용하다는 의미이다.

(5) 질적특성 간의 상충관계

회계정보의 질적특성은 이들 간의 상충관계로 인해 상대적인 중요성을 인정하는 것이 필요하다. 어떤 경우에는 목적적합성을 위해 신뢰성이 희생될 수 있으며, 다른 경우에는 신뢰성을 위해 목적적합성이 희생될 수도 있다.

(예) 유형자산의 역사적원가 평가 : 검증가능성이 높아 신뢰성이 제고되지만 목적적합성은 하락

03 회계정보의 제약요인 ★★★

일정한 기준에 따라 예외를 허용하는 것이 바람직하다. 회계정보의 제약요인이란 어떠한 경우가 회계이론을 그대로 적용하는 것이 어려운 예외상황인가를 정하는 기준이다.

① **비용효율성** : 비용 < 효익

② **중요성**

③ **보수주의**

경영성과나 재무상태를 과대평가하지 않도록 하기 위하여 도입된 개념이다. 보수주의에 따른 회계처리 방법이란 수익은 확실한 것만 계상하는 반면 비용은 빠짐없이 계상하는 방법을 의미한다. 그러나 합리적으로 추정이 가능한 경우까지 의도적으로 기업의 성과나 자산을 과소계상하는 것은 아니다.

지급능력의 확실성을 높이거나 이익 과대계상으로 인한 과대배상의 가능성을 줄여줌으로써 채권자를 보호하는 긍정적인 측면에서 보수주의에 의한 회계처리방법이 정당화되기도 한다. 또한 회계처리 시 회계담당자가 행하여야 하는 예측이나 추산에 대한 판단능력의 한계를 보완하는 측면에서 보수주의가 채택되기도 한다.

04 재무제표의 한계점 ★★★

① 재무제표는 계속기업의 가정에서 작성되기 때문에 그 기업이 장기적으로 존속할 때만 재무제표의 유용성이 존재한다.

② 재무제표는 기간별 보고의 가정에서 작성되기 때문에 기간별 보고는 경영성과의 평가에 자의적 기재를 가능하게 만든다.

③ 재무제표는 화폐단위로 측정된 정보를 주로 제공하기에 화폐단위로 측정이 불가능한 것은 무시되거나 주석사항으로 공시된다. 또한 화폐단위로 측정이 가능하더라도 측정의 신뢰성이 높지 않은 경우가 많다.

④ 기업에서 제공되는 재무제표에는 비용효율성 명목 또는 측정의 신뢰성이 낮다는 명분으로 생산·제공되지 않는 목적적합한 정보가 많다.

⑤ 기업에서 제공되는 재무제표에는 경제적 사건에 대한 법률형태만을 고려하고 경제적 실질을 제대로 반영하지 못하는 경우가 많다.

개념완성문제

01 정보의 예측가치와 피드백가치는 상호 관련이 있지만 목적적합한 회계정보가 예측가치와 피드백가치를 모두 가지는 것을 의미하지는 않는다. (O, X)

02 형식보다 경제적 실질을 반영하는 질적특성은 (　　　)다/이다.

03 회계정보의 기술내용이 누구에게도 치우침이 없는 상태로 표현되어야 (　　　)을/를 확보할 수 있다.

04 기업실체의 재무상태에 중요한 영향을 미칠 것으로 예상되는 진행 중인 손해배상소송에 대한 정보는 목적적합성 있는 정보일 수 있으나 소송결과를 확실히 예측할 수 없는 상황에서 금액을 재무제표에 인식하는 것은 (　　　)을/를 저하할 수 있다.

05 보수주의는 합리적인 추정이 가능한 경우까지 의도적으로 기업의 성과나 자산을 과소계상하는 것을 의미한다. (O, X)

06 재무제표의 기본가정은 계속기업의 가정 하나이다. (O, X)

07 목적적합한 정보는 과거의 예측결과를 확인하고 정정하는 데 사용될 수는 없다. (O, X)

08 회수 불가능한 매출채권을 회수 가능한 것처럼 재무상태표에 표시한다면 (　　　)을 상실한 정보가 된다.

정답 및 해설

01 X 정보의 예측가치와 피드백 가치는 상호 관련이 있어 목적적합한 회계정보는 예측가치와 피드백가치를 모두 가지고 있다.

02 표현의 충실성

03 중립성

04 신뢰성

05 X 합리적인 추정이 가능한 경우까지 의도적으로 기업의 성과나 자산을 과소계상하라는 의미는 아니다.

06 X 재무제표의 기본가정은 기업실체의 가정, 계속기업의 가정, 기간별 보고의 가정이다.

07 X 목적적합한 정보는 과거의 예측결과를 확인하고 정정하는 데 사용될 수 있어야 한다.

08 표현의 충실성

09 자본은 기업회계기준에 따른 자산과 부채의 인식 및 측정에 따른 결과물로서 재무상태표의 자본총액은 주식의 시가총액과 일치하는 것이 일반적이다. (O, X)

10 어떤 항목의 성격 및 크기가 정보이용자의 의사결정에 영향을 미칠 정도로 중요한 것이 아니더라도 인식기준을 충족하면 재무제표에 별도로 인식하여야 한다. (O, X)

정답 및 해설

09 X 일치하지 않는 것이 일반적이다.

10 X 의사결정에 영향을 미칠 정도로 중요한 것이 아니면 별도로 재무제표에 인식할 필요가 없다.

출제예상문제

✓ 학습시간이 부족하거나 시험 전 최종정리를 하고 싶은 경우에는 출제빈도(★~★★★)가 높은 문제를 우선으로 풀이할 수 있습니다.
✓ 다시 봐야 할 문제(풀지 못한 문제, 헷갈리는 문제 등)는 문제 번호 하단의 네모박스(□)에 체크하여 반복 학습할 수 있습니다.

★★★ 회계정보의 질적특성

01 □□□ **회계정보의 질적특성인 목적적합성에 대한 설명으로 옳은 것은?**

① 회계정보이용자에게 목적적합한 정보가 되기 위해서는 예측가치와 피드백가치, 검증가능성의 요건을 갖추어야 한다.
② 정보가 예측가치를 지니고 있다는 것은 그 자체가 예측치라는 것을 의미한다.
③ 적시성이 존재하는 사실만으로 어떤 정보가 목적적합한지 판단할 수 없다.
④ 정보의 예측가치와 피드백가치는 상호 관련이 있지만 목적적합한 회계정보가 예측가치와 피드백가치를 모두 가지는 것을 의미하지는 않는다.
⑤ 비교식 재무제표를 작성하는 것은 확인가치가 제고된다.

★★★ 회계정보의 질적특성

02 □□□ **다음 중 수익인식기준이 외상거래 이후 대금회수 시점에 충족되는 경우에 회계정보의 질적특성 간 상충관계가 발생할 수 있는 요소끼리 짝지은 것으로 옳은 것은?**

① 예측가치 – 피드백가치
② 예측가치 – 적시성
③ 적시성 – 검증가능성
④ 검증가능성 – 중립성
⑤ 표현의 충실성 – 중립성

★★ 회계정보의 질적특성

03 □□□ **유용한 정보가 갖추어야 할 질적요건에 대한 설명으로 옳은 것은?**

① 목적적합한 회계정보가 되기 위해서는 적시성이 있어야 한다.
② 기간 간 비교를 가능하게 하기 위해서는 통일성 있는 회계처리가 이루어져야 한다.
③ 회계정보의 기술내용이 누구에게도 치우침 없는 상태로 표현되어야 검증가능성을 확보할 수 있다.
④ 회계정보가 유용하기 위해서는 신뢰성과 목적적합성 간의 균형이 유지되어야 한다.
⑤ 목적적합한 정보는 과거의 예측결과를 확인하고 정정하는 데는 사용될 수 없다.

★★★ 회계정보의 질적특성

04 형식보다 경제적 실질을 반영하는 회계처리는 어떤 질적특성을 강조하는 것인가?

① 표현의 충실성　　② 검증가능성　　③ 중요성
④ 보수주의　　⑤ 피드백가치

정답 및 해설

01 ③ 적시성이 존재하는 사실만으로 어떤 정보가 목적적합하게 되지 않지만 목적적합한 정보라 하더라도 적시성이 결여되면 목적적합성은 사라진다.

오답체크

① 회계정보이용자에게 목적적합한 정보가 되기 위해서는 예측가치와 피드백가치, 적시성의 요건을 갖추어야 한다.
② 정보가 예측가치를 지니고 있다는 것은 여러 가지 의사결정 대안이 가져올 결과를 예측하는 데 회계정보가 도움이 된다는 것을 의미한다.
④ 정보의 예측가치와 피드백가치는 상호 관련이 있어 목적적합한 회계정보는 예측가치와 피드백가치를 모두 가지고 있다.
⑤ 비교식 재무제표의 작성은 예측가치가 제고된다.

02 ③ 대금회수 시점이 아닌 외상거래 시점에 수익을 인식하면 수익을 적시에 인식할 수 있다는 '적시성'과 그 수익의 '검증가능성'이 서로 상충한다.

03 ④ 회계정보가 유용하기 위해서는 신뢰성과 목적적합성 간의 균형이 유지되어야 한다.

오답체크

① 목적적합한 회계정보가 되기 위해서는 예측가치의 특성이 있어야 한다.
② 기간 간 비교가 가능하게 하기 위해서는 일관성 있는 회계처리가 이루어져야 한다.
③ 회계정보의 기술내용이 누구에게도 치우침 없는 상태로 표현되어야 중립성을 확보할 수 있다.
⑤ 목적적합한 정보는 과거의 예측결과를 확인하고 정정하는 데 사용될 수 있어야 한다.

04 ① 표현의 충실성을 높이기 위해서는 회계처리 시 경제적 실질을 반영하여야 한다.

★★★ 회계정보의 질적특성

05 □□□

회계정보의 질적특성은 서로 상충할 수 있다. 다음 설명 중 질적특성이 서로 상충하는 예로 옳은 것은?

① 반기재무제표는 적시성 있는 정보를 제공하므로 신뢰성이 높으나 비용의 자의적인 배분이 수반되므로 목적적합성은 저하된다.

② 유형자산을 역사적원가로 평가하면 검증가능성이 높으므로 신뢰성이 제고되나 목적적합성은 저하될 수 있다.

③ 시장성 없는 유가증권을 역사적원가로 평가하면 적시성이 높으나 예측가치가 저하되어 목적적합성을 상실할 수 있다.

④ 물가변동이 심한 시기에 역사적원가 정보는 검증가능성이 있지만 현행원가 정보에 비해 검증가능성은 떨어진다.

⑤ 기업실체의 재무상태에 중요한 영향을 미칠 것으로 예상되는 진행 중인 손해배상소송에 대한 정보는 신뢰성 있는 정보일 수 있으나 소송결과를 확실히 예측할 수 없는 상황에서 금액을 재무제표에 인식하는 것은 목적적합성을 저하할 수 있다.

★★★ 회계정보의 질적특성

06 □□□

다음 중 재무회계 개념체계의 질적특성에 대한 설명으로 옳지 <u>않은</u> 것은?

① 검증가능성은 동일한 경제적 사건이나 거래에 대하여 동일한 측정방법을 적용할 경우 다수의 독립적인 측정자가 유사한 결론에 도달할 수 있어야 함을 의미한다.

② 중립성은 회계정보의 편의 없이 중립적이어야 한다는 특성을 의미한다.

③ 2차적 특성으로는 비교가능성이 있으며, 기업실체 간 비교나 기간별 비교가 가능한 것을 의미한다.

④ 목적적합성 중 적시성은 회계정보가 유용하기 위해서는 그 정보가 의사결정에 반영될 수 있도록 적절한 시점에 제공되어야 한다는 특성을 의미한다.

⑤ 목적적합성 중 예측가치는 정보이용자의 당초 기대치를 확인 또는 수정되게 함으로써 의사결정에 영향을 미칠 수 있는 능력을 의미한다.

★★★ 회계정보의 질적특성 최신출제유형

07 □□□

재무정보의 질적특성에 관한 설명으로 옳지 <u>않은</u> 것은?

① 적시성 있는 정보를 제공하기 위해서는 정보의 적시성과 신뢰성 간의 균형을 고려하여야 한다.

② 매출채권에 대해 대손충당금을 과소계상하는 경우 표현의 충실성만 훼손된다.

③ 비교가능성으로 인해 목적적합성과 신뢰성을 제고할 수 있는 회계정책의 선택에 장애가 되어서는 안 된다.

④ 재무제표에 표시되는 항목은 중요성을 고려하여야 하므로 목적적합성과 신뢰성을 갖춘 모든 항목이 재무제표에 반드시 표시되는 것은 아니다.

⑤ 신중성이란 불확실한 상황에서 자산, 수익이 과다 계상되지 않고 부채, 비용은 과소계상되지 않도록 추정에 신중을 기하는 것을 말한다.

★★

08 □□□

재무제표의 기본가정

비용의 인식기준에 해당하는 것을 모두 묶은 것은?

A. 직접대응	B. 가득기준	C. 실현기준
D. 간접대응	E. 체계적·합리적 배분	

① A
② A, B
③ A, C, E
④ D, E
⑤ A, D, E

정답 및 해설

05 ② 회계정보의 질적특성이 상충하는 예로 '유형자산을 역사적원가로 평가하면 검증가능성이 높으므로 신뢰성이 제고되나 목적적합성은 저하될 수 있다.'를 들 수 있다.

오답체크

① 반기재무제표는 적시성 있는 정보를 제공하므로 목적적합성이 높으나 비용의 자의적인 배분이 수반되어 신뢰성은 저하된다.
③ 시장성이 없는 유가증권을 역사적원가로 평가하면 검증가능성이 높으나 예측가치가 저하되어 목적적합성을 상실할 수 있다.
④ 물가변동이 심한 시기에 역사적원가 정보는 검증가능성이 있지만 현행원가 정보에 비해 표현의 충실성은 떨어진다.
⑤ 기업실체의 재무상태에 중요한 영향을 미칠 것으로 예상되는 진행 중인 손해배상소송에 대한 정보는 목적적합성 있는 정보일 수 있으나 소송결과를 확실히 예측할 수 없는 상황에서 금액을 재무제표에 인식하는 것은 신뢰성을 저하할 수 있다.

06 ⑤ 목적적합성 중 피드백가치는 정보이용자의 당초 기대치를 확인 또는 수정되게 함으로써 의사결정에 영향을 미칠 수 있는 능력을 의미한다.

07 ② 매출채권에 대해 대손충당금을 과소계상하는 경우 표현의 충실성과 목적적합성이 훼손된다.

08 ⑤ 비용의 인식기준은 직접대응, 체계적·합리적 배분, 간접대응이다.

★★★ 재무제표의 요소 최신출제유형

09 재무정보의 질적특성과 자산과 부채의 측정속성에 대한 옳지 않은 설명을 모두 고른 것은?

A. 기업특유가치와 공정가치는 현재 시점의 가치라는 공통점이 있다.
B. 불확실한 상황에서 가능한 자산, 수익이 과소계상되고 부채, 비용이 과다계상되도록 회계처리하면 신중성이 확보된 회계처리이다.
C. 금융자산의 상각후가액은 역사적 이자율을 적용하여 측정한 현재가치이다.
D. 목적적합성을 높일 수 있는 대체적 방법이 있음에도 불구하고 비교가능성의 저하를 이유로 회계정책의 변경을 하지 않는 것은 적절한 회계처리로 볼 수 있다.

① A
② A, B
③ A, C, E
④ B, D
⑤ A, D, E

★★★ 보수주의

10 보수주의 회계 방침으로 옳은 것은?

① 경영성과나 재무상태를 과소평가하지 않도록 하기 위해 도입된 개념이다.
② 비용은 확실한 것만 계상하는 반면에 수익은 빠짐없이 계상하는 방법이다.
③ 합리적인 추정이 가능한 경우까지 의도적으로 기업의 성과나 자산을 과소계상하여야 한다.
④ 지급능력의 확실성을 높이거나 이익 과대계상으로 인한 과대배상의 가능성을 줄여줌으로써 채권자에게는 부정적인 측면이 있어 보수주의에 의한 회계처리방법이 비난받기도 한다.
⑤ 회계담당자의 예측이나 추산에 대한 판단의 한계를 보완할 수 있다.

★★ 보수주의

11 다음 중 보수주의 회계에 대한 설명으로 옳지 않은 것은?

① 수익은 확실한 것만 인식한다.
② 보수주의는 이익이나 재무상태를 과대평가하지 않도록 하기 위해 도입되었다.
③ 재고자산의 저가법 평가는 보수주의 회계의 예이다.
④ 합리적으로 추정 가능한 수익이라도 인식하지 않는다.
⑤ 과세와 배당 등의 기업 자금이 사외유출되는 것을 막기 위한 조치로서 재무적 건전성을 위한 방법이다.

★★★ 재무제표의 기본가정(일반기업회계기준과 동일)

12 □□□ **아래 나열된 가정 중 회계기본가정에 대한 설명에서 재무회계 개념으로 인정받는 기본 가정은 모두 몇 개인가?**

A. 기업실체의 가정 B. 수익 및 비용 대응 가정 C. 계속기업의 가정 D. 기간별 보고의 가정 E. 경제적 실체 가정 F. 화폐단위 측정의 가정

① 1개　② 2개　③ 3개　④ 4개　⑤ 5개

정답 및 해설

09 ④ B. 불확실한 상황에서 가능한 자산, 수익이 과소계상되고 부채, 비용이 과다계상되도록 회계처리하는 것은 보수주의에 따른 회계처리로 신중성과 관련이 없다.
D. 목적적합성을 높일 수 있는 대체적 방법이 있음에도 불구하고 비교가능성의 저하를 이유로 회계정책의 변경을 하지 않는 것은 적절한 회계처리로 볼 수 없다.

10 ⑤ 회계담당자의 예측이나 추산에 대한 판단의 한계를 보완한다는 측면에서 보수주의가 채택된다.

오답체크

① 경영성과나 재무상태를 과대평가하지 않도록 하기 위해 도입된 개념이다.
② 수익은 확실한 것만 계상하는 반면, 비용은 빠짐없이 계상하는 방법이다.
③ 합리적인 추정이 가능한 경우까지 의도적으로 기업의 성과나 자산을 과소계상하라는 의미는 아니다.
④ 지급능력의 확실성을 높이거나 이익 과대계상으로 인한 과대배상의 가능성을 줄여줌으로써 채권자를 보호하는 긍정적인 측면에서 보수주의에 의한 회계처리방법이 정당화되기도 한다.

11 ④ 보수주의는 합리적으로 추정 가능한 수익을 인식하지 않는 것은 아니다.

12 ③ 재무제표의 기본가정은 기업실체의 가정, 계속기업의 가정, 기간별 보고의 가정이다.

★★★ 재무제표의 기본가정(일반기업회계기준과 동일)

13 □□□

다음 중 계속기업의 가정과 가장 관계가 깊은 것은?

① 발생주의 원칙의 등장
② 재무제표에 포함시켜야 할 사건의 범위 결정
③ 적시성 있는 재무정보
④ 화폐가치의 안정
⑤ 역사적원가주의의 성립

★★★ 재무제표의 한계점

14 □□□

재무제표 구성요소의 측정속성 중 당해 자산이나 부채에서 발생할 미래현금흐름을 유효이자율을 이용하여 현재의 가액으로 측정한 금액은 무엇인가?

① 취득원가(또는 역사적원가)와 역사적 현금수취액
② 공정가치 또는 공정가액
③ 기업특유가치
④ 순실현가능가치 혹은 이행가액
⑤ 상각후가액

★★★ 재무제표의 한계점

15 □□□

다음 중 재무회계 개념체계에서 작성된 재무제표의 한계점으로 옳지 않은 것은?

① 계속기업의 가정에서 작성되어 장기적으로 존속할 때만 유용성이 존재한다.
② 기간별 보고의 목적으로 작성되어 경영성과 평가에 자의성이 존재할 가능성이 있다.
③ 화폐단위로 측정이 가능하여 측정의 신뢰성이 높지 않은 경우에도 재무제표에 포함하는 경우가 많다.
④ 비효율성 명목 또는 측정의 신뢰성이 낮다는 명분으로 제공되지 않은 목적적합한 정보가 많다.
⑤ 경제적 사건에 대한 법률형태만을 고려하여 경제적 실질은 반영되지 못하는 경우가 있다.

정답 및 해설

13 ⑤ 계속기업의 가정으로 인해 역사적원가주의의 성립이 가능해진다.

14 ⑤ 유효이자율을 이용하여 당해 자산 또는 부채에 대한 현재의 가액으로 측정한 금액을 상각후가액이라고 한다.

참고 상각후가액의 측정에 사용되는 이자율은 역사적이자율이다.

15 ③ 화폐단위로 측정이 가능하더라도 측정의 신뢰성이 높지 않으면 재무제표에 포함하지 않는 경우가 존재한다.

제2절 | 리스

01 리스의 의의 ★

리스란 리스제공자가 특정자산의 사용권을 합의된 기간 동안 리스이용자에게 이전하고, 리스이용자는 그 대가로 사용료를 리스제공자에게 지급하는 계약을 말한다.

02 리스의 분류 ★★★

Ⅰ. 운용리스 예 렌터카 회사

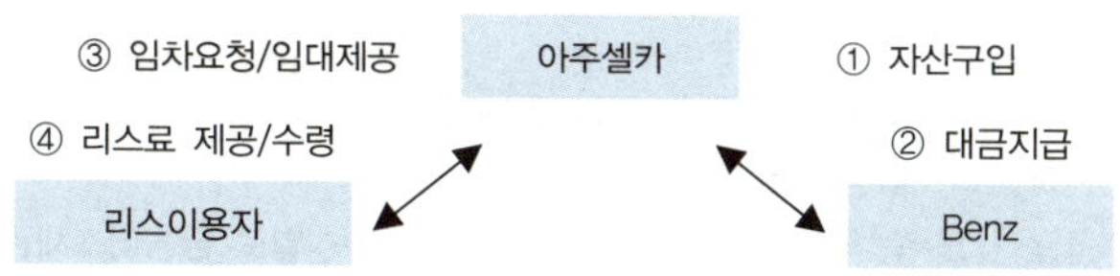

법적소유권	경제적 실질	감가상각주체
리스제공자	리스제공자	리스제공자

Ⅱ. 금융리스 예 캐피탈 회사

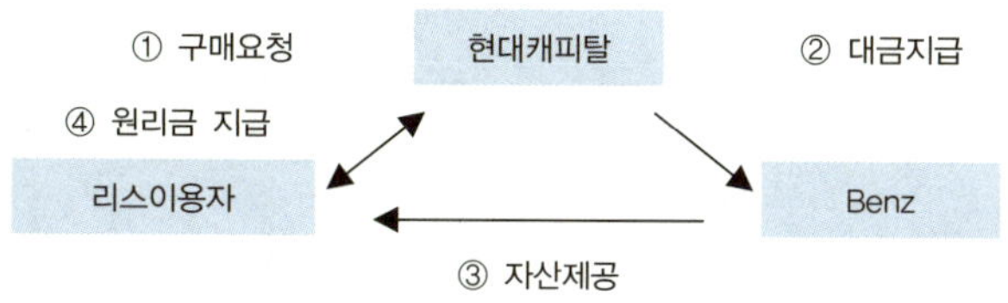

법적소유권	경제적 실질	감가상각주체
리스제공자	리스이용자	리스이용자

1. 금융리스

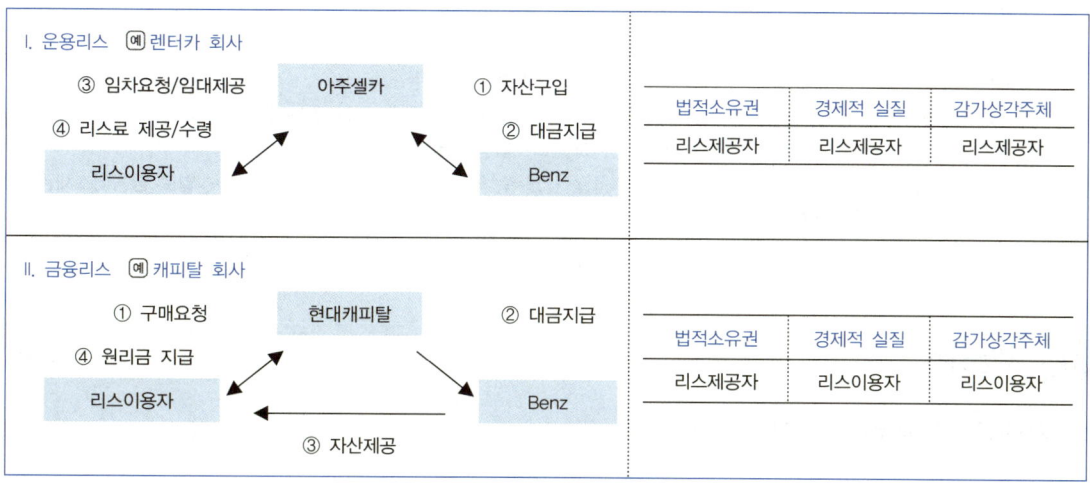

금융리스는 리스계약의 대상이 되는 리스자산의 소유에 따른 위험과 보상(경제적 실질)이 실질적으로 리스제공자로부터 리스이용자에게 이전되는 리스로, 리스이용자가 리스자산(감가상각비 발생)과 리스부채를 계상하며, 리스제공자는 리스계약을 금전대차계약으로 회계처리한다.

2. 운용리스

운용리스는 금융리스 이외의 리스를 의미하여 리스자산의 소유권에 따른 위험과 보상(경제적 실질)이 실질적으로 리스제공자에게 있는 경우로 리스제공자가 리스자산과 리스부채를 계상하며, 리스이용자는 단순 임대차계약으로 회계처리한다.

3. 금융리스 분류의 기준

아래의 기준 중 하나를 충족하면 금융리스로 분류한다.

소유권이전 약정 기준	리스기간 종료 시점까지 리스자산의 소유권이 리스이용자에게 이전되는 경우
염가매수선택권 기준	리스이용자가 선택권을 행사할 수 있는 시점의 공정가치보다 충분하게 낮을 것으로 예상되는 가격으로 리스자산을 매수할 수 있는 선택권을 가지고 있으며, 그 선택권을 행사할 것이 리스약정일 현재 거의 확실한 경우
리스기간 기준	리스기간이 리스자산의 경제적 내용연수의 상당 부분을 차지하는 경우
공정가치 회수 기준	리스약정일 현재 최소리스료를 내재이자율로 할인한 현재가치가 적어도 리스자산의 공정가치 대부분에 상당하는 경우
범용성 없는 자산 기준	리스이용자만이 중요한 변경 없이 사용할 수 있는 특수한 성격의 리스자산인 경우

✓핵심체크

1. 금융리스 분류의 추가 판단기준
   - 리스이용자가 리스를 해지할 경우 해지로 인한 리스제공자의 손실을 리스이용자가 부담하는 경우
   - 잔존자산의 공정가치 변동에 따른 손익이 리스이용자에게 귀속되는 경우
   - 리스이용자가 시장가격보다 현저하게 낮은 가격으로 리스를 갱신할 능력이 있는 경우
2. 리스자산의 자본화 여부는 리스약정일에 결정된다. (리스약정일 ≠ 리스개시일)
3. 리스개시일은 리스이용자가 리스자산의 사용권을 행사할 수 있게 된 날, 즉 리스의 최초 인식일로 금융리스채권, 금융리스자산, 금융리스부채를 인식하는 날이다.

03 운용리스 ★★★

1. 리스제공자의 재무제표 효과

B/S		I/S	
운용리스자산	A	리스료수익	Σ정기리스료/리스기간
		(감가상각비)	
		• 리스자산	(구입가격 − 잔존가치)/내용연수
		• 리스개설직접원가	리스개설직접원가/리스기간

A : 리스자산 구입가격 + 리스개설직접원가

2. 리스제공자의 회계처리

구 분	리스제공자
자산구입	(차) 선급리스자산 구입가격 + 직접원가 (대) 현금 ××
리스개시일	(차) 운용리스자산 취득원가 (대) 선급리스자산 ×× 운용리스자산 리스개설직접원가 현금 ××
기 말	(차) 현금 ×× (대) 리스료수익(N/I) ×× (차) 감가상각비(N/I) ×× (대) 감가상각누계액 ××
리스종료일	회계처리 없음

3. 리스제공자의 운용리스 회계처리 시 주의사항

(1) 운용리스료 수익·비용의 인식

운용리스 과정에서 리스제공자와 리스이용자가 인식할 리스료수익과 비용은 다른 체계적인 인식기준이 없다면, 리스기간에 걸쳐 정액기준으로 인식한다.

➲ 매기 인식할 운용리스료 수익·비용 = Σ 정기리스료 ÷ 운용리스기간

운용리스료 수익·비용

연도	20×1	20×2	20×3
매년 리스료	100	200	300

➲ 매년 인식할 리스료
= (100 + 200 + 300)/3 = 200원

(2) 감가상각비

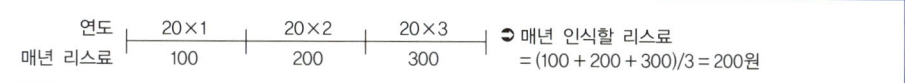

리스제공자의 운용리스자산은 리스제공자가 소유한 다른 유사자산의 일반 감가상각정책과 일관성 있게 내용연수 동안 비용으로 인식한다. 또한 운용리스의 협상 및 계약단계에서 운용리스개설직접원가가 발생할 수 있다. 리스기간개시일에 발생한 운용리스개설직접원가는 자산으로 인식하고 운용리스자산의 장부금액에 가산하여 표시한다. 운용리스자산의 장부금액에 가산된 리스개설직접원가는 리스료수익에 대응하여 리스기간 동안 비용으로 인식한다.

① 운용리스자산의 취득원가 = (취득원가 - 내용연수 종료 시 잔존가치) ÷ 내용연수

② 리스개설직접원가 = 운용리스개설직접원가 ÷ 운용리스기간

예제 1

㈜도도리스는 ㈜한국과 운용리스계약을 체결하고, 20×2년 10월 1일 생산설비(취득원가 800,000원, 내용연수 10년, 잔존가치 0원, 정액법 감가상각)를 취득과 동시에 인도하였다. 리스기간은 3년이고, 리스료는 매년 9월 30일에 수령한다. ㈜도도리스가 리스료를 다음과 같이 수령한다면, 동 거래가 20×2년 ㈜도도리스의 당기순이익에 미치는 영향은 각각 얼마인가? (단, 리스와 관련된 효익의 기간적 형태를 더 잘 나타내는 다른 체계적인 인식기준은 없고, 리스료와 감가상각비는 월할 계산한다)

(단위 : 원)

일 자	리스료
20×3년 9월 30일	100,000
20×4년 9월 30일	120,000
20×5년 9월 30일	140,000

풀이

➲ ㈜도도리스 20×2년 N/I 영향 = 30,000 − 20,000 = 10,000원

B/S		I/S	
운용리스자산 A 800,000		리스료수익	Σ정기리스료/리스기간 360,000/3 × 3/12 = 30,000원
		(감가상각비) • 리스자산	(구입가격 − 잔존가치)/내용연수 800,000/10 × 3/12 = (20,000)원
		• 리스개설직접원가	리스개설직접원가/리스기간
		(인센티브 관련 손익)	지급액/리스기간

A : 리스자산 구입가격 + 리스개설직접원가

04 금융리스 ★★★

1. 금융리스의 전체 구조

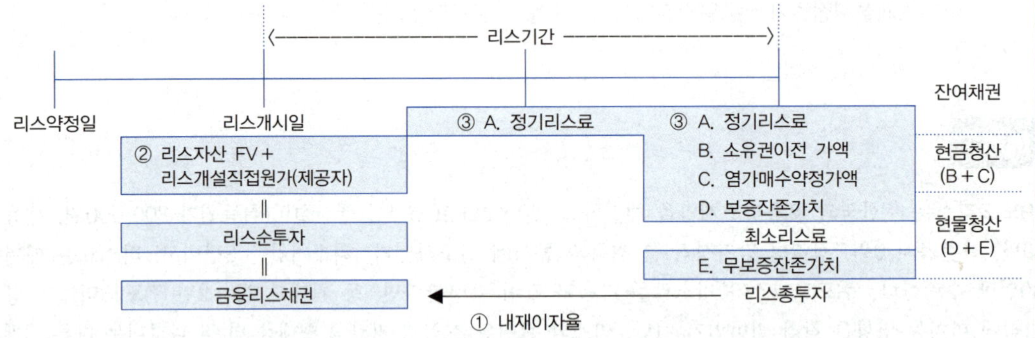

➲ 금융리스채권 = 리스자산 FV + 리스개설직접원가 = PV(최소리스료 + 무보증잔존가치) by 내재이자율

(1) 최소리스료(A + B or C or D)

리스기간에 리스이용자가 리스제공자에게 지급해야 하는 금액으로 확정되지 않은 조정리스료와 리스제공자가 지급하고 리스이용자에게 청구할 수 있는 용역원가와 세금 등은 제외한다.

① **정기리스료** : 리스제공자와 리스이용자 간에 정기적으로 수수하기로 약정한 리스료

② **소유권이전 약정가액** : 리스기간 종료 시점에 법적소유권을 이전하고 수수하기로 약정한 확정된 양도가액

③ **염가매수선택권 행사가액** : 리스이용자의 선택에 따라 리스이용자가 당해 자산을 매수선택권 행사가능일 현재의 공정가치보다 현저하게 낮은 가격으로 매수할 수 있는 권리에 해당하는 옵션 행사가액

④ 보증잔존가치와 무보증잔존가치

구 분	리스제공자	리스이용자
보증잔존가치	• 리스이용자 또는 • 리스이용자의 특수관계자 또는 • 리스제공자와 특수관계가 없고 재무적으로 이행능력이 있는 제3자가 보증한 잔존가치	• 리스이용자 또는 • 리스이용자의 특수관계자가 보증한 잔존가치
무보증잔존가치	리스제공자가 실현할 수 있을지 확실하지 않거나 리스제공자의 특수관계자만이 보증한 리스자산의 잔존가치로서 최소리스료에 포함되지 않음	

✓ 핵심체크

1. 내재이자율 : 최소리스료와 무보증잔존가치의 합계액을 리스자산의 공정가치 및 리스제공자의 리스개설직접원가의 합계액과 일치시키는 리스제공자의 할인율
2. 증분차입이자율 : 리스이용자가 유사한 리스에 대해 부담해야 할 이자율

2. 금융리스의 재무제표분석

(1) 리스제공자

B/S

금융리스채권 ↓

I/S

리스자산 회수손실 | 이자수익 ↑

• PV(최소리스료 + 무보증잔존가치) by 내재R
• 리스자산 FV + 리스개설직접원가

× 내재R

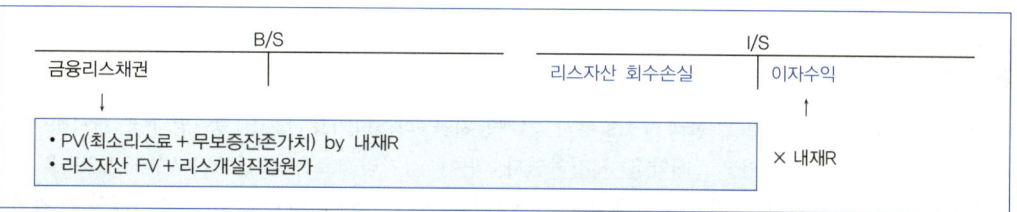

실행일	(차) 금융리스채권	PV(최소 + 무보증) by 내재R	(대) 선급리스자산	리스자산 FV
			현금(제공자)	리스개설직접원가
결산일	(차) 현금	정기리스료	(대) 이자수익(N/I)	기초금융리스채권×내재R
			금융리스채권	××

(2) 리스이용자

B/S

금융리스자산 (감가상각누계액) ↑ + 리스개설직접원가 | 금융리스부채 ↓

I/S

감가상각비
이자비용 ↑

• Min[PV(최소리스료) by 내재R or 증분R, 리스자산 FV]

× 내재R or 증분R

• 현금청산 : 내용연수, 잔존가치
• 현물청산 : 리스기간, 보증잔존가치

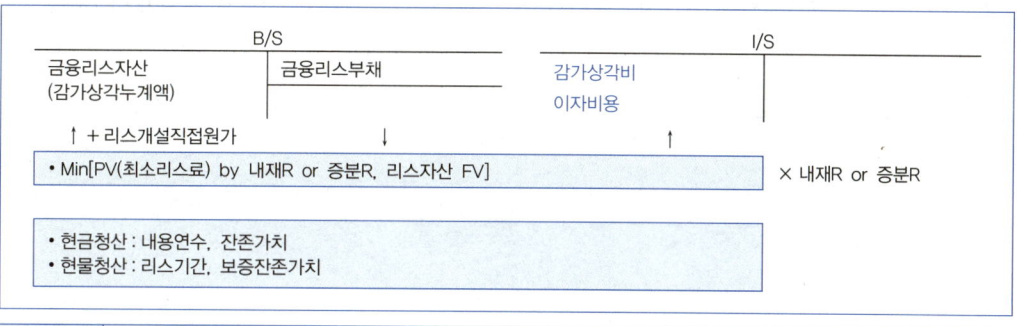

실행일	(차) 금융리스자산	××	(대) 금융리스부채	Min[PV(최소) by 내재R, 리스 FV]
			현금(이용자)	리스개설직접원가
결산일	(차) 이자비용(N/I)	기초리스부채 × 내재R	(대) 현금	정기리스료
	금융리스부채	××		
	(차) 감가상각비(N/I)	××	(대) 감가상각누계액	××

(3) 리스제공자와 리스이용자의 현금흐름분석

구 분	현금청산(소유권이전, 염가매수선택권)	현물청산(보증 + 무보증잔존가치)
리스제공자	최소리스료	최소리스료 + 무보증잔존가치
	=	≠
리스이용자	최소리스료	최소리스료
	↓	↓
	• 금융리스채권 = 금융리스부채 • 리스자산 FV + 리스개설직접원가 = PV(최소리스료) by 내재R	• 금융리스채권 ≠ 금융리스부채 • 리스자산 FV + 리스개설직접원가 = PV(최소리스료 + 무보증) by 내재R

(4) 현금청산, 현물청산에 따른 감가상각

구 분	현금청산(소유권이전, 염가매수)	현물청산(보증 + 무보증잔존가치)
감가상각기간	내용연수	Min[리스기간, 내용연수]
잔존가치	잔존가치	보증잔존가치

예제 2

㈜대한은 20×1년 1월 1일 ㈜한국리스로부터 기계장치를 리스하기로 하고, 동 일자에 개시하여 20×3년 12월 31일에 종료하는 금융리스계약을 체결하였다. 연간 정기리스료는 매년 말 ₩1,000,000을 후급하며, 내재이자율은 연 10%이다. 리스기간 종료 시 예상잔존가치는 ₩1,000,000이다. 리스개설과 관련한 법률비용으로 ㈜대한은 ₩100,000을 지급하였다. 리스기간 종료 시점에 ㈜대한은 염가매수선택권을 ₩500,000에 행사할 것이 리스약정일 현재 거의 확실하다. 기계장치의 내용연수는 5년이고, 내용연수 종료 시점의 잔존가치는 없으며, 기계장치는 정액법으로 감가상각한다. ㈜대한이 동 리스거래와 관련하여 20×1년도에 인식할 이자비용과 감가상각비의 합계는 얼마인가? (단, 계산방식에 따라 단수차이로 인해 오차가 있는 경우 가장 근사치를 선택한다)

기 간	단일금액 ₩1의 현재가치(10%)	정상연금 ₩1의 현재가치(10%)
3	0.7513	2.4869
5	0.6209	3.7908

풀이

➲ 20×1년도 이자비용과 감가상각비 합계 = 286,255 + 592,510 = ₩878,765

현금청산 – 리스이용자

개시시점

B/S		I/S
금융리스자산 2,862,550 + 100,000 = 2,962,550	금융리스부채 2,862,550	감가상각비 = (2,962,550 – 0)/5년 = (592,510) 이자비용 = 2,862,550 × 10% = (286,255)

↑ + 리스개설직접원가 100,000

- Min[PV(최소리스료) by 내재R or 증분R, 리스자산 FV]
  Min[1,000,000 × 2.4869 + 500,000 × 0.7513, FV] = Min[2,862,550, FV] = ₩2,862,550

× 내재R or 증분R × 10%

- 현금청산 : 내용연수, 잔존가치 ➲ 5년, 잔존가치 '0'
- 현물청산 : 리스기간, 보증잔존가치

05 판매형리스 ★★★

1. 의의

제조자나 판매자가 제조 또는 구매한 자산을 금융리스형식으로 판매하는 경우의 리스를 말한다.

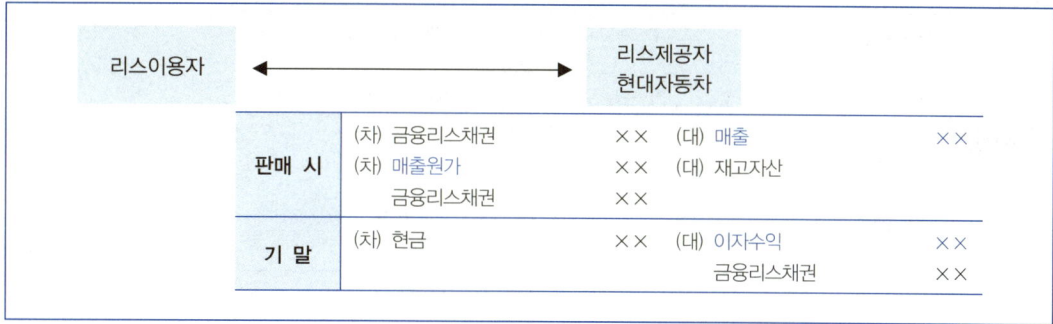

리스이용자 ←→ 리스제공자 현대자동차

판매 시	(차) 금융리스채권	××	(대) 매출	××
	(차) 매출원가	××	(대) 재고자산	
	금융리스채권	××		
기 말	(차) 현금	××	(대) 이자수익	××
			금융리스채권	××

2. 회계처리

개시일	(차) 리스채권	PV(최소리스료)	(대) 매출(N/I)	Min[기초자산 FV, PV(최소리스료)]
	(차) 매출원가(N/I)	BV – PV(무보증잔존가치)	(대) 재고자산	BV
	리스채권	PV(무보증잔존가치)		
	(차) 판매관리비(N/I)	××	(대) 현금	리스개설직접원가
기 말	(차) 현금	리스료	(대) 이자수익	기초리스채권 × 시장R
			리스채권	××

➲ 판매 시점에 리스제공자의 N/I 미치는 영향

- 매출액 : Min[기초자산 FV, PV(리스료) by 시장R]
- 매출원가 : 기초자산 BV – PV(무보증잔존가치) by 시장R
- 리스제공자의 리스개설직접원가 : 판매관리비용 처리

예제 3

에어컨제조사인 ㈜태풍은 20×1년 1월 1일 직접 제조한 추정내용연수가 5년인 에어컨을 ㈜여름에 금융리스 방식으로 판매하는 계약을 체결하였다. 동 에어컨의 제조원가는 ₩9,000,000이고, 20×1년 1월 1일의 공정가치는 ₩12,500,000이다. 리스기간은 20×1년 1월 1일부터 20×4년 12월 31일까지이며, ㈜여름은 리스기간 종료 시 에어컨을 반환하기로 하였다. ㈜여름은 매년 말 리스료로 ₩3,500,000을 지급하며, 20×4년 12월 31일의 에어컨 예상잔존가치 ₩1,000,000 중 ₩600,000은 ㈜여름이 보증하기로 하였다. ㈜태풍은 20×1년 1월 1일 ㈜여름과의 리스계약을 체결하는 과정에서 ₩350,000의 직접비용이 발생하였다. ㈜태풍이 동 거래로 인하여 리스기간개시일인 20×1년 1월 1일에 인식할 수익과 비용의 순액(수익에서 비용을 차감한 금액)은 얼마인가? (단, 20×1년 1월 1일 현재 시장이자율과 ㈜태풍이 제시한 이자율은 연 8%로 동일하다)

기 간	8% ₩1의 현가계수	8% ₩1의 연금현가계수
4	0.7350	3.3121

풀이

➲ 판매형리스에서 리스제공자의 N/I 미치는 영향 : ① + ② + ③ = ₩2,977,350

① 매출액 = Min[리스자산 FV, PV(최소리스료) by 시장R]

= Min[12,500,000, (3,500,000 × 3.3121 + 600,000 × 0.7350) = ₩12,033,350

② 매출원가 = 리스자산 BV − PV(무보증잔존가치) by 시장R

= 9,000,000 − (1,000,000 − 600,000) × 0.7350 = ₩(8,706,000)

③ 리스제공자의 리스개설직접원가 = ₩(350,000) 판매관리비용 처리

개시일	(차) 금융리스채권	PV(최소리스료) 12,033,350	(대) 매출(N/I)	PV(최소리스료) 12,033,350
	(차) 매출원가(N/I)	BV − PV(무보증잔존가치) 8,706,000	(대) 재고자산	BV 9,000,000
	금융리스채권	PV(무보증잔존가치) 294,000		
	(차) 판매관리비	350,000	(대) 현금	리스개설직접원가 350,000

개념완성문제

01 리스실행일 현재 리스이용자가 염가매수선택권을 가지고 있지만 이를 행사할 가능성이 높지 않은 경우에는 해당 리스를 금융리스로 분류한다. (O, X)

02 최소리스료에는 무보증잔존가치가 포함된다. (O, X)

03 리스기간 종료 시 소유권이 리스이용자에게 이전되는 경우 금융리스자산의 감가상각기간은 (   )다/이다.

04 최소리스료의 현재가치를 계산할 때 적용할 할인율은 리스이용자의 증분차입이자율을 우선 적용한다. (O, X)

정답 및 해설

01 X 리스실행일 현재 리스이용자가 염가매수선택권을 가지고 있지만 이를 행사할 가능성이 높지 않은 경우에는 해당 리스를 운용리스로 분류한다.

02 X 최소리스료에는 정기리스료, 보증잔존가치, 염가매수선택권의 행사가격이 포함된다.

03 해당 자산의 내용연수

04 X 최소리스료의 현재가치를 계산할 때 적용할 할인율은 리스제공자의 내재이자율이며, 이를 알지 못할 경우에는 리스이용자의 증분차입이자율을 사용한다.

출제예상문제

✓ 학습시간이 부족하거나 시험 전 최종정리를 하고 싶은 경우에는 출제빈도(★~★★★)가 높은 문제를 우선으로 풀이할 수 있습니다.
✓ 다시 봐야 할 문제(풀지 못한 문제, 헷갈리는 문제 등)는 문제 번호 하단의 네모박스(□)에 체크하여 반복 학습할 수 있습니다.

★★★ 리스의 분류

01 □□□

리스계약은 경제적 실질에 따라 금융리스와 운용리스로 구분된다. 다음 중 금융리스로 분류되는 경우로 옳지 않은 것은?

① 리스기간 종료 시 또는 그 이전에 리스자산의 소유권이 무상으로 리스이용자에게 이전된 경우
② 리스실행일 현재 리스이용자가 염가매수선택권을 가지고 있지만 이를 행사할 가능성이 확실한 경우
③ 리스이용자가 잔존가치의 공정가치 변동에 따른 이익과 손실을 부담하는 경우
④ 리스실행일 현재 리스총투자를 내재이자율로 할인한 현재가치가 리스자산의 공정가치의 대부분을 차지하는 경우
⑤ 리스이용자가 염가갱신선택권을 가지고 있는 경우

★★★ 운용리스

02 □□□

20×1년 초에 리스제공자는 20×0년 말에 1,700,000원에 취득한 기계장치에 대하여 운용리스계약을 체결하고 즉시 리스계약을 실행하였다. 동 기계장치의 리스기간은 20×1년 초부터 20×3년 말까지 3년이다. 운용리스료는 20×1년 말에 150,000원, 20×2년 말에 120,000원, 20×3년 말에 90,000원을 수행하기로 하였다. 기계장치의 내용연수는 10년이고 정액법으로 감가상각하며, 잔존가치는 75,000원이다. 리스이용자가 20×2년에 비용으로 인식할 금액은 얼마인가?

① 60,000원 ② 120,000원 ③ 157,500원
④ 180,000원 ⑤ 270,000원

★★★
03 □□□

운용리스

20×1년 초에 리스제공자는 950,000원에 취득한 기계장치에 대해 운용리스계약을 체결하고 즉시 실행하였다. 동 기계장치의 리스기간은 20×1년 초부터 20×3년 말까지 3년이다. 리스이용자는 운용리스료로 20×1년 말에 75,000원, 20×2년 말에 180,000원, 20×3년 말에 105,000원을 지급하기로 하였다. 동 운용리스거래가 리스제공자의 20×1년 당기손익에 미치는 영향은 얼마인가? (단, 동 기계장치의 내용연수는 5년, 잔존가치는 0원, 정액법으로 감가상각한다)

① 40,000원 감소　② 70,000원 감소　③ 40,000원 증가
④ 120,000원 증가　⑤ 180,000원 증가

★★★
04 □□□

금융리스 최신출제유형

A사는 20×1년 1월 1일에 기계장치를 임차하였다. 해당 기계장치의 내용연수는 5년, 리스기간은 4년이며 리스기간 종료 후 기계는 리스제공자에 반환한다. 기계장치의 공정가액은 400,000원이며, 리스이용자는 리스종료일인 20×4년 12월 31일에 리스자산 잔존가치 중 80,000원을 보증하였다. 리스료는 매년 말 102,000원씩 4회 지급되며, 이 중 2,000원은 화재보험료이다. 리스계약 시 내재이자율은 8%이고 A사의 증분차입이자율은 10%이다. A사는 두 이자율을 모두 알고 있다. 리스실행일인 20×1년 1월 1일에 A사가 계상할 금융리스부채액은 얼마인가? (단, 8%와 10%의 4년 연금 현가계수는 각각 3.31과 3.17이고, 4년 후 1원의 현가계수는 각각 0.73과 0.68을 적용한다)

① 185,700원　② 287,400원　③ 389,400원
④ 399,010원　⑤ 400,000원

정답 및 해설

01 ④ 리스실행일 현재 최소리스료를 내재이자율로 할인한 현재가치가 리스자산의 공정가치의 대부분을 차지하는 경우

02 ② 리스료비용 = (150,000 + 120,000 + 90,000) ÷ 3년 = 120,000원

03 ②
- 리스료수익 = (75,000 + 180,000 + 105,000) ÷ 3년 = 120,000원
- 감가상각비 = (950,000 − 0) ÷ 5년 = (190,000)원

➲ 당기손익에 미치는 영향 = 리스료수익 + 감가상각비 = 120,000 + (190,000) = (70,000)원

04 ③ 20×1년 초 금융리스부채액 = Min[(102,000 − 2,000) × 3.31 + 80,000 × 0.73, 400,000]
= Min[389,400, 400,000] = 389,400원

참고 리스자산의 운영 및 유지보수와 관련하여 리스제공자가 책임을 지고 있어 리스료에 리스자산과 직접 관련된 수선유지비, 세금과 공과 등은 최소리스료에서 제외한다.

★★★ **금융리스** 최신출제유형

05 □□□

A사는 20×1년 1월 1일 리스회사와 새로운 기계를 다음과 같이 금융리스계약을 하였다. A사는 감가상각을 정액법으로 하고 있으며, 리스약정일에 당해 리스거래에 적용된 내재이자율은 8%이다. 내재이자율 8%에 대한 10년간의 연금현가계수가 6.7101인 경우 A사가 당해 리스계약과 관련하여 20×1년에 인식할 총비용은 얼마인가?

> • 해당 리스 기계장치의 공정가치는 6,000,000원이며, 내용연수는 20년이고 종료 시점의 잔존가치는 없다.
> • 리스기간은 10년이며, 리스료는 매년 말 800,000원씩 후급한다.
> • 리스기간 종료 시점에 A사는 당해 리스자산을 B리스회사에 반환한다. 리스 종료 시점에 A사가 보증한 잔존가치는 없다.

① 375,766원　② 380,766원　③ 469,707원
④ 845,473원　⑤ 966,254원

★★ **금융리스**

06 □□□

금융리스의 최소리스료는 리스이용자가 리스자산을 사용하는 대가로 리스제공자에게 지급하는 총액을 의미한다. 다음 중 최소리스료의 현재가치로 계산할 때 포함해야 할 항목을 모두 나열한 것은?

> A. 정기리스료　D. 염가매수선택권 행사가격
> B. 보증잔존가치　E. 보험 및 유지 보수 등의 용역에 대한 원가
> C. 무보증잔존가치　F. 리스개설직접원가

① A, B　② B, C　③ C, D
④ A, B, D　⑤ A, C, D

★★★ **07** □□□

금융리스

금융리스 이용자의 회계처리에 대한 설명 중 옳은 것은?

① 최초로 인식하는 금융리스부채는 최소리스료의 현재가치로 측정한다.

② 최소리스료의 현재가치를 계산할 때 적용할 할인율은 리스이용자의 증분차입이자율을 우선 적용한다.

③ 리스이용자의 리스개설직접원가는 리스부채에 가산한다.

④ 리스기간 종료 시 소유권이 리스이용자에게 이전되는 경우 금융리스자산의 감가상각기간은 리스기간이다.

⑤ 금융리스부채의 상각은 유효이자율법을 적용하여 리스료를 금융리스부채의 원금상환액과 이자비용으로 분리하여 계상한다.

정답 및 해설

05 ⑤
- 금융리스부채 = Min[800,000 × 6.7101, 6,000,000] = Min[5,368,080, 6,000,000] = 5,368,080원
- 금융리스자산 = 5,368,080원
- 20×1년 이자비용 = 5,368,080 × 8% = (429,446)원
- 20×1년 감가상각비 = (5,368,080 − 0) ÷ 10년 = (536,808)원

➲ 20×1년 총비용 = 20×1년 이자비용 + 20×1년 감가상각비 = (429,446) + (536,808) = (966,254)원

06 ④ 최소리스료에 포함되는 항목은 '정기리스료, 보증잔존가치, 염가매수선택권 행사가격'이다.

07 ⑤ 금융리스부채의 상각은 유효이자율법을 적용하고 리스료를 금융리스부채의 원금상환액과 이자비용으로 분리하여 계상한다.

오답체크

① 최초로 인식하는 금융리스부채는 최소리스료의 현재가치와 리스자산의 공정가치 중 적은 금액을 측정한다.
② 최소리스료의 현재가치를 계산할 때 적용할 할인율은 리스제공자의 내재이자율이며, 이를 알지 못할 경우에는 리스이용자의 증분차입이자율을 사용한다.
③ 리스이용자의 리스개설직접원가는 리스자산의 취득원가에 포함시킨다.
④ 리스기간 종료 시 소유권이 리스이용자에게 이전되는 경우 금융리스자산의 감가상각기간은 해당 자산의 내용연수이다.

08 □□□ **리스 사업을 하는 ㈜코리아리스는 ㈜서울과 다음과 같은 조건으로 해지불능 금융리스계약을 체결하였다. 리스제공자인 ㈜코리아리스의 내재이자율은 연 10%이며, 양사 모두 리스자산의 감가상각방법으로 정액법을 사용한다. 아래의 자료를 기초로 리스기간개시일 현재 ㈜코리아리스가 금융리스채권으로 인식할 금액 및 ㈜서울이 20×1년 감가상각비로 인식해야 할 금액은 각각 얼마인가?** (10% 현가계수는 아래의 표를 이용하고 소수점 첫째 자리에서 반올림한다. 또한 계산결과 단수차이로 인한 약간의 오차가 있으면 가장 근사치를 선택한다)

기 간	단일금액 ₩1의 현가	정상연금 ₩1의 현가
4	0.6830	3.1699
5	0.6209	3.7908

- 리스기간개시일 : 20×1년 1월 1일
- 리스기간 : 리스기간개시일로부터 4년(리스기간 종료 시점의 추정잔존가치는 ₩50,000이며, 이 중에서 리스이용자가 ₩30,000을 보증함)
- 리스자산의 내용연수 : 5년
- 연간 리스료 : 매 연도 말에 ₩4,000,000씩 지급함
- 리스개설직접원가 : ㈜코리아리스가 지출한 리스개설직접원가는 ₩0이며, ㈜서울이 지출한 리스개설직접원가는 ₩80,000임
- 소유권이전 약정 : 리스기간 종료 시까지 소유권이전 약정 없음

	금융리스채권	감가상각비
①	₩12,713,750	₩2,550,018
②	₩12,713,750	₩3,046,365
③	₩12,713,750	₩3,187,523
④	₩15,181,827	₩3,046,365
⑤	₩15,194,245	₩2,550,018

★★ 금융리스

09 □□□

다음 중 금융리스에 대한 설명으로 옳지 않은 것은?

① 최소리스료의 현재가치 계산 시 리스제공자의 내재이자율을 우선적용한다.
② 리스자산과 직접 관련된 수선유지비는 최소리스료에서 제외한다.
③ 리스제공자는 금융리스의 리스순투자와 동일한 금액을 금융리스채권으로 인식한다.
④ 최소리스료의 현재가치를 계산할 때 적용해야 할 할인율은 리스제공자의 내재이자율이며, 만약 이를 알 수 없다면 리스이용자의 증분차입이자율을 적용한다.
⑤ 리스이용자의 리스개설직접원가는 금융리스자산 금액에서 제외한다.

정답 및 해설

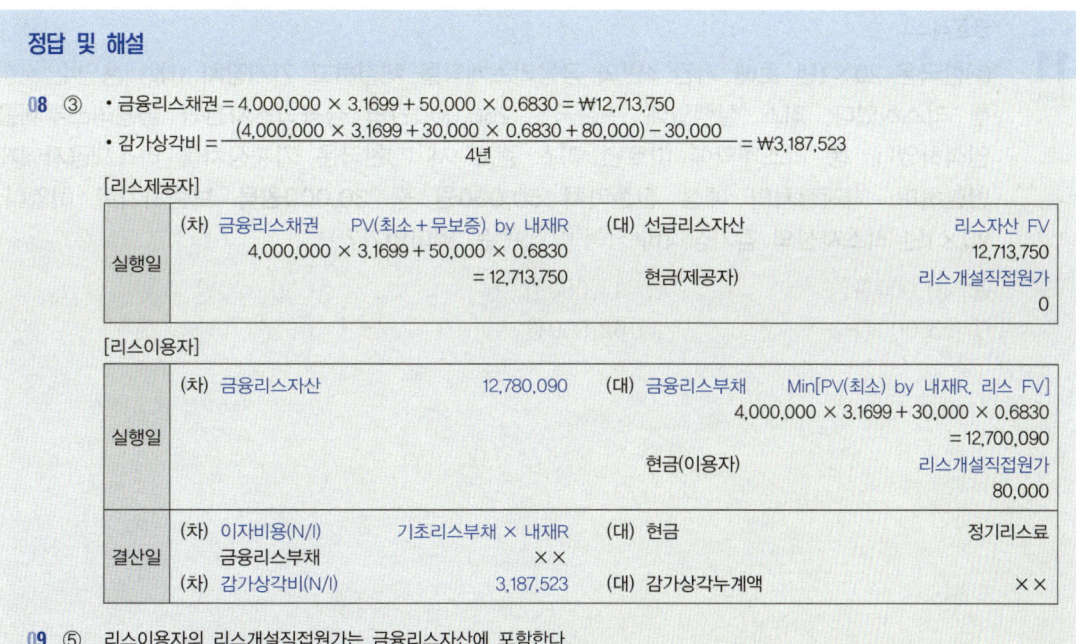

08 ③ • 금융리스채권 = 4,000,000 × 3.1699 + 50,000 × 0.6830 = ₩12,713,750

• 감가상각비 = $\frac{(4,000,000 \times 3.1699 + 30,000 \times 0.6830 + 80,000) - 30,000}{4년}$ = ₩3,187,523

[리스제공자]

실행일	(차) 금융리스채권	PV(최소+무보증) by 내재R 4,000,000 × 3.1699 + 50,000 × 0.6830 = 12,713,750	(대) 선급리스자산 현금(제공자)	리스자산 FV 12,713,750 리스개설직접원가 0

[리스이용자]

실행일	(차) 금융리스자산	12,780,090	(대) 금융리스부채 현금(이용자)	Min[PV(최소) by 내재R, 리스 FV] 4,000,000 × 3.1699 + 30,000 × 0.6830 = 12,700,090 리스개설직접원가 80,000
결산일	(차) 이자비용(N/I) 금융리스부채 (차) 감가상각비(N/I)	기초리스부채 × 내재R ×× 3,187,523	(대) 현금 (대) 감가상각누계액	정기리스료 ××

09 ⑤ 리스이용자의 리스개설직접원가는 금융리스자산에 포함한다.

★★★ 금융리스

10 □□□

㈜국세는 20×1년 1월 1일 ㈜대한리스로부터 공정가치 ₩2,000,000의 영업용 차량을 5년간 리스하기로 하고, 매년 말 리스료로 ₩428,500씩 지급하기로 하였다. 동 차량은 원가모형을 적용하고 내용연수는 7년이며 정액법으로 감가상각한다. 리스기간 종료 시 동 차량은 ㈜대한리스에 반환하는 조건이며, 보증잔존가치는 ₩300,000이고 내용연수 종료 시 추정잔존가치는 ₩400,000이다. ㈜국세는 리스기간개시일 ㈜대한리스의 내재이자율 10%를 알고 있다. 최소리스료의 현재가치는 리스자산 공정가치의 대부분을 차지한다. ㈜국세가 20×2년도 포괄손익계산서에 리스와 관련하여 인식할 비용은 얼마인가? (단, 현가계수는 아래 표를 이용한다. 또한 계산금액은 소수점 첫째 자리에서 반올림하며, 단수차이로 인한 오차가 있으면 가장 근사치를 선택한다)

기 간	단일금액 ₩1의 현가(10%)	정상연금 ₩1의 현가(10%)
5	0.6209	3.7908
6	0.5645	4.3553

① ₩428,500　② ₩458,445　③ ₩483,189
④ ₩518,445　⑤ ₩574,307

★★★ 금융리스

11 □□□

㈜한국은 20×1년 초에 기간 4년의 금융리스계약을 체결하고 기계장치 1대(내용연수 5년)를 리스하였다. 리스 실행일에 ㈜한국은 250,000원의 금융리스자산과 금융리스부채를 인식하였다. 동 리스계약에 따르면 리스 종료 시 ㈜한국은 기계장치를 리스제공자에게 반환하며, 기계장치의 예상 잔존가치 50,000원 중 30,000원을 보증하기로 하였다. 20×1년 리스자산의 감가상각비(정액법 적용)는 얼마인가?

① 40,000원　② 44,000원　③ 50,000원
④ 55,000원　⑤ 62,500원

★★★ **금융리스** 최신출제유형

12 □□□

㈜대한은 20×1년 1월 1일 ㈜한국리스로부터 기계장치를 리스하기로 하고, 동 일자에 개시하여 20×3년 12월 31일에 종료하는 금융리스계약을 체결하였다. 연간 정기리스료는 매년 말 1,000,000원을 후급하고 내재이자율은 연 10%이며 리스기간 종료 시 예상 잔존가치는 1,000,000원이다. 리스개설과 관련한 법률비용으로 ㈜대한은 100,000원을 지급하였다. 리스기간 종료 시점에 ㈜대한은 염가매수선택권을 500,000원에 행사할 것이 리스약정일 현재 거의 확실하다. 기계장치의 내용연수는 5년이고, 내용연수 종료 시점의 잔존가치는 없으며, 기계장치는 정액법으로 감가상각한다. ㈜대한이 동 리스거래와 관련하여 20×1년도에 인식할 이자비용과 감가상각비의 합계는 얼마인가? (단, 계산방식에 따라 단수차이로 인해 오차가 있는 경우, 가장 근사치를 선택한다)

기 간	단일금액 1원의 현재가치(10%)	정상연금 1원의 현재가치(10%)
3	0.7513	2.4869
5	0.6209	3.7908

① 746,070원　② 766,070원　③ 858,765원
④ 878,765원　⑤ 888,765원

정답 및 해설

10 ② • 금융리스부채 = Min[2,000,000, (428,500 × 3.7908 + 300,000 × 0.6209)]
= ₩1,810,628

• 감가상각비 = $\frac{1,810,628 - 300,000}{5}$ = ₩302,126

• ×2년 이자비용 = (1,810,628 × 1.1 − 428,500) × 10% = ₩156,319

➲ ×2년 비용 = 302,126 + 156,319 = ₩458,445

11 ④ 감가상각비 = $\frac{(250,000 - 30,000)}{4년}$ = 55,000원

12 ④ 현물청산 − 리스이용자

B/S　개시시점

금융리스자산	금융리스부채
2,862,550 + 100,000 = 2,962,550	2,862,550

I/S

감가상각비	$\frac{(2,962,550 - 0)}{5년}$ = (592,510)
이자비용	2,862,550 × 10% = (286,255)
보증손실	

↑ + 리스개설직접원가 100,000

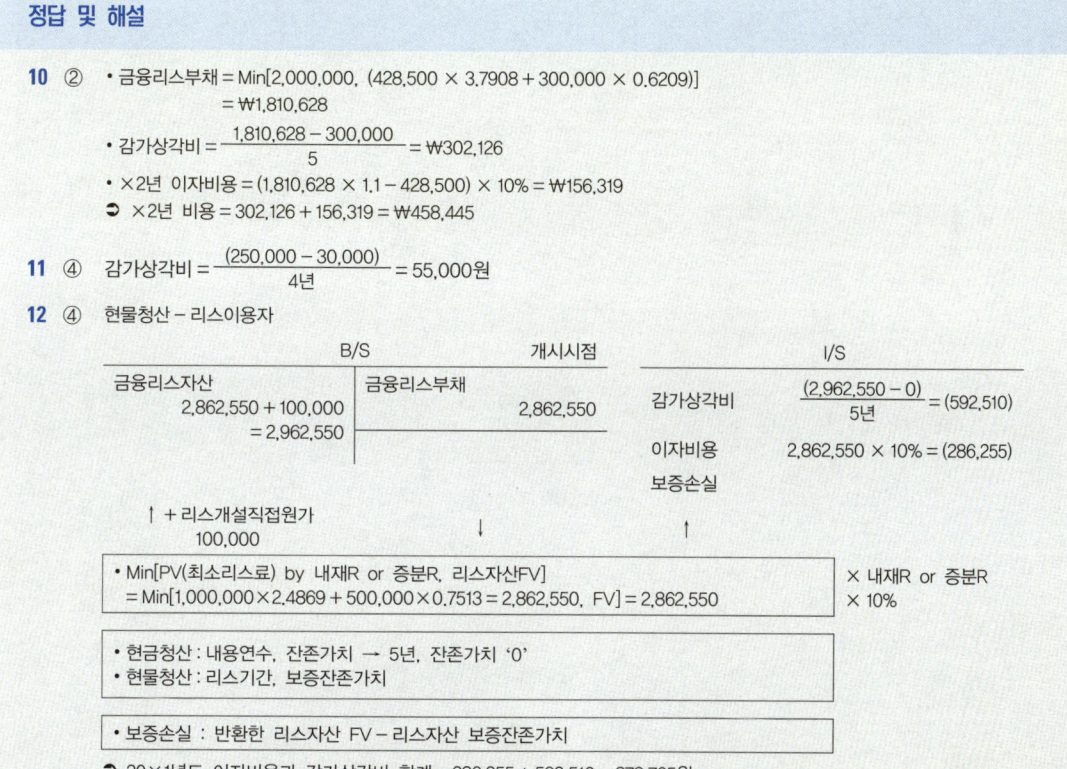

• Min[PV(최소리스료) by 내재R or 증분R, 리스자산FV]
= Min[1,000,000 × 2.4869 + 500,000 × 0.7513 = 2,862,550, FV] = 2,862,550

× 내재R or 증분R
× 10%

• 현금청산 : 내용연수, 잔존가치 → 5년, 잔존가치 '0'
• 현물청산 : 리스기간, 보증잔존가치

• 보증손실 : 반환한 리스자산 FV − 리스자산 보증잔존가치

➲ 20×1년도 이자비용과 감가상각비 합계 = 286,255 + 592,510 = 878,765원

★★★

13 금융리스 최신출제유형

□□□

㈜하늘리스는 20×1년 1월 1일에 ㈜한국과 해지불능 금융리스계약을 체결하였다. 관련 자료는 다음과 같다.

- 리스자산 : 내용연수 5년, 잔존가치 100,000원, 정액법 감가상각
- 리스기간 : 리스기간개시일(20×1년 1월 1일)부터 5년
- 연간리스료 : 매년 12월 31일 지급
- 리스개설직접원가 : ㈜하늘리스와 ㈜한국 모두 없음
- 내재이자율 : 연 10%, ㈜한국은 ㈜하늘리스의 내재이자율을 알고 있음
- ㈜하늘리스는 리스기간개시일에 리스채권으로 19,016,090원(리스기간개시일의 리스자산 공정가치와 동일)을 인식함
- ㈜한국은 리스기간개시일에 리스자산으로 18,991,254원을 인식함
- 특약사항 : 리스기간 종료 시 반환조건이며, ㈜한국은 리스기간 종료 시 예상 잔존가치 100,000원 중 일부를 보증함

위 자료를 이용해 계산한 ㈜한국이 동 리스와 관련하여 보증한 잔존가치는? (단, 기간 5년, 할인율 연 10%일 때, 단위금액 1원의 현재가치 계수는 0.6209, 정상연금 1원의 현재가치 계수는 3.7908이며 단수차이로 인한 오차는 가장 근사치를 선택한다)

① 18,955원　② 40,000원　③ 60,000원
④ 81,045원　⑤ 100,000원

★★★ 판매형리스 최신출제유형

14 □□□

㈜포도는 일반 판매회사로서 20×2년 1월 1일에 ㈜대한리스에 아래와 같은 조건으로 보유자산을 판매하였다.

- ㈜포도는 20×2년부터 20×4년까지 매년 12월 31일에 ㈜대한리스로부터 리스료 ₩10,000,000씩 3회 수령한다.
- ㈜대한리스는 리스기간 종료일인 20×4년 12월 31일에 리스자산을 당시의 공정가치보다 충분히 낮은 금액인 ₩2,000,000에 매수할 수 있는 선택권을 가지고 있으며, 20×2년 1월 1일 현재 ㈜대한리스가 이를 행사할 것이 거의 확실시된다.
- ㈜대한리스가 선택권을 행사하면 리스자산의 소유권은 ㈜포도에서 ㈜대한리스로 이전된다.
- 20×2년 1월 1일 ㈜포도가 판매한 리스자산의 장부금액은 ₩20,000,000이며, 공정가치는 ₩27,000,000이다.
- ㈜포도의 증분차입이자율은 연 5%이며, 시장이자율은 연 8%이다.

위 거래는 금융리스에 해당된다. 이 거래와 관련하여 ㈜포도가 20×2년 1월 1일에 인식할 매출액은 얼마인가? (단, 리스약정일과 리스기간개시일은 동일한 것으로 가정한다. 또한 현가계수는 아래의 표를 이용한다)

구 분	단일금액 ₩1의 현재가치		정상연금 ₩1의 현재가치	
	5%	8%	5%	8%
3	0.86384	0.79383	2.72325	2.57710

① ₩20,000,000 ② ₩27,358,660 ③ ₩27,000,000
④ ₩30,000,000 ⑤ ₩28,960,000

정답 및 해설

13 ③ (1) 리스제공자의 리스개시일 금융리스채권 = PV(정기리스료 + 보증잔존가치 + 무보증잔존가치) = 19,016,090원
(2) 리스이용자의 리스개시일 금융리스부채 = PV(최소리스료 = 정기리스료 + 보증잔존가치) = 18,991,254원
• 무보증잔존가치의 현재가치 = (1) − (2) = 무보증잔존가치 × 0.6209 = 24,836원
∴ 무보증잔존가치 = 40,000원
➲ 보증잔존가치 = 예상잔존가치(100,000) − 무보증잔존가치(40,000) = 60,000원

14 ③ 매출액 : Min[리스자산 FV, PV(최소리스료) by 시장R]
Min[27,000,000, (10,000,000 × 2.5771 + 2,000,000 × 0.79383)] = 27,000,000

제3절 환율변동효과

01 기능통화와 표시통화 ★

구 분	기능통화	표시통화
내 용	영업활동이 이루어지는 주된 경제 환경[1]의 통화 (해당 기업이 속한 국가의 통화가 아님)	재무제표를 표시할 때 사용하는 통화 (어느 통화든 사용이 가능함)

[1] 주로 현금을 창출하고 사용하는 환경

① **기능통화** : 영업활동이 이루어지는 주된 경제 환경의 통화

② 기능통화 결정 시 고려사항

- 재화와 용역의 공급가격에 주로 영향을 미치는 통화 및 재화와 용역의 공급가격을 주로 결정하는 경쟁요인과 법규가 있는 국가의 통화
- 재화를 공급하거나 용역을 제공하는 데 드는 노무원가, 재료원가 및 그 밖의 원가에 주로 영향을 미치는 통화
- 재무활동(즉, 채무상품이나 지분상품의 발행)으로 조달되는 통화
- 영업활동에서 유입되어 통상적으로 보유하는 통화

③ **표시통화** : 재무제표를 표시할 때 사용하는 통화

02 외화거래의 환산 ★★★

(1) 화폐성·비화폐성법

① 화폐성 자산·부채

확정되었거나 결정 가능한 화폐단위의 수량으로 받을 권리나 지급할 의무가 있음

➲ 현행환율(마감환율, 결산일환율)로 환산하여 손익은 당기손익에 반영

② 비화폐성 자산·부채

확정되었거나 결정 가능한 화폐단위의 수량으로 받을 권리나 지급할 의무가 없음

➲ 역사적환율(거래일환율)로 최초 인식 후 현행환율로 환산하지 않음

예 비화폐성 자산·부채 중 공정가치로 측정하는 것은 공정가치 결정일의 환율로 환산함

(2) 특수한 항목의 환산에 따른 회계처리

매도가능증권 채무증권의 결산일 평가와 유형자산의 재평가로 인한 재평가잉여금

: 환산손익을 기타포괄손익으로 인식

(3) 화폐성·비화폐성 자산·부채의 구분

구 분	화폐성 자산·부채	비화폐성 자산·부채
정 의	확정되었거나 결정 가능할 수 있는 화폐단위 수량으로 받을 권리나 지급할 의무가 있는 항목	확정되었거나 결정 가능할 수 있는 화폐단위 수량으로 받을 권리나 지급할 의무가 없는 항목
예 시	종업원급여, 충당부채, 미지급비용, 미수수익, 채무상품, 부채로 인식하는 현금배당	선급금, 영업권, 무형자산, 재고자산, 유형자산, 비화폐성 자산의 인도로 상환되는 충당부채, 선급비용, 선수수익, 지분상품

03 외화표시 계정의 환산 ★★★

1. 화폐성 외화항목

(1) 최초 인식

거래일의 현물환율을 적용하여 기능통화로 환산(단, 거래일은 거래의 인식요건을 최초로 충족하는 날)

(2) 보고기간 말의 환산

① 적용 환율 : 마감환율

② 외환차이 : 특정 통화로 표시된 금액을 변동된 환율을 사용하여 다른 통화로 환산할 때 생기는 차이로 생기는 회계기간의 손익으로 인식

➲ 화폐성 외화항목의 기말 환산에 따른 외환차이 : 외화금액 × (마감환율 – 장부표시환율)

(3) 결제일의 환산

① 적용 환율 : 결제일의 환율

② 외환차이 : 수수된 외화금액과 장부금액의 차이로 생기는 회계기간의 손익으로 인식

➲ 화폐성 외화항목의 결제 시 외환차이 : 외화금액 × (상환 시 환율 – 장부표시환율)

(4) 화폐성 외화부채(외화표시 사채)의 이자비용의 환산

① 적용 환율 : 해당 기간의 평균환율(거래발생일의 환율이 원칙이나 유의적으로 차이 나지 않는 경우 사용할 수 있음)

② 외환차이 : 이자비용 인식액과 이자지급일(보고기간 말)의 환율을 적용한 금액의 차액으로 당기손익으로 처리

2. 비화폐성 외화항목

(1) 재고자산

재고자산의 장부금액 : Min[외화표시 금액 × 취득 시 환율, 외화표시 기말 순실현가능가치 × 마감환율]

(2) 유형자산

① 원가모형 : 취득일의 환율을 사용하므로 환율변동 효과 없음

② 재평가모형 : 공정가치가 결정된 날의 환율 사용하여 재평가손익과 합산하여 당기손익이나 기타포괄손익 처리(단, 감가상각비는 감가상각 전 장부금액에 적용된 환율을 적용)

➲ 재평가손익 : 공정가치 × 공정가치가 결정된 날의 환율 – 장부금액 × 장부금액에 적용된 환율

04 외화표시 재무제표의 환산 ★★★

B/S

자산	현행환율 (기말환율)	부채	현행환율 (기말환율)
		자본금	역사적환율 (최초인식환율)
		이익잉여금	평균환율 (혹은 거래일환율)

I/S

수익	평균환율	비용	평균환율

➲ 재무상태표에 발생되는 대차의 차이 : 해외사업환산손익(기타포괄손익)으로 인식

05 단일거래관과 이개거래관 ★★

외상매입거래의 경우 상품거래와 금융거래가 별개인 두 개의 거래라는 가정, 즉, 이개거래관에 입각하여 외환차손익을 인식한다. 일반적으로 모든 외화거래에 대한 회계처리는 이러한 이개거래관을 적용한다.

06 표시통화로의 환산방법 ★★

우리나라 회계기준에서는 현행환율법을 적용하도록 규정하고 있다.
현행환율법은 모든 자산과 부채는 마감환율, 자본금항목은 거래일환율, 모든 손익항목은 거래일환율 또는 평균환율을 적용하여 환산차이는 계속이연법(기타포괄손익 인식 후, 처분 시 당기손익으로 재분류)에 따라 회계처리하고 있다.

예제 1

㈜갑의 기능통화는 원화이며, 달러화 대비 원화의 환율이 다음과 같을 때 아래의 각 독립적 물음에 답하시오.

일 자	20×1. 10. 1.	20×1. 12. 31.	20×2. 3. 1.
환 율	₩1,000/$	₩1,040/$	₩1,020/$

1. ㈜갑은 20×1년 10월 1일 미국에 $1,000의 외상매출을 하였다. ㈜갑이 20×2년 3월 1일에 동 매출채권 전액을 회수하였을 때 행할 회계처리를 제시하시오.
2. ㈜갑은 20×1년 10월 1일 미국에 소재하는 사업목적의 토지를 $12,000에 취득하였고, 20×1년 12월 31일 현재 토지의 공정가치는 $13,000이다. ㈜갑이 20×2년 3월 1일에 토지의 1/4을 $5,000에 매각하였을 때, 재평가모형에 의한 유형자산처분이익(또는 손실)을 계산하시오. (단, 손실의 경우에는 금액 앞에 (-)표시할 것)

풀이

1.

(차) 현금[1]	1,020,000	(대) 매출채권[2]	1,040,000
외환손실	20,000		

[1] $1,000 × @1,020 = 1,020,000
[2] $1,000 × @1,040 = 1,040,000

2. 유형자산 처분이익 = ₩2,100,000

$$\$5{,}000 \times @1{,}020 - \frac{\$12{,}000}{4} \times @1{,}000 = ₩2{,}100{,}000$$

[20×1년 10월 1일]

(차) 토지	12,000,000	(대) 현금	12,000,000

[20×1년 12월 31일]

(차) 토지[1]	1,520,000	(대) 재평가잉여금	1,520,000

[1] $13,000 × @1,040 − 12,000,000 = 1,520,000

[20×2년 3월 1일]

(차) 현금	5,100,000	(대) 토지	3,380,000
재평가잉여금	380,000	유형자산처분이익	2,100,000

개념완성문제

01 우리나라 회계기준에서는 외화표시 재무제표를 시제법을 이용하여 환산하도록 규정하고 있다. (O, X)

02 해외자회사의 모든 자산과 부채는 보고기간의 (   )을/를 적용하고 자본금은 거래일환율을 적용하여 환산하여야 한다.

03 해외자회사에서 작성한 외화표시 재무제표상 회계수치로 각국 재무비율을 계산했을 때, 이를 원화표시로 환산한 재무제표상 회계수치로 재무비율을 계산한 결과가 비교적 같아지게 하는 환산방법은 (   )다/이다.

정답 및 해설

01 X 우리나라 회계기준에서는 외화표시 재무제표를 현행환율법을 이용하여 환산하도록 규정하고 있다.

02 현행환율

03 현행환율법

출제예상문제

✓ 학습시간이 부족하거나 시험 전 최종정리를 하고 싶은 경우에는 출제빈도(★~★★★)가 높은 문제를 우선으로 풀이할 수 있습니다.
✓ 다시 봐야 할 문제(풀지 못한 문제, 헷갈리는 문제 등)는 문제 번호 하단의 네모박스(□)에 체크하여 반복 학습할 수 있습니다.

★
01 □□□

환율변동효과(서술형)

외화환산의 대상인 화폐성 항목으로 볼 수 없는 것은?

① 재고자산, 주식, 유형자산
② 현금, 요구불예금, 정기예금
③ 매출채권, 매입채무
④ 장기대여금
⑤ 회사채

★★★
02 □□□

환율변동효과(서술형)

다음 중 일반기업회계기준에서 정한 외화표시 재무제표의 환산에 대한 설명으로 옳은 것은?

① 우리나라 회계기준에서는 외화표시 재무제표를 시제법을 이용하여 환산하도록 규정하고 있다.
② 해외자회사의 재무제표를 현행환율법으로 환산하는 것은 다른 환산방법에 비해 자회사의 재무적 관점을 잘 반영한다고 볼 수 있다.
③ 해외자회사의 모든 자산과 부채는 보고기간의 평균환율을 적용하고 자본금은 거래일환율을 적용하여 환산하여야 한다.
④ 손익계산서 항목은 보고 시점의 기말환율을 적용하므로 당기순이익은 보고 시점의 기말환율이 적용되어 이익잉여금으로 편입된다.
⑤ 외화표시 재무제표를 환산하여 생기는 대차차액, 환율변동효과는 당기손익으로 계상한다.

정답 및 해설

01 ① 재고자산, 주식, 유형자산은 비화폐성 항목에 해당한다.

참고
- 화폐성 항목
  - 자산 : 현금, 요구불예금, 정기예금, 매출채권
  - 부채 : 매입채무, 사채, 보증금
- 비화폐성 항목
  - 자산 : 선급금, 선급비용, 재고자산, 유형자산, 무형자산
  - 부채 : 선수금, 선수수익, 품질보증 관련 충당부채

02 ② 해외자회사의 재무제표를 현행환율법으로 환산하는 것은 다른 환산방법에 비해 자회사의 재무적 관점을 잘 반영한다.

오답체크

① 우리나라 회계기준에서는 외화표시 재무제표를 현행환율법을 이용하여 환산하도록 규정하고 있다.
③ 해외자회사의 모든 자산과 부채는 보고 시점의 현행환율을 적용하고 자본금은 거래일환율을 적용하여 환산하여야 한다.
④ 손익계산서 항목은 거래일의 환율 또는 평균환율을 적용하므로 당기순이익은 보고기간의 평균환율이 적용되어 이익잉여금으로 편입된다.
⑤ 외화표시 재무제표를 환산하여 생기는 대차차액, 환율변동효과는 기타포괄손익으로 계상한다.

★★★ 환율변동효과(서술형)

03 □□□

해외자회사에서 작성한 외화표시 재무제표상 회계수치로 각국 재무비율을 계산했을 때와 이를 원화표시로 환산한 재무제표상 회계수치로 재무비율을 계산한 결과가 비교적 같아지게 하는 환산방법은 무엇인가?

① 시제법
② 유동성 · 비유동성법
③ 화폐성 · 비화폐성법
④ 현행환율법
⑤ 속성법

★★ 환율변동효과(서술형)

04 □□□

다음 중 외화환산과 관련하여 신용분석 시 고려해야 할 내용으로 옳은 것은?

① 일반적으로 모든 외화거래에 대한 회계처리는 단일거래관에 입각하여 외환차손익을 인식한다. 반면, 미래의 현금흐름을 헤지하기 위한 통화선도거래 또는 통화선물거래 등의 경우에는 헤지대상거래와 통화선도거래 또는 통화선물거래가 상호 분리될 수 없는 거래로 외화환산 시 이개거래관이 적용된다.
② 외화환산손익에 대한 실현가능성 평가를 위해 보고 시점 이후 환율에 대한 변동가능성까지 고려할 필요는 없다.
③ 외환차손익을 상계하여 영업수익과 영업비용에 포함시켜 당기손익에 반영한다.
④ 기능통화와 다른 원화로 표시된 재무제표로 분석하는 것으로 환산 전인 기능통화로 표시된 재무제표를 이용해서 비율분석하는 것을 대체할 수 있고, 더욱 합리적이다.
⑤ 향후 환율변동이 기업에 미치는 잠재적 영향을 평가한다.

★★★ 외화표시 계정의 환산

05 □□□

A주식회사는 20×1년 10월 1일에 $1,000의 상품을 구입하고 대금을 6개월 후에 지급하기로 하였다. 일자별 환율이 아래와 같을 때 20×1년 말과 20×2년 3월 31일에 인식할 외화환산손익과 외환차손익은 각각 얼마인가?

일 자	환 율
20×1년 10월 1일	₩1,200/$
20×1년 12월 31일	₩1,150/$
20×2년 3월 31일	₩1,250/$

	20×1년 말 외화환산손익	20×2년 3월 31일 외환차손익
①	₩(50,000)	₩60,000
②	₩(100,000)	₩(100,000)
③	₩50,000	₩(100,000)
④	₩100,000	₩100,000
⑤	₩110,000	₩0

★★★
06 □□□ 외화표시 계정의 환산

D주식회사는 20×1년 10월 1일에 $1,000의 상품을 판매하고 대금을 6개월 후에 수령하기로 하였다. 일자별 환율이 아래와 같을 때 20×1년 말과 20×2년 3월 31일에 인식할 외화환산손익과 외환차손익은 각각 얼마인가?

일 자	환 율
20×1년 10월 1일	₩1,200/$
20×1년 12월 31일	₩1,150/$
20×2년 3월 31일	₩1,210/$

	20×1년 말 외화환산손익	20×2년 3월 31일 외환차손익
①	₩(50,000)	₩60,000
②	₩(100,000)	₩(100,000)
③	₩50,000	₩(60,000)
④	₩100,000	₩100,000
⑤	₩110,000	₩0

정답 및 해설

03 ④ 해외자회사에서 작성한 외화표시 재무제표상 회계수치로 각국 재무비율을 계산했을 때와 이를 원화표시로 환산한 재무제표상 회계수치로 재무비율을 계산한 결과가 비교적 같아지게 하는 환산방법은 현행환율법이다.

참고 해외사업장의 기능통화에 의한 재무제표를 표시통화로 환산하여 보고기업의 재무제표와 합산했을 때 나타나는 회계수치가 가급적이면 보고기업이 해외사업장 없이 직접 해외거래를 했을 경우에 나타나는 결과와 비슷한 수치가 나오도록 하는 환산방법은 유동성·비유동성법, 화폐성·비화폐성법, 시제법이다.

04 ⑤ 외화환산과 관련하여 신용분석할 때는 향후 환율변동이 기업에 미치는 잠재적 영향을 평가하는 것을 고려해야 한다.

오답체크

① 일반적으로 모든 외화거래에 대한 회계처리는 이개거래관에 입각하여 외환차손익을 인식한다. 반면, 미래의 현금흐름을 헤지하기 위한 통화선도거래 또는 통화선물거래 등의 경우에는 헤지대상거래와 통화선도거래 또는 통화선물거래가 상호 분리될 수 없는 거래로 외화환산 시 단일거래관이 적용된다.
② 외화환산손익에 대한 실현가능성 평가를 위해 보고 시점 이후 환율에 대한 변동가능성을 고려해야 한다.
③ 외환차손익을 영업외수익과 영업외비용에 포함시켜 당기손익에 반영한다.
④ 기능통화와 다른 원화로 표시된 재무제표로 분석하는 것에 더하여 환산 전인 기능통화로 표시된 재무제표를 이용해서 비율분석하는 것이 더욱 합리적이다.

05 ③
- 20×1년 말 외화환산손익 = $1,000 × (1,200 − 1,150) = ₩50,000
- 20×2년 3월 31일 외환차손 = $1,000 × (1,150 − 1,250) = ₩(100,000)

20×1년 10월 1일	(차) 상품	1,200,000	(대) 매입채무	1,200,000
20×1년 12월 31일	(차) 매입채무	50,000	(대) 외화환산이익	50,000
20×2년 3월 31일	(차) 매입채무 외환차손	1,150,000 100,000	(대) 현금[1]	1,250,000

[1] 현금 = $1,000 × 1,250 = ₩1,250,000

06 ①
- 20×1년 말 외화환산손실 = $1,000 × (1,150 − 1,200) = ₩(50,000)
- 20×2년 3월 31일 외환차손익 = $1,000 × 1,210 − 1,150,000 = 1,210,000 − 1,150,000 = ₩60,000

20×1년 10월 1일	(차) 매출채권	1,200,000	(대) 매출	1,200,000
20×1년 12월 31일	(차) 외화환산손실	50,000	(대) 매출채권	50,000
20×2년 3월 31일	(차) 현금	1,210,000	(대) 매출채권 외환차익	1,150,000 60,000

★★

07

□□□

외화표시 계정의 환산 최신출제유형

A사는 20×1년 7월 1일에 해외에 있는 영업용 토지를 $10,000에 취득하고, 대금은 20×2년 6월 30일에 지급하기로 하였다. B사는 동 토지에 대하여 재평가모형을 적용한다. 일자별 환율변동 및 토지의 공정가치는 아래와 같다. 토지와 외화미지급금 계정과목과 관련하여 인식할 재평가잉여금과 외화환산손익은 각각 얼마인가?

일 자	환 율	토지의 공정가치
20×1년 7월 1일	₩1,000/$	$10,000
20×1년 12월 31일	₩1,200/$	$12,000

	토지의 재평가잉여금	외화미지급금의 외화환산손익
①	₩0	₩0
②	₩0	₩2,000,000
③	₩2,000,000	₩0
④	₩2,000,000	₩2,000,000
⑤	₩4,400,000	₩(2,000,000)

★★★ 외화표시 계정의 환산

08 □□□ 유럽에서의 사업 확장을 계획 중인 ㈜대한(기능통화 및 표시통화는 원화(₩)임)은 20×1년 10월 1일 독일 소재 공장용 토지를 €1,500에 취득하였다. 그러나 탄소 과다배출 가능성 등 환경 이슈로 독일 주무관청으로부터 영업허가를 얻지 못함에 따라 20×2년 6월 30일 해당 토지를 €1,700에 처분하였다. 이와 관련한 추가정보는 다음과 같다.

• 환율(₩/€) 변동정보

일 자	20×1. 10. 1.	20×1. 12. 31.	20×2. 6. 30.
환 율	1,600	1,500	1,550

• 20×1년 12월 31일 현재 ㈜대한이 취득한 토지의 공정가치는 €1,900이다.

상기 토지에 대해 (1) 원가모형과 (2) 재평가모형을 적용하는 경우, ㈜대한이 20×2년 6월 30일 토지 처분 시 인식할 유형자산처분손익은 각각 얼마인가?

	(1) 원가모형	(2) 재평가모형
①	처분이익 ₩165,000	처분손실 ₩185,000
②	처분이익 ₩235,000	처분이익 ₩235,000
③	처분이익 ₩235,000	처분손실 ₩185,000
④	처분이익 ₩385,000	처분손실 ₩215,000
⑤	처분이익 ₩385,000	처분손실 ₩185,000

정답 및 해설

07 ⑤ • 토지의 재평가잉여금 = $12,000 × 1,200 − $10,000 × 1,000 = ₩4,400,000
• 외화미지급금의 외화환산손익 = $10,000 × (1,000 − 1,200) = ₩(2,000,000)

20×1년 7월 1일	(차) 토지	10,000,000	(대) 외화미지급금	10,000,000
20×1년 12월 31일	(차) 토지 (차) 외화환산손실	4,400,000 2,000,000	(대) 재평가잉여금 (대) 외화미지급금	4,400,000 2,000,000

참고 별도 구분이 불가능한 외환차이는 재평가잉여금에 반영하여 기타포괄손익으로 보고한다.

08 ② (1) 원가모형의 유형자산처분손익 : €1,700×@1,550 − €1,500×@1,600 = 235,000
(2) 재평가모형의 유형자산처분손익 : €1,700×@1,550 − €1,500×@1,600 = 235,000
* 재분류 조정 가능

★★★ 외화표시 계정의 환산

09 □□□

㈜한국은 20×1년 초 미국에 지분 100%를 소유한 해외현지법인 ㈜ABC를 설립하였다. 종속기업인 ㈜ABC의 기능통화는 미국달러화($)이며 지배기업인 ㈜한국의 표시통화는 원화(₩)이다. ㈜ABC의 20×2년 말 요약재무상태표와 환율변동정보는 다음과 같다.

요약재무상태표

㈜ABC　　20×2. 12. 31. 현재　　(단위 : $)

자산	3,000	부채	1,500
		자본금	1,000
		이익잉여금	500
	3,000		3,000

• 자본금은 설립 당시의 보통주 발행금액이며, 이후 변동은 없다.

• 20×2년의 당기순이익은 $300이며, 수익과 비용은 연중 균등하게 발생하였다. 그 외 기타 자본변동은 없다.

• 20×1년부터 20×2년 말까지의 환율변동정보는 다음과 같다.

구 분	기초(₩/$)	평균(₩/$)	기말(₩/$)
20×1년	800	?	850
20×2년	850	900	1,000

• 기능통화와 표시통화는 모두 초인플레이션 경제의 통화가 아니다. 수익과 비용은 해당 회계기간의 평균환율을 사용하여 환산하며, 설립 이후 기간에 환율의 유의한 변동은 없었다.

20×2년 말 ㈜ABC의 재무제표를 표시통화인 원화로 환산하는 과정에서 대변에 발생한 외환차이가 ₩100,000일 때, 20×1년 말 ㈜ABC의 원화환산 재무제표의 이익잉여금은 얼마인가?

① ₩30,000　② ₩100,000　③ ₩130,000

④ ₩300,000　⑤ ₩330,000

★★★
10 □□□

외화표시 재무제표의 환산 최신출제유형

A사는 국내에 소재하고 원화를 기능통화로 사용하고 있다. A사의 미국소재 LA지점은 20×1년에 설립하였다. 자본금은 $1,000이고 20×1년 말 이익잉여금은 $200이고 부채는 없다.

> 환율변동에 관한 자료는 다음과 같다.
> ① 20×1년 1월 1일 : ₩700/$
> ② 20×1년 평균환율 : ₩730/$
> ③ 20×1년 12월 31일 : ₩800/$

A사의 20×1년 해외사업환산손익은 얼마인가?

① ₩100,000 ② ₩114,000 ③ ₩210,000
④ ₩220,000 ⑤ ₩224,000

정답 및 해설

09 ⑤

계정과목	원 화	계정과목	원 화
자 산	3,000 × 1,000 = 3,000,000	부 채	1,500 × 1,000 = 1,500,000
		자본금	1,000 × 800 = 800,000
		기초이익잉여금	330,000(역산)
		당기순이익	300 × 900 = 270,000
		해외사업장환산이익	100,000
	3,000,000		3,000,000

10 ②
1) 기말 자산 : $(1,000 + 200) × 800 = 960,000
2) 기말 자본금 : $1,000 × 700 = 700,000
3) 기말 이익잉여금 : $200 × 730 = 146,000
4) 해외사업환산이익 : 960,000 − (700,000 + 146,000) = 114,000

제4절 법인세회계

01 법인세회계의 의의 ★

법인세는 법인의 소득금액을 과세표준으로 국가가 부과하는 세금이다. 법인세는 일반기업회계기준에 따라 산출된 이익인 회계이익을 기준으로 과세하는 것이 아니라, 과세당국이 제정한 법규인 법인세법에 따라 산출된 이익인 과세소득을 기준으로 계산된다.

1. 법인세 신고·납부 시기 및 회계처리

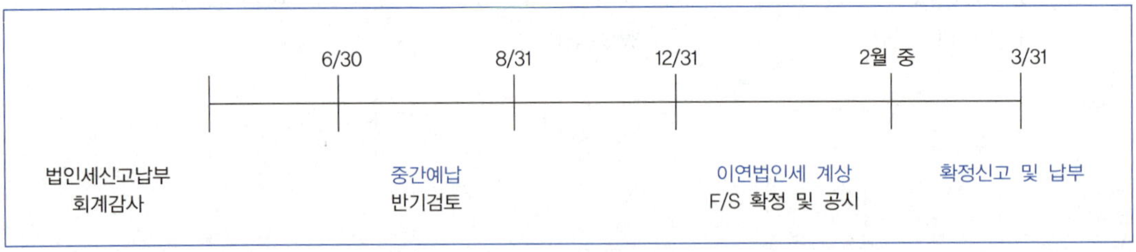

기업은 현행 법인세법에 따라 기중에 원천징수나 중간예납 등을 통하여 당기법인세 중 일부를 미리 납부하도록 규정하고 있는데 동 납부액은 당기법인세자산(=선급법인세)으로 하여 자산으로 인식한다. 또한 결산일에 회사가 납부하여야 할 법인세부담액인 당기법인세를 산정하여 당기법인세자산과 상계하고 당기법인세 산정액이 더 큰 경우에는 차액을 당기법인세부채로 처리한다. 기업은 다음 회계연도 3월 31일까지 세무조정내역에 따라 과세당국에 법인세를 신고·납부한다.

당기법인세의 회계처리

중간예납	(차) 당기법인세자산(A)	××	(대) 현금	××
이연법인세계상	(차) 이연법인세자산 법인세비용	×× ××	(대) 당기법인세자산(A) 당기법인세부채(B) ➲ 당기납부세액 : A + B	×× ××
확정신고·납부	(차) 당기법인세부채	××	(대) 현금	××

2. 법인세회계의 이론

기업재무회계에서 수익은 실현주의에 따라 인식하고 비용은 수익·비용 대응주의에 따라 인식하여 회계이익을 산정하도록 규정하고 있다. 하지만 법인세법은 수익을 권리확정주의에 따라 인식하고 비용은 의무확정주의에 따라 인식하여 과세소득을 산정하도록 규정하고 있어 둘 간의 이익 차이가 발생한다.

법인세법에 따라 산출된 과세소득을 기초로 계산된 법인세를 회계이익에서 차감하여 당기순이익을 보고하면 회계이익과 관련이 없는 금액이 법인세비용으로 계상되어 수익·비용이 올바로 대응되지 않는다. 따라서 회계이익을 기준으로 산출된 법인세비용을 회계이익에서 차감하여 당기순이익을 보고하면 회계이익이 동일할 때 당기순이익도 동일하게 되므로 올바른 대응을 할 수 있다.

회계이익과 과세소득의 대응

1. A사의 20×1년과 20×2년의 회계이익과 과세소득

구 분	20×1년	20×2년
회계이익	₩4,000	₩4,000
과세소득	₩5,000	₩3,000

2. 과세소득을 기초로 계산한 법인세를 회계이익에서 차감하여 당기순이익 계산

구 분	20×1년	20×2년
회계이익	₩4,000	₩4,000
법인세	5,000×20% = ₩(1,000)	3,000×20% = ₩(600)
당기순이익	₩3,000	₩3,400

3. 회계이익을 기초로 산출된 법인세비용을 회계이익에서 차감하여 당기순이익 계산

구 분	20×1년	20×2년
회계이익	₩4,000	₩4,000
법인세비용	4,000×20% = ₩(800)	4,000×20% = ₩(800)
당기순이익	₩3,200	₩3,200

수익·비용의 올바른 대응을 위해서 회계이익에 해당하는 법인세비용을 회계이익에서 차감하여야 한다. 이는 법인세를 여러 회계기간에 걸쳐 배분하는 이연법인세회계, 즉 법인세의 기간 간 배분과 법인세를 동일한 회계기간 내에서 발생원인별로 배분하는 기간 내 배분을 하는 경우에만 가능하다.

3. 회계이익과 과세소득

회계이익은 일반기업회계기준에 의하여 산출된 법인세비용 차감 전 회계기간의 손익을 말하며 과세소득은 과세당국이 제정한 법규인 법인세법에 따라 납부할 법인세를 산출하는 대상이 되는 회계기간의 이익, 즉 법인세부담액인 당기법인세를 산출하는 대상 소득을 말한다.

- 회계이익 : 수익 – 비용 = 법인세비용차감전순이익
- 과세소득 : 익금 – 손금 = 과세소득

이렇게 회계이익과 과세소득의 차이를 발생시키는 항목들은 다음의 4가지 요소로 구분할 수 있다.

- 익금산입 : 기업회계상 수익이 아니지만 법인세법상 익금에 해당하는 경우
- 익금불산입 : 기업회계상 수익이지만 법인세법상 익금에 해당하지 않는 경우
- 손금산입 : 기업회계상 비용이 아니지만 법인세법상 손금에 해당하는 경우
- 손금불산입 : 기업회계상 비용이지만 법인세법상 손금에 해당하지 않는 경우

과세소득은 익금에서 손금을 차감하여 직접법으로 산정하여야 하나 대부분의 수익과 익금, 비용과 손금이 일치하기 때문에 회계이익에서 출발하여 차이 나는 부분만을 조정하여 과세소득을 산출하는 간접법을 사용하고 이를 세무조정이라 한다.

세무조정

법인세차감전순이익 = 수익 − 비용	××
• 가산항목 : 익금산입 + 손금불산입	××
• 차감항목 : 익금불산입 + 손금산입	(××)
과세소득	××

4. 일시적차이와 영구적차이

구 분	당 기		차기 이후	
법인세비용차감전순익	××			
(가산)				
• 일시적차이	××	➲	(××)	유보(미래에 차감할 일시적차이)
• 영구적차이	××			
(차감)				
• 일시적차이	(××)		××	△유보(미래에 가산할 일시적차이)
• 영구적차이	(××)			
과세소득	××		××	

일반기업회계기준에서는 세무조정사항 중 유보항목들을 일시적차이라고 한다. 기업회계기준서 제1012호 '법인세'에서는 일시적차이를 재무상태표상 자산 또는 부채의 장부금액과 세무기준액의 차이로 정의하고 있다. 이때 자산이나 부채의 세무기준액은 세무상 당해 자산 또는 부채에 귀속되는 금액으로 이러한 일시적차이는 아래의 두 가지로 구분된다.

- 가산할 일시적차이 : 미래 회계기간의 과세소득 결정 시 가산할 금액이 되는 일시적차이(△유보)
- 차감할 일시적차이 : 미래 회계기간의 과세소득 결정 시 차감할 금액이 되는 일시적차이(유보)

한편, 세무조정사항 중 사외유출항목들은 일반적으로 영구적차이라고 하지만 기업회계기준서 제1012호 '법인세'에서는 별도로 정의하고 있지 않다.

02 법인세 계산구조 ★★★

			일시적차이	영구적차이
법인세차감전순이익	××			
• 가산항목	××	➲	유보	기타사외유출, 기타
• (차감항목)	(××)	➲	△유보	기타
각사업연도소득금액	××		이연법인세자산(부채)	
• (이월결손금)	(××)	➲	이연법인세자산	
과세표준	××			
×세율(t)				
산출세액	××			
• (세액공제)	(××)	➲	이연법인세자산	
결정세액	××			
• (기납부세액)	(××)			
차감납부세액	××			

당기법인세는 단순히 과세소득에 법인세율을 곱한 금액으로 계산되는 것이 아니라 실제로는 과세소득에서 이월결손금 등을 차감한 금액으로 과세표준을 계산하고, 과세표준에 법인세율을 곱한 금액으로 산출세액을 계산한다. 그러나 당기법인세는 실제 납부할 법인세를 말하므로 산출세액에서 세액공제를 차감한 금액인 결정세액을 계산한다.

법인세기간 간 배분이란 재무회계상의 회계이익은 실현주의와 수익·비용 대응주의에 따라 인식하고, 세법상의 과세소득은 권리·의무 확정주의를 따르기 때문에 발생하는 차이를 조정하는 것이다. 법인세기간 간 배분에 대한 이론적 근거는 자산 및 부채의 적절한 평가이다.

다기간의 법인세기간 간 배분의 풀이 Tool

[1st 기간 간 배분]

구 분	당기(A%)		차기 이후(B%)	
법인세비용차감전순익	××			
가산				
• 일시적차이	××	➲	(××)	유보(미래에 차감할 일시적차이)
• 영구적차이	××			
(차감)				
• 일시적차이	(××)		××	△유보(미래에 가산할 일시적차이)
• 영구적차이	(××)			
합계	××		××	
×세율	× A%		× B%	
	① 결정세액		② +: 이연법인세부채(당기) ② −: 이연법인세자산(당기) 기말 시점 총액	

[회계처리]

(차) 이연법인세자산(기말)	4th ······ ②	(대) 당기법인세자산	1st	①
법인세비용	대차차익 ······ ③	당기법인세부채	2nd	
		이연법인세자산(기초)	3rd ······ ②	

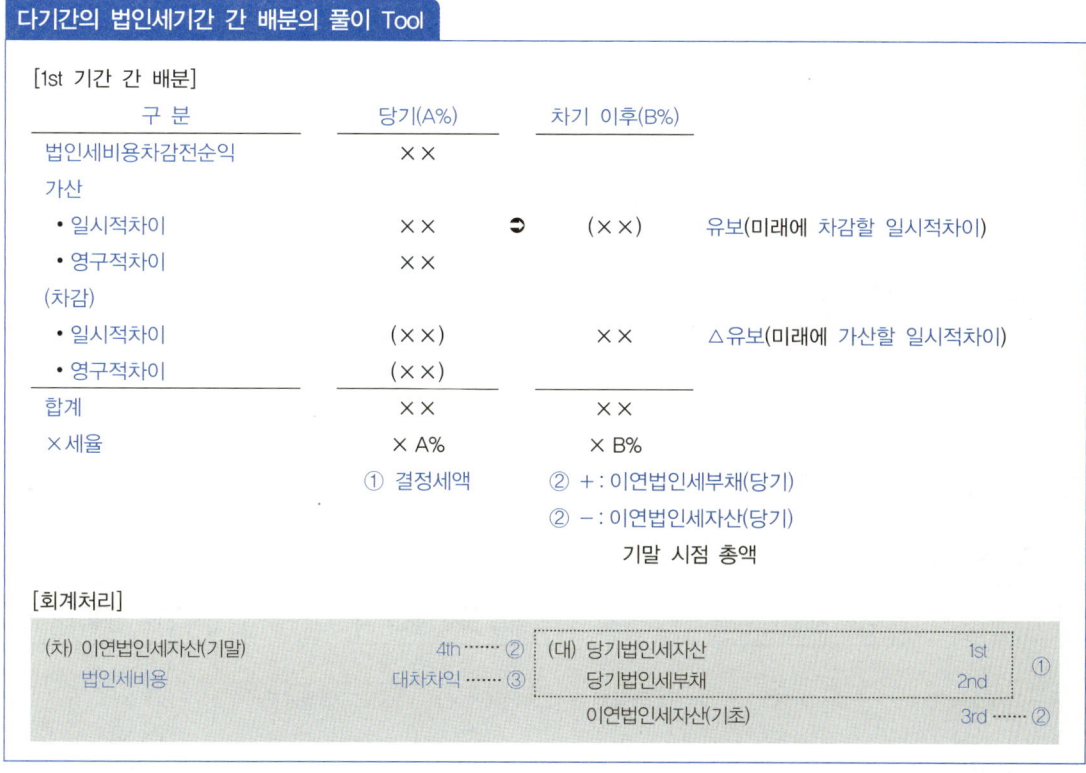

이연법인세회계는 두 회계기간 이상인 다기간의 경우에는 이연법인세회계의 적용이 복잡하다. 다기간의 이연법인세를 회계처리하는 순서는 다음과 같다.

① 당기법인세를 계산한다.
② 기초 현재와 기말 현재의 이연법인세자산(부채)을 계산한다.
③ 회계처리를 통해 대차잔액으로 법인세비용을 계산한다.

03 재무상태표 표시 ★★★

당기법인세자산과 부채는 유동자산과 부채로 계상하며, 이연법인세자산과 부채는 관련된 자산항목 또는 부채항목의 재무상태표상 분류에 따라 재무상태표에 유동자산과 부채 또는 기타비유동자산과 부채로 분류한다. 당기법인세부채와 당기법인세자산, 동일한 유동 및 비유동 구분 내의 이연법인세자산과 이연법인세부채가 동일한 과세당국과 관련된 경우에는 각각 상계하여 표시한다.

예제 1

다음은 ㈜포도의 당해 연도 법인세와 관련된 자료이다. 당기의 세율은 30%이며, 당기말에 세법이 개정되어 차기부터 25%의 세율을 적용할 예정이다. ㈜포도가 인식할 당해 연도 법인세비용은 얼마인가? (단, 전기 이월 이연법인세자산 또는 부채는 없다)

- 회계이익(세전) : 200,000원
- 세무조정
  - 일시적차이 : (-)40,000원
  - 영구적차이 : (+)10,000원
- 과세소득 : 170,000원

풀이

이연법인세부채 = 40,000 × 25% = 10,000원

➲ 법인세비용 = 170,000 × 30% + 10,000 = 61,000원

04 결손금 등의 세금효과 ★★★

1. 결손금의 의의

	전기 이전 회계기간		당해 회계기간		차기 이후 회계기간
과세소득	××	소급공제	(××)	이월공제	××
	(××)	←		→	(××)
과세표준	××				××
	↓				↓
	납부한 법인세 환급 (당기법인세자산)				납부할 법인세 감소 (이연법인세자산)

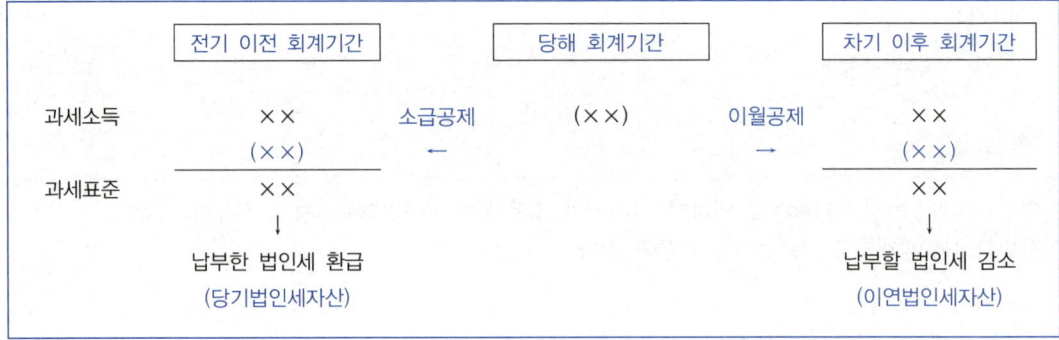

2. 결손금의 공제 유형별 회계처리

결손금 소급공제	(차) 당기법인세자산 ×× (대) 법인세수익 ×× ➲ 과거기간에 납부한 법인세의 환급으로 미수채권에 해당함
결손금 이월공제	(차) 이연법인세자산 ×× (대) 법인세수익 ×× ➲ 차기 이후에 납부할 법인세의 감소로 이연법인세자산의 실현가능성 검토해야 함

결손금의 소급공제는 과거 회계기간의 법인세를 환급받기 위하여 세무상 결손금을 이용하는 것이다. 결손금의 소급공제로 인한 혜택은 기업으로 유입될 가능성이 높고 이를 신뢰성 있게 측정할 수 있기 때문에 세무상 결손금이 발생한 회계기간에 이를 자산으로 인식한다. 법인세의 환급예정액은 당기법인세자

산으로 인식하고, 법인세수익으로 하여 당기손익처리한다.

결손금의 소급공제가 인정되더라도 환급받을 세액이 없거나 부족한 경우에는 결손금의 이월공제가 허용된다. 결손금을 이월공제하게 되면 차기 이후의 회계기간에 발생한 과세소득에서 이월된 결손금을 차감한 과세표준에 법인세율을 곱한 금액으로 법인세를 계산한다. 그러므로 결손금의 이월공제는 차기 이후의 법인세를 감소시키므로 법인세효과를 이연법인세자산으로 인식하고, 법인세수익으로 하여 당기손익처리한다.

3. 결손금의 이월공제를 통한 이연법인세자산의 실현가능성

결손금을 이월공제하게 되면 미래의 과세소득이 감소하여 법인세금액을 절감시키는 효과가 있다. 이는 차감할 일시적차이와 성격이 동일하므로 결손금의 이월공제로 인한 법인세효과는 미래 과세소득의 발생가능성이 높은 경우 그 범위 안에서 이연법인세자산으로 인식한다. 세무상 결손금이 사용될 수 있는 과세소득의 발생가능성을 검토하여 과세소득의 발생가능성이 높지 않은 범위까지는 이연법인세자산을 인식하지 않는다.

이월결손금 고려 시 법인세 기간 간 배분의 풀이 TOOL

[1st 기간 간 배분]

구 분	당기(A%)		차기 이후(B%)	
법인세비용차감전순익	××			
가산				
− 일시적차이	××	→	(××)	유보(미래에 차감할 일시적차이)
− 영구적차이	××			
(차감)				
− 일시적차이	(××)		××	△유보(미래에 가산할 일시적차이)
− 영구적차이	(××)			
이월결손금			(××)	→ 이월 결손금의 실현가능성 검토
합계	××		××	
× 세율	× A%		× B%	
	① 결정세액		② +: 이연법인세부채(당기)	
			② −: 이연법인세자산(당기)	
			기말 시점 총액	

[2nd 기간 간 배분 회계처리]

(차) 이연법인세자산(기말)	4th ②	(대) 당기법인세자산	1st	①
		당기법인세부채	2nd	
		이연법인세자산(기초)	3rd	

부분포괄손익계산서

:	
법인세비용차감전순손실	(××)
법인세수익	××
당기순손실	(××)

개념완성문제

01 당해 연도에 차감 조정하는 가산할 일시적차이에 대해서 이연법인세자산을 인식한다. (O, X)

02 이연법인세자산 및 부채는 현재가치로 평가한다. (O, X)

03 법인세기간 간 배분이란 재무회계상의 회계이익은 실현주의와 수익·비용 대응주의에 따라 인식하고, 세법상의 과세소득은 권리·의무 확정주의를 따르기 때문에 발생하는 차이를 조정하기 위한 회계처리를 말한다. 법인세기간 간 배분에 대한 이론적인 근거는 수익과 비용의 대응이다. (O, X)

04 법인세회계는 기간 간 배분과 기간 내 배분으로 나누어진다. 이 중 기간 간 배분을 수행하는 경우 이연법인세자산과 이연법인세부채를 인식하게 된다. 여기서 이연법인세부채는 경제적으로 차기 이후에 추가로 부담할 법인세금액을 의미한다. (O, X)

05 (　　)은/는 실현가능성 검토 후 인식 여부가 결정된다.

정답 및 해설

01 X 당해 연도에 차감 조정하는 가산할 일시적차이에 대해서 이연법인세부채를 인식한다.

02 X 이연법인세자산 및 부채는 현재가치로 평가하지 않는다.

03 X 법인세기간 간 배분의 이론적 근거는 자산·부채의 적절한 평가이다.

04 O 이연법인세자산은 추후에 경감될 법인세금액, 이연법인세부채는 추후에 추가로 부담해야 할 법인세금액을 의미한다.

05 이연법인세자산

출제예상문제

✓ 학습시간이 부족하거나 시험 전 최종정리를 하고 싶은 경우에는 출제빈도(★~★★★)가 높은 문제를 우선으로 풀이할 수 있습니다.
✓ 다시 봐야 할 문제(풀지 못한 문제, 헷갈리는 문제 등)는 문제 번호 하단의 네모박스(□)에 체크하여 반복 학습할 수 있습니다.

★★ 법인세회계의 의의

01 □□□

법인세 배분회계에 대한 설명 중 옳은 것은?

① 영구적차이에 대해서는 이연법인세를 인식하지 않는다.
② 이연법인세자산 및 부채는 일시적차이의 발생연도 세율을 적용한다.
③ 당해 연도에 차감 조정하는 가산할 일시적차이에 대해서 이연법인세자산을 인식한다.
④ 이연법인세자산 및 부채는 모두 비유동항목으로 분류한다.
⑤ 이연법인세자산 및 부채는 현재가치로 평가한다.

★★★ 법인세회계의 의의

02 □□□

법인세기간 간 배분이란 재무회계상의 회계이익은 실현주의와 수익·비용 대응주의에 따라 인식하고 세법상의 과세소득은 권리·의무 확정주의를 따르기 때문에 발생한 차이를 조정하기 위한 회계처리를 말한다. 법인세기간 간 배분에 대한 이론적 근거는 무엇인가?

① 수익과 비용의 대응
② 보수주의
③ 역사적 사실주의
④ 실현주의
⑤ 자산 및 부채의 적절한 평가

정답 및 해설

01 ① 법인세 배분회계는 영구적차이에 대해서 이연법인세를 인식하지 않는다.

[오답체크]

② 이연법인세자산 및 부채는 일시적차이가 소멸되는 연도의 세율을 적용한다.
③ 당해 연도에 차감 조정하는 가산할 일시적차이에 대해서 이연법인세부채를 인식한다.
④ 이연법인세자산 및 부채는 유동항목과 비유동항목으로 분류한다.
⑤ 이연법인세자산 및 부채는 현재가치로 평가하지 않는다.

02 ⑤ 법인세기간 간 배분의 이론적 근거는 자산 및 부채의 적절한 평가이다.

용어 알아두기

실현주의: 수익의 발생을 실현시기를 기준으로 하는 회계처리

★★ 법인세회계의 의의

03 □□□

법인세회계는 기간 간 배분과 기간 내 배분으로 나누어진다. 이 중 기간 간 배분을 수행하는 경우에는 이연법인세자산과 이연법인세부채를 인식하게 된다. 여기서 이연법인세자산은 경제적으로 어떠한 의미를 가지는가?

① 당기에 추가로 납부한 법인세금액
② 차기 이후에 경감될 법인세금액
③ 당기에 추가로 부담할 법인세금액
④ 차기 이후에 추가로 부담할 법인세금액
⑤ 과거에 추가로 납부한 법인세금액

★★ 법인세회계의 의의

04 □□□

다음 중 법인세 배분회계에 대한 설명으로 옳은 것은?

① 일시적차이는 법인세기간 내 배분의 대상이다.
② 영구적차이는 법인세기간 간 배분의 대상이다.
③ 법인세기간 간 배분의 회계처리는 자산·부채법을 적용한다.
④ 이연법인세부채는 실현가능성 검토 후 인식 여부가 결정된다.
⑤ 이월결손금은 법인세기간 간 배분의 대상이 아니다.

★★ 법인세회계의 의의

05 □□□

법인세기간 간 배분은 회계상의 이익과 세법상의 소득에서 발생하는 일시적차이를 조정하는 회계처리이다. 다음 중 법인세기간 간 배분의 대상이 되지 <u>않는</u> 회계와 세법 간의 조정사항은 무엇인가?

① 무형자산 상각비의 일시적차이에서 발생하는 세무조정
② 기부금의 한도초과로 발생하는 세무조정
③ 유가증권 평가에 따른 일시적차이에서 발생하는 세무조정
④ 이자수익의 일시적차이에서 발생하는 세무조정
⑤ 재고자산평가의 일시적차이에서 발생하는 세무조정

★★★
06 법인세 계산구조

다음은 A사의 당해 연도 법인세와 관련된 자료이다. 당기의 세율은 20%이며, 당기말에 세법이 개정되어 차기부터 30%의 세율을 적용할 예정이다. A사가 인식할 당해 연도 법인세비용은 얼마인가? (단, 기초에 이연법인세자산 또는 부채는 없었다)

- 회계이익(세전) : 100,000원
- 세무조정 : 일시적차이는 (−)4,000원, 영구적차이는 (+)1,000원임
- 과세소득 : 97,000원

① 10,000원 ② 19,000원 ③ 19,400원
④ 20,600원 ⑤ 21,000원

정답 및 해설

03 ② 이연법인세자산은 추후에 경감될 법인세금액을 의미한다.

참고 이연법인세부채는 추후에 추가로 부담해야 할 법인세금액이다.

04 ③ 법인세기간 간 배분 회계처리는 자산·부채법을 적용한다.

오답체크

① 일시적차이는 법인세기간 간 배분의 대상이다.
② 영구적차이는 법인세기간 간 배분의 대상이 아니다.
④ 이연법인세자산은 실현가능성 검토 후 인식 여부가 결정된다.
⑤ 이월결손금은 법인세기간 간 배분의 대상이다.

05 ② 기부금의 한도초과는 영구적차이로 기간 간 배분을 발생시키지 않는다.

06 ④
- 당기법인세부채 = 97,000 × 20% = 19,400원
- 이연법인세부채 = 4,000 × 30% = 1,200원

➲ 당기법인세비용 = 당기법인세부채 + 이연법인세부채 = 19,400 + 1,200 = 20,600원

(차) 법인세비용	20,600	(대) 당기법인세부채	19,400
		이연법인세부채	1,200

★★★

07

□□□

법인세 계산구조 최신출제유형

다음은 20×2년 초에 설립된 ㈜한국의 법인세 관련 자료이다. 20×2년 말 재무상태표에 계상될 이연법인세자산(또는 부채)**은 얼마인가?** (단, 이연법인세자산(또는 부채)의 인식조건은 충족된다)

- 20×2년도 법인세비용차감전순이익이 ₩50,000이다.
- 세무조정 결과 회계이익과 과세소득의 차이로 인해 차감할 일시적차이는 ₩10,000이고, 접대비 한도초과액은 ₩5,000이다.
- 법인세율은 20%이며 차기 이후 세율변동은 없을 것으로 예상된다.

① 이연법인세자산 ₩3,000
② 이연법인세자산 ₩2,000
③ 이연법인세부채 ₩3,000
④ 이연법인세부채 ₩2,000
⑤ 이연법인세부채 ₩4,000

★★★

08

□□□

법인세 계산구조 최신출제유형

㈜한국의 20×2년 법인세비용차감전순이익은 ₩30,000이다. 20×1년 말 이연법인세부채는 ₩2,000이며, 20×2년 말 현재 장래의 과세소득을 증가시키는 가산할 일시적차이는 ₩10,000이다. 법인세율은 매년 30%로 일정하고, 법인세에 부가되는 세액은 없다고 가정한다. 20×2년 법인세부담액이 ₩7,000일 경우 ㈜한국의 20×2년 당기순이익과 20×2년 말 이연법인세자산(또는 이연법인세부채)**은 얼마인가?**

	당기순이익	이연법인세자산(부채)
①	₩22,000	이연법인세부채 ₩3,000
②	₩22,000	이연법인세자산 ₩3,000
③	₩24,000	이연법인세부채 ₩3,000
④	₩24,000	이연법인세자산 ₩3,000
⑤	₩25,000	이연법인세자산 ₩3,000

★★★ 법인세 계산구조

09 □□□

갑회사는 전기말 현재 가산할 일시적차이 잔액 100,000원이 있었으며, 여기에 대해서 이연법인세부채 25,000원을 인식하였다. 다음은 당기법인세와 관련된 자료이다.

(단위 : 원)

• 회계이익	500,000
• 세무조정	
- 일시적차이	100,000
- 일시적차이 이외의 차이	50,000
• 과세소득	650,000

당기 세무조정 항목 중 일시적차이 100,000원은 전기 말 가산할 일시적차이 100,000원의 당기 소멸분이다. 당기 적용세율은 25%이며, 당기 중 세법이 개정되어 차기부터 20%의 세율이 적용된다. 갑회사의 당기법인세비용은 얼마인가?

① 137,500원 ② 142,500원 ③ 162,500원
④ 174,500원 ⑤ 182,500원

정답 및 해설

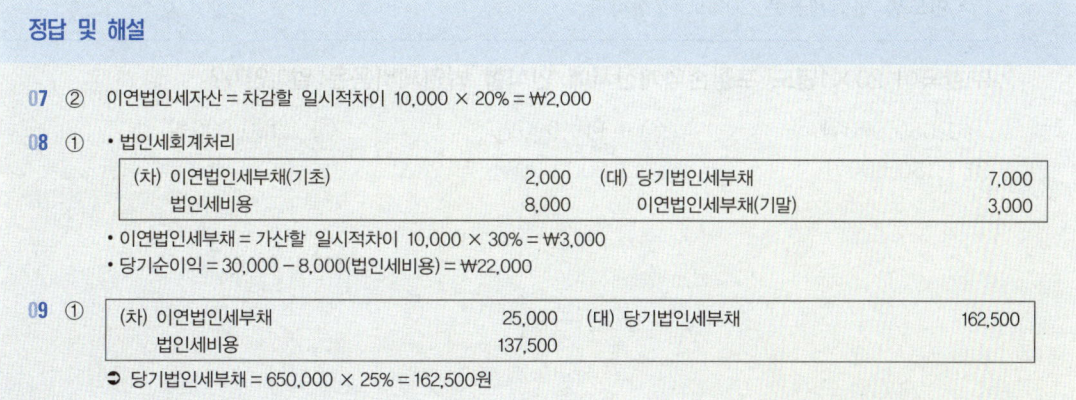

07 ② 이연법인세자산 = 차감할 일시적차이 10,000 × 20% = ₩2,000

08 ① • 법인세회계처리

(차) 이연법인세부채(기초)	2,000	(대) 당기법인세부채	7,000
법인세비용	8,000	이연법인세부채(기말)	3,000

• 이연법인세부채 = 가산할 일시적차이 10,000 × 30% = ₩3,000
• 당기순이익 = 30,000 − 8,000(법인세비용) = ₩22,000

09 ①

(차) 이연법인세부채	25,000	(대) 당기법인세부채	162,500
법인세비용	137,500		

➲ 당기법인세부채 = 650,000 × 25% = 162,500원

★★★

10 □□□

법인세 계산구조 최신출제유형

㈜한국의 20×2년 법인세비용 차감 전 순이익은 50,000원이다. 20×1년 말 이연법인세부채는 2,000원이며, 20×2년 말 현재 장래의 과세소득을 증가시키는 가산할 일시적차이는 10,000원이다. 법인세율은 매년 40%로 일정하고, 법인세에 부가되는 세액은 없다고 가정한다. 20×2년 법인세부담액이 7,000원일 경우 ㈜한국의 20×2년 당기순이익과 20×2년 말 이연법인세자산(부채)은 얼마인가?

	당기순이익	이연법인세자산(부채)
①	41,000원	이연법인세부채 4,000원
②	14,200원	이연법인세자산 3,000원
③	14,400원	이연법인세부채 4,000원
④	24,000원	이연법인세자산 3,000원
⑤	14,500원	이연법인세자산 4,000원

★★★

11 □□□

법인세 계산구조 최신출제유형

다음은 20×1년 초 설립한 ㈜한국의 20×1년도 법인세와 관련된 내용이다.

법인세비용차감전순이익	5,700,000원
세무조정항목:	
감가상각비 한도초과	300,000원
연구 및 인력개발 준비금	(600,000)원
과세소득	5,400,000원

- 연구 및 인력개발 준비금은 20×2년부터 3년간 매년 200,000원씩 소멸하며, 감가상각비 한도초과는 20×4년에 소멸한다.
- 향후 과세소득(일시적차이 조정 전)은 경기침체로 20×2년부터 20×4년까지 매년 50,000원으로 예상된다. 단, 20×5년도부터 과세소득은 없을 것으로 예상된다.
- 연도별 법인세율은 20%로 일정하다.

㈜한국이 20×1년도 포괄손익계산서에 인식할 법인세비용은 얼마인가?

① 1,080,000원　② 1,140,000원　③ 1,150,000원
④ 1,180,000원　⑤ 1,200,000원

★ 기간 내 배분

12 □□□ **D사는 20×1년 초에 자기주식을 100,000원에 취득하였다. 상기 자기주식은 상장주식으로 D사는 20×1년 말에 동 자기주식을 공정가치 200,000원에 전량 처분하였다. 법인세율이 20%인 경우, 이에 대한 설명으로 옳지 않은 것은?**

① 위의 상황은 법인세에 대한 기간 간 배분과 관련된 것이다.
② 20×1년 말 재무상태표에 계상될 자기주식처분이익은 80,000원이다.
③ 상기 거래로 인한 20×1년 포괄손익계산서의 포괄손익효과는 0원이다.
④ 자기주식처분이익에 대한 법인세효과 20,000원을 자기주식처분이익에서 직접 차감하여 공시한다.
⑤ 상기 거래로 인한 D사의 자본총계는 20,000원이 감소하였다.

정답 및 해설

10 ①

(차) 법인세비용	9,000	(대) 이연법인세부채	2,000
		당기법인세부채	7,000

➲ 이연법인세부채 = 10,000 × 0.4 = 4,000원
• ×2년 기초부채 = 2,000원 → ×2년 기말부채 = 4,000원
∴ 당기 중 이연법인세부채 증가액 = 2,000원
➲ 당기순이익 = 50,000 − 9,000 = 41,000원

11 ③

• 이연법인세자산(부채) = (200,000 + 200,000 − 50,000) × 20% = 이연법인세부채 70,000원

구 분	20×2	20×3	20×4
향후 과세소득 예상액	50,000	50,000	50,000
연구 및 인력개발 준비금	200,000	200,000	200,000
감가상각비 한도초과			(300,000)
계	200,000	200,000	(50,000)

• 20×4년의 경우 차감할 일시적차이(300,000)가 과세소득과 가산할 일시적차이의 합계(250,000)보다 작으므로 (50,000)만 자산성을 인정한다.
• 이연법인세 회계처리(기간 간 배분)

(차) 법인세비용	1,150,000	(대) 당기법인세부채	1,080,000
		이연법인세부채	70,000

➲ 당기법인세부채 = 5,400,000 × 20% = 1,080,000원

12 ① 해당 상황은 법인세에 대한 기간 내 배분에 해당하는 거래로, 회계처리는 다음과 같다.

자기주식 취득	(차) 자기주식	100,000	(대) 현금	100,000
자기주식 처분 시	(차) 현금	200,000	(대) 자기주식	100,000
			자기주식처분이익	100,000
법인세회계	(차) 법인세비용	20,000	(대) 당기법인세부채	20,000
	자기주식처분이익	20,000	법인세비용	20,000

제5절 건설계약

01 건설계약의 의의 ★★★

건설계약이란 교량, 건물, 댐, 파이프라인, 도로, 정제시설, 기계장치, 선박 또는 터널과 같은 자산을 건설하기 위하여 구체적으로 협의된 계약을 의미한다. 즉, 단일의 자산이나 복수의 자산건설을 위해 구체적으로 협의된 계약을 말한다.

건설계약에 따라서 건설공사가 수행되는 가장 대표적인 것인 도급공사이다. 도급공사에서 시공사는 건설공사의 완성을 약정하고, 시행사가 그 결과에 대하여 대가의 지급을 약정한다.

건설업	분양공사 : 시행사 = 시공사 ➲ 재화의 판매 : 인도기준
	도급공사 : 시행사 ≠ 시공사 ➲ 용역의 제공 : 진행기준

02 계약수익과 계약원가 ★★★

1. 계약수익

측 정	구 성
수령하였거나 수령할 대가의 FV	① 최초에 합의된 계약금액
	② 공사변경, 보상금 및 장려금에 따라 추가되는 금액[1]

[1] 수익으로 귀결될 가능성이 높고, 신뢰성 있게 측정할 수 있는 금액

공사변경, 보상금 및 장려금으로 인해 기업이 인식할 총계약수익은 최초계약금액과 달라질 수 있다. 이로 인하여 추가되는 금액이 수익으로 귀결될 가능성이 높고, 신뢰성 있게 측정할 수 있는 경우에는 계약수익에 포함하여 인식한다.

2. 계약원가

계약원가는 계약체결일로부터 최종완료일까지의 기간에 당해 계약에 귀속될 수 있는 총원가를 말한다. 계약원가는 다음 세 가지로 구성된다.

(1) 특정계약에 직접 관련된 원가

① 현장인력 노무원가, 직접 재료원가, 계약에 사용된 생산설비와 건설장비의 감가상각비, 운반에 소요되는 원가, 임차원가, 예상하자보수원가를 포함한 복구 및 보증공사의 추정원가 및 제3자의 보상금 청구 등

② 특정공사에만 사용할 목적으로 구입한 원재료, 생산설비 및 건설장비를 계약원가에 산입한 경우에는 공사가 완료된 후에 처분하여 받은 대가를 계약원가에서 차감한다.

(2) 특정공사에 배분할 수 있는 공통원가

① 보험료, 직접 관련되지 않은 설계와 기술지원원가, 기타 건설 간접원가

② 공통원가는 체계적이고 합리적인 방법에 따라 배분(정상조업도 수준에 기초)되며, 비슷한 성격의 원가는 동일하게 적용한다.

(3) 계약조건에 따라 발주자에게 청구할 수 있는 기타원가

① 계약조건에 따라 보상받을 수 있는 일부 일반관리원가와 연구개발원가 등

② 공사계약체결 전에 발생하는 원가(예 입찰, 견적서 작성 등의 수주비 등)는 개별적으로 식별이 가능하며 신뢰성 있게 측정할 수 있고 계약의 체결가능성이 높은 경우 계약원가의 일부로 포함한다.

③ 하도급계약에 의하여 공사의 일부를 타건설사업자에게 재도급하는 경우에는 당해 하도급공사에 대한 공사비는 발생 시점에 외주비의 과목으로 하여 계약원가에 산입한다.

④ 계약에 보상이 명시되지 않은 일반관리원가, 판매원가, 연구개발원가 및 특정계약에 사용하지 않는 유휴 생산설비나 건설장비의 감가상각비와 같이 계약활동에 귀속될 수 없거나 특정계약에 배분할 수 없는 원가는 건설계약의 원가에서 제외한다.

⑤ 계약을 체결하는 과정에서 발생한 원가를 발생한 기간의 비용으로 인식한 경우에는 공사계약이 후속기간에 체결되더라도 계약원가에 포함하지 않는다.

03 진행률 ★★★

진행기준은 계약진행률을 기준으로 수익과 비용을 인식하는 방법이다. 계약의 진행률은 다양한 방식으로 결정될 수 있으며, 건설사업자는 수행한 공사를 신뢰성 있게 측정하는 방법을 사용한다.

구 분		계약진행률의 산정공식
투입가치비율	원가법	실제누적계약원가/추정총계약원가
	투하노력법	실제투하노력량/추정총투하노력량
산출가치비율	완성단위법	실제완성작업량/추정총계약작업량
	완성가치법	실제완성작업가치/추정총계약작업가치

공사원가에는 포함되나 공사진행률 계산에서 제외되는 공사원가는 다음과 같다.

- 공사현장에 투입되었으나 아직 공사수행을 위해 이용 또는 설치되지 않는 재료 또는 부품원가
- 아직 수행되지 않은 하도급공사에 대하여 하도급자에게 선급한 금액
- 토지의 취득원가
- 자본화 대상 금융비용
- 재개발 등의 이주대여비
- 공사손실충당부채전입액

* 하자보수가 예상되는 경우에는 추정하자보수비를 공사진행률 계산의 기준이 되는 총공사예정원가에 포함하여 공사가 종료되는 회계기간에 추정하자보수비를 공사진행률 계산 시 누적발생원가에 포함시키고 동 공사기간의 공사원가로 인식한다.

04 건설계약의 회계처리 ★★★

1. 건설계약 관련 F/S 분석

B/S

미성공사	××	진행청구액	××
공사미수금	××		

I/S

공사원가	××	공사수익	××
공사손익	××		

* 미성공사 > 진행청구액 : 미청구공사(유동자산) = 미성공사 – 진행청구액
* 미성공사 < 진행청구액 : 초과청구공사(유동부채) = 진행청구액 – 미성공사

진행기준 관련 계정	건설공사계약	용역제공
수 익	계약수익	용역수익
원 가	계약원가	용역원가
재공품	미성공사	미성용역
계약대금의 청구	진행청구액	진행청구액
계약대금의 미수액	공사미수금	공사미수금

2. 수식 분석

① 미성공사 : 계약원가(누적) + 계약수익(누적) = 계약수익(누적) = 총계약금액 × 누적진행률

② 공사손익 : 총공사수익 × 누적진행률 – 총계약원가 × 누적진행률 – 전기까지 인식한 누적손익(총공사금액 – 총공사원가) × 누적진행률 – 전기까지 인식한 누적손익

원가투입 시	(차) 미성공사	A	(대) 현금	××
기말결산 시	(차) 공사원가 미성공사	A B – A	(대) 공사수익	B

③ 공사미수금 : 누적 진행청구액 – 누적 현금회수액

대금청구 시	(차) 공사미수금	××	(대) 진행청구액	××
대금회수 시	(차) 현금	××	(대) 공사미수금	××

④ 공사완료 시

공사완료 시	(차) 진행청구액	××	(대) 미성공사	××

예제 1

A회사는 20×1년 초 B회사와 건물 건설계약을 체결하였다. 공사계약액은 ₩1,200이고 20×3년 12월 31일까지 공사를 끝내기로 하였다. 관련 자료는 다음과 같다.

(단위 : ₩)

구 분	20×1년	20×2년	20×3년
당기발생원가	200	300	500
추정총계약원가	1,000	1,000	1,000
공사대금청구액	400	400	400
공사대금회수액	200	500	500

건설계약과 관련하여 20×1년과 20×2년의 부분 F/S를 작성하시오.

풀이

1. 진행률 산정

구 분	20×1년	20×2년	20×3년
당기누적원가	₩200	₩500	₩1,000
추정총계약원가	₩1,000	₩1,000	₩1,000
진행률	20%	50%	100%

2. 20×1년 F/S 작성

B/S

미성공사	240	진행청구액	400
공사미수금	200		

I/S

공사원가	200	공사수익	240
공사손익	40		

- 미성공사 : 1,200 × 20% = ₩240
- 미성공사 ₩240 < 진행청구액 ₩400
  ➲ 초과청구공사 : ₩160(= 400 − 240)
- 공사미수금 : 400 − 200 = ₩200
- 공사손익
  ➲ (1,200 − 1,000) × 20% − 0 = ₩40

원가투입 시	(차) 미성공사	200	(대) 현금	200
기말결산 시	(차) 공사원가 미성공사	200 40	(대) 공사수익	240
대금청구 시	(차) 공사미수금	400	(대) 진행청구액	400
대금회수 시	(차) 현금	200	(대) 공사미수금	200

3. 20×2년 F/S 작성

B/S

미성공사	600	진행청구액	800
공사미수금	100		

I/S

공사원가	300	공사수익	360
공사손익	60		

- 미성공사 : 1,200 × 50% = ₩600
- 미성공사 ₩600 < 진행청구액 ₩800
  ➲ 초과청구공사 : ₩200(= 600 − 800)
- 공사미수금 : 800 − 700 = ₩100
- 공사손익
  ➲ (1,200 − 1,000) × 50% − 40 = ₩60

원가투입 시	(차) 미성공사	300	(대) 현금	300
기말결산 시	(차) 공사원가 미성공사	300 60	(대) 공사수익	360
대금청구 시	(차) 공사미수금	400	(대) 진행청구액	400
대금회수 시	(차) 현금	500	(대) 공사미수금	500

05 손실이 예상되는 공사 ★★★

전체 공사에서 계약이익이 예상될 때는 진행기준에 따라 수익을 인식하고 그에 대응하여 비용을 인식한다. 그러나 전체 공사에서 공사손실이 예상될 때(총계약원가가 총공사수익을 초과할 가능성이 큰 경우)에는 향후 예상되는 손실을 즉시 비용으로 인식한다. 이러한 처리는 진행기준을 적용하는 경우에도 손실이 예상될 때는 이를 이연하지 않고 조기에 손실을 인식하여 더욱 보수적인 회계처리를 하기 위한 것이다.

계산 Tool

	20×1	20×2	20×3
당기 계약손익	1st A	3rd B(역산)	5th C(역산)

×2년 누적계약손익 2nd 총공사수익 − ×2년 추정총공사원가 = A + B

×3년 누적계약손익 4th 총공사수익 − ×3년 총공사원가 = A + B + C

1. 공사손실이 예상되는 경우 공사손익
   - ➲ (총공사수익 − 추정총공사원가) × 누적진행률 − 전기누적공사손익 + (총공사수익 − 추정총공사원가) × (1 − 누적진행률)
   - ➲ (총공사수익 − 추정총공사원가) × 100% − 전기누적공사손익

     A + B − A
2. 공사손실이 예상되는 경우 미성공사
   - ➲ 총공사수익 × 누적진행률 + (총공사수익 − 추정총공사원가) × (1 − 누적진행률)
   - ➲ 누적발생원가 + 누적공사손실액(A + B)

예제 2

20×1년 초에 ㈜대박건설은 서울시와 도서관 건물을 건설하는 계약을 체결하였다. 공사기간은 20×3년 말까지이며 총공사계약금액은 ₩1,000,000이다. 관련 자료는 다음과 같다.

(단위 : ₩)

구 분	20×1년	20×2년	20×3년
공사진행률	30%	80%	100%
추정총공사원가	800,000	1,050,000	1,100,000
당기 발생 공사원가	240,000	600,000	260,000
진행청구액	250,000	500,000	250,000
현금회수액	200,000	400,000	400,000

㈜대박건설이 20×1년 ~ 20×3년간 연도별로 인식할 공사이익을 구하시오.

풀이

	20×1	20×2	20×3
당기 공사이익	1st A 60,000	3rd B(역산) (110,000)	5th C(역산) (50,000)

• 20×2년 누적공사손익 = 2nd 총공사수익 − 20×2년 추정총공사원가 = A + B
= (1,000,000 − 1,050,000) = ₩(50,000)

• 20×3년 누적공사이익 = 4th 총공사수익 − 20×3년 총공사원가 = A + B + C
= (1,000,000 − 1,100,000) = ₩(100,000)

개념완성문제

01 건설형 공사계약에 대한 일반기업회계기준의 수익인식 기준은 (　　)다/이다.

02 진행기준에 따른 수익인식은 완성기준에 비해 회계정보의 신뢰성을 향상시키지만 목적적합성을 저하시킬 수 있다. (O, X)

03 전체적 공사손실이 예상되면 예상손실액을 손실이 예상되는 해당 연도의 당기비용으로 인식한다. (O, X)

정답 및 해설

01 진행기준

02 X 진행기준에 따른 수익인식은 완성기준에 비해 회계정보의 목적적합성을 향상시키나 신뢰성을 저하시킬 수 있다.

03 X 전체적 공사손실이 예상되면 예상손실액을 즉시 당기비용으로 인식한다.

출제예상문제

✔ 학습시간이 부족하거나 시험 전 최종정리를 하고 싶은 경우에는 출제빈도(★~★★★)가 높은 문제를 우선으로 풀이할 수 있습니다.
✔ 다시 봐야 할 문제(풀지 못한 문제, 헷갈리는 문제 등)는 문제 번호 하단의 네모박스(□)에 체크하여 반복 학습할 수 있습니다.

★★★ 건설계약(서술형) 최신출제유형

01 □□□ **건설형 공사계약의 공사원가 중 성격이 다른 하나는 무엇인가?**

① 건설공사에 사용된 재료원가
② 현장감독을 포함한 현장인력의 노무원가
③ 생산설비와 건설장비의 감가상각비
④ 외주비, 공사종료 시점에 추정한 하자보수와 보증비용
⑤ 자본화된 금융비용, 아직 수행되지 않은 하도급공사에 대해 하도급자에게 선급한 금액

★★★ 건설계약(서술형)

02 □□□ **다음 중 건설형공사계약에 따른 공사진행률 산정 시 포함되는 원가는 몇 개인가?**

외주가공비, 차입원가(건설자금이자), 공사손실충당부채전입액, 이주대여비 관련 순이자비용

① 1개 ② 2개 ③ 3개
④ 4개 ⑤ 5개

정답 및 해설

01 ⑤ 해당 내용은 공사원가에는 포함되나 공사진행에 따라 직접적으로 발생한 지출이 아니므로, 공사진행률 계산 시 발생원가에서는 제외하는 항목이다.

오답체크

①②③④ 공사진행률 계산 시 포함되는 항목들이다.

02 ① 외주가공비만 공사진행률 산정 시 포함된다.

★ 건설계약(서술형)

03 건설계약에서 공사진행률은 아래와 같이 다양한 방식으로 계산이 가능하다. 다음 중 누적 진행률을 계산하기 위한 방법으로 옳지 않은 것은?

① 실제누적완성단위 ÷ 총공사예정완성단위
② 실제누적공사원가 ÷ 총공사예정원가
③ 실제당기작업일수 ÷ 총작업예정일수
④ 실제누적작업량 ÷ 총예정작업량
⑤ 실제누적발생원가 ÷ 총공사예정원가

★★ 건설계약(서술형)

04 다음 중 건설형 공사계약의 회계처리에 대한 설명으로 옳은 것은?

① 진행기준에 따른 수익인식은 완성기준에 비해 회계정보의 신뢰성을 향상시키지만, 목적적 합성을 저하시킬 수 있다.
② 진행기준에서 공사진행률 계산은 실제공사원가 발생액을 토지의 취득원가와 자본화대상 금융비용 등을 포함한 총공사예정원가로 나눈 원가기준법을 원칙적으로 적용한다.
③ 도급계약의 형태로 이루어져 공사기간 중에도 수익금액의 합리적 측정이 가능하다.
④ 공사계약 체결 전에 지출한 선급공사원가는 지출 시점에 비용처리하고 공사가 착수된 후에는 공사원가에 포함시킬 수 없다.
⑤ 전체적 공사손실이 예상되면 예상손실액을 손실이 예상되는 해당 연도의 당기비용으로 인식한다.

★★★ 건설계약의 회계처리

05 20×1년에 건물 신축공사를 총도급금액 2,000,000원에 수주하였고, 공사기간은 3년이다. 아래의 공사원가 자료에 근거하여 20×2년에 진행기준으로 인식될 공사이익으로 옳은 것은?

(단위 : 원)

구 분	20×1년	20×2년	20×3년
누적발생원가	300,000	900,000	1,200,000
추가공사원가	900,000	300,000	–

① 100,000원 ② 200,000원 ③ 300,000원
④ 400,000원 ⑤ 500,000원

★★★ 건설계약의 회계처리

06 H회사는 20×2년 1월 1일에 공사금액이 400,000원인 건물공사를 수주하였다. 공사는 20×4년 12월 완공 예정으로 진행하여 기간 내에 완성하였다. 아래는 공사기간에 걸쳐 발생한 공사원가 및 각 연도 말의 예상공사원가이다. H회사의 20×4년도 공사손익은 얼마인가?

(단위 : 원)

구 분	20×2년	20×3년	20×4년
실제 발생한 누적공사원가	80,000	256,000	420,000
추가로 소요될 원가 추정액	170,000	164,000	–
총공사 원가 추정액	250,000	420,000	420,000

① 손실 48,000원 ② 손익 0원 ③ 이익 16,000원
④ 이익 20,000원 ⑤ 이익 48,000원

정답 및 해설

03 ③ 누적진행률은 '실제누적발생기준 ÷ 총예정발생기준'으로 계산한다.

04 ③ 도급계약의 형태로 이루어져 공사기간 중에도 수익금액의 합리적 측정이 가능하다.

오답체크

① 진행기준에 따른 수익인식은 완성기준에 비해 회계정보의 목적적합성을 향상시키나 신뢰성은 저하시킬 수 있다.
② 진행기준에서 공사진행률 계산은 실제공사원가 발생액을 토지의 취득원가와 자본화대상 금융비용 등을 제외한 총공사예정원가로 나눈 원가기준법을 원칙적으로 적용한다.
④ 공사계약 체결 전에 지출한 선급공사원가는 공사가 착수된 후에 공사원가에 포함시킨다.
⑤ 전체적 공사손실이 예상되면 예상손실액을 즉시 당기비용으로 인식한다.

05 ④ • 진행률

- 20×1년 진행률 = $\frac{300,000}{300,000+900,000}$ = 25%
- 20×2년 진행률 = $\frac{900,000}{900,000+300,000}$ = 75%

• 공사손익

- 20×1년 공사손익 = (2,000,000 − 1,200,000) × 25% = 200,000원

➲ 20×2년 공사손익 = (2,000,000 − 1,200,000) × 75% − 200,000 = 400,000원

06 ② • 20×2년 진행률 = $\frac{80,000}{250,000}$ = 32%

• 20×2년 공사손익 = (400,000 − 250,000) × 32% = 48,000원
• 20×3년 공사손익 = (400,000 − 420,000) − 48,000 = (68,000)원

➲ 20×4년 공사손익 = (400,000 − 420,000) × 100% − (20,000) = 0원

★★
07 □□□
건설계약의 회계처리

㈜A건설은 20×1년 1월 1일 B사와 건설계약을 체결했다. 수익을 공사진행기준에 따라 인식하며 공사기간은 3년이다. 총 계약금은 4,500,000원이며 공사계약 당시 총공사예정원가가 3,100,000원일 때, 연도별 발생원가 정보는 아래와 같다. 공사진행기준에 의할 때 20×3년도에 인식할 공사손익으로 옳은 것은?

(단위 : 원)

구 분	20×1년	20×2년	20×3년
연도별 발생원가	800,000	1,180,000	1,420,000
추가발생 예상공사원가	2,400,000	1,320,000	-

① 공사손실 300,000원
② 공사손실 320,000원
③ 공사손실 322,000원
④ 공사이익 320,000원
⑤ 공사이익 380,000원

★★★
08 □□□
건설계약의 회계처리

㈜한국건설은 20×1년 초에 ㈜대한과 교량 건설을 위한 건설계약을 발주금액 10,000,000원에 체결하였다. 총 공사기간은 계약일로부터 3년이고, 20×2년도에 공사내용의 일부 변경에 따른 계약원가 추가 발생으로 건설계약금액을 2,000,000원 증가시키는 것으로 합의하였다. 동 건설계약과 관련된 연도별 자료는 다음과 같다.

(단위 : 원)

구 분	20×1년	20×2년	20×3년
실제계약원가발생액	2,400,000	4,950,000	3,150,000
연도말 예상추가계약원가	5,600,000	3,150,000	-
계약대금청구액	2,500,000	5,500,000	4,000,000
계약대금회수액	2,500,000	5,500,000	4,000,000

㈜한국건설이 진행률을 누적발생계약원가에 기초하여 계산한다고 할 때, 동 건설계약과 관련하여 ㈜한국건설이 20×2년에 손익계산서상 인식할 공사수익은 얼마인가?

① 4,000,000원 ② 4,400,000원 ③ 5,200,000원
④ 5,400,000원 ⑤ 6,000,000원

★★

09 □□□

건설계약의 회계처리

20×7년 3월 1일에 ㈜대한건설은 정부로부터 건물 신축공사를 수주하였다. 총공사계약금액은 120,000원이며, 완성시점인 20×9년 말까지 건설과 관련된 모든 원가자료는 다음과 같다. ㈜대한건설이 진행기준을 적용할 때 20×8년에 인식할 공사이익은?

(단위 : 원)

구 분	20×7년	20×8년	20×9년
발생한 누적공사원가	20,000	60,000	80,000
추가로 소요될 원가추정액	40,000	20,000	–
총공사원가 추정액	60,000	80,000	80,000

① 10,000원 ② 20,000원 ③ 30,000원
④ 40,000원 ⑤ 50,000원

정답 및 해설

07 ⑤
- 진행률
  - 20×2년 진행률 = $\frac{800,000 + 1,180,000}{800,000 + 1,180,000 + 1,320,000}$ = 60%
  - 20×3년 진행률 = 100%
- 공사손익
  - 20×2년 누적 공사손익 = (4,500,000 − 3,300,000) × 60% = 720,000원

➲ 20×3년 공사손익 = {4,500,000 − (800,000 + 1,180,000 + 1,420,000)} × 100% − 720,000 = 380,000원

08 ④
- 20×1년 진행률 = 2,400,000 ÷ (2,400,000 + 5,600,000) = 30%
- 20×2년 진행률 = (2,400,000 + 4,950,000)/(2,400,000 + 4,950,000 + 3,150,000) = 70%

➲ 20×2년 공사수익 = (10,000,000 + 2,000,000) × 70% − 10,000,000 × 30% = 5,400,000원

09 ①
- ×7년 진행률 = 20,000 ÷ (20,000 + 40,000) = $\frac{1}{3}$
- ×8년 진행률 = 60,000 ÷ (60,000 + 20,000) = 75%
- ×7년 누적 공사이익 = (120,000 − 60,000) × $\frac{1}{3}$ = 20,000
- ×8년 누적 공사이익 = (120,000 − 80,000) × 75% = 30,000

➲ ×8년 공사이익 = 30,000 − 20,000 = 10,000

★★★
건설계약의 회계처리 최신출제유형

10 □□□

㈜대한은 20×4년 1월 1일에 도로건설계약(공사기간 : 20×4. 1. 1. ~ 20×6. 12. 31.)**을 체결하고 공사를 진행하였다. 총공사수익은 300,000이며, 이 도로를 건설하는 데 필요한 총공사원가는 200,000원으로 추정되었다. 당해 건설계약에서 실제로 발생한 누적공사원가가 다음과 같을 때, 이 건설계약에 대한 설명으로 옳지 않은 것은?** (단, 진행률은 실제 발생한 누적공사원가를 추정총공사원가로 나눈 비율로 계산한다)

(단위 : 원)

구 분	20×4년	20×5년	20×6년
누적공사원가	50,000	130,000	200,000

① 20×4년의 공사진행률은 25%이다.
② 20×6년의 공사수익은 105,000원이다.
③ 20×5년까지의 누적공사진행률은 65%이다.
④ 20×5년에 인식할 공사이익은 65,000원이다.
⑤ 20×5년 누적공사이익은 65,000원이다.

★★★
건설계약의 회계처리

11 □□□

12월 말 결산법인인 ㈜금융은 20×6년 건설공사를 수주하여 공사는 20×6년 초부터 시작했고, 최초 도급금액은 50,000,000원이다. 20×7년에 인식할 공사손익은 얼마인가?

(단위 : 원)

구 분	20×6년	20×7년
실제 발생 공사원가	15,000,000	15,000,000
추정 추가 공사원가	15,000,000	10,000,000

① 2,500,000원 이익 ② 2,500,000원 손실 ③ 8,000,000원 이익
④ 8,500,000원 손실 ⑤ 9,000,000원 이익

★★ **12** □□□

건설계약의 회계처리 최신출제유형

㈜한국은 20×1년 초에 한국도로공사와 고속도로 1구간의 건설계약을 800,000원에 체결하였다. 해당 고속도로는 20×3년 말에 완공되었으며, 동 건설계약과 관련된 자료는 다음과 같다.

(단위 : 원)

항 목	20×1년	20×2년	20×3년
당기 발생 원가	130,000	380,000	340,000
추정 총 공사원가	650,000	850,000	850,000
공사대금 청구	150,000	350,000	300,000
공사대금 회수	120,000	360,000	320,000

㈜한국이 이 건설공사와 관련하여 20×2년 말에 공사손실충당부채로 인식할 금액은 얼마인가?

① 20,000원 ② 30,000원 ③ 40,000원
④ 50,000원 ⑤ 60,000원

정답 및 해설

10 ④ (1) 20×4년 누적공사이익 = (300,000 − 200,000) × 25% = 25,000원
(2) 20×5년 누적공사이익 = (300,000 − 200,000) × 65% = 65,000원
• 20×5년 당기공사이익 = (2) − (1) = 40,000

오답체크

① ×4년 누적공사이익 = 진행률 : 50,000 ÷ 200,000 = 25%
② (1) 20×5년 누적공사수익 = 300,000 × 65% = 195,000원
(2) 20×6년 누적공사수익 = 300,000 × 100% = 300,000원
• 20×6년 당기공사수익 = (2) − (1) = 105,000원
③ ×5년 누적진행률 = 130,000 ÷ 200,000 = 65%

11 ② • 진행률

- $20\times6년 = \frac{15,000,000}{(15,000,000 + 15,000,000)} = 50\%$
- $20\times7년 = \frac{(15,000,000 + 15,000,000)}{(30,000,000 + 10,000,000)} = 75\%$

• 공사이익
- 20×6년 = (50,000,000 − 30,000,000) × 50% = 10,000,000원
➲ 20×7년 = (50,000,000 − 40,000,000) × 75% − 10,000,000 = (−)2,500,000원

12 ① • 20×1년 진행률 : 130,000 ÷ 650,000 = 20%
• 20×2년 진행률 : 510,000 ÷ 850,000 = 60%
• 20×2년 말 공사손실충당부채 : (800,000 − 850,000) × (1 − 60%) = 20,000

★★★ 건설계약의 회계처리 최신출제유형

13 □□□

20×5년에 설립한 ㈜세무는 ㈜한국과 건설기간 3년, 계약금액 1,000,000원인 건설계약을 체결하고 준공시점인 20×7년까지는 동 공사만 진행하였다. ㈜세무는 진행기준으로 수익을 인식하며, 진행률은 발생한 누적계약원가를 추정 총 계약원가로 나눈 비율로 측정한다. 건설계약과 관련된 자료가 다음과 같을 때, ㈜세무가 20×6년과 20×7년에 인식할 당기 공사이익은 각각 얼마인가? (단, 취득한 건설자재는 동 건설계약을 위해 별도로 제작된 경우에 해당하지 않는다)

(단위 : 원)

구 분	20×5년	20×6년	20×7년
당기 건설자재 취득원가	90,000	100,000	50,000
기말 미사용 건설자재	10,000	40,000	40,000
당기 건설노무원가	120,000	140,000	250,000
당기 건설장비 감가상각비	10,000	12,000	18,000
추정 총 공사원가	700,000	720,000	−

	20×6년	20×7년
①	74,111원	69,222원
②	74,111원	85,889원
③	78,000원	82,000원
④	78,000원	84,000원
⑤	78,000원	85,889원

★★★ 건설계약의 회계처리 최신출제유형

14 □□□

㈜포도는 20×1년 초 장기건설계약(건설기간 4년)**을 체결하였다. 총공사계약액은 ₩10,000이고 공사원가 관련 자료는 다음과 같다. ㈜포도가 발생원가에 기초하여 진행률을 계산하는 경우, 20×3년 말에 공사손실충당부채로 인식할 금액은?**

구 분	20×1년	20×2년	20×3년	20×4년
당기발생 공사원가	₩1,200	₩2,300	₩5,500	₩6,000
완성에 소요될 추가공사원가 예상액	₩4,800	₩7,500	₩6,000	−

① ₩1,000 ② ₩2,000 ③ ₩3,000
④ ₩4,000 ⑤ ₩5,000

★★
15
□□□

건설계약의 회계처리

㈜한영은 20×1년 1월 1일에 서울시로부터 계약금액 5,000,000원인 골프장 공사를 수주하였다. 20×3년 3월 1일에 완공되었으며 공사와 관련된 정보는 아래와 같다.

(단위 : 원)

구 분	20×1년	20×2년	20×3년
추정 총 계약원가	4,500,000	5,100,000	4,800,000
당기 발생 계약원가	900,000	3,180,000	720,000
계약대금 청구액	900,000	3,000,000	1,100,000
계약대금 회수액	800,000	2,900,000	1,300,000

진행률을 기준으로 수익을 인식할 때 20×2년과 20×3년 공사손익은 각각 얼마인가?

	20×2년	20×3년
①	공사손실 180,000원	공사이익 280,000원
②	공사손실 180,000원	공사이익 380,000원
③	공사손실 200,000원	공사이익 200,000원
④	공사손실 200,000원	공사이익 300,000원
⑤	공사손실 200,000원	공사이익 480,000원

정답 및 해설

13 ③ • 진행률

구 분	20×5년	20×6년	20×7년
당기 공사원가	210,000원	222,000원	318,000원
누적 공사원가	210,000원	432,000원	750,000원
추정 총 계약원가	700,000원	720,000원	750,000원
진행률	30%	60%	100%

- 20×5년 당기 발생 공사원가 = (0 + 90,000 − 10,000) + 120,000 + 10,000 = 210,000원
- 20×6년 당기 발생 공사원가 = (10,000 + 100,000 − 40,000) + 140,000 + 12,000 = 222,000원
- 20×7년 당기 발생 공사원가 = (40,000 + 50,000 − 40,000) + 250,000 + 18,000 = 318,000원

• 공사이익
- 20×5년 공사이익 = (1,000,000 − 700,000) × 30% = 90,000원

➲ 20×6년 공사이익 = (1,000,000 − 720,000) × 60% − 90,000 = 78,000원
➲ 20×7년 공사이익 = (1,000,000 − 750,000) × 100% − (90,000 + 78,000) = 82,000원

14 ② • 20×3년 진행률 : (9,000 = 1,200 + 2,300 + 5,500) ÷ (15,000 = 1,200 + 2,300 + 5,500 + 6,000) = 60%
• 20×3년 공사손실충당부채 : (10,000 − 15,000) × (1 − 60%) = (−)2,000

15 ④ • 진행률
- 20×1 누적진행률 = $\frac{900,000}{4,500,000}$ = 20%

➲ 공사손익
- 20×1 공사손익 = (5,000,000 − 4,500,000) × 20% = 100,000원
- 20×2 공사손익 = (5,000,000 − 5,100,000) × 100% − 100,000 = (200,000)원
- 20×3 공사손익 = (5,000,000 − 4,800,000) × 100% − (100,000) = 300,000원

현가표

현가표

[복리이자요소(CVIF)]

$$CVIF = (1+i)^n$$

(n=기간, i=기간당 이자율)

n/i	1.0	2.0	3.0	4.0	5.0	6.0	7.0	8.0	9.0	10.0
1	1.01000	1.02000	1.03000	1.04000	1.05000	1.06000	1.07000	1.08000	1.09000	1.10000
2	1.02010	1.04040	1.06090	1.08160	1.10250	1.12360	1.14490	1.16640	1.18810	1.21000
3	1.03030	1.06121	1.09273	1.12486	1.15762	1.19102	1.22504	1.25971	1.29503	1.33100
4	1.04060	1.08243	1.12551	1.16986	1.21551	1.26248	1.31080	1.36049	1.41158	1.46410
5	1.05101	1.10408	1.15927	1.21665	1.27628	1.33823	1.40255	1.46933	1.53862	1.61051
6	1.06152	1.12616	1.19405	1.26532	1.34010	1.41852	1.50073	1.58687	1.67710	1.77156
7	1.07214	1.14869	1.22987	1.31593	1.40710	1.50363	1.60578	1.71382	1.82804	1.94872
8	1.08286	1.17166	1.26677	1.36857	1.47746	1.59385	1.71819	1.85093	1.99256	2.14359
9	1.09369	1.19509	1.30477	1.42331	1.55133	1.68948	1.83846	1.99900	2.17189	2.35795
10	1.10462	1.21899	1.34392	1.48024	1.62889	1.79085	1.96715	2.15892	2.36736	2.59374
11	1.11567	1.24337	1.38423	1.53945	1.71034	1.89830	2.10485	2.33164	2.58043	2.85312
12	1.12682	1.26824	1.42576	1.60103	1.79586	2.01220	2.25219	2.51817	2.81266	3.13843
13	1.13809	1.29361	1.46853	1.66507	1.88565	2.13293	2.40984	2.71962	3.06580	3.45227
14	1.14947	1.31948	1.51259	1.73168	1.97993	2.26090	2.57853	2.93719	3.34173	3.79750
15	1.16097	1.34587	1.55797	1.80094	2.07893	2.39656	2.75903	3.17217	3.64248	4.17725
16	1.17258	1.37279	1.60471	1.87298	2.18287	2.54035	2.95216	3.42594	3.97030	4.59497
17	1.18430	1.40024	1.65285	1.94790	2.29202	2.69277	3.15881	3.70002	4.32763	5.05447
18	1.19615	1.42825	1.70243	2.02582	2.40662	2.85434	3.37993	3.99602	4.71712	5.55992
19	1.20811	1.45681	1.75351	2.10685	2.52695	3.02560	3.61653	4.31570	5.14166	6.11591
20	1.22019	1.48595	1.80611	2.19112	2.65330	3.20713	3.86968	4.66096	5.60441	6.72750

n/i	11.0	12.0	13.0	14.0	15.0	16.0	17.0	18.0	19.0	20.0
1	1.11000	1.12000	1.13000	1.14000	1.15000	1.16000	1.17000	1.18000	1.19000	1.20000
2	1.23210	1.25440	1.27690	1.29960	1.32250	1.34560	1.36890	1.39240	1.41610	1.44000
3	1.36763	1.40493	1.44290	1.48154	1.52087	1.56090	1.60161	1.64303	1.68516	1.72800
4	1.51807	1.57352	1.63047	1.68896	1.74901	1.81064	1.87389	1.93878	2.00534	2.07360
5	1.68506	1.76234	1.84244	1.92541	2.01136	2.10034	2.19245	2.28776	2.38635	2.48832
6	1.87041	1.97382	2.08195	2.19497	2.31306	2.43640	2.56516	2.69955	2.83976	2.98598
7	2.07616	2.21068	2.35261	2.50227	2.66002	2.82622	3.00124	3.18547	3.37931	3.58318
8	2.30454	2.47596	2.65844	2.85259	3.05902	3.27841	3.51145	3.75886	4.02138	4.29982
9	2.55804	2.77308	3.00404	3.25195	3.51788	3.80296	4.10840	4.43545	4.78545	5.15978
10	2.83942	3.10585	3.39457	3.70722	4.04556	4.41143	4.80683	5.23383	5.69468	6.19173
11	3.15176	3.47855	3.83586	4.22623	4.65239	5.11726	5.62399	6.17592	6.77667	7.43008
12	3.49845	3.89598	4.33452	4.81790	5.35025	5.93603	6.58007	7.28759	8.06424	8.91610
13	3.88328	4.36349	4.89801	5.49241	6.15279	6.88579	7.69868	8.59936	9.59645	10.69932
14	4.31044	4.88711	5.53475	6.26135	7.07570	7.98752	9.00745	10.14724	11.41977	12.83918
15	4.78459	5.47356	6.25427	7.13794	8.13706	9.26552	10.53872	11.97374	13.58953	15.40701
16	5.31089	6.13039	7.06732	8.13725	9.35762	10.74800	12.33030	14.12902	16.17154	18.48842
17	5.89509	6.86604	7.98608	9.27646	10.76126	12.46768	14.42645	16.67224	19.24413	22.18610
18	6.54355	7.68996	9.02427	10.57517	12.37545	14.46251	16.87895	19.67324	22.90051	26.62332
19	7.26334	8.61276	10.19742	12.05569	14.23177	16.77651	19.74837	23.21443	27.25162	31.94798
20	8.06231	9.64629	11.52309	13.74348	16.36653	19.46075	23.10559	27.39302	32.42941	38.33758

[연금의 복리이자요소(CVIFa)]

$$CVIFa = \frac{(1+i)^n - 1}{i}$$

(n=기간, i=기간당 이자율)

n/i	1.0	2.0	3.0	4.0	5.0	6.0	7.0	8.0	9.0	10.0
1	1.00000	1.00000	1.00000	1.00000	1.00000	1.00000	1.00000	1.00000	1.00000	1.00000
2	2.01000	2.02000	2.03000	2.04000	2.04500	2.06000	2.07000	2.08000	2.09000	2.10000
3	3.03010	3.06040	3.09090	3.12160	3.13702	3.18360	3.21490	3.24640	3.27810	3.31000
4	4.06040	4.12161	4.18363	4.24646	4.27819	4.37462	4.43994	4.50611	4.57313	4.64100
5	5.10100	5.20404	5.30914	5.41632	5.47071	5.63709	5.75074	5.86660	5.98471	6.10510
6	6.15201	6.30812	6.46841	6.63298	6.71689	6.97532	7.15329	7.33593	7.52333	7.71561
7	7.21353	7.43428	7.66246	7.89829	8.01915	8.39384	8.65402	8.92280	9.20043	9.48717
8	8.28567	8.58297	8.89234	9.21423	9.38001	9.89747	10.25980	10.63663	11.02847	11.43589
9	9.36853	9.75463	10.15911	10.58280	10.80211	11.49132	11.97799	12.48756	13.02104	13.57948
10	10.46221	10.94972	11.46388	12.00611	12.28821	13.18079	13.81645	14.48656	15.19293	15.93742
11	11.56683	12.16872	12.80779	13.48635	13.84118	14.97164	15.78360	16.64549	17.56029	18.53117
12	12.68250	13.41209	14.19203	15.02581	15.46403	16.86994	17.88845	18.97713	20.14072	21.38428
13	13.80933	14.68033	15.61779	16.62684	17.15991	18.88214	20.14064	21.49530	22.95338	24.52271
14	14.94742	15.97394	17.08632	18.29191	18.93211	21.01506	22.55049	24.21492	26.01919	27.97498
15	16.09689	17.29342	18.59891	20.02359	20.78405	23.27597	25.12902	27.15211	29.36091	31.77248
16	17.25786	18.63929	20.15688	21.82453	22.71933	25.67252	27.88805	30.32428	33.00339	35.94973
17	18.43044	20.01207	21.76158	23.69751	24.74170	28.21287	30.84021	33.75023	36.97370	40.54470
18	19.61474	21.41231	23.41443	25.64541	26.85508	30.90565	33.99903	37.45024	41.30133	45.59917
19	20.81089	22.84056	25.11686	27.67123	29.06356	33.75998	37.37896	41.44626	46.01845	51.15908
20	22.01900	24.29737	26.87037	29.77808	31.37142	36.78558	40.99549	45.76196	51.16011	57.27499

n/i	11.0	12.0	13.0	14.0	15.0	16.0	17.0	18.0	19.0	20.0
1	1.00000	1.00000	1.00000	1.00000	1.00000	1.00000	1.00000	1.00000	1.00000	1.00000
2	2.11000	2.12000	2.13000	2.14000	2.15000	2.16000	2.17000	2.18000	2.19000	2.20000
3	3.34210	3.37440	3.40690	3.43960	3.47250	3.50560	3.53890	3.57240	3.60610	3.64000
4	4.70973	4.77933	4.84980	4.92114	4.99337	5.06650	5.14051	5.21543	5.29126	5.36800
5	6.22780	6.35285	6.48027	6.61010	6.74238	6.87714	7.01440	7.15421	7.29660	7.44160
6	7.91286	8.11519	8.32271	8.53552	8.75374	8.97748	9.20685	9.44197	9.68295	9.92992
7	9.78327	10.08901	10.40466	10.73049	11.06680	11.41387	11.77201	12.14152	12.52271	12.91590
8	11.85943	12.29969	12.75726	13.23276	13.72682	14.24009	14.77325	15.32699	15.90203	16.49908
9	14.16397	14.77566	15.41571	16.08535	16.78584	17.51851	18.28471	19.08585	19.92341	20.79890
10	16.72201	17.54873	18.41975	19.33729	20.30372	21.32147	22.39311	23.52131	24.70886	25.95868
11	19.56143	20.65458	21.81432	23.04451	24.34927	25.73290	27.19993	28.75514	30.40354	32.15041
12	22.71318	24.13313	25.65018	27.27075	29.00166	30.85016	32.82392	34.93106	37.18021	39.58049
13	26.21163	28.02911	29.98470	32.08865	34.35191	36.78619	39.40399	42.21865	45.24445	48.49659
14	30.09491	32.39260	34.88271	37.58106	40.50470	43.67198	47.10266	50.81801	54.84090	59.19591
15	34.40535	37.27971	40.41746	43.84241	47.58041	51.65949	56.11012	60.96525	66.26067	72.03509
16	39.18994	42.75327	46.67173	50.98034	55.71747	60.92501	66.64883	72.93999	79.85019	87.44210
17	44.50083	48.88367	53.73906	59.11759	65.07508	71.67301	78.97913	87.06801	96.02173	105.93052
18	50.39592	55.74971	61.72513	68.39405	75.83635	84.14069	93.40559	103.74025	115.26585	128.11662
19	56.93947	63.43967	70.74940	78.96922	88.21180	98.60320	110.28453	123.41349	138.16636	154.73994
20	64.20282	72.05243	80.94682	91.02491	102.44357	115.37971	130.03290	146.62792	165.41897	186.68792

[현가이자요소(PVIF)]

$$PVIF = \frac{1}{(1+i)^n}$$

(n=기간, i=기간당 이자율)

n/i	1.0	2.0	3.0	4.0	5.0	6.0	7.0	8.0	9.0	10.0
1	0.99010	0.98039	0.97087	0.96154	0.95238	0.94340	0.93458	0.92593	0.91743	0.90909
2	0.98030	0.96117	0.94260	0.92456	0.90703	0.89000	0.87344	0.85734	0.84168	0.82645
3	0.97059	0.94232	0.91514	0.88900	0.86384	0.83962	0.81630	0.79383	0.77218	0.75131
4	0.96098	0.92385	0.88849	0.85480	0.82270	0.79209	0.76290	0.73503	0.70843	0.68301
5	0.95147	0.90573	0.86261	0.82193	0.78353	0.74726	0.71299	0.68058	0.64993	0.62092
6	0.94205	0.88797	0.83748	0.79031	0.74622	0.70496	0.66634	0.63017	0.59627	0.56447
7	0.93272	0.87056	0.81309	0.75992	0.71068	0.66506	0.62275	0.58349	0.54703	0.51316
8	0.92348	0.85349	0.78941	0.73069	0.67684	0.62741	0.58201	0.54027	0.50187	0.46651
9	0.91434	0.83676	0.76642	0.70259	0.64461	0.59190	0.54393	0.50025	0.46043	0.42410
10	0.90529	0.82035	0.74409	0.67556	0.61391	0.55839	0.50835	0.46319	0.42241	0.38554
11	0.89632	0.80426	0.72242	0.64958	0.58468	0.52679	0.47509	0.42888	0.38753	0.35049
12	0.88745	0.78849	0.70138	0.62460	0.55684	0.49697	0.44401	0.39711	0.35553	0.31863
13	0.87866	0.77303	0.68095	0.60057	0.53032	0.46884	0.41496	0.36770	0.32618	0.28966
14	0.86996	0.75788	0.66112	0.57748	0.50507	0.44230	0.38782	0.34046	0.29925	0.26333
15	0.86135	0.74301	0.64186	0.55526	0.48102	0.41727	0.36245	0.31524	0.27454	0.23939
16	0.85282	0.72845	0.62317	0.53391	0.45811	0.39365	0.33873	0.29189	0.25187	0.21763
17	0.84438	0.71416	0.60502	0.51337	0.43630	0.37136	0.31657	0.27027	0.23107	0.19784
18	0.83602	0.70016	0.58739	0.49363	0.41552	0.35034	0.29586	0.25025	0.21199	0.17986
19	0.82774	0.68643	0.57029	0.47464	0.39573	0.33051	0.27651	0.23171	0.19449	0.16351
20	0.81954	0.67297	0.55368	0.45639	0.37689	0.31180	0.25842	0.21455	0.17843	0.14864

n/i	11.0	12.0	13.0	14.0	15.0	16.0	17.0	18.0	19.0	20.0
1	0.90090	0.89286	0.88496	0.87719	0.86957	0.86207	0.85470	0.84746	0.84034	0.83333
2	0.81162	0.79719	0.78315	0.76947	0.75614	0.74316	0.73051	0.71818	0.70616	0.69444
3	0.73119	0.71178	0.69305	0.67497	0.65752	0.64066	0.62437	0.60863	0.59342	0.57870
4	0.65873	0.63552	0.61332	0.59208	0.57175	0.55229	0.53365	0.51579	0.49867	0.48225
5	0.59345	0.56743	0.54276	0.51937	0.49718	0.47611	0.45611	0.43711	0.41905	0.40188
6	0.53464	0.50663	0.48032	0.45559	0.43233	0.41044	0.38984	0.37043	0.35214	0.33490
7	0.48166	0.45235	0.42506	0.39964	0.37594	0.35383	0.33320	0.31393	0.29592	0.27908
8	0.43393	0.40388	0.37616	0.35056	0.32690	0.30503	0.28478	0.26604	0.24867	0.23257
9	0.39092	0.36061	0.33288	0.30751	0.28426	0.26295	0.24340	0.22546	0.20897	0.19381
10	0.35218	0.32197	0.29459	0.26974	0.24718	0.22668	0.20804	0.19106	0.17560	0.16151
11	0.31728	0.28748	0.26070	0.23662	0.21494	0.19542	0.17781	0.16192	0.14757	0.13459
12	0.28584	0.25668	0.23071	0.20756	0.18691	0.16846	0.15197	0.13722	0.12400	0.11216
13	0.25751	0.22917	0.20416	0.18207	0.16253	0.14523	0.12989	0.11629	0.10421	0.09346
14	0.23199	0.20462	0.18068	0.15971	0.14133	0.12520	0.11102	0.09855	0.08757	0.07789
15	0.20900	0.18270	0.15989	0.14010	0.12289	0.10793	0.09489	0.08352	0.07359	0.06491
16	0.18829	0.16312	0.14150	0.12289	0.10686	0.09304	0.08110	0.07078	0.06184	0.05409
17	0.16963	0.14564	0.12522	0.10780	0.09293	0.08021	0.06932	0.05998	0.05196	0.04507
18	0.15282	0.13004	0.11081	0.09456	0.08081	0.06914	0.05925	0.05083	0.04367	0.03756
19	0.13768	0.11611	0.09806	0.08295	0.07027	0.05961	0.05064	0.04308	0.03670	0.03130
20	0.12403	0.10367	0.08678	0.07276	0.06110	0.05139	0.04328	0.03651	0.03084	0.02608

[연금의 현가이자요소(PVIFa)]

$$PVIFa = \frac{1 - \frac{1}{(1+i)^n}}{i}$$

(n=기간, i=기간당 이자율)

n/i	1.0	2.0	3.0	4.0	5.0	6.0	7.0	8.0	9.0	10.0
1	0.99010	0.98039	0.97087	0.96154	0.95238	0.94340	0.93458	0.92593	0.91743	0.90909
2	1.97039	1.94156	1.91347	1.88609	1.85941	1.83339	1.80802	1.78326	1.75911	1.73554
3	2.94098	2.88388	2.82861	2.77509	2.72325	2.67301	2.62432	2.57710	2.53129	2.48685
4	3.90197	3.80773	3.71710	3.62990	3.54595	3.46511	3.38721	3.31213	3.23972	3.16987
5	4.85343	4.71346	4.57971	4.45182	4.32948	4.21236	4.10020	3.99271	3.88965	3.79079
6	5.79548	5.60143	5.41719	5.24214	5.07569	4.91732	4.76654	4.62288	4.48592	4.35526
7	6.72819	6.47199	6.23028	6.00206	5.78637	5.58238	5.38929	5.20637	5.03295	4.86842
8	7.65168	7.32548	7.01969	6.73275	6.46321	6.20979	5.97130	5.74664	5.53482	5.33493
9	8.56602	8.16224	7.78611	7.43533	7.10782	6.80169	6.51523	6.24689	5.99525	5.75902
10	9.47130	8.98259	8.53020	8.11090	7.72174	7.36009	7.02358	6.71008	6.41766	6.14457
11	10.36763	9.78685	9.25262	8.76048	8.30641	7.88687	7.49867	7.13896	6.80519	6.49506
12	11.25508	10.57534	9.95400	9.38507	8.86325	8.38384	7.94269	7.53608	7.16073	6.81369
13	12.13374	11.34837	10.63495	9.98565	9.39357	8.85268	8.35765	7.90378	7.48690	7.10336
14	13.00370	12.10625	11.29607	10.56312	9.89864	9.29498	8.74547	8.24424	7.78615	7.36669
15	13.86505	12.84926	11.93793	11.11839	10.37966	9.71225	9.10791	8.55948	8.06069	7.60608
16	14.71787	13.57771	12.56110	11.65230	10.83777	10.10590	9.44665	8.85137	8.31256	7.82371
17	15.56225	14.29187	13.16612	12.16567	11.27407	10.47726	9.76322	9.12164	8.54363	8.02155
18	16.39827	14.99203	13.75351	12.65930	11.68959	10.82760	10.05909	9.37189	8.75563	8.20141
19	17.22601	15.67846	14.32380	13.13394	12.08532	11.15812	10.33560	9.60360	8.95011	8.36492
20	18.04555	16.35143	14.87747	13.59033	12.46221	11.46992	10.59401	9.81815	9.12855	8.51356

n/i	11.0	12.0	13.0	14.0	15.0	16.0	17.0	18.0	19.0	20.0
1	0.90090	0.89286	0.88496	0.87719	0.86957	0.86207	0.85470	0.84746	0.84034	0.83333
2	1.71252	1.69005	1.66810	1.64666	1.62571	1.60523	1.58521	1.56564	1.54650	1.52778
3	2.44371	2.40183	2.36115	2.32163	2.28323	2.24589	2.20959	2.17427	2.13992	2.10648
4	3.10245	3.03735	2.97447	2.91371	2.85498	2.79818	2.74324	2.69006	2.63859	2.58873
5	3.69590	3.60478	3.51723	3.43308	3.35216	3.27429	3.19935	3.12717	3.05764	2.99061
6	4.23054	4.11141	3.99755	3.88867	3.78448	3.68474	3.58918	3.49760	3.40978	3.32551
7	4.71220	4.56376	4.42261	4.28830	4.16042	4.03857	3.92238	3.81153	3.70570	3.60459
8	5.14612	4.96764	4.79877	4.63886	4.48732	4.34359	4.20716	4.07757	3.95437	3.83716
9	5.53705	5.32825	5.13166	4.94637	4.77158	4.60654	4.45057	4.30302	4.16333	4.03097
10	5.88923	5.65022	5.42624	5.21612	5.01877	4.83323	4.65860	4.49409	4.33894	4.19247
11	6.20652	5.93770	5.68694	5.45273	5.23371	5.02864	4.83641	4.65601	4.48650	4.32706
12	6.49236	6.19437	5.91765	5.66029	5.42062	5.19711	4.98839	4.79322	4.61050	4.43922
13	6.74987	6.42355	6.12181	5.84236	5.58315	5.34233	5.11828	4.90951	4.71471	4.53268
14	6.98187	6.62817	6.30249	6.00207	5.72448	5.46753	5.22930	5.00806	4.80228	4.61057
15	7.19087	6.81086	6.46238	6.14217	5.84737	5.57546	5.32419	5.09158	4.87586	4.67547
16	7.37916	6.97399	6.60388	6.26506	5.95424	5.66850	5.40529	5.16235	4.93770	4.72956
17	7.54879	7.11963	6.72909	6.37286	6.04716	5.74870	5.47461	5.22233	4.98966	4.77463
18	7.70162	7.24967	6.83991	6.46742	6.12797	5.81785	5.53385	5.27316	5.03333	4.81220
19	7.83929	7.36578	6.93797	6.55037	6.19823	5.87746	5.58449	5.31624	5.07003	4.84350
20	7.96333	7.46944	7.02475	6.62313	6.25933	5.92884	5.62777	5.35275	5.10086	4.86958

Note

2026 대비 최신개정판

해커스

신용분석사 1부 한권합격

이론+적중문제+모의고사

개정 7판 1쇄 발행 2026년 1월 5일

지은이	정윤돈 편저
펴낸곳	해커스패스
펴낸이	해커스금융 출판팀
주소	서울특별시 강남구 강남대로 428 해커스금융
고객센터	02-537-5000
교재 관련 문의	publishing@hackers.com 해커스금융 사이트(fn.Hackers.com) 교재Q&A 게시판
동영상강의	fn.Hackers.com
ISBN	979-11-7404-083-1 (13320)
Serial Number	07-01-01

20년 연속 베스트셀러 1위*
대한민국 영어강자 해커스!

"1분 레벨테스트"로
바로 확인하는 내 토익 레벨! ▶

토익 교재 시리즈

유형+문제

	500점+ 목표	600점+ 목표	700점+ 목표	800점+ 목표	900점+ 목표
한권 시리즈	 해커스 첫토익 LC+RC+VOCA	 한 권으로 끝내는 해커스 토익 600+ LC+RC+VOCA	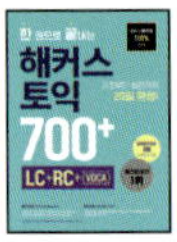 한 권으로 끝내는 해커스 토익 700+ LC+RC+VOCA	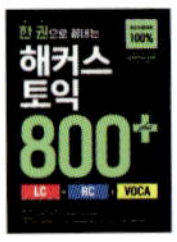 한 권으로 끝내는 해커스 토익 800+ LC+RC+VOCA	 한 권으로 끝내는 해커스 토익 900+ LC+RC+VOCA
오리지널	 해커스 토익 왕기초 리딩/리스닝	 해커스 토익 스타트 리딩/리스닝	 해커스 토익 750+ 리딩/리스닝	 해커스 토익 리딩/리스닝	

실전 모의고사

해커스 토익 실전 LC+RC 1

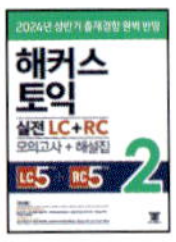
해커스 토익 실전 LC+RC 2

해커스 토익 실전 LC+RC 3

해커스 토익 실전 1000제 1 리딩/리스닝 (문제집+해설집)

해커스 토익 실전 1000제 2 리딩/리스닝 (문제집+해설집)

해커스 토익 실전 1000제 3 리딩/리스닝 (문제집+해설집)

보카

해커스 토익 기출 보카

파트별 문제집

스타토익 필수 문법 공식 Part 5&6

해커스 토익 Part 7 집중공략 777

문법·독해

그래머 게이트웨이 베이직 Light Version

그래머 게이트웨이 베이직 [한국어판/영문판]

그래머 게이트웨이 인터미디엇 [한국어판/영문판]

해커스 그래머 스타트

해커스 구문독해 100

토익스피킹 교재 시리즈

해커스 토익스피킹 스타트

만능 템플릿과 위기탈출 표현으로 해커스 토익스피킹 5일 완성

해커스 토익스피킹

해커스 토익스피킹 실전모의고사 15회

오픽 교재 시리즈

해커스 오픽 스타트 Intermediate 공략

서베이부터 실전까지 해커스 오픽 매뉴얼

해커스 오픽 Advanced 공략

* [해커스 어학연구소] 교보문고 종합 베스트셀러 토익/토플 분야 1위
(2005~2024 연간 베스트셀러 기준, 해커스 토익 보카 12회/해커스 토익 리딩 8회)

2026 대비 최신개정판

해커스

신용분석사 1부 한권합격

이론+적중문제+모의고사

시험 직전 최종 마무리

적중 실전모의고사

해커스금융

해커스

신용분석사 1부 한권합격

이론+적중문제+모의고사

시험 직전 최종 마무리

적중 실전모의고사

해커스

01

다음 중 회계기준의 적용이 옳지 않은 회사는?

회사명	회사유형	상장여부	적용회계기준
포 도	중소기업	상 장	한국채택 국제회계기준
사 과	대기업	상 장	한국채택 국제회계기준
딸 기	상장법인인 A회사의 연결자회사	비상장	일반기업 회계기준
토마토	비상장법인인 B회사의 연결자회사	비상장	한국채택 국제회계기준
수 박	중소기업	비상장	일반기업 회계기준

① 포도 ② 사과 ③ 딸기
④ 토마토 ⑤ 수박

02

다음 중 재무회계 개념체계의 질적특성에 대한 설명으로 옳지 않은 것은?

① 주요 질적특성은 목적적합성과 신뢰성이 있으며, 목적적합성은 예측가치, 피드백가치, 적시성으로 구성되고, 신뢰성은 표현의 충실성, 중립적서술, 검증가능성으로 구성된다.
② 2차적 특성으로는 비교가능성이 있으며, 기업실체간 비교나 기간별 비교가 가능한 것을 의미한다.
③ 목적적합성 중 피드백가치는 정보이용자의 당초 기대치를 확인 또는 수정되게 함으로써 의사결정에 영향을 미칠 수 있는 능력을 의미한다.
④ 신뢰성 중 중립성은 동일한 경제적 사건이나 거래에 대하여 동일한 측정방법을 적용할 경우 다수의 독립적인 측정자가 유사한 결론에 도달할 수 있어야 함을 말한다.
⑤ 목적적합성 중 적시성은 회계정보가 유용하기 위해서는 그 정보가 의사결정에 반영될 수 있도록 적절한 시점에 제공되어야 한다는 특성이다.

03

㈜신용의 20×4년 손익계산서 자료가 다음과 같을 때 영업이익은 얼마인가?

- 매출총이익 : 500,000원
- 감가상각비 : 60,000원
- 접대비 : 30,000원
- 대손상각비[1] : 10,000원
- 기부금 : 40,000원
- 연구 및 개발비 : 10,000원
- 이자비용 : 5,000원
- 전기오류수정손실[2] : 20,000원

[1] 매출채권에 대한 대손상각비이다.
[2] 매우 중요한 오류에 해당한다.

① 440,000원
② 410,000원
③ 390,000원
④ 360,000원
⑤ 355,000원

04

다음 중 회계처리의 대상이 되는 거래나 사건의 형식보다 경제적 실질에 따라 보고해야 한다는 회계정보의 질적특성으로 옳은 것은?

① 목적적합성
② 표현의 충실성
③ 검증가능성
④ 중립성
⑤ 비교가능성

05

㈜분석의 20×4년 말 재무상태표에 표시될 현금및현금성자산은 얼마인가?

- 우편환증서 : 30,000원
- 환매채(90일 만기) : 80,000원
- 중도취득채권[1] : 20,000원
- 당좌개설보증금 : 40,000원
- 선일자수표 : 10,000원
- 배당금지급통지표 : 5,000원

[1] 당기 7월 1일에 중도 취득하였으며 채권의 만기는 다음 사업연도 3월 1일이고 큰 거래비용 없이 현금으로 전환이 용이하고, 이자율 변동에 따른 가치변동의 위험이 경미하다.

① 195,000원
② 175,000원
③ 165,000원
④ 115,000원
⑤ 110,000원

06

현금및현금성자산에 대한 설명으로 옳지 않은 것은?

① 현금및현금성자산이란 현금과 요구불예금, 현금성자산을 합친 재무제표상 계정과목을 의미한다.
② 큰 거래비용 없이 현금으로 전환이 용이해야 한다.
③ 우편환증서, 수입인지는 현금및현금성자산에 해당한다.
④ 180일 만기 환매채를 만기를 90일 남겨둔 시점에 취득한 경우 현금및현금성자산에 해당한다.
⑤ 동일은행의 당좌차월과 당좌예금은 서로 상계한 순액으로 보고한다.

07

재고자산의 회계처리에 대한 설명으로 옳지 않은 것은?

① 재고자산의 수량을 결정하는 방법으로는 계속기록법과 실지재고조사법이 있으며, 계속기록법은 판매된 수량이 정확히 측정되는 반면 기말재고가 부정확할 수 있고, 실지재고조사법은 기말재고가 정확히 측정되는 반면 판매된 수량이 부정확할 수 있다.
② 수량의 차이로 인해서 발생하는 손실은 재고자산감모손실 계정으로 계상한다.
③ 재고자산의 단가를 결정하는 방법은 개별법, 선입선출법, 후입선출법, 평균법이 있다.
④ 재고자산 평가방법인 저가법은 보수주의의 대표적인 사례에 해당한다.
⑤ 도착지인도조건으로 매입한 미착상품은 매입자의 재고자산에 포함된다.

08

㈜한국의 2016년 기초상품재고는 ₩50,000이고 당기 매입원가는 ₩80,000이다. 2016년 말 기말상품재고는 ₩30,000이며, 순실현가능가치는 ₩23,000이다. 재고자산 평가손실을 인식하기 전 재고자산 평가충당금 잔액으로 ₩2,000이 있는 경우, 2016년 말에 인식할 재고자산 평가손실은?

① ₩3,000 ② ₩5,000
③ ₩7,000 ④ ₩9,000
⑤ ₩10,000

09

유가증권의 회계처리에 관한 설명으로 옳지 <u>않은</u> 것은?

① 단기매매증권이 시장성을 상실한 경우 매도가능증권으로 분류해야 한다.
② 만기보유증권이 손상되는 경우 회수가능액은 당해 채무증권의 기대미래현금흐름을 현행이자율로 할인한 현재가치로 측정한다.
③ 시장성 없는 주식 중 공정가치를 신뢰성 있게 측정할 수 없는 경우 취득원가로 평가한다.
④ 매도가능증권을 처분할 때 매도가능증권평가손익은 매도가능증권처분손익에 반영된다.
⑤ 채권의 시장이자율이 액면이자율보다 낮은 경우 액면가 이상으로 할증취득하게 된다.

10

금융자산의 재분류에 대한 설명 중 <u>틀린</u> 것은?

① 다른 금융자산은 어떠한 경우에도 단기매매증권으로 재분류할 수 없다.
② 만기보유증권을 매도가능증권으로 재분류한 경우 이후 2개 회계연도 내에는 만기보유증권을 재무제표에 계상할 수 없다.
③ 공정가치로 평가된 매도가능증권이 시장성을 상실하여 신뢰성 있게 측정할 수 없게 된 경우 매도가능증권평가손익을 즉시 당기손익에 반영한다.
④ 만기보유증권을 매도가능증권으로 재분류하는 경우 장부금액과 공정가치의 차이는 기타포괄손익으로 처리한다.
⑤ 단기매매증권은 시장성을 상실한 경우 예외적으로 매도가능증권 등으로 재분류할 수 있다.

11

다음은 ㈜해커스의 재무제표이다. 11기 손익계산서에 보고될 대손상각비는 얼마인가? (단, 11기 매출채권 회수액은 890,000원이다)

(단위 : 원)

〈부분 재무상태표〉

	11기	
매출채권	350,000	
대손충당금	(18,000)	332,000
	10기	
매출채권	240,000	
대손충당금	(15,000)	225,000

〈부분 손익계산서〉

	11기
매출액	1,020,000
대손상각비	?

① 21,000원　② 22,000원
③ 23,000원　④ 24,000원
⑤ 25,000원

12

유형자산의 감가상각에 관한 설명 중 옳은 것을 모두 고르면?

A. 정액법은 내용연수가 같다면 정률법에 비해 초기에 감가상각비가 크고 후기로 갈수록 적어진다.
B. 감가상각방법은 비용을 합리적으로 배분하는 방법으로 자산의 평가방법이 아니다.
C. 감가상각방법의 변경은 회계정책의 변경에 해당한다.
D. 감가상각방법 변경 시 전진법을 적용하여 재무제표에 반영한다.

① A, B　② A, C　③ B, C
④ B, D　⑤ C, D

13

유형자산의 재평가에 관한 설명으로 옳지 않은 것은?

① 공정가치가 증가한 토지는 재평가모형을 적용할 수 없고, 감소한 토지는 원가모형을 적용할 수 없다.
② 재평가모형은 유형자산 전체에 동일하게 적용한다.
③ 건물은 재평가모형을 적용할 수 있고, 토지는 원가모형을 적용할 수 있다.
④ 이전에 당기손실로 인식한 재평가손실에 상당하는 재평가이익은 당기이익으로 인식한다.
⑤ 이전에 기타포괄이익으로 인식한 재평가이익에 상당하는 재평가손실은 기타포괄손실로 인식한다.

14

㈜도도의 20×4년 말 부채가 다음과 같을 때 금융부채로 분류될 총금액은 얼마인가?

• 유동성장기차입금 : 5억
• 퇴직급여충당부채 : 2억
• 이연법인세부채 : 3억
• 예수금 : 1억
• 선급비용 : 4억
• 사채 : 6억

① 5억　② 6억　③ 8억
④ 9억　⑤ 11억

15

다음 중 금융부채로 분류될 수 없는 것을 모두 고르면?

A. 사채	B. 매입채무
C. 당좌차월	D. 선수금
E. 선급비용	F. 장기차입금

① A, C　② B, C　③ C, D
④ C, E　⑤ D, E

16

다음 중 할인발행된 사채에 대한 설명으로 옳지 않은 것은?

① 유효이자는 표시이자와 상각액을 합한 금액과 항상 같다.
② 만기 시점까지 매년 사채의 이자비용은 감소한다.
③ 매년 발행자가 지급하는 현금은 일정하다.
④ 유효이자에서 표시이자를 차감한 금액이 상각액이 된다. 이러한 상각액은 기초장부금액을 증가시킨다.
⑤ 만기 시점의 장부금액은 항상 액면금액과 같다.

17

다음 중 채권·채무조정에 대한 설명으로 옳은 것은?

① 원리금을 감면하는 경우 조건의 변경에 해당하므로 채무변제보다 나중에 처리한다.
② 자산의 양수를 통하여 채무의 일부 혹은 전부를 변제하는 것은 채무변제이나 지분상품을 발행하는 것은 조건의 변경에 해당한다.
③ 출자전환의 경우 채무자는 무조건 채무조정이익을 인식해야 한다.
④ 채무증권을 발행하여 이루어지는 채권채무조정은 채무변제에 해당한다.
⑤ 자산양수를 통한 채권의 회수 시 대손충당금 차감 전 채권 장부금액이 인수받은 자산의 공정가치에 미달하는 경우 미달금액은 기존에 설정한 대손충당금이 있더라도 전액 대손상각비로 인식하여 당기비용으로 처리한다.

18

㈜도도의 20×4년 퇴직급여와 관련된 정보가 다음과 같을 때 ㈜도도의 손익계산서상 판매관리비의 퇴직급여로 계상된 금액은 얼마인가? (단, 제조원가에 포함된 퇴직급여는 없다고 가정한다)

- 기초 퇴직급여충당부채 : 500,000원
- 기말 퇴직급여충당부채 : 300,000원
- 당기 중 퇴직금 지급액 : 450,000원
  (확정기여형 가입자에게 지급된 퇴직금 150,000원이 포함된 금액)
- 당기 중 확정기여형에 납부한 금액 : 50,000원

① 50,000원 ② 100,000원
③ 150,000원 ④ 200,000원
⑤ 250,000원

19

다음 중 자본거래에 대한 설명으로 옳지 않은 것은?

① 주식분할과 주식배당은 자본총계에 영향을 주지 않는다.
② 무상증자를 하면 자본금은 항상 증가한다.
③ 중간배당은 이사회 결의에 의해 지급되고 현금배당 및 주식배당이 가능하며, 이익준비금을 적립해야 한다.
④ 매도가능증권평가손익은 포괄이익을 구성하나 당기순이익을 구성하지는 않는다.
⑤ 중간배당을 기중에 지급하면 이익잉여금처분계산서상 미처분이익잉여금이 감소한다.

20

다음 중 자본금의 증감에 영향이 없는 사건을 모두 고른 것은?

A. 주식배당
B. 주식분할
C. 무상증자
D. 유상증자
E. 당기순이익 증가
F. 전환사채의 전환권 행사

① A, B ② A, C ③ B, D
④ B, E ⑤ E, F

21

다음은 A기업㈜의 거래내역이다. 당기(20×1. 1. 1. ~20×1. 12. 31.) 손익계산서상 매출액은 얼마인가?

가. 20×0년 12월 20일 B기업㈜에 제품을 인도하고 인도 시점에 현금 100,000원을 수령하였고 나머지 잔금 100,000원은 20×1년 1월 20일에 수령하였다.
나. 20×1년 2월 5일 C기업㈜에 제품 100개를 위탁판매 의뢰하였다. C기업㈜는 20×1년 중 수탁품 50개를 개당 1,000원씩 판매하고 개당 수수료 100원을 차감한 금액을 A기업㈜에 입금하였다. 나머지 40개는 20×1년 말 현재 미판매되고 있지만, 예상판매 단가는 1,000원이다.

① 50,000원 ② 60,000원
③ 100,000원 ④ 154,000원
⑤ 162,000원

22

각종 거래유형별 수익인식 시점 혹은 방식으로 옳지 않은 것은?

① 학원강의 : 강의가 제공되는 시점
② 위탁판매 : 수탁자가 판매하는 시점
③ 설치 및 검사조건부 판매 : 설치 및 검사가 완료된 시점
④ 광고제작 : 광고를 대중에게 전달하는 시점
⑤ 상품권 : 상품권을 회수한 시점

23

일반회계기준에 따른 수익인식에 대한 설명으로 옳지 않은 것은?

① 특별주문을 받아 소프트웨어를 개발하는 경우 소프트웨어의 대가로 수취하는 수수료는 진행기준으로 수익을 인식한다.
② 로열티수익의 경우 실현요건을 충족한 경우 발생기준으로 인식하고, 이미 인식한 수익의 회수가 불확실해지는 경우 이미 인식한 수익금액은 조정하지 않고 대손비용으로 인식한다.
③ 장기할부판매의 수익은 재화의 인도 시점에 인식한다.
④ 다른 수익인식조건들이 충족되더라도 반품가능성이 불확실하여 추정이 어려운 경우 구매자가 재화의 인수를 공식적으로 수락한 시점 또는 재화 인도 후 반품기간 종료 시점에 수익으로 인식한다.
⑤ 수익과 관련비용은 대응하여 인식하는 것이 원칙인데 관련된 비용을 신뢰성 있게 측정할 수 없다면 수익만 인식하고 비용은 신뢰성 있게 측정할 수 있게 된 시점에 인식한다.

24

㈜허니의 보통주 현황은 다음과 같다. 20×4년도 가중평균유통보통주식수는 몇 주인가?

- 20×4. 1. 1. 현재 보통주 100,000주
- 20×4. 3. 1. 무상증자 20% 실시
- 20×4. 7. 1. 자기주식 20,000주 취득
- 20×4. 10. 1. 유상증자 20,000주

① 100,000주 ② 105,000주
③ 110,000주 ④ 115,000주
⑤ 120,000주

25

주당순이익에 대한 설명으로 옳지 않은 것은?

① 누적적 우선주의 배당금은 배당선언 여부와 관계없이 지급의무가 발생하기 때문에 배당선언 여부와 무관하게 보통주당기순이익 계산 시 당기순이익에서 차감한다.
② 주당순이익과 주당계속사업이익은 계산근거와 함께 주석으로 기재한다.
③ 자기주식은 기본주당순이익 계산 시 제외한다.
④ 희석주당손익은 전환사채, 신주인수권, 전환우선주 등이 보통주로 전환될 때의 효과를 보여준다.
⑤ 희석주당이익을 계산할 때 희석 전 잠재적 보통주가 기초(발행일)에 전환된 것으로 가정하여 주당이익을 계산한다.

26

회계추정의 변경의 회계처리에 대한 설명으로 옳지 않은 것은?

① 회계추정의 변경에 대한 회계처리는 전진법으로 한다.
② 회계변경이 회계정책의 변경인지 회계추정의 변경인지 구분할 수 없는 경우에는 회계정책의 변경으로 본다.
③ 회계추정의 변경의 회계처리는 재무제표의 신뢰성을 향상시킨다.
④ 회계추정의 변경의 회계처리는 비교가능성을 저하한다.
⑤ 회계추정의 변경에 따른 회계변경 누적효과는 당기손익에 영향을 미칠 수 있다.

27

㈜한국의 2016년 회계오류수정 전 법인세비용차감전순이익은 ₩300,000이다. 회계오류가 다음과 같을 때, 회계오류수정 후 2016년도 법인세비용차감전순이익은?

회계오류 사항	2015년	2016년
기말재고자산 오류	₩8,000 과소계상	₩4,000 과대계상
선급비용을 당기비용으로 처리	₩3,000	₩2,000

① ₩287,000　② ₩288,000
③ ₩289,000　④ ₩290,000
⑤ ₩300,000

28

다음은 감사보고서의 일부이다. 감사의견으로 옳은 것은?

> (도입문단, 범위문단 등 생략)
> 본 감사인의 의견으로는 상기 재무제표는 주식회사 도니의 20×4년 12월 31일과 20×3년 12월 31일 현재의 재무상태와 동일로 종료되는 양 회계연도의 재무성과 및 현금흐름의 내용은 위 문단에서 기술한 유의성 때문에 상기 재무제표에 대한 의견표명을 하지 아니합니다.

① 적정의견
② 기업회계기준위배에 따른 한정의견
③ 기업회계기준위배에 따른 부적정의견
④ 감사범위 제한에 따른 한정의견
⑤ 의견거절

29

다음 중 감사보고서 본문의 특기사항으로 반드시 기록해야 할 사항이 아닌 것은?

① 회사의 계속기업으로서의 존속문제에 관한 중요한 사항
② 회사가 합병하는 경우
③ 사업양수도 거래가 있는 경우
④ 대표이사와의 특히 중요한 거래내용
⑤ 신규 임원승진자가 있는 경우

30

다음 중 사업결합에 대한 내용으로 옳지 않은 것은?

① 이전대가는 취득자가 지급한 자산, 부채, 또는 지분상품의 공정가치로 측정한다.
② 취득자가 인식의 원칙과 조건을 적용할 경우에도 피취득자의 이전 재무제표에 자산과 부채로 인식되지 않았던 자산과 부채는 인식될 수 없다.
③ 취득자는 피취득자에 대한 교환으로 이전한 대가의 일부로서 조건부대가를 취득일의 공정가치로 인식한다.
④ 각 사업의 결합은 취득법을 적용하여 회계처리한다.
⑤ 취득자는 피취득자의 우발부채에 대해서 미래 자원의 유출가능성이 높지 않더라도 우발부채로 인식하여야 한다.

31

㈜피터는 당기 중 ㈜조나단의 식별 가능한 자산 및 부채를 취득·인수하는 사업결합을 하였다. ㈜조나단의 순자산의 장부금액은 700,000원, 공정가치는 1,000,000원이며, ㈜피터는 이전대가로 ㈜피터의 주식(액면총액 1,000,000원, 공정가치 1,200,000원)을 발행 교부하였다. ㈜피터는 사업결합과정에서 ㈜조나단의 순자산을 재검토한 결과 자산 500,000원을 추가로 식별하였다. ㈜피터가 취득일에 인식할 영업권 또는 염가매수차익은 얼마인가?

① 영업권 300,000원
② 영업권 200,000원
③ 염가매수차익 300,000원
④ 염가매수차익 200,000원
⑤ 아무것도 인식하지 않는다.

32

㈜도니는 ㈜주니의 발행주식 30%를 보유한 상태에서 20×4년 중 ㈜주니의 자산과 부채를 취득·인수하는 합병을 하였다. ㈜주니의 순자산은 장부금액 800,000원, 공정가치 1,000,000원이며, ㈜도니는 ㈜주니의 지분 70%를 보유한 주주에게 ㈜도니의 주식(액면가액 1,000,000원, 공정가치 1,200,000원)을 발행 교부하였다. 한편, ㈜주니의 총 발행주식의 공정가치가 순자산의 공정가치와 같을 때 취득일에 ㈜도니가 인식해야 할 영업권 또는 염가매수차익은 얼마인가?

① 영업권 500,000원
② 영업권 200,000원
③ 염가매수차익 200,000원
④ 염가매수차익 500,000원
⑤ 아무것도 인식하지 않는다.

33

사업결합에 대한 일반기업회계기준의 내용 중 옳지 않은 것은?

① 취득자는 특정조건을 충족하는 경우 과거의 이전대가를 회수할 수 있는 권리를 자산으로 분류한다.
② 취득 관련 원가는 당기비용으로 인식하거나 지분증권 또는 채무증권의 발행가액에서 차감한다.
③ 식별 가능한 부외무형자산은 공정가치로 측정하여 인식할 수 있다.
④ 집합적 노동력, 잠재적 계약 등은 식별 가능하지 않은 부외무형자산의 예이다.
⑤ 취득자는 염가매수차익이 발생한 경우 부채로 인식하고 영업권이 발생한 경우에는 자산으로 인식한다.

34

연결재무제표와 종속기업에 대한 설명 중 옳지 않은 것은?

① 외국에 소재하는 종속기업도 연결범위에 포함된다.
② 지배-종속 관계가 연속하여 성립되면서 최상위 지배기업이 외국법인인 경우 종속 내국법인은 차상위 내국법인이 연결재무제표를 작성한다.
③ 소유의결권이 50%에 미달하는 경우 소유하고 있는 주식콜옵션을 현재 시점에 행사 가능하고, 행사한다면 소유의결권이 50%를 초과하더라도 지배력이 있다고 볼 수 없다.
④ 직접의결권을 소유하지는 않지만 종속기업을 통하여 간접적으로 의결권의 50%를 초과하여 소유하는 경우 지배력이 있다고 본다.
⑤ 종속기업을 지배하고 있더라도 지배기업을 최상위 지배기업이 지배하고 있으면서 일반기업회계기준에 따라 연결재무제표를 작성한다면 그 지배기업은 연결재무제표를 작성하지 않아도 된다.

35

연결재무제표의 작성과 관련된 설명 중 옳지 않은 것은?

① 연결실체 내의 모든 기업이 종속기업 회계처리특례의 적용대상일 경우 종속기업이 중소기업 회계처리특례를 적용하기 때문에 종속기업의 회계정책과 지배기업의 회계정책이 다를 경우 종속기업의 재무제표를 수정하지 않는다.
② 지배기업과 종속기업의 보고기간 종료일의 차이는 회계연도마다 동일해야 한다.
③ 해외소재 종속기업이 소재국의 회계기준에 따라 재무제표를 작성한 경우 일반기업회계기준을 적용한 재무제표와 유의적 차이가 없다면 수정하지 않을 수 있다.
④ 지배기업과 종속기업의 보고기간 종료일이 일치하지 않더라도 차이가 나는 기간 동안 유의적 거래가 발생하지 않았으면 종속기업의 재무제표를 추가로 작성하지 않아도 된다.
⑤ 지배기업의 보고기간 종료일이 12월 말이고 종속기업의 보고기간 종료일이 10월 말이라면 종속기업은 개별재무제표를 추가로 작성하지 않을 수 있다.

36

㈜고급은 20×4년 초 ㈜특수의 발행주식 60%를 600,000원에 취득하여 지배기업이 되었다. 지배력 취득일 현재 ㈜고급과 ㈜특수의 자본의 장부금액이 다음과 같을 때 20×4년 초 연결재무상태표에 표시될 비지배지분과 자본총계는 각각 얼마인가? (단, 각 회사의 순자산 장부금액은 공정가치와 같다)

(단위 : 원)

구 분	㈜고급	㈜특수
자본금	800,000	500,000
자본잉여금	400,000	300,000
이익잉여금	300,000	200,000
합 계	1,500,000	1,000,000

	비지배지분	자본총계
①	200,000원	1,000,000원
②	200,000원	1,700,000원
③	400,000원	1,200,000원
④	400,000원	1,500,000원
⑤	400,000원	1,900,000원

37

㈜고급은 20×4년 초 ㈜특수의 발행주식 100%를 500,000원에 취득하여 지배기업이 되었다. 지배력 취득일 현재 ㈜고급과 ㈜특수의 자본의 장부금액이 다음과 같을 때 20×4년 초 연결재무상태표에 표시될 자산총계는 얼마인가? (단, 각 회사의 순자산 장부금액은 공정가치와 같다)

(단위 : 원)

구 분	㈜고급	㈜특수
자 산	1,000,000	500,000
부 채	400,000	300,000
자 본	600,000	200,000

① 800,000원 ② 1,000,000원
③ 1,200,000원 ④ 1,300,000원
⑤ 1,500,000원

[38 ~ 39]

㈜혜리는 20×4년 초 ㈜유라의 발행주식 80%를 취득하여 지배기업이 되었다. 20×4년 중 두 회사 간의 상품매매거래가 발생하였으며 관련 자료는 다음과 같다.

• 판매기업 : ㈜혜리	• 판매기업 : ㈜유라
• 매출액 : 50,000원	• 매출액 : 10,000원
• 매출총이익 : 20%	• 매출총이익 : 30%

한편, 20×4년 두 기업의 개별재무제표에 표시된 금액은 다음과 같다.

(단위 : 원)

구 분	매출액	매출원가	기말재고
㈜혜리	100,000	70,000	20,000
㈜유라	50,000	30,000	5,000

매입기업은 모두 내부거래에서 매입한 상품 중 10%를 20×4년 말에 기말재고로 보유하고 있다.

38

20×4년도 연결재무제표에 표시될 매출액, 매출원가 및 기말재고는 각각 얼마인가?

	매출액	매출원가	기말재고
①	90,000원	40,000원	25,000원
②	90,000원	41,300원	25,000원
③	90,000원	41,300원	23,700원
④	150,000원	40,000원	23,700원
⑤	150,000원	40,000원	25,000원

39

20×4년 ㈜유라의 개별재무상태표상 자본의 장부금액 및 공정가치가 동일하게 50,000원일 경우 20×4년 말 연결재무상태표에 표시될 비지배지분은 얼마인가?

① 10,000원 ② 9,940원 ③ 9,600원
④ 9,740원 ⑤ 8,700원

40

지분법의 회계처리에 관한 설명으로 옳지 않은 것은? (단, 투자 시 발생한 투자차액과 내부거래는 없는 것으로 가정하며 ㈜분석의 보통주 20%를 취득하여 유의적인 영향력을 행사하게 되었다고 가정한다)

① ㈜분석으로부터 현금배당을 수령하면 당기순이익이 증가한다.
② ㈜분석으로부터 주식배당을 수령하더라도 인식하지 않는다.
③ ㈜분석으로부터 이익준비금의 자본전입에 따른 무상주를 수령하더라도 당기순이익은 불변이다.
④ ㈜분석의 당기순이익 중 20%를 지분법이익으로 인식한다.
⑤ ㈜분석의 주식은 재무상태표에 공정가치로 표시하지 않는다.

41

㈜그래는 20×4년 상장법인 ㈜영이의 보통주 지분 25%를 500,000원에 취득하여 유의적인 영향력을 행사하게 되었다. 취득 당시 ㈜영이의 순자산가액은 2,000,000원이다. 20×4년에 ㈜영이의 당기순이익은 300,000원을 보고하였고 현금배당 80,000원, 주식배당 20,000원을 선언하고 지급하였다. ㈜그래의 20×4년 말 재무상태표상 투자주식 장부금액은 얼마인가?

① 550,000원
② 555,000원
③ 575,000원
④ 500,000원
⑤ 445,000원

42

다음 중 지분율이 20%가 되지 않더라도 유의적인 영향력을 가진 것으로 보는 경우에 해당하지 않는 것은?

① 필수적 기술정보의 제공이 있는 경우
② 경영진 간의 상호교류가 있는 경우
③ 배당이나 다른 분배에 관한 의사결정 및 정책결정 과정에 참여하는 경우
④ 대표이사가 혈연관계인 경우
⑤ 피투자자의 이사회나 이에 준하는 의사결정기구에 참여하는 경우

43

지분법에 대한 설명 중 옳지 않은 것은?

① 다른 기업의 의결권 있는 주식의 20% 이상을 보유하는 경우 무조건 지분법을 적용할 수 있다.
② 종속기업을 통하여 다른 기업의 의결권 있는 주식을 간접소유한 경우 지분법을 적용할 수 있다.
③ 투자기업이 피투자기업의 이사회 또는 이에 준하는 의사결정기구에서 의결권을 행사할 수 있다면 유의적인 영향력이 있다고 보아 지분법을 적용한다.
④ 유의적 영향력을 갖는 기업을 관계기업이라 부른다.
⑤ 지분법을 적용할 경우 피투자기업이 당기순이익을 보고하면 투자기업의 투자주식 장부금액을 증가시킨다.

44

㈜대한은 20×1년 초 ㈜민국의 의결권 있는 주식 30%를 ₩60,000에 취득하여 유의적인 영향력을 행사할 수 있게 되었다. ㈜민국에 대한 추가 정보는 다음과 같다.

> • 20×1년 1월 1일 현재 ㈜민국의 순자산 장부금액은 ₩200,000이며, 자산과 부채는 장부금액과 공정가치가 모두 일치한다.
> • ㈜대한은 20×1년 중 ㈜민국에게 원가 ₩20,000인 제품을 ₩25,000에 판매하였다. ㈜민국은 20×1년 말 현재 ㈜대한으로부터 취득한 제품 ₩25,000 중 ₩10,000을 기말재고로 보유하고 있다.
> • ㈜민국의 20×1년 당기순이익은 ₩28,000이며, 기타포괄이익은 ₩5,000이다.

㈜민국에 대한 지분법적용투자주식과 관련하여 ㈜대한이 20×1년도 포괄손익계산서상 당기손익에 반영할 지분법이익은 얼마인가?

① ₩7,800 ② ₩5,700
③ ₩6,200 ④ ₩6,700
⑤ ₩7,200

45

다음 중 염가매수선택권에 대한 설명 중 옳지 <u>않은</u> 것은?

① 리스이용자가 염가매수선택권을 행사하면 리스회사는 리스자산의 법적 소유권을 리스이용자에게 양도함으로써 리스계약이 종료된다.
② 염가매수선택권이 포함된 리스계약은 운용리스로 포함된다.
③ 리스이용자의 선택에 따라 리스자산을 선택권 행사가능일 현재의 공정가액보다 현저하게 낮은 가액으로 구매할 수 있는 권리를 말한다.
④ 염가매수선택권은 염가매수약정액과 소유권을 교환할 수 있는 리스이용자의 권리이다.
⑤ 리스이용자가 염가매수선택권 약정 시 지급하기로 한 가액을 염가매수약정액이라 한다.

46

다음 중 최소리스료에 포함되지 <u>않는</u> 것은?

① 소유권이전약정가액
② 보증잔존가치
③ 무보증잔존가치
④ 정기리스료
⑤ 염가매수선택권의 행사가격

47

A사는 20×1년 1월 1일 리스회사와 새로운 기계를 다음과 같이 금융리스계약을 하였다. A사는 감가상각을 정액법으로 하고 있으며, 리스 약정일에 당해 리스거래에 적용된 내재이자율은 8%이다. 내재이자율 8%에 대한 10년간의 연금현가계수가 6.7101인 경우, 동 리스계약과 관련하여 A사의 당기손익에 미치는 영향은 얼마인가?

> • 해당 리스 기계장치의 공정가치는 6,000,000원이며, 내용연수는 20년이고, 내용연수 종료 시점의 잔존가치는 없다.
> • 리스기간은 10년이며, 리스료는 매년 말 800,000원씩 후급한다.
> • 리스기간 종료 시점에 A사는 동 기계장치의 소유권을 무상으로 리스회사로부터 이전받는다.

① 375,766원 감소
② 380,766원 감소
③ 469,707원 감소
④ 697,850원 감소
⑤ 429,446원 감소

48

합정리스는 20×4년 1월 1일 홍익사와 리스기간 5년의 운용리스계약을 체결하였다. 합정리스는 리스자산을 550,000원에 취득하였으며 내용연수는 5년, 잔존가치는 50,000원이다. 리스자산은 정액법으로 감가상각하며 정기리스료 수령일 및 금액은 다음과 같다. 합정리스의 20×4년 당기순이익에 미친 영향은 얼마인가?

(단위 : 원)

20×4. 12. 31.	20×5. 12. 31.	20×6. 12. 31.	20×7. 12. 31.	20×8. 12. 31.
80,000	110,000	150,000	90,000	70,000

① (100,000)원
② (20,000)원
③ 0원
④ 80,000원
⑤ 100,000원

49

㈜이안은 20×4년 1월 1일 ㈜한영리스와 아래와 같이 차량을 금융리스조건으로 리스하였다. ㈜이안의 감가상각은 정액법을 사용하고 있으며 잔존가치는 0이다. 리스 당시 리스회사의 내재이자율은 10%이며, 리스기간 3년의 연금현가계수는 2.48685이다. 이러한 리스와 관련하여 20×4년 ㈜이안이 계상할 총비용은 얼마인가?

- 리스차량의 공정가치는 1,000,000원이며, 내용연수는 5년, 잔존가치는 0이다.
- 리스기간은 3년이며 리스료는 400,000원 후급이다.

① 299,474원
② 300,000원
③ 431,054원
④ 431,580원
⑤ 433,333원

50

㈜맥심은 20×1년 초에 2년분(연간 200,000원) 잡지 구독료 400,000원을 선불로 수령하였다. 20×1년 12월 31일 재무상태표에 계상될 이연법인세자산(부채)은 얼마인가? (단, 일시적차이는 없고 세율은 매년 30%이고, 일시적차이는 전액 실현 가능하다)

① 이연법인세자산 40,000원
② 이연법인세부채 40,000원
③ 이연법인세부채 60,000원
④ 이연법인세자산 60,000원
⑤ 이연법인세부채 80,000원

51

일반기업회계기준의 외화환산회계에 대한 설명 중 적절하지 않은 것은?

① 시가에 의해 자산재평가가 이루어진 해외사업장의 외화표시 유형자산은 환산할 자산의 재평가 당시 환율로 평가한다.
② 현지기업관점에서 해외영업단위의 재무제표를 환산하는 방법은 결산일환율법이다.
③ 일반적으로 환산 그 자체보다 경제적 익스포저가 더 중요한 의미가 있다.
④ 매도가능증권의 경우 환산손익을 기타포괄손익으로 인식한다.
⑤ 파생상품의 회계처리는 보수주의에 따라 저가법으로 평가하는 것을 원칙으로 한다.

52

미국 소재 아메리칸회사의 20×4년 매출원가에 대한 자료 및 환율자료는 다음과 같다. 아메리칸회사는 재무제표를 원화로 환산하여 표시하고 있다. 매입은 한 해 동안 평균적으로 이루어졌다고 가정할 때, 원화환산 재무제표상 매출원가는 얼마인가?

(단위 : 달러)

기초재고	당기매입	기말재고
200	500	100

(단위 : 원/달러)

기 초	기초재고 매입시점	연평균	기 말	기말재고 매입시점
1,050	900	1,000	1,100	1,150

① 580,000원 ② 600,000원 ③ 610,000원
④ 660,000원 ⑤ 700,000원

53

㈜한국의 2012년 법인세비용차감전순이익은 ₩30,000이다. 2011년 말 이연법인세부채는 ₩2,000이며, 2012년 말 현재 장래의 과세소득을 증가시키는 가산할 일시적차이는 ₩10,000이다. 법인세율은 매년 30%로 일정하고, 법인세에 부가되는 세액은 없다고 가정한다. 2012년 법인세부담액이 ₩7,000일 경우 ㈜한국의 2012년 당기순이익과 2012년 말 이연법인세자산(부채)은 얼마인가?

	당기순이익	이연법인세자산(부채)
①	₩22,000	이연법인세부채 ₩3,000
②	₩22,000	이연법인세자산 ₩3,000
③	₩24,000	이연법인세부채 ₩3,000
④	₩24,000	이연법인세자산 ₩3,000
⑤	₩24,500	이연법인세자산 ₩3,500

54

법인세기간 내 배분을 필요로 하는 요인이 아닌 것은?

① 자기주식처분손익 발생
② 전기오류수정이익
③ 매도가능증권평가이익
④ 보험수리적손익
⑤ 간주임대료

55

㈜하늘은 20×4년 1월 1일 건물을 임대하고 임대료의 3년분 300,000원을 선불로 수령하였다. 세법상 임대소득은 현금주의에 따라 인식한다고 가정할 때, 20×4년 12월 31일 재무상태표에 계상될 이연법인세자산 또는 부채는 얼마인가? (단, 그 외 일시적차이는 없고 세율은 20×4년은 20%, 20×5년 및 20×6년은 30%이다)

① 20,000원 자산
② 40,000원 자산
③ 60,000원 자산
④ 60,000원 부채
⑤ 40,000원 부채

56

㈜미래의 20×4년 법인세비용차감전순이익은 500,000원이고 법인세율은 20%이다. 20×4년 세무조정사항이 다음과 같을 때 20×4년 법인세부담액과 재무상태표에 계상될 이연법인세자산(부채)은 얼마인가? (20×4년 이후에도 법인세율은 동일하게 20%이다)

- 감가상각비 한도초과 : 20,000원
- 접대비 한도초과 : 30,000원
- 대손충당금 한도초과 : 50,000원
- 미수이자 : 40,000원
- 단기매매증권평가이익 : 10,000원

	법인세부담액	이연법인세자산(부채)
①	100,000원	이연법인세부채 4,000원
②	100,000원	이연법인세자산 4,000원
③	110,000원	이연법인세부채 4,000원
④	110,000원	이연법인세자산 4,000원
⑤	120,000원	이연법인세자산 4,000원

57

다음 중 공사진행률 산정 시 포함되는 원가는?

① 미사용한 재료비(특정 공사를 위한 것 아님)
② 하도급자에게 지불한 선급공사비
③ 차입원가
④ 하자보수비
⑤ 토지의 취득원가

58

20×3년 초 A건설은 ㈜B와 건물을 건설하는 계약을 체결하였다. 공사기간은 3년이고 총 공사 계약금액은 2,000,000원이며 각 연도별 공사진행률과 추정 총계약원가는 다음과 같을 때, 20×4년 공사손익은 얼마인가?

구 분	20×3년	20×4년	20×5년
공사진행률	30%	70%	100%
추정 총계약원가	1,600,000원	1,800,000원	1,900,000원

① 100,000원 이익
② 0원
③ 20,000원 이익
④ 50,000원 손실
⑤ 20,000원 손실

59

12월 말 결산법인인 ㈜신용은 20×2년 건설공사를 수주하여 공사기간은 20×2년 1월 1일부터 20×5년 12월 31일까지이다. 최초 도급금액은 1,500,000원이었으나 20×4년도에 공사내용의 변경으로 인해 500,000원이 추가되었다. 다음은 각 연도별 계약원가와 관련된 자료이다. 진행기준에 의하여 수익을 인식할 경우 20×4년에 인식할 계약순이익은 얼마인가?

(단위 : 원)

구 분	20×2년	20×3년	20×4년
실제 발생 계약원가	400,000	350,000	250,000
기말추정 추가계약원가	800,000	750,000	250,000

① 300,000원 ② 600,000원
③ 800,000원 ④ 250,000원
⑤ 950,000원

▶ 정답 및 해설 | p.66

01

다음 중 재고자산 평가방법에 대한 설명으로 옳지 <u>않은</u> 것은?

① 시가의 회복으로 발생한 재고자산 평가손실환입은 매출원가에서 차감한다.
② 저가법을 적용할 경우 종목별기준을 원칙으로 하되, 조별기준도 허용한다.
③ 금액상 중요하지 않은 부산물은 순실현가능가치로 측정할 수 있다.
④ 재고자산 평가손실은 정상, 비정상을 구분하지 않고 영업외비용으로 처리한다.
⑤ 유통업의 경우에는 원가율 추정치에 의해 재고자산을 평가할 수 있다.

02

A기업㈜의 거래 내용은 다음과 같다. 일반기업회계기준에 따른 회계처리를 할 경우, 아래 자료에 있는 거래와 관련하여 20×1년 12월 31일 현재 재무상태표 또는 동일로 종료되는 회계기간의 손익계산서에 표시되지 <u>않는</u> 계정과목은 어느 것인가? (당기 : 20×1. 1. 1. ~ 20×1. 12. 31.)

가. 20×1년 3월 5일 회사는 상품 500,000원을 외상으로 구입하였으며, 20×2년 1월 5일 외상 대금을 지급할 예정이다. 나. 20×1년 3월 5일 회사는 은행에서 1,000,000원을 차입하였으며, 이자 5%를 포함한 원리금 상환일은 20×2년 3월 4일이다. 다. 20×1년 10월 1일 회사는 관리직 사무비품 100,000원을 외상으로 구입하고 사용 중이며, 20×2년 1월 5일 외상대금을 지급할 예정이다.

① 장기성매입채무
② 단기차입금
③ 미지급비용
④ 미지급금
⑤ 감가상각비

03

무형자산의 회계처리에 관한 설명으로 옳지 <u>않은</u> 것은?

① 무형자산을 창출하기 위한 내부프로젝트를 연구단계와 개발단계로 구분할 수 없는 경우에는 그 프로젝트 관련 지출은 모두 연구단계에서 발생한 것으로 본다.
② 무형자산으로 정의되기 위한 조건은 식별가능성, 자원에 대한 통제 및 미래 경제적 효익의 존재이다.
③ 무형자산의 상각기간은 관계 법령이나 계약에 정해진 경우를 제외하고는 20년을 초과할 수 없다.
④ 무형자산에서 손상이 발생하면 발생한 연도에 즉시 손상차손을 인식한다.
⑤ 일반기업회계기준을 적용하는 비상장기업이 보유한 영업권은 20년 이내의 기간에 걸쳐 정률법으로 상각한다.

04

다음 중 유형자산의 취득원가에 포함될 수 <u>없는</u> 항목은?

① 복구원가
② 자본화 대상 차입원가
③ 설계와 관련하여 전문가에게 지급하는 수수료
④ 건물을 신축하기 위하여 사용 중인 기존 건물 철거 시 철거비용과 작업폐물 처분손익
⑤ 유형자산의 취득 시 불가피하게 매입하는 채권의 매입가액과 현재가치와의 차액

05

20×1년 초 설립한 ㈜한국의 자본거래는 다음과 같다. ㈜한국의 20×1년 말 자본총액은?

- 20×1년 1월 : 보통주 1,000주(주당 액면가 ₩5,000)를 액면발행하였다.
- 20×1년 3월 : 자기주식 200주를 주당 ₩6,000에 매입하였다.
- 20×1년 4월 : 자기주식 200주를 주당 ₩7,000에 매입하였다.
- 20×1년 5월 : 3월에 구입한 자기주식 100주를 주당 ₩8,000에 처분하였다.
- 20×1년 9월 : 3월에 구입한 자기주식 100주를 주당 ₩9,000에 처분하였다.

① ₩3,600,000 ② ₩4,100,000
③ ₩5,000,000 ④ ₩5,500,000
⑤ ₩6,600,000

06

현금및현금성자산에 관한 설명으로 옳은 것은?

① 우량은행에 예치한 당좌개설보증금은 현금및현금성자산에 포함한다.
② 토지취득자금으로 수령한 정부보조금은 수령한 즉시 현금및현금성자산에 포함한다.
③ 대표이사에게 일시적으로 대여한 가불금은 현금및현금성자산에 포함한다.
④ A은행의 당좌예금이 1억원이고, 당좌차월이 5천만원인 경우 상계하여 순액 5천만원으로 현금및현금성자산을 표시한다.
⑤ 상환우선주는 취득 당시 상환일까지의 기간과 관계없이 현금및현금성자산에 포함하지 않는다.

07

일반기업회계기준에서 재무회계를 위한 개념체계에서 표현의 충실성에 대한 설명으로 옳은 것은?

① 특정 거래나 사건을 충실히 표현하기 위해 필요한 중요한 정보라도 누락이 가능하다.
② 사실상 회수 불가능한 매출채권이 회수 가능한 것처럼 재무상태표에 표시되더라도 이 매출채권의 측정치는 표현의 충실성을 만족한 정보가 된다.
③ 표현의 충실성을 확보하기 위해서는 회계처리 대상이 되는 거래나 사건의 형식에 따라 회계처리하고 보고하여야 한다.
④ 어떤 기업실체가 지배종속관계에 있는 다른 기업실체에 거액의 매출을 한 경우 이와 같은 거래 내용이 공시되지 않는다면 표현의 충실성이 상실된 정보일 수 있다.
⑤ 리스의 법적 형식은 임차계약이지만 리스이용자가 리스자산에서 창출되는 경제적효익의 대부분을 누리고 리스자산과 관련된 위험을 부담하는 경우라도 리스이용자는 리스거래 관련 자산과 부채를 인식하지 않는다.

08

㈜신용의 기말 시점과 기초 시점에 재고자산에 대한 선수금의 장부금액은 다음과 같다.

(단위 : 원)

구 분	기 초	기 말
선수금	70,000	40,000

당해 사업연도에 ㈜신용이 고객에게 추가로 수령한 현금은 120,000원이다. 다음 중 옳은 것은?

① ㈜신용이 당해 매출로 인식할 금액은 120,000원이다.
② ㈜신용이 당해 매출로 인식할 금액은 150,000원이다.
③ ㈜신용이 당해 영업외수익으로 인식할 금액은 120,000원이다.
④ ㈜신용이 당해 영업외수익으로 인식할 금액은 150,000원이다.
⑤ ㈜신용이 당해 수익으로 인식할 금액은 없다.

09

㈜한국이 회수불능채권에 대하여 설정한 대손충당금이 다음과 같을 때, 20×2년에 매출과 대손상각비로 인식할 금액은 얼마인가? (단, 회사는 외상거래만 존재한다)

• 매출채권, 대손충당금 장부상 자료

(단위 : 원)

구 분	20×1년 말	20×2년 말
매출채권	900,000	1,000,000
대손충당금	10,000	?

• 20×2년 중 매출채권 대손 및 회수 거래
  - 1월 10일 : ㈜대한의 매출채권 5,000원이 회수불가능한 것으로 판명
  - 9월 10일 : 당기 매출채권 중 500,000원이 회수
• 20×2년 말 매출채권 기말 잔액 중 850,000원이 회수 가능할 것으로 예상하였다.

	매 출	대손상각비
①	1,000,000원	150,000원
②	500,000원	143,000원
③	500,000원	145,000원
④	605,000원	143,000원
⑤	605,000원	145,000원

10

㈜한국은 재고자산에 대해 가중평균법을 적용하고 있으며, 2016년 상품 거래내역은 다음과 같다. 상품거래와 관련하여 실지재고조사법과 계속기록법을 각각 적용할 경우, 2016년도 매출원가는 얼마인가? (단, 상품과 관련된 감모손실과 평가손실은 발생하지 않았다)

(단위 : 원)

일 자	적 요	수 량	단 가	금 액
1월 1일	기초재고	100개	8	800
3월 4일	매 입	300개	9	2,700
6월 20일	매 출	(200개)	–	–
9월 25일	매 입	100개	10	1,000
12월 31일	기말재고	300개	–	–

	실지재고조사법	계속기록법
①	1,800원	1,700원
②	1,750원	1,700원
③	1,700원	1,750원
④	1,800원	1,750원
⑤	1,850원	1,750원

11

㈜미래는 20×4년 말 현재 재무상태표에 재고자산 1,000,000원을 보고하였다. 이는 실지재고조사법을 사용하여 기말에 창고에 있는 모든 상품만을 기말재고로 보고한 것이다. 그러던 중 기말에 다음 사항을 알게 되었다. 다음을 반영하여 올바른 재무상태표상 재고자산은 얼마인가?

가. ㈜미래는 20×4년 12월 15일 원가 200,000원의 상품을 ㈜현재에게 300,000원에 판매하고 판매대금을 지급받았다. ㈜현재는 20×5년 1월에 인도받기를 원하고 있어 ㈜미래의 창고에 현재 보관하고 있다.
나. ㈜미래는 20×4년 12월 1일 자금이 부족하여 타사에 원가 100,000원의 상품을 150,000원에 판매하여 인도하고 3개월 후 180,000원에 재구매하기로 약정하였다.
다. ㈜미래는 20×4년 10월 1일 단위당 원가 5,000원의 상품을 100명의 고객에게 전달하였고 사용해본 후 6개월 이내로 구매의사를 통보해 줄 것을 요청하였다. 20×4년 말 현재 40명의 고객으로부터 구입의사를 전달받았고 나머지는 그렇지 못하다.
라. ㈜미래는 20×4년 12월 10일 미국의 A, B사로부터 각각 200,000원, 300,000원의 상품을 구입하기로 하였다. 12월 25일 각 사로부터 상품이 선적되었음을 통보받았고 20×5년 1월에 실제로 수령하였다. A사의 경우 선적지인도조건이며 B사의 경우 도착지인도조건이었다.

① 1,000,000원 ② 1,100,000원
③ 1,300,000원 ④ 1,400,000원
⑤ 1,500,000원

12

다음은 A기업이 보유하는 B기업 사채(액면금액 1,000,000원, 액면이자율 10%이며 이자지급은 매년 말 후급)의 표시이며, 일반기업회계기준에 따라 회계처리되었다. 20×2년도 손익계산서에 보고될 이자수익은 얼마인가? (단, 20×2년 중 B기업 사채의 취득과 처분은 없는 것으로 가정한다)

(단위 : 원)

재무상태표상 금액	20×2년 말 (당기)	20×1년 말 (전기)
매도가능증권 (B기업 사채)	960,000	980,000
평가이익 (평가손실)	(−)22,150	13,790

① 98,215원 ② 100,000원
③ 114,230원 ④ 115,940원
⑤ 117,850원

13

㈜하늘의 다음 자료를 이용하여 당기의 매출원가를 구하면 얼마인가?

- 기초상품재고액 : 1,000,000원
- 당기 총매입액 : 5,000,000원
- 매입할인 : 500,000원
- 매입에누리 : 300,000원
- 기말상품재고액(평가 전) : 3,000,000원
- 재고자산 평가손실 : 200,000원

① 2,200,000원
② 2,400,000원
③ 2,500,000원
④ 3,000,000원
⑤ 3,200,000원

14

유가증권의 평가방법과 재무상태표상 분류과목으로 옳지 않은 것은?

	계정 과목	평가 기준	평가손익의 처리	재무상태표상 분류
①	단기매매 증권	공정 가치	영업외손익	유동자산
②	지분법 적용주식	지분법	영업외손익	투자자산
③	매도가능 증권(채권)	공정 가치	기타포괄 손익누계액	투자자산
④	매도가능 증권(주식)	공정 가치	기타포괄 손익누계액	투자자산
⑤	만기보유 증권	공정 가치	기타포괄 손익누계액	투자자산

15

일반기업회계기준상 유가증권분류에 대한 설명으로 옳지 않은 것은?

① 유의적인 영향력 행사를 목적으로 유가증권을 보유하는 경우 지분법적용 투자주식으로 분류한다.

② 단기매매증권이나 매도가능증권으로 분류되지 않은 유가증권은 만기보유증권으로 분류된다.

③ 단기매매증권은 채무증권도 포함한다.

④ 만기가 확정된 채무증권으로서 상환금액이 확정되었거나 확정이 가능한 채무증권을 만기까지 보유할 적극적인 의도와 능력이 있는 경우에는 만기보유증권으로 분류한다.

⑤ 유가증권은 취득한 후에 만기보유증권, 단기매매증권, 그리고 매도가능증권, 지분법적용 투자주식 등의 하나로 분류한다.

16

채권·채무조정에 대한 설명으로 옳지 않은 것은?

① 채권·채무조정에 따른 지분증권의 발행과 관련하여 직접적으로 발생한 비용은 지분증권의 발행금액에서 차감한다.

② 조건변경으로 채무가 조정되는 경우에는 채권·채무조정에 따른 약정상 정해진 미래현금흐름을 채무발생 시점의 유효이자율로 할인하여 계산된 현재가치와 채무의 장부금액과의 차이를 채무에 대한 현재가치할인차금과 채무조정이익으로 인식한다.

③ 시장성이 없는 지분증권의 공정가치를 신뢰성 있게 측정할 수 없는 경우 발행되는 지분증권을 조정대상 채무의 장부금액으로 회계처리하고 채무조정이익을 인식하지 않는다.

④ 출자전환채무는 전환으로 인하여 발행될 주식의 공정가치로 하고 조정대상채무의 장부금액과 차이는 채무조정이익으로 인식한다.

⑤ 채권·채무조정으로 인하여 발행되는 전환사채에 대해서는 전환권으로 인식하고, 전환사채의 만기까지 발생한 미래 현금흐름을 채무발생 시점의 유효이자율로 할인하여 계산된 현재가치와 조정대상 채무의 장부금액과의 차이를 채무조정이익으로 인식한다.

17

㈜지방은 20×1년 중에 토지를 ₩100,000에 취득하였으며, 매 보고기간마다 재평가모형을 적용하기로 하였다. 20×1년 말과 20×2년 말 현재 토지의 공정가치가 각각 ₩120,000과 ₩90,000일 때, 다음 설명 중 옳은 것은?

① 20×1년에 당기순이익이 ₩20,000 증가한다.

② 20×2년에 당기순이익이 ₩10,000 감소한다.

③ 20×2년 말 현재 재평가잉여금 잔액은 ₩10,000이다.

④ 20×2년 말 재무상태표에 보고되는 토지 금액은 ₩100,000이다.

⑤ 20×2년 말 재무상태표에 보고되는 토지 재평가잉여금은 ₩20,000이다.

18

당기 중에 공장건설용 토지를 구입하면서 다음과 같이 지출이 이루어진 경우 토지의 취득가액은 얼마인가?

- 토지 취득대금 : 10,000,000원
- 토지의 구건물 철거비용 : 2,500,000원
- 구건물 철거로 인한 철골자재 매각대금 : 500,000원
- 토지취득세 및 등록세 : 1,300,000원
- 토지재산세 : 200,000원

① 10,000,000원 ② 11,300,000원
③ 12,000,000원 ④ 13,300,000원
⑤ 13,500,000원

19

㈜헤리는 업무용 차량 A를 ㈜민아의 차량 B와 교환하고 현금 50,000원을 추가로 지급하였다. 차량 A와 차량 B는 동종자산의 교환으로서 거래에 수반된 현금이 중요하지 않은 것으로 가정한다. 양도 당시 차량 A의 장부금액은 120,000원, 공정가치는 150,000원이며, 차량 B의 장부금액은 180,000원, 공정가치는 200,000원인 경우 ㈜헤리는 차량 B의 취득원가로 얼마를 계상해야 하는가?

① 50,000원 ② 150,000원
③ 170,000원 ④ 180,000원
⑤ 200,000원

20

유형자산의 취득원가에 대한 다음 설명 중 옳지 않은 것은?

① 토지 취득 후 진입로공사, 상하수도공사, 조경공사 등의 지출액은 토지의 원가로 본다.
② 건물을 신축하기 위하여 사용 중인 기존 건물을 철거하는 경우 기존 건물의 장부금액과 철거비용은 전액 신축 건물의 취득원가에 산입한다.
③ 현물출자로 유형자산을 취득한 경우에는 대가로 발행한 주식과 유형자산의 공정가치 중 보다 분명한 것을 취득원가로 결정한다.
④ 정부보조 등에 의해 유형자산을 무상 또는 공정가치보다 낮은 대가로 취득하는 경우 그 유형자산의 취득원가는 취득일의 공정가치로 한다.
⑤ 토지와 건물을 일괄취득 후 건물을 철거하는 경우 철거비용은 토지의 취득원가에 가산한다.

21

다음 중 일반기업회계기준상 무형자산에 대한 설명으로 옳지 않은 것은?

① 무형자산의 상각은 법령이나 계약에 의해 정해진 경우를 제외하고는 20년을 초과할 수 없다.
② 무형자산의 상각은 자산이 사용 가능한 때부터 시작한다.
③ 무형자산 상각 시 잔존가액은 없는 것을 원칙으로 한다.
④ 무형자산의 합리적 상각방법을 정할 수 없는 경우 정액법을 사용한다.
⑤ 무형자산으로 정의되기 위한 조건은 자원에 대한 통제 및 미래의 경제적효익의 존재로 유형자산과는 다르게 형태가 없기 때문에 식별가능성은 불필요하다.

22

㈜서울이 20×1년 1월 1일에 액면금액 ₩500,000, 매년 말 액면이자율 8%, 3년 만기인 사채를 할인발행하였다. 사채할인발행차금은 유효이자율법에 따라 상각한다. 20×1년 말과 20×2년 말 사채 장부금액이 다음과 같고, 해당 사채가 만기상환되었다고 할 때, ㈜서울이 20×2년부터 20×3년까지 2년간 사채와 관련하여 인식한 총 이자비용은?

- 20×1년 말 사채 장부금액 = ₩482,600
- 20×2년 말 사채 장부금액 = ₩490,900

① ₩86,500 ② ₩89,100
③ ₩97,400 ④ ₩106,500
⑤ ₩107,500

23

사채와 관련된 설명으로 옳지 않은 것은?

① 신주인수권부사채의 신주인수권을 행사하는 경우 추가 현금납입은 불필요하다.
② 전환사채의 전환권을 행사하는 경우 추가 현금납입은 불필요하다.
③ 전환사채를 일반사채로 전환할 경우 추가적인 현금납입은 하지 않는다.
④ 전환권의 가치가 있으면 액면금액, 액면이자, 만기가 같은 경우 일반사채의 발행가액과 전환사채의 발행가액은 차이가 있다.
⑤ 사채의 발행가액 결정에는 액면이자가 영향을 미친다.

24

㈜하늘이 ㈜도니에게 100,000원을 대여해 주었다. ㈜도니는 채무를 변제하는 대신 회사소유 차량을 양도하였다. 차량의 장부금액은 50,000원이고 공정가치는 80,000원이다. ㈜하늘은 해당 채권에 대하여 채권잔액의 10%를 대손충당금으로 설정해 놓았었다. 채권·채무조정으로 인하여 ㈜하늘 입장에서 당기순익에 미치는 영향은 얼마인가?

① 10,000원 손실
② 20,000원 손실
③ 40,000원 손실
④ 50,000원 손실
⑤ 100,000원 손실

25

㈜한국은 2008년 1월 1일에 추정내용연수가 8년이고 잔존가치는 ₩800,000인 절삭기계를 구입하였다. 연수합계법에 따라 2011년 12월 31일에 계상한 감가상각비는 ₩1,000,000이었다. 이 기계의 취득원가는 얼마인가?

① ₩7,200,000 ② ₩8,000,000
③ ₩9,800,000 ④ ₩9,000,000
⑤ ₩9,500,000

26

충당부채, 우발부채 및 우발자산에 대한 설명으로 옳지 않은 것은?

① 의무발생기간이 되기 위해서 당해사건으로부터 발생된 의무를 이행하는 것 외에는 실질적인 대안이 없어야 한다. 예를 들어 법적으로 강제하거나 상대방이 정당한 기대를 가지는 경우에만 해당한다.
② 재무제표는 미래 의사결정에 유용한 정보를 제공하고자 하는 목적이 있으므로 미래영업을 위하여 발생하게 될 원가에 대해서 충당부채를 인식한다.
③ 충당부채는 부채로 인식하는 반면 우발부채와 우발자산은 부채 및 자산으로 인식하지 않는다.
④ 당초 다른 목적으로 인식된 충당부채를 다른 목적으로도 사용하게 되면 당초 충당부채에 관련된 지출에 대해서만 그 충당부채를 사용한다.
⑤ 불법적 환경오염으로 인한 범칙금이나 환경정화비용은 충당부채로 인식한다.

27

다음 중 비상장중소기업이 적용할 수 있는 회계처리는 모두 몇 개인가?

ㄱ. 재무제표상 장기할부매출채권을 현재가치가 아닌 명목금액으로 표시하였다.
ㄴ. 1년 내에 완료되는 단기건설형 공사계약을 공사완성기준에 의해 수익을 인식하였다.
ㄷ. 손익계산서상 법인세비용을 법인세법 등 법령에 의해 납부할 금액으로 표시하였다.
ㄹ. 1년 이상의 장기할부대출에 대해 할부금 회수기일이 도래한 날에 수익을 인식하였다.
ㅁ. 법인세를 절세할 목적으로 감가상각비를 재무제표에 인식하지 아니하였다.

① 1개 ② 2개 ③ 3개
④ 4개 ⑤ 5개

28

다음 자료에 의한 ㈜과거의 20×4년 수익으로 인식할 금액은 얼마인가?

- 회사의 중개사업부에서 위탁회사 제품을 20×4년 10월 1일 수령하여 12월 31일 현재 1,000,000원에 판매하였으며, 상품의 원가는 800,000원이고 수수료는 판매금액의 10%를 받기로 하였다.
- 회사는 20×4년 11월 1일 제품을 판매하면서 판매시점에 60%, 20×5년 3월 1일에 나머지 40%를 수령할 예정이다. 총 판매대금은 2,000,000원이다.

① 3,000,000원 ② 2,200,000원
③ 2,100,000원 ④ 1,400,000원
⑤ 1,300,000원

29

다음 회계추정의 변경 중 회사의 변경한 연도의 당기순이익을 증가시키는 것은?

① 유형자산 내용연수 단축
② 유형자산 잔존가치 증가
③ 무형자산 상각기간 단축
④ 매출채권에 대한 대손예상율 상향조정
⑤ 유형자산 잔존가치 감소

30

㈜도니는 당기 중 ㈜주니의 식별가능 자산 및 부채를 취득·인수하는 사업결합을 하였다. ㈜주니의 순자산 장부금액은 80,000원, 공정가치는 120,000원이며 ㈜도니는 이전대가로 회사가 가지고 있던 토지(장부금액 100,000원, 공정가치 150,000원)를 발행교부하였다. 사업결합과정에서 전문가 컨설팅비용 10,000원과 주식발행비용 5,000원이 발생하였다. ㈜도니가 취득일에 인식할 영업권은 얼마인가?

① 30,000원 ② 20,000원
③ 15,000원 ④ 5,000원
⑤ 0원

31

다음 중 일반기업회계기준에 따른 사업결합의 예시로 적절하지 <u>않은</u> 것은?

① 하나 이상의 사업이 취득자의 종속기업이 되거나, 하나 이상의 사업의 순자산이 취득자에게 법적으로 합병된다.
② 하나의 결합참여기업이 자신의 순자산을, 또는 결합참여기업의 소유주가 자신의 지분을 다른 결합참여기업 또는 다른 결합참여기업의 소유주에게 이전한다.
③ 결합참여기업 모두가 자신의 순자산을, 또는 모든 결합참여기업의 소유주가 자신의 지분을 신설된 기업에 이전한다.
④ 결합참여기업 중 한 기업의 이전 소유주 집단이 결합기업에 대한 지배력을 획득한다.
⑤ 조인트벤처를 구성한다.

32

다음 중 사업결합을 위하여 취득자가 피취득자에 대한 지배력을 획득하는 방식으로 적절하지 <u>않은</u> 것은?

① 현금, 현금성자산이나 그 밖의 자산(사업을 구성하는 순자산 포함)의 이전
② 부채의 부담
③ 유의적 영향력의 획득
④ 지분의 발행
⑤ 두 가지 형태 이상 대가의 제공

33

J는 20×5년 1월 1일 L의 보통주식 80%를 700,000원에 취득하고 지배력을 행사할 수 있게 되었다. 주식취득일 현재 L의 순자산 장부가액은 800,000원으로 공정가치와 일치하였으며 영업권은 5년마다 상각한다. J의 20×5년 지분법손익 반영 전 당기순이익이 300,000원이고, L의 20×5년도 당기순이익이 100,000원이라고 할 경우 20×5년 연결당기순이익은 얼마인가?

① 210,000원　　② 212,000원
③ 298,000원　　④ 388,000원
⑤ 399,000원

34

㈜하늘은 20×4년 다음 자료에서 제시하는 주식들을 모두 취득하였다. ㈜하늘의 20×4년 말 연결재무제표 작성에 있어서 보유지분에 대한 회계처리방법으로 타당한 것은?

> • ㈜미래의 지분 30% : ㈜하늘의 특수관계자인 ㈜현재도 30%의 지분을 보유하고 있다. 한편, ㈜미래는 법적 구조조정절차를 밟고 있으며, ㈜미래의 주식은 시장성이 없어 공정가치를 평가할 수 없다.
> • ㈜한성의 지분 20% : ㈜한성의 나머지 지분은 각각의 소수 주주들이 보유하고 있으며 서로 특수관계에 없고 지배력을 획득하지 못하였으며 단순 배당투자를 목적으로 하고 있다. 이 소수 주주들은 ㈜하늘에 의결권을 위임하고 있어 ㈜하늘이 ㈜한성의 이사회 구성원 과반수를 임명했으며, 이사회에서 재무정책과 영업정책을 결정하고 있다.

	㈜미래	㈜한성
①	지분법	지분법
②	지분법	연결
③	원가법	지분법
④	원가법	연결
⑤	연결	연결

35

유의적 영향력을 판단하기 위한 지분율을 계산하는 방법으로 옳지 않은 것은?

① 유의적인 영향력을 판단함에 있어 피투자기업에 대한 지분율은 투자기업의 지분율과 종속기업이 보유하고 있는 지분율을 투자기업이 보유한 종속기업의 지분율만큼 합산하여 계산한다. 예를 들어 종속기업에 대한 지분율 60%, 종속기업의 피투자기업 지분율 30%인 경우 18%의 지분율 계산한다.
② 투자기업이 직접적으로 또는 종속기업을 통하여 간접적으로 피투자기업의 의결권이 있는 주식의 20% 이상을 보유하고 있다면 명백한 반증이 있는 경우를 제외하고는 유의적인 영향력이 있는 것으로 본다.
③ 투자기업이 직접적으로 또는 종속기업을 통하여 간접적으로 보유하고 있는 피투자기업에 대한 의결권이 있는 주식이 20%에 미달하는 경우에는 일반적으로 피투자기업에 대하여 유의적인 영향력이 없는 것으로 본다.
④ 피투자기업의 의사결정에 영향력을 행사할 수 없고, 의결권이 없는 주식 및 전환증권은 피투자기업에 대한 투자기업의 지분율 계산에 포함하지 않는 것을 원칙으로 한다.
⑤ 주주총회에서 우선적 배당을 받지 아니한다는 결의가 있어 의결권이 부활한 우선주는 유의적인 영향력을 판단하기 위한 지분율 계산에 포함한다.

[36 ~ 37]

㈜빨강은 20×4년 초 ㈜파랑의 의결권 있는 주식 30%를 200,000원에 취득하였다. 20×4년 초 현재 ㈜파랑의 순자산 장부금액은 500,000원이며 공정가치와 동일하다. 20×4년 중에 ㈜파랑은 40,000원의 현금배당을 지급하였으며, 20×4년 당기순이익은 100,000원이다. 두 기업 간의 내부거래는 없으며, 영업권은 5년 동안 정액 상각한다.

36

20×4년 말 ㈜빨강이 ㈜파랑의 투자주식에 대해 인식해야 할 지분법이익은 얼마인가?

① 100,000원 ② 70,000원
③ 40,000원 ④ 30,000원
⑤ 20,000원

37

20×4년 말 ㈜빨강의 재무상태표에 표시될 ㈜파랑의 투자주식 장부금액은 얼마인가?

① 220,000원 ② 230,000원
③ 218,000원 ④ 208,000원
⑤ 200,000원

38

A사는 20×1년 초 B사의 발행주식 중 80%를 700,000원에 취득하여 지배력을 갖게 되었다. 투자주식 취득일 현재 B사의 순자산 장부금액은 700,000원이며 공정가치와 동일하다. 당기 중에 B사는 A사에게 300,000원의 상품매출을 하였으며 매출총이익률은 20%이다. A사는 B사로부터 매입한 상품 중 30%를 20×1년 말 현재 재고자산으로 보유하고 있다. B사의 20×1년 당기순이익이 200,000원일 때 A사가 20×1년도에 인식할 지분법이익은 얼마인가? (단, 영업권은 20년 동안 정액법으로 상각한다)

① 121,600원
② 131,600원
③ 130,600원
④ 138,600원
⑤ 140,000원

39

㈜합정은 20×4년 초 ㈜종각의 발행주식 60%를 80,000원에 취득하여 지배기업이 되었다. 지배력 취득일 현재 ㈜종각의 순자산 장부금액은 100,000원으로 공정가치와 일치한다. ㈜종각의 당기순이익은 10,000원이며 내부거래는 없다. 영업권은 5년간 정액법으로 상각한다. ㈜합정이 지분법손익을 반영하기 전 20×4년 당기순이익은 30,000원이다. ㈜합정의 당기순이익, 연결당기순이익, 비지배지분은 각각 얼마인가?

	당기순이익	연결당기순이익	비지배지분
①	36,000원	40,000원	44,000원
②	36,000원	44,000원	44,000원
③	32,000원	36,000원	40,000원
④	32,000원	36,000원	44,000원
⑤	30,000원	40,000원	44,000원

40

다음 중 지배기업이 연결재무제표를 작성하지 않아도 되는 경우에 해당하는 것은?

① 지배기업의 최상위 지배기업(또는 중간 지배기업)이 일반기업회계기준을 적용하여 일반 목적으로 이용가능한 연결재무제표를 작성하는 경우
② 종속기업의 사업연도가 차이가 나는 경우
③ 종속기업이 외부감사 대상이 아닌 경우
④ 지배기업이 연결재무제표를 작성하지 않기를 원하는 경우
⑤ 어떠한 경우에도 무조건 작성해야 한다.

41

㈜한국은 20×4년 초 ㈜일본의 발행주식 100%를 500,000원에 취득하여 지배기업이 되었다. 지배력 취득일 현재 각 회사의 장부금액은 다음과 같다.

(단위 : 원)

구 분	㈜한국	㈜일본
자 산	1,000,000	500,000
부 채	300,000	200,000
자 본	700,000	300,000

㈜일본의 자산 중 토지의 공정가치가 장부금액을 50,000원 초과하는 것 이외에는 장부금액과 공정가치가 일치할 때 20×4년 초 취득일 기준 연결재무제표상 자산총계는 얼마인가?

① 1,000,000원 ② 1,050,000원
③ 1,200,000원 ④ 1,500,000원
⑤ 1,550,000원

42

50% 미만의 지분율만큼 투자주식을 보유하더라도 지배력을 갖는 사례에 해당하지 <u>않는</u> 것은?

① 다른 투자자와의 약정으로 과반수의 의결권을 행사할 수 있는 능력이 있는 경우
② 법규나 약정에 따라 기업의 재무정책과 영업정책을 결정할 수 있는 능력이 있는 경우
③ 이사회나 이에 준하는 의사결정기구가 기업을 지배한다면, 그 이사회나 이에 준하는 의사결정기구 구성원의 과반수를 임명하거나 해임할 수 있는 능력이 있는 경우
④ 이사회나 이에 준하는 의사결정기구가 기업을 지배한다면, 그 이사회나 이에 준하는 의사결정기구의 의사결정에서 과반수의 의결권을 행사할 수 있는 능력이 있는 경우
⑤ 신탁계약에 따라 수탁자로서 위탁자의 영업활동의 의사결정을 할 수 있고 그 신탁된 영업이 위탁자에게 매우 중요한 부분에 해당하는 경우

43

20×1년 1월 1일 A사는 B사의 발행주식 90%를 900,000원에 취득하였다. 20×1년 1월 1일 현재 B사의 순자산 장부금액은 800,000원이며 공정가치와 동일하다. 20×1년 중 B사는 주주들에게 40,000원의 현금배당금을 지급하였다. 20×1년도 당기순손실은 100,000원이고 내부거래는 없다고 할 때 A사의 20×1년 말 재무상태표에 표시될 B사의 투자주식 장부금액은 얼마인가? (단, 영업권은 10년간 상각한다)

① 590,000원 ② 700,000원
③ 726,000원 ④ 756,000원
⑤ 760,000원

44

연결재무제표의 작성 및 표시에 대한 설명으로 옳지 <u>않은</u> 것은?

① 재무상태표의 구성요소 중 자본은 지배기업지분과 비지배지분으로 구분하고 지배기업지분은 자본금, 연결자본잉여금, 연결자본조정, 연결기타포괄손익누계액, 연결이익잉여금(또는 결손금)으로 구분한다.
② 개별재무제표에서 중단사업손익으로 분류표시한 경우 연결재무제표상에서도 반드시 중단사업손익으로 분류하여 표시한다.
③ 당기순손익은 지배기업지분순손익과 비지배지분순손익으로 구분하여 연결손익계산서 본문에 표시한다.
④ 연결자본변동표는 자본변동표를 적용하여 작성하되 비지배지분의 변동은 구분하여 별도 항목으로 표시한다.
⑤ 연결현금흐름표는 현금흐름표를 적용하여 작성하되 종속기업이 연결실체에 새로 포함되거나 연결실체에서 제외되는 경우에는 연결실체의 변동으로 인한 현금의 증가(감소) 항목을 추가하여 투자활동으로 구분 표시한다.

45

㈜대한은 20×1년 초 ㈜민국의 보통주 30%를 350,000원에 취득하여 유의적인 영향력을 행사하고 있으며 지분법을 적용하여 회계처리한다. 20×1년 초 현재 ㈜민국의 순자산 장부금액과 공정가치는 동일하게 1,200,000원이다.

- 다음은 ㈜대한과 ㈜민국 간의 20×1년 재고자산 내부거래 내역이다.

(단위 : 원)

판매회사 → 매입회사	판매회사 매출액	판매회사 매출원가	매입회사 장부상 기말재고
㈜대한 → ㈜민국	25,000	20,000	17,500

- 20×2년 3월 31일 ㈜민국은 주주에게 현금배당금 10,000원을 지급하였다.
- 20×2년 중 ㈜민국은 20×1년 ㈜대한으로부터 매입한 재고자산을 외부에 모두 판매하였다.
- 다음은 ㈜민국의 20×1년도 및 20×2년도 포괄손익계산서 내용의 일부이다.

(단위 : 원)

구 분	20×1년	20×2년
당기순이익	100,000	(-)100,000
기타포괄이익	50,000	110,000

지분법 적용이 ㈜대한의 20×1년도 지분법이익에 미치는 영향은 얼마인가?

① 18,950원 ② 28,950원
③ 93,950원 ④ 98,950원
⑤ 38,950원

46

다음은 금융리스로 분류되기 위한 조건이다. 이에 대한 설명으로 옳지 않은 것은?

① 리스기간 종료 시 또는 그 이전에 리스자산의 소유권이 리스이용자에게 이전되는 경우
② 리스실행일 현재 리스이용자가 염가매수선택권을 가지고 있고, 이를 행사할 것이 불분명한 경우
③ 리스자산의 소유권이 이전되지 않을지라도 리스기간이 리스자산 내용연수의 상당 부분을 차지하는 경우
④ 리스실행일 현재 최소리스료를 내재이자율로 할인한 현재가치가 리스자산 공정가치의 대부분을 차지하는 경우
⑤ 리스이용자만이 중요한 변경 없이 사용할 수 있는 특수한 용도의 리스자산인 경우

47

㈜하늘은 20×4년 1월 1일 리스회사인 ㈜세일과 다음과 같은 조건으로 금융리스계약을 체결하였다. 리스개설직접원가가 없을 때 연간리스료는 얼마인가?

- 리스자산(차량)의 공정가치 : 1,000,000원(경제적 내용연수 4년, 잔존가치 0원, 정액법)
- 리스기간 3년, 리스료는 매년 말 정액지급
- ㈜세일은 리스기간 종료시점에 10,000원을 지급하고 소유권을 이전받을 수 있음
- 내재이자율 10%
- 3기간 10% 연금현가계수 : 2.48685, 현가계수 : 0.75131
  4기간 10% 연금현가계수 : 3.16986, 현가계수 : 0.68301

① 399,094원 ② 315,471원
③ 313,317원 ④ 402,115원
⑤ 333,333원

48

㈜한강은 20×1년 1월 1일에 기계장치를 임차하였다. 해당 기계장치의 내용연수는 5년, 리스기간은 4년이며 리스기간 종료 후 기계는 리스제공자에 돌려준다. 기계장치의 공정가액은 200,000원이며, 리스종료일인 20×4년 12월 31일에 40,000원의 잔존가치를 보증하였다. 리스료는 매년 말 51,000원씩 4회 지급되며, 이 중 1,000원은 화재보험료이다. 리스계약 시 내재이자율은 8%이고, ㈜한강의 증분차입이자율은 10%이다. 리스실행일인 20×1년 1월 1일에 ㈜한강이 계상할 리스부채액은 얼마인가? (단, 8%와 10%의 4년 연금 현가계수는 각각 3.31과 3.170이고, 4년 후 1원의 현가계수는 각각 0.73과 0.68을 적용한다)

① 185,700원 ② 187,400원
③ 194,700원 ④ 198,010원
⑤ 200,000원

49

20×2년 1월 1일에 A회사는 공사금액이 300,000원인 건물공사를 수주하였다. 공사는 20×4년 12월 완공예정으로 진행하여 기간 내에 완성하였다. 아래는 공사기간에 걸쳐 발생한 공사원가 및 각 연도말의 예상 공사원가이다. A회사의 20×3년도 공사손익은 얼마인가?

(단위 : 원)

구 분	20×2년	20×3년	20×4년
실제 발생한 누적공사원가	80,000	256,000	323,000
추가로 소요될 원가추정액	170,000	64,000	–
총공사원가 추정액	250,000	320,000	323,000

① 20,000원 손실
② 36,000원 손실
③ 16,000원 이익
④ 20,000원 이익
⑤ 22,000원 이익

50

연말 결산 시 국내 영업소가 보유한 외화표시 항목을 재평가하려고 한다. 다음 중 적용환율을 연결한 것으로 적절하지 않은 것은? (단, 모두 공정가치모형을 적용한다고 가정한다)

① 장기차입금 – 결산일 환율
② 저가법으로 평가하는 재고자산 – 결산일 환율
③ 외화예금 – 결산일 환율
④ 재평가한 해외소재 부동산 – 결산일 환율
⑤ 매출채권 – 결산일 환율

51

12월 말 결산법인인 ㈜도니는 20×4년 10월 1일 미국에 10,000달러의 상품을 판매하고 대금은 20×5년 2월 28일 회수하였다. 환율이 다음과 같을 때 20×4년 및 20×5년에 각각 인식할 외화관련손익은 얼마인가?

- 20×4년 10월 1일 : 1,200원/달러
- 20×4년 12월 31일 : 1,000원/달러
- 20×5년 2월 28일 : 1,100원/달러

	20×4년	20×5년
①	외환손실 2,000,000원	외환이익 1,000,000원
②	외환이익 2,000,000원	외환손실 1,000,000원
③	외환손익 0원	외환손실 1,000,000원
④	외환손익 0원	외환이익 1,000,000원
⑤	외환손익 0원	외환손익 0원

52

다음 중 기능통화를 결정할 때 고려할 사항으로 가장 적절하지 않은 것은?

① 재화와 용역의 공급가격에 주로 영향을 미치는 통화
② 재화와 용역의 공급가격을 주로 결정하는 경쟁요인과 법규가 있는 국가의 통화
③ 재화를 공급하거나 용역을 제공하는 데 드는 노무원가, 재료원가 및 그 밖의 원가에 주로 영향을 미치는 통화
④ 재화와 용역을 주로 공급하는 주 거래처의 기능통화
⑤ 영업활동에서 유입되어 통상적으로 보유하는 통화

53

일반기업회계기준에 따른 외화환산방법 및 표시방법에 대한 설명으로 가장 적절하지 않은 것은?

① 화폐성 외화항목은 마감환율로 환산한다.
② 역사적원가로 측정하는 비화폐성 외화항목은 거래일의 환율로 환산한다.
③ 공정가치로 측정하는 비화폐성 외화항목은 공정가치가 결정된 날의 환율로 환산한다.
④ 표시통화로 환산하는 경우 재무상태표의 자산과 부채는 해당 보고기간 말의 마감환율로 환산하고, 손익계산서의 수익과 비용은 해당 거래일의 환율 또는 평균환율로 환산한다.
⑤ 표시통화로 환산하는 경우 재무상태표 및 손익계산서를 환산하면서 생기는 외환차이는 당기순이익으로 인식한다.

54

다음 중 회계와 세무 간 일시적차이를 발생시키는 예시로 가장 적절하지 않은 것은?

① 사업결합 시 이전대가를 취득한 식별 가능한 자산·부채의 공정가치에 따라 배분하여 동 자산·부채의 장부금액이 변동하였으나 세무기준액은 변동하지 않는 경우
② 회계상 발생한 이자비용 중 세무상 규정된 한도를 초과하여 지출되어 정당한 비용으로 인정되지 않는 경우
③ 자산을 공정가치 등으로 평가하여 그 장부금액은 변동하였으나 세무기준액은 변동하지 않는 경우
④ 영업권이나 염가매수차익이 발생하는 경우
⑤ 종속기업, 지분법피투자기업 및 조인트벤처의 지분에 대한 투자자산의 장부금액이 세무기준액과 다른 경우

55

다음 중 이연법인세부채를 인식하지 않아야 하는 가산할 일시적차이를 모두 고르면?

A. 회계상 발생주의에 따라 인식된 이자수익이 세무상 현금주의에 따라 인식되지 않은 경우
B. 회계상 인식된 용역매출 중 세무상 귀속시기가 미도래하여 인식되지 않은 경우
C. 영업권의 상각이 과세소득을 계산할 때 손금으로 인정되지 않는 경우
D. 자산·부채가 최초로 인식되는 거래가 사업결합거래가 아니고 회계이익이나 과세소득에 영향을 주지 아니하는 경우

① A, B ② A, C ③ B, C
④ B, D ⑤ C, D

56

㈜이안은 20×4년 7월 1일 회사채(액면금액 1,000,000원, 표시이자율 10%, 3년 만기)를 매입한 후 20×4년 12월 31일 결산 시 표시이자에 대한 기간경과분을 회계상 수익으로 인식하였다. 실제 이자수령일은 매년 6월 30일이며 세무상 이자수익은 현금주의에 따른다. 그 밖의 일시적차이 및 영구적 차이가 없고 세율은 20×4년까지 30%, 20×5년부터 10%일 때, 20×4년 재무상태표에 계상될 이연법인세자산 혹은 부채는 얼마인가?

① 이연법인세자산 15,000원
② 이연법인세부채 15,000원
③ 이연법인세자산 5,000원
④ 이연법인세부채 5,000원
⑤ 이연법인세자산 10,000원

57

다음은 하늘회사의 당해 연도 법인세와 관련된 자료이다. 당기의 세율은 30%이며, 당기말 세법이 개정되어 차기부터 25%의 세율을 적용할 예정이다. 하늘회사가 인식할 당해 연도 법인세비용은 얼마인가? (단, 전기이월이연법인세자산 또는 부채는 없다)

(단위 : 원)

- 회계이익(세전) : 200,000
- 과세소득 : 170,000
- 세무조정
  - 일시적차이 : (−)40,000
  - 영구적차이 : (+)10,000

① 10,000원 ② 39,000원
③ 51,000원 ④ 61,000원
⑤ 63,000원

58

20×4년에 건물 신축공사를 총 도급금액 1,500,000원에 수주하였고, 공사기간은 3년이다. 다음 중 아래의 공사원가 자료에 근거하여 20×5년도에 진행기준으로 인식될 공사이익으로 옳은 것은?

(단위 : 원)

구 분	20×4년	20×5년	20×6년
누적발생원가	300,000	900,000	1,200,000
추가공사원가	900,000	300,000	−

① 75,000원 ② 150,000원
③ 225,000원 ④ 375,000원
⑤ 400,000원

59

㈜한국은 20×1년 초 한국도로공사와 고속도로 1구간의 건설계약을 800,000원에 체결하였다. 해당 고속도로는 20×3년 말 완공되었으며, 동 건설계약과 관련된 자료는 다음과 같다.

(단위 : 원)

구 분	20×1년	20×2년	20×3년
당기 발생 원가	130,000	465,000	340,000
추정 총계약원가	650,000	850,000	850,000
계약대금 청구	150,000	350,000	300,000
계약대금 회수	120,000	360,000	320,000

㈜한국이 이 건설계약과 관련하여 20×2년 말 인식할 공사손실충당부채는 얼마인가?

① 15,000원 ② 20,000원
③ 25,000원 ④ 50,000원
⑤ 60,000원

▶ 정답 및 해설 | p.72

01

다음 중 일반기업회계기준에 위배되지 않으면서 보수주의 회계처리의 효과가 나타나는 것을 모두 고른 것은?

A. 양도인에게 제거요건을 충족하지 아니한 거래를 매출채권에서 제거하였다.
B. 인플레이션 상황(후입선출청산 없음)에서 재고자산을 선입선출법으로 평가하였다.
C. 신규 취득한 기계장치의 감가상각방법을 정액법 대신 정률법에 의하였다.

① A ② A, B ③ A, C
④ C ⑤ B, C

02

다음 중 일반기업회계기준상 현금및현금성자산과 예금분류에 대한 설명으로 사실과 다른 것은?

① 현금성자산은 큰 거래비용 없이 현금으로 전환이 용이하고 이자율변동에 따른 가치변동의 위험이 경미한 금융상품으로서 취득 당시 만기일(또는 상환일)이 3개월 이내인 것을 말한다.
② 동일은행의 당좌차월과 당좌예금은 서로 상계한 순액으로 보고하지 않는다.
③ 타인발행 당좌수표와 은행발행 자기앞수표 등은 현금및현금성자산에 해당한다.
④ 20×1년 10월 1일 정기예금 1억원을 가입하고 동 예금의 만기가 20×2년 10월 1일인 경우 20×1년 12월 31일에 공표되는 재무상태표에는 유동자산인 단기투자자산으로 분류한다.
⑤ 선일자수표는 매출채권 등 수취채권으로 분류한다.

03

일반기업회계기준에서 재무회계를 위한 개념체계에 따를 경우 재무정보의 질적특성에 대한 설명으로 옳은 것은?

① 검증가능성이란 동일한 경제적 사건이나 거래에 대하여 동일한 측정방법을 적용할 경우 다수의 독립적인 측정자가 유사한 결론에 도달할 수 있어야 함을 의미한다. 그러므로 검증가능성이 높다는 것은 표현의 충실성을 보장하거나 목적적합성이 높다는 것을 의미한다.
② 재무정보의 질적특성은 회계기준제정기구가 회계기준을 제정 또는 개정할 때 대체적 회계방법들을 비교 평가할 수 있는 판단기준이 되며, 재무정보 이용자가 기업실체에서 사용한 회계처리방법의 적절성 여부를 평가할 때 판단기준을 제공하기도 한다.
③ 피드백가치란 제공되는 재무정보가 기업실체의 재무상태 등에 대한 정보이용자의 당초 기대치를 확인 또는 수정할 수 있도록 의사결정에 영향을 미칠 수 있는 능력을 의미한다. 그러나 대부분의 재무정보는 예측가치와 피드백가치를 동시에 갖고 있지는 않다.
④ 표현의 충실성을 확보하기 위해서는 회계처리 대상이 되는 거래 및 사건의 형식보다는 그 경제적 실질에 따라 회계처리하고 보고할 필요는 없다.
⑤ 적시성이 있는 정보라고 하여 반드시 목적적합성을 갖는 것은 아니므로, 적시에 제공되지 않는 정보도 목적적합성을 갖게 된다.

04

㈜한국은 2015년 3월 1일에 건물 임대 시 1년분 임대료 ₩360,000을 현금으로 수취하고 임대수익으로 처리하였으나 기말에 수정분개를 누락하였다. 이를 수정하였을 때 2015년도 재무제표에 미치는 영향으로 옳은 것은?

① 자산총계 ₩60,000 증가
② 자본총계 ₩60,000 증가
③ 부채총계 ₩60,000 증가
④ 비용총계 ₩60,000 증가
⑤ 수익총계 ₩60,000 증가

05

다음 중 중간재무제표에 대한 설명으로 사실과 다른 것은?

① 손익계산서는 중간기간과 누적중간기간을 직전 회계연도의 동일기간과 비교하는 형식으로 작성한다.
② 최종 중간기간의 재무제표는 별도로 작성하여야 한다.
③ 연말상여금의 지급이 법적 혹은 실질적 의무(과거의 관행상 기업이 연말상여금 지급 이외 다른 현실적 대안이 없을 경우)이고 금액을 신뢰성 있게 추정할 수 있는 경우 연말지급 이전의 중간기간에서 해당금액을 인식할 수 있다.
④ 중간재무제표에 이익잉여금처분계산서는 포함되지 아니한다.
⑤ 교육훈련비, 기부금, 연구개발비 등 연중 고르게 발생하지 않는 비용은 지출이 확정된 중간기간에 인식한다.

06

다음은 ㈜한국의 20×1년 1월 1일부터 12월 31일까지 재고자산 관련 자료이다. 20×1년 ㈜한국의 매출원가는 얼마인가?

- 기초재고자산 : ₩200,000
- 당기매입액 : ₩1,000,000
- 기말재고자산 : ₩100,000(창고보관분 실사금액)
- 미착상품 : ₩60,000(도착지인도조건으로 매입하여 12월 31일 현재 운송 중)
- 적송품 : ₩200,000(이 중 12월 31일 현재 80% 판매 완료)
- 시송품 : ₩60,000(이 중 12월 31일 현재 고객이 매입의사 표시를 한 금액 ₩20,000)

① ₩780,000　② ₩820,000
③ ₩920,000　④ ₩1,020,000
⑤ ₩1,040,000

07

다음은 20×1년 ㈜한국의 재무제표와 거래 자료 중 일부이다.

(단위 : 원)

기초매입채무	4,000
기말매입채무	6,000
현금 지급에 의한 매입채무 감소액	17,500
기초상품재고	6,000
기말상품재고	5,500
매출총이익	5,000

20×1년의 손익계산서상 당기매출액은 얼마인가?

① ₩24,000　② ₩25,000
③ ₩26,000　④ ₩27,000
⑤ ₩30,000

08

재고자산의 취득원가에 포함되지 않는 항목은 모두 몇 개인가?

A. 매입운임, 하역료 및 보험료 등 취득과정에서 정상적으로 발생한 부대원가
B. 재료원가, 노무원가 및 기타의 제조원가 중 비정상적으로 낭비된 부분
C. 추가 생산단계에 투입하기 전에 보관이 필요한 경우 외의 보관비용
D. 실제조업도가 정상조업도와 유사한 경우 실제조업도에 의한 고정제조간접비 배부액
E. 매입과 관련된 할인, 에누리 및 기타 유사한 항목

① 1개　② 2개　③ 3개
④ 4개　⑤ 5개

09

㈜한국의 20×1년 매출채권 관련 자료가 다음과 같을 때, 20×1년에 인식할 대손상각비는?

> • 20×1년 초 매출채권에 대한 대손충당금 잔액은 ₩30,000이다.
> • 20×1년 중 매출채권 ₩60,000이 회수불능으로 확정되었다.
> • 20×1년 말 매출채권 잔액은 ₩500,000이며, 동 매출채권에 대하여 추정한 회수가능액은 ₩480,000이다.

① ₩20,000 ② ₩30,000
③ ₩50,000 ④ ₩60,000
⑤ ₩65,000

10

㈜한국은 20×1년 10월 초 기계장치를 ₩100,000(내용연수 4년, 잔존가치 ₩20,000, 연수합계법, 월할 상각)에 취득한 후, 20×2년 1월 초 ₩30,000의 자본적 지출을 하였다. 그 결과 20×2년 1월 초 기계장치의 내용연수는 10년, 잔존가치는 ₩50,000으로 추정되었다. ㈜한국이 20×2년 1월 초부터 감가상각 방법을 정액법으로 변경하였다면, 20×2년 포괄손익계산서에 보고할 감가상각비는? (단, 원가모형을 적용하고, 손상차손은 발생하지 않았다)

① ₩7,200 ② ₩10,200
③ ₩12,200 ④ ₩37,200
⑤ ₩65,000

11

다음 중 유형자산의 최초 취득원가산정 및 취득이후의 지출에 대한 설명으로 가장 옳은 것은?

① 건물을 신축하기 위하여 사용 중인 기존 건물을 철거하는 경우 기존 건물의 장부금액은 신축하고자 하는 건물의 취득원가로 처리한다.
② 토지를 2년 장기후불조건으로 10억원에 취득하는 경우(토지를 현금으로 구입하는 경우 9억원에 취득 가능) 토지의 취득원가는 10억원이다.(단, 토지를 구입하는 회사는 중소기업에 해당하지 아니한다)
③ 일반기업회계기준에 의하면 유형자산 취득과 관련하여 발생한 차입원가는 자본화 할 수 없다.
④ 안전 또는 환경상의 규제 때문에 취득하여야 하는 유형자산이 비록 그 자체로는 직접적인 미래경제적효익을 얻을 수 없지만 다른 자산으로부터 경제적효익을 얻기 위해 필요한 경우라도 즉시 비용처리한다.
⑤ 사용 중인 건물을 10억원에 취득하는 경우 취득시점에서 2억원의 수선소요가 예상되고 취득 이후 즉시 행한 수선비 2억원은 건물에 대한 자본적 지출에 해당한다.

12

㈜한국은 20×1년 1월 초 A사 지분상품을 ₩10,000에 매입하면서 매입수수료 ₩500을 현금으로 지급하고, 매도가능증권으로 분류하였다. 20×1년 12월 말 A사 지분상품의 공정가치가 ₩8,000이라면, 20×1년 말 ㈜한국이 인식할 A사 지분상품 관련 평가손익은?

① 금융자산평가손실(당기손익) ₩2,000
② 금융자산평가손실(기타포괄손익) ₩2,000
③ 금융자산평가손실(당기손익) ₩2,500
④ 금융자산평가손실(기타포괄손익) ₩2,500
⑤ 평가손익 없음

13

㈜한국은 사용 중인 기계장치 A(장부금액 ₩300,000, 공정가치 ₩150,000)를 ㈜대한의 사용 중인 기계장치 B(장부금액 ₩350,000, 공정가치 ₩250,000)와 교환하였으며 공정가치 차액에 대하여 현금 ₩100,000을 지급하였다. 해당 교환거래가 이종자산의 교환에 해당하는 경우, ㈜한국과 ㈜대한이 각각 인식할 유형자산처분손실은?

	㈜한국	㈜대한
①	₩100,000	₩100,000
②	₩100,000	₩150,000
③	₩150,000	₩100,000
④	₩150,000	₩150,000
⑤	₩150,000	₩140,000

14

확정급여형(DB) 퇴직연금제도를 채택하고 있는 ㈜해커스의 20×2년 12월 31일 현재 종업원이 퇴직할 경우 퇴직일시금지급추계액은 320,000원이다. 20×1년 12월 31일 현재 퇴직일시금지급추계액은 150,000원이었고, 20×2년도 중에 퇴직자에게 지급한 퇴직금은 40,000원이었다. 20×2년 12월 31일 결산 시점에 추가로 인식할 퇴직급여는 얼마인가? (단, 회계기간은 1. 1. ~ 12. 31.이고 회사는 일반기업회계기준에 따른 회계처리를 준수하고 있다)

① 270,000원　② 260,000원
③ 250,000원　④ 240,000원
⑤ 210,000원

15

다음은 ㈜한국(회계기간 : 1. 1. ~ 12. 31.)이 보유 중인 기계장치에 관한 재무제표상 표시내용이다. 한편 ㈜한국의 당기 손익계산서상의 감가상각비 계상액은 35,000원이었고, 당기 중 기계장치를 신규로 취득한 금액은 52,000원이고 당기 중 기계장치를 25,000원에 매각하였다. 당기 손익계산서상 유형자산처분손익은 얼마인가?

(단위 : 원)

계정과목	20×5. 12. 31. (당기)		20×4. 12. 31. (전기)	
기계장치	100,000		70,000	
감가상각 누계액	−30,000	70,000	−10,000	60,000

① 손실 15,000원
② 손실 18,000원
③ 이익 15,000원
④ 이익 18,000원
⑤ 이익 10,000원

16

다음 중 비상장중소기업이 적용할 수 있는 회계처리는 모두 몇 개인가?

A. 재무제표상 장기할부매출채권을 현재가치가 아닌 명목금액으로 표시하였다.
B. 1년 내에 완료되는 단기건설형 공사계약을 공사완성기준에 의해 수익을 인식하였다.
C. 손익계산서상 법인세비용을 법인세법 등 법령에 의해 납부할 금액으로 표시하였다.
D. 1년 이상의 장기할부대출에 대해 할부금 회수기일이 도래한 날에 수익을 인식하였다.
E. 법인세를 절세할 목적으로 감가상각비를 재무제표에 인식하지 아니하였다.

① 1개　② 2개　③ 3개
④ 4개　⑤ 5개

17

A사가 매출채권에 대해서 다음과 같이 회계처리를 할 수 없는 경우는 모두 몇 개인가?

> A. 양도인은 매출채권 양도 후 당해 매출채권에 대한 권리를 행사할 수 없어야 한다.
> B. 양도인은 매출채권 양도 후 효율적인 통제권을 행사할 수 없어야 한다.
> C. 양수인은 양수한 매출채권을 처분할 자유로운 권리를 갖고 있어야 한다.
> D. 양수인에게 상환청구권이 있어야 한다.
> E. 양수인에게 상환청구권이 없어야 한다.

① 1개 ② 2개 ③ 3개
④ 4개 ⑤ 5개

18

다음은 갑회사의 부분 재무상태표이다. 갑회사는 전기말에 본사 건물을 취득하였으며(내용연수 10년, 정액법으로 상각, 잔존가치 0), 정부보조금을 수령하였다. 또한 유형자산과 관련된 회계처리는 올바르게 되었다고 가정한다. 다음을 고려한 당기 본사 건물의 장부금액과, 당기 감가상각비 계상액은 얼마인가? (단, 감가상각은 당기(20기)부터 시작한다고 가정한다)

(단위 : ₩)

	당 기		전 기	
취득원가	1,000,000		1,000,000	
정부보조금	(450,000)		(500,000)	
감가상각 누계액	(?)	?	(-)	500,000

	건물의 장부금액	감가상각비
①	₩450,000	₩50,000
②	₩450,000	₩80,000
③	₩540,000	₩60,000
④	₩550,000	₩50,000
⑤	₩550,000	₩100,000

19

다음 중 무형자산에 대한 설명으로 옳지 않은 것은?

① 연구단계에서 발생된 비용은 무형자산으로 계상하지 않는다.
② 기업이 발행한 주식과 교환하여 취득한 무형자산의 취득원가는 그 주식의 공정가치로 한다.
③ 무형자산과 기타의 자산을 일괄 취득한 경우에는 총취득원가를 무형자산과 기타의 자산의 장부금액에 비례하여 배분한 금액을 각각 무형자산과 기타의 자산의 공정가치로 한다.
④ 정부보조에 의해 무형자산을 무상 또는 공정가치보다 낮은 대가로 취득한 경우에는 무형자산의 취득원가는 0으로 한다.
⑤ 특허권을 장기연불매매 조건으로 취득할 경우 특허권의 취득원가는 장기연불매매 조건의 명목금액이 아니라 현금구입상당액이 된다.

20

㈜금융(회계기간 : 1. 1. ~ 12. 31.)의 매도가능증권(채권 A, 액면금액 ₩5,000,000, 표시이자율 10%, 매년 말 후급)에 대한 재무상태표의 내용이다. 당기에 이자수익으로 인식할 금액은 얼마인가? (단, 채권 A의 유효이자율은 12%이며, 재무상태표는 적절하게 표시된다)

	제34기(전기) 말
[자산]	
매도가능증권(채권 A)	₩4,900,000
[자본]	
기타포괄손익누계액(채권 A)	₩68,950

① ₩531,050 ② ₩579,726
③ ₩810,776 ④ ₩820,824
⑤ ₩968,950

21

12월 결산법인 ㈜서울은 20×1년 2월 20일 ㈜경기의 주식 100주를 취득하고 당기손익-공정가치 측정 범주로 분류하였다. 20×1년 12월 31일 ㈜경기의 1주당 공정가치는 ₩1,200이다. 20×2년 3월 1일 ㈜경기는 무상증자 20%를 실시하였으며, ㈜서울은 무상신주 20주를 수령하였다. 20×2년 7월 1일 ㈜경기주식 60주를 ₩81,000에 처분하고 거래원가 ₩1,000을 차감한 금액을 수령하였을 경우 동 거래가 20×2년 ㈜서울의 법인세차감전순이익에 미치는 영향은?

① ₩21,000 증가　② ₩20,000 증가
③ ₩9,000 증가　④ ₩8,000 증가
⑤ ₩10,000 증가

22

㈜포도는 20×1년 초 5년 만기 사채를 발행하여 매년 말 액면이자를 지급하고 유효이자율법에 의하여 이자비용을 인식하고 있다. 20×2년 말 이자와 관련하여 다음과 같은 회계처리 후 사채의 장부금액이 ₩84,000이 되었다면, 20×3년 말 사채의 장부금액은 얼마인가?

(차) 이자비용	8,200	(대)	사채할인발행차금	2,000
			현금	6,200

① ₩86,200　② ₩86,600　③ ₩87,000
④ ₩87,200　⑤ ₩87,600

23

㈜포도는 20×1년 1월 1일 액면금액 ₩1,000,000, 표시이자율 5%(매년 말 지급), 만기 3년인 회사채를 ₩875,645에 발행하고 상각후원가측정금융부채로 분류하였다. 사채발행 시점의 유효이자율은 10%이었으며, 사채할인발행차금을 유효이자율법으로 상각한다. ㈜포도는 20×2년 1월 1일 동 사채의 일부를 ₩637,000에 조기상환하여, 사채상환이익이 ₩2,184 발생하였다. 20×2년 말 재무상태표에 표시될 사채 장부금액(순액)은 얼마인가?

① ₩190,906　② ₩286,364　③ ₩334,086
④ ₩381,812　⑤ ₩429,539

24

다음은 유통업을 영위하는 ㈜대한의 자본과 관련된 자료이다. 20×2년도 포괄손익계산서의 당기순이익은 얼마인가?

〈부분 재무상태표(20×1년 12월 31일)〉

(단위 : 원)

Ⅰ. 자본금	2,000,000
Ⅱ. 주식발행초과금	200,000
Ⅲ. 이익잉여금	355,000
이익준비금	45,000
사업확장적립금	60,000
미처분이익잉여금	250,000
자본총계	2,555,000

(1) ㈜대한은 재무상태표의 이익잉여금에 대한 보충정보로서 이익잉여금처분계산서를 주석으로 공시하고 있다.

(2) ㈜대한은 20×2년 3월 정기 주주총회 결의를 통해 20×1년도 이익잉여금을 다음과 같이 처분하기로 확정하고 실행하였다.

- ₩100,000의 현금배당과 ₩20,000의 주식배당
- 사업확장적립금 ₩25,000 적립
- 현금배당의 10%를 이익준비금으로 적립

(3) 20×3년 2월 정기 주주총회 결의를 통해 확정될 20×2년도 이익잉여금처분내역은 다음과 같으며, 동 처분내역이 반영된 20×2년도 이익잉여금처분계산서의 차기이월미처분이익잉여금은 ₩420,000이다.

- ₩200,000의 현금배당
- 현금배당의 10%를 이익준비금으로 적립

(4) 상기 이익잉여금처분과 당기순이익 외 이익잉여금 변동은 없다.

① ₩545,000　② ₩325,000
③ ₩340,000　④ ₩220,000
⑤ ₩640,000

25

㈜하늘의 보통주(주당 액면금액 5,000원, 주당 발행가 6,500원)와 관련된 거래가 다음과 같이 발생했을 때, 20×1년 4월 30일 회계처리로 옳은 것은? (단, 회계처리는 선입선출법을 적용한다)

(단위 : 원)

거래일자	주식수	주식 재취득금액	주당 재발행금액
20×1년 3월 1일	50	6,800	–
20×1년 4월 1일	20	5,600	–
20×1년 4월 21일	30	–	6,900
20×1년 4월 30일	10	–	4,800

	(차변)		(대변)	
①	현금	48,000	자기주식	68,000
	자기주식처분이익	3,000		
	자기주식처분손실	17,000		
②	현금	48,000	자기주식	68,000
	자기주식처분손실	20,000		
③	현금	48,000	자기주식	56,000
	자기주식처분손실	8,000		
④	현금	48,000	자기주식	50,000
	감자차익	2,000		
⑤	현금	48,000	자기주식	50,000
	감자차손	2,000		

26

채권·채무조정에 대한 설명으로 옳지 않은 것은?

① 출자전환된 시장성이 없는 지분증권의 공정가치를 신뢰성 있게 측정할 수 없는 경우 채무자는 채무조정이익을 인식하지 않는다.
② 변제대가가 채무의 장부금액보다 큰 경우에는 채권·채무조정에 해당하지 아니한다.
③ 자산이전의 경우 채무자는 채무의 장부금액과 자산의 공정가치의 차액을 채무조정이익으로 인식한다.
④ 원리금감면은 조건의 변경 유형에 해당한다.
⑤ 조건변경의 경우 약정상 정해진 미래현금흐름을 채권·채무조정 시의 유효이자율을 적용하여 할인한다.

27

다음 중 회계정책과 회계추정변경에 대한 설명으로 옳지 않은 것은?

① 회계추정의 변경은 전진적으로 처리하여 그 효과를 당기와 당기 이후의 기간에 반영한다.
② 회계정책의 변경의 예로는 재고자산 평가방법의 변경을 들 수 있다.
③ 회계추정의 변경에 대한 회계처리방법은 재무제표의 신뢰성을 향상시킨다.
④ 감가상각방법을 정액법에서 정률법으로 변경하는 경우 회계추정의 변경으로 회계처리한다.
⑤ 회계정책변경에 따른 회계변경 누적효과는 당기손익에 직접 반영한다.

28

㈜대한의 20×1년 1월 1일 유통보통주식수는 24,000주이며, 20×1년도 중 보통주식수의 변동내역은 다음과 같았다.

일 자	보통주식수 변동내역
3월 1일	유상증자를 통해 12,000주 발행
5월 1일	자기주식 6,000주 취득
9월 1일	자기주식 3,000주 재발행
10월 1일	자기주식 1,000주 재발행

한편, 20×1년 3월 1일 유상증자 시 주당 발행가격은 ₩1,000으로서 권리락 직전일의 종가인 주당 ₩1,500보다 현저히 낮았다. ㈜대한의 20×1년도 기본주당순이익 계산을 위한 가중평균유통보통주식수는 얼마인가? (단, 가중평균유통보통주식수는 월할 계산한다)

① 31,250주
② 31,750주
③ 32,250주
④ 32,750주
⑤ 33,250주

29

다음 중 수정을 요하는 보고기간후사건에 해당되지 않는 것은?

① 보고기간 말 현재 지급해야 할 의무가 있는 종업원에 대한 상여금을 보고기간 말 이후에 확정하는 경우
② 보고기간 말 이전에 매각한 자산의 금액을 보고기간 말 이후에 결정하는 경우
③ 보고기간 말 이후에 발생한 유가증권의 가격 하락
④ 전기에 발생한 회계적 오류를 보고기간 후에 발견하는 경우
⑤ 이미 손상차손을 인식한 자산에 대하여 손상차손 금액의 수정을 요하는 정보를 보고기간 말 이후에 입수하는 경우

30

일반기업회계기준에 따라 연결재무제표를 작성할 때, 다음 중 연결재무제표에 대한 설명으로 옳지 않은 것은?

① 연결재무제표의 작성과정에서 가감하는 연결조정금액은 개별재무제표(개별장부)에 기록하지 않는다.
② 종속기업에 대한 지분율이 100%일 경우에는 비지배지분이 표시되지 않는다.
③ 종속기업에 대한 지분율이 100% 미만일 경우에도 연결당기순손익에는 비지배지분순손익은 포함하지 않는다.
④ 종속기업의 회계정책과 불일치하는 경우라도 그 불일치를 수정하는 조정을 하지 않을 수 있다.
⑤ 지배기업과 종속기업의 보고기간 종료일의 차이가 3개월을 초과하지 않는다면 종속기업의 보고기간 종료일에 작성된 재무제표를 이용하여 연결재무제표를 작성할 수 있다.

31

다음 중 지분법회계처리에 대한 설명으로 옳지 않은 것은? (단, 투자차액과 내부미실현손익이 없다고 가정한다)

① 피투자기업이 당기순이익을 보고하였을 때 투자기업은 피투자기업의 당기순이익 중 투자기업 지분율을 곱한 금액만큼 지분법이익으로 인식한다.
② 피투자기업이 현금배당금을 지급하면 투자기업은 수령한 현금배당금만큼 투자주식을 감소시킨다.
③ 지분법으로 회계처리할 경우에는 피투자기업의 주가가 변동되더라도 그 변동액을 투자주식에 반영하지 않는다.
④ 피투자기업의 기타포괄손익이 변동되면 투자기업은 그 변동액에 투자기업 지분율을 곱한 금액만큼 투자주식장부금액을 조정하고 지분법자본변동을 인식한다.
⑤ 피투자기업의 이익잉여금이 변동되면 투자기업은 그 변동액은 당기손익이 아니므로 투자주식에 반영하지 않는다.

32

다음 중 연결이론에 대한 설명으로 옳은 것은?

① 지배기업개념에 따를 경우 실체개념에 따를 경우보다 부채비율(부채/자기자본)이 높아진다.
② 지배기업에 따를 경우 비지배지분순이익도 연결당기순이익에 포함시킨다.
③ 지배기업개념에 따를 경우 종속기업의 자산, 부채, 수익, 비용 중 지배기업 지분해당액만 연결재무제표에 포함시킨다.
④ 실체개념에 따를 경우 비지배지분은 부채로 분류한다.
⑤ 지배기업개념에 따를 경우 종속회사 순자산의 공정가치가 장부금액과 다르더라도 장부금액으로 연결한다.

33

다음 중 사업결합의 회계처리에 대한 설명으로 옳은 것은?

① 피취득자가 비용으로 인식한 연구비가 취득자의 관점에서 볼 때 식별 가능하더라도 취득자산(무형자산)에 포함할 수 없다.
② 피취득자가 부채로 인식하지 않은 우발부채에 대해 그것이 과거사건에서 발생한 현재의무이고, 그 공정가치를 신뢰성 있게 측정할 수 있어도 취득일에 취득자의 식별가능 부채에 포함시킬 수 없다.
③ 단계적 취득에 해당하는 사업결합의 경우 취득일 이전에 보유하고 있던 피취득자 지분의 공정가치를 이전대가에 포함시킨다.
④ 취득 관련 원가는 염가매수차익에서 차감하거나, 영업권에서 차감한다.
⑤ 영업권은 20년 이내에 정률법으로 상각한다.

34

사업결합의 결과 이전대가의 공정가치와 취득자산 및 인수부채의 공정가치의 차이금액으로 영업권이나 염가매수차익을 인식할 수 있다. 이에 대한 설명으로 옳은 것은?

① 이전대가가 취득자산 및 인수부채의 순액보다 더 많다면 그 차액을 염가매수차익으로 인식한다.
② 영업권은 무형자산으로 구분하고 상각하지 않는다.
③ 영업권의 회수가능액이 하락하는 경우 손상차손을 인식하며 이는 추후에 환입할 수 없다.
④ 이전대가가 취득자산 및 인수부채의 순액보다 더 적다면 영업권의 (−)항목에 해당한다.
⑤ 염가매수차익은 무형자산의 차감항목으로 구분하고 20년 이내의 기간 동안 정액법으로 환입한다.

35

다음 중 연결재무제표 작성기업과 종속기업의 판단에 대한 설명으로 옳은 것은?

① 연결실체 내의 다른 기업들과 사업의 종류가 다르다면 해당 종속기업을 연결 대상에서 제외시킨다.
② 지배-종속 관계가 연속하여 성립되는 경우 최상위 지배기업이 외국법인이면 차상위 내국법인이 연결재무제표를 작성하지 않는다.
③ 외국에 소재하는 종속기업도 연결 대상에서 제외한다.
④ 지배기업이 직접 또는 종속기업을 통하여 간접으로 기업 의결권의 과반수를 소유하는 경우 지배기업이 그 기업을 지배한다고 본다. 다만, 그러한 소유권이 지배력을 의미하지 않는다는 것을 명확하게 제시할 수 있는 경우는 예외로 한다.
⑤ 다른 투자자와의 약정으로 과반수의 의결권을 행사할 수 있는 능력이 있는 경우 지배기업이 다른 기업 의결권의 절반 또는 그 미만을 소유하고 있다면 지배한다고 판단하지 않는다.

36

㈜해커스는 ㈜금융의 지분 100%를 취득하여 지배기업이 되었다. 이전대가는 ㈜해커스의 주식을 발행하여 주었다. 지배력 취득 시점의 종속기업의 자산과 부채는 장부금액과 공정가치가 동일하며, 영업권이 발생한다. ㈜해커스는 지배력을 취득하는 시점에 우리나라의 일반기업회계기준에 따라 연결재무제표를 작성하려고 한다. 다음 중 연결재무제표에 대한 설명으로 옳은 것은? (단, 지배력 취득 전에 두 회사 간의 거래는 없었다)

① 연결재무상태표, 연결손익계산서, 연결자본이익잉여금표 및 연결현금흐름표가 작성된다.
② 연결재무상태표의 자산총계는 지배기업의 자산총계와 종속기업의 자산총계의 합산금액보다 작다.
③ 연결재무상태표의 부채총계는 지배기업의 부채총계와 종속기업의 부채총액의 합산금액보다 크다.
④ 연결재무상태표의 자본은 지배기업의 자본보다 동일하다.
⑤ 비지배지분은 존재한다.

37

다음 중 내부거래 및 미실현손익 제거와 관련된 설명으로 중 옳은 것은?

① 지배기업과 종속기업 간 채권·채무의 상계제거는 연결당기순이익에 영향을 미친다.
② 지배기업과 종속기업 간 매출·매입의 상계제거는 연결당기순이익에 영향을 미친다.
③ 지배기업과 종속기업 간 채권·채무 및 수익·비용의 상계제거 시 지배기업 지분율에 관계없이 전액 제거하지 않는다.
④ 미실현이익이 하향거래로부터 발생된 것인지 아니면 상향거래로부터 발생된 것인지에 따라 연결당기순이익이 미치는 영향은 달라진다.
⑤ 상향거래의 경우 미실현이익은 전액 제외한다.

38

㈜대한은 20×1년 10월 1일 ㈜민국의 모든 자산과 부채를 취득·인수하고, 그 대가로 현금 ₩1,000,000을 지급하는 사업결합을 하였다. 관련 자료는 다음과 같다.

- 취득일 현재 ㈜민국의 재무상태표상 자산과 부채의 장부금액은 각각 ₩1,300,000과 ₩600,000이다.
- 취득일 현재 ㈜민국의 재무상태표상 자산의 장부금액에는 건물 ₩350,000과 영업권 ₩100,000이 포함되어 있다.
- 취득일 현재 ㈜민국은 기계장치를 운용리스로 이용하고 있다. 동 운용리스의 조건은 시장조건보다 유리하며, 유리한 리스조건의 공정가치는 ₩30,000이다.
- 취득일 현재 ㈜민국은 건물을 운용리스로 제공하고 있다. 동 운용리스의 조건은 시장조건보다 불리하며, 불리한 리스조건의 공정가치는 ₩50,000이다.
- 취득일 현재 ㈜민국의 식별 가능한 자산·부채 중 건물을 제외한 나머지는 장부금액과 공정가치가 동일하다.

㈜대한이 취득일에 인식한 영업권이 ₩180,000이라면, 취득일 현재 건물의 공정가치는 얼마인가?

① ₩440,000
② ₩490,000
③ ₩520,000
④ ₩540,000
⑤ ₩570,000

39

㈜한강은 20×3년 초 ㈜동해를 흡수합병하였다. 합병 당시 합병회사의 발행주식은 2,000주이고 피합병회사의 발행주식은 1,200주이며, 피합병회사 주식 1.5주당 합병회사 주식 1주를 교부하였다. 합병 당시 합병회사 주식의 공정가치는 주당 300원이다. 또한 합병과 직접 관련된 비용 50,000원을 현금으로 지급하였다. 합병회사와 피합병회사의 재무상태가 아래와 같을 때, 이 흡수합병에서 영업권은 얼마인가?

(단위 : 원)

	㈜한강	㈜동해	
	장부금액	장부금액	공정가치
당좌자산	50,000	36,000	32,000
재고자산	46,000	24,000	22,000
토지	190,000	40,000	96,000
건물(순액)	100,000	100,000	118,000
자산총계	386,000	200,000	268,000
유동부채	40,000	26,000	26,000
비유동부채	70,000	24,000	20,000
납입자본	200,000	120,000	
이익잉여금	44,000	22,000	
기타자본요소	32,000	8,000	
부채와 자본총계	386,000	200,000	

① 18,000원 ② 30,000원 ③ 35,000원
④ 40,000원 ⑤ 50,000원

40

20×3년 초 ㈜대한은 ㈜세종의 보통주식 100%를 취득하여 흡수합병하면서 합병대가로 200,000원을 지급하였으며, 합병 관련 자문수수료로 20,000원이 지출되었다. 합병 시 ㈜세종의 재무상태표는 다음과 같다.

(단위 : 원)

재무상태표

㈜세종 20×3년 1월 1일 현재

매출채권	46,000	매입채무	92,000
상품	50,000	납입자본	60,000
토지	78,000	이익잉여금	22,000
자산총계	174,000	부채와 자본총계	174,000

20×3년 초 ㈜대한이 ㈜세종의 자산·부채에 대하여 공정가치로 평가한 결과, 매출채권과 매입채무는 장부금액과 동일하고, 상품은 장부금액 대비 20% 더 높고, 토지는 장부금액 대비 40% 더 높았다. ㈜대한이 흡수합병과 관련하여 인식할 영업권은 얼마인가?

① 76,800원 ② 86,800원
③ 96,800원 ④ 118,000원
⑤ 138,000원

41

20×1년 1월 1일 A사는 장부상 순자산가액이 ₩460,000인 B사의 보통주 70%를 현금 ₩440,000에 취득하였다. 취득일 현재 B사의 자산 및 부채에 관한 장부금액과 공정가치는 건물을 제외하고 모두 일치하였다. 건물의 장부금액과 공정가치는 각각 ₩70,000과 ₩150,000이고 잔여내용연수는 10년, 잔존가치는 없고 정액법으로 상각한다. B사는 20×1년도 당기순이익으로 ₩120,000을 보고하였으며, 이를 제외하면 20×1년 자본의 변동은 없다. 20×1년 말 연결재무제표에 기록될 비지배지분은 얼마인가? (단, 비지배지분은 종속기업의 식별 가능한 순자산의 공정가치에 비례하여 측정한다)

① ₩33,600 ② ₩138,000
③ ₩162,000 ④ ₩171,600
⑤ ₩195,600

42

㈜포도는 20×1년 1월 1일 ㈜대한의 발행주식 중 70%를 ₩20,000,000에 취득하여 지배력을 획득하였다. 취득 당시 ㈜대한의 자본은 자본금 ₩20,000,000과 이익잉여금 ₩5,000,000으로 구성되어 있으며, ㈜대한의 순자산 공정가치와 장부금액의 차이는 ₩500,000이다. 이는 건물(잔존내용연수 5년, 정액법 상각)의 공정가치 ₩2,500,000과 장부금액 ₩2,000,000의 차이이다. 한편, ㈜포도는 20×1년 7월 2일 ㈜대한에 원가 ₩1,000,000인 제품을 ₩1,200,000에 매출하였으며, ㈜대한은 20×1년 말 현재 동 제품을 판매하지 못하고 보유하고 있다. ㈜대한이 20×1년 포괄손익계산서의 당기순이익으로 ₩7,000,000을 보고하였다면, ㈜포도가 20×1년 말 연결재무상태표에 인식할 비지배지분은 얼마인가? (단, 비지배지분은 종속기업 순자산의 공정가치에 비례하여 인식한다)

① ₩9,660,000 ② ₩9,720,000
③ ₩9,750,000 ④ ₩9,780,000
⑤ ₩9,840,000

43

20×1년 1월 1일 ㈜하늘은 ㈜미래의 보통주 80%를 지배력 행사 목적으로 2,000,000원에 취득하였다. 20×1년 초 ㈜미래의 순자산 장부금액은 1,800,000원이다. 20×1년 12월 31일 ㈜하늘과 ㈜미래의 재무상태표는 다음과 같다.

(단위 : 원)

	㈜하늘	㈜미래		㈜하늘	㈜미래
현금	300,000	400,000	매입채무	1,000,000	200,000
재고자산	1,000,000	500,000	차입금	2,500,000	800,000
토지	2,000,000	700,000			
건물	1,500,000	1,500,000	자본금	1,500,000	1,000,000
종속기업 투자주식	2,000,000		이익 잉여금	1,800,000	1,100,000

지배력 획득일 시점 ㈜미래의 자산 중 장부가치와 공정가치가 다른 내역은 다음과 같다. (단, 재고는 20×1년 전량 판매되었으며, 건물은 보유 중이다. 건물의 20×1년 초 기준 잔존내용연수는 10년이며, 잔존가치 없이 정액법으로 감가상각한다)

(단위 : 원)

구 분	장부가치	공정가치
재고자산	100,000	200,000
건 물	500,000	800,000

20×1년 ㈜하늘과 ㈜미래의 포괄손익계산서는 다음과 같다.

	㈜하늘	㈜미래
매출	1,000,000	700,000
매출원가	(400,000)	(340,000)
매출총이익	600,000	360,000
감가상각비	(100,000)	(60,000)
당기순이익	500,000	300,000

(1) ㈜미래는 ㈜하늘에게 장부금액 50,000원의 재고자산을 100,000원에 판매하였으며, 기말 현재 ㈜하늘은 해당 재고자산의 60%를 외부에 판매하였다.

(2) 영업권은 6년간 정액법으로 상각한다.

㈜하늘의 20×1년 지배기업소유주 귀속 순이익과 20×1년 말 비지배지분은 얼마인가?

	지배기업소유주 귀속 순이익	비지배지분
①	580,000원	470,000원
②	500,000원	470,000원
③	120,000원	450,000원
④	500,000원	420,000원
⑤	620,000원	400,000원

44

㈜포도는 20×3년 초 ㈜대한의 주식 20%를 ₩50,000에 취득하면서 유의적인 영향력을 행사할 수 있게 되었다. 추가자료는 다음과 같다.

- 20×3년 중 ㈜대한은 토지를 ₩20,000에 취득하고 재평가모형을 적용하였다.
- ㈜대한은 20×3년 말 당기순이익 ₩10,000과 토지의 재평가에 따른 재평가이익 ₩5,000을 기타포괄이익으로 보고하였다.
- 20×3년 중 ㈜대한은 중간배당으로 현금 ₩3,000을 지급하였다.
- 20×3년 취득 시 영업권은 존재하지 않았다.

㈜포도의 20×3년 말 재무상태표에 인식될 관계기업투자주식은 얼마인가?

① ₩51,400 ② ₩52,400 ③ ₩53,600
④ ₩55,000 ⑤ ₩62,000

45

20×1년 1월 1일 ㈜하늘은 ㈜미래의 보통주 20%를 영향력 행사를 목적으로 300,000원에 취득하였다. 20×1년 1월 1일 현재 ㈜미래의 순자산 장부금액은 1,000,000원이다.

- 주식취득일 현재 ㈜미래의 순자산 중 장부금액과 공정가치가 다른 항목은 다음과 같다.

(단위 : 원)

구 분	장부가액	공정가치	비 고
건 물	1,000,000	1,400,000	잔존내용연수 10년, 정액법, 잔존가치 0
재 고	200,000	250,000	20×1년 중 판매

- 매년 순자산 변동액은 다음과 같다.

(단위 : 원)

구 분	당기순이익	현금배당
20×1년	500,000	100,000
20×2년	300,000	80,000

- 영업권은 10년간 상각한다.

㈜하늘의 20×2년 지분법이익과 20×2년 말 관계기업투자주식 장부금액은 얼마인가?

	지분법이익	관계기업투자주식
①	81,000원	362,000원
②	51,000원	396,000원
③	80,000원	362,000원
④	61,000원	397,000원
⑤	62,000원	387,000원

46

㈜한국은 2014년 초에 시작되어 2016년 말에 완성되는 건설계약을 300,000원에 수주하였다. ㈜한국은 진행기준으로 수익과 비용을 인식하며, 건설계약과 관련된 원가는 다음과 같다. ㈜한국이 2016년에 인식할 공사손익은? (단, 진행률은 발생한 누적계약원가를 추정 총 계약원가로 나누어 계산한다)

(단위 : 원)

구 분	2014년	2015년	2016년
당기 발생 원가	30,000	50,000	120,000
완성 시까지 추가 소요 원가	70,000	20,000	–

① 60,000원 이익 ② 60,000원 손실
③ 80,000원 이익 ④ 80,000원 손실
⑤ 90,000원 손실

47

다음은 ㈜대한이 2011년 수주하여 2013년 완공한 건설공사에 관한 자료이다.

(단위 : 원)

구 분	2011년	2012년	2013년
당기 발생 계약원가	20억	40억	60억
총 계약원가 추정액	80억	100억	120억
계약대금 청구	30억	40억	50억
계약대금 회수	20억	30억	70억

이 건설계약의 최초 계약금액은 100억원이었으나, 2012년 중 설계변경과 건설원가 상승으로 인해 계약금액이 120억원으로 변경되었다. ㈜대한이 2012년에 인식할 공사손익은? (단, 진행률은 누적 발생 계약원가를 총 계약원가 추정액으로 나누어 계산한다)

① 5억원 손실 ② 3억원 손실
③ 3억원 이익 ④ 7억원 이익
⑤ 8억원 이익

48

㈜한영은 20×1년 1월 1일 서울시로부터 계약금액 5,000,000원인 골프장공사를 수주하였다. 20×3년 3월 1일 완공되었으며 공사와 관련된 정보는 아래와 같다.

(단위 : 원)

구 분	20×1년	20×2년	20×3년
총 추정 계약원가	4,500,000	5,100,000	4,800,000
당기 발생 계약원가	900,000	3,180,000	720,000
계약대금 청구액	900,000	3,000,000	1,100,000
계약대금 회수액	800,000	2,900,000	1,300,000

진행률을 기준으로 수익을 인식할 때 20×2년 인식할 공사손실충당부채는 얼마인가?

① 10,000원 ② 20,000원 ③ 30,000원
④ 40,000원 ⑤ 45,000원

49

㈜포도는 원화를 기능통화로 사용하는 해외사업장으로 20×1년 초 달러 표시 재고자산을 $100에 매입하여 20×1년 말까지 보유하고 있다. 동 재고자산의 순실현가능가치와 거래일 및 20×1년 말의 환율이 다음과 같을 때, 20×1년 말 현재 재고자산의 장부금액 및 재고자산 평가손실은 얼마인가?

(단위 : 원)

구 분	외화금액	환 율
취득원가	$100	거래일 환율(₩1,000/$)
순실현가능가치	$96	20×1년 말 마감환율(₩1,050/$)

	장부금액	재고자산 평가손실
①	96,000원	4,000원
②	100,000원	0원
③	100,000원	4,000원
④	100,000원	4,200원
⑤	100,800원	0원

50

20×1년 초에 설립된 ㈜한국의 기능통화는 미국달러화($)이며 표시통화는 원화(₩)이다. ㈜한국의 기능통화로 작성된 20×2년 말 요약재무상태표와 환율변동정보 등은 다음과 같다.

요약재무상태표

㈜한국 20×2. 12. 31. 현재 (단위 : $)

자산	2,400	부채	950
		자본금	1,000
		이익잉여금	450
	2,400		2,400

- 자본금은 설립 당시의 보통주 발행금액이며 이후 변동은 없다.
- 20×1년과 20×2년의 당기순이익은 각각 $150와 $300이며, 수익과 비용은 연중 균등하게 발생하였다.
- 20×1년부터 20×2년 말까지의 환율변동정보는 다음과 같다.

	기초(₩/$)	평균(₩/$)	기말(₩/$)
20×1년	900	940	960
20×2년	960	980	1,000

- 기능통화와 표시통화는 모두 초인플레이션 경제의 통화가 아니며, 위 기간에 환율의 유의한 변동은 없었다.

㈜한국의 표시통화로 환산된 20×2년 말 재무상태표상 환산차이(기타포괄손익누계액)는 얼마인가?

① ₩0 ② ₩72,500
③ ₩90,000 ④ ₩115,000
⑤ ₩122,500

51

기능통화가 원화인 ㈜한국이 20×1년 12월 31일 현재 보유하고 있는 외화표시 자산·부채 내역과 추가정보는 다음과 같다.

계정과목	외화표시금액	최초인식금액
단기매매증권	$30	₩28,500
매출채권	$200	₩197,000
재고자산	$300	₩312,500
선수금	$20	₩19,000

- 20×1년 말 현재 마감환율은 ₩1,000/$이다. 위 자산·부채는 모두 20×1년 중에 최초 인식되었으며, 위험회피회계가 적용되지 않는다.
- 단기매매증권은 지분증권으로 $25에 취득하였으며, 20×1년 말 공정가치는 $30이다.
- 20×1년 말 현재 재고자산의 순실현가능가치는 $310이다.

위 외화표시 자산·부채에 대한 기말평가와 기능통화로의 환산이 ㈜한국의 20×1년도 당기순이익에 미치는 영향(순액)은?

① ₩500 증가 ② ₩1,000 증가
③ ₩2,000 증가 ④ ₩3,500 증가
⑤ ₩4,500 증가

52

다음은 ㈜서울의 20×1년 법인세 관련 자료이다. ㈜서울은 수년 전부터 과세소득을 실현하고 있으며, 법인세비용차감전순이익은 20×1년도에 ₩500,000이고, 20×2년 이후에는 매년 ₩550,000씩 실현될 것이 확실하다. ㈜서울의 법인세율은 20×1년 25%, 20×2년 28%이며, 20×3년부터 그 이후는 계속 30%가 적용될 것으로 확정되었다. 20×1년 ㈜서울의 장부상 기초 이연법인세자산(부채)이 없었다면, 20×1년도 손익계산서에 인식될 법인세비용은? (단, 이연법인세자산(부채)의 인식조건은 충족된다)

- 세무회계상 손금 한도를 초과한 접대비는 ₩70,000이다.
- 취득원가 ₩400,000, 내용연수 4년, 잔존가치 ₩0인 기계장치를 20×1년 초에 취득하여 연수합계법으로 감가상각하고 있으나, 법인세법상 정액법을 사용하여야 한다.

① ₩157,500
② ₩139,900
③ ₩139,500
④ ₩125,000
⑤ ₩127,000

53

㈜하늘의 20×2년도 법인세 관련 자료가 다음과 같을 때, 20×2년도 법인세비용은 얼마인가?

- 20×2년도 법인세비용차감전순이익 : ₩500,000
- 세무조정사항
  - 전기 감가상각비 한도초과액 : ₩(80,000)
  - 접대비한도초과액 : ₩130,000
- 감가상각비 한도초과액은 전기 이전 발생한 일시적차이의 소멸분이고, 접대비 한도초과액은 일시적차이가 아니다.
- 20×2년 말 미소멸 일시적차이(전기 감가상각비 한도초과액)는 ₩160,000이고, 20×3년과 20×4년에 각각 ₩80,000씩 소멸될 것으로 예상된다.
- 20×1년 말 이연법인세자산은 ₩48,000이고, 이연법인세부채는 없다.
- 차감할 일시적차이가 사용될 수 있는 과세소득의 발생가능성은 매우 높다.
- 적용될 법인세율은 매년 20%로 일정하고, 언급된 사항 이외의 세무조정사항은 없다.

① ₩94,000
② ₩110,000
③ ₩126,000
④ ₩132,000
⑤ ₩148,000

54

다음은 A사의 당해 연도 법인세와 관련된 자료이다. 당기의 세율은 20%이며, 당기말 세법이 개정되어 차기부터 30%의 세율을 적용할 예정이다. A사가 인식할 당해 연도 법인세비용은 얼마인가? (단, 기초에 이연법인세자산 또는 부채는 없었다)

- 회계이익(세전) : 100,000원
- 세무조정
  - 일시적차이 : (−)5,000원
  - 영구적차이 : (+)1,000원
- 과세소득 : 96,000원

① 10,000원
② 19,000원
③ 19,400원
④ 20,700원
⑤ 21,000원

55

금융리스 이용자의 회계처리에 대한 다음의 설명 중 옳은 것은?

① 최초로 인식하는 금융리스부채는 최소리스료의 현재가치로 측정한다.
② 최소리스료의 현재가치를 계산할 때 적용할 할인율은 리스이용자의 증분차입 이자율을 우선 적용한다.
③ 리스이용자의 리스개설 직접원가는 리스자산의 취득원가에 포함시킨다.
④ 리스기간 종료 시 소유권이 리스이용자에게 이전되는 경우 금융리스자산의 감가상각기간은 리스기간이다.
⑤ 금융리스부채의 상각은 유효이자율법을 적용하여, 리스료를 금융리스부채의 원금상환액과 이자비용으로 통합하여 계산한다.

56

㈜하늘리스는 ㈜한국과 운용리스계약을 체결하고, 20×2년 10월 1일 생산설비(취득원가 800,000, 내용연수 10년, 잔존가치 0, 정액법 감가상각)를 취득과 동시에 인도하였다. 리스기간은 3년이고, 리스료는 매년 9월 30일에 수령한다. ㈜하늘리스가 리스료를 다음과 같이 수령한다면, 동 거래가 20×2년 ㈜하늘리스와 ㈜한국의 당기순이익에 미치는 영향은 각각 얼마인가?(단, 리스와 관련된 효익의 기간적 형태를 더 잘 나타내는 다른 체계적인 인식기준은 없고, 리스료와 감가상각비는 월할 계산한다)

(단위 : 원)

일 자	리스료
20×3년 9월 30일	100,000
20×4년 9월 30일	120,000
20×5년 9월 30일	140,000

	㈜하늘리스	㈜한국
①	5,000원 증가	25,000원 감소
②	10,000원 증가	30,000원 감소
③	25,000원 증가	25,000원 감소
④	30,000원 증가	30,000원 감소
⑤	30,000원 증가	50,000원 감소

57

㈜대한은 20×1년 1월 1일 ㈜한국리스로부터 기계장치를 리스하기로 하고, 동 일자에 개시하여 20×3년 12월 31일 종료하는 금융리스계약을 체결하였다. 연간 정기리스료는 매년 말 ₩1,000,000을 후급하며, 내재이자율은 연 10%이다. 리스기간 종료 시 예상잔존가치는 ₩1,000,000이다. 리스개설과 관련한 법률비용으로 ㈜대한은 ₩100,000을 지급하였다. 리스기간 종료 시점에 ㈜대한은 염가매수선택권을 ₩500,000에 행사할 것이 리스약정일 현재 거의 확실하다. 기계장치의 내용연수는 5년이고, 내용연수 종료 시점의 잔존가치는 없으며, 기계장치는 정액법으로 감가상각한다. ㈜대한이 동 리스거래와 관련하여 20×1년도에 인식할 이자비용과 감가상각비의 합계는 얼마인가? (단, 계산방식에 따라 단수차이로 인해 오차가 있는 경우, 가장 근사치를 선택한다)

기 간	단일금액 ₩1의 현재가치(10%)	정상연금 ₩1의 현재가치(10%)
3	0.7513	2.4869
5	0.6209	3.7908

① ₩746,070
② ₩766,070
③ ₩858,765
④ ₩878,765
⑤ ₩888,765

58

㈜포도는 20×1년 1월 1일 ㈜대한리스로부터 공정가치 ₩2,000,000의 영업용차량을 5년간 리스하기로 하고, 매년 말 리스료로 ₩428,500씩 지급하기로 하였다. 동 차량은 원가모형을 적용하고 내용연수는 7년이며 정액법으로 감가상각한다. 리스기간 종료 시 동 차량은 ㈜대한리스에 반환하는 조건이며, 보증잔존가치는 ₩300,000이고 내용연수 종료 시 추정잔존가치는 ₩400,000이다. ㈜포도는 리스기간개시일 ㈜대한리스의 내재이자율 10%를 알고 있다. 최소리스료의 현재가치는 리스자산 공정가치의 대부분을 차지한다. ㈜포도가 20×2년도 포괄손익계산서에 리스와 관련하여 인식할 비용은 얼마인가? (단, 현가계수는 아래 표를 이용한다. 계산금액은 소수점 첫째 자리에서 반올림하며, 단수차이로 인한 오차가 있는 경우, 가장 근사치를 선택한다)

기 간	단일금액 ₩1의 현재가치(10%)	정상연금 ₩1의 현재가치(10%)
5	0.6209	3.7908
6	0.5645	4.3553

① ₩428,500 ② ₩458,445
③ ₩483,189 ④ ₩518,445
⑤ ₩574,307

59

㈜하늘리스는 20×1년 1월 1일 ㈜한국과 해지불능 금융리스계약을 체결하였다. 관련 자료는 다음과 같다.

- 리스자산 : 내용연수 5년, 잔존가치 ₩100,000, 정액법 감가상각
- 리스기간 : 리스기간개시일(20×1년 1월 1일)부터 5년
- 연간 리스료 : 매년 12월 31일 지급
- 리스개설직접원가 : ㈜하늘리스와 ㈜한국 모두 없음
- 내재이자율 : 연 10%, ㈜한국은 ㈜세무리스의 내재이자율을 알고 있음
- ㈜하늘리스는 리스기간개시일에 리스채권으로 ₩19,016,090(리스기간개시일의 리스자산 공정가치와 동일)을 인식함
- ㈜한국은 리스기간개시일에 리스자산으로 ₩18,991,254을 인식함
- 특약사항 : 리스기간 종료 시 반환조건이며, ㈜한국은 리스기간 종료 시 예상 잔존가치 ₩100,000 중 일부를 보증함

㈜한국이 동 리스와 관련하여 보증한 잔존가치는 얼마인가? (단, 기간 5년, 할인율 연 10%일 때, 단위금액 ₩1의 현재가치 계수는 0.6209, 정상연금 ₩1의 현재가치 계수는 3.7908이다. 단수차이로 인한 오차는 가장 근사치를 선택한다)

① ₩18,955 ② ₩40,000
③ ₩60,000 ④ ₩81,045
⑤ ₩100,000

▶ 정답 및 해설 | p.80

01

우리나라 재무회계의 개념체계에 대한 설명으로 옳지 않은 것은?

① 당해 연도의 회계이익이 과소하여 재고자산 평가방법을 후입선출법에서 선입선출법으로 변경한 경우 일관성 또는 계속성이 저하된다.
② 자산과 부채를 역사적원가와 공정가치로 측정하고자 할 때 재무제표 정보의 질적특성 간에 발생하는 상충관계를 잘 나타내는 것은 신뢰성과 목적적합성이다.
③ 현금주의는 재무회계 개념체계에서는 다루지 않는다.
④ 거래나 사건의 형식보다 그 경제적 실질에 따라 회계처리하고 보고해야 하는 회계정보의 질적특성은 검증가능성이다.
⑤ 불확실한 상황에서 회계정보가 중립성을 갖기 위해서는 추정에 대한 신중성이 확보되어야 한다.

02

다음 중 비상장중소기업이 적용할 수 있는 회계처리로 옳지 않은 것은 모두 몇 개인가?

A. 재무제표상 장기할부매출채권을 현재가치로 표시하였다.
B. 1년 이내에 완료되는 단기건설형 공사계약을 진행기준에 의해 수익을 인식하였다.
C. 손익계산서상 법인세비용을 법인세법 등 법령에 의해 납부할 금액으로 표시하였다.
D. 1년 이상의 장기할부대출에 대해 할부금 회수기일이 도래한 날에 수익을 인식하였다.
E. 법인세를 절세할 목적으로 감가상각비를 재무제표에 인식하지 아니하였다.
F. 유의적인 영향력을 행사할 수 있는 지분증권은 지분법을 적용하지 아니한다.
G. 시장성 없는 지분증권에 대한 손상차손은 인식하지 아니한다.
H. 정형화된 시장에서 거래되지 않아 시가가 없는 파생상품에 대하여는 계약 시점 후 평가에 관한 회계처리를 아니할 수 있다.
I. 주식결제형 주식기준보상거래가 있는 경우 부여한 지분상품이 실제로 행사되거나 발행되기까지 별도의 회계처리를 아니할 수 있다.
J. 중단된 사업부문의 정보는 주석으로 기재하지 아니할 수 있다.

① 1개　② 2개　③ 3개
④ 4개　⑤ 5개

03

다음 중 재무상태표에 대한 설명으로 옳지 않은 것은 모두 몇 개인가?

A. 재무상태표는 유동성에 관한 정보를 제공한다.
B. 재무상태표는 재무탄력성에 관한 정보를 제공한다.
C. 재무상태표는 기업의 투자 및 재무활동에 관한 정보를 제공한다.
D. 재무상태표는 역사적원가에 의하여 자산과 부채를 평가하므로 자산과 부채에 대한 현행시장가치를 잘 반영할 수 있다.
E. 재무상태표의 측정치 중 주관적인 추정이 상당 부분 개입된다.
F. 상당한 가치가 있는 비계량적인 정보가 포함되지 않는다.
G. 사실상 부채의 성격을 갖는 항목이 재무상태표에 포함되지 않은 부외금융현상은 나타나지 않는다.

① 1개 ② 2개 ③ 3개
④ 4개 ⑤ 5개

04

다음 자료 중 판관비에 포함될 금액은 얼마인가?

(단위 : 원)

이자비용	50,000	세금과공과	40,000
감가상각비	20,000	기타의 대손상각비	70,000
지분법손실	100,000	기부금	400,000
퇴직급여	40,000	접대비	200,000

① 500,000원 ② 420,000원
③ 400,000원 ④ 340,000원
⑤ 300,000원

05

다음은 ㈜해커스의 재무제표이다. 11기 말 재무상태표에 보고될 대손충당금은 얼마인가? (단, 11기 매출채권 회수액은 890,000원이다)

〈부분 재무상태표〉

구 분	11기	10기
매출채권	350,000원	240,000원
대손충당금	?	(15,000)원

〈부분 손익계산서〉

구 분	11기
외상매출액	1,010,000원
대손상각비	(13,000)원

① 21,000원 ② 20,000원 ③ 18,000원
④ 16,000원 ⑤ 15,000원

06

20×1년 12월 31일 기업의 현금및현금성자산으로 보고될 금액은 얼마인가?

- 당좌예금(A은행) : ₩12,000
- 보통예금(사용제한 있음) : ₩3,000
- 당좌차월(A은행) : ₩10,000
- 정기예금(만기일 20×2년 4월 30일) : ₩5,000
- 채권(회사채)(취득일 20×1년 12월 20일, 만기일 20×2년 3월 10일) : ₩10,000
- 우편환증서 : ₩12,000
- 지점전도금 : ₩22,000
- 환매채(90일 환매조건) : ₩30,000
- 당좌개설보증금 : ₩40,000
- 부도수표 : ₩10,000
- 타인발행약속어음 : ₩12,000
- 선일자수표 : ₩20,000
- 종업원가불금 : ₩50,000
- 기발행미인출수표 : ₩40,000
- 수입인지 : ₩40,000
- 배당금지급통지표 : ₩35,000

① ₩111,000 ② ₩112,000 ③ ₩114,000
④ ₩121,000 ⑤ ₩124,000

07

다음은 A사의 재고자산과 관련한 자료이다. 당기 매출원가를 계산하면 얼마인가?

- 기말재고 장부수량 : 600개
- 기말재고 실제수량 : 500개
- 기말재고 단위당 취득원가 : 100원
- 기말재고 단위당 순실현가능가치 : 80원
- 재고자산 감모손실 중 70%는 정상적 감모이다.
- 기초재고자산 : 40,000원
- 당기매입액 : 400,000원

① 352,000원　② 367,000원
③ 390,000원　④ 397,000원
⑤ 402,000원

08

재고자산 원가흐름의 가정에 관한 설명으로 옳지 않은 것은?

① 인플레이션을 가정하는 경우 당기순이익은 총평균법이 이동평균법보다 작다.
② 인플레이션을 가정하는 경우 선입선출법은 후입선출법보다 세금부담이 커진다.
③ 인플레이션을 가정하는 경우 후입선출법의 매출원가는 실지재고조사법이 계속기록법보다 작다.
④ 선입선출법에서 매출원가는 계속기록법과 실지재고조사법의 차이가 없다.
⑤ 인플레이션을 가정하는 경우 후입선출법은 선입선출법에 의해 재고자산을 낮게 평가한다.

09

다음은 20×1년 1월 1일에 발행한 사채의 사채할인발행차금상각표이다. 액면금액은 ₩1,000,000이며 이자는 후급 조건이다. 각각의 설명 중 옳지 않은 것은?

(단위 : ₩)

구 분	유효이자	표시이자	상각액	장부금액
20×1. 1. 1.				1,056,571
20×1. 12. 31.	31,687	50,000	㉠	㉡
20×2. 12. 31.	㉢	50,000		
20×3. 12. 31.		50,000		

① 사채는 할증발행되었다.
② 사채발행 당시 사채의 유효이자율은 3%이다.
③ 매년 인식되는 사채이자는 현금지급액과 일치하지 않는다.
④ ㉠ ₩864, ㉡ ₩98,141, ㉢ ₩4,907으로 계산된다.
⑤ 만기 시점에서 사채의 장부금액은 액면금액이 된다.

10

㈜해커스가 보유한 유가증권의 자료이다. 20×2년 초에 20×1년 말의 공정가치로 단기매매증권과 매도가능증권을 모두 매각 처분하였다면 유가증권의 매각 처분이 20×2년도 손익에 미치는 영향은 얼마인가?

(단위 : 원)

구 분	취득원가	20×1년 말 공정가치
단기매매증권	1,000,000	900,000
매도가능증권	2,000,000	2,150,000

① 당기순이익 100,000원 감소
② 당기순이익 50,000원 증가
③ 기타포괄이익 60,000원 증가
④ 당기순이익 150,000원 증가
⑤ 기타포괄이익 150,000원 증가

11

㈜현주는 차량 A를 ㈜윤돈의 차량 B와 교환하였으며, 추가로 현금 ₩20,000을 지급하였다. 교환 당시 차량 A와 차량 B의 장부금액 및 공정가치는 다음과 같다.

구 분	차량 A	차량 B
취득원가	₩500,000	₩1,000,000
감가상각누계액	₩200,000	₩150,000
공정가치	₩250,000	₩270,000

동 거래가 이종자산 간의 교환거래에 해당할 경우 ㈜윤돈의 차량 취득원가와 유형자산처분손익은 각각 얼마인가?

	취득원가	유형자산처분손익
①	₩250,000	₩(50,000)
②	₩270,000	₩50,000
③	₩280,000	₩0
④	₩250,000	₩(580,000)
⑤	₩250,000	₩580,000

12

㈜대한은 철강제조공장을 신축하기 위하여 토지를 취득하였는데, 이 토지에 철거예정인 창고가 있었다. 다음 자료를 고려하여 토지의 취득원가를 계산하면 얼마인가?

- 토지취득가격 : ₩700,000
- 토지취득세 및 등기비용 : ₩50,000
- 토지 중개수수료 : ₩10,000
- 공장신축 전 토지를 임시주차장으로 운영함에 따른 수익 : ₩40,000
- 창고 철거비용 : ₩30,000
- 창고 철거 시 발생한 폐자재 처분 수입 : ₩20,000
- 영구적으로 사용 가능한 하수도 공사비 : ₩15,000
- 토지의 구획정리비용 : ₩10,000

① ₩775,000 ② ₩780,000
③ ₩795,000 ④ ₩815,000
⑤ ₩835,000

13

다음은 제조업을 영위하는 ㈜해커스(회계기간 : 1. 1. ~ 12. 31.)가 보유 중인 기계장치에 대한 재무제표상 표시내용이다. 한편 ㈜해커스의 당기 손익계산서상 감가상각비 계상액은 35,000원이었고 당기 중 기계장치를 신규로 취득한 금액은 60,000원, 당기 중 기계장치 매각 금액은 47,000원이었다. 손익계산서상 유형자산처분손익은 얼마인가?

〈부분 재무상태표〉

(단위 : 원)

계정과목	20×2. 12. 31.(당기)		20×1. 12. 31.(전기)	
기계장치	100,000	−	70,000	−
감가상각누계액	(30,000)	70,000	(10,000)	60,000

① 손실 18,000원
② 손실 28,000원
③ 이익 15,000원
④ 이익 32,000원
⑤ 이익 48,000원

14

㈜경기가 보유한 유형자산 자료이다. 20×7년 말부터 재평가모형을 적용하기로 하였다. 재평가가 손익에 미치는 영향으로 옳은 것은?

(단위 : 원)

구 분	20×7년 말 재평가 전 장부금액	20×7년 공정가치	평가손익
토 지	100,000	200,000	100,000
기 계	80,000	50,000	(30,000)

① 당기순이익 30,000원 하락
② 기타포괄이익 100,000원 하락
③ 당기순이익 100,000원 상승
④ 기타포괄이익 30,000원 하락
⑤ 당기순이익 70,000원 상승

15

무형자산의 회계처리에 관한 설명으로 옳은 것은?

① 무형자산을 창출하기 위한 내부프로세스를 연구단계와 개발단계로 구분할 수 없는 경우에는 그 프로젝트 관련 지출은 모두 개발단계에서 발생한 것으로 본다.
② 무형자산으로 정의되기 위한 조건은 분리가능성에 대한 통제 및 미래경제적효익의 존재이다.
③ 무형자산의 상각기간은 관계 법령이나 계약에 정해진 경우를 제외하고는 10년을 초과할 수 없다.
④ 무형자산에서 손상이 발생하더라도 손상차손을 인식하지 않는다.
⑤ 일반기업회계기준을 적용하는 비상장기업이 보유한 영업권은 20년 이내의 기간에 걸쳐 정액법으로 상각한다.

16

㈜포도는 차입금 2,000원을 변제하지 않는 대신 회사 소유 토지를 A은행에 양도하는 채권·채무조정을 하였다. 양도 당시 토지의 장부금액은 800원이며 공정가치는 1,200원이었다. 채권·채무조정으로 인하여 발생하는 ㈜포도의 채무조정이익과 A은행의 대손상각비는 얼마인가? (단, A은행은 동 채권에 대하여 200원의 대손충당금을 이미 설정하였다)

	채무조정이익	대손상각비
①	150원	200원
②	300원	400원
③	400원	400원
④	800원	600원
⑤	1,000원	800원

17

아래의 각종 거래의 수익인식방법 중 틀린 것은 몇 개인가?

A. 위탁판매 : 수탁자가 제3자에게 판매한 시점
B. 상품권 : 상품권을 판매한 시점
C. 할부판매 : 할부금을 회수한 시점
D. 설치 및 검사조건부 판매 : 설치 및 검사가 완료된 시점
E. 반품조건부판매(반품가능성이 불확실한 경우) : 구매자가 인수를 수락한 시점 또는 반품기간의 종료
F. 설치용역수수수료 : 설치용역이 주목적인 경우 진행기준 적용
G. 방송사의 광고수익 : 광고를 대중에게 전달하는 시점
H. 광고제작 용역수익 : 진행기준
I. 공연입장료 : 행사가 개최되는 시점
J. 주문형 소프트웨어 개발수수료 : 소프트웨어 개발이 완료된 시점
K. 보험대리인이 수취하는 수수료 : 보험의 개시일 또는 갱신일

① 1개 ② 2개 ③ 3개
④ 4개 ⑤ 5개

18

퇴직급여에 대한 설명으로 옳은 것은?

① 확정기여제도에서는 퇴직연금운용자산, 퇴직연금미지급금을 인식한다.
② 퇴직연금운용자산은 퇴직급여충당부채의 차감계정으로만 계상할 수 있다.
③ 퇴직급여충당부채를 설정할 경우 보험수리적 가정에 의한 퇴직급여충당부채를 설정하는 것은 아니다.
④ 회사가 확정급여형 퇴직연금제도를 채택할 경우 임금인상률, 퇴직률 등 연금액 산정의 기초가 되는 가정에 변화가 있는 경우에는 종업원이 그 위험을 부담한다.
⑤ 확정기여제도에서 회사는 퇴직급여충당부채를 설정한다.

19

㈜대한의 20×1년 1월 1일 유통보통주식수는 24,000주이며, 20×1년도 중 보통주식수의 변동내역은 다음과 같다.

일 자	보통주식수 변동내역
3월 1일	유상증자를 통해 12,000주 발행
5월 1일	자기주식 6,000주 취득
9월 1일	자기주식 3,000주 재발행
10월 1일	자기주식 1,000주 재발행

한편, 20×1년 3월 1일 유상증자 시 주당 발행가격은 ₩1,000으로서 권리락 직전일의 종가인 주당 ₩1,500보다 현저히 낮았다. ㈜대한의 20×1년도 기본주당순이익 계산을 위한 가중평균유통보통주식수는? (단, 가중평균유통보통주식수는 월할 계산한다)

① 31,250주
② 31,750주
③ 32,250주
④ 32,750주
⑤ 33,250주

20

다음 사례별 감사의견을 올바르게 표시한 것은?

구 분	감사의견
사례1	우리의 의견으로는 상기 재무제표는 A사의 20×1년 12월 31일 현재의 재무상태와 동일로 종료되는 보고기간의 재무성과 및 현금흐름을 일반기업회계기준에 따라 중요성의 관점에서 공정하게 표시하고 있습니다.
사례2	우리의 의견으로는 상기 A사의 재무제표는 근거문단에 기술된 사항이 미치는 영향을 제외하고는 A사의 20×1년 12월 31일 현재의 재무상태와 동일로 종료되는 보고기간의 재무성과 및 현금흐름을 일반기업회계기준에 따라 중요성의 관점에서 공정하게 표시하고 있습니다.
사례3	우리의 의견으로는 A사의 재무제표는 근거문단에 기술된 사항의 유의성으로 인하여 A사의 20×1년 12월 31일 현재의 재무상태와 동일로 종료되는 보고기간의 재무성과 및 현금흐름을 일반기업회계기준에 따라 공정하게 표시하고 있지 않습니다.
사례4	우리는 근거문단에서 기술된 사항의 유의성으로 인하여 감사의견의 근거가 되는 충분하고 적합한 감사증거를 입수할 수 없었습니다. 따라서 우리는 회사의 재무제표에 대하여 의견을 표명하지 않습니다.

	사례1	사례2	사례3	사례4
①	적정의견	한정의견	부적정의견	의견거절
②	적정의견	부적정의견	한정의견	의견거절
③	적정의견	부적정의견	한정의견	한정의견
④	적정의견	의견거절	한정의견	한정의견
⑤	의견거절	의견거절	부적정의견	한정의견

21

포괄손익계산서에 대한 설명으로 옳지 않은 것은 몇 개인가?

> A. 손익계산서는 미래 현금흐름에 관한 정보를 제공한다.
> B. 기업의 경영성과를 평가하기 위한 정보를 제공한다.
> C. 과세소득 산정의 기초자료를 제공한다.
> D. 손익계산서 작성자의 주관이 개입될 가능성이 크다.
> E. 회계이익이 대체적 회계처리방법에 의하여 큰 영향을 받을 수 있어 이익의 질에 문제가 나타난다.
> F. 수익은 현행가격, 비용은 역사적원가로 계산됨으로써 이익이 과소계상되는 경향이 있다.

① 1개 ② 2개 ③ 3개
④ 4개 ⑤ 5개

22

A사의 영업이익을 계산하면 얼마인가?

(단위 : 원)

매출총이익	120,000	매출원가	200,000
임차료	10,000	접대비	20,000
무형자산 상각비	5,000	유형자산 처분이익	7,000

① 58,000원 ② 60,000원
③ 85,000원 ④ 75,000원
⑤ 100,000원

23

㈜재훈은 차량 A를 ㈜윤돈의 차량 B와 교환하였으며, 추가로 현금 20,000원을 지급하였다. 교환 당시 차량 A와 차량 B의 장부금액 및 공정가치는 다음과 같다.

(단위 : 원)

구 분	차량 A	차량 B
취득원가	500,000	1,000,000
감가상각누계액	200,000	150,000
공정가치	250,000	270,000

동 거래가 동종자산의 교환거래에 해당할 경우 ㈜재훈의 차량 취득원가와 유형자산처분손익은 각각 얼마인가?

	취득원가	유형자산처분손익
①	250,000원	(50,000)원
②	320,000원	50,000원
③	280,000원	0원
④	270,000원	(50,000)원
⑤	320,000원	0원

24

다음의 연구 또는 개발활동 중 연구활동에 해당하여 연구비로 회계처리할 수 있는 활동은 어느 것인가?

① 생산 또는 사용 전에 시제품과 모형을 설계, 제작 및 시험하는 활동
② 새로운 기술과 관련된 공구, 금형, 주형 등을 설계하는 활동
③ 상업적 생산 목적이 아닌 소규모의 시험공장을 설계, 건설 및 가동하는 활동
④ 새롭거나 개선된 재료, 장치, 제품, 공정, 시스템 및 용역들에 대하여 최종적으로 선정된 안을 설계, 제작 및 시험하는 활동
⑤ 제품 등의 여러 가지 대체안을 탐구하는 활동

25

다음은 ㈜금융이 보유한 유가증권의 자료이다. 20×5년 초 20×4년 말의 공정가치로 단기매매증권과 매도가능증권을 모두 처분하였다면 유가증권의 처분이 20×5년도 ㈜금융의 손익에 미치는 영향은 얼마인가?

(단위 : 원)

구 분	취득원가	20×4년 말 공정가치	평가손익
단기매매증권	9,500	9,000	(500)
매도가능증권	12,000	14,000	2,000

① 당기순이익 1,500원 증가
② 기타포괄이익 1,500원 증가
③ 당기순이익 2,000원 증가
④ 기타포괄이익 2,000원 증가
⑤ 기타포괄이익 1,500원 증가

26

다음은 ㈜화성이 보유한 만기보유증권(사채 A 액면 2,000,000원, 표시이율 10%, 이자 매년 말 후급)의 표시이다. 20×5년(제20기) 말 사채 A의 공정가치가 1,900,000원인 경우 만기보유증권이 20×5년에 당기순이익에 미치는 영향은 얼마인가?

(단위 : 원)

구 분	제20기(20×5년)	제19기(20×4년)
만기보유증권	1,964,300	1,932,420

① 당기순이익 54,200원 감소
② 당기순이익 31,880원 증가
③ 당기순이익 135,700원 증가
④ 당기순이익 231,880원 증가
⑤ 당기순이익 60,000원 증가

27

유형자산의 취득원가에 대한 다음 설명 중 옳지 않은 것은?

① 토지 취득 후 정부가 유지관리하는 진입로 공사, 상하수도 공사, 조경 공사 등의 지출액은 토지의 원가로 본다.
② 건물을 신축하기 위하여 사용 중인 기존 건물을 철거하는 경우 기존 건물의 장부금액과 철거비용은 전액 신축건물의 취득원가에 산입한다.
③ 현물출자로 유형자산을 취득한 경우는 대가로 발행한 주식과 유형자산의 공정가치 중 보다 분명한 것을 취득원가로 결정한다.
④ 정부보조 등에 의해 유형자산을 무상 또는 공정가치보다 낮은 대가로 취득하는 경우 그 유형 자산의 취득원가는 취득일의 공정가치로 한다.
⑤ 교환취득의 경우 동종자산의 교환은 제공한 자산의 장부금액을 취득가액으로 한다.

28

다음은 ㈜한국(회계기간 : 1. 1. ~ 12. 31.)이 보유 중인 기계장치에 관한 재무제표상 표시내용이다. 한편 ㈜한국의 당기 손익계산서상의 감가상각비 계상액은 35,000원이었고, 당기 중 기계장치를 신규로 취득한 금액은 62,000원이고 당기 중 기계장치를 25,000원에 매각하였다. 당기손익계산서상 유형자산 처분손익은 얼마인가?

(단위 : 원)

계정과목	20×5. 12. 31.(당기)		20×4. 12. 31.(전기)	
기계장치	100,000	–	70,000	–
감가상각누계액	(30,000)	70,000	(10,000)	60,000

① 손실 15,000원
② 손실 8,000원
③ 이익 15,000원
④ 이익 8,000원
⑤ 이익 7,000원

29

㈜경기가 보유한 유형자산 관련 자료이다. 20×5년 말부터 토지와 기계장치에 대해 재평가모형을 적용하기로 하였다. 유형자산의 재평가가 20×5년도 손익에 미친 영향은 얼마인가?

(단위 : 원)

구 분	20×5년 말 재평가 전 장부금액	20×5년 말 공정가치	평가손익
토 지	500,000	700,000	200,000
기계장치	800,000	500,000	(300,000)

① 당기순이익 300,000원 감소
② 기타포괄이익 100,000원 감소
③ 당기순이익 200,000원 증가
④ 기타포괄이익 300,000원 감소
⑤ 당기순이익 100,000원 감소

30

A사는 B사를 합병하였다. 대가로 A사의 보통주식 500주를 발행하여 교부(발행가액 : 1주당 500원)하고 주식발행비용으로 2,000원, 합병 관련 회계법인 컨설팅비용으로 1,000원이 지출되었다. A사가 취득일에 인식할 영업권 또는 염가매수차익은?

(단위 : 원)

구 분	A사	B사	
		장부금액	공정가치
자 산	560,000	200,000	280,000
부 채	160,000	75,000	80,000

① 영업권 30,000원
② 영업권 40,000원
③ 영업권 50,000원
④ 염가매수차익 30,000원
⑤ 염가매수차익 40,000원

31

A사는 당기 중에 B사의 식별 가능한 자산 및 부채를 취득인수하는 사업결합을 하였다. B사의 순자산의 장부금액은 500,000원, 공정가치는 1,000,000원이며, A사는 이전대가로 A사의 주식(액면총액 1,000,000원, 공정가치 1,400,000원)을 발행·교부하였다. A사는 사업결합과정에서 B사의 순자산을 재검토한 결과 자산 500,000원을 추가로 식별하였다. A사가 취득일에 인식할 영업권 또는 염가매수차익은 얼마인가?

① 영업권 300,000원
② 영업권 200,000원
③ 염가매수차익 300,000원
④ 염가매수차익 100,000원
⑤ 아무것도 인식하지 않는다.

32

기업결합과정에서 취득자의 식별에 대한 다음의 설명 중 옳은 것은?

① 현금을 이전하여 이루어지는 사업결합의 경우 현금이나 그 밖의 자산을 이전한 기업 또는 부채를 부담하는 기업은 취득자가 아니다.
② 지분을 교환하여 이루어지는 사업결합의 경우 사업결합 후 결합기업에 대한 상대적의결권이 가장 큰 부분을 보유하거나 수취하는 기업이 취득자이다.
③ 상대적 크기가 50% 이상인 결합참여기업이 취득자이다.
④ 기업이 셋 이상 포함된 사업결합의 경우 결합참여기업의 상대적 크기로 취득자를 식별한다.
⑤ 사업결합을 추진하기 위하여 새로운 기업이 지분을 발행하여 설립된 경우 새로운 기업이 취득자이다.

33

연결재무제표 작성기업과 종속기업의 판단에 대한 다음의 설명 중 옳은 것은?

① 연결실체 내의 다른 기업들과 사업의 종류가 다르다면 해당 종속기업을 연결 대상에서 제외한다.
② 지배-종속 관계가 연속하여 성립되는 경우 최상위 지배기업이 외국법인이면 차상위 내국법인이 연결재무제표를 작성한다.
③ 외국에 소재하는 종속기업도 연결 대상에서 제외한다.
④ 지배기업이 직접적으로 또는 종속기업을 통하여 간접적으로 기업 의결권의 과반수를 소유하는 경우 지배기업이 그 기업을 지배한다고 판단하지 않는다.
⑤ 다른 투자자와의 약정으로 과반수의 의결권을 행사할 수 있는 능력이 있는 경우 지배기업이 다른 기업 의결권의 절반 또는 그 미만을 소유하고 있다면 지배한다고 판단하지 않는다.

34

다음 중 연결재무제표의 작성대상에서 제외되는 경우가 아닌 것은?

① 1년 이상 휴업 중인 주식회사
② 지방자치단체가 자본금의 2분의 1 이상을 출자한 주식회사
③ 계약 등에 의하여 다음 사업연도 말까지 처분이 예정된 종속회사
④ 청산 중인 주식회사
⑤ 직전 사업연도 말의 자산총액, 부채총액 및 종업원수가 외부감사법 시행령의 외부감사 대상기준에 미달하는 회사 중 주권상장법인인 회사

35

연결재무제표의 작성과 관련한 설명 중 옳지 않은 것은?

① 연결실체 내의 모든 기업이 종속기업 회계처리특례의 적용대상일 경우 종속기업이 중소기업 회계처리특례를 적용하기 때문에 종속기업의 회계정책과 지배기업의 회계정책이 다를 경우에는 종속기업의 재무제표를 수정하지 않는다.
② 지배기업과 종속기업의 보고기간 종료일의 차이는 회계연도마다 동일해야 한다.
③ 해외소재 종속기업이 소재국의 회계기준에 따라 재무제표를 작성한 경우 일반기업회계기준을 적용한 재무제표와 유의적 차이가 없다면 수정하지 않을 수 있다.
④ 지배기업과 종속기업의 보고기간 종료일이 일치하지 않더라도 차이가 나는 기간 동안 유의적 거래가 발생하지 않았으면 종속기업의 재무제표를 추가로 작성하지 않아도 된다. 그러나 보고기간 종료일의 차이가 6개월을 초과한다면 유의적 거래가 발생하였는지 여부와 상관없이 종속기업은 재무제표를 추가로 작성해야 한다.
⑤ 지배기업의 보고기간 종료일이 12월 말이고 종속기업의 보고기간 종료일이 10월 말이라면 종속기업은 개별재무제표를 추가로 작성하지 않을 수 있다.

36

종속회사의 연결 대상 포함 여부와 관련한 설명이다. 다음 중 옳은 것은?

① A사가 B사의 지분 30%를 직접 소유하고 종속회사인 C사를 통해서 B사의 지분 40%를 간접소유하고 있다면 B사도 연결 대상 종속회사에 포함된다.
② 뮤추얼펀드나 단위신탁인 또는 이와 유사한 기업이라는 이유로 종속기업을 연결 대상에서 제외한다.
③ 개인이 A사와 B사의 지분을 각각 100%씩 소유하고 있는 경우 두 회사 중 직전 사업연도 말 자본총액이 큰 회사가 연결재무제표를 작성해야 한다.
④ A사와 B사가 각각 50 : 50으로 출자하여 조인트벤처인 C사를 연결한 경우 A사와 B사 중 한 회사만 C사를 포함시킨 연결재무제표를 작성해야 한다.
⑤ 「채무자 회생 및 파산에 관한 법률」에 따라 회생절차의 개시가 결정된 종속회사는 연결 대상에서 제외한다.

37

50% 미만의 지분율만큼 투자주식을 보유하더라도 지배력을 갖는 사례에 해당하지 않는 것은?

① 신탁계약에 따라 수탁자로서 위탁자의 영업활동의 의사결정을 할 수 있고 그 신탁된 영업이 위탁자에게 매우 중요한 부분에 해당하는 경우
② 법규나 약정에 따라 기업의 재무정책과 영업정책을 결정할 수 있는 능력이 있는 경우
③ 이사회나 이에 준하는 의사결정기구가 기업을 지배한다면, 그 이사회나 이에 준하는 의사결정기구 구성원의 과반수를 임명하거나 해임할 수 있는 능력이 있는 경우
④ 이사회나 이에 준하는 의사결정기구가 기업을 지배한다면, 그 이사회나 이에 준하는 의사결정기구의 의사결정에서 과반수의 의결권을 행사할 수 있는 능력이 있는 경우
⑤ 다른 투자자와의 약정으로 과반수의 의결권을 행사할 수 있는 능력이 있는 경우

[38 ~ 39]

A사는 20×4년 초 B사의 발행주식 90%를 취득하여 지배기업이 되었다. 20×4년 중 두 회사 간의 상품매매거래가 발생하였으며 관련 자료는 다음과 같다.

• 판매기업 : A사 • 매출액 : 50,000원 • 매출총이익 : 40%	• 판매기업 : B사 • 매출액 : 10,000원 • 매출총이익 : 20%

한편, 20×4년도의 두 기업 개별재무제표에 표시된 금액은 다음과 같다.

(단위 : 원)

구 분	매출액	매출원가	기말재고
A사	100,000	70,000	20,000
B사	50,000	30,000	5,000

매입기업은 모두 내부거래에서 매입한 상품 중 10%를 20×4년 말 기말재고로 보유하고 있다.

38

20×4년도 연결재무제표에 표시될 매출액, 매출원가 및 기말재고는 각각 얼마인가?

	매출액	매출원가	기말재고
①	90,000원	40,000원	25,000원
②	90,000원	42,200원	25,000원
③	90,000원	42,200원	22,800원
④	150,000원	40,000원	23,700원
⑤	150,000원	40,000원	25,000원

39

20×4년 B사의 개별재무상태표상 자본의 장부금액 및 공정가치가 동일하게 50,000원일 경우 20×4년 말 연결재무상태표에 표시될 비지배지분은 얼마인가?

① 4,000원 ② 4,980원 ③ 4,600원
④ 4,740원 ⑤ 4,700원

[40 ~ 41]

A사는 20×1년 초에 B사의 발행주식 60%를 660,000원에 취득하여 지배기업이 되었다. 지배력 취득일 현재 A사와 B사의 자본의 장부금액은 다음과 같이 구성되어 있다.

(단위 : 원)

구 분	A사	B사
자본금	2,000,000	500,000
자본잉여금	500,000	200,000
이익잉여금	1,000,000	300,000
합 계	3,500,000	1,000,000

다음 물음은 각각 독립적이다. (단, 영업권은 5년간 상각한다)

40

지배력 취득일 현재 B사의 순자산의 장부금액과 공정가치가 일치하는 경우 20×1년 초 연결재무제표에 표시될 자본총계는 얼마인가?

① 3,500,000원 ② 3,560,000원
③ 3,900,000원 ④ 4,100,000원
⑤ 4,500,000원

41

지배력 취득일 이후 20×1년에 A사의 지분법손익 반영 전 당기순이익이 200,000원이고 B사의 당기순이익이 100,000원이라고 할 경우, 20×1년 연결당기순이익 및 연결이익잉여금은 각각 얼마인가?

	연결당기순이익	연결이익잉여금
①	240,000원	1,240,000원
②	288,000원	1,248,000원
③	288,000원	1,240,000원
④	200,000원	1,200,000원
⑤	120,000원	1,240,000원

42

20×1년 1월 1일에 A사는 B사의 발행주식 90%를 800,000원에 취득하였다. 20×1년 1월 1일 현재 B사의 순자산의 장부금액은 800,000원이며 공정가치와 동일하다. 20×1년 중에 B사는 주주들에게 40,000원의 현금배당금을 지급하였다. 20×1년도 당기순손실은 100,000원이며 내부거래는 없다. A사의 20×1년 말 재무상태표에 표시될 B사의 투자주식 장부금액은 얼마인가? (단, 영업권은 10년간 상각한다)

① 590,000원 ② 600,000원
③ 626,000원 ④ 666,000원
⑤ 696,000원

43

보수주의 회계 방침으로 옳은 것은?

① 경영성과나 재무상태를 과소평가하지 않도록 하기 위해 도입된 개념이다.
② 비용은 확실한 것만 계상하는 반면 수익은 빠짐없이 계상하는 방법이다.
③ 합리적인 추정이 가능한 경우까지 의도적으로 기업의 성과나 자산을 과소계상하라는 의미는 아니다.
④ 지급능력의 확실성을 높이거나 이익 과대계상으로 인한 과대배상의 가능성을 줄여줌으로써 채권자에게는 부정적인 측면이 있어 보수주의에 의한 회계처리방법이 비난받기도 한다.
⑤ 회계담당자의 예측이나 추산에 대한 판단의 한계를 보완할 수는 없다.

44

회계정보의 질적특성 중 목적적합성에 대한 설명으로 옳은 것은?

① 회계정보이용자에게 목적적합한 정보가 되기 위해서는 예측가치와 피드백가치, 검증가능성의 요건을 갖추어야 한다.
② 정보가 예측가치를 지니고 있다는 것은 그 자체가 예측치인 것을 의미한다.
③ 적시성이 존재하는 사실만으로 어떤 정보가 목적적합하지 않게 된다.
④ 정보의 예측가치와 피드백가치는 상호 관련이 있지만 목적 적합한 회계정보는 예측가치와 피드백가치를 모두 가지는 것을 의미하지는 않는다.
⑤ 비교식 재무제표를 작성하는 것은 예측가치가 제고된다.

45

리스계약은 경제적 실질에 따라 금융리스와 운용리스로 구분된다. 금융리스로 분류되는 경우로 옳지 <u>않은</u> 것은?

① 리스기간이 종료 시 또는 그 이전에 리스자산의 소유권이 무상으로 리스이용자에게 이전되는 경우
② 리스실행일 현재 리스이용자가 염가매수선택권을 가지고 있지만 이를 행사할 가능성이 높지 않은 경우
③ 리스이용자가 잔존가치의 공정가치 변동에 따른 이익과 손실을 부담하는 경우
④ 리스실행일 현재 최소리스료를 내재이자율로 할인한 현재가치가 리스자산의 공정가치의 대부분을 차지하는 경우
⑤ 리스이용자가 염가갱신선택권을 가지고 있는 경우

46

20×1년 초 리스제공자는 20×0년 말 1,625,000원에 취득한 기계장치에 대하여 운용리스계약을 체결하고 즉시 리스계약을 실행하였다. 동 기계장치의 리스기간은 20×1년 초부터 20×3년 말까지 3년이다. 운용리스료는 20×1년 말 140,500원, 20×2년 말 120,500원, 20×3년 말 99,000원을 수행하기로 하였다. 기계장치의 내용연수는 10년이고 정액법으로 감가상각하며, 잔존가치는 75,000원이다. 리스이용자가 20×2년에 비용으로 인식할 금액은 얼마인가?

① 60,000원 ② 120,000원 ③ 157,500원
④ 180,000원 ⑤ 270,000원

47

㈜민국리스는 20×1년 1월 1일 500,000원(공정가치)에 취득한 기계장치로 ㈜대한과 금융리스계약을 체결하고 20×1년 1월 1일부터 리스를 실행하였다.

- 리스기간은 3년이며, 리스기간 종료 시점에서 ㈜대한에게 기계장치 소유권을 100,000원에 이전한다.
- 최초 연간리스료는 리스실행일에 수취하며, 20×1년 말부터 20×3년 말까지 매년 말 3회에 걸쳐 추가로 정기리스료를 수취한다.
- 리스계약과 관련하여 ㈜민국리스가 지출한 리스개설직접원가는 20,000원이다.
- ㈜민국리스의 내재이자율은 12%이며, 현가계수는 다음과 같다.

단일금액 1원의 현재가치			정상연금 1원의 현재가치		
1년	2년	3년	1년	2년	3년
0.8929	0.7972	0.7118	0.8929	1.6901	2.4018

㈜민국리스가 내재이자율을 유지하기 위하여 책정해야 할 연간리스료는 얼마인가? (단, 단수차이로 인해 오차가 있다면 가장 근사치를 선택한다)

① 126,056원 ② 131,936원 ③ 152,860원
④ 186,868원 ⑤ 216,504원

48

A사는 20×1년 1월 1일 리스회사인 B사와 다음과 같은 조건으로 금융리스계약을 체결하였다. 리스개설직접원가가 없을 때 연간리스료는 얼마인가?

- 리스자산(차량)의 공정가치 : 2,000,000원(경제적 내용연수 4년, 잔존가치 0원, 정액법)
- 리스기간 3년, 리스료는 매년 말 정액지급
- ㈜세일은 리스기간 종료 시점에 20,000원을 지급하고 소유권을 이전받을 수 있음
- 내재이자율 10%
- 3기간
  - 10% 연금현가계수 : 2.48685
  - 현가계수 : 0.75131
- 4기간
  - 10% 연금현가계수 : 3.16986
  - 현가계수 : 0.68301

① 798,188원 ② 715,471원
③ 633,317원 ④ 802,115원
⑤ 663,333원

49

㈜해커스는 20×1년 1월 1일에 기계장치를 임차하였다. 해당 기계장치의 내용연수는 5년, 리스기간은 4년이며 리스기간 종료 후 기계장치는 리스제공자에 반환한다. 기계장치의 공정가액은 380,000원이며, 리스이용자는 리스종료일인 20×4년 12월 31일에 리스자산 잔존가치 중 80,000원을 보증하였다. 리스료는 매년 말 102,000원씩 4회 지급되며, 이 중 2,000원은 화재보험료이다. 리스계약 시 내재이자율은 8%이고, ㈜해커스의 증분차입이자율은 10%이다. ㈜해커스는 두 이자율을 모두 알고 있다. 리스실행일인 20×1년 1월 1일에 ㈜해커스가 계상할 금융리스부채액은 얼마인가? (단, 8%와 10%의 4년 연금 현가계수는 각각 3.31과 3.17이고, 4년 후 1원의 현가계수는 각각 0.73과 0.68을 적용한다)

① 185,700원 ② 287,400원
③ 380,000원 ④ 399,010원
⑤ 400,000원

50

㈜맥심은 20×1년 초 3년분(연간 100,000원) 잡지구독료 300,000원을 선불로 수령하였다. 20×1년 12월 31일 재무상태표에 계상될 이연법인세자산 또는 이연법인세부채는 얼마인가? (일시적차이는 없고, 세율은 매년 30%, 일시적차이는 전액 실현 가능하다)

① 이연법인세자산 40,000원
② 이연법인세부채 40,000원
③ 이연법인세부채 60,000원
④ 이연법인세자산 60,000원
⑤ 이연법인세부채 30,000원

51

A사는 20×4년 1월 1일 건물을 임대하고 임대료의 3년분 600,000원을 선불로 수령하였다. 세법상 임대소득은 현금주의에 따라 인식한다고 가정할 때, 20×4년 12월 31일 재무상태표에 계상될 이연법인세자산 또는 부채는 얼마인가? (단, 그 외 일시적차이는 없고, 세율은 20×4년은 20%, 20×5년 및 20×6년은 30%이다)

① 140,000원 자산
② 140,000원 부채
③ 120,000원 자산
④ 120,000원 부채
⑤ 80,000원 부채

52

20×1년도 제1기 법인세비용차감전순이익은 100,000원이며 당기 세무조정사항이 아래와 같을 때 다음 중 20×1년도에 인식될 법인세비용은 얼마인가? (단, 향후 충분한 이익실현이 확실할 것이며, 당기 세율은 30%이나 당기말 세법개정으로 인하여 차기부터는 20% 세율이 적용될 것으로 예상된다)

- 가산조정 : 감가상각비한도초과액 20,000원, 접대비한도초과액 10,000원
- 차감조정 : 미수이자 이자수익 5,000원

① 30,000원 ② 34,000원 ③ 34,500원
④ 40,000원 ⑤ 44,500원

53

㈜해커스는 20×1년 10월 1일에 $1,000의 상품을 구입하고 대금을 6개월 후 지급하기로 하였다. 일자별 환율이 아래와 같을 때, 20×1년 말과 20×2년 3월 31일에 인식할 외화환산손익과 외환차손익은 각각 얼마인가?

일 자	환 율
20×1년 10월 1일	₩1,200/$
20×1년 12월 31일	₩1,150/$
20×2년 3월 31일	₩1,210/$

	20×1년 말 외화환산손익	20×2년 3월 31일 외환차손익
①	₩(50,000)	₩60,000
②	₩(100,000)	₩(100,000)
③	₩50,000	₩(60,000)
④	₩100,000	₩100,000
⑤	₩110,000	₩0

54

20×2년 1월 1일에 A회사는 공사금액이 400,000원인 건물공사를 수주하였다. 공사는 20×4년 12월 완공예정으로 진행하여 기간 내에 완성하였다. 아래는 공사기간에 걸쳐 발생한 공사원가 및 각 연도말의 예상공사원가이다. A회사의 20×3년도 공사손익은 얼마인가?

(단위 : 원)

구 분	20×2년	20×3년	20×4년
실제 발생한 누적공사원가	80,000	256,000	420,000
추가로 소요될 원가 추정액	170,000	164,000	–
총공사원가 추정액	250,000	420,000	420,000

① 손실 48,000원
② 손실 68,000원
③ 이익 16,000원
④ 이익 20,000원
⑤ 이익 48,000원

55

20×1년 초 A건설은 B사와 건물을 건설하는 계약을 체결하였다. 공사기간은 3년이고 총 공사 계약금액은 2,000,000원이며, 연도별 공사진행률과 추정 총 계약원가는 다음과 같을 때, 20×2년 공사손익은 얼마인가?

(단위 : 원)

구 분	20×1년	20×2년	20×3년
공사진행률	30%	50%	100%
추정 총계약원가	1,600,000	1,800,000	1,900,000

① 이익 100,000원
② 손실 20,000원
③ 손실 140,000원
④ 손실 50,000원
⑤ 이익 80,000원

56

㈜한강은 20×1년 1월 1일 기계장치를 임차하였다. 해당 기계장치의 내용연수는 5년, 리스기간은 4년이며 리스기간 종료 후 기계는 리스제공자에 돌려준다. 기계장치의 공정가액은 200,000원이며, 리스 종료일인 20×4년 12월 31일 40,000원의 잔존가치를 보증하였다. 리스료는 매년 말 51,000원씩 4회 지급되며, 이 중 1,000원은 화재보험료이다. 리스계약 시 내재이자율은 8%이고, ㈜한강의 증분차입이자율은 10%이다. 리스실행일인 20×1년 1월 1일 ㈜한강이 계상할 리스부채액은 얼마인가? (단, 8%와 10%의 4년 연금 현가계수는 각각 3.31과 3.17이고, 4년 후 1원의 현가계수는 각각 0.73과 0.68을 적용한다)

① 185,700원　② 187,400원
③ 194,700원　④ 198,010원
⑤ 200,000원

57

20×2년 1월 1일에 A회사는 공사금액이 300,000원인 건물공사를 수주하였다. 공사는 20×4년 12월 완공예정으로 진행하여 기간 내에 완성하였다. 아래는 공사기간에 걸쳐 발생한 공사원가 및 각 연도말의 예상공사원가이다. A회사의 20×3년도 공사손익은 얼마인가?

(단위 : 원)

구 분	20×2년	20×3년	20×4년
실제 발생한 누적공사원가	80,000	256,000	323,000
추가로 소요될 원가추정액	170,000	64,000	–
총공사원가 추정액	250,000	320,000	323,000

① 손실 20,000원
② 손실 36,000원
③ 이익 16,000원
④ 이익 20,000원
⑤ 이익 23,000원

58

20×4년에 건물 신축공사를 총 도급금액 1,500,000원에 수주하였고, 공사기간은 3년이다. 다음 중 아래의 공사원가 자료에 근거하여 20×5년도에 진행기준으로 인식될 공사이익으로 옳은 것은?

(단위 : 원)

구 분	20×4년	20×5년	20×6년
누적 발생원가	300,000	900,000	1,200,000
추가 공사원가	900,000	300,000	–

① 75,000원　② 150,000원　③ 225,000원
④ 375,000원　⑤ 380,000원

59

다음은 포도회사의 당해 연도 법인세와 관련된 자료이다. 당기의 세율은 30%이며, 당기말에 세법이 개정되어 차기부터 25%의 세율을 적용할 예정이다. 포도회사가 인식할 당해 연도 법인세비용은 얼마인가? (단, 전기이월이연법인세자산 또는 부채는 없다)

- 회계이익(세전) : 200,000원
- 세무조정
  - 일시적차이 : (–)40,000원
  - 영구적차이 : (+)10,000원
- 과세소득 : 170,000원

① 10,000원　② 39,000원　③ 51,000원
④ 61,000원　⑤ 63,000원

▶ 정답 및 해설 | p.90

▶ 문제 | p.2

01 ③	02 ④	03 ③	04 ②	05 ④	06 ③	07 ⑤	08 ②	09 ②	10 ③
11 ③	12 ④	13 ②	14 ⑤	15 ⑤	16 ②	17 ①	18 ③	19 ③	20 ④
21 ①	22 ④	23 ⑤	24 ④	25 ②	26 ②	27 ①	28 ⑤	29 ⑤	30 ②
31 ③	32 ①	33 ⑤	34 ③	35 ④	36 ⑤	37 ④	38 ③	39 ②	40 ①
41 ②	42 ④	43 ①	44 ①	45 ②	46 ③	47 ④	48 ③	49 ③	50 ④
51 ⑤	52 ②	53 ①	54 ⑤	55 ③	56 ④	57 ④	58 ③	59 ②	

01 우리나라 회계기준의 체계

③ 지배회사가 한국채택국제회계기준을 적용하면 연결자회사도 한국채택국제회계기준을 적용하여야 한다.

02 개념체계의 질적특성

④ 검증가능성에 대한 설명으로 중립성은 회계정보가 편의 없이 중립적이어야 한다는 특성을 의미한다.

03 손익계산서의 기본구조

③ • 영업이익 = 매출총이익 – 판매비와 관리비
• 판매비와 관리비 : 감가상각비, 연구 및 개발비, 접대비
• 영업외비용 : 기부금, 이자비용
➲ 영업이익 = 매출총이익 – 감가상각비 – 연구 및 개발비 – 접대비 – 대손상각비
= 500,000 – 60,000 – 10,000 – 30,000 – 10,000 = 390,000원

04 재무상태표의 기본요소

② 회계처리의 대상이 되는 거래나 사건의 형식보다 경제적 실질에 따라 보고하여야 한다는 회계정보의 질적특성은 표현의 충실성이다.

05 현금및현금성자산

④ 현금및현금성자산 : 우편환증서, 환매채(90일 만기), 배당지급통지표
➲ 30,000 + 80,000 + 5,000 = 115,000원

참고
• 당좌개설보증금은 비유동자산으로 분류한다.
• 환매채 등 금융상품은 취득 당시 만기가 3개월 이내에 도래하는 경우 현금성자산으로 분류한다.
• 유동자산은 취득 시점과 상관없이 회계연도 말 기준으로 만기가 1년 이내인 것을 의미하는 데 반해 현금성자산은 취득 당시를 기준으로 판단해야 하는 것을 유의해야 한다.

06 현금및현금성자산

③ 우편환증서는 현금및현금성자산에 포함되지만, 수입인지는 현금및현금성자산에 해당하지 않는다.

07 재고자산의 회계처리 및 매입

⑤ 도착지인도조건으로 판매하는 경우 도착 전까지 판매자의 재고자산에 해당하며, 이동 중 매입자의 재고자산에 해당하지 않는다.

08 재고자산 감모손실과 평가손실

② 2016년 말의 재고자산 평가손실 : 5,000 = 기말재고자산 평가충당금 7,000[1] – 기초재고자산 평가충당금 2,000
[1] 취득원가 30,000 – 순실현가능가치 23,000 = 7,000

참고 재고자산의 저가법 회계처리

(차) 재고자산평가손실[1]	5,000	(대) 재고자산평가충당금	5,000

[1] 7,000 – 2,000 = 5,000

09 채무증권의 평가 및 처분

② 만기보유증권은 취득 당시의 유효이자율로 회수가능액을 측정한다.

오답체크

③ 시장성이 없더라도 공정가치를 신뢰성 있게 측정할 수 있다면 취득원가가 아닌 공정가치로 평가해야 한다.

10 채무증권의 평가 및 처분

③ 처분 시점에 당기손익에 반영해야 하는 것으로 어떤 경우에도 재분류로 인해 당기손익에 영향을 미칠 수 없다.

오답체크

①⑤ 단기매매증권은 당기손익에 쉽게 영향을 미치기 때문에 다른 금융상품으로 재분류되거나 다른 금융상품이 단기매매증권으로 재분류될 수 없는 것을 원칙으로 한다. 다만, 예외적인 경우 단기매매증권을 다른 금융상품으로 재분류하는 것은 가능하다.

11 매출채권의 대손

③

매출채권					대손충당금			
기초	240,000	회수	890,000		③ 대손확정(C)	20,000	① 기초	15,000
							② 회수	-
		대손확정(C)	20,000		④ 기말(A)	18,000	⑤ 설정(B)	23,000
외상매출	1,020,000	기말(D)	350,000					

12 유형자산의 감가상각

④ A. 내용연수가 같다면 정률법이 정액법보다 초기에 감가상각비가 크고 후기로 갈수록 적어진다.
C. 감가상각방법의 변경은 회계정책의 변경이 아니라 회계추정의 변경에 해당한다.

13 유형자산의 재평가

② 재평가모형은 유형자산의 분류별로 동일하게 적용한다.

14 금융부채와 비금융부채

⑤ 유동성장기차입금과 사채는 금융부채에 해당한다.

15 금융부채와 비금융부채

⑤ D. 선수금은 향후 재화나 용역을 제공해야 할 의무가 존재하므로 금융부채가 아니다.
E. 선급비용은 자산에 해당한다.

16 사채의 발행유형별 회계처리

② 할인발행된 사채의 이자비용은 사채할인발행차금 상각액과 표시이자의 합으로 계산되는데, 사채할인발행차금 상각액이 매년 증가하기 때문에 이자비용은 증가한다.

17 자산이전에 의한 채무변제

① 원리금을 감면하는 경우 조건의 변경에 해당하므로 채무변제보다 나중에 처리한다.

오답체크

② 지분상품의 발행을 통하여 변제하는 것도 채무의 변제에 해당한다.
③ 출자전환의 경우 지분증권의 공정가치를 신뢰성 있게 측정할 수 있는 경우에 채무조정이익을 인식한다.
④ 채무증권을 발행하여 채무를 변제하는 것은 채무변제가 아니라 조건의 변경이다.
⑤ 기존의 대손충당금이 있는 경우 먼저 상계 후 대손상각비로 인식한다.

18 퇴직급여제도의 분류

③ 당기 퇴직급여계상액 = 기말잔액 − 기초잔액 + 퇴직금지급액(DC형은 제외) + 확정기여형 납입액
= 300,000 − 500,000 + 300,000 + 50,000 = 150,000원

참고 당기 손익계산서상 퇴직급여계상액은 확정급여형의 퇴직급여충당부채 당기전입액과 확정기여형의 당기불입액의 합이다. 확정급여형은 실제로 종업원에게 지급될 때까지 회사에 의무가 남아있기 때문에 전입액만큼 충당부채를 쌓아 놓은 뒤 실제 지급 시점에 충당부채를 감소시키며, 확정기여형은 불입 시점에 회사의 의무가 종료되므로 불입 시 비용으로 처리하고 지급 시에는 아무런 회계처리가 필요하지 않다.

19 자본거래

③ 중간배당은 주식배당이 불가능하며, 현금배당만 가능하다.

20 자본거래

④ 자본금의 증감이 있으려면 주식수에 변화가 있어야 한다. 따라서 주식배당, 전환사채의 전환권 행사 등 신주를 발행하는 경우 자본금이 증가한다. 다만, 주식분할의 경우 늘어나는 주식수에 비례하여 액면금액이 감소하므로 총 자본금은 변동이 없다.

21 재화의 판매 사례

① 가. 인도일인 20×0년도에 전부 매출로 인식해야 한다.
나. A기업㈜의 매출액 = 50개 × 1,000원 = 50,000원이며, 수수료는 매출액에서 차감하지 않는다.

22 재화의 판매, 용역의 제공 사례

④ 광고제작은 진행기준으로 수익을 인식하며, 방송사는 광고를 대중에게 전달하는 시점에 수익을 인식해야 한다.

23 재화의 판매, 용역의 제공 사례

⑤ 비용을 신뢰성 있게 측정할 수 없다면 이에 대응되는 수익도 인식해서는 안 된다.

24 기본주당이익의 계산

④ 가중평균유통보통주식수 $= \frac{100,000 \times 1.2 \times 12 - 20,000 \times 6 + 20,000 \times 3}{12} = 115,000$주

참고 무상주는 기초에 증자된 것으로 가정하고 자기주식의 취득은 취득일부터 차감한다. 또한 유상증자는 증자일에 증자된 것으로 계산한다.

25 기본주당이익의 계산

② 주당순이익과 주당계속사업이익은 당기순이익 아래의 본문에 표시한다.

26 회계변경과 오류수정의 적용

② 회계정책의 변경인지 추정의 변경인지 구분이 불가능할 경우 회계추정의 변경으로 본다.

오답체크

③ ④ 회계추정의 변경은 전진법으로 회계처리하기 때문에 비교재무제표의 수정이 불필요하다. 따라서 신뢰성은 향상되나 비교재무제표와 당기재무제표의 처리가 일관성이 없기 때문에 비교가능성은 저하된다.

27 회계변경과 오류수정의 회계처리

① 2016년도 법인세차감전순이익 : 287,000 = 300,000 − (8,000 + 4,000 + 3,000 − 2,000)

• 오류수정정산표

구 분	2015년	2016년
수정전 N/I		300,000
2015년 기말재고자산	+8,000	−8,000
2016년 기말재고자산		−4,000
2015년 선급비용	+3,000	−3,000
2016년 선급비용		+2,000
수정후 N/I		287,000

• 2015년 기말재고자산
- 당기 : 과소 → 자산 증가조정 ⇒ 이익 증가
- 차기 : 반대효과 발생(자동조정오류)

• 2016년 기말재고자산 : 과대 → 자산 감소조정 ⇒ 이익 감소

• 2015년 선급비용
- 당기 : 비용 취소 → 자산 증가조정 ⇒ 이익 증가
- 차기 : 반대효과 발생(자동조정오류)

• 2016년 선급비용 : 비용 취소 → 자산 증가조정 ⇒ 이익 증가

28 감사보고서의 내용

⑤ 의견표명을 하지 않는다는 내용의 감사보고서는 의견거절의 감사의견을 나타낸다.

29 감사보고서의 내용

⑤ 감사보고서의 특기사항에는 의사결정에 유용한 정보(미래 기업 존속 여부, 영업환경 변화, 특수관계자와의 거래내용, 주요 회계처리) 등이 포함되는 것으로, 신규 임원승진자는 이에 해당하지 않는다.

30 자산 및 부채의 인식과 이전대가

② 피취득자가 인식하지 않았던 자산·부채라도 식별가능하면 인식할 수 있다.

31 자산 및 부채의 인식과 이전대가

③ 영업권 또는 염가매수차익은 이전대가의 공정가치에서 피취득자의 순자산의 공정가치를 차감하여 이전대가가 큰 경우 영업권, 이전대가가 적은 경우 염가매수차익으로 인식한다.

➲ 영업권 또는 염가매수차익 = 1,200,000 – (1,000,000 + 500,000) = 300,000원(염가매수차익)

32 자산 및 부채의 인식과 이전대가

① 지분을 보유하고 있는 상태에서 피투자회사를 합병하는 경우에는 이전대가에 보유하고 있던 주식의 취득일 현재 공정가치를 포함하여 계산해야 한다.

➲ 영업권 또는 염가매수차익 = (1,200,000 + 1,000,000 × 30%) – 1,000,000 = 500,000원(영업권)

33 자산 및 부채의 인식과 이전대가

⑤ 영업권은 자산으로 인식하는 것이나, 염가매수차익은 취득일에 당기손익으로 인식한다.

34 연결재무제표 작성기업과 종속기업의 판단 시 주의사항

③ 의결권이 50%에 미달하더라도 콜옵션을 행사할 수 있고 행사하는 경우 50%를 초과한다면 지배하고 있다고 본다.

35 연결재무제표 작성 시 유의사항

④ 보고기간 종료일의 차이가 3개월을 초과하면 유의적 거래 발생 여부와 상관없이 종속기업은 재무제표를 추가로 작성해야 한다.

36 연결회계의 계산

⑤ • 비지배지분 = ㈜특수의 순자산 공정가치 × 40%(지배지분 외 나머지 지분)
= 1,000,000 × 40% = 400,000원

• 자본총계 = ㈜고급의 개별재무상태표상 자본 + 비지배지분
= 1,500,000 + 400,000 = 1,900,000원

37 연결회계의 계산

④ • 연결조정분개를 통해서 투자주식 금액이 차감되고 영업권 발생액이 가산된다.
• 영업권 = 500,000 – 200,000 = 300,000원
• 자산총계 = 1,000,000 + 500,000 – 500,000(투자주식) + 300,000(영업권) = 1,300,000원

38 내부거래 제거

③ • 내부거래이익 중 10%가 미실현되었으므로 내부거래 매출과 매출원가의 상계제거와 미실현이익의 제거에 대한 연결조정을 해야 한다. 비지배지분이 있더라도 하향거래와 상향거래 미실현이익은 전액 제거하며, 상향거래 미실현이익만 재무상태표에 표시되는 비지배지분 금액에 반영한다.
• 하향거래 미실현이익 = 50,000 × 20% × 10% = 1,000원
• 상향거래 미실현이익 = 10,000 × 30% × 10% = 300원
• 미실현이익만큼 기말재고를 차감하고 매출원가를 증가시켜 매출총이익을 감소시키게 된다.
• 매출액 = 100,000 + 50,000 – 50,000 – 10,000 = 90,000원
• 매출원가 = 70,000 + 30,000 – 50,000 – 10,000 + 1,000 + 300 = 41,300원
• 기말재고 = 20,000 + 5,000 – 1,000 – 300 = 23,700원

39 연결회계의 계산

② 비지배지분 = (㈜유라 개별재무상태표상 자본의 공정가치 – 상향거래미실현이익) × 비지배지분율
= (50,000 – 300) × 20% = 9,940원

40 지분법 회계처리

① 지분법 회계처리를 적용하는 경우 현금배당을 수령하더라도 당기순이익에는 영향이 없으며, 주식의 장부금액이 감소한다.

41 지분법 회계처리

② 20×4년 말 재무상태표상 지분법적용 투자주식 = 취득원가 + 순이익 × 지분율 – 현금배당수령액
= 500,000원 + (300,000 × 25%) – (80,000 × 25%) = 555,000원

42 유의적인 영향력 행사 여부의 판단

④ 대표이사와 특수관계에 있어서 서로 간의 의사결정에 영향을 준다면 유의적 영향력을 가진 것으로 볼 수도 있겠지만, 단순히 혈연관계에 있다는 사실만으로 유의적 영향력을 가진 것으로 보기는 어렵다.

43 유의적인 영향력 행사 여부의 판단

① 20%가 넘는 지분율을 보유하고 있더라도 계약상 합의의 결과 유의적인 영향력이 상실되거나 관계기업이 감독기관의 지배를 받는 경우 등 유의적 영향력을 행사할 수 없다는 명백한 반증이 있는 경우 지분법을 적용할 수 없다.

44 지분법 회계처리

① 지분법이익 : {28,000 − (25,000 − 20,000) × 10,000/25,000} × 30% = 7,800

45 금융리스

② 염가매수선택권이 포함된 약정은 실질적으로 위험과 보상이 이전된 것이기 때문에 금융리스에 포함된다.

46 금융리스

③ 무보증잔존가치는 최소리스료에 포함되지 않으나 보증잔존가치는 포함된다.

47 금융리스

④ • 금융리스자산 및 금융리스부채 = Min[800,000 × 6.7101 = 5,368,080, 6,000,000] = 5,368,080원

(1) 20×1년 이자비용 = 5,368,080 × 8% = (429,446)원

(2) 20×1년 감가상각비 = (5,368,080 − 0) ÷ 20년 = (268,404)원

➲ 20×1년 총비용 : (1) + (2) = (697,850)원

48 운용리스

③ • 운용리스의 경우 리스사에게 운용리스료수익과 감가상각비 비용이 발생한다. 운용리스료 수익은 정기리스료 수령액과 상관없이 총액을 리스기간 동안 균등하게 나눠서 수익으로 인식한다.

• 운용리스료 수익 = (80,000 + 110,000 + 150,000 + 90,000 + 70,000)/5 = 100,000원

• 감가상각비 = (550,000 − 50,000)/5 = 100,000원

49 금융리스

③ • 리스이용자의 당기손익에 금융리스에 영향을 미치는 항목은 금융리스부채의 이자비용, 리스자산의 감가상각비이다.

• 금융리스자산 및 금융리스부채 = Min[400,000 × 2.48685, 1,000,000] = 994,740원

• 이자비용 = 994,740 × 10% = 99,474원

• 감가상각비 = $\frac{994,740}{3}$ = 331,580원

➲ 20×4년 ㈜이안이 계상할 총비용 = 99,474 + 331,580 = 431,054원

50 법인세 계산 구조

④ 이연법인세자산 = (400,000 − 200,000) × 30% = 60,000원

51 외화표시 계정의 환산

⑤ 파생상품은 저가법이 아니라 공정가액으로 평가해야 한다.

52 외화표시 재무제표의 환산

② • 매출원가 등 손익계정은 거래일 환율로 환산하는 것이 원칙이나 편의상 평균환율을 적용하여 환산하는 것도 가능하다.

• 매출원가(달러) = 200 + 500 − 100 = 600달러

➲ 매출원가(원) = 600 × 1,000(연평균환율) = 600,000원

53 법인세회계의 의의

① • 이연법인세부채 : 10,000 × 0.3 = 3,000

•

(차) 법인세비용	8,000	(대) 이연법인세부채	1,000
		당기법인세부채	7,000

* 20×2년 기초부채 : 2,000 → 20×2년 기말부채 : 3,000

당기 중 이연법인세부채 증가액 : 1,000

• 당기순이익 : 30,000 − 8,000 = 22,000

54 법인세회계의 의의

⑤ 간주임대료는 영구적차이에 해당하기 때문에 기간 간 배분 및 기간 내 배분을 필요로 하지 않는다.

55 법인세 계산구조

③

구 분	20×4년	20×5년	20×6년
회계상 임대료	100,000	100,000	100,000
세법상 임대료	300,000	–	–
차감할 일시적차이	200,000	(100,000)	(100,000)
법인세율	20%	30%	30%
이연법인세자산	–	(30,000)	(30,000)

차감할 일시적차이는 향후 부담할 법인세를 미리 납부한 것이기 때문에 미래의 법인세를 줄여주므로 이연법인세자산을 발생시킨다.

➲ 이연법인세자산 = 30,000 + 30,000 = 60,000원

56 법인세 계산구조

④

구 분	20×4년	20×4년 이후
법인세비용차감전순이익	500,000	–
감가상각비 한도초과	20,000	(20,000)
접대비 한도초과	30,000	–
대손충당금 한도초과	50,000	(50,000)
미수이자	(40,000)	40,000
단기매매증권평가이익	(10,000)	10,000

- 차감할 일시적차이이기 때문에 이연법인세자산이 발생한다.
- 법인세부담액 = 550,000 × 20% = 110,000원
- 이연법인세자산 = 20,000 × 20% = 4,000원

57 진행률

④ 하자보수비는 공사진행률 산정 시 포함되며 그 외의 것들은 포함하지 않는다.

58 건설계약의 회계처리

③ 20×3년 공사손익 = (2,000,000 – 1,600,000) × 30% = 120,000원

➲ 20×4년 공사손익 = (2,000,000 – 1,800,000) × 70% – 120,000 = 20,000원

59 건설계약의 회계처리

② 계약수익

구 분	20×3년	20×4년
누적계약원가	750,000 (400,000 + 350,000)	1,000,000 (750,000 + 250,000)
추정 총 계약원가	1,500,000 (750,000 + 750,000)	1,250,000 (1,000,000 + 250,000)
진행률	50%	80%
당기누적수익	750,000 (1,500,000 × 50%)	1,600,000 (2,000,000 × 80%)
전기누적수익	500,000	750,000
당기수익	250,000	850,000

➲ 당기계약순이익 = 850,000 – 250,000 = 600,000원

정답및해설 | 제2회 적중 실전모의고사

▶ 문제 | p.16

01 ④	02 ①	03 ⑤	04 ④	05 ②	06 ④	07 ④	08 ②	09 ⑤	10 ④
11 ④	12 ④	13 ②	14 ⑤	15 ②	16 ⑤	17 ②	18 ④	19 ③	20 ②
21 ⑤	22 ③	23 ①	24 ①	25 ②	26 ②	27 ④	28 ③	29 ②	30 ①
31 ⑤	32 ③	33 ④	34 ④	35 ①	36 ⑤	37 ④	38 ④	39 ④	40 ①
41 ③	42 ⑤	43 ④	44 ②	45 ⑤	46 ②	47 ①	48 ③	49 ②	50 ④
51 ①	52 ④	53 ⑤	54 ②	55 ⑤	56 ④	57 ④	58 ②	59 ①	

01 재무상태표의 기본요소

④ 재고자산 평가손실은 정상 또는 비정상 여부에 관계없이 매출원가에 가산한다.

02 조건의 변경

① 보고기간 종료일로부터 1년 내에 상환될 예정이므로 장기성매입채무가 아닌 매입채무이다.
가. 매입과 매입채무
나. 단기차입금(1년 이내), 미지급비용(액면이자)
다. 미지급금, 감가상각비(비품)

03 회계정보의 제약요인

⑤ 일반기업회계기준을 적용하는 비상장기업이 보유한 영업권은 20년 이내의 기간에 걸쳐 정액법으로 상각한다.

04 재무제표

④ 건물을 신축하기 위해 사용 중인 기존 건물을 철거하는 경우 철거비용과 작업폐물 처분손익은 전액 당기비용으로 처리한다.

05 자본거래

② • 20×1년 말의 자본총액 : 4,100,000 = 기초 자본총액 0 + 증가분 6,700,000 – 감소분 2,600,000
• 자본(기초, 설립) : 0
• 1월(유상증자) : (+)5,000,000 = 1,000주 × @5,000
• 3월(자기주식의 취득) : (–)1,200,000 = 200주 × @6,000
• 4월(자기주식의 취득) : (–)1,400,000 = 200주 × @7,000
• 5월(자기주식의 처분) : (+)800,000 = 100주 × @8,000
• 9월(자기주식의 처분) : (+)900,000 = 100주 × @9,000

06 현금및현금성자산

④ 동일한 은행의 당좌예금과 당좌차월은 상계가 가능하나, 서로 다른 은행인 경우 불가능하다.

[오답체크]
① 당좌개설보증금은 우량은행인지 여부와 상관없이 현금및현금성자산에 포함되지 않는다.
② 토지취득 전까지는 포함되지 않는다.
⑤ 상환우선주는 취득 당시 3개월 이내에 상환되면 현금및현금성자산에 포함된다.

07 현금및현금성자산

④ [오답체크]
① 특정 거래나 사건을 충실히 표현하기 위해 필요한 중요한 정보는 누락되어서는 안 된다.
② 사실상 회수가 불가능한 매출채권이 회수가능한 것처럼 재무상태표에 표시된다면 이 매출채권의 측정치는 표현의 충실성을 상실한 정보가 된다.
③ 표현의 충실성을 확보하기 위해서는 회계처리 대상이 되는 거래나 사건의 형식보다 그 경제적 실질에 따라 회계처리하고 보고하여야 한다.

⑤ 리스의 법적 형식은 임차계약이지만 리스이용자가 리스자산에서 창출되는 경제적효익의 대부분을 누리고 리스자산과 관련된 위험을 부담하는 경우라면 경제적 실질의 관점에서 자산과 부채의 정의를 충족하므로 리스이용자는 리스거래 관련 자산과 부채를 인식하여야 한다.

08 매출채권의 대손

② 재고자산과 관련한 선수금이므로 매출로 인식하여야 한다. 당해 매출로 인식할 금액은 ₩150,000이다.

선수금

매출	150,000	기초	70,000
기말	40,000	현금수령	120,000

09 매출채권의 대손

⑤ • 매출채권 T계정 : 기초 900,000 + 외상매출 = 매출채권 회수 500,000 + 대손확정 5,000 + 기말 1,000,000
∴ 외상매출 : 605,000
• 대손충당금 : 기초 10,000 + 대손확정채권 회수 0 + 대손상각비 = 대손확정 5,000 + 기말 (1,000,000 − 850,000)
∴ 대손상각비 : 145,000

10 재고자산의 원가흐름 가정

④ • 실지재고조사법 적용에 따른 매출원가 : 1,800 = 판매 수량 200개 × 평균 단위원가 @9
• 계속기록법 적용에 따른 매출원가 : 1,750 = 판매 수량 200개 × 평균 단위원가 @8.75

참고 총평균법(= 실지재고조사법 & 가중평균법)에 따른 평균 단위원가의 계산
평균 단위원가(총평균법) : @9 = (800 + 2,700 + 1,000) ÷ 500
• 기초재고자산 : 800 = 기초 수량 100개 × 단위당 취득원가 @8
• 3월 4일(1차 구매분) : 2,700 = 구매 수량 300개 × 단위당 취득원가 @9
• 9월 25일(2차 구매분) : 1,000 = 구매 수량 100개 × 단위당 취득원가 @10

참고 이동평균법(= 계속기록법 & 가중평균법)에 따른 평균 단위원가의 계산
평균 단위원가(이동평균법) : @8.75 = (800 + 2,700) ÷ 400
• 기초재고자산 : 800 = 기초 수량 100개 × 단위당 취득원가 @8

11 재고자산에 포함될 항목

④ 20×4년 말 재고자산 = 1,000,000 − 200,000 + 100,000 + (5,000 × 60) + 200,000 = 1,400,000원
가. 이미 상품의 판매가 확정된 상태에서 보관만 하고 있는 경우 회사의 재고자산에 포함하면 안 된다.
나. 재구매약정의 경우 실질은 금융거래이기 때문에 판매된 것에 해당하지 않아 재고자산에 포함한다.
다. 시용판매의 경우 구입의사를 밝힌 경우에만 판매된 것으로 보며, 나머지는 재고자산에 포함한다.
라. 선적지인도조건의 경우 도착하지 않았더라도 선적이 완료되었다면 구매 완료되어 재고자산에 포함한다.

12 퇴직급여제도의 분류

④ • 20×1년 말 상각후원가 : 980,000 − 13,790 = 966,210
• 20×2년 말 상각후원가 : 960,000 − (22,150) = 982,150
• 20×2년 이자수익 : (982,150 − 966,210) + 1,000,000 × 10% = 115,940

13 재고자산 감모손실과 평가손실

② 매출원가 = 1,000,000 + 5,000,000 − 500,000 − 300,000 − (3,000,000 − 200,000) = 2,400,000원

14 유가증권의 분류 및 평가방법

⑤ 만기보유증권은 공정가치가 아니라 상각후원가로 계산하는 것이며 평가손익이 발생하지 않기 때문에 평가손익의 처리도 불필요하다.

15 유가증권의 분류 및 평가방법

② 단기매매증권과 만기보유증권을 먼저 분류하고 두 가지 유가증권에 포함되지 못하는 그 외 유가증권을 매도가능증권으로 분류한다.

16 지분증권의 평가 및 처분, 보유

⑤ 채권·채무조정으로 인하여 발행되는 전환사채에 대해서는 전환권으로 인식하지 않고 전환사채의 만기까지 발생한 미래 현금흐름을 채무발생 시점의 유효이자율로 할인하여 계산된 현재가치와 조정대상채무의 장부금액과의 차이를 채무조정이익으로 인식한다.

17 지분증권의 평가 및 처분, 보유

②

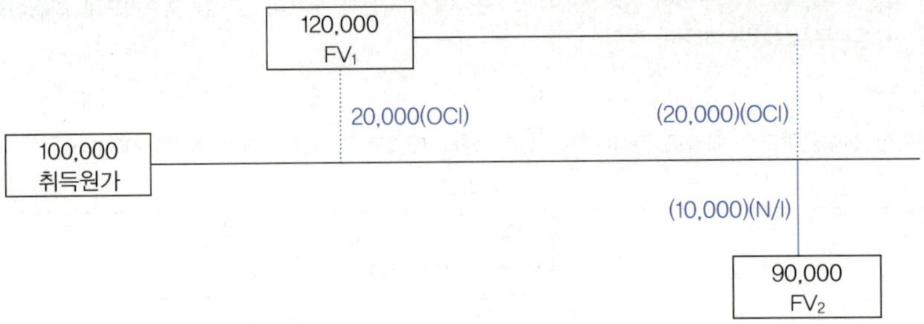

- 20×1년 취득원가(토지) : 100,000
- 20×1년 말 FV : 120,000
- 20×1년 재평가잉여금(OCI) : 20,000 = 120,000 – 100,000
- 20×2년 말 FV : 90,000
- 20×2년 우선 상계액(OCI) : 20,000 = 120,000 – 100,000
- 20×2년 재평가손실(N/I) : 10,000 = 100,000 – 90,000

18 일괄구입

④ 토지의 취득가액에 구건물 철거비용 및 그 부산물 매각대금은 순액으로 반영하고, 재산세는 세금과공과로 당기비용처리한다.

➲ 토지의 취득가액 = 10,000,000 + (2,500,000 – 500,000) + 1,300,000 = 13,300,000원

19 교환에 의한 취득

③ 동종자산의 교환 : 취득원가 = 제공한 자산의 장부금액 + 지급한 현금

➲ B의 취득원가 = 120,000 + 50,000 = 170,000원

20 일괄구입

② 건물을 신축하기 위하여 사용 중인 기존건물을 철거하는 경우 기존 건물의 장부금액과 철거비용은 전액 당기비용처리한다.

21 무형자산의 상각

⑤ 무형자산도 자산의 한 종류이기 때문에 자산의 인식요건인 식별가능성은 필수적으로 필요하다.

22 사채의 발행유형별 회계처리

③ 2년간 총 이자비용 : 97,400 = 지급할 현금 [500,000 + {(500,000 × 8%) × 2}] – 수령한 현금 482,600

참고 사채의 현금흐름 분석

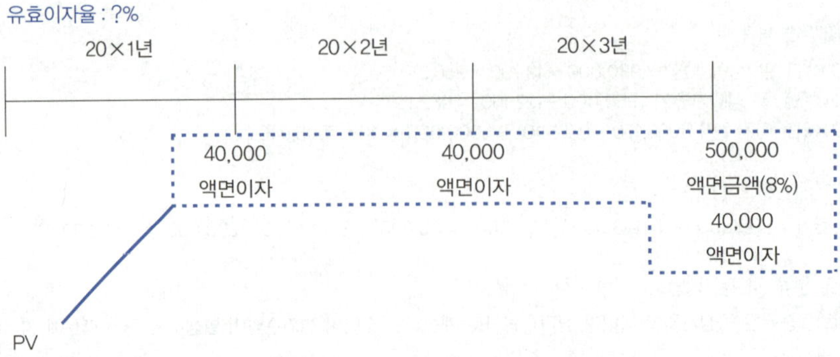

총 이자비용 산식

① (액면이자 × 지급횟수) + (사채 액면금액 – 사채 발행금액)
97,400 = {(500,000 × 8%) × 2} + (500,000 – 482,600)

② 미래에 지급할 금액 – 사채발행 시 수령한 현금
97,400 = [500,000 + {(500,000 × 8%) × 2}] – 482,600

23 복합금융상품

① 신주인수권부사채는 신주를 인수할 권리를 부여한 것일 뿐이기 때문에 행사가액만큼 현금납입을 필요로 하나, 전환사채는 사채를 주식으로 전환하는 것이기 때문에 추가적인 현금납입이 불필요하다.

24 자산이전에 의한 채무변제

① • 채권·채무조정 시 채권자 입장에서는 채권포기로 인한 손실이 발생한다. 발생액은 수령한 자산의 공정가치에서 채권가액에 미달하는 만큼이며, 기설정한 대손충당금은 차감한다.

• 손실발생액 = 100,000 − 80,000 = 20,000원

➲ 20,000 − 100,000 × 10% = 10,000원 손실

25 유형자산의 증감분석

② 2008년의 기계의 취득원가 : 8,000,000

• 2008년 취득원가(기계) : A로 가정

• 2011년에 인식할 감가상각비 : 1,000,000

$$= (A - 800{,}000) \times \frac{5}{8+7+6+5+4+3+2+1}$$

∴ A = 8,000,000

참고 별해 : 감가상각비의 계산 도식 적용

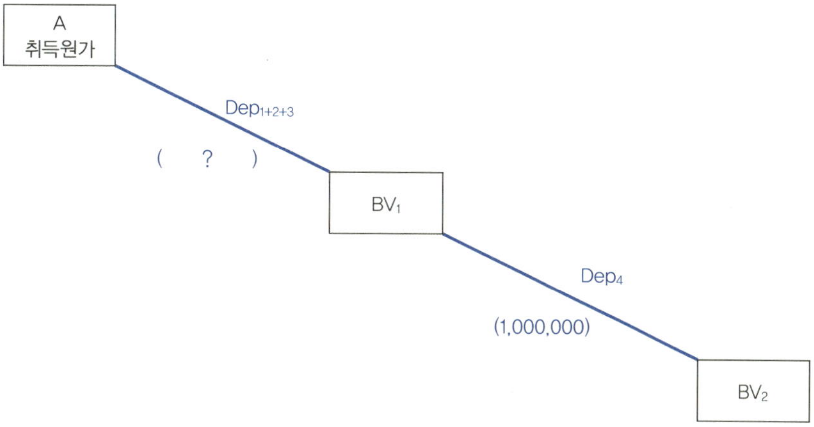

• 2008년 취득원가(기계) : A로 가정

• 2011년에 인식할 Dep : 1,000,000

$$= (A - 800{,}000) \times \frac{5}{8+7+6+5+4+3+2+1}$$

∴ A = 8,000,000

26 충당부채의 인식

② 충당부채는 과거사건으로 인한 의무로 인해 발생하는 것으로 미래영업을 위하여 발생할 원가는 충당부채로 인식할 수 없다.

27 중소기업 회계처리특례

④ 오답체크

ㅁ. 중소기업특례를 적용하여도 감가상각비는 인식하여야 한다.

28 재화의 판매 사례

③ • 수탁자는 위탁판매 시 수수료만을 수익으로 인식한다.

• 1년 이내 단기할부판매는 인도 시점에 전액 수익으로 인식한다.

➲ ㈜과거가 20×4년 수익으로 인식할 금액 = 1,000,000 × 10% + 2,000,000 = 2,100,000원

29 회계변경의 의의

② 유형자산의 잔존가치가 증가하는 경우 상각가능금액이 감소하여 감가상각비가 줄어들기 때문에 당기순이익이 증가한다.

오답체크

① ③ ④ ⑤ 모두 비용을 증가시키는 변경이므로 당기순이익을 감소시킨다.

30 자산 및 부채의 인식과 이전대가

① 컨설팅비용, 주식발행비용 등 사업결합원가는 영업권이나 염가매수차익에 영향을 주지 않는다.

➲ 영업권 = 이전대가 − 순자산가액 = 150,000 − 120,000 = 30,000원

31 사업결합

⑤ 조인트벤처는 일반기업회계기준상 사업결합에 해당하지 않는다.

32 사업결합

③ 사업결합은 자산의 이전, 부채의 부담, 자본의 발행 등 다양한 형태로 이전대가를 지불할 수 있는데 유의적 영향력의 획득은 사업결합에 해당하지 않는다.

33 자산 및 부채의 인식과 이전대가

④ 영업권 = 700,000 − 800,000 × 80% = 60,000원

➲ 연결당기순이익 = 300,000 + 100,000 − $\frac{60,000}{5}$ = 388,000원

34 연결회계의 기초

④ • 일반적으로 20% 이상의 지분을 보유하게 되면 유의적 영향력을 행사할 수 있고 50% 초과하는 지분을 보유하면 지배력을 보유하게 된다.

• ㈜미래 : 20% 이상의 지분을 보유하고 있으나 법적 구조조정절차를 밟고 있기 때문에 유의적 영향력을 행사하지 못하며, 공정가치 평가가 불가능하므로 원가법을 적용한다.

• ㈜한성 : 20% 이상 50% 미만 지분을 보유하고 있으나 실질적으로 의결권 위임을 받고 이사회 구성원 과반수를 임명할 수 있기 때문에 지배력을 보유하고 있다고 볼 수 있다. 따라서 연결재무제표를 작성해야 한다.

35 연결회계의 기초

① 종속기업이 보유하고 있는 피투자회사에 대한 지분율은 종속기업에 대한 지분율에 상관없이 단순합계로 계산한다. 예를 들어 종속기업에 대한 지분율이 60%, 종속기업의 피투자기업 지분율이 30%인 경우 30%의 지분으로 계산한다.

36 지분법 회계처리

⑤ • 지분법이익은 피투자회사의 당기순이익 중 지분율 해당분에 영업권상각액을 차감하여 계산한다.

• 영업권 해당액 = 200,000 − 500,000 × 30% = 50,000원

➲ 지분법이익 = 100,000(당기순이익) × 30% − 50,000/5(영업권상각액) = 20,000원

37 지분법 회계처리

④ 지분법주식의 장부금액은 지분법이익을 가산하고 현금배당액을 차감하여 산출한다.

➲ 지분법주식 장부금액 = 200,000 + 20,000 − 40,000 × 30% = 208,000원

38 지분법 회계처리

④ 영업권 = 700,000 − 700,000 × 80% = 140,000원

➲ 지분법이익 = (200,000 − 300,000 × 20% × 30%) × 80% − $\frac{140,000}{20}$ = 138,600원

39 연결회계의 계산

④ ㈜합정의 당기순이익은 32,000원이고 연결당기순이익은 36,000원, 비지배지분은 44,000원이다.

• 당기순이익
  - 영업권 = 80,000 − 100,000 × 60% = 20,000원
  - 지분법이익 = 10,000 × 60% − 20,000/5 = 2,000원
  - 당기순이익 = 30,000 + 2,000 = 32,000원

• 연결당기순이익
  - 비지배지분순이익 = 10,000 × 40% = 4,000원
  - 연결당기순이익 = 지분법적용 후 당기순이익 + 비지배지분순이익 = 32,000 + 4,000 = 36,000원

• 비지배지분
  - ㈜종각의 기말순자산 × 40% = (100,000 + 10,000) × 40% = 44,000원

40 연결재무제표의 작성대상에서 제외되는 경우

① 지배기업의 최상위 지배기업(또는 중간 지배기업)이 일반기업회계기준을 적용하여 일반 목적으로 이용가능한 연결재무제표를 작성한 경우 지배기업은 연결재무제표를 작성하지 않아도 된다.

오답체크

② ③ ④ 종속기업과 지배기업의 회계연도가 불일치하면 지배기업의 회계연도에 맞춰 작성해야 하며(3개월 이내 제외), 연결재무제표의 작성여부는 예외적인 경우에만 작성하지 않는 것이지 임의로 선택 가능하지 않다.

41 연결회계의 계산

③ • 연결재무제표상 자산총액은 연결조정분개를 통해서 투자주식이 상계되어 차감되고 공정가치와 장부금액의 차액만큼 가감되며 영업권 발생액이 가산된다.
• 영업권 발생액 = 500,000 − 350,000 = 150,000원
➲ 자산총계 = 1,000,000 + 500,000 − 500,000 + 50,000 + 150,000 = 1,200,000원

42 연결재무제표 작성기업과 종속기업의 판단 시 주의사항

⑤ 일반적인 신탁계약의 수탁자는 신탁계약에 따라 의사결정능력을 갖게 되더라도 이 능력은 신탁자의 효익을 위한 것이지 수탁자 자신의 효익을 위한 것은 아니므로 신탁계약에 따른 수탁자의 의사결정능력은 지배력의 정의를 충족하지 못한다.

43 지분법 회계처리

④ • 영업권 = 900,000 − 800,000 × 90% = 180,000원
• 지분법손실 = $(100,000) \times 90\% - \frac{180,000}{10} = (108,000)$원
➲ 20×1년 말 지분법적용 투자주식 장부금액 = 900,000 − 108,000 − 40,000 × 90% = 756,000원

44 연결재무제표 작성 시 유의사항

② 지배기업이 종속기업에게 사업 일부를 양도한 경우의 손상차손은 지배기업의 개별재무제표상에는 중단사업손익으로 구분표시되지만 연결재무제표상에서는 이를 중단사업손익으로 표시할 수 없고 영업외비용 등으로 적절히 분류하여야 한다.

45 연결회계의 계산

⑤ • 염가매수차익 : 1,200,000 × 30% − 350,000 = 10,000
• ㈜민국의 조정전 당기순이익 : {100,000 − (25,000 − 20,000) × 17,500/25,000} × 30% + 10,000 = 38,950

46 리스의 분류

② 리스이용자가 염가매수선택권을 가지고 있더라도 행사할지 여부가 불분명하다면 금융리스로 분류할 수 없다.

47 금융리스

① • 리스개설직접원가가 없기 때문에 연간리스료와 리스기간 종료 시점의 염가매수금액을 내재이자율로 할인한 현재가치금액이 공정가치와 일치해야 한다.
• 연간리스료 × 2.48685 + 10,000 × 0.75131 = 1,000,000원
➲ 연간리스료 = 399,094원

48 금융리스

③ 리스부채 = Min[200,000, (51,000 − 1,000) × 3.31 + 40,000 × 0.73] = 194,700원

49 건설계약의 회계처리

② • 20×2년 진행률 = $\frac{80,000}{250,000} = 32\%$
• 20×2년 공사손익 = (300,000 − 250,000) × 32% = 16,000원
➲ 20×3년 공사손익 = (300,000 − 320,000) × 100% − 16,000 = (36,000)원

50 외화표시 계정의 환산

④ 재평가한 부동산은 재평가일 환율을 적용한다.

오답체크

② 재고자산은 원칙적으로는 취득일 환율을 적용해야 하나 저가법을 적용하는 경우 결산일 환율로 환산한다.

51 외화표시 계정의 환산

① • 20×4년 = 10,000달러 × (1,200 − 1,000) = 2,000,000원 외환손실(자산의 가치가 감소하였으므로 손실에 해당)
• 20×5년 = 10,000달러 × (1,100 − 1,000) = 1,000,000원 외환이익(자산의 가치가 증가하였으므로 이익에 해당)

52 기능통화와 표시통화

④ 주 거래처의 기능통화가 공급가격에 주로 영향을 미치는 통화에 해당하여 기능통화가 될 가능성은 있으나, 주 거래처의 기능통화라는 이유만으로 기능통화로 보기는 어렵다.

53 외화표시 계정의 환산

⑤ 재무제표를 표시통화로 환산하면서 발생하는 외환차이는 당기순이익이 아니라 기타포괄손익으로 인식한다.

54 법인세회계의 의의

② 회계상 비용으로 계상되었으나 세무상으로는 정당한 지출로 인정되지 못한다면 이는 일시적차이가 아니라 영구적차이에 해당한다.

55 법인세회계의 의의

⑤ 일반적으로 보수주의 관점에 따라 미래효익을 감소시키는 가산할 일시적차이는 전부 부채로 인식하는 것이나 C와 D의 경우 미래 과세소득에 영향을 주지 않기 때문에 이연법인세부채로 인식하지 않는다.

56 법인세 계산구조

④ ㈜이안의 20×4년 재무상태표에는 이연법인세부채 5,000원이 계상된다.

구 분	20×4년	20×5년 이후
회계상 이자수익	50,000원[1]	250,000원[2]
세무상 이자수익	0원	300,000원
가산할 일시적차이	(50,000)원	50,000원
법인세율	30%	10%
법인세	–	5,000원

[1] 1,000,000 × 10% × 6/12

[2] 1,000,000 × 10% × (2 + 6/12)

57 법인세 계산구조

④ 당기법인세 납부액 = 170,000 × 30% = 51,000원

- 이연법인세부채 = 40,000 × 25% = 10,000원

➲ 당기법인세비용 = 51,000 + 10,000 = 61,000원

58 건설계약의 회계처리

② • 진행률

- 20×4년 = $\frac{30,000}{1,200,000}$ = 25%
- 20×5년 = $\frac{900,000}{1,200,000}$ = 75%

• 공사손익

- 20×4년 = (1,500,000 – 1,200,000) × 25% = 75,000원
- 20×5년 = (1,500,000 – 1,200,000) × 75% – 75,000 = 150,000원

59 건설계약의 회계처리

① • 20×1년 진행률 : 130,000 ÷ 650,000 = 20%

- 20×2년 진행률 : 595,000 ÷ 850,000 = 70%
- 20×2년 말 공사손실충당부채 : (800,000 – 850,000) × (1 – 70%) = 15,000

fn.Hackers.com

▶ 문제 | p.32

01 ④	02 ②	03 ②	04 ③	05 ②	06 ④	07 ②	08 ③	09 ③	10 ①
11 ⑤	12 ④	13 ③	14 ⑤	15 ④	16 ④	17 ②	18 ①	19 ④	20 ②
21 ②	22 ①	23 ②	24 ①	25 ①	26 ⑤	27 ⑤	28 ②	29 ③	30 ③
31 ⑤	32 ①	33 ③	34 ③	35 ④	36 ④	37 ⑤	38 ④	39 ①	40 ①
41 ⑤	42 ②	43 ①	44 ②	45 ②	46 ②	47 ④	48 ②	49 ②	50 ④
51 ③	52 ③	53 ③	54 ④	55 ③	56 ②	57 ④	58 ②	59 ③	

01 개념체계의 질적특성

④ A : 제거요건을 충족하지 아니한 거래는 매출채권에서 제거할 수 없으므로 일반기업회계기준에 위배된다.
B : 선입선출법이 아닌 후입선출법으로 평가하여야 보수주의 효과가 나타난다.
C : 보수주의 회계처리 효과가 나타난다.

02 현금및현금성자산

② 동일은행의 당좌차월과 당좌예금은 서로 상계하고 서로 다른 은행의 당좌차월과 당좌예금은 상계하지 아니한다.

03 개념체계의 질적특성

② 오답체크

① 검증가능성이란 동일한 경제적 사건이나 거래에 대하여 동일한 측정방법을 적용할 경우 다수의 독립적인 측정자가 유사한 결론에 도달할 수 있어야 함을 의미한다. 그러나 검증가능성이 높다는 것이 표현의 충실성을 보장하거나 목적적합성이 높다는 것을 의미하는 것은 아니다.

③ 피드백가치란 제공되는 재무정보가 기업실체의 재무상태 등에 대한 정보이용자의 당초 기대치를 확인 또는 수정할 수 있도록 의사결정에 영향을 미칠 수 있는 능력을 의미한다. 또한 대부분의 재무정보는 예측가치와 피드백가치를 동시에 갖고 있는 경우가 많다.

④ 표현의 충실성을 확보하기 위해서는 회계처리 대상이 되는 거래 및 사건의 형식보다는 그 경제적 실질에 따라 회계처리하고 보고하여야 하는데, 이는 거래나 사건의 경제적 실질은 법적 형식 또는 외관상의 형식과 항상 일치하는 것은 아니기 때문이다.

⑤ 적시성이 있는 정보라고 하여 반드시 목적적합성을 갖는 것은 아니나, 적시에 제공되지 않는 정보는 목적적합성을 상실하게 된다.

04 발생주의

③ • 회사의 회계처리

(차) 현금	360,000	(대) 임대수익	360,000

• 올바른 회계처리

(차) 현금	360,000	(대) 임대수익[1]	300,000
		선수수익[2]	60,000

[1] 360,000 × 10/12 = 300,000
[2] 360,000 − 300,000 = 60,000

➲ 선수수익(부채) 60,000 과소계상

• 기말수정분개

(차) 임대수익	60,000	(대) 선수수익	60,000

05 중간재무제표

② 최종 중간기간의 재무제표는 별도로 작성하지 아니할 수 있다.

06 재고자산 조정

④ 20×1년 말의 매출원가 : 1,020,000 = 기초재고자산 200,000 + 매입 1,000,000 − 수정 재고자산 180,000

- 수정 재고자산 : 180,000 = 기말재고자산 100,000 + 재고자산 조정 80,000
  - ➲ 재고자산 조정 : 80,000 = 40,000 + 40,000
    - * 적송품 : 40,000 = 200,000 × (1 − 0.8)
    - * 시송품 : 40,000 = 60,000 − 20,000
- 매출원가 : 1,020,000 = 판매가능재고자산 1,200,000 − 수정 재고자산 180,000
  - ➲ 판매가능재고자산 : 1,200,000 = 기초재고자산 200,000 + 매입 1,000,000

재고자산

기초	200,000	매출원가	1,020,000
매입	1,000,000	기말	180,000

참고 기말재고자산 조정 판단

재고자산 조정	1st In 창고	→	2nd My 재고	→	창고실사재고자산 가산(차감) 여부
도착지인도조건 − 구매자	×	→	×	→	조정사항 없음
위탁판매(판매 ○) − 위탁자	×	→	×	→	조정사항 없음
위탁판매(판매 ×) − 위탁자	×	→	○	→	+ 40,000
시용판매(매입의사 표시 ○)	×	→	×	→	조정사항 없음
시용판매(매입의사 표시 ×)	×	→	○	→	+ 40,000
기말재고자산 조정 항목의 합계					+ 80,000

07 매출총이익률법

② 20×1년 말의 매출액 : 25,000 = 매출원가 20,000 + 매출총이익 5,000

- 매입 : 19,500
  - ➲ 계산방법1 : 19,500 = 기말매입채무 6,000 + 현금 지급 17,500 − 기초매입채무 4,000
  - ➲ 계산방법2 : 19,500 = 외상매입(순) 19,500 − 현금매입 0
- 매출원가 : 20,000 = 판매가능재고자산[1] 25,500 − 기말재고자산 5,500
  - [1] 25,500 = 기초재고자산 6,000 + 매입 19,500
- 당기매출액 : 25,000 = 매출원가 20,000 + 매출총이익 5,000

참고 별해 : T계정 풀이법 적용

재고자산

기초	6,000	매출원가	20,000
매입	19,500	기말	5,500

⇒ 매출원가 = 매출 − 매출총이익
20,000 = X − 5,000
∴ X = 25,000

⇑ (매입) 매입(순) = 현금매입 + 외상매입(순)
19,500 = 0 + 19,500

⇑ (매출) 매출(순) = 현금매출 + 외상매출(순)
해당 문제 제시된 사항 없음

매출채권

기초		회수	
외상(순)		기말	

⇑ 외상매출(순) = 매출(순) − 현금매출
해당 문제 제시된 사항 없음

매입채무

지급	17,500	기초	4,000
기말	6,000	외상(순)	19,500

⇑ 외상매입(순) = 매입(순) − 현금매입
19,500 = 19,500 − 0

08 재고자산의 취득원가

③ A(매입운임, 하역료 및 보험료 등 취득과정에서 정상적으로 발생한 부대원가)와 D(실제조업도가 정상조업도와 유사한 경우 실제조업도에 의한 고정제조간접비 배부액)만 재고자산 취득원가에 포함한다.

09 매출채권의 대손

③ • 대손충당금 T계정
기초 30,000 + 대손상각비 = 대손확정 60,000 + 기말 (500,000 − 480,000)
∴ 대손상각비 50,000

10 유형자산의 감가상각

① • 20×1년 감가상각비 : (100,000 − 20,000) × 4/10 × 3/12 = 8,000
• 20×2년 초 장부금액 : 100,000 − 8,000 + 30,000 = 122,000
• 20×2년 감가상각비 : (122,000 − 50,000)/10 = 7,200

11 유형자산의 취득원가

⑤ 오답체크
① 건물을 신축하기 위하여 사용 중인 기존 건물을 철거하는 경우 기존 건물의 장부금액은 처분손실로 비용처리한다.
② 토지의 취득원가는 취득 시점의 현금구입가격기준인 9억원이 된다.
③ 차입원가는 기간비용으로 처리함을 원칙으로 하나 유형자산의 취득원가처리도 가능하다.
④ 안전 또는 환경상의 규제 때문에 취득하여야 하는 유형자산이 비록 그 자체로는 직접적인 미래경제적효익을 얻을 수 없지만 다른 자산으로부터 경제적 효익을 얻기 위해 필요한 경우라면 회수가능액 범위 내에서 유형자산으로 인식할 수 있다.

12 유형자산의 재평가

④ • 최초 장부금액 : 10,000 + 500 = 10,500
• 평가손실 : 8,000 − 10,500 = (−)2,500

13 교환에 의한 취득

③ 1. ㈜한국의 회계처리

(차) 신자산	150,000	(대) 구자산	300,000
처분손실	150,000		

* 처분손익 : 150,000 − 300,000 = (−)150,000

(차) 신자산	100,000	(대) 현금	100,000

(1) 교환거래 시 취득원가(기계) : 250,000
취득원가 = 제공한 자산의 FV + 현금 지급 − 현금 수령 = 150,000 + 100,000 = 250,000
(2) 교환거래 시 처분손익 : 150,000 손실
처분손익 = 제공한 자산의 FV − 제공한 자산의 BV = 150,000 − 300,000 = (−)150,000

2. ㈜대한의 회계처리

(차) 신자산	250,000	(대) 구자산	350,000
처분손실	100,000		

* 처분손익 : 250,000 − 350,000 = (−)100,000

(차) 현금	100,000	(대) 신자산	100,000

(1) 교환거래 시 취득원가(기계) : 150,000
취득원가 = 제공한 자산의 FV + 현금 지급 − 현금 수령 = 250,000 − 100,000 = 150,000
(2) 교환거래 시 처분손익 : 100,000 손실
처분손익 = 제공한 자산의 FV − 제공한 자산의 BV = 250,000 − 350,000 = (−) 100,000

14 종업원 급여

⑤

퇴직급여충당부채

지급액	40,000	기초	기초 퇴직금일시지급추계액 150,000
기말(I)	기말 퇴직금일시지급추계액 320,000	당기설정액	퇴직급여(대차차액) 210,000

15 유형자산처분손익

④ 기초 60,000 − 감가상각비 35,000 + 취득 52,000 − 처분 시 장부금액 = 기말 70,000
∴ 처분 시 장부금액 : 7,000
➲ 유형자산처분손익 : 25,000 − 7,000 = 18,000 이익

16 중소기업 회계처리특례

④ E. 중소기업특례를 적용하여도 감가상각비는 인식하여야 한다.

17 금융자산의 제거

② 해당 회계처리는 매출채권의 제거요건을 충족할 때 할 수 있는 회계처리이다. 다음의 요건을 모두 충족하는 경우 양도자가 매출채권에 대한 통제권을 이전한 것으로 보아 매각거래로 제거한다.

A. 양도인은 매출채권 양도 후 당해 매출채권에 대한 권리를 행사할 수 없어야 한다.
B. 양도인은 매출채권 양도 후 효율적인 통제권을 행사할 수 없어야 한다.
C. 양수인은 양수한 매출채권을 처분할 자유로운 권리를 갖고 있어야 한다.

18 정부보조금 등 지원에 의한 취득

① • 당기말 건물의 장부금액 : 500,000 – 500,000/10 = 450,000
• 당기 감가상각비 : 500,000/10 = 50,000

* 재무상태표의 표기로 회사는 자산차감법을 사용한다는 것을 알 수 있다.

19 무형자산의 취득원가

④ 정부보조에 의해 무형자산을 무상 또는 공정가치보다 낮은 대가로 취득한 경우에는 무형자산의 취득원가는 취득일의 공정가치로 한다.

20 금융자산-채무상품

② 35기 이자수익 : (4,900,000 – 68,950) × 12% = 579,726

21 금융자산-지분상품

② 20×2년 법인세비용차감전순이익에 미치는 영향 : (+)20,000
처분손익(N/I) : (+)20,000 = (81,000 – 1,000) – (60주 × @1,000)

• 무상증자 : 영향 없음(주식수와 주당 단가는 변동함)

구 분	무상증자 전	무상증자 후
FVPL금융자산의 주식수	100주	120주 = 100 × (1 + 0.2)주
주당 BV	1,200	1,000 = 120,000 ÷ 120주
BV	120,000	120,000

• 처분손익(N/I) : (+) 20,000 = (81,000 – 1,000) – (60주 × @1,000)

* 무상증자로 주당 단가는 @1,000으로 변동

• 처분 시 회계처리

(차) 현금[1]	80,000	(대) 단기매매증권[2]	60,000
		처분이익	20,000

[1] 81,000 – 1,000 = 80,000
[2] 60주 × @1,000 = 60,000

22 사채의 할인발행

① • 20×2년 초 사채의 장부금액 : 84,000 – 2,000(사채할인발행차금 = 사채 기말 BV – 기초 BV) = 82,000
• 사채의 유효이자율 : 8,200 ÷ 82,000 = 10%
• 20×3년 말 사채의 장부금액 : 기초장부금액 84,000 × (1 + 유효이자율) 1.1 – 액면이자 6,200 = 86,200

23 사채의 상환

② • 사채상환시점 사채의 장부금액

(차) 사채(장부금액)(역산)	639,184	(대) 현금	637,000
		상환이익	2,184

• 사채 상환비율(R) : 639,184 ÷ (875,645 × 1.1 - 50,000) = 70%
• 20×2년 말 사채의 장부금액 : 1,050,000/1.1 × (1 – 70%) = 286,364(단수차이)

24 이익잉여금처분계산서

① • 기초 미처분이익잉여금 : 250,000
• 20×1년 미처분이익잉여금 처분액 : (100,000) + (20,000) + (25,000) + (100,000 × 10%)[1] = (155,000)

[1] 이익준비금이 자본금의 1/2에 도달하지 않았으므로 10% 모두 적립한다.

• 20×2년 미처분이익잉여금 처분액 : (200,000) + (200,000 × 10%) = (220,000)
• 20×2년 당기순이익(A) : 250,000 – 155,000 + A – 220,000 = 420,000, A = 545,000

25 자기주식

①

20×1년 3월 1일	(차) 자기주식	@6,800 × 50주 = 340,000	(대) 현금	340,000
20×1년 4월 1일	(차) 자기주식	@5,600 × 20주 = 112,000	(대) 현금	112,000
20×1년 4월 21일	(차) 현금	@6,900 × 30주 = 207,000	(대) 자기주식 자기주식처분이익	@6,800 × 30주 = 204,000 3,000
20×1년 4월 30일	(차) 현금 자기주식처분이익 자기주식처분손실	@4,800 × 10주 = 48,000 3,000 17,000	(대) 자기주식	@6,800 × 10주 = 68,000

* 기업이 취득한 자기주식을 외부로 처분하는 경우 처분대가와 처분된 자기주식의 장부금액인 취득원가와의 차이를 자기주식처분이익(자본잉여금) 또는 자기주식처분손실(자본조정)로 인식한다. 자기주식처분손실은 자기주식처분이익과 우선상계한다. 자기주식처분손실은 주주총회에서 이익잉여금의 처분으로 상각할 수 있다.

26 금융자산의 조건변경

⑤ 조건변경의 경우 약정상 정해진 미래현금흐름을 채권·채무 발생 시의 유효이자율을 적용하여 할인한다.

27 회계정책, 회계추정의 변경 및 오류

⑤ 회계정책변경에 따른 회계변경누적효과는 당기손익에 영향을 미치지 아니한다.

28 주당이익

② • 주주우선배정 신주발행(공정가치 미만의 유상증자) TOOL

- 1st FV기준 발행가능 유상증자 주식수 : 총현금유입액/유상증자 전일 공정가치 12,000주 × ₩1,000/₩1,500 = 8,000주
- 2nd 무상증자주식수 : 총발행주식수 - FV기준 발행가능 유상증자주식수 12,000주 - 8,000주 = 4,000주
- 3rd 무상증자비율 : 무상증자주식수/(유상증자 전 주식수 + FV기준발행 유상증자주식수) 4,000주/(24,000주 + 8,000주) = 12.5%

• 가중평균유통보통주식수

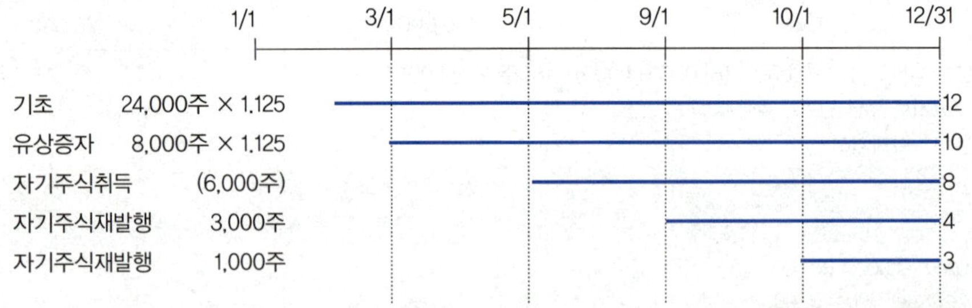

➲ 가중평균유통보통주식수 : (24,000 × 1.125 × 12 + 8,000 × 1.125 × 10 - 6,000 × 8 + 3,000 × 4 + 1,000 × 3)/12
= 31,750

29 보고기간후사건

③ 유가증권의 가격 하락은 수정을 요하는 보고기간후사건에 해당하지 않는다.

30 연결회계

③ 종속기업에 대한 지분율이 100% 미만일 경우에는 연결당기순손익에 비지배지분순손익이 포함된다.

31 지분법회계

⑤ 피투자기업의 이익잉여금이 변동되면 투자기업은 그 변동액에 투자기업 지분율을 곱한 금액만큼 투자주식장부금액을 조정하고 지분법이익잉여금변동을 인식한다.

32 지배기업 실체이론과 지배이론

① 지배기업개념에 따를 경우 비지배지분은 부채로 분류되는 반면 실체개념하에서는 자본으로 분류되므로 지배기업개념하에서의 부채비율이 실체개념하에서의 부채비율보다 높아진다.

33 사업결합

③ 오답체크

① 피취득자가 비용으로 인식한 연구비가 취득자의 관점에서 볼 때 식별 가능하다면 취득자산(무형자산)에 포함된다.

② 피취득자가 부채로 인식하지 않은 우발부채에 대해 그것이 과거사건에서 발생한 현재의무이고 그 공정가치를 신뢰성 있게 측정할 수 있다면 취득일에 취득자의 식별 가능 부채에 포함시킬 수 있다.
④ 취득 관련 원가는 용역을 제공받는 기간에 당기비용으로 인식한다.
⑤ 영업권은 20년 이내에 정액법으로 상각한다.

34 사업결합

③ 오답체크
① 이전대가가 취득자산 및 인수부채의 순액보다 더 많다면 그 차액을 영업권으로 인식한다.
② 영업권은 무형자산으로 구분하고 20년 이내의 기간 동안 정액법으로 상각한다.
④ 이전대가가 취득자산 및 인수부채의 순액보다 더 적다면 염가매수차익에 해당한다.
⑤ 염가매수차익은 취득일에 당기손익으로 인식한다.

35 연결회계

④ 오답체크
① 연결실체 내의 다른 기업들과 사업의 종류가 다르다는 이유로 종속기업을 연결 대상에서 제외시키지 않는다.
② 지배-종속 관계가 연속하여 성립되는 경우 최상위 지배기업이 외국법인이면 차상위 내국법인이 연결재무제표를 작성한다.
③ 외국에 소재하는 종속기업도 연결 대상에서 포함된다.
⑤ 다른 투자자와의 약정으로 과반수의 의결권을 행사할 수 있는 능력이 있는 경우에는 지배기업이 다른 기업 의결권의 절반 또는 그 미만을 소유하더라도 지배하는 것으로 본다.

36 연결회계

④ 오답체크
① 연결재무상태표, 연결손익계산서, 연결자본변동표 및 연결현금흐름표가 작성된다.
② 연결재무상태표의 자산총계는 지배기업의 자산총계와 종속기업의 자산총계의 합산금액보다 크다.
③ 연결재무상태표의 부채총계는 지배기업의 부채총계와 종속기업의 부채총액의 합산금액과 동일하다.
⑤ 비지배지분은 없다.

37 연결회계

⑤ 오답체크
① 지배기업과 종속기업 간 채권·채무의 상계제거는 연결당기순이익에 영향을 미치지 않는다.
② 지배기업과 종속기업 간 매출·매입의 상계제거는 연결당기순이익에 영향을 미치지 않는다.
③ 지배기업과 종속기업 간 채권·채무 및 수익·비용의 상계제거 시 지배기업 지분율에 관계없이 전액 제거한다.
④ 미실현이익이 하향거래로부터 발생된 것인지 아니면 상향거래로부터 발생된 것인지에 따라 연결당기순이익이 달라지지 않는다.

38 사업결합

④

(차) 자산(건물및영업권제외)[1]	850,000	(대) 부채	600,000
운용리스자산(유리한조건)	30,000	현금	1,000,000
건물(대차차액)	540,000		
영업권	180,000		

[1] 1,300,000 − 350,000 − 100,000 = 850,000

• 피취득자가 이전의 사업결합에서 장부에 인식한 영업권은 피취득자의 식별할 수 있는 순자산이 아니므로 승계할 수 없다.
• 리스이용자는 시장조건보다 유리한 리스조건을 사용권자산에 가산하여야 하며, 운용리스의 리스제공자는 시장조건보다 불리한 조건이 이미 운용리스자산의 공정가치에 반영되어 있으므로 추가로 고려할 금액은 없다.

39 사업결합

① 영업권의 측정
• 이전대가 : 1,200주 ÷ 1.5 × 300 = 240,000
• 순자산공정가치 : 268,000 − 46,000 = 222,000
➲ 영업권 = 240,000 − 222,000 = 18,000

40 사업결합

① • 순자산 : {46,000 + 50,000 × (1 + 20%) + 78,000 × (1 + 40%)} − 92,000 = 123,200
• 영업권 : 200,000 − 123,200 = 76,800
* 합병 관련 자문수수료는 이전대가가 아니므로 당기비용으로 인식한다.

제3회 정답 및 해설
해커스 신용분석사 1부 한권합격 이론+적중문제+모의고사

41 연결회계

⑤ 20×1년 말 비지배지분 : (460,000 + 80,000 + 112,000) × 30% = 195,600

* B사의 조정후 N/I : 120,000 − (150,000 − 70,000)/10 = 112,000

42 연결회계

② • ㈜대한의 조정후 N/I : 7,000,000 − 500,000/5 = 6,900,000

• 비지배지분 : 25,000,000 × 30% + 500,000 × 30% + 6,900,000 × 30% = 9,720,000

43 연결회계

①

	지배기업지분(80%)	비지배지분(20%)
종속기업순자산BV 1,800,000	1,440,000	360,000
종속기업순자산FV − BV 400,000	320,000	80,000
영업권	240,000	
이전대가 2,000,000		
종속회사 조정후 N/I(②) 150,000	지배기업소유주지분 순이익(A) 120,000	비지배기업소유주 귀속 순이익(B) 30,000

* 지배기업소유주지분 귀속 순이익 : 지배기업 별도F/S의 N/I(①) + A
= 500,000 + 120,000 − 240,000/6 = 580,000

* 연결당기순이익 : 지배기업소유주지분 귀속 순이익 + B = 620,000 + 30,000 = 650,000

* 비지배지분 : 360,000 + 80,000 + 30,000 = 470,000

구 분	지배기업	비지배기업
조정전 N/I	500,000	300,000
투자평가차액 상각		
− 재고자산		(100,000)
− 건물		(30,000)
내부거래제거		
− 하향거래 미실현손익	(−)	
− 상행거래 미실현손익		(20,000)
종속기업으로부터의 배당수익	(−)	
조정후 N/I	① 500,000	② 150,000

44 연결회계

② 관계기업투자주식 : 50,000 + (10,000 + 5,000 − 3,000) × 20% = 52,400

45 지분법회계

② • 20×1년 취득 시점 영업권 분석

	투자자의 지분율(20%)	기타 지분율
관계기업순자산BV 1,000,000	200,000	
관계기업순자산FV − BV 450,000	90,000	
영업권	10,000	
취득금액 300,000		

• 지분법이익
- 20×1년 지분법이익 : 410,000 × 20% − 10,000/10 = 81,000
- 20×2년 지분법이익 : 260,000 × 20% − 10,000/10 = 51,000

구 분	20×1년	20×2년
조정전 ㈜미래의 N/I	500,000	300,000
매출원가 조정	(50,000)	−
감가상각비 조정	(40,000)	(40,000)
조정후 ㈜미래의 N/I	410,000	260,000

• 관계기업투자주식
− 20×1년 관계기업투자주식 : 300,000 + 81,000 − 100,000 × 20% = 361,000
− 20×2년 관계기업투자주식 : 300,000 + 81,000 + 51,000 − (180,000) × 20% = 396,000

46 건설계약

② • 2015년도 진행률 : 80,000 ÷ 100,000 = 0.8
• 2016년도 진행률 : 200,000 ÷ 200,000 = 1
• 2015년도 누적 계약손익 : (300,000 − 100,000) × 0.8 = 160,000
• 2016년도 누적 계약손익 : (300,000 − 200,000) × 100% = 100,000
• 2016년도 당기 계약손익 : 100,000 − 160,000 = (60,000)

47 건설계약

④ • 2011년도 진행률 : 20 ÷ 80 = 0.25
• 2012년도 진행률 : 60 ÷ 100 = 0.6
• 2011년도 누적 공사손익 : (100 − 80) × 0.25 = 5
• 2012년도 누적 공사손익 : (120 − 100) × 0.6 = 12
• 2012년도 당기 공사손익 : 12 − 5 = 7

48 건설계약

② • 20×2년 진행률 : (900,000 + 3,180,000)/5,100,000 = 80%
• 20×2년 말 공사손실충당부채 : (5,000,000 − 5,100,000) × (1 − 80%) = 20,000

49 환율변동효과

② • 순실현가능가치 : $96 × ₩1,050/$ = ₩100,800
• 재고자산의 장부금액 ₩100,000보다 순실현가능가치 ₩100,800가 크므로 평가손실을 인식하지 않는다.

50 환율변동효과

④

계정과목	원 화	계정과목	원 화
자 산	2,400 × 1,000 = 2,400,000	부 채	950 × 1,000 = 950,000
		자본금	1,000 × 900 = 900,000
		×1년 순이익	150 × 940 = 141,000
		×2년 순이익	300 × 980 = 294,000
		환산이익	대차차액 115,000
	2,400,000		2,400,000

51 환율변동효과

③ • 단기매매증권 환율변동이익 : $30 × @1,000 − 28,500 = 1,500
• 매출채권 환율변동이익 : $200 × @1,000 − 197,000 = 3,000
• 재고자산 환율변동손실 : Min[$310 × @1,000, 312,500] − 312,500 = (−)2,500
• 선수금은 비화폐성항목으로 환산하지 않는다.
➲ 당기순이익에 미치는 영향 : 1,500 + 3,000 − 2,500 = 2,000

52 법인세회계

③ • 20×1년 과세소득 = 500,000 + 70,000(접대비 한도 초과액) + 60,000(감가상각비 한도 초과액)[1] = 630,000

[1] {400,000 × 4/(1 + 2 + 3 + 4)} − (400,000 ÷ 4년) = 60,000

• 당기법인세부채 = 630,000 × 25% = 157,500

• 이연법인세자산 = 60,000 × 30% = 18,000

* 감가상각비 한도 초과액은 20×3년에 20,000, 20×4년에 40,000이 추인된다. 적용 세율이 동일하므로 60,000에 추인 시점의 세율을 곱하여 산출한다.

• 법인세 회계처리

(차) 이연법인세자산	18,000	(대) 당기법인세부채	157,500
법인세비용(역산)	139,500		

53 법인세회계

③ 법인세비용 : (500,000 + 130,000) × 20% = 126,000

54 법인세회계

④ • 당기법인세부채 : 96,000 × 20% = 19,200

• 이연법인세부채 : 5,000 × 30% = 1,500

• 당기법인세비용

(차) 법인세비용	20,700	(대) 당기법인세부채	19,200
		이연법인세부채	1,500

55 금융리스

③ 오답체크

① 최초로 인식하는 금융리스부채는 최소리스료의 현재가치와 리스자산의 공정가치 중 작은 금액을 측정한다.

② 최소리스료의 현재가치를 계산할 때 적용할 할인율은 리스제공자의 내재이자율이며, 이를 알지 못할 경우에는 리스이용자의 증분차입 이자율을 사용한다.

④ 리스기간 종료 시 소유권이 리스이용자에게 이전되는 경우 금융리스자산의 감가상각기간은 해당 자산의 내용연수이다.

⑤ 금융리스부채의 상각은 유효이자율법을 적용하여, 리스료를 금융리스부채의 원금상환액과 이자비용으로 분리하여 계상한다.

56 운용리스

② • ㈜하늘리스 20×2년 N/I 영향 : 30,000 − 20,000 = 10,000

B/S

운용리스자산	A 800,000	

A : 리스자산 구입가격 + 리스개설직접원가

I/S

리스료수익	Σ정기리스료/리스기간 360,000/3 × 3/12 = 30,000
(감가상각비)	
• 리스자산	(구입가격 − 잔존가치)/내용연수 800,000/10 × 3/12 = (20,000)
• 리스개설직접원가 (인센티브 관련 손익)	리스개설직접원가/리스기간 지급액/리스기간

• ㈜한국 20×2년 N/I 영향 : (30,000)

B/S

선급비용	B	

B : 리스개설직접원가

I/S

리스료비용	Σ정기리스료/리스기간 360,000/3 × 3/12 = (30,000)
• 선급비용 실현 (인센티브 관련 손익)	리스개설직접원가/리스기간 지급액/리스기간

57 금융리스

④

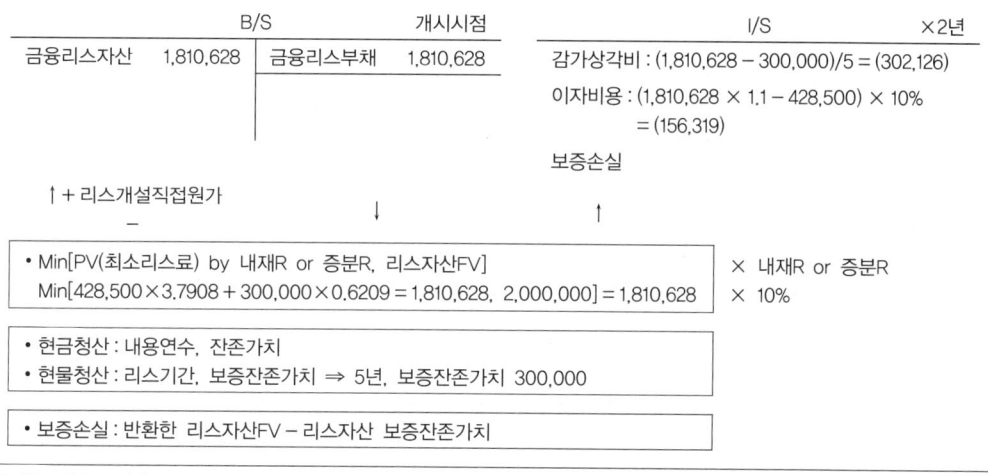

B/S	개시시점
금융리스자산 2,862,550 + 100,000 = 2,962,550	금융리스부채 2,862,550

I/S

감가상각비 : (2,962,550 − 0)/5년 = (592,510)

이자비용 : 2,862,550 × 10% = (286,255)

보증손실

↑ + 리스개설직접원가 100,000　　↓　　↑

- Min[PV(최소리스료) by 내재R or 증분R, 리스자산FV]
  Min[1,000,000 × 2.4869 + 500,000 × 0.7513 = 2,862,550, FV] = 2,862,550

× 내재R or 증분R
× 10%

- 현금청산 : 내용연수, 잔존가치 ⇒ 5년, 잔존가치 0
- 현물청산 : 리스기간, 보증잔존가치

- 보증손실 : 반환한 리스자산FV − 리스자산 보증잔존가치

➲ 20×1년도 이자비용과 감가상각비 합계 : 286,255 + 592,510 = 878,765

58 금융리스

② 현금청산 − 리스이용자

B/S		개시시점	
금융리스자산	1,810,628	금융리스부채	1,810,628

I/S　　×2년

감가상각비 : (1,810,628 − 300,000)/5 = (302,126)

이자비용 : (1,810,628 × 1.1 − 428,500) × 10%
= (156,319)

보증손실

↑ + 리스개설직접원가 −　　↓　　↑

- Min[PV(최소리스료) by 내재R or 증분R, 리스자산FV]
  Min[428,500 × 3.7908 + 300,000 × 0.6209 = 1,810,628, 2,000,000] = 1,810,628

× 내재R or 증분R
× 10%

- 현금청산 : 내용연수, 잔존가치
- 현물청산 : 리스기간, 보증잔존가치 ⇒ 5년, 보증잔존가치 300,000

- 보증손실 : 반환한 리스자산FV − 리스자산 보증잔존가치

➲ 20×2년도 비용 : 302,126 + 156,319 = 458,445

59 금융리스

③ (1) 리스제공자의 리스개시일 금융리스채권 : PV(정기리스료 + 보증잔존가치 + 무보증잔존가치) = 19,016,090
(2) 리스이용자의 리스개시일 금융리스부채 : PV(최소리스료 = 정기리스료 + 보증잔존가치) = 18,991,254

- 무보증잔존가치의 현재가치 : (1) − (2) = 무보증잔존가치 A × 0.6209 = 24,836
  - ➲ 무보증잔존가치 : 40,000
  - ➲ 보증잔존가치 : 예상잔존가치 100,000 − 무보증잔존가치 40,000 = 60,000

정답및해설 | 제4회 적중 실전모의고사

▶ 문제 | p.50

01 ④	02 ④	03 ②	04 ⑤	05 ③	06 ①	07 ④	08 ③	09 ④	10 ④
11 ④	12 ③	13 ④	14 ①	15 ⑤	16 ④	17 ③	18 ③	19 ②	20 ①
21 ①	22 ③	23 ⑤	24 ⑤	25 ③	26 ④	27 ②	28 ④	29 ①	30 ③
31 ④	32 ②	33 ②	34 ⑤	35 ④	36 ①	37 ①	38 ③	39 ②	40 ③
41 ②	42 ④	43 ③	44 ⑤	45 ②	46 ②	47 ②	48 ①	49 ③	50 ④
51 ③	52 ③	53 ③	54 ②	55 ②	56 ③	57 ②	58 ②	59 ④	

01 개념체계의 질적특성

④ 거래나 사건의 형식보다 그 경제적 실질에 따라 회계처리하고 보고하여야 하는 회계정보의 질적특성은 표현의 충실성이다.

02 중소기업 회계처리특례

④ A. 재무제표상 장기할부매출채권을 현재가치가 아닌 명목금액으로 표시하였다.
B. 1년 이내에 완료되는 단기건설형 공사계약을 공사완성기준에 의해 수익을 인식하였다.
E. 비상장중소기업특례 회계처리도 감가상각비를 재무제표에 인식하여야 한다.
G. 중소기업의 경우에도 시장성 없는 지분증권에 대한 손상차손인식은 수행하여야 한다.

03 재무상태표의 유동항목 구분

② D. 재무상태표는 역사적원가에 의하여 자산과 부채를 평가하기 때문에 현행시장가치를 반영하지 못한다.
G. 재무상태표의 한계로 사실상 부채의 성격을 갖는 항목이 재무상태표에 포함되지 않은 부외금융현상이 나타날 수 있다.

04 손익계산서의 기본구조

⑤ 판관비 = 세금과공과 + 감가상각비 + 퇴직급여 + 접대비
= 40,000 + 20,000 + 40,000 + 200,000 = 300,000원

참고 판매비와 관리비에는 급여, 퇴직급여, 복리후생비, 임차료, 접대비, 감가상각비, 무형자산상각비, 세금과공과, 광고선전비, 연구비, 경상개발비, 대손상각비 등이 있다.

05 매출채권의 대손

③

매출채권

기초	240,000	회수	890,000
		대손확정	10,000
외상매출	1,010,000	기말	350,000

대손충당금

(3) 대손확정	10,000	(1) 기초	15,000
		(2) 회수	–
(4) 기말	18,000	(5) 설정	13,000

06 현금및현금성자산

① 현금및현금성자산 = 당좌예금(A은행) – 당좌차월(A은행) + 채권(취득일로부터 만기 3개월 이내) + 우편환증서
+ 지점전도금 + 환매채 90일 조건 + 배당금지급통지표
= 12,000 – 10,000 + 10,000 + 12,000 + 22,000 + 30,000 + 35,000 = ₩111,000

07 재고자산 감모손실과 평가손실

④

재고자산			
기초재고	40,000	당기판매	
		정상감모	➲ 매출원가 397,000
		평가손실	
		비정상감모	(600 − 500)개 × 100 × 30% = 3,000
당기매입	400,000	기말재고	500개 × Min[100, 80] = 40,000

08 재고자산의 원가흐름 가정

③ 인플레이션을 가정하는 경우 후입선출법의 매출원가는 실지재고조사법이 계속기록법보다 크다.

참고

구분		크기 비교
기말재고자산		선입선출법 > 이동평균법 > 총평균법 > 후입선출법 – 계속 > 후입선출법 – 실지
매출원가		선입선출법 < 이동평균법 < 총평균법 < 후입선출법 – 계속 < 후입선출법 – 실지
당기순이익		선입선출법 > 이동평균법 > 총평균법 > 후입선출법 – 계속 > 후입선출법 – 실지
법인세비용 (과세소득이 있는 경우)		선입선출법 > 이동평균법 > 총평균법 > 후입선출법 – 계속 > 후입선출법 – 실지
현금흐름	법인세효과 ×	선입선출법 = 이동평균법 = 총평균법 = 후입선출법 – 계속 = 후입선출법 – 실지
현금흐름	법인세효과 O	선입선출법 < 이동평균법 < 총평균법 < 후입선출법 – 계속 < 후입선출법 – 실지

09 사채의 발행유형별 회계처리

④ • ㉠ : 31,687 – 50,000 = ₩(18,313)
• ㉡ : 1,056,571 – 18,313 = ₩1,038,258
• ㉢ : 1,038,258 × 3% = ₩31,148

오답체크

① 사채의 장부금액이 액면금액보다 크므로 사채는 할증발행되었다.
② 1,056,571 × 유효이자율 = 31,687이므로 유효이자율은 3%이다.
③ 매년 인식되는 사채이자는 현금지급액이 아니라 유효이자이다.
⑤ 사채는 만기 시점에 장부금액이 액면금액과 일치하게 된다.

10 지분증권의 평가 및 처분, 보유

④ • 단기매매증권의 처분손익 = 처분가액 – 장부가액 = 900,000 – 900,000 = 0원
• 매도가능증권의 처분손익 = 처분가액 – 취득원가 = 2,150,000 – 2,000,000 = 150,000원(N/I)
➲ 기타포괄손익 (150,000) 감소(당기손익으로 재분류 조정됨)

참고 매도가능증권의 처분 시 회계처리

(차) 현금	2,150,000	(대) 매도가능증권	2,150,000
(차) 매도가능증권평가이익	150,000	(대) 매도가능증권처분이익	150,000

11 교환에 의한 취득

④ 이종자산 간의 교환거래에 해당할 경우의 ㈜윤돈의 차량 취득원가와 유형자산처분손익
• 취득원가 = 제공한 자산 FV + 현금지급 – 현금수령 = 270,000 – 20,000 = ₩250,000
• 처분손익 = 제공한 자산 FV – BV = 270,000 – 850,000 = ₩(580,000)

12 일괄구입

③ 토지취득원가 = 700,000 + 50,000 + 10,000 + 30,000 – 20,000 + 15,000 + 10,000 = ₩795,000

13 유형자산의 증감분석

④ 유형자산 장부금액 T계정 분석
기초 + 취득 – 감가상각비 – 처분(A) = 기말
60,000 + 60,000 – 35,000 – (A) = 70,000원
➲ 당기 처분된 장부금액(A) = 15,000원
➲ 처분손익 = 47,000 – 15,000 = 32,000원 이익

14 유형자산의 재평가

① • 토지 : 재평가잉여금 100,000원으로 기타포괄이익 100,000원 상승
• 기계 : 재평가손실 30,000원으로 당기순이익 30,000원 하락

15 무형자산의 상각

⑤ 오답체크

① 무형자산을 창출하기 위한 내부프로세스를 연구단계와 개발단계로 구분할 수 없는 경우 그 프로젝트 관련 지출은 모두 연구단계에서 발생한 것으로 본다.
② 무형자산으로 정의되기 위한 조건은 식별가능성, 자원에 대한 통제 및 미래경제적효익의 존재이다.
③ 무형자산의 상각기간은 관계 법령이나 계약에 정해진 경우를 제외하고는 20년을 초과할 수 없다.
④ 무형자산에서 손상이 발생하면 발생한 연도에 즉시 손상차손을 인식한다.

16 자산이전에 의한 채무변제

④ • 채무조정이익 = 2,000 − 1,200 = 800원

(차) 차입금	2,000	(대) 토지	800
		처분이익	400
		채무조정이익	800

• 대손상각비 = 2,000 − 1,200 − 200 = 600원

(차) 토지	1,200	(대) 대여금	2,000
대손충당금	200		
대손상각비	600		

17 재화의 판매, 용역의 제공 사례

③ B. 상품권 : 상품권을 회수한 시점
C. 할부판매 : 재화가 인도되는 시점
J. 주문형 소프트웨어 개발수수료 : 진행기준에 따라 수익인식

18 퇴직급여제도의 분류

③ 오답체크

① 확정기여제도에서는 퇴직연금운용자산, 퇴직연금미지급금은 인식하지 않는다.
② 퇴직연금운용자산이 퇴직급여충당부채와 퇴직연금미지급금의 합을 초과하는 경우 그 초과액을 투자자산으로 표시한다.
④ 회사가 확정급여형 퇴직연금제도를 채택할 경우 임금인상률, 퇴직률 등 연금액 산정의 기초가 되는 가정에 변화가 있는 경우 회사가 그 위험을 부담한다.
⑤ 확정기여제도에서 회사는 퇴직급여충당부채를 설정하지 않는다.

19 기본주당이익의 계산

② • 주주우선배정 신주발행(공정가치 미만의 유상증자)
- FV기준 발행가능 유상증자주식수 = 총현금유입액/유상증자 직전일 공정가치
= 12,000주 × ₩1,000/₩1,500 = 8,000주
- 무상증자주식수 = 총발행주식수 − FV기준 발행가능 유상증자주식수
= 12,000주 − 8,000주 = 4,000주
- 무상증자비율 = 무상증자주식수/(유상증자 전 주식수 + FV기준 발행 유상증자주식수)
= 4,000주/(24,000주 + 8,000주) = 12.5%

• 가중평균유통보통주식수

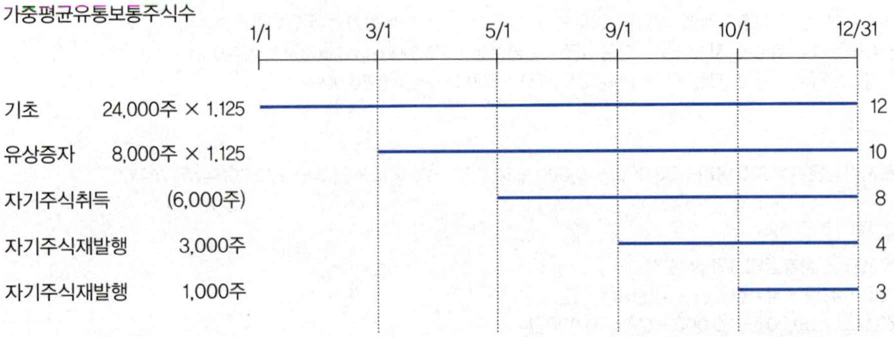

• 가중평균유통보통주식수 = (24,000 × 1.125 × 12 + 8,000 × 1.125 × 10 − 6,000 × 8 + 3,000 × 4 + 1,000 × 3)/12
➲ 31,750주

20 감사보고서의 내용

① 사례1 : 적정의견, 사례2 : 한정의견, 사례3 : 부적정의견, 사례4 : 의견거절

21 손익계산서의 한계

① F. 수익은 현행가격, 비용은 역사적원가로 계산됨으로써 이익이 과대계상되는 경향이 있다.

22 손익계산서의 기본구조

③ 영업이익 = 매출총이익(매출 − 매출원가) − 판관비(임차료, 접대비, 무형자산상각비)
= 120,000 − 10,000 − 20,000 − 5,000 = 85,000원

23 교환에 의한 취득

⑤

구 분	취득원가	처분손익
이종자산의 교환	제공한 자산 FV + 현금지급 − 현금수령 250,000 + 20,000 = 270,000	제공한 자산 FV − BV 250,000 − 300,000 = (50,000)
동종자산의 교환	제공한 자산 BV + 현금지급 − 현금수령 300,000 + 20,000 = 320,000	−

24 내부적으로 창출한 무형자산

⑤ ①②③④는 모두 개발활동이다.

25 지분증권의 평가 및 처분, 보유

③ • 당기순이익 : 2,000원 증가
• 기타포괄이익 : 2,000원 감소

26 채무증권의 평가 및 처분

④ 이자수익 = 2,000,000 × 10% + (1,964,300 − 1,932,420) = 231,880원

27 일괄구입

② 건물을 신축하기 위하여 사용 중인 기존 건물을 철거하는 경우 기존 건물의 장부금액과 철거비용은 전액 당기비용처리한다.

28 유형자산의 증감분석

④ 기초 장부가액 − 감가상각비 + 취득가액 − 기계장치의 처분 시 장부가액(A) = 기말 장부가액
= 60,000 − 35,000 + 62,000 − (A) = 70,000
∴ 기계장치의 처분 시 장부금액 = 17,000원
➲ 유형자산처분손익 = 25,000 − 17,000 = 8,000원 이익

29 유형자산의 재평가

① • 기타포괄이익 : 200,000원 증가
• 당기순이익 : 300,000원 감소

30 자산 및 부채의 인식과 이전대가

③ 영업권 = 이전대가 − B사 순자산 공정가치 = 250,000(= 500주 × 500원) − 200,000 = 50,000원

참고 합병 관련 지출은 합병 시점에 비용으로 처리한다.

31 자산 및 부채의 인식과 이전대가

④ 염가매수차익 = 1,400,000 − (1,000,000 + 500,000) = 100,000원

32 취득자의 식별

② 오답체크

① 현금을 이전하여 이루어지는 사업결합의 경우 현금이나 그 밖의 자산을 이전한 기업 또는 부채를 부담하는 기업이 취득자이다.
③ 상대적 크기가 유의적으로 큰 결합참여기업이 취득자이다.
④ 기업이 셋 이상 포함된 사업결합의 경우 결합참여기업의 상대적 크기뿐만 아니라 결합참여기업 중 어느 기업이 결합을 제안하였는지 고려하여 취득자를 결정한다.
⑤ 사업결합을 추진하기 위하여 새로운 기업이 지분을 발행하여 설립된 경우 사업결합 전에 존재하였던 결합참여기업 중 한 기업을 여러 지침을 적용하여 취득자를 식별한다.

33 연결재무제표 작성기업과 종속기업의 판단 시 주의사항

② 오답체크

① 연결실체 내의 다른 기업들과 사업의 종류가 다르다는 이유로 종속기업을 연결대상에서 제외하지 않는다.

③ 외국에 소재하는 종속기업도 연결 대상에 포함된다.

④ 지배기업이 직접적으로 또는 종속기업을 통하여 간접적으로 기업 의결권의 과반수를 소유하는 경우에는 지배기업이 그 기업을 지배한다고 본다. 다만, 그러한 소유권이 지배력을 의미하지 않는다는 것을 명확하게 제시할 수 있는 경우는 예외로 한다.

⑤ 다른 투자자와의 약정으로 과반수의 의결권을 행사할 수 있는 능력이 있는 경우 지배기업이 다른 기업 의결권의 절반 또는 그 미만을 소유하더라도 지배하는 것으로 본다.

34 연결재무제표의 작성대상에서 제외되는 경우

⑤ 직전 사업연도 말의 자산총액, 부채총액 및 종업원 수가 외부감사법 시행령의 외부감사 대상기준에 미달하는 회사 중 주권상장법인이 아닌 회사는 연결재무제표의 작성대상에서 제외될 수 있으나 주권상장법인 회사는 연결재무제표의 작성대상이 된다.

35 연결재무제표 작성 시 유의사항

④ 보고기간 종료일의 차이가 3개월을 초과한다면 유의적인 거래가 발생하였는지 여부와 관계없이 종속기업은 재무제표를 추가로 작성해야 한다.

36 연결재무제표 작성기업과 종속기업의 판단 시 주의사항

① 오답체크

② 뮤추얼펀드나 단위신탁인 또는 이와 유사한 기업이라는 이유로 종속기업을 연결 대상에서 제외하지 않는다.

③ 개인이 A사와 B사의 지분을 각각 100%씩 소유하고 있는 경우 두 회사 중 직전 사업연도 말 자산총액이 큰 회사가 연결재무제표를 작성해야 한다.

④ A사와 B사가 각각 50 : 50으로 출자하여 조인트벤처인 C사를 연결한 경우 A사와 B사 각각은 C사를 포함시킨 연결재무제표를 작성하지 않는다.

⑤ 「채무자 회생 및 파산에 관한 법률」에 따라 회생절차의 개시가 결정된 종속회사는 연결 대상에 포함한다.

37 연결재무제표 작성기업과 종속기업의 판단 시 주의사항

① 일반적인 신탁계약의 수탁자는 신탁계약에 따라 의사결정능력을 갖게 되더라도 이 능력은 신탁자의 효익을 위한 것이지 수탁자 자신의 효익을 위한 것은 아니므로 신탁계약에 따른 수탁자의 의사결정능력은 지배력의 정의를 충족하지 못한다.

38 내부거래 제거

③ • 매출액 = 100,000 + 50,000 − 50,000 − 10,000 = 90,000원
• 매출원가 = 70,000 + 30,000 − 50,000 − 10,000 + 2,000 + 200 = 42,200원
• 기말재고 = 20,000 + 5,000 − 2,000 − 200 = 22,800원

참고 • 하향거래 미실현이익 = 50,000 × 40% × 10% = 2,000원
• 상향거래 미실현이익 = 10,000 × 20% × 10% = 200원
• 미실현이익만큼 기말재고를 차감하고 매출원가를 증가시켜 매출총이익을 감소시키게 된다.

39 연결회계의 계산

② 비지배지분 = (50,000 − 200) × 10% = 4,980원

40 연결회계의 계산

③ 연결재무제표의 자본총계 = 3,500,000 + 1,000,000 × (1 − 60%) = 3,900,000원

41 연결회계의 계산

② • 영업권 = 660,000 − 1,000,000 × 60% = 60,000원
• 연결당기순이익 = $200{,}000 - \frac{60{,}000}{5} + 100{,}000 = 288{,}000$원
• 연결이익잉여금 = $1{,}000{,}000 + 200{,}000 - \frac{60{,}000}{5} + 100{,}000 \times 60\% = 1{,}248{,}000$원

참고 연결이익잉여금 = 취득일 지배회사의 이익잉여금 + 지배회사 귀속 당기순이익

42 지분법 회계처리

④ • 영업권 = 800,000 − 800,000 × 90% = 80,000원

• 지분법손실 = $(100,000) \times 90\% - \dfrac{80,000}{10}$ = (98,000)원

➲ 20×1년 말 지분법적용 투자주식 장부금액 = 800,000 − 98,000 − 40,000 × 90% = 666,000원

43 회계정보의 제약요인

③ 오답체크

① 경영성과나 재무상태를 과대평가하지 않도록 하기 위해 도입된 개념이다.
② 수익은 확실한 것만 계상하는 반면 비용은 빠짐없이 계상하는 방법이다.
④ 지급능력의 확실성을 높이거나 이익 과대계상으로 인한 과대배상의 가능성을 줄여줌으로써 채권자를 보호하는 긍정적인 측면에서 보수주의에 의한 회계처리방법이 긍정되기도 한다.
⑤ 회계담당자의 예측이나 추산에 대한 판단의 한계를 보완한다는 측면에서 보수주의가 채택된다.

44 회계정보의 질적특성

⑤ 오답체크

① 회계정보이용자에게 목적적합한 정보가 되기 위해서는 예측가치와 피드백가치, 적시성의 요건을 갖추어야 한다.
② 정보가 예측가치를 지니고 있다는 것은 여러 가지 의사결정 대안이 가져올 결과를 예측하는 데 회계정보가 도움이 된다는 것을 의미한다.
③ 적시성이 존재하는 사실만으로 어떤 정보가 목적적합하게 되지 않지만 목적적합한 정보라 하더라도 적시성이 결여되면 목적적합성은 사라진다.
④ 정보의 예측가치와 피드백가치는 상호 관련이 있어 목적적합한 회계정보는 예측가치와 피드백가치를 모두 가지고 있다.

45 리스의 분류

② 금융리스로 분류되기 위해서는 리스실행일 현재 리스이용자가 염가매수선택권을 가지고 있고, 이를 행사할 것이 확실해야 한다.

46 운용리스

② 리스료비용 = $\dfrac{140,500 + 120,500 + 99,000}{3\text{년}}$ = 120,000원

47 금융리스

② • 금융리스채권 = 리스자산 FV + 리스개설직접원가(제공자)
= PV(최소리스료 + 무보증잔존가치)

• 500,000 + 20,000 = 연간리스료 + 연간리스료 × 2.4018 + 100,000 × 0.7118

➲ 연간리스료 = 131,936원

48 금융리스

① 연간리스료 × 2.48685 + 20,000 × 0.75131 = 2,000,000원

➲ 연간리스료 = 798,188원

49 금융리스

③ 20×1년 초 금융리스부채 = Min[(102,000 − 2,000) × 3.31 + 80,000 × 0.73, 380,000]
= Min[389,400, 380,000] = 380,000원

참고 리스자산의 운영 및 유지보수와 관련하여 리스제공자가 책임을 지고 있어 리스료에 리스자산과 직접 관련된 수선유지비, 세금과공과 등은 최소리스료에서 제외시킨다.

50 법인세 계산구조

④ 이연법인세자산 = (300,000 − 100,000) × 30% = 60,000원

51 법인세 계산구조

③ 이연법인세자산 = 60,000 + 60,000 = 120,000원

구 분	20×4년	20×5년	20×6년
회계상 임대료	200,000	200,000	200,000
세법상 임대료	600,000	–	–
차감할 일시적차이	400,000	(200,000)	(200,000)
법인세율	20%	30%	30%
이연법인세자산	–	60,000	60,000

52 법인세 계산구조

③ • 당기법인세부채 = (100,000 + 20,000 + 10,000 – 5,000) × 30% = 37,500원
• 이연법인세자산 = (20,000 – 5,000) × 20% = 3,000원
➲ 당기법인세비용 = 당기법인세부채 – 이연법인세자산 = 37,500 – 3,000 = 34,500원

(차) 이연법인세자산	3,000	(대) 당기법인세부채	37,500
법인세비용	34,500		

53 외화표시 계정의 환산

③ • 20×1년 말 외화환산손익 = ₩50,000
• 20×2년 3월 31일 외환차손익 = ₩(60,000)

[20×1년 10월 1일]

(차) 상품	1,200,000	(대) 매입채무	1,200,000

[20×1년 12월 31일]

(차) 매입채무	50,000	(대) 외화환산이익[1]	50,000

[1] 1,000 × (1,150 – 1,200) = (50,000)

[20×2년 3월 31일]

(차) 매입채무	1,150,000	(대) 현금[2]	1,210,000
외환차손	60,000		

[2] 1,000 × 1,210 = 1,210,000

54 건설계약의 회계처리

② • 20×2년 진행률 = $\frac{80,000}{250,000}$ = 32%
• 20×2년 공사손익 = (400,000 – 250,000) × 32% = 48,000원
➲ 20×3년 공사손익 = (400,000 – 420,000) – 48,000 = (68,000)원

55 건설계약의 회계처리

② 20×1년 : (2,000,000 – 1,600,000) × 30% – 0 = 120,000원 이익
➲ 20×2년 : (2,000,000 – 1,800,000) × 50% – 120,000 = (20,000)원 손실

56 금융리스

③ 리스부채액 = Min[200,000, (51,000 – 1,000) × 3.31 + 40,000 × 0.73] = 194,700원

57 손실이 예상되는 공사

② • 20×2년 진행률 = $\frac{80,000}{250,000}$ = 32%
• 20×2년 공사손익 = (300,000 – 250,000) × 32% = 16,000원
➲ 20×3년 공사손익 = (300,000 – 320,000) × 100% – 16,000 = (36,000)원

58 건설계약의 회계처리

② • 진행률

- 20×4년 : 300,000/1,200,000 = 25%
- 20×5년 : 900,000/1,200,000 = 75%

• 공사손익

- 20×4년 : (1,500,000 − 1,200,000) × 25% = 75,000원

➲ 20×5년 : (1,500,000 − 1,200,000) × 75% − 75,000 = 150,000원

59 법인세 계산구조

④ • 당기법인세 납부액 = 170,000 × 30% = 51,000원

• 이연법인세부채 = 40,000 × 25% = 10,000원

➲ 당기법인세비용 = 51,000 + 10,000 = 61,000원

합격의 기준, **해커스금융**
fn.Hackers.com

성 명

교 시	문제형	주민등록번호							
								–	
①	①	①	①	①	①	①	①		①
②	②	②	②	②	②	②	②		②
		③	③	③	③	③	③		③
		④	④	④	④	④	④		④
		⑤	⑤	⑤	⑤	⑤	⑤		
		⑥	⑥	⑥	⑥	⑥	⑥		
		⑦	⑦	⑦	⑦	⑦	⑦		
		⑧	⑧	⑧	⑧	⑧	⑧		
		⑨	⑨	⑨	⑨	⑨	⑨		
		ⓞ	ⓞ	ⓞ	ⓞ	ⓞ	ⓞ		

수험번호									
①	①	①	①	①	①	①	①	①	①
②	②	②	②	②	②	②	②	②	②
③	③	③	③	③	③	③	③	③	③
④	④	④	④	④	④	④	④	④	④
⑤	⑤	⑤	⑤	⑤	⑤	⑤	⑤	⑤	⑤
⑥	⑥	⑥	⑥	⑥	⑥	⑥	⑥	⑥	⑥
⑦	⑦	⑦	⑦	⑦	⑦	⑦	⑦	⑦	⑦
⑧	⑧	⑧	⑧	⑧	⑧	⑧	⑧	⑧	⑧
⑨	⑨	⑨	⑨	⑨	⑨	⑨	⑨	⑨	⑨
ⓞ	ⓞ	ⓞ	ⓞ	ⓞ	ⓞ	ⓞ	ⓞ	ⓞ	ⓞ

감독관 확인란

* 필기도구는 검정색 펜(연필류 제외)을 이용하고, 정답을 정해진 칸에 까맣게 칠하시오.

제1회 적중 실전모의고사

1	①	②	③	④	⑤	21	①	②	③	④	⑤	41	①	②	③	④	⑤
2	①	②	③	④	⑤	22	①	②	③	④	⑤	42	①	②	③	④	⑤
3	①	②	③	④	⑤	23	①	②	③	④	⑤	43	①	②	③	④	⑤
4	①	②	③	④	⑤	24	①	②	③	④	⑤	44	①	②	③	④	⑤
5	①	②	③	④	⑤	25	①	②	③	④	⑤	45	①	②	③	④	⑤
6	①	②	③	④	⑤	26	①	②	③	④	⑤	46	①	②	③	④	⑤
7	①	②	③	④	⑤	27	①	②	③	④	⑤	47	①	②	③	④	⑤
8	①	②	③	④	⑤	28	①	②	③	④	⑤	48	①	②	③	④	⑤
9	①	②	③	④	⑤	29	①	②	③	④	⑤	49	①	②	③	④	⑤
10	①	②	③	④	⑤	30	①	②	③	④	⑤	50	①	②	③	④	⑤
11	①	②	③	④	⑤	31	①	②	③	④	⑤	51	①	②	③	④	⑤
12	①	②	③	④	⑤	32	①	②	③	④	⑤	52	①	②	③	④	⑤
13	①	②	③	④	⑤	33	①	②	③	④	⑤	53	①	②	③	④	⑤
14	①	②	③	④	⑤	34	①	②	③	④	⑤	54	①	②	③	④	⑤
15	①	②	③	④	⑤	35	①	②	③	④	⑤	55	①	②	③	④	⑤
16	①	②	③	④	⑤	36	①	②	③	④	⑤	56	①	②	③	④	⑤
17	①	②	③	④	⑤	37	①	②	③	④	⑤	57	①	②	③	④	⑤
18	①	②	③	④	⑤	38	①	②	③	④	⑤	58	①	②	③	④	⑤
19	①	②	③	④	⑤	39	①	②	③	④	⑤	59	①	②	③	④	⑤
20	①	②	③	④	⑤	40	①	②	③	④	⑤						

합격의 기준, **해커스금융**
fn.Hackers.com

성 명

교 시	문제형	주민등록번호							
								–	
① ②	① ②	① ② ③ ④ ⑤ ⑥ ⑦ ⑧ ⑨ ⓞ	① ② ③ ④ ⑤ ⑥ ⑦ ⑧ ⑨ ⓞ	① ② ③ ④ ⑤ ⑥ ⑦ ⑧ ⑨ ⓞ	① ② ③ ④ ⑤ ⑥ ⑦ ⑧ ⑨ ⓞ	① ② ③ ④ ⑤ ⑥ ⑦ ⑧ ⑨ ⓞ	① ② ③ ④ ⑤ ⑥ ⑦ ⑧ ⑨ ⓞ		① ② ③ ④

수험번호									
① ② ③ ④ ⑤ ⑥ ⑦ ⑧ ⑨ ⓞ	① ② ③ ④ ⑤ ⑥ ⑦ ⑧ ⑨ ⓞ	① ② ③ ④ ⑤ ⑥ ⑦ ⑧ ⑨ ⓞ	① ② ③ ④ ⑤ ⑥ ⑦ ⑧ ⑨ ⓞ	① ② ③ ④ ⑤ ⑥ ⑦ ⑧ ⑨ ⓞ	① ② ③ ④ ⑤ ⑥ ⑦ ⑧ ⑨ ⓞ	① ② ③ ④ ⑤ ⑥ ⑦ ⑧ ⑨ ⓞ	① ② ③ ④ ⑤ ⑥ ⑦ ⑧ ⑨ ⓞ	① ② ③ ④ ⑤ ⑥ ⑦ ⑧ ⑨ ⓞ	① ② ③ ④ ⑤ ⑥ ⑦ ⑧ ⑨ ⓞ

감독관 확인란

* 필기도구는 검정색 펜(연필류 제외)을 이용하고, 정답을 정해진 칸에 까맣게 칠하시오.

제2회 적중 실전모의고사

1	①	②	③	④	⑤	21	①	②	③	④	⑤	41	①	②	③	④	⑤
2	①	②	③	④	⑤	22	①	②	③	④	⑤	42	①	②	③	④	⑤
3	①	②	③	④	⑤	23	①	②	③	④	⑤	43	①	②	③	④	⑤
4	①	②	③	④	⑤	24	①	②	③	④	⑤	44	①	②	③	④	⑤
5	①	②	③	④	⑤	25	①	②	③	④	⑤	45	①	②	③	④	⑤
6	①	②	③	④	⑤	26	①	②	③	④	⑤	46	①	②	③	④	⑤
7	①	②	③	④	⑤	27	①	②	③	④	⑤	47	①	②	③	④	⑤
8	①	②	③	④	⑤	28	①	②	③	④	⑤	48	①	②	③	④	⑤
9	①	②	③	④	⑤	29	①	②	③	④	⑤	49	①	②	③	④	⑤
10	①	②	③	④	⑤	30	①	②	③	④	⑤	50	①	②	③	④	⑤
11	①	②	③	④	⑤	31	①	②	③	④	⑤	51	①	②	③	④	⑤
12	①	②	③	④	⑤	32	①	②	③	④	⑤	52	①	②	③	④	⑤
13	①	②	③	④	⑤	33	①	②	③	④	⑤	53	①	②	③	④	⑤
14	①	②	③	④	⑤	34	①	②	③	④	⑤	54	①	②	③	④	⑤
15	①	②	③	④	⑤	35	①	②	③	④	⑤	55	①	②	③	④	⑤
16	①	②	③	④	⑤	36	①	②	③	④	⑤	56	①	②	③	④	⑤
17	①	②	③	④	⑤	37	①	②	③	④	⑤	57	①	②	③	④	⑤
18	①	②	③	④	⑤	38	①	②	③	④	⑤	58	①	②	③	④	⑤
19	①	②	③	④	⑤	39	①	②	③	④	⑤	59	①	②	③	④	⑤
20	①	②	③	④	⑤	40	①	②	③	④	⑤						

합격의 기준, **해커스금융**
fn.Hackers.com

성 명

교 시	문제형	주민등록번호							
								–	
①	①	①	①	①	①	①	①		①
②	②	②	②	②	②	②	②		②
		③	③	③	③	③	③		③
		④	④	④	④	④	④		④
		⑤	⑤	⑤	⑤	⑤	⑤		
		⑥	⑥	⑥	⑥	⑥	⑥		
		⑦	⑦	⑦	⑦	⑦	⑦		
		⑧	⑧	⑧	⑧	⑧	⑧		
		⑨	⑨	⑨	⑨	⑨	⑨		
		⓪	⓪	⓪	⓪	⓪	⓪		

수험번호									
①	①	①	①	①	①	①	①	①	①
②	②	②	②	②	②	②	②	②	②
③	③	③	③	③	③	③	③	③	③
④	④	④	④	④	④	④	④	④	④
⑤	⑤	⑤	⑤	⑤	⑤	⑤	⑤	⑤	⑤
⑥	⑥	⑥	⑥	⑥	⑥	⑥	⑥	⑥	⑥
⑦	⑦	⑦	⑦	⑦	⑦	⑦	⑦	⑦	⑦
⑧	⑧	⑧	⑧	⑧	⑧	⑧	⑧	⑧	⑧
⑨	⑨	⑨	⑨	⑨	⑨	⑨	⑨	⑨	⑨
⓪	⓪	⓪	⓪	⓪	⓪	⓪	⓪	⓪	⓪

감독관 확인란

* 필기도구는 검정색 펜(연필류 제외)을 이용하고, 정답을 정해진 칸에 까맣게 칠하시오.

제3회 적중 실전모의고사

1	①	②	③	④	⑤	21	①	②	③	④	⑤	41	①	②	③	④	⑤
2	①	②	③	④	⑤	22	①	②	③	④	⑤	42	①	②	③	④	⑤
3	①	②	③	④	⑤	23	①	②	③	④	⑤	43	①	②	③	④	⑤
4	①	②	③	④	⑤	24	①	②	③	④	⑤	44	①	②	③	④	⑤
5	①	②	③	④	⑤	25	①	②	③	④	⑤	45	①	②	③	④	⑤
6	①	②	③	④	⑤	26	①	②	③	④	⑤	46	①	②	③	④	⑤
7	①	②	③	④	⑤	27	①	②	③	④	⑤	47	①	②	③	④	⑤
8	①	②	③	④	⑤	28	①	②	③	④	⑤	48	①	②	③	④	⑤
9	①	②	③	④	⑤	29	①	②	③	④	⑤	49	①	②	③	④	⑤
10	①	②	③	④	⑤	30	①	②	③	④	⑤	50	①	②	③	④	⑤
11	①	②	③	④	⑤	31	①	②	③	④	⑤	51	①	②	③	④	⑤
12	①	②	③	④	⑤	32	①	②	③	④	⑤	52	①	②	③	④	⑤
13	①	②	③	④	⑤	33	①	②	③	④	⑤	53	①	②	③	④	⑤
14	①	②	③	④	⑤	34	①	②	③	④	⑤	54	①	②	③	④	⑤
15	①	②	③	④	⑤	35	①	②	③	④	⑤	55	①	②	③	④	⑤
16	①	②	③	④	⑤	36	①	②	③	④	⑤	56	①	②	③	④	⑤
17	①	②	③	④	⑤	37	①	②	③	④	⑤	57	①	②	③	④	⑤
18	①	②	③	④	⑤	38	①	②	③	④	⑤	58	①	②	③	④	⑤
19	①	②	③	④	⑤	39	①	②	③	④	⑤	59	①	②	③	④	⑤
20	①	②	③	④	⑤	40	①	②	③	④	⑤						

성 명

교 시	문제형	주민등록번호							
								–	
①	①	①	①	①	①	①	①		①
②	②	②	②	②	②	②	②		②
		③	③	③	③	③	③		③
		④	④	④	④	④	④		④
		⑤	⑤	⑤	⑤	⑤	⑤		
		⑥	⑥	⑥	⑥	⑥	⑥		
		⑦	⑦	⑦	⑦	⑦	⑦		
		⑧	⑧	⑧	⑧	⑧	⑧		
		⑨	⑨	⑨	⑨	⑨	⑨		
		⓪	⓪	⓪	⓪	⓪	⓪		

수험번호									
①	①	①	①	①	①	①	①	①	①
②	②	②	②	②	②	②	②	②	②
③	③	③	③	③	③	③	③	③	③
④	④	④	④	④	④	④	④	④	④
⑤	⑤	⑤	⑤	⑤	⑤	⑤	⑤	⑤	⑤
⑥	⑥	⑥	⑥	⑥	⑥	⑥	⑥	⑥	⑥
⑦	⑦	⑦	⑦	⑦	⑦	⑦	⑦	⑦	⑦
⑧	⑧	⑧	⑧	⑧	⑧	⑧	⑧	⑧	⑧
⑨	⑨	⑨	⑨	⑨	⑨	⑨	⑨	⑨	⑨
⓪	⓪	⓪	⓪	⓪	⓪	⓪	⓪	⓪	⓪

감독관 확인란

* 필기도구는 검정색 펜(연필류 제외)을 이용하고, 정답을 정해진 칸에 까맣게 칠하시오.

제4회 적중 실전모의고사

1	①	②	③	④	⑤	21	①	②	③	④	⑤	41	①	②	③	④	⑤
2	①	②	③	④	⑤	22	①	②	③	④	⑤	42	①	②	③	④	⑤
3	①	②	③	④	⑤	23	①	②	③	④	⑤	43	①	②	③	④	⑤
4	①	②	③	④	⑤	24	①	②	③	④	⑤	44	①	②	③	④	⑤
5	①	②	③	④	⑤	25	①	②	③	④	⑤	45	①	②	③	④	⑤
6	①	②	③	④	⑤	26	①	②	③	④	⑤	46	①	②	③	④	⑤
7	①	②	③	④	⑤	27	①	②	③	④	⑤	47	①	②	③	④	⑤
8	①	②	③	④	⑤	28	①	②	③	④	⑤	48	①	②	③	④	⑤
9	①	②	③	④	⑤	29	①	②	③	④	⑤	49	①	②	③	④	⑤
10	①	②	③	④	⑤	30	①	②	③	④	⑤	50	①	②	③	④	⑤
11	①	②	③	④	⑤	31	①	②	③	④	⑤	51	①	②	③	④	⑤
12	①	②	③	④	⑤	32	①	②	③	④	⑤	52	①	②	③	④	⑤
13	①	②	③	④	⑤	33	①	②	③	④	⑤	53	①	②	③	④	⑤
14	①	②	③	④	⑤	34	①	②	③	④	⑤	54	①	②	③	④	⑤
15	①	②	③	④	⑤	35	①	②	③	④	⑤	55	①	②	③	④	⑤
16	①	②	③	④	⑤	36	①	②	③	④	⑤	56	①	②	③	④	⑤
17	①	②	③	④	⑤	37	①	②	③	④	⑤	57	①	②	③	④	⑤
18	①	②	③	④	⑤	38	①	②	③	④	⑤	58	①	②	③	④	⑤
19	①	②	③	④	⑤	39	①	②	③	④	⑤	59	①	②	③	④	⑤
20	①	②	③	④	⑤	40	①	②	③	④	⑤						

Note

Note